国 土 资 源 管 理

陈铁雄　主编

ZHEJIANG UNIVERSITY PRESS
浙江大学出版社

图书在版编目(CIP)数据

国土资源管理 / 陈铁雄主编. —杭州:浙江大学
出版社,2017.3
ISBN 978-7-308-16673-7

Ⅰ. ①国… Ⅱ. ①陈… Ⅲ. ①国土管理－资源管理－
中国 Ⅳ. ①F129.9

中国版本图书馆 CIP 数据核字(2017)第 022593 号

国土资源管理

陈铁雄 主编

责任编辑	周卫群	
责任校对	杨利军	张振华
封面设计	刘依群	
出版发行	浙江大学出版社	
	(杭州市天目山路 148 号 邮政编码 310007)	
	(网址:http://www.zjupress.com)	
排 版	杭州中大图文设计有限公司	
印 刷	富阳市育才印刷有限公司	
开 本	787mm×1092mm 1/16	
印 张	29.75	
字 数	634 千	
版 印 次	2017 年 3 月第 1 版 2017 年 3 月第 1 次印刷	
书 号	ISBN 978-7-308-16673-7	
定 价	58.00 元	

编委会

序

    国土资源是人类赖以生存的最基本物质资源,是生产生活生态之本,事关全面建设小康社会、实现中华民族伟大复兴的进程。我国人口众多,人口和资源之间、资源利用和经济发展之间的矛盾一直比较突出。浙江省地处中国东南沿海长江三角洲南翼,陆域面积 10.55 万平方公里,为全国的 1.06%,素有"七山一水两分田"之说,是中国土地面积最小的省份之一;2015 年末常驻人口 5539 万人,耕地面积仅 2966.7 万亩,保障发展和保护资源的矛盾十分尖锐,国土资源管理工作面临着更为严峻的形势和巨大的挑战。坚持"创新、协调、绿色、开放、共享"五大发展理念,按照生态文明建设的国家战略,厚植发展优势,破解发展难题,提高国土资源开发利用效率,推进资源节约和环境友好建设,促进经济社会可持续发展,为美丽中国建设提供国土资源保障,是国土资源管理面临的重大历史使命和时代责任。

    近年来,全省国土资源系统认真贯彻省委、省政府和国土资源部部署要求,按照"尽职尽责保护国土资源、节约集约利用国土资源、尽心尽力维护群众权益"的职责定位,全面落实最严格的耕地保护制度和最严格的节约用地制度,努力打好"耕地保卫战、集约突围战、改革攻坚战"三场硬仗,主动作为、扎实工作,较好地促进了我省经济社会可持续发展。当前,党中央、国务院和省委、省政府高度重视国土资源工作,习近平总书记对国土资源工作发表过一系列重要论述,提出"要牢固树立长期从紧过日子的思想""要带着保护耕地的强烈意识,像保护大熊猫一样保护耕地""要坚持青山绿水就是金山银山,抓好生态文明建设",等等。最近,中共中央、国务院下发了《关于加强耕地保护和改进占补平衡的意见》(中发〔2017〕4 号),国务院出台了《关于全民所有自然资源资产有偿使用制度改革的指导意见》(国发〔2016〕82 号),中共中央办公厅、国务院办公厅印发了《矿业权出让制度改革方案》(厅字〔2017〕12 号),对我们做好国土资源工作提出了新的更高的要求。全省各级国土资源部门必须以新发展理念为引领,以习近平总书记系列重要讲话精神为遵循,准确把握浙江当前所处历史方位,切实肩负起国土资源工作的使命和担当,胸怀大局、把握大势、崇尚创新、狠抓落实,努力开创我省国土资源工作新局面。

　　为更好地落实党中央、国务院和省委、省政府部署要求,扎实做好国土资源管理工作,提升国土资源管理系统干部和从业人员的业务素质,推进国土资源系统治理体系和治理能力的现代化,浙江省国土资源厅和浙江大学土地与国家发展研究院合作编写了《国土资源管理》读本。该书由总论篇、土地管理篇和矿产资源管理篇三部分共 15 章构成,围绕国土资源相关法律法规和政策这一主线,突出行政业务和工作实践的特色,对于基层政府部门增强国土资源保护和合理开发意识,对于社会各界人士熟悉了解国土资源知识,对于系统基层干部抓好国土资源工作,都具有很强的指导作用和参考价值。真诚地希望本书成为大家在具体工作中的有力助手,也成为社会各界和国土资源部门之间沟通的桥梁。

2017 年 3 月

目　录

第一篇　总　论

第二篇　土地管理

第三篇　矿产资源管理

附　表

第一篇 总 论

第一章　国土资源概述

第一节　国土资源的概念与特点

一、国土资源的概念

"国土"指一个国家主权管辖的地域空间,也就是全国人民赖以生产和生活的场所,包括领土、领海、领空以及海洋专属经济区、大陆架等具有开发其资源权利的区域。国土对于一个国家来说是极其重要的,它既是人们生活的场所,又是进行各项经济建设和文化活动的基地,也是发展生产所需要的各种原料和能源的发源地。从国土与人的关系看,国土既是资源,又是环境。作为社会经济发展的物质前提,国土是资源,包括自然资源和人文资源。作为人们生存、生活和生产的活动场所,国土又是环境,同样也包括自然环境和人文环境两个方面。

国土资源的概念有广义和狭义之分,从广义角度看,国土资源是一个国家领土主权范围内所有自然资源、经济资源和社会资源的总称,自然资源主要包括土地资源、矿产资源、海洋资源、水资源、生物资源、能源资源、旅游资源等;经济资源是指在一定生产条件下形成的具有经济意义的各种固定资产,如:工业资源、农业资源、建筑资源等;社会资源主要指人力资源以及为人力资源服务的教育、文化、科技等基础设施。狭义的国土资源指一个国家主权管辖范围内的一切自然资源的总称。

国土资源既是一个政治的概念,又是一个经济、技术和自然的概念,由此看出国土资源的实质是一个系统的概念,是在一定的地域空间范围内,由若干个相互作用、相互依赖、相互影响的资源要素有规律地组合而成,并具有稳定结构的功能的有机整体。

二、国土资源与自然资源的区别

国土资源与自然资源两个概念在外延和内涵上都有区别。外延上的区别不仅表现在范围上,还表现在数量和种类上。自然资源是无限的,不受国界、洲界、星球界的限制,但每个国家的国土资源的绝对量和相对量(人均占有量)都是有限的,各不相同的。一个国家无论其疆土有多大,其主权管辖范围内的自然资源种类(尤其是亚种),

不可能囊括自然资源的全部种类和亚种,一些内陆国家甚至缺少海洋资源这种大类自然资源。

两个概念在内涵上的差别主要在于国土资源概念增加了"主权管辖范围"的内容。首先,这个"主权管辖范围"是符合国际法规定的范围;其次,这一范围的划定是得到国际公认的,尤其是邻国认可的;再次,那些主权关系未定或不明确的资源,如公海、南极大陆、宇宙空间等资源不能列入国土资源;第四,那些流动于两个及两个以上国家的资源,如国际河流的水资源,对这类资源进行管理,就不能仅依据一国的法律行政,还必须依据国际法和国际条约,否则就会产生国际纠纷。

三、国土资源的特征

国土资源尽管类型多样,各有特点,但也有明显的共同点,只有充分了解其特点,我们才能更好地保护、开发利用这些资源。

1. 生态的整体性

国土资源是个整体概念,它是地球生态系统重要的组成部分,在生态系统中占据着不可替代的位置(如大气、水、森林、野生物等),如果对其过度索取和利用,增加生态系统的负担,超出环境承载力,就会对整个生态系统产生影响,轻则导致生态系统紊乱,重则造成整个生态系统崩溃。

2. 分布的不均衡性

自然资源的空间分布受太阳辐射、大气环流、水分循环、地质构造和地表形态结构等因素的制约,在地理分布上往往是不平衡的,其种类、数量、质量都具有明显的区域差异。比如我国南方地区水多耕地少,而北方地区则水少耕地多,煤炭主要集中在华北和东北,而磷矿则主要集中在西南和中南地区。从世界范围看,加拿大、澳大利亚拥有肥沃的土地资源,中东、俄罗斯拥有丰富的石油资源,南非拥有大量的黄金资源,北欧拥有繁茂的森林资源等等。

3. 数量的无限性和有限性

有些资源属于可再生资源,如太阳辐射能、风能、水能、潮汐能及地热能等,这些资源数量可以说是无限的,但是受到时间、空间以及社会经济技术水平的限制,人类利用这些自然资源的能力和范围是有限的;有些属于数量有限的不可再生资源,如几乎全部的矿产资源;有些资源现有数量虽有限,但可在短期内繁殖、再生和发展,如动植物、地下水、劳动力等。中国正处于工业化、城镇化快速发展时期,经济保持着较高的增长速度,对国土资源的需求和开发强度不断增大,优质的资源不断减少,有限性表现得越来越明显。同时,资源分布的地域性加剧了资源的有限性,如水资源的分布不均,导致一些地区严重缺水、干旱,而同时部分地区洪水泛滥成灾。

4. 用途的多样性

国土资源是经济发展的基础,它们多以原料、载体的形式出现,在多样性的社会经济领域发挥着不同的作用。如水,既是人类生活所必需,又是农业以及电子、纺织、化工等众多产业必不可少的。资源的多用性,决定了人们在开发利用资源时,必须根据其可供利用的广度和深度,实行综合开发、综合利用和综合治理,以达到社会、经济、环境的最佳效益。

5. 开发利用的可变性

有些资源在不同地区、不同历史时期和不同生产力发展水平下,其开发利用程度差异较大。

6. 利益公共性

国土资源对一国乃至全世界人类具有共同的环境利益。土地是粮食之源泉,水为生命所必需,矿产等能源乃经济发展之血液,只有充分保护和合理有效地利用这些资源,才能使整个国家和社会健康稳步地向前发展。

四、土地的概念和特性

土地资源是指地球陆地表面的部分,是由岩石、土壤、植被、水文和气候等因素组成的自然经济综合体,它包括人类现在和过去的生产活动结果。

土地的特性可以分为土地的自然特性、经济特性和社会属性。

土地的自然特性是指土地所固有的、不以人的意志为转移的,由其本身的物理、化学、生物性能所决定的,与人类对土地的利用与否没有必然联系的特性。主要包括:土地面积的有限性、土地位置的固定性、土地质量的差异性、土地利用的永续性。这些特征对评价土地的生产能力,配置各业生产用地,正确解决经济发展与合理开发利用土地之间的矛盾,都具有现实意义。

土地的经济特性是人们在利用、改造土地的过程中所表现出来的生产力和生产关系上的特性。这些特性有:土地供给的稀缺性、土地报酬的递减性、土地用途的多样性、土地用途变更的困难性、土地资本的储藏性、土地投入的增值性。

土地的社会属性是指人类在土地利用过程中,反映出来的一定社会中人与人之间的某种生产关系,包括占有、使用、支配与收益关系。土地的占有、使用关系在任何时候都是构成一定社会土地关系的基础,进而反映社会经济性质。土地的这种社会属性,反映了对土地进行分配和再分配的客观必然性,这是适时调整土地关系的根本出发点,也是合理利用的根本之所在。

五、矿产资源的概念和特征

《中华人民共和国矿产资源法实施细则》(以下简称《矿产资源法实施细则》)第二条规定"矿产资源是指由地质作用形成的,具有利用价值的,呈固态、液态、气态的自然资源"。而地质学上的矿产资源是指天然赋存于地壳内部或地表,由地质作用形成的,呈固态、液态或气态并具有经济价值或潜在经济价值的富集物。从地质研究程度来说,矿产资源不仅包括发现并经工程控制的储量,还包括目前虽然未发现,但经预测是可能存在的矿物质。

　　截止 2007 年年底,我国已发现矿产 171 种,可以分为能源矿产、金属矿产、非金属矿产和水气矿产四大类。已探明资源储量 159 种,已探明矿产储量占世界矿产资源总量的 12%,位居世界第三,仅次于美国和俄罗斯。

　　矿产资源作为自然资源的重要组成部分、人类社会发展的重要物质基础,在整个人类社会发展进程中起到了至关重要的作用。矿产资源是工业的食粮,是我国改革开放以来快速工业化、城市化的重要支撑。矿产资源是国土资源的重要组成部分并主要归属于政府管辖。矿产资源具有类似国土资源的特有属性:

　　(1)基础性。矿产资源是人类生产资料和生活资料的基本来源,是人类社会生产最初的劳动对象。几乎每一种矿产资源的被开发利用都会伴随着人类社会发展的重大飞跃。矿产资源为我国改革开放以来快速工业化、城镇化提供了有力的支撑。目前,我国 90% 以上的能源、80% 以上的工业原材料、70% 以上的农业生产资料和 30% 以上的生活用水均来自矿产资源。

　　(2)分布不均衡性。由于地壳运动的不平衡,地球上各种岩石的分布也是不均一的,因而造成了各种矿产资源在地理分布上的不均衡状态。从中国国内情况来看,矿产资源在西部地区和中部边远地区储量丰富。矿产资源分布的不均衡性,对资源的合理配置、生产力的合理布局、市场的合理匹配都有着重大影响。

　　(3)不可再生性。矿产资源是在千万年以至于上亿年的漫长地质年代中形成和富集的,相对于短暂的人类社会来说,矿产资源是不可再生的。它可以通过人们的努力寻找被发现,而不能为人力所创造。矿产资源的不可再生性决定了矿产资源的相对有限性、稀缺性和可耗竭性,决定了人类在社会生产生活中必须十分注意合理地开发、利用和保护矿产资源。

　　(4)动态性。现阶段发现的矿产种类和探明储量只能反映人对自然认识的有限和局部,随着地质工作的不断深入和科学技术的不断进步,人类对矿产资源开发利用的广度和深度不断扩展。从人类社会的某一发展阶段、某一水平上看,资源是有限的;而从人类社会发展的长河来看,人对自然的认识是无限的,对自然的改造能力也是无限的。这种有限和无限对立统一的科学资源观,反映了矿产资源的基本自然属性和社会属性。

第二节　国土资源分类

　　从国土资源内涵看,国土资源可以分为自然资源、经济资源和社会资源;从狭义的国土资源内涵看,国土资源分类就是自然资源分类。从国土资源管理职能角度,本书主要阐述狭义的国土资源,重点是土地资源和矿产资源。1972 年联合国环境规划署(UNEP)指出:"所谓自然资源,是指在一定时间、地点条件下,能够产生经济价值的、以提高人类当前和未来福利的自然环境因素和条件。"因此,国土资源具有广泛的内容,包含的种类很多。按照不同的研究需要,可将国土资源进行不同的分类。

一、按存在的形态分类

按自然资源存在的形态不同,可将其分为土地资源、水资源、矿产资源、森林资源、牧草资源、物种资源、海洋资源、气候资源、旅游资源和自然信息资源 10 种。我们将再现物质运动时空差异的自然信息(如生物遗传密码,大地测量、大气测量和空间观测获得的信息等)也归于自然资源行列,是因为自然信息具有自然资源的基本属性,而且,还为将自然信息纳入自然资源的统一管理提供理论依据。

二、按功用分类

按自然资源功用分,可将其分为物质资源、能量资源、环境资源、信息资源、空间资源和时间资源。有的资源既可成为物质资源又可成为空间资源(如土地等)或能量资源(如石油、煤等)。任何资源在开发利用中都存在时间价值问题,因此,它们都具有时间资源属性。

(1)物质资源。物质资源是指作为经济活动中的基础原材料出现并在经济活动中被消耗的各种资源,如森林、水、矿产等。有的物质资源是再生性的,如森林、水等,有的物质资源是耗竭性的,如金属矿产和非金属矿产。

(2)空间资源。空间资源是指与国土面积相匹配的各维度空间总和,是人类活动的空间区域,从下到上包括地下空间、土地、水系、大气层等。此类资源在一定国土上是有限的,可以被重复利用的,一定意义上说是非消耗性的。

(3)能量资源。能量资源是指在经济活动中以动力、能量等身份出现的资源。有的是矿产能源,如石油、煤、天然气等,是耗竭性的;有的是清洁能源,如风能、太阳能等,是非消耗性的。

(4)环境资源。环境资源是指影响人类生存和发展的各种天然的和经过人工改造的自然因素的总体。包括大气、水、海洋、土地、矿藏、森林、草原、野生生物、自然遗迹、人文遗迹、自然保护区、城市和乡村。

(5)时间资源。时间是一种资源,这种资源对每个人都是公平的,时间资源分配的不同能显示出一个人的价值观和生活观,但时间一定是不够用的,时间作为资源,其在不同领域的投资效果是不同的。

三、按资源的固有特征分类

自然资源的固有特征主要包括自然资源的可更新性、耗竭性、可变性、重新使用性等。按是否可能耗竭的特征将其分成耗竭性资源与非耗竭性资源两大类(见图 1-1)。

(一)耗竭性资源

目前的生产条件和技术水平下,在利用过程中导致明显的消耗的资源即为耗竭性

资源。按其是否可以更新和再生,又分成可更新性资源和不可更新性资源两类:

1. 可更新性资源

主要是指各种生物及生物与非生物因素组成的生态系统。可更新性资源在正确的管理和维护下,可以不断更新和利用,反之,可更新性资源就会退化、解体并有耗竭之忧。对于可更新性资源必须做到开发、利用与保护、管理相结合,以保持基本的生态过程和生命维持系统,保持遗传的多样性并保持物种和生态系统的持续利用。

2. 不可更新性资源

主要是指各种矿物和化石燃料。其中一些非消耗性金属如黄金、铂,甚至铁、铜、锡、锌等,它们虽不像太阳能等非耗竭性资源那样能源源不断地供给人类,但却是可以重复利用的。另一些不可更新性资源如化石燃料(石油、煤炭、天然气等),当它们作为能源进行利用时,遵循热力学第二定律,除部分可继续传递和作功外,总有部分能量耗散。虽然从物质不灭定律来看,地球上元素的数量并没有变,但它们的形式和位置都发生了变化。尽管从理论上看它们是可以合成的,但不论从经济还是技术条件来看,几乎不存在可能性。因此,对不可更新性资源要注意节约使用,并应尽量避免或减少其在开发利用过程中对环境造成的污染。可将其分类如图1-1所示。

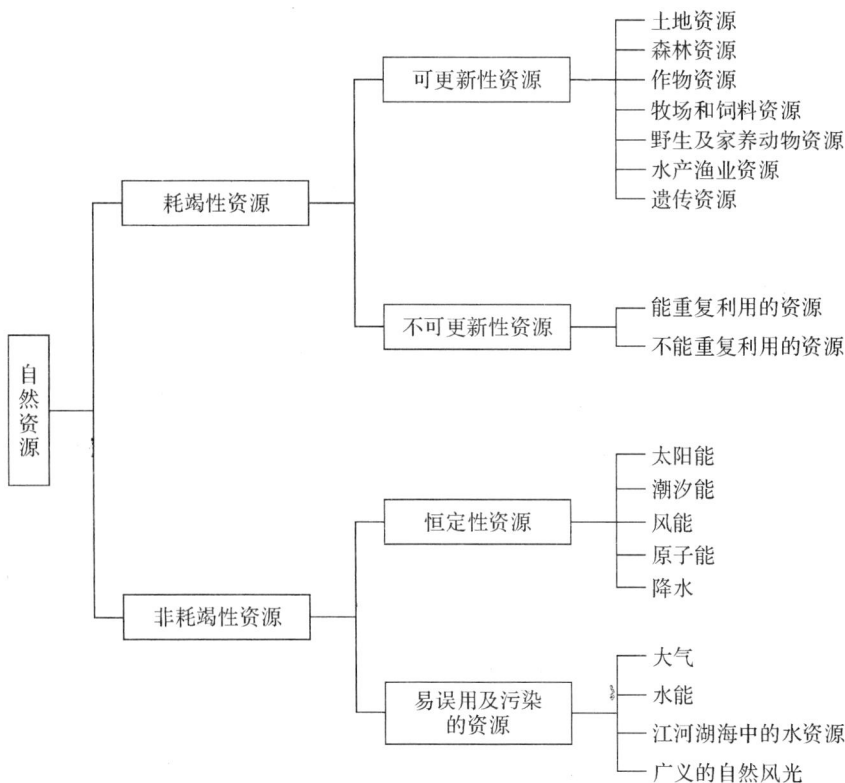

图 1-1 自然资源的分类系统(按固有特征分类)

(二)非耗竭性资源

目前的生产条件和技术水平下,不会在利用过程中导致明显的消耗的资源,即为非耗竭性资源。其中又可分为恒定性资源和易误用及污染的资源两大类(见图 1-1)。对于这种非耗竭性资源要加以充分利用,同时要发展低污染或无污染技术。

四、土地资源和矿产资源分类

(一)土地资源分类

1. 按《中华人民共和国土地管理法》分类

按《中华人民共和国土地管理法》(以下简称《土地管理法》)规定,我国土地分为三大类,即农用地、建设用地和未利用地。

农用地是指直接用于农业生产的土地,包括耕地、林地、草地、农田水利用地、养殖水面等。

建设用地是指建造建筑物、构筑物的土地,包括城乡住宅和公共设施用地、工矿用地、交通水利设施用地、旅游用地、军事设施用地等。

未利用地是指农用地和建设用地以外的土地。

2. 按《土地利用现状分类》分类

2007 年国家质监总局和国家标准化管理委员会联合发布了《土地利用现状分类》,这标志着我国土地资源分类第一次拥有了统一的国家标准,标志着我国土地利用研究的深入和土地管理水平的提高。《土地利用现状分类》国家标准采用一级、二级两个层次的分类体系,共分 12 个一级类、57 个二级类。其中一级类包括耕地、园地、林地、草地、商服用地、工矿仓储用地、住宅用地、公共管理与公共服务用地、特殊用地、交通运输用地、水域及水利设施用地、其他土地。二级类是依据自然属性、覆盖特征、用途和经营目的等方面的土地利用差异,对一级类进行具体细化。具体见附表 1。

(二)矿产资源分类

根据原国家计划委员会(现国家发展和改革委员会)颁布的《矿产储量表填报规定》中所提出的矿产名称表和《矿产资源法实施细则》的附件《矿产资源分类细目》,将我国已发现的矿产资源分为能源矿产(如煤、石油、地热)、金属矿产(如铁、锰、铜)、非金属矿产(如金刚石、石灰岩、粘土)和水气矿产(如地下水、矿泉水、二氧化碳)四大类。但是,一般情况下,我国矿产资源分为能源矿产和非能源矿产两大类。

第三节　国土资源管理的内涵与原则

一、国土资源管理的概念

国土资源管理,是指国家运用行政、经济、法律、科学技术等手段对影响国土资源的各种行为进行调整的行政管理活动。其目的是协调国土资源开发利用与经济、社会发展的关系,以保护和改善环境、保障人体健康、促进经济和社会的可持续发展。我国的国土资源管理工作,逐步从以人治为主转变为以法治为主,从着重定性管理转变为注重定量管理,从适应计划经济体制的国土资源管理转变为适应社会主义市场经济体制的国土资源管理。

二、国土资源管理的内涵

国土资源管理是一项复杂的系统工程,各项内容之间存在着有机的联系。其中,国土资源现状调查与评价是国土资源管理的基础,规划是国土资源管理的龙头,开发、利用、治理和保护是国土资源管理的核心,而国土资源的政策制定、法制建设和科学技术是国土资源管理的保障。所以,国土资源管理研究的内容主要包括以下四个方面。

(一)国土资源产权管理

国土资源产权管理是指以国土资源的产权为依托,对国土资源产权进行合理有效的组合、调节,以实现资源的合理利用和有效配置。主要包括国土资源产权关系以及产权结构安排、国土资源产权主体权利与义务关系界定和国土资源产权关系保证体系。只有加快推进国土登记全覆盖、全面查询和权属争议调处工作,建立健全的现代土地产权管理制度,才能更加有效地维护土地产权人的合法权益,更加全面地规范土地市场秩序。

(二)国土资源配置管理

国土资源配置是指各种资源在各种不同使用方式上的分配,是一个动态的概念。国土资源配置在一定时期是固定的、静止的,而在一定时期的不同时刻,又是未定的、流动的。它会随着价格上下波动调整自己的流向和数量,也就是说国土资源配置管理是对国土资源在不同生产部门之间的必要平衡和相互联系进行管理,以确定国土资源在不同生产部门之间的限度和比例。在一定时刻建立的这种限制和比例经常被其价格升降所打破,所以又会引起新的限制和比例再建立,导致国土资源在不同生产部门间的再分配。国土资源配置的主要原则有三条:均衡与增长的原则;需求管理与供给管理原则;宏观经济措施的松紧原则。

(三)国土资源规划管理

国土资源规划是以全国的国土或一定地域作为一个整体,按照其自然条件和经济条件,制定一定时期内进行开发利用国土资源、治理和保护环境的总体规划方案,并在此基础上对地区生产力、城镇和人口的合理配置提出意见和建议,使社会和经济发展尽可能地符合自然规律和经济规律,为人们创造一个良好的生产和生活环境,使经济发展与人口、资源、环境相协调。国土资源规划管理是从国土资源的合理开发利用和治理保护角度出发,围绕国家或地区在一定时期的总目标和总任务,对国土资源开发和经济建设进行总体部署,提出重大国土整治的任务与要求,协调人口、资源、环境的关系,以取得较好的社会、经济与生态效益。国土资源规划是国民经济和社会发展长远计划的重要基础工作,对长远计划的制定起着重要的指导作用。国土资源规划可分为全国国土资源总体规划、区域性国土规划和专项国土规划。

(四)国土资源保护管理

国土资源保护是指科学、合理、有效地利用国土资源,使之发挥最大的经济、社会、环境效益,服务于当代人,同时注重后代人的需要,在时间配置上达到最优。国土资源保护管理是社会、经济发展到一定时期所必需的,这是因为随着技术、经济的发展,人们对国土资源的使用、消耗及破坏越来越严重,因而若要保持经济的长远、持续发展,就必须保护国土资源。国土资源保护和经济发展是相互依赖、相互促进的。保护了国土资源,经济就可以持续稳定发展;经济发展了,也就可以更好地保护国土资源。不要把两者对立起来,认为发展经济,就必然要破坏资源和环境,如果要保护资源环境,就不能搞开发,这种思维很局限,会阻碍人类的生存和发展进步。我们的目标是科学地解决开发利用与合理保护的关系,既要考虑经济效益,也要考虑生态效益,从而促进国土资源与经济社会发展相协调。国土资源保护管理遵循四条原则:经济、社会和生态效益相结合的原则;当前利益与长远利益相结合的原则;因地制宜的原则;统筹兼顾、综合利用的原则。

三、国土资源管理的原则

国土资源管理的原则是指为实现国土资源管理的目的而进行的开发、利用、治理、保护等活动的行为规范,是国土资源管理活动的基本依据,也是每一个管理者运用各种管理手段和方法时应遵循的准则。具体地说,国土资源管理的基本原则有:

(一)分类指导原则

由于国土资源是由土地资源、气候资源、水资源、生物资源、矿藏资源、海洋资源等组成的复杂系统,在这个系统中,各类资源具有不同的特点,表现出各异的形态和变化规律,其作用方式及对人类社会的影响也是不同的。因此,在国土资源管理上必须要求按照不同资源的特点和性质实行分类指导,只有这样,国土资源管理才能落到实处,国土资源管理政策才能做到有的放矢,国土资源管理措施和手段才能行之有效。

(二)资源管理与资产管理并重原则

国土资源具有资产和资源两重性。因此,在实施国土资源管理时,必须贯彻资源管理与资产管理并重的原则。所谓国土资源的资源管理,是指从国土资源作为国民经济和社会发展的源泉和潜力的角度对国土资源实施的管理。资源管理更侧重于国土资源物质实体的勘察、开发、利用、治理和保护。国土资源的资产管理有三重含义:(1)是指对国土资源作为生产要素在投入产出过程中的管理;(2)是指对国土资源作为一项财产实施的产权、产籍管理;(3)是指对国土资源作为一种资产,其所有者和使用者在占有、开发和利用的过程中,实现其经济权益的管理。资产管理更侧重于国土资源权属和价值的管理。

资源管理与资产管理是国土资源管理的两个重要方面,缺一不可。

(三)整体协调原则

一方面,国土资源管理体制要有利于合理协调中央和地方、资源的所有者和使用者等利益主体的利益关系,有利于国土资源的优化配置和整体开发、合理利用,把国土资源优势真正转化为经济优势,促进国家和地方经济的发展。另一方面,国土资源的管理还应有利于各资源管理部门的相互协调,在统一规划、分类管理的基础上实现国土资源从地面到地下、从陆地到海洋的统一管理,使土资源整体的开发、利用、治理、保护得到全面协调的发展,从而全面推进经济社会的可持续发展。

(四)依法原则

国土资源管理要依法进行,即国土资源行政主管管理机关将其行政管理的要求、目的、内容、步骤和方法,通过立法程序指定为行政法规,用法律的手段确保其行政管理的有效实施,做到有法可依、执法必严、违法必究。目前,我国已基本建立了以《土地管理法》《中华人民共和国矿产资源法》(以下简称《矿产资源法》)、《中华人民共和国海域使用管理法》(以下简称《海域使用管理法》)、《中华人民共和国海洋环境保护法》(以下简称《海洋环境保护法》)等一系列国土资源法规政策和行政规章,为依法管理国土资源提供了法律依据。

第四节　国土资源管理体制

一、国土资源管理体制的概念

国土资源管理体制,是指有关国土资源管理的组织结构、职责权限结构及其运行方式。其主要内容包括各级国土资源行政管理机构的设置及相互关系、各级国土资源行政管理机构的职责和权限划分、各种职责和权限的相互关系及运行方式。其中,国土资源行政管理机构是国土资源管理的组织形式和组织保证,职责权限是国土资源管理的职能形式和功能保证,运行方式则是国土资源管理组织形式和职能形式的动态反映和动态结合。

二、国土资源管理体制的发展

国土资源管理体制属我国行政管理体制中的一部分,它伴随着我国经济体制演变而变化。新中国成立以来,大致分为四个阶段:多头分散管理阶段,分别统一管理阶段,统一领导、分级管理阶段,省级以下体制改革阶段。

(一)第一阶段(1949—1986 年):土地、矿产多头分散管理

在 20 世纪 80 年代以前,我国的自然资源管理体制是部门分割管理模式,这种模式是在计划经济体制下形成的,土地资源、矿产资源、海洋资源等几大类自然资源处于不同部门分散管理状态,并且单一的一种资源本身也处于多部门分散分割管理状态。

1. 土地管理

1949 年颁布的《中央人民政府组织法》规定,由政务院内务部下设的地政局,作为全国土地管理机构,统一管理土地改革、国家建设征用土地、城镇房地产以及调节土地权属纠纷、土地租税、城市营建规划及考核等土地管理工作。后来,随着国民经济建设的发展、政府管理部门分工的细化,土地管理工作逐步向各部门分散。1952 年,城市营建规划及考核移交新成立的建筑工程部。1954 年,因农业合作化的发展和农村地籍的变化,国家撤销了地政局,在农业部设土地利用总局。1956 年又将土地利用总局与有关部门组合为农垦部,主管全国荒地开发和供应农场建设工作,而将城市房地产管理工作移交新成立的城市服务部,从而结束了土地的全国统一管理体制。随后开始了长达 30 年的城乡土地分割、土地多头分散管理的体制。这种体制的特点是各级政府中没有专门的土地行政管理机构,以土地利用为主的土地管理工作由有关各业务部门分散进行。1982 年,国务院进行机构改革,确定在农牧渔业部设置土地管理局,行使国务院授权归口管理全国农村土地的职能,土地统一管理工作在一定程度上得到加强。但是,这一改革遇到来自旧习惯、旧体制的干扰和冲击,一些地方出现一个政府两套管理机构、两种管理办法的局面,土地管理工作混乱、土地利用失控的情况没有得到根本好转。

2. 矿产资源管理

1952 年,中央人民政府委员会第十七次会议通过决议,成立中央人民政府地质部,其前身为全国地质工作计划指导委员会和矿产地质勘探局。1953 年,成立全国矿产储量委员会,负责审查和批准各种矿产的储量,掌握全国矿产资源的平衡工作,其办事机构设在地质部。1954 年,根据《中华人民共和国国务院组织法》将中央人民政府地质部改名为中华人民共和国地质部,属国务院。1955 年成立全国地质资料管理机

构,统一全国地质资料汇交工作。至此,地质勘查和矿产资源、储量、地质资料管理有了统一的管理机构和职责。但是,由于矿产勘查开发工作实行高度计划经济的体制,由国家投入、多部门勘查,找到矿后再由国家投资,由工业部门组织开采,实际上形成分散管理的格局。1970年,地质部改为国家计划委员会地质局。1975年,国务院决定增设国家地质总局。1979年,将国家地质总局改为中华人民共和国地质部。1982年,将地质部改为地质矿产部,同时赋予地质矿产部对矿产资源勘查开发利用和保护的监督管理职能。地质矿产部作为政府主管部门,既管找矿,又管开矿,向地质矿产统一管理迈进了一步。

(二)第二阶段(1986—1998年):土地、矿产分别统一管理

1. 土地管理

1986年2月,国务院第100次常务会议决定实行全国土地统一管理体制,成立直属国务院领导的土地行政管理机构——国家土地管理局,负责全国土地、城乡地政的统一管理工作。1986年颁布并于1987年实行的《土地管理法》以法律的形式确立了城乡相对集中统一管理的土地管理体制。从此,中国土地管理开始由多头分散管理转变为相对集中统一管理,并逐渐形成了中央、省、市(地)、县(市)、乡(镇)五级土地管理网络,中国土地管理工作进入依法、统一、全面、科学管理的新阶段。

这一时期的上下级土地行政管理机构之间主要是一种业务指导关系。各级土地行政机构隶属于同级人民政府,受同级人民政府领导,负责本行政区域内土地的统一管理工作。上级土地行政机构不领导下级土地行政机构的工作,但对下级土地行政管理机构的业务进行指导。

2. 矿产资源管理

1986年颁布了新中国第一部矿产资源管理的法律《矿产资源法》,随后国务院及有关主管部门又颁布实施了一系列相应的配套法规和部门规章,使我国矿产资源管理逐步走上了法治轨道。为加强对矿产资源的管理,1988年国务院机构改革中,将矿产资源管理列为政府职能。1994年国务院办公厅以(国办发〔1994〕48号)印发了《地质矿产部职能配置、内设机构和人员编制方案》,明确规定"地质矿产部是国务院全国矿产资源、地质环境和地质勘查行业的主管部门"。

(三)第三阶段(1998—2004年):统一领导、分级管理阶段

1998年国务院进行了机构改革,国土资源部的成立,标志着我国国土资源相对集中管理体制开始构建。国土资源管理体制改革的目标就是要建立政企分开、政事分开、集中高效的管理体制。政企分开、政事分开要求彻底切断各级政府机关与国土资源开发利用过程中的直接经济利益联系,政府机构的利益不再以部门不同而有差别,这一点是国土资源管理体制改革的关键。国土资源相对集中管理模式代表了我国资源管理体制建设发展的现状,无论是中央级别的国土资源行政管理机构还是省级的国

土资源行政管理机构,都进行了大刀阔斧的改革,中央政府组建了国土资源部,加强对土地资源、矿产资源、海洋资源等自然资源的规划及综合利用。地质矿产部、国家土地管理局等部门整合为国土资源部,标志着我国土地与矿产实行统一管理。

国务院机构改革后,上下级国土资源主管部门之间,在业务上转变为领导与被领导关系,在干部管理上转变为双重领导关系。国务院批准的国土资源部"三定"方案明确"国土资源部对省级人民政府国土资源主管部门实行业务领导,省级人民政府国土资源主管部门主要领导干部的任免,需征得国土资源部的同意"。中共中央组织部《关于调整地方国土资源主管部门干部管理体制有关问题的通知》(组通字〔2000〕2号)规定:地方各级国土资源主管部门领导干部实行双重管理体制,以地方党委管理为主,上一级国土资源主管部门党组(党委)协助管理。地方党委任免国土资源主管部门党组(党委)书记、行政正职时,要事先征得上一级国土资源主管部门党组(党委)的同意;任免国土资源主管部门党组(党委)副书记、行政副职时,要事先征求上一级国土资源主管部门党组(党委)的意见。

(四)第四阶段(2004年至今):省级以下国土资源管理体制改革

2004年,党中央、国务院针对当前国土资源管理中存在的突出问题,作出了实行省级以下国土资源管理体制改革的重大决策。同年4月,国务院12号文件对改革进行了全面部署。这次体制改革的主要内容是:

1.调整省级以下国土资源主管部门干部管理体制

地(市)、县(市)国土资源主管部门的领导干部实行双重管理体制,从以地方党委管理为主,调整为以上一级国土资源主管部门党组(党委)管理为主,地方党委协助管理。国土资源主管部门党政正副职、党组成员(党委委员)的任免,在征求地方党委意见的基础上,由上一级国土资源主管部门党组(党委)决定。

2.理顺国土资源行政管理体制

重点是调整市辖区和乡镇国土资源行政管理体制,强化国土资源的集中统一管理。一是市(州、盟)、县(市、旗)国土资源主管部门仍是同级政府的工作部门,其机构编制仍由同级政府管理;地区国土资源主管部门的机构编制也仍由行署管理。二是市辖区国土资源主管部门改为国土管理分局,为市国土资源主管部门的派出机构,其机构编制上受到市政府管理。三是乡(镇)国土资源管理所的机构编制上受到县(市、旗)政府管理,县(市、旗)可以根据实际需要,按乡(镇)或跨乡镇按区域设置国土资源管理所,为县(市、旗)国土资源主管部门的派出机构。

3.完善和强化行政管理职能

(1)进一步强化省级人民政府及其国土资源主管部门的执法监察责任。要求省级人民政府及其国土资源主管部门切实加强对省级以下各级人民政府及其国土资源主管部门执行和遵守国土资源管理法律法规情况的监督检查,对于地(市、州、盟)、县(市、旗)人民政府及其土资源主管部门违反国土资源管理法律法规的行为要直接查处,对大案要案要公开曝光。

(2)加强执法队伍建设,建立健全制度。地方各级人民政府及其国土资源主管部门要切实加强执法监察队伍建设,提高执法监察人员素质。要认真落实国土资源执法监察报告备案、动态巡查等各项制度,特别要加强对耕地保护的动态巡查,发现违法行为要及时制止和纠正并予以报告,力争将破坏耕地、滥占耕地的行为控制在始发状态。

三、国土资源管理机构

目前,我国实行统一管理与分部门、分级别管理相结合的国土资源管理体制。

根据宪法和有关国土资源法律的规定,我国与国土资源管理有关的机关及主要部门如下:

(一)国务院和地方各级人民政府

国务院是最高国家行政机关,统一领导国土资源主管部门和全国各级地方人民政府的工作,根据宪法和法律制定国土资源行政法规,编制和执行包括国土资源开发、利用与保护内容的国民经济和社会发展计划及国家预算。县级以上地方各级人民政府,依照法律规定的职责和权限管理本行政区域内的国土资源,领导所属各有关行政部门和下级人民政府的国土资源管理工作。

(二)国务院和县级以上地方人民政府的国土资源主管部门

国务院国土资源主管部门,对全国国土资源实施统一管理。县级以上地方人民政府国土资源主管部门,对本辖区的国土资源实施统一管理。

国土资源部负责土地资源、矿产资源、海洋资源等自然资源的规划、管理、保护与合理利用。将依照《矿产资源法》《土地管理法》《海洋法》《测绘法》等法律及法规,依法行政。

第五节　国土资源开发利用现状

一、我国国土资源利用现状

(一)土地资源

中国领土总面积960余万平方千米,位居世界第3位,按13亿人口平均计算,人均土地约0.002平方千米,不到世界人均水平的1/3,分别相当于澳大利亚人均数的1.84%,加拿大的2.23%,俄罗斯的6.96%,美国的22.04%,在全世界190多个国家中排110位以后。

(二)矿产资源

我国是世界上矿产资源总量丰富、矿种比较齐全的少数几个资源大国之一。矿产资源是国家重要的资源型资产,是综合国力的重要组成部分。据统计,我国 90%以上的能源、80%以上的工业原料、70%以上的农业生产原料都来自矿产资源。目前,我国已探明矿产资源储量占世界矿产总量的 12%,居世界第 3 位。然而,我国矿产资源人均占有量仅为世界人均占有量的 58%,列世界第 53 位。面对国民经济建设的巨大需求,我国矿产资源储量严重不足。

二、我国国土资源特征

(一)土地资源

1. 我国耕地绝对数量大、人均占有量少

根据中国国土资源公报,截止 2013 年底,全国有农用地 64616.84 万公顷,其中耕地 13516.34 万公顷,占全国土地面积 14.3%,林地 25325.39 万公顷,占 26.7%,牧草地 21951.39 万公顷,占 23.2%,其他农用地占 2.5%,园地占 1.5%;建设用地占 4.0%,其余为未利用地。

我国耕地面积居世界第 4 位,林地居第 8 位,草地居第 2 位,但人均占有量很低。世界人均耕地 0.37 公顷,我国人均仅 0.099 公顷,还不到世界人均耕地面积的一半,加拿大的人均耕地面积是我国的 18 倍,印度是我国的 1.2 倍;人均草地世界平均为 0.76 公顷,我国为 0.35 公顷。尽管我国已解决了世界 1/5 人口的温饱问题,但也应注意到,我国非农业用地逐年增加,人均耕地将逐年减少,土地的人口压力将愈来愈大,目前我国已经有 664 个市县的人均耕地在联合国确定的人均耕地 0.05 公顷的警戒线以下,全国的耕地面积已经下降到 1.20 亿公顷。从世界层面上来看,我国人均土地面积在世界上 190 多个国家中排 110 位以后。除耕地面积排在 126 位以后外,草地面积排在 76 位以后,森林面积排在 107 位以后,全国人均林地面积 0.186 公顷,人均占有量在全世界排名居 80 位之后。

2. 类型多样、地区差异大

我国地跨赤道、热带、亚热带、暖温带、温带和寒温带,其中亚热带、暖温带、温带合计约占全国土地面积的 71.7%,温度条件比较优越。从东到西又可分为湿润地区(占土地面积 32.2%)、半湿润地区(占 17.8%)、半干旱地区(占 19.2%)、干旱地区(占 30.8%)。又由于地形条件复杂,形成了复杂多样的土地资源类型,区域差异明显,我国山地、高原、丘陵占全国土地面积的 69%;盆地、平原两项合计占全国土地的 31%,海拔 3000 米以上的高山、高原占我国土地面积的 25%。中国 90%以上的耕地和内陆水域分布在东南部地区,一半以上的林地集中在东北部和西南部地区,86%以上的草地分布在西北部干旱、半干旱地区。这决定了中国不同地区土地的人口承载力相差很

大。土地承载力大的中国东南部，是人口稠密的地方，人地矛盾更紧张。

3. 土地后备资源有限

中国农垦历史悠久，质量好的土地资源绝大多数已被开发利用，耕地后备资源潜力小。在中国现有的土地后备资源中，宜垦地约为 0.33 亿公顷，其中质量较好的宜农土地只有 0.13 亿公顷，截至 2013 年最多只能开垦出 0.06 亿公顷耕地，难以改变中国人均耕地少的现状。第一，我国有相当一部分土地是难以开发利用的。在全国土地总面积中，沙漠占 7.4%，戈壁占 5.9%，石质裸岩占 4.8%，冰川与永久积雪占 0.5%，加上居民点、道路占用的 8.3%，全国不能供农林牧业利用的土地占全国土地面积的 26.9%。第二，宜农宜林荒地开发利用难度大。根据调查，我国现有可利用荒地资源大部分分布在土地贫瘠的偏远地带，约 1.25 亿公顷，包括宜林荒地 7600 万公顷和宜农荒地 3500 万公顷，开发利用难度系数巨大。第三，我国后备土地资源的分布不利于发展。全国耕地、林地和水域约 90% 分布在湿润、半湿润的东南部地区，占全国土地面积的 32.2%，其余 10% 的耕地、林地和水域分布于全国 67.8% 的其他地区。这种分布格局对我国农业生产的发展不利，形成了东南以农用地为主、西北以特用地为主的两大区域。

(二)矿产资源

(1)矿产分布不均，优势矿产大多用量不大。一些重要的支柱性矿产多为短缺或探明储量不足，需要长期依赖进口。

(2)贫矿多富矿少。低品位难选冶矿石所占比例大，如我国铁矿石平均品位为 33.5%，比世界平均水平低 10 个百分点以上；锰矿平均品位仅 22%，离世界商品矿石工业标准(48%)相差甚远；铜矿平均品位仅为 0.87%；磷矿平均品位仅 16.95%；铝土矿几乎全为一水硬铝石，分离提取难度很大。

(3)大型—超大型矿床少、中—小型矿床多。以铜矿为例，我国迄今发现的铜矿产地 900 余处，其中大型—超大型矿床仅占 3%，中型矿床占 9%，小型矿床多达 88%。

(4)单一矿少，共生矿多。据统计我国的共、伴生矿床约占已探明矿产储量的 80%。目前，全国开发利用的 139 个矿种，有 87 种矿产部分或全部来源于共、伴生矿产资源。

(三)海洋资源

我国海洋资源虽然丰富，但开发利用的程度很低(我国陆地开发利用程度较高)。人类面临着日益严峻的人口问题、粮食问题、环境问题等等，人类赖以生存的陆地空间已不堪重负。据研究，地球上生物资源的 80% 分布在海洋里，海洋给人类提供食物的能力是陆地的 1000 倍，在海洋生态不受破坏的情况下每年可向人类提供 30 亿吨水产品。因此，海洋的开发利用潜力巨大，前景广阔。

三、浙江省土地资源利用现状及特征

(一)土地资源利用现状

浙江省土地总面积1055.22万公顷,其中农用地面积862.43万公顷,占土地总面积的81.73%;建设用地面积126.62万公顷,占土地总面积的12.00%;未利用地面积66.17万公顷,占土地总面积的6.27%。

2014年,全省耕地面积197.66万公顷(2964万亩),占土地总面积的18.73%;园地面积59.08万公顷(886万亩),占土地总面积的5.60%;林地面积565.33万公顷(8480万亩),占土地总面积的53.57%;牧草地面积342.85公顷(0.51万亩);城镇村及工矿用地面积98.68万公顷,占土地总面积的9.35%。在城镇村及工矿用地中,城市用地18.41万公顷,占城镇村及独立工矿用地面积的18.65%;建制镇用地21.50万公顷,占21.79%;农村居民点用地52.44万公顷,占53.15%;采矿用地3.80万公顷,占3.85%;风景名胜及特殊用地2.53万公顷,占2.56%。全省交通运输用地(扣除农村道路)13.98万公顷,占土地总面积的1.32%;水利设施用地13.96万公顷,占土地总面积的1.32%;未利用地面积66.17万公顷,占土地总面积的6.27%。

(二)土地资源特征

1. 人均耕地资源仅为全国平均水平的36.14%,且在减少

按2014年常住人口计算,浙江省人均土地资源仅为0.1916公顷,人均耕地面积0.0359公顷,人均林地面积0.1026公顷,人均耕地面积和人均林地面积分别为全国的平均数的36.14%和55.23%;按户籍人口计算,则全省人均土地资源为0.2172公顷,人均耕地0.0407公顷,人均林地面积0.1163公顷。

随着经济社会的快速发展,国家基建、地方基建和城镇扩张占地大幅度增加,耕地有减少趋势,使人口和耕地的矛盾更加突出。同时,耕地粗放经营,甚至抛荒仍不断出现。

2. 土地集约利用水平逐年提高,但仍有很大的提升空间

"2014年,人均城乡建设用地175平方米,其中,人均城镇工矿用地为122平方米,人均城镇用地为112平方米。2014年人均城镇工矿用地、人均城镇用地分别比2005年降了4平方米、6平方米";2014年万元二三产业增加值用地量为33平方米,比2006年降了40平方米。但与国内外部分大城市或地区相比,我省土地集约利用提升的空间还是很大的。如美国波特兰从1975到2005年间,人口增加50%,建设用地仅增加2%;深圳的土地节约利用程度比杭州高,香港的单位土地固定资产投资是深圳的500倍以上。2014年全省农村居民点用地面积为52.44万公顷,比2005年增加15.86万公顷;按常住人口计算,全省2014年人均农村居民点用地为271平方米,与2005年的人均用地109平方米相比不降反升。可见,如何提高土地节约集约利用水平,是一个有待研究的问题。

3. 土地后备资源短缺

全省未利用地资源中,其他草地面积 95663 公顷、河流水域面积 313276 公顷、湖泊水面面积 7288 公顷、沿海滩涂面积 183123 公顷、内陆滩涂面积 29100 公顷、盐碱地面积 915 公顷、沼泽地面积 23 公顷、沙地面积 33 公顷、裸地面积 32257 公顷。具有开发利用价值的后备土地资源很少,耕地占补平衡压力巨大。

4. 土地污染,影响农业生产和人民健康

乡镇企业、工业污染源、生活污染物、农药和化肥以及塑料薄膜的大量使用,污染了土地,不同程度地破坏了生态系统的平衡,造成土壤板结,不利于微生物生长,引起土壤肥力衰退,危害土壤、水源和农产品,危害农业生产和人民健康。

5. 耕地经营规模较小,经营管理仍较粗放

近几年来,浙江省土地流转和适度规模经营发展较快。但总体看,农户耕地经营水平仍然较低,耕地面积在 0.2 公顷以下的农户占总农户数的 72%,农户兼业经营现象比较普遍,由于兼业户的经营重点偏向非农产业,耕地集约化程度较低而粗放经营较为明显。土地所有权与土地经营权分离,使基本农田水利建设、病虫害防治、机械耕作、品种搭配和轮作倒茬等现代集约经营技术措施难以大面积应用。

四、矿产资源利用现状与特征

(一)矿产资源与矿产资源利用现状

浙江省矿产资源特点是非金属矿产丰富,金属矿产不足,能源矿产匮乏。非金属矿产主要有普通萤石、叶蜡石、明矾石、石灰石、硅藻土等,多数矿床规模大,埋藏浅,开采条件好。金属矿产点多面广,主要有铁、铜、钼、铅、锌、金、银、钨、锡等,多数为小型矿床或矿点,且矿石组成复杂,共伴生元素较多,仅少数达到大中型规模。能源矿产有煤炭、地热和石煤,省域成煤地质条件差,煤炭资源贫乏,陆域尚未发现油气资源;地热有一定前景;石煤量大质差,含硫量较高;海域油、气前景看好。从浙江省经济社会发展需求来看,我省大宗能源、金属矿产基本依赖省外、国外供应,资源保障程度较低;普通萤石、石灰岩、叶蜡石、明矾石等部分优势非金属矿产基本能够满足下游产业需求,保障程度相对较高。截至 2014 年年底,浙江省已发现矿产 113 种,纳入统计矿产 93 种,有查明资源储量矿产 83 种。查明资源储量居全国前 5 位的矿产有 13 种,其中明矾石、叶蜡石等 4 种矿产查明资源储量居全国首位,普通萤石、石煤、硅藻土等 6 种矿产查明资源储量居全国第 2,沸石、方解石、饰面用闪长岩查明资源储量居全国第 5。

2013 年,全省开发利用的矿产 59 种,包括能源矿产 1 种,金属矿产 10 种,非金属矿产 46 种(其中普通建筑用石、砂、土矿产等有 14 种),水气矿产 2 种。与上年度相比只减少了玻璃用脉石英 1 种矿产,增加了冶金用石英岩、饰面用板岩、片麻岩和地下水

4 种矿产。全省共有持证矿山 1427 个,其中生产矿山 886 个,占矿山总数的 62.09%;停产矿山 251 个,占总数的 17.59%;关闭矿山 174 个,占总数的 12.19%;筹建矿山 101 个,占总数的 7.08%;其他矿山 15 个,占总数的 1.05%;矿石采掘量 53839.44 万吨,实现矿业总产值 136.64 亿元,利润 98596.78 万元,税金 127743.62 万元(见表 1-1)。

表 1-1　2013 年全省矿业结构统计

矿产分类	矿山数(个)	从业人员(人)	矿石采掘量(万吨)	矿业总产值(万元)	利润总额(万元)	税金总额(万元)
合计	1427	41777	53839.44	1366432.02	98596.78	127743.62
能源矿产	5	238	59.89	1850.50	181.00	202.09
金属矿产	57	4084	193.16	90081.27	3234.73	11947.32
非金属矿产	1321	36827	53570.53	1272234.90	94998.01	115404.07
其中普通建筑用石、砂、土	983	28215	45150.61	1061295.70	73307.04	80674.57
其他非金属矿产	338	8612	8419.92	210939.20	21690.97	34729.50
水气矿产	44	628	15.86	2265.35	183.04	190.14

(二)矿产资源与矿产资源利用特征

(1)浙江省矿产资源贫乏。浙江省矿产资源种类少,特别是能源矿产和金属矿产极其贫乏。全省矿产资源总储量仅占全国矿产资源总储量的 0.19%,位列全国倒数第 4,仅比上海、天津和宁夏多。

(2)矿产资源分布不均衡。全省矿产开发区域分布不平衡,湖州市、舟山市、宁波市、杭州市开发强度大,其矿业总产值分别占全省的 22.18%、15.31%、11.95%、11.50%。矿山数金华市最多,达 190 个;嘉兴市最少,仅 15 个。

(3)矿产资源开发利用成效明显提高。全省矿山规模化、集约化水平有了明显提高,全省有大型矿山 768 个(其中建筑石料矿山 753 个),中型矿山 161 个,小型矿山 453 个,小矿 45 个。矿山生产效率稳步提升、矿业经济效益略有上升、矿产利用效率大幅提升、矿业投资大幅减少、矿山生态环境持续改善。

(4)矿产资源保护力度和综合利用水平有待提高。经过近年来的努力,矿业秩序虽已实现全面好转,但矿产资源保护力度仍有加强的必要。不少矿山的资源综合开发利用、尾矿综合利用、优势矿产的深加工水平和全社会资源二次利用水平总体不高。矿产资源综合利用水平和开发深度有待提高。

参考文献

[1] 吕贻峰,李江风,王占岐,等.国土资源学[M].武汉:中国地质大学出版社,2001.

[2] 刘彦随,杨子生.我国土地资源学研究新进展及其展望[J].自然资源学报,2008(2):353-360.

[3] 濮励杰,彭补拙.土地资源管理[M].南京:南京大学出版社,2001.

[4] 刘胜华,等.土地管理概论[M].武汉:武汉大学出版社,2005.

[5] 赵连荣,姚华军,周进生,等.国土资源管理导论[M].北京:高等教育出版社,2009.

[6] 石玉林.关于《中国1/100万土地资源图土地资源分类工作方案要点》(草案)的说明[J].自然资源,1982(1):63-69.

[7] 韩玲,徐惠莲.利用遥感技术和地理信息系统技术对土地资源分类的研究[J].地球科学与环境学报,2000(3):56-58.

[8] 陈百明,周小萍.《土地利用现状分类》国家标准的解读[J].自然资源学报,2007(6):994-1003.

[9] 中华人民共和国矿产资源法实施细则[J].矿产保护与利用,1994(3):1-7.

[10] 王秋兵.土地资源学[M].第2版.北京:中国农业出版社,2011.

[11] 刘黎明.土地资源学[M].北京:中国农业出版社,2002.

[12] 姚华军,霍雅勤.我国国土资源管理体制的演变现状及发展趋势[J].中国地质,1999(3):17-20.

[13] 齐援军.我国土地管理体制和政策改革演变[J].经济研究参考,2003(65):11-27.

[14] 胡存智.土地登记理论与方法[M].北京:中国农业出版社,1998.

[15] 罗秋月,邢凯.论土地登记及损害赔偿[J].经济改革,1995(5):58-59.

[16] 谢在全.民法物权论[M].北京:中国政法大学出版社.1999.

[17] 赵芳.我国土地登记制度研究[D].南京:南京农业大学,2004.

[18] 王利明.试论我国不动产登记制度的完善(上)[J].求索,2001(5):47-52.

[19] 吴次方,谭荣,靳相木.中国土地产权的性质和改革路径分析[J].浙江大学学报,2010,40(6):26-27.

[20] 杜朝晖.我国农村土地流转制度改革——模式、问题与对策[J].当代经济研究,2010(2):48-52.

[21] 2014中国国土资源公报(摘登)[N].中国国土资源报.

[22] 孔继君.浅谈我国土地资源利用[EB/OL].山东农业信息网,2008.

第二章　国土资源法律法规

第一节　国土资源法律法规体系

一、国土资源法律法规渊源

国土资源法律体系是指由有关国土资源开发、利用、保护的法律、行政法规、地方性法规和规章等所组成的,系统规范与调整国土资源保护和合理利用中所产生的各种社会关系和行为规范的有机统一体。作为一个历史的范畴,它是一个动态的结构,随着社会和经济的发展而变化。从渊源上分,国土资源法律体系由五个层次构成:宪法、法律、法规、规章和政策性规范文件。

(一)宪法

宪法是根本大法,在整个国家的法律体系中具有最高的法律地位和法律效力,其他一切法律、法规都不得同它相抵触,国土资源立法要受宪法的指导。

宪法对我国国土资源的产权关系和利用都做出了明确规定。宪法第九条规定:"矿藏、水流、森林、山岭、草原、荒地、滩涂等自然资源,都属于国家所有,即全民所有","国家保障自然资源的合理利用,……禁止任何组织或者个人用任何手段侵占或破坏自然资源。"宪法第十条规定:"城市的土地属于国家所有,农村和城市郊区的土地,除由法律规定属于国家所有的以外,属于集体所有","任何组织和个人不得侵占、买卖或者以其他形式非法转让土地,土地使用权可以依照法律规定转让。"这些规定,构成了我国国土资源立法的根本依据。

(二)法律

法律是指由全国人民代表大会和全国人民代表大会常务委员会制定颁布的规范性法律文件,即狭义的法律,其法律效力仅次于宪法。法律分为基本法律和一般法律两类。基本法律是由全国人民代表大会制定的调整国家和社会生活中带有普遍性社会关系的规范性法律文件的统称,如物权法、行政诉讼法、行政处罚法等法律。一般法律是由全国人民代表大会常务委员会制定的调整国家和社会生活中某种具体社会关系或其中某一方面内容的规范性文件的统称。其调整范围较基本法律小，内容较具体，如土地管理法、城市房地产管理法、矿产资源法等。这些法律是我国国土资源进行法制管理的主要依据。

（三）法规

国土资源法规包括两部分：一是行政法规，二是地方性法规。

行政法规是由国务院颁布的有关国土资源法律实施细则，以及针对国土资源行政管理过程中的一些具体问题制定的规范性文件，如《矿产资源法实施细则》《矿产资源勘查区块登记管理办法》《矿产资源开采登记管理办法》《采矿权探矿权转让管理办法》《土地管理法实施条例》《基本农田保护条例》，以及《矿产资源保护条例》等。

地方性法规，即地方权力机关，如省、自治区、直辖市及省级人民政府所在地的市和经国务院批准的较大的市的人民代表大会及其常务委员会，结合本地实际情况依照宪法、法律所制定的有关国土资源开发利用和保护的规范性文件，其效力低于宪法、法律和行政法规，如《浙江省国有土地上房屋征收与补偿条例》《浙江省海域使用管理条例》《浙江省土地监察条例》等。

（四）规章

国土资源规章包括部门规章和地方政府规章。

部门规章，是国务院各部委根据法律、行政法规在各自的权限范围内发布的有关国土资源管理的命令、决定，其效力低于行政法规，它规范国土资源主管部门日常活动中的具体行为，如《地质勘查市场管理暂行办法》《地勘单位资格管理办法》《违反土地管理规定行为处分办法》《国土资源行政处罚办法》《划拨土地使用权管理暂行办法》等。

地方政府规章，是指省、自治区、直辖市及省级人民政府所在地的人民政府、经国务院批准的较大的市的人民政府制定的规范性文件，其效力低于法律、行政法规和地方性法规，也不得与部门规章相冲突，如浙江省人民政府发布的《浙江省实施〈地质资料管理条例〉办法》《浙江省水资源费征收管理办法》等。

（五）政策性规范文件

为贯彻落实国土资源法律、行政法规和规章，完成某项任务，政府机关制定的具体目标、准则、方案、办法等各种政策性规范文件，构成国土资源法律的非正式渊源。国土资源政策包括两个部分：一是土地政策，二是地质矿产政策。

1. 土地政策

土地政策是协调人地关系的行为路线，也是指导人们利用土地的基本要求。土地政策制定的主要目标就是要巩固现有的土地制度，同时促进现有的土地制度发挥更大的效益。在不同的土地制度下，其土地政策是不同的。我国实行社会主义土地公有制，而且"人多地少、耕地资源紧缺"是土地的基本国情。因此，"十分珍惜、合理利用土地和切实保护耕地"已成为我国的基本国策,它是在制定其他土地政策时必须贯彻的根本政策。

随着我国土地管理工作的深入开展,土地政策得到不断创新,现已基本构成了适应我国国情的土地政策体系。从土地业务机构设置角度看,有地籍政策、土地利用规划政策、建设用地政策、土地监察政策、土地科教政策等。按照具体内容划分,有土地市场政策、土地经营与管理政策、土地投资政策、土地收益分配政策、土地产权变更与确定政策、地价评估政策、土地开发政策、土地利用政策、土地保护政策、土地整治政策、人地矛盾协调政策等。按照地域差异分,有城市土地政策和农村土地政策;沿海地区土地政策和内地土地政策;开发区土地政策和一般地区土地政策等。按土地权属类型分,有土地所有权政策、土地使用权政策、土地收益权政策和土地处置政策等。按土地利用类型分,有耕地利用政策、园地利用政策、林地利用政策、牧草地利用政策、交通用地政策、工矿与居民点用地政策、水域用地政策、未利用地开发与利用政策。

2. 地质矿产政策

为保证地质勘查质量,加强矿产资源勘查、开发和保护工作,确保矿业权市场交易公开、公平、公正,维护国家权益和矿业权人合法权益,加强和规范矿产资源节约与综合利用专项资金管理,根据国家有关法律法规的规定,国土资源部制定一系列如《关于进一步规范矿业权出让管理的通知》(国土资发〔2006〕12号)、《国土资源部关于进一步规范探矿权管理有关问题的通知》(国土资发〔2009〕200号)、地质灾害防治工作规划政策、《国土资源部关于加强矿产资源储量评审监督管理的通知》(国土资发〔2003〕136号)等地质矿产政策性规范文件。

二、土地管理主要法律制度

(一)土地利用管理制度

1. 土地利用总体规划制度

按《土地管理法》规定,国家编制土地利用总体规划,规定土地用途,将土地分为农用地、建设用地和未利用地。使用土地的单位和个人必须严格按照土地利用总体规划确定的用途使用土地。城市总体规划、村庄和集镇规划中建设用地规模不得突破土地利用总体规划确定的城市和村庄、集镇建设用地规模,确立了土地利用总体规划控制建设用地总量的法律地位。

2. 土地利用年度计划制度

按《土地利用年度计划管理办法》要求,国家对计划年度内新增建设用地量、土地开发整理复垦补充耕地量、耕地保有量和基本农田保护目标等进行具体安排,逐级下达给各级政府和国土资源主管部门,并建立目标或责任考核机制,以保证年度计划的顺利实施。

3. 土地用途管制制度

按《土地管理法》规定:"国家实行土地用途管制制度。"通过土地利用总体规划,划定土地用途区、确定土地使用限制条件,并要求土地所有者、使用者严格按照国家确定的用途利用土地。通过用途管制来严格控制建设占用农用地,尤其是占用耕地,以达到控制建设用地总量和抑制乱占滥用耕地的目的。农用地转用审批是实现土地用途管制的重要做法,是土地用途管制制度的核心内容,是控制农用地转为建设用地的重要措施和手段。

4. 闲置土地处置制度

按照《闲置土地处置办法》(国土资源部令第53号)。根据《闲置土地处置办法》:市、县国土资源主管部门发现有涉嫌构成闲置土地的,应当在三十日内开展调查核实,向国有建设用地使用权人发出《闲置土地调查通知书》。经调查核实构成闲置土地的,市、县国土资源主管部门应当向国有建设用地使用权人下达《闲置土地认定书》。而后根据不同的闲置原因做出不同的处置。

5. 城镇低效用地再开发制度

按照《浙江省人民政府关于全面推进城镇低效用地再开发工作的意见》要求,对城镇低效用地再开发制度做出具体部署。该意见指出,城镇低效用地是指不符合现行规划用途、利用粗放、布局散乱、设施落后、闲置废弃以及不符合安全生产和环保要求的存量建设用地;在"三改一拆"中计划实施改造和已拆除建筑物的土地。在再开发的方式上,各地可根据实际,采取协商收回、鼓励流转、协议置换、"退二优二"、"退二进三"、收购储备等方式实施城镇低效用地再开发。

(二)耕地和基本农田保护制度

1. 耕地占补平衡制度

按照《土地管理法》规定:国家实行占用耕地补偿制度。非农业建设经批准占用耕地的,按照"占多少,垦多少"的原则,由占用耕地的单位负责开垦与所占用耕地的数量和质量相当的耕地;没有条件开垦或者开垦的耕地不符合要求的,应当按照省、自治区、直辖市的规定缴纳耕地开垦费,专款用于开垦新的耕地,全面实行先补后占和耕地占补平衡考核,各省、自治区、直辖市人民政府应确保本行政区域内耕地总量不减少。

2. 基本农田保护制度

按《土地管理法》规定:"各省、自治区、直辖市划定的基本农田应当占本行政区域内耕地的80%以上。"同时,根据《土地管理法》,对基本农田要以乡(镇)为单位,逐一地块进行划区定界与保护,并予以公告。基本农田一经划定,任何单位和个人不得擅自占用,或者擅自改变用途,这是不可逾越的"红线"。符合法定条件,确需改变和占用基本农田的,必须报国务院批准;经批准占用基本农田的,征地补偿按法定最高标准执行,对以缴纳耕地开垦费方式补充耕地的,缴纳标准按当地最高标准执行。

从 1998 年开始,浙江省按照可持续发展的要求,把土地整理和标准农田建设作为实现农业和农村现代化的基础工作来抓。为了推进标准农田建设和土地整理工作,浙江省先后出台了一系列配套政策措施,形成了具有浙江特色的基本农田保护制度。

(三)土地调查、统计和登记制度

1. 土地调查制度

《土地管理法》第二十七条规定:"国家建立土地调查制度。县级以上人民政府土地行政主管部门会同同级有关部门进行土地调查。土地所有者或者使用者应当配合调查,并提供有关资料。"《土地管理法实施条例》进一步明确了土地调查的内容:土地权属、土地利用现状、土地条件。2008 年《土地调查条例》出台,标志着土地调查工作的法律地位进一步提高,成为土地调查工作的纲领性文件。《土地调查条例》指出土地调查的目的是全面查清土地资源和利用状况,掌握真实准确的土地基础数据,为科学规划、合理利用、有效保护土地资源,实施最严格的耕地保护制度,加强和改善宏观调控提供依据,促进经济社会全面协调可持续发展。

2. 土地统计制度

《土地管理法》第二十九条规定:"国家建立土地统计制度。县级以上人民政府土地行政主管部门和同级统计部门共同制定统计调查方案,依法进行土地统计,定期发布土地统计资料。土地所有者或者使用者应当提供有关资料,不得虚报、瞒报、拒报、迟报。土地行政主管部门和统计部门共同发布的土地面积统计资料是各级人民政府编制土地利用总体规划的依据。"土地统计包括初始土地统计、年度土地统计、基层土地统计和国家土地统计。对土地数量结果、利用状况、权属状况进行分析研究,可以掌握土地的区域分布特征和动态变化规律及其内在联系和发展趋势。

3. 土地登记制度

《土地管理法》(第十一、十二条)和《物权法》的相关条文对土地等级制度做出了规定。2007 年《物权法》对我国的不动产登记制度做了实行统一登记的规定,确立了我国未来不动产登记事业发展的基础方向。《物权法》第九条规定:"不动产物权的设立、变更、转让和消灭,经依法登记,发生效力;未经登记,不发生效力,但法律另有规定的除外。"我国的不动产物权变动以登记要件主义为原则,登记对抗主义为例外。但应该注意的是,在登记要件主义下,未经登记不发生物权变动的效力,物权变动虽不发生效力,却并不影响合同效力。2014 年 12 月 22 日,《不动产登记暂行条例》出台,确立了不动产统一登记制度,这对于完善社会主义市场经济体制、建设现代市场体系、保护不动产权利人合法财产权、提高政府治理效率和水平,尤其是方便企业、方便群众,具有重要意义。

(四)土地征收和有偿使用制度

1.国有土地有偿使用制度

按照《土地管理法》第二条规定,国家依法实行国有土地有偿使用制度。但是,国家在法律规定的范围内划拨国有土地使用权的除外。城镇国有土地有偿使用方式包括出让、租赁、作价出资入股。出让的形式有协议、拍卖、招标和挂牌。《国务院关于促进节约集约用地的通知》(国发〔2008〕3号)中规定,今后除军事、社会保障性住房和特殊用地等可以继续以划拨方式取得土地外,对国家机关办公和交通、能源、水利等基础设施(产业)和城市基础设施以及各类社会事业用地要积极探索实行有偿使用,对其中的经营性用地等实行有偿使用。其他建设用地应严格实行市场配置,有偿使用。未来我国将会进一步扩大国有土地有偿使用范围,逐步对经营性基础设施和社会事业用地实行有偿使用,提高市场对土地资源的配置作用;减少非公益性用地划拨,对以划拨方式取得用于经营性项目的土地,通过征收土地年租金等多种方式将其纳入有偿使用范围,以促进土地资源的合理高效利用。

2.土地征收制度

《宪法》第十条第三款规定:"国家为了公共利益的需要,可以依照法律规定对土地实行征收或者征用并给予补偿。"《土地管理法》和《土地管理法实施条例》规定了征地的审批程序,即征收土地应当由县、市人民政府拟订征收土地方案,经省级以上有批准权的人民政府土地行政主管部门审查后,报省级以上有批准权的人民政府批准。

(五)土地整治制度

《土地管理法》明确:国家鼓励土地整理。县、乡(镇)人民政府应当组织农村集体经济组织,按照土地利用总体规划,对田、水、路、林、村综合整治,提高耕地质量,增加有效耕地面积,改善农业生产条件和生态环境。地方各级人民政府应当采取措施,改造中、低产田,整治闲散地和废弃地。因挖损、塌陷、压占等造成土地破坏,用地单位和个人应当按照国家有关规定负责复垦;没有条件复垦或者复垦不符合要求的,应当缴纳土地复垦费,专项用于土地复垦。复垦的土地应当优先用于农业。2014年9月26日,浙江省十二届人大常委会第十三次会议通过的《浙江省土地整治条例》,明确了各级人民政府及其相关职能部门在土地整治工作中的职责分工,规定了县级以上国土资源主管部门负责本行政区域内土地整治活动的业务指导和监督管理,由土地整治机构承担土地整治潜力调查、绩效评价和抽查、复核等具体工作。

三、矿产管理主要法律制度

(一)矿产资源勘查开采审批登记制度

矿产资源勘查登记制度,包括探矿权申请人资格管理制度、区块管理制度、探矿权审批制度、勘查许可证制度、探矿权年检制度以及探矿权变更、延续、保留和注销制度。《矿产资源法》第十二条第一款规定："国家对矿产资源勘查实行统一的区块登记管理制度。"第二款规定："特定矿种的矿产资源勘查登记工作,可以由国务院授权有关主管部门负责。"1998年2月,国务院发布《矿产资源勘查区块登记管理办法》,对探矿权的审批、取得、发证和价款等进行了明确规定。

1998年2月,国务院发布《矿产资源开采登记管理办法》,明确规定凡在我国领域及管辖的其他海域开采矿产资源,必须履行开采登记。

(二)矿产资源有偿使用制度

国家将矿产资源探矿权、采矿权出让给探矿权人、采矿权人后,按照规定可向探矿权人、采矿权人收取使用费。探矿权、采矿权价款是指国家将其出资勘查形成的探矿权、采矿权出让给探矿权人、采矿权人,按照规定向探矿权人、采矿权人收取的价款。1999年6月,财政部和国土资源部联合发布了《关于印发〈探矿权采矿权使用费和价款管理办法〉的通知》,明确规定了探矿权采矿权使用费和价款的收取标准、收取部门和专项用途等。

(三)矿产资源规划管理制度

矿产资源规划可以分为总体规划和专项规划两大类。

总体规划包括全国矿产资源总体规划、省级矿产资源规划、市(地)级矿产资源规划和县级矿产资源规划。国家级矿产资源总体规划应当对全国地质勘查、矿产资源开发利用和保护进行战略性总体布局和统筹安排。省级矿产资源总体规划应当对国家级矿产资源总体规划的目标任务在本行政区域内进行细化和落实。设区的市级、县级矿产资源总体规划应当对依法审批管理和上级国土资源主管部门授权审批管理矿种的勘查、开发利用和保护活动作出具体安排。

专项规划包括全国矿产资源开发利用与保护规划、全国矿产资源战略储备规划、全国矿产资源勘查规划、行业矿产资源开发规划以及相应的各类地方性专项规划和计划。矿产资源专项规划应当对地质勘查、矿产资源开发利用和保护、矿山地质环境保护与治理恢复、矿区土地复垦等特定领域或者重要矿种和重点区域的地质勘查、矿产资源开发利用和保护及其相关活动作出具体安排。

(四)矿产资源储量管理制度

矿产资源储量登记统计制度。1995年1月,原地质矿产部发布《矿产储量登记统计管理暂行办法》,明确规定国家对矿产储量实行统一的登记统计管理制度。矿产资源储量登记,包括勘查探明的矿产资源储量、矿山企业占用的矿产资源储量和建设单位建设项目压覆的矿产资源储量的登记,也包括相应的矿产资源资产评估结果的登记。

矿产资源储量评审认定制度。包括季度矿产资源储量认定制度、评审机构资格管理制度和矿产资源储量评审技术标准体系等。我国《矿产资源法》第十三条规定:"国务院矿产储量审批机构或者省、自治区、直辖市矿产储量审批机构负责审查批准供矿山建设设计使用的勘探报告,并在规定的期限内批复报送单位。勘探报告未经批准,不得作为矿山建设设计的依据。"

矿产资源储量统计制度包括季度矿产资源储量填报制度、年度矿产资源储量审计制度、矿产资源储量表管理制度等。矿产资源储量登记是矿产资源储量统计、核算的基础,矿产资源储量统计、核算是矿产资源储量登记的延续。

(五)矿产资源开发监督管理制度

矿产资源监督管理是指地质矿产主管部门对矿业权人在从事矿产资源勘查、开发的过程中履行合理开发利用和有效保护矿产资源义务的监督管理。我国的矿产资源开发、利用和保护实行督察员监督管理制度。1989年,原地质矿产部颁布了《矿产督察员工作暂行办法》,决定设置矿产督察员,建立矿产督察制度。矿产督察员是政府部门向企业派出的人员,分为国家和地方两级。2003年国土资源部下发《关于进一步加强矿产督察员管理工作的通知》,要求各地按照有关规定,应当积极创造条件,抓紧开展地方级矿产督察员的聘任工作。

第二节 国土资源所有权与用益物权和担保物权

我国的土地、矿产权利制度体系是基于"两权分离"理论构建起来的,主要体现为土地和矿产资源的所有权归国家,但具体的占有、使用、收益、处置等权能可以归公民、法人等主体行使。我国现行法上的土地、矿产权利有三个类型:所有权、用益物权和担保物权。

一、所有权

(一)土地所有权

根据《宪法》和《土地管理法》规定,我国城市市区的土地属于国家所有。农村和城市郊区的土地,除由法律规定属于国家所有的以外,属于农民集体所有。宅基地、自留山,属于农民集体所有。国家土地所有权是指国有土地属于全民所有,由国务院代表国家依法行使对国有土地的占有、使用、收益和处分的权利。农民集体土地所有权是指农村集体经济组织依法对其所有的土地享有的占有、使用、收益和处分,并排除他人非法干涉的权利。

(二)矿产资源所有权

《宪法》第九条明确规定:"矿产资源属于国家所有。"《物权法》第四十六条明确规定，"矿藏、水流、海域属于国家所有"。《矿产资源法》第三条第一款规定，"矿产资源属于国家所有，由国务院行使国家对矿产资源的所有权。地表或者地下的矿产资源的国家所有权，不因其所依附的土地所有权或者使用权的不同而改变"。矿产资源所有权，是指作为所有者的国家依法对矿产资源享有的占有、使用、收益和处分的权利。

二、用益物权

用益物权是指对他人的物在一定范围内，加以占有、使用、收益的限制物权。用益物权主要以不动产为标的物。我国现行法上设立于土地和矿产上的用益物权主要有：国有建设用地使用权、集体建设用地使用权、宅基地使用权、探矿权、采矿权等。

(一)国有建设用地使用权

建设用地使用权人依法对国家所有的土地享有占有、使用和收益的权利，有权利用该土地建造建筑物、构筑物及其附属设施。建设用地使用权可以在土地的地表、地上或者地下分别设立。新设立的建设用地使用权，不得损害已设立的用益物权。建设用地使用权人应当承担依照法律以及合同约定支付出让金等费用、合理利用土地、不得擅自改变土地用途的义务。

建设用地使用权的生效采用登记要件主义：通过出让方式取得建设用地使用权的，应订立书面合同，且办理建设用地使用权登记；通过流转如转让、互换、出资、赠与、抵押等方式取得的，也应该订立书面合同，且办理权属变更登记手续。建设用地使用权消灭的，应该办理权属注销登记手续。

建设用地使用权人享有以下权利：

(1)占有、使用、收益权。此为目的性权利，具体体现为有权利用该土地建造建筑物、构筑物及其附属设施，建设用地使用权人建造的建筑物、构筑物及其附属设施的所有权属于建设用地使用权人，除非有相反证明。

(2)流转权。原则上，权利人有权将建设用地使用权转让、互换、出资、赠与或者抵押，期限为原合同剩余的期限。建设用地使用权流转时，附着于该土地上的建筑物、构筑物及其附属设施一并处分，反之亦然。

(3)获得补偿权。使用权期限届满前，国家只能基于公共利益提前收回该土地，收回土地时，应就该土地上的房屋及其他不动产给予权利人相应补偿，并退还相应的土地出让金。

(4)优先权。住宅建设用地期限届满的，自动续期；非住宅建设用地使用权期限届满后的续期，依照法律办理，土地上的房屋及其他不动产的归属有约定从约定，无约定依照法律、行政法规办理。

(二)集体建设用地使用权

集体土地建设用地使用权是指农民集体和个人进行非农业生产建设依法使用集体所有的土地的权利。法律对集体土地建设用地使用权的主体有较为严格的限制，一般只能由本集体及其所属成员拥有使用权。根据《土地管理法》规定,乡镇企业、乡(镇)村公共设施、公益事业、农村村民住宅等乡(镇)村建设,可以按规定申请农村集体建设用地使用权。

为了改革完善农村土地制度,为推进中国特色农业现代化和新型城镇化提供实践经验,2015年2月27日,第十二届全国人民代表大会常务委员会第十三次会议决定授权国务院在北京市大兴区等三十三个试点县(市、区)行政区域,暂时调整实施《土地管理法》《城市房地产管理法》的有关规定,遵循坚守土地公有制性质不改变、耕地红线不突破、农民利益不受损的底线,坚持从实际出发、因地制宜的原则,按程序、分步骤审慎稳妥推进存量集体经营性建设用地入市改革试点。在符合规划、用途管制和依法取得的前提下,允许存量农村集体经营性建设用地使用权出让、租赁、入股,实行与国有建设用地使用权同等入市、同权同价。

(三)宅基地使用权

宅基地使用权指的是农村集体经济组织的成员依法享有的在农民集体所有的土地上建造个人住宅的权利。根据我国物权法的规定,宅基地使用权人依法对集体所有的土地享有占有和使用的权利,有权利用该土地建造住宅及其附属设施。宅基地使用权的取得方式与程序:依《土地管理法》第五十二条第三款的规定,经乡(镇)人民政府审核,由县级人民政府批准。

宅基地使用权人享有以下权利:(1)占有、使用权。使用权人可利用该集体所有的土地建造住宅及其附属设施,但法律未明确其享有收益权。(2)基本上无流转权。依《土地管理法》第六十二条,宅基地使用权实行一户一宅原则,权利人不得买卖或者变相买卖(抵押、出租、出资、赠与)宅基地;当然,权利人可以出卖、出租宅基地上的房屋,但不得另行申请宅基地。(3)不承担风险。宅基地因为自然灾害等原因灭失的,宅基地使用权当然随之消灭,无宅基地的村民,应当另行分配宅基地。

如前所述,囿于我国广大农村地区落后的宅基地登记制度的现实,《物权法》对宅基地的登记并没有采取一刀切的规定,作为权宜之策只规定:已经登记的宅基地使用权转让或消灭的,应当及时办理变更、注销登记手续。

(四)探矿权

根据《矿产资源法》和《矿产资源法实施细则》的规定,探矿权是指在依法取得的勘查许可证规定的范围内勘查矿产资源的权利。取得勘查许可证的单位或者个人称为探矿权人。探矿权人有权在划定的勘查作业区内进行规定的勘查作业,有权优先取得勘查作业区内矿产资源的采矿权。

探矿权人享有下列权利:(1)按照勘查许可证规定的区域、期限、工作对象进行勘查;(2)在勘查作业区及相邻区域架设供电、供水、通讯管线,但是不得影响或者损害原有的供电、供水设施和通信管线;(3)在勘查作业区及相邻区域通行;(4)根据工程需要临时使用土地;(5)优先取得勘查作业区内新发现矿种的探矿权;(6)优先取得勘查作业区内矿产资源的采矿权；(7)自行销售勘查中按照批准的工程设计施工回收的矿产品，但是国务院规定由指定单位统一收购的矿产品除外。

探矿权人应当履行下列义务：(1)在规定的期限内开始施工，并在勘查许可证规定的期限内完成勘查工作；(2)向勘查登记管理机关报告开工等情况；(3)按照探矿工程设计施工，不得擅自进行采矿活动；(4)在查明主要矿种的同时，对共生、伴生矿产资源进行综合勘查、综合评价；(5)编写矿产资源勘查报告，提交有关部门审批；(6)按照国务院有关规定汇交矿产资源勘查成果档案资料；(7)遵守有关法律、法规关于劳动安全、土地复垦和环境保护的规定；(8)勘查作业完毕，及时封、填探矿作业遗留的井、硐或者采取其他措施，消除安全隐患；(9)有优先取得勘查作业区内矿产资源的采矿权的权利，但并不直接享有采矿的权利和资格。

(五)采矿权

根据《矿产资源法》和《矿产资源法实施细则》的规定，采矿权，是指在依法取得的采矿许可证规定的范围内，开采矿产资源和获得所开采的矿产品的权利。取得采矿许可证的单位或者个人称为采矿权人。

采矿权人享有下列权利：(1)按照采矿许可证规定的开采范围和期限从事开采活动；(2)自行销售矿产品，但是国务院规定由指定的单位统一收购的矿产品除外；(3)在矿区范围内建设采矿所需的生产和生活设施；(4)根据生产建设的需要依法取得土地使用权；(5)依法申请有效期的延续；(6)依法申请采矿权的转让和变更；(7)申请停办、关闭矿山。

采矿权人应当履行下列义务：(1)依法缴纳采矿权使用费和矿产资源补偿费；(2)在批准的期限内进行矿山建设或者开采；(3)按批准的矿产资源开发利用方案进行开采；(4)在开采过程中有效保护、合理开采、综合利用矿产资源；(5)依法缴纳资源税；(6)遵守国家有关劳动安全、水土保持、土地复垦和环境保护的法律、法规；(7)接受地质矿产主管部门和有关主管部门的监督管理，按照规定提供有关资料和年度报告；(8)因开采矿产资源对他人造成财产损失的给予补偿。

三、担保物权

担保物权是指在借贷、买卖等民事活动中，债务人或债务人以外的第三人将特定的财产作为履行债务的担保，债务人未履行债务时，债权人依照法律规定的程序就该财产优先受偿的权利。担保物权包括抵押权、质权和留置权。

在土地上设立的担保物权主要是抵押权。所谓抵押权，是债务人或第三人向债权人提供不动产或动产，作为清偿债务的担保而不转移占有所产生的担保物权。当债务人到期不履行债务时，抵押权人有权就抵押财产的价金优先受偿。国有建设用地使用权可以抵押，以建设用地使用权抵押的，该土地上的建筑物一并抵押。以建筑物抵押的，该建筑物占用范围内的建设用地使用权一并抵押。抵押人未一并抵押的，未抵押的财产视为一并抵押。乡镇、村企业的建设用地使用权不得单独抵押。以乡镇、村企业的厂房等建筑物抵押的,其占用范围内的建设用地使用权一并抵押。

第三节　国土资源部门的权力清单及责任情形

党的十八届三中全会通过的《中共中央关于全面深化改革若干重大问题的决定》要求,推行地方各级政府及其工作部门权力清单制度,依法公开权力运行流程。党的十八届四中全会通过的《中共中央关于全面推进依法治国若干重大问题的决定》进一步明确,加快建设职能科学、权责法定、执法严明、公开公正、廉洁高效、守法诚信的法治政府。行政机关要坚持法定职责必须为、法无授权不可为,勇于负责、敢于担当,坚决纠正不作为、乱作为,坚决克服懒政、怠政,坚决惩处失职、渎职。行政机关不得法外设定权力,没有法律法规依据不得作出减损公民、法人和其他组织合法权益或者增加其义务的决定。推行地方各级政府及其工作部门权力清单制度,是加强权力运行制约和监督体系建设的一项重大举措,有利于深化行政审批制度改革,有利于把政府权力关进制度的笼子里,打造有限、有为、有效的法治政府和服务型政府。

政府的行政权力包括行政许可、行政处罚、行政强制、行政征收、行政给付、行政裁决、行政确认、行政奖励以及其他行政权力等。

一、省级国土资源部门的权力清单

(一)行政许可

《行政许可法》第二条规定:"本法所称行政许可,是指行政机关根据公民、法人或者其他组织的申请,经依法审查,准予其从事特定活动的行为。"从许可事实形成上来说,其基本过程表现为:申请——审查——准予。在省级国土资源主管部门的权力清单中,行政许可事项大致如下:

(1)建设项目用地审批。本权力子项包括建设项目用地预审(报省项目)、农村土地综合整治与城乡建设用地增减挂钩审核、单独选址建设项目国有土地使用权审核。

(2)采矿权及采矿权转让许可。本权力子项包括采矿权新立许可、采矿权变更许可、采矿权转让许可、采矿权注销许可、采矿权延续许可以及划定矿区范围。

(3)探矿权及探矿权转让许可。本权力子项包括探矿权新立许可、探矿权延续与保留许可、探矿权注销许可、探矿权变更许可和探矿权转让许可。

(4)古生物化石进出境审批。

(5)发掘古生物化石审批。

(6)地质勘查资质审批。本权力子项包括地质资质勘查新设、变更、注销、补证审批。

(7)盐田的废弃、转让许可。

(8)地质灾害危险性评估单位资质审批。本权力子项包括地质灾害危险性评估单位资质新申、延续、升级、注销和变更审批。

（9）地质灾害治理工程勘查设计施工监理单位资质审批。本权力子项包括地质灾害治理工程勘查设计施工监理单位资质新申、延续、升级、注销和变更审批。

（二）行政处罚

行政处罚是指法律、行政法规规定的有权行政主体，依其法定职权和法定程序对违反行政管理秩序的公民、法人或者其他组织，实施惩戒或制裁的具体行政行为。行政处罚的基本原则包括：处罚法定原则；公正公开原则；教育与处罚相结合的原则；一事不再罚（款）原则；处罚救济原则。我国《行政处罚法》第八条规定行政处罚的种类包括：警告；罚款；没收违法所得，没收非法财物；责令停产停业；暂扣或者吊销许可证、暂扣或者吊销执照；行政拘留；法律、行政法规规定的其他行政处罚。

权力清单中，省级国土资源主管部门（浙江）的行政处罚事项（属地管理的除外，省级部门除重大事项外一般不再直接行使）大致如下：

（1）伪造地质资料或者在地质资料汇交中弄虚作假的处罚；

（2）违反规定未抄送相关地质资料的处罚；

（3）未按规定汇交地质资料的处罚；

（4）汇交的地质资料经验收不合格，逾期拒不按要求修改补充的处罚。

（三）行政强制

行政强制，是指行政机关为了预防或制止正在发生或可能发生的违法行为、危险状态以及不利后果，或者为了保全证据、确保案件查处工作的顺利进行而对相对人的人身、财产予以强制的一种具体行政行为。行政强制包括两个类型，即行政强制措施和行政强制执行。前者是依法对公民的人身自由实施暂时性限制，或者对公民、法人或者其他组织的财物实施暂时性控制的行为。后者是指行政机关或者行政机关申请人民法院，对不履行行政决定的公民、法人或者其他组织，依法强制履行义务的行为。

权力清单中，省级国土资源主管部门（浙江）的行政强制事项只有一个：查封、暂扣用于施工的工具、设备、建筑材料。

（四）行政征收

行政征收是指行政主体为了公共利益的需要，根据法律、法规的规定，以强制方式取得行政相对人财产所有权的一种具体行政行为。行政征收具有以下特征：公益目的性、强制性、法定性。以是否给予补偿为标准，行政征收可以分为无偿征收和有偿征收：无偿征收主要包括行政征税和行政收费，这主要是基于税和费的自身特性——相当的广泛性；除行政征税和行政收费活动外，行政征收是有偿的，行政相对人的财产一经征收，其所有权就转移为国家所有，成为公有财产的一部分，由国家永久控制和支配，相应地，征收主体必须向被征收主体给予合理的补偿。

权力清单中，省级国土资源主管部门（浙江）的行政征收事项大致如下：

(1)新增建设用地土地有偿使用费征收;

(2)矿产资源补偿费征收;

(3)耕地开垦费征收;

(4)征地管理费征收;

(5)采矿权使用费、采矿权价款、采矿权出让所得、采矿登记费征收;

(6)探矿权使用费、探矿权价款、探矿权出让所得、矿产资源勘查登记费征收。

(五)行政裁决

行政裁决是指行政机关或法定授权的组织,对平等主体之间发生的、与行政管理活动密切相关的、特定的民事纠纷(争议)进行审查并作出裁决的具体行政行为。行政裁决的主体具有法定性:行政机关只有获得法律授权,才能对授权范围内的民事纠纷案件进行审查并裁决,没有法律授权,行政机关不能自行决定和裁决某些民事纠纷案件。行政裁决的特征包括:行政裁决的主体是法律法规授权的行政机关;行政裁决的民事纠纷与行政管理有关;行政裁决是依法申请的行政行为;行政裁决具有准司法性;行政裁决是一种具体行政行为。

权力清单中,省级国土资源主管部门(浙江)的行政裁决事项大致如下:

(1)重大土地权属争议调处;

(2)征地补偿标准争议协调裁决;

(3)重大采矿权权属争议、纠纷的调处;

(4)探矿权人和采矿权人对勘查作业区范围和矿区范围争议的裁决;

(5)探矿权争议裁决。

(六)行政确认

行政确认是指行政机关依职权或应申请,对法律上的事实、性质、权利、资格者关系进行甄别或认定,以法定方式予以宣告的具体行政行为。行政确认具有以下特征:行政确认行为的主体是行政主体;行政确认行为的内容或者目的,是对行政相对人的法律地位和权利义务的确定或否定;行政确认权是国家行政权的组成部分,行政确认权是行政主体的行政行为;行政确认是要式行政行为;行政确认是羁束性行政行为。行政确认的主要形式包括确定、认定(认证)、证明、登记、鉴证。

权力清单中,省级国土资源主管部门(浙江)的行政确认事项大致如下:

(1)矿产资源储量登记;

(2)古生物化石产地认定;

(3)地质灾害治理责任认定;

(4)省级地质公园命名批准。

(七)行政奖励

行政奖励,是指行政主体为了表彰先进、激励后进,充分调动和激发人们的积极性和创造性,依照法定条件和程序,对为国家、人民和社会作出突出贡献或者模范地遵纪守法的行政相对人,给予物质的或精神的奖励的具体行政行为。

行政奖励的内容和形式体现为如下三个方面:精神方面的权益,即给予受奖人某种荣誉,如授予"劳动模范"等荣誉称号、通报表扬、通令嘉奖、记功,发给奖状、荣誉证书、奖章等;物质方面的权益,即发给奖金或者各种奖品;职务方面的权益,即予以晋级或者晋职,当然,这种奖励的对象具有更进一步的限定性,并且,由于牵涉到的职务、职级,往往要求有组织法上的根据。奖励对象如下:

(1)基本农田保护工作中取得显著成绩奖励;

(2)地质灾害防治工作中做出突出贡献奖励;

(3)保护开发土地资源、合理利用土地及科学研究成果奖励;

(4)古生物化石保护工作中做出突出成绩奖励;

(5)土地调查工作中做出突出贡献奖励;

(6)勘查、开发、保护矿产资源及科学技术研究成果奖励;

(7)土地复垦工作中作出突出贡献奖励。

(八)其他行政权力

除以上七种以外,省级国土资源主管部门的其他行政权力还包括基本农田保护监管;土地矿产卫片执法检查;国土资源违法线索调查处理;勘查单位变更、勘查实施方案调整备案;出具非法采矿、破坏性采矿造成矿产资源破坏价值鉴定意见;执法监察动态巡查;矿产资源储量评审备案;地质灾害治理工程质量监管;土地资源市场监督管理;保护性开采的特定矿种开采总量控制;矿业权市场监督管理;矿产资源勘查开采监督管理(包括矿山储量动态检测抽检复检及矿山地质测量监管);标准农田、高标准基本农田保护监管;矿业权评估的监督管理;矿业权抵押备案;矿产资源节约和综合利用监管;地质资料汇交、利用、保护监督管理;矿产资源勘查、开发利用年检;建设用地项目压覆矿产资源审核等。

(九)涉及交叉管理的行政权力事项

1.市、县(市、区)属地管理

"市、县(市、区)属地管理"的行政权力,是指依法列入省级部门行政权力清单,今后原则上由市、县(市、区)政府主管部门属地管理,省级部门除重大事项外一般不再直接行使的行政权力。需要注意的是,属地管理的权力事项计入省级权力事项总数。

省级国土资源主管部门的属于"市、县(市、区)属地管理"的事项主要是行政处罚,包括买卖或者以其他形式非法转让土地的、擅自将农用地改为建设用地的处罚,将探矿权和采矿权倒卖牟利的处罚等。而行政许可和行政确认都只涉及一项,分别是古生物化石交易场所审批和土地登记。行政征收、行政强制等则未涉及。

2.共性权力

"共性权力"是指省级有关部门均拥有的行政权力,计入省级部门行政权力总数。

共性权力行政处罚类包括:被许可人以欺骗、贿赂等不正当手段取得行政许可的处罚;行政许可申请人隐瞒有关情况或者提供虚假材料申请行政许可的处罚。行政强制类包括:抽样取证;先行登记保存证据;加处罚款。行政奖励主要是对经济社会发展有贡献的信访奖励。其他行政权力主要是行政复议和责令当事人改正或限期改正违法行为两项。

3. 审核转报

"审核转报事项"是指省级部门审核并转报国家部委,由国家部委作出最终行政决定的管理服务事项,不列入省级部门行政权力清单。主要有两项:国家地质公园申报审核和国家矿山公园申报审查。

二、市、县国土资源部门的权力清单

(一)行政许可

(1)采矿权及采矿权转让许可。本权力子项包括采矿权新立许可、采矿权变更许可、采矿权转让许可、采矿权注销许可、采矿权延续许可以及划定矿区范围;

(2)建设项目用地审批。本权力子项包括建设项目用地预审、单独选址建设项目国有土地使用权审核、具体建设项目国有土地使用权审核;

(3)古生物化石交易场所审批;

(4)乡(镇)村公共设施、公益事业建设用地审核;

(5)农村集体经济组织兴办企业用地审核;

(6)临时用地审批;

(7)改变土地用途审批;

(8)国有划拨土地使用权转让、出租审核;

(9)农村村民住宅用地审核;

(10)土地开垦(土地整治)审核。

(二)行政处罚

(1)买卖或者以其他形式非法转让土地的、擅自将农用地改为建设用地的处罚;

(2)擅自将农民集体所有土地使用权非法出让、转让、出租用于非农业建设的处罚;

(3)违反规定转让房地产的处罚;

(4)擅自转让房地产开发项目的处罚;

(5)非法开发利用,非法转让、转租国有租赁土地使用权,非法抵押租赁土地上的建筑物、构筑物和其他附着物的处罚;

(6)非法占用土地的处罚;

(7)超过批准的数量占用土地的处罚;

(8)农村村民未经批准或者采取欺骗手段骗取批准，非法占用土地建住宅的处罚；

(9)有关当事人拒不归还依法收回非法批准、使用的土地的处罚；

(10)依法收回国有土地使用权当事人拒不交出土地的，临时使用土地期满拒不归还土地的，不按照批准的用途使用土地的处罚；

(11)在土地利用总体规划确定的禁止开垦区内进行开垦，经责令限期改正，逾期不改正的处罚；

(12)在临时使用的土地上修建永久性建筑物、构筑物的处罚；

(13)重建、扩建不符合土地利用总体规划的建筑物、构筑物的处罚；

(14)占用耕地建窑、建坟或者擅自在耕地上建房、挖砂、采石、采矿、取土等，破坏种植条件的，因开发土地造成土地荒漠化、盐渍化的处罚；

(15)非法占用基本农田建房、建窑、建坟、挖砂、采矿、取土、堆放固体废弃物或者从事其他活动破坏基本农田，毁坏种植条件的处罚；

(16)在耕地上发展林果业、养殖业，导致粮食种植条件毁坏的处罚；

(17)土地复垦义务人未按照规定补充编制土地复垦方案的处罚；

(18)土地复垦义务人未按照规定将土地复垦费用列入生产成本或者建设项目总投资的处罚；

(19)土地复垦义务人未按照规定对拟损毁的耕地、林地、牧草地进行表土剥离的处罚；

(20)土地复垦义务人未按照规定报告土地损毁情况、土地复垦费用使用情况或者土地复垦工程实施情况的处罚；

(21)土地复垦义务人不依法缴纳土地复垦费的处罚；

(22)土地复垦义务人拒绝、阻碍国土资源主管部门监督检查或者在接受监督检查时弄虚作假的处罚；

(23)拒不履行土地复垦义务的处罚；

(24)临时占用耕地，逾期不恢复耕地种植条件的处罚；

(25)骗取土地登记、伪造、擅自涂改土地证书的处罚；

(26)破坏或者擅自改变基本农田保护标志的处罚；

(27)侵占或者破坏基本农田设施的处罚；

(28)未按规定期限和条件开发利用土地的处罚；

(29)接受调查的单位和个人妨碍土地调查工作的处罚；

(30)未取得勘查许可证擅自进行勘查或超越批准的勘查区块范围进行勘查的处罚；

(31)未经批准，擅自进行滚动勘探开发、边探边采或者试采的处罚；

(32)擅自印制或者伪造、冒用勘查许可证的处罚；

(33)不按照规定备案、报告有关勘查情况、拒绝接受监督检查或者弄虚作假的，未按规定完成最低勘查投入的，已经领取勘查许可证的勘查项目满 6 个月未开始施工或者施工后无故停止勘查工作满 6 个月的处罚；

（34）不办理勘查许可证变更登记或者注销登记手续的处罚；

（35）不按期缴纳应当缴纳的探矿权使用费、探矿权价款的处罚；

（36）未取得采矿许可证擅自采矿，擅自进入国家规划矿区、对国民经济具有重要价值的矿区范围采矿，擅自开采国家规定实行保护性开采的特定矿种的处罚；

（37）超越批准的矿区范围采矿的处罚；

（38）破坏性采矿的处罚；

（39）采矿权人未按规定缴纳矿产资源补偿费和滞纳金的处罚；

（40）采矿权人采取伪报矿种，隐匿产量、销售数量，或者伪报销售价格、实际开采回采率等手段，不缴或者少缴矿产补偿费的处罚；

（41）采矿权人在缴纳矿产资源补偿费时未按照规定提交已采出矿产品的矿种、产量、销售数量、销售价格和实际开采回采率等资料的处罚；

（42）未按规定进行矿产资源补偿费纳费申报的处罚；

（43）未按规定报送征收矿产资源补偿费有关资料的处罚；

（44）不依照《矿产资源开采登记管理办法》提交年度报告、拒绝接受监督检查或者弄虚作假的处罚；

（45）破坏或者擅自移动矿区范围界桩或者地面标志的处罚；

（46）擅自印制或者伪造、冒用采矿许可证的处罚；

（47）不按期缴纳应当缴纳的采矿权使用费、采矿权价款的处罚；

（48）不办理采矿许可证变更登记或者注销登记手续的处罚；

（49）扣缴义务人未履行代扣代缴矿产资源补偿费义务的处罚；

（50）采矿权人不按规定时间建设或生产的、不按规定定期测绘并报送采矿图件的处罚；

（51）买卖、出租或者以其他形式转让矿产资源的处罚；

（52）非法用采矿权作抵押的处罚；

（53）将探矿权、采矿权倒卖牟利的处罚；

（54）未经批准，擅自转让探矿权、采矿权的处罚；

（55）以承包等方式擅自将采矿权转给他人进行采矿的处罚；

（56）未经批准发掘古生物化石的或未按照批准的发掘方案发掘古生物化石的处罚；

（57）未按照规定移交发掘的古生物化石的处罚；

（58）古生物化石收藏单位不符合收藏条件收藏古生物化石的处罚；

（59）收藏单位未按照规定建立本单位收藏的古生物化石档案的处罚；

（60）古生物化石收藏单位之间未经批准转让、交换、赠与其收藏的重点保护古生物化石的处罚；

（61）单位或者个人将其收藏的重点保护古生物化石转让、交换、赠与、质押给外国人或者外国组织的处罚；

（62）有关单位和工作人员利用职务上的便利，将国有古生物化石非法占为已有

的,有违法所得的处罚;

(63)建设单位未按照规定对地质灾害易发区内的建设工程进行地质灾害危险性评估、配套的地质灾害治理工程未经验收或者经验收不合格主体工程即投入生产或者使用的处罚;

(64)对工程建设等人为活动引发的地质灾害不予治理、逾期不治理或者治理不符合要求的处罚;

(65)在地质灾害危险区内爆破、削坡、进行工程建设以及从事其他可能引发地质灾害活动的处罚;

(66)在地质灾害危险性评估及地质灾害治理工程勘查设计施工监理活动中违规行为的处罚;

(67)伪造、变造、买卖地质灾害危险性评估资质证书、地质灾害治理工程勘查、设计、施工和监理资质证书的处罚;

(68)侵占、损毁、损坏地质灾害监测设施或者地质灾害治理工程设施的处罚;

(69)不及时办理地质灾害危险性评估单位资质证书变更、注销手续的处罚;

(70)不按时办理地质灾害危险性评估单位资质和项目备案的处罚;

(71)不及时办理地质灾害治理工程勘查设计施工单位资质证书变更、注销手续的处罚;

(72)承担地质灾害治理工程项目的资质单位未按规定进行备案的处罚;

(73)未按规定及时办理地质灾害治理工程监理单位资质证书变更、注销手续的处罚;

(74)拒不办理地质灾害治理工程监理单位资质和项目备案手续的处罚;

(75)地质勘查单位以欺骗、贿赂等不正当手段取得地质勘查资质证书的处罚;

(76)擅自从事地质勘查活动或者未办理延续手续继续从事地质勘查活动的处罚;

(77)地质勘查单位变更单位名称、住所或者法定代表人未按规定办理地质勘查资质证书变更手续的处罚;

(78)地质勘查单位违法操作的处罚;

(79)地质勘查单位不如实提供有关材料,或者拒绝、阻碍监督检查的处罚;

(80)地质勘查单位被责令限期整改,逾期不整改或者经整改仍不符合地质勘查资质证书规定的资质类别或者资质等级相应条件的处罚;

(81)伪造、变造、转让地质勘查资质证书的处罚;

(82)应当编制矿山地质环境保护与治理恢复方案而未编制的,扩大开采规模、变更矿区范围或者开采方式,未重新编制矿山地质环境保护与治理恢复方案并经原审批机关批准的处罚;

(83)未按照批准的矿山地质环境保护与治理恢复方案治理,或者在矿山被批准关闭、闭坑前未完成治理恢复的处罚;

(84)未按期缴存矿山地质环境治理恢复保证金的处罚;

(85)探矿权人未采取治理恢复措施的处罚;

(86)扰乱、阻碍矿山地质环境保护与治理恢复工作,侵占、损坏、损毁矿山地质环境监测设施或者矿山地质环境保护与治理恢复设施的处罚;

(87)违反规定,擅自移动和破坏碑石、界标,进行采石、取土、开矿、放牧、砍伐以及采集标本化石,对地质遗迹造成污染和破坏,不服从保护区管理机构管理以及从事科研活动未向管理单位提交研究成果副本的处罚。

(三)行政强制

行政强制包括查封、暂扣用于施工的工具、设备、建筑材料。

(四)行政征收

(1)土地复垦费征收;

(2)征地管理费征收

(3)土地登记费征收

(4)采矿权使用费征收;

(5)采矿权价款征收;

(6)采矿权出让所得征收;

(7)矿产资源补偿费征收;

(8)土地闲置费征收;

(9)土地使用权出让金等土地有偿使用费征收;

(10)耕地开垦费征收。

(五)行政裁决

(1)土地权属争议调查处理;

(2)采矿权争议处理。

(六)行政确认

(1)土地登记;

(2)矿产资源储量登记;

(3)地质灾害治理责任认定;

(4)古生物化石产地认定。

(七)其他行政权力

除此之外,其他类权力事项主要还包括:矿业权抵押备案;矿产资源储量评审备案;矿产资源勘查、开发利用年检;基本农田保护监管;标准农田、高标准基本农田保护监管;土地矿产卫片执法检查;执法监察动态巡查;土地资源市场监督管理;矿业权市场监督管理;矿业权评估的监督管理;矿产资源勘查开采监督管理(包括矿山储量动态检测抽检复检及矿山地质测量监管);地质灾害治理工程质量监管;国土资源违法线索调查处理;地质灾害危险性评估资质和项目备案;地质灾害治理工程勘查、设计、施工资质和项目备案;地质灾害治理工程监理资质和项目备案;地质遗迹类自然保护区中地质遗迹日常监督管理;国家、省级地质遗迹类自然保护区中重要地质遗迹日常监督管理;县级地质遗迹类自然保护区中地质遗迹日常监督管理;闲置土地认定和处置方案审核;土地使用权分割转让审批;设施农用地备案;国有土地使用权收购补偿标准批准确认;建设用地复核验收;地质灾害危险性评估成果备案;收回土地使用权审核;国有划拨土地转让补办有偿使用权审批(含转让补办、自用补办、调整有偿使用方式等);耕作层剥离与再利用审核;征地(经济)补偿安置方案审核;建设用地项目压覆矿产资源审核;地质灾害避让搬迁和治理工程项目审查。

三、行政责任事项与追责情形

(一)行政许可的责任事项与追责情形

1. 责任事项

(1)受理阶段责任:公示依法应当提交的材料;一次性告知补正材料;依法受理或不予受理(不予受理应当告知理由)。

(2)审查阶段责任:对申请材料进行审查、提出审查意见;必要时组织人员实地考察。

(3)决定阶段责任:作出行政许可或者不予行政许可决定,法定告知(不予批准的要说明理由并告知享有依法申请行政复议或者提起行政诉讼的权利)。

(4)送达阶段责任:依法制作并送达相关审批文件,公示许可结果。

(5)事后监管责任:对被许可人履行法定义务等情况进行监督检查,依法采取相关处置措施。

(6)其他法律法规规章文件规定应履行的责任。

2. 追责情形

因不履行或不正确履行行政职责,有下列情形的,行政机关及相关工作人员应承担相应责任:

(1)对符合法定条件的行政许可申请不予受理的;

(2)对不符合法定条件的申请人准予行政许可或者超越法定职权作出准予行政许可决定的;

(3)对符合法定条件的申请人不予行政许可或者不在法定期限内作出准予行政许可决定的;

(4)不依法履行监督职责或者监督不力,导致矿产资源破坏的;

(5)违反法定程序实施行政许可的;

(6)在许可工作中玩忽职守、滥用职权的;

(7)办理许可、实施监督检查,索取或者收受他人财物或者谋取其他利益的;

(8)其他违反法律法规规章文件规定的行为。

(二)行政处罚的责任事项与追责情形

1. 责任事项

(1)立案阶段责任:发现涉嫌违法行为(或者下级国土资源主管部门上报或其他机关移送的违法案件等),应及时制止(对正在实施的违法行为,下达《责令停止违法行为通知书》),并予以审查,决定是否立案。

(2)调查阶段责任:国土资源主管部门对立案的案件,指定专人负责,及时组织调查取证,与当事人有直接利害关系的应当回避。执法人员不得少于两人,调查时应出示执法证件,允许当事人辩解陈述。执法人员应保守有关秘密。

(3)审查阶段责任:审理案件调查报告,对案件违法事实、证据、调查取证程序、法律适用、处罚种类和幅度、当事人陈述和申辩理由等方面进行审查,提出处理意见(主要证据不足时,以适当的方式补充调查)。

(4)告知阶段责任:作出行政处罚决定前,应制作《行政处罚告知书》送达当事人,告知违法事实及其享有的陈述、申辩等权利。符合听证规定的,制作并送达《行政处罚听证告知书》。

(5)决定阶段责任:制作行政处罚决定书,载明行政处罚告知、当事人陈述申辩或者听证情况等内容。

(6)送达阶段责任:行政处罚决定书按法律规定的方式送达当事人。

(7)执行阶段责任:依照生效的行政处罚决定,监督当事人履行。当事人逾期不履行的,可依法采取加处罚款、申请法院强制执行,或向本级政府、上级主管部门报告,或向当事人单位、上级主管部门通报,或向社会通报,或停办相关审批手续等。

(8)其他法律法规规章文件规定应履行的责任。

2. 追责情形

因不履行或不正确履行行政职责,有下列情形的,行政机关及相关工作人员应承担相应责任:

(1)对应当予以制止和处罚的违法行为不予制止、处罚,致使公民、法人或者其他组织的合法权益、公共利益和社会秩序遭受损害的;

(2)没有法律和事实依据实施行政处罚的;

(3)违反规定应当回避而不回避,影响公正执行公务,造成不良后果的;

(4)在土地管理工作中滥用职权、玩忽职守、徇私舞弊的;

(5)不具备行政执法资格实施行政处罚的;

(6)应当依法移送追究刑事责任,而未依法移送有权机关的;

(7)泄露因履行职责掌握的商业秘密、个人隐私,造成不良后果的;

(8)擅自改变行政处罚种类、幅度的;

(9)违反法定的行政处罚程序的;

(10)违反"罚缴分离"规定,擅自收取罚款的;

(11)截留、私分或者变相私分罚款的;

(12)不使用罚款单据或使用非法定部门制发的罚款单据的;

(13)符合听证条件、行政管理相对人要求听证,应予组织听证而不组织听证的;

(14)在行政处罚过程中发生腐败行为的;

(15)其他违反法律法规规章文件规定的行为。

(三)行政确认的责任事项与追责情形

1.责任事项

(1)受理阶段责任:公示依法应当提交的材料;一次性告知补正材料;依法受理或者不受理通知单。

(2)审查阶段责任:审核相关资料,需要现场核实可到现场核实,符合法律法规和相关政策予以办理;不符合相关规定的书面通知并予以退回。

(3)办理阶段责任:符合条件并通过审核,予以办理登记。

(4)事后监管责任:对权利人进行日常监督检查。

(5)其他法律法规规章文件规定应履行的责任。

2.追责情形

因不履行或不正确履行行政职责,有下列情形的,行政机关及相关工作人员应承当相应责任:

(1)对符合受理条件的申请不予受理的;应当公开行政许可事项和申请所需材料而不公开的;应当一次性告知补正材料而未告知的;

(2)未严格按照相关政策、法律、法规履行审查义务,对应当审查的没有审查,不应当审查的予以审查的;

(3)不按照相关规定违规办理,滥用职权、徇私舞弊、玩忽职守的;

(4)有索贿、受贿,谋取不正当利益的;

(5)不依法履行监督职责或者监督不力的;

(6)其他违反法律法规规定文件的行为。

(四)行政征收的责任事项与追责情形

1.责任事项

(1)受理环节责任:公示告知征收标准、征收依据以及其他应当公示的内容,并按申请人的要求进行相关解释说明。

(2)审核环节责任:审核相关申请材料及核算费用等。

(3)决定环节责任:做出审核决定,开具缴款书。

(4)事后监管责任:根据不同业务做出不同的事后监管措施。

(5)其他法律法规规章文件规定应履行的责任。

2.追责情形

因不履行或不正确履行行政职责,有下列情形的,行政机关及相关工作人员应承担相应责任:

(1)对符合法定条件的申请不予受理的;

(2)未严格按程序办理;

(3)在工作中玩忽职守、滥用职权的;

(4)办理过程中,索取或者收受他人财物或者谋取其他利益的;

(5)其他违反法律法规规章文件规定的行为。

第四节 行政救济及纠纷解决机制

现代行政要求必须对行政主体实施行政行为所造成的侵害予以法律上的补救,这就是行政救济。为了保障公民权利、防止行政权的滥用,必须建立各种监督制度和救济途径,其中行政复议、行政诉讼是最重要的两种制度。目前,信访制度作为一项独具中国社会主义特色的制度设计,它在现实中所发挥的权利救济功能是不可或缺的。公民、法人等在土地和矿产上的权利受到行政权力的侵害,或者与行政机关发生相关纠纷时,应当遵循法定机制解决问题。

一、行政复议

行政复议指公民、法人或其他组织认为具体行政行为侵犯其合法权益,按照法定的程序和条件,向作出该具体行政行为的上一级行政机关或法定机关提出申请,并由该机关对具体行政行为的合法性和适当性进行审查并作出复议决定的活动。

(一)行政复议的受案范围

我国行政复议的范围确定采取以下三项标准:具体行政行为标准、违法和不当标准、合法权益标准。具体来说有:

1.具体行政行为标准

行政复议不仅将具体行政行为纳入复议范围,还将抽象行政行为部分地、有限地纳入复议范围。根据《行政复议法》第七条的规定,当事人对具体行政行为申请行政复议时,可以一并对作出该具体行政行为所依据的抽象行政行为提出审查申请,但必须符合以下条件:(1)当事人必须对具体行政行为申请复议;(2)作出该具体行政行为的依据是某抽象行政行为;(3)当事人认为该抽象行政行为不合法;(4)该抽象行政行为不属于行政法规、行政规章,也就是效力层级在行政规章以下。

2.违法和不当标准

复议机关不仅受理行政违法案件,还受理行政不当案件,对具体行政行为的合法性和适当性都进行审查。这一点与行政诉讼不同,行政诉讼只受理行政违法案件。

3. 合法权益标准

行政复议机关受理侵犯公民法人和其他组织合法权益引起的行政争议案件。当然,争议案件必须是基于行政职权的行使而引发的争议。

(二)行政复议的管辖

复议管辖又称复议机关的确定,复议机关的确定主要有三种规则。

1. 条块管辖

人们常将行政机关之间垂直领导的关系称为"条条"关系,而将地方政府对其下属部门的领导称为"块块"关系。

条块管辖,是确定复议机关的一般原则,也是最常见的情况,指的是由被申请人的同级政府或上一级主管部门作为复议机关的情况。条块管辖适用于县、市、省三级政府的一般工作部门作为复议被申请人的情况。

2. 条条管辖

条条管辖指的是只由被申请人的上一级领导机关充当复议机关,而排除其同级政府作为复议机关的情况。条条管辖的情况相对特殊,适用于两种情况:

(1)地方各级政府作为复议被申请人的情况。此时被申请人自己就是一级政府,它的直接领导机关自然只有一个,就是上一级政府。

(2)垂直领导部门作为被申请人的情况。主要指的是中央垂直领导具体包括海关、金融、国税、外汇管理以及国家安全部门。省级以下的垂直领导,如工商、地税、国土资源管理等,照《行政复议法实施条例》的规定,不服省级以下垂直领导部门的行为,仍实行"条块管辖",当事人仍可选择向其上一级主管部门或同级政府申请行政复议。

3. 自我管辖

自我管辖指的是复议被申请人自己作为复议机关的情况。只有一种,就是省部级行政机关管辖自己作为被申请人的复议案件。省部级行政机关,包括国务院的组成部门、直属单位以及其他由行政主体地位的下属机构,还包括各省级政府。当事人对于复议结果不服,可提起诉讼,或申请国务院作出裁决。但如果提请国务院裁决,则国务院的裁决是终局的,当事人不可对国务院的此项裁决提起行政诉讼。

4. 特殊案件的管辖

(1)被申请人为派出机关(包括行政公署、街道办事处、区公所),则:对行政公署的具体行政行为不服的,以设立该行政公署的省、自治区、直辖市人民政府为复议机关;对街道办事处的具体行政行为不服的,以设立该街道办事处的市辖区、不设区的市人民政府为复议机关;对区公所的具体行政行为不服的,以设立该区公所的县、自治县人民政府为复议机关。

(2)被申请人为派出机构,则:被申请人是人民政府工作部门的派出机构,以设立该派出机构的工作部门或者该部门所属的本级人民政府为复议机关;被申请人是派出机构,但该派出机构并非人民政府工作部门派出机构的,以直接管理该机构的机关为复议机关。

(3)被申请人为法律、法规授权组织,则应当以直接管理该组织的机关为复议机关。

(4)对两个或者两个以上行政机关以共同的名义作出的具体行政行为不服的,向其共同上级机关申请行政复议。

(5)对被撤销的行政机关在撤销前所作出的具体行政行为不服的,应当以继续行使其职责的行政机关为行政复议的被申请人。

为了便利当事人,这五类特殊案件的复议,申请人除了向复议机关申请之外,也可以向具体行政行为发生地的县级人民政府提出复议申请。

(三)行政复议的参加人

1.行政复议申请人

行政复议申请人是依法申请行政复议的公民、法人或者其他组织。申请人必须是认为自身合法权益受到侵害,并依法提出复议申请的公民、法人或者其他组织,包括外国人、无国籍人和外国组织。

关于行政复议申请权的转移与承受:第一,公民死亡引起的申请权转移,由其近亲属承受;第二,法人或者其他组织终止引起的申请权转移,由承受其权利的法人或者其他组织申请。有权申请行政复议的公民为无民事行为能力人或者限制民事行为能力人的,由其法定代理人代为申请行政复议。申请人可以委托代理人代为参加行政复议。

2.行政复议被申请人

行政复议被申请人,是作出被申请复议的具体行政行为的行政机关。被申请人的法律特征有以下几点:(1)被申请人必须是行政主体,即行政机关或法律、法规授权的组织。(2)被申请人必须是实施了具体行政行为。(3)被申请人必须是其相应具体行政行为受申请人指控并由行政复议机关通知参加行政复议的行政主体。

被申请人也有多种,包括:(1)独立被申请人。作出具体行政行为的一级人民政府和它的工作部门是独立被申请人。(2)共同被申请人。以共同名义作出具体行政行为的若干行政机关是共同被申请人。(3)继续行使被撤销行政机关权限的被申请人。作出被申请具体行政行为的行政机关在申请提出时已经被撤销的,继续行使其权限的行政机关是被申请人。(4)法定授权的组织作为被申请人。法律、法规授权的组织作出具体行政行为,公民、法人或者其他组织不服提出行政复议的,该法定授权组织为被申请人。(5)派出机关和派出机构作为被申请人。行政机关的派出机关和以自己的名义作出具体行政行为的派出机构,该派出机关和派出机构为被申请人。

3.行政复议第三人

行政复议第三人,是指同被申请的具体行政行为有利害关系、参加行政复议的其他公民、法人或者其他组织。行政复议第三人成立需要具备三个条件:(1)复议已经开始,但还没结束。(2)与正在复议的具体行政行为有利害关系。(3)是申请人和被申请人以外的其他公民、法人、其他组织或者行政机关。

从行政复议实践来看,行政复议中的第三人通常包括以下几种:(1)在行政处罚案件中,被处罚人或被侵害人一方申请行政复议,另一方可以作为第三人申请参加复议。(2)在行政处罚复议案件中,同申请人所受的具体行政行为的处理有利害关系的另一方公民、法人或者其他组织。(3)行政处罚案件中的共同被处罚人。(4)在行政确权案件中,被驳回请求的人申请复议,被授予权利的人或者其他被驳回请求的人,可以作为第三人申请参加复议。(5)两个或两个以上行政机关基于同一事实,针对相同的行政管理相对人作出互相矛盾的几个具体行政行为,相对人对其中一个具体行政行为不服申请复议,其他行政机关可以作为第三人申请参加行政复议。(6)行政机关因越权处罚被申请复议时,越权的行政机关和被越权的行政机关中未作被申请人的行政机关作为第三人参加复议。

(四)行政复议的申请和受理

1.行政复议的申请

《行政复议法》规定可以在 60 日内申请行政复议;法律有关于超过 60 天的规定时,按照法律的规定。申请期限的起算,应当从申请人知道作出该具体行政行为之日起算。申请人表达申请意愿的形式,既可以是书面的,也可以是口头的。

2.行政复议申请的受理

行政复议机关应当在收到行政复议申请后的 5 日内,对申请进行审查并作出有关受理的决定。第一,对不符合法律规定的申请决定不予受理,并书面告知申请人。申请复议应当具备以下条件:申请人必须是认为具体行政行为侵犯其合法权益的公民、法人或者其他组织;有明确的被申请人;有具体的复议请求和事实根据;属于申请复议范围;属于受理复议机关管辖;法律、法规规定的其他条件。第二,对符合法律规定但是不属于本机关受理的行政复议申请,应当告知申请人向有关行政机关提出。第三,除了前面两种情形以外,行政复议申请自行政复议机关负责法制工作的机构收到之日起即为受理。

3.具体行政行为在复议期间不停止执行

在原则上,在行政复议期间具体行政行为不停止执行。但是,特殊情况下可以停止执行。《行政复议法》规定了停止执行的四种情形:(1)被申请人认为需要停止执行的。(2)行政复议机关认为需要停止执行的。(3)申请人申请停止执行,行政复议机关认为其要求合理,决定停止执行的。(4)法律规定停止执行的。

(五)行政复议的审理、决定和执行

1. 行政复议的审理

(1)审查方式

行政复议机关审查行政复议案件,原则上实行书面方式。但是,并不能排除行政复议机关根据需要选择书面方式以外的其他适当方式进行审理。

(2)举证责任

行政复议机关负责法制工作的机构应当自行政复议申请受理之日起7日内,将行政复议申请书副本或者行政复议申请笔录复印件发送被申请人。被申请人应当自收到申请书副本或者申请笔录复印件之日起10日内,提出书面答复,并提交当初作出具体行政行为的证据、依据和其他有关材料。

(3)证据收集

在复议过程中被申请人不得自行向申请人和其他有关组织和个人收集证据。

(4)撤回申请

申请人有权撤回已经提出的行政复议申请,但在撤回以后,即使符合申请的条件也不得再申请复议。

2. 行政复议的决定

(1)对有关行政规定和行政依据的审查和处理

行政复议机关审理复议案件,以法律、行政法规、地方性法规、规章以及上级行政机关依法制定和发布的具有普遍约束力的决定、命令为依据。

对于申请人提出对规定进行审查申请的,按照行政复议机关的处理权限分别处理。第一,对该规定有权处理的,行政复议机关应当在30日内依法处理;第二,对该规定无权处理的,行政复议机关应当在7日内按照法定程序转送有权处理的行政机关依法处理;第三,接受行政复议机关转送的有权机关,应当在60日内依法作出处理;第四,对行政规定的处理期间,应当中止对具体行政行为的审查。

(2)对具体行政行为的决定

决定程序:行政复议机关负责法制工作的机构,对具体行政行为进行审查,提出审查处理意见,然后由行政复议机关的负责人员作出行政复议决定。

决定种类:

①维持的决定。作出维持决定的条件有五个方面:第一,事实清楚。第二,证据确凿。第三,适用法律正确。第四,程序合法。第五,内容适当。

②履行法定职责的决定。这种决定包括了确认不作为违法和履行法定义务两个方面的内容。

③撤销、变更、确认违法和重新作出具体行政行为的决定。这些决定都是行政复议机关对违法具体行政行为的处理。

撤销里面有两种情况:第一种是只撤销,第二种是撤销的同时责令重作。撤销,适

用于行政机关的行政行为完全违法的情形；撤销并责令重作，适用于行政机关的行政行为违法，但行政机关还应该作出行政行为的情形。

关于变更决定，行政复议机关既能够在具体行政行为违法的情况下变更，也能够在具体行政行为不合理的情况下变更；而法院只能在行政处罚显失公正的情况下变更，其他情况下特别是在具体行政行为不违法的情况下，不得变更。

（3）行政赔偿。申请人在申请行政复议时一并提出了行政赔偿请求，行政复议机关对符合《国家赔偿法》的有关规定应当给予赔偿的，在决定撤销、变更具体行政行为或者确认具体行政行为违法时，应当同时决定被申请人依法给予赔偿。

3.行政复议决定的执行

（1）行政复议决定的生效

行政复议决定的生效，需要有以下几个条件：依法在法定期限内作出行政复议决定；依法制作行政复议决定书；依法送达行政复议决定书。

（2）申请人不履行义务及其执行措施

申请人逾期不起诉又不履行行政复议决定，或者不履行最终裁决的行政复议决定时，如果是维持具体行政行为的行政复议决定，由作出具体行政行为的行政机关依法强制执行，或者申请人民法院强制执行；变更具体行政行为的行政复议决定，由行政复议机关依法强制执行，或者申请人民法院强制执行。

（六）行政复议与行政诉讼的关系

共同点都是解决行政争议，在两者的衔接上，有以下几种关系：

1.选择关系

除非法律、法规规定必须先申请行政复议，当事人可以自由选择申请行政复议还是提起行政诉讼。但是，这个选择是排他的。行政复议已经被依法受理的，当事人在法定复议期限以内不得提起诉讼；行政诉讼已经被依法受理的，则不得再申请行政复议。

2.必经关系

法律、法规规定应当首先向行政复议机关申请行政复议，对行政复议决定不服再向人民法院提起行政诉讼的，行政复议机关不予受理或者受理后超过行政复议期限不作答复的，公民、法人或者其他组织可以自收到不予受理决定书之日起或者行政复议期满之日起 15 日内，依法向人民法院起诉。

3.限制性的选择关系

行政机关作出一个行为，当事人对行为不服，可以选择申请复议，或者向法院起诉。但是如果法律规定行政复议机关作出的行政复议决定终局的，当事人不得提起行政诉讼。《行政复议法》规定的终局行政复议决定有两个：第一是《行政复议法》第十四条规定的国务院裁决；第二是《行政复议法》第三十条关于省、自治区、直辖市人民政府对确认自然资源所有权或者使用权的复议决定。对于侵犯已经依法取得的自然资源所有权或者使用权的具体行政行为,必须首先进行行政复议。对行政复议决定不服的,可以依法向人民法院提起行政诉讼。但是,省、自治区和直辖市人民政府确认自然资源所有权和使用权的行政复议决定,是终局裁决,不得提起行政诉讼。

二、行政裁决

行政裁决是行政机关依照法律授权,以中间人的身份,对行政相对人之间所发生的、与行政管理密切相关的、特定的民事纠纷进行审查和裁决的具体行政行为。行政裁决具有以下特征:主体是法律、法规授权的特定的行政机关;对象是特定的民事纠纷;具有准司法性;是一种特殊的具体行政行为。

(一)行政裁决的适用范围

从现有法律法规来看,行政裁决涉及自然领域、社会治安、卫生医疗、工商、环境、计量和知识产权等众多行政管理领域。对行政裁决范围作出法律法规规定的有:《土地管理法》《邮政法》《民间纠纷处理办法》《治安管理处罚法》《草原法》《商标法》《森林法》《著作权法》《计量法》《食品卫生法》《环境保护法》《医疗事故处理条例》等。

(二)行政裁决的种类

(1)权属纠纷裁决。权属纠纷是指双方当事人因某一财产的所有权或者使用权的归属发生争议。行政机关对民事权属纠纷的裁决称为"行政确权"。

(2)侵权纠纷裁决。侵权纠纷是指因一方当事人违反法律的规定或某种义务,而对另一方的合法权益造成不法侵害时所引发的纠纷。我国相关法律为《专利法》《著作权法》《商标法》等。当事人合法权益受到侵害时,可以依法申请行政机关进行制止和决定赔偿,行政机关就此争议作出裁决。

(3)补偿纠纷裁决。补偿纠纷是指一方当事人的合法行为对另一方的合法权益造成损失而引发的双方当事人在损失补偿的方式或程度方面的争议。

(4)损害赔偿纠纷裁决。指一方当事人的权益受到侵害后,要求侵害者给予损害赔偿所引起的纠纷。这种纠纷通常存在于食品卫生、药品管理、环境保护、医疗卫生、产品质量、社会福利等方面。产生损害纠纷时,权益受到损害者可以依法要求有关行政机关作出裁决,确认赔偿责任和赔偿金额,使其受到侵害的权益得到恢复或赔偿。

(5)国有资产产权纠纷裁决。如《国有资产产权界定和产权纠纷处理暂行办法》第二十九条规定:"全民所有制单位之间因对国有资产的经营权、使用权等发生争议而产生的纠纷,应在维护国有资产权益的前提下,由当事人协商解决。协商不能解决的,应向同级或共同上一级国有资产管理部门申请调解和裁定,必要时报有权管辖的人民政府裁定,国务院拥有最终裁定权。"

(6)专利强制许可裁决。如《专利法》第五十七条规定:"取得实施强制许可的单位或者个人应当付给专利权人合理的使用费,或者依照中华人民共和国参加的有关国际条约的规定处理使用费问题。付给使用费的,其数额由双方协商;双方不能达成协议的,由国务院专利行政部门裁决。"

(7)经济补偿纠纷裁决。所谓劳动工资、经济补偿纠纷,是指因用人单位克扣或者无故拖欠劳动者工资,拒不支付劳动者延长工作时间工资报酬,低于当地最低工资标准支付劳动者工资,或者解除劳动合同后未依法给予劳动者经济补偿而发生的纠纷。

(8)民间纠纷裁决。如国务院颁布的《民间纠纷处理办法》规定,基层人民政府可以依法裁决民间纠纷。基层人民政府对民间纠纷作出处理决定应当制作处理决定书,并经基层人民政府负责人审定、司法助理员署名后加盖基层人民政府印章。

(三)行政裁决的程序

依法行政包含着程序合法,要通过立法规定行政裁决的程序。行政实体法更多的是赋予行政主体公权力,限制私权利,而行政程序法恰恰相反,它对行政主体的活动设置一些约束性规范,限制公权力,保障相对人的私权利,通过程序法使公权力与私权利达到平衡。行政裁决一般应遵循以下程序:

(1)申请。是指民事争议的一方或双方当事人,向有权行政机关提出要求解决纠纷的请求。申请一般应具备以下条件:一是申请人必须是民事权益发生争议的当事人或其法定代理人;二是申请是向有关的行政主体提出;三是申请符合法定形式要求,如法律规定必须提交申请书和其他文书;四是申请必须在法定期限内提出。

(2)立案。行政裁决机构在收到当事人申请书后,应当对申请进行审查,对符合条件的应当受理;对不符合条件的,行政裁决机构不予受理并应通知申请人,告知其理由。

(3)通知。行政机关立案后应当通知民事争议的申请人及对方当事人,并要求对方当事人提交有关材料等有关情况。

(4)答辩。民事争议当事人在收到裁决申请后,应当在规定的期限内提交答辩书及有关证据材料。答辩在行政裁决程序中极为重要,它一方面可以帮助对方当事人了解申请人申请争议的事实与理由,以便进行辩解,维护自身的合法权益;另一方面有利于裁决机构了解真相、查清事实,作出正确裁决。对方不答辩的,行政机关可径行裁决。

(5)审查。行政裁决机关收到答辩书后,对争议的事实、证据材料进行审查,需补充调查或鉴定的,进行调查、勘验或鉴定(对于交通事故、医疗事故、环境污染、产品质量等技术性争议是必不可少的)。行政裁决机关将所有的事实、证据材料进行综合分析研究,如果尚有疑问或经当事人请求,可举行公开听证,由当事人双方当面陈述案情,相互辩论、举证、质证,以查明案情。

(6)裁决。行政裁决机关在审理后,根据事实和法律、法规做出裁决。行政裁决机关制作并向双方当事人送达的裁决书应载明当事人双方的姓名、地址、争议的内容、对争议的裁定及其理由和法律根据,并注明是否为终局裁决。如不是终局裁决,应写明当事人提起行政复议或诉讼的期限和受理机关。

(7)执行。裁决生效后,争议当事人应当自觉履行,否则由裁决机关依法强制执行或申请人民法院强制执行。

(四)不服行政裁决的救济途径

(1)当事人对于行政裁决不服,可就原来的民事纠纷直接向法院提起民事诉讼。

(2)当事人对于行政裁决不服,可以依法对该裁决决定提起行政诉讼。

三、行政诉讼

行政诉讼是指公民、法人或者其他组织认为行政机关和行政机关工作人员的具体行政行为侵犯其合法权益,依法向人民法院提起诉讼,由人民法院进行审理并作出裁决的活动。

(一)行政诉讼的受案范围

把握行政诉讼受案范围应注意三个层次:

1. 受案范围的确定标准

受案范围的确定标准有以下三个:(1)具体行政行为标准。公民、法人或其他组织,只有在认为具体行政行为侵犯自己的合法权益时,才能提起行政诉讼。(2)违法侵权标准。具体行政行为必须违法才具有可诉性。(3)人身权、财产权标准。具体行政行为侵犯了公民、法人或其他组织的人身权、财产权的,才能提起行政诉讼。

2. 受理的案件

为了明确行政诉讼的受案范围,《行政诉讼法》第十二条具体列举了人民法院可以受理的案件。人民法院受理公民、法人或者其他组织提起的下列诉讼:

(1)对行政拘留、暂扣或者吊销许可证和执照、责令停产停业、没收违法所得、没收非法财物、罚款、警告等行政处罚不服的;

(2)对限制人身自由或者对财产的查封、扣押、冻结等行政强制措施和行政强制执行不服的;

(3)申请行政许可,行政机关拒绝或者在法定期限内不予答复,或者对行政机关作出的有关行政许可的其他决定不服的;

(4)对行政机关作出的关于确认土地、矿藏、水流、森林、山岭、草原、荒地、滩涂、海域等自然资源的所有权或者使用权的决定不服的;

(5)对征收、征用决定及其补偿决定不服的;

(6)申请行政机关履行保护人身权、财产权等合法权益的法定职责,行政机关拒绝履行或者不予答复的;

(7)认为行政机关侵犯其经营自主权或者农村土地承包经营权、农村土地经营权的;

（8）认为行政机关滥用行政权力排除或者限制竞争的；

（9）认为行政机关违法集资、摊派费用或者违法要求履行其他义务的；

（10）认为行政机关没有依法支付抚恤金、最低生活保障待遇或者社会保险待遇的；

（11）认为行政机关不依法履行、未按照约定履行或者违法变更、解除政府特许经营协议、土地房屋征收补偿协议等协议的；

（12）认为行政机关侵犯其他人身权、财产权等合法权益的。

除前款规定外，人民法院受理法律、法规规定可以提起诉讼的其他行政案件。

3. 不受理的案件

不受理的案件是指明确排除不属于人民法院受案范围的行政案件。人民法院不受理公民、法人或者其他组织对下列事项提起的诉讼：

（1）国防、外交等国家行为；

（2）行政法规、规章或者行政机关制定、发布的具有普遍约束力的决定、命令；

（3）行政机关对行政机关工作人员的奖惩、任免等决定；

（4）法律规定由行政机关最终裁决的行政行为。

(二)行政诉讼的管辖

行政诉讼的管辖是法院内部各法院之间受理第一审行政案件的权限分工。

1. 级别管辖

级别管辖是不同审级的人民法院之间审理第一审行政案件的权限划分。我国人民法院的设置分为基层、中级、高级和最高人民法院四个审级，《行政诉讼法》则分别确定了他们各自审理第一审行政案件的权限范围。级别管辖的一般标准是：一般案件由基层法院管辖，特殊案件分别由中、高、最高人民法院管辖。中级人民法院管辖以下特殊行政案件：（1）对国务院部门或者县级以上地方人民政府所作的行政行为提起诉讼的案件；（2）海关处理的案件；（3）本辖区内重大、复杂的案件；（4）其他法律规定由中级人民法院管辖的案件。

2. 地域管辖

地域管辖是在级别管辖的基础上解决同级人民法院之间受理第一审行政案件的权限分工，行政诉讼的地域管辖可以分为一般地域管辖和特殊地域管辖。

一般地域管辖是指适用于一般行政案件、按照一般标准确定的管辖。地域管辖的一般标准是：行政案件原则上由最初作出行政行为的行政机关所在地人民法院管辖。特殊地域管辖是指适用于特殊案件，按照特殊标准来确定的管辖。行政诉讼中的特殊地域管辖具体包括以下四种：（1）经复议的案件，可以按一般标准由原行为机关所在地法院管辖，也可以由复议机关所在地法院管辖，根据原告的选择来确定。（2）因不动产提起诉讼的，由不动产所在地人民法院专属管辖。（3）对限制人身自由的行政强制措施不服而提起诉讼的，由被告所在地或原告所在地法院管辖。（4）经最高人民法院批准,高级人民法院可以根据审判工作的实际情况,确定若干人民法院跨行政区域管辖行政案件。

3. 裁定管辖

裁定管辖是指根据人民法院作出裁定或决定来确定行政案件的管辖。主要有以下三种:(1)移送管辖,指某一个人民法院受理原告起诉后,发现自己对该行政案件没有管辖权时,将案件移送到有管辖权的法院,受移送的人民法院应当受理。受移送的人民法院认为受移送的案件按照规定不属于本院管辖的,应当报请上级人民法院指定管辖,不得再自行移送。(2)指定管辖,指上级人民法院在一定情形下指定由某一个下级人民法院管辖,包括两种情况:有管辖权的人民法院由于特殊原因不能行使管辖权的,由上级人民法院指定管辖;人民法院对管辖权发生争议,由争议双方协商解决。协商不成的,报它们的共同上级人民法院指定管辖。(3)管辖权的转移,指经上级人民法院决定或同意,将行政案件由下级人民法院转移给上级人民法院,或者由上级人民法院移交给下级人民法院,包括两种情况:上级人民法院有权审理下级人民法院管辖的第一审行政案件,也可以把自己管辖的第一审行政案件移交下级人民法院审判;下级人民法院对其管辖的第一审行政案件,认为需要由上级人民法院审理或者指定管辖的,可以报请上级人民法院决定。

(三)行政诉讼的主要参加人

1. 行政诉讼原告

行政诉讼原告是指对具体行政行为不服,依照《行政诉讼法》的规定向人民法院起诉的利害关系人。原告资格的构成要件为:(1)起诉人须是自己的合法权益受到侵害的人。任何一种诉讼的发生必须有合法权益受到侵害的人,只有合法权益受到了侵害,才有必要通过诉讼途径解决。(2)起诉人与具体行政行为之间具备法律上的利害关系。

共同诉讼包括以下两种情形:当事人一方或者双方为二人以上,因同一行政行为发生的行政案件,或者因同类行政行为发生的行政案件、人民法院认为可以合并审理并经当事人同意的,为共同诉讼;当事人一方人数众多的共同诉讼,可以由当事人推选代表人进行诉讼。代表人的诉讼行为对其所代表的当事人发生效力,但代表人变更、放弃诉讼请求或者承认对方当事人的诉讼请求,应当经被代表的当事人同意。

2. 行政诉讼的被告

行政诉讼被告是指原告起诉其具体行政行为侵犯自己的合法权益,并经由人民法院通知应诉的行政机关或法律、法规、规章授权的组织。

被告的确定要遵循以下两个规则:(1)起诉人必须是被诉具体行政行为的实施者。(2)行为实施者必须具有行政主体资格,即"谁主体,谁被告"。一般情况下行政机关(包括派出机关)均具有行政主体资格,因此在其实施的具体行政行为被诉时均能作被告。而行政机关的派出机构、内设机构以及行政机关组建的机构只有在法律、法规或者规章授予相应行政权力的情况下,才具行政主体资格。

在不同的情况下,被告有所不同:(1)经复议的案件,复议机关决定维持原行政行为的,作出原行政行为的行政机关和复议机关是共同被告;复议机关改变原行政行为的,复议机关是被告。(2)复议机关在法定期限内未作出复议决定,公民、法人或者其他组织起诉原行政行为的,作出原行政行为的行政机关是被告;起诉复议机关不作为的,复议机关是被告。(3)两个以上行政机关作出同一行政行为的,共同作出行政行为的行政机关是共同被告。(4)行政机关委托的组织所作的行政行为,委托的行政机关是被告。(5)行政机关被撤销或者职权变更的,继续行使其职权的行政机关是被告。

3.行政诉讼第三人

行政诉讼中的第三人是指与被诉具体行政行为有利害关系,依申请或人民法院通知参加到诉讼中来的公民、法人或其他组织。《行政诉讼法》第二十九条规定:"公民、法人或者其他组织同被诉行政行为有利害关系但没有提起诉讼,或者同案件处理结果有利害关系的,可以作为第三人申请参加诉讼,或者由人民法院通知参加诉讼。人民法院判决第三人承担义务或者减损第三人权益的,第三人有权依法提起上诉。"

(四)行政诉讼的程序及特殊规则

行政诉讼在程序上基本相同于其他诉讼,只是在规则上有所不同。因此,对诉讼程序着重把握的是其特殊规则。

1.起诉条件

《行政诉讼法》规定了起诉条件,即当事人提起行政诉讼时必须符合的法定要件。

第一,一般条件。所谓一般条件,即不论提起何种诉讼,也不论提出何种诉讼请求均需具备的条件。提起行政诉讼的一般条件是:(1)原告资格,即提起诉讼之人必须符合原告资格。(2)有明确的被告,即原告起诉需明确指出实施具体行政行为的行政机关。(3)有具体的诉讼请求和事实根据。(4)属于人民法院的受案范围和受诉人民法院管辖。

第二,起诉的时间条件。起诉必须在法律规定的期限内提出,超过法定期限,当事人将因起诉期限届满而丧失起诉权。

(1)一般期限与特殊期限

行政诉讼的起诉期限,可以分为一般期限和特殊期限两类。一般期限是指为《行政诉讼法》规定的,适用于一般案件的起诉期限。特殊期限是指为单行法律、法规所规定,适用于特定案件的起诉期限。这二者之间的关系是:单行法律法规有规定的,从单行法律法规的规定;单行法律法规没有规定的,从《行政诉讼法》的规定。起诉的一般期限是:公民、法人或者其他组织直接向人民法院提起诉讼的,应当在知道作出具体行政行为之日起 6 个月内提出。申请人不服复议决定的,可以在收到复议决定书之日起15 日内向人民法院提起诉讼,复议机关逾期不作决定的,申请人可以在复议期满之日起 15 日内向人民法院起诉。

(2)特殊情况下起诉期限的计算

行政机关不履行法定职责。2015年新《行政诉讼法》规定了以下两种情况:公民、法人或者其他组织申请行政机关履行保护其人身权、财产权等合法权益的法定职责,行政机关在接到申请之日起两个月内不履行的,公民、法人或者其他组织可以向人民法院提起诉讼。法律、法规对行政机关履行职责的期限另有规定的,从其规定;公民、法人或者其他组织在紧急情况下请求行政机关履行保护其人身权、财产权等合法权益的法定职责,行政机关不履行的,提起诉讼不受前款规定期限的限制。

不可抗力等特殊情况耽误起诉期限。《行政诉讼法》第四十八条规定:"公民、法人或者其他组织因不可抗力或者其他不属于其自身的原因耽误起诉期限的,被耽误的时间不计算在起诉期限内。公民、法人或者其他组织因前款规定以外的其他特殊情况耽误起诉期限的,在障碍消除后十日内,可以申请延长期限,是否准许由人民法院决定。"

当事人不知道具体行政行为内容时起诉期限的起算。公民、法人或者其他组织不知道行政机关作出的具体行政行为内容的,其起诉期限应当自知道或者应当知道作出行政行为之日起6个月内提出。对涉及不动产的最长不得超过20年,涉及其他财产的,最长不得超过5年。

第三,起诉的程序条件。程序条件是指符合提起行政诉讼与复议之间的程序衔接,已如前述,此处不赘。

2.行政诉讼举证责任的分配

行政诉讼的法定证据包括书证、物证、视听资料、电子数据、证人证言、当事人陈述、鉴定意见、勘验笔录和现场笔录。行政诉讼中举证责任的分配适用如下规则:

行政诉讼举证责任由被告行政机关承担。被告在承担举证责任时应遵循以下规则:(1)举证期限。被告对被诉具体行政行为的举证期限是在收到起诉状副本之日起15日内提交作出行政行为的证据和所依据的规范性文件,并提出答辩状。(2)举证范围。被告向人民法院提供证据不仅局限于被告作出具体行政行为的事实依据,还包括被诉具体行政行为所依据的规范性文件即法律依据。(3)被告在法定期限内不提供或无正当理由逾期提供上述证据、依据的,应当认定为该具体行政行为没有证据,被告要承担败诉的法律后果。

行政诉讼中被告对具体行政行为承担举证责任,但并不排除在某些情况下原告亦应承担举证。下列事项由原告承担举证:(1)证明起诉符合法定条件,但被告认为原告起诉超过起诉期限的除外。(2)在起诉被告不履行法定职责的案件中,原告应当提供其向被告提出申请的证据。但有下列情形之一的除外:被告应当依职权主动履行法定职责的;原告因正当理由不能提供证据的。(3)在行政赔偿、补偿的案件中,原告应当对行政行为造成的损害提供证据。因被告的原因导致原告无法举证的,由被告承担举证责任。(4)此外,原告可以提供证明行政行为违法的证据。原告提供的证据不成立的,不免除被告的举证责任。

3.行政诉讼审理依据

审理依据主要解决人民法院对被诉具体行政行为合法性进行审查判断的标准问

题,即人民法院以何种标准、依据何种法律规范来审查被诉具体行政行为的合法性,并进而对被诉具体行政行为的合法性作出裁判。行政诉讼法采取赋予不同的规范性文件不同的效力的方法处理:(1)法律、法规是行政审判的依据,这意味着法律、法规对法院有绝对的约束力。(2)规章(包括部门规章和地方政府规章)参照适用,参照规章意味着规章对法院没有绝对约束力,人民法院对规章有选择适用权。(3)其他规定性文件在行政诉讼中的地位没有规定。(4)人民法院对司法解释的援引,人民法院审理行政案件,适用最高人民法院司法解释,应当在裁判文书中援引。

4.行政诉讼撤诉

撤诉是原告或上诉人自立案到宣告判决或裁定前的诉讼过程中,主动撤回诉讼请求,经人民法院准许而终结诉讼的法律制度。撤诉有自愿申请撤诉和视为申请撤诉两种。所谓视为申请撤诉是指原告并未明确表示自动放弃诉讼,人民法院根据原告拒绝履行法定诉讼义务的行为,推定其自愿申请撤诉,并裁定准许撤诉,从而终结诉讼。

5.行政诉讼附带民事诉讼

行政诉讼附带民事诉讼是人民法院在审理行政案件的同时,对与引起该案件的行政争议相关的民事纠纷一并审理的诉讼活动。《行政诉讼法》第六十一条规定:"在涉及行政许可、登记、征收、征用和行政机关对民事争议所作的裁决的行政诉讼中,当事人申请一并解决相关民事争议的,人民法院可以一并审理。"

(五)行政诉讼的结案与执行

行政诉讼的结案由判决和执行两阶段组成,判决确认双方当事人的权利义务,执行则是这种权利义务的实现。

1.行政诉讼的判决

行政诉讼判决是人民法院审理行政案件终结时,根据所查清的事实,依法对案件实体问题作出的结论性处理决定。人民法院应当在立案之日起六个月内作出第一审判决。有特殊情况需要延长的,由高级人民法院批准;高级人民法院审理第一审案件需要延长的,由最高人民法院批准。具体判决形式有以下几种:

(1)判决驳回原告诉讼请求,适用条件是:行政行为证据确凿,适用法律、法规正确,符合法定程序的,或者原告申请被告履行法定职责或者给付义务理由不成立的。

(2)撤销判决,行政行为有下列情形之一的,人民法院判决撤销或者部分撤销,并可以判决被告重新作出行政行为:主要证据不足的;适用法律、法规错误的;违反法定程序的;超越职权的;滥用职权的;明显不当的。

(3)履行判决,人民法院经过审理,查明被告不履行法定职责的,判决被告在一定期限内履行。

(4)变更判决,行政处罚明显不当,或者其他行政行为涉及对款额的确定、认定确有错误的,人民法院可以判决变更。人民法院判决变更,不得加重原告的义务或者减损原告的权益。但利害关系人同为原告,且诉讼请求相反的除外。

(5)给付判决,人民法院经过审理,查明被告依法负有给付义务的,判决被告履行给付义务。

(6)确认判决。行政行为有下列情形之一的,人民法院判决确认违法,但不撤销行政行为:行政行为依法应当撤销,但撤销会给国家利益、社会公共利益造成重大损害的;行政行为程序轻微违法,但对原告权利不产生实际影响的。行政行为有下列情形之一,不需要撤销或者判决履行的,人民法院判决确认违法:行政行为违法,但不具有可撤销内容的;被告改变原违法行政行为,原告仍要求确认原行政行为违法的;被告不履行或者拖延履行法定职责,判决履行没有意义的。行政行为有实施主体不具有行政主体资格或者没有依据等重大且明显违法情形,原告申请确认行政行为无效的,人民法院判决确认无效。人民法院判决确认违法或者无效的,可以同时判决责令被告采取补救措施;给原告造成损失的,依法判决被告承担赔偿责任。

此外,《行政诉讼法》对此类行政诉讼的判决做出了具体规定,即认为行政机关不依法履行、未按照约定履行或者违法变更、解除政府特许经营协议、土地房屋征收补偿协议等协议的诉讼;被告不依法履行、未按照约定履行或者违法变更、解除该协议的,人民法院判决被告承担继续履行、采取补救措施或者赔偿损失等责任。被告变更、解除该协议合法,但未依法给予补偿的,人民法院判决给予补偿。

2.行政诉讼的执行

行政诉讼执行,是指行政案件当事人逾期拒不履行人民法院生效的法律文书,人民法院和有关行政机关运用国家强制力量,依法采取强制措施,促使当事人履行义务,从而使生效法律文书的内容得以实现的活动。行政案件中的执行措施可以分为对行政机关的执行措施和对公民、法人或者其他组织的执行措施两类。第一,公民、法人或者其他组织拒绝履行判决、裁定、调解书的,行政机关或者第三人可以向第一审人民法院申请强制执行,或者由行政机关依法强制执行。第二,行政机关拒绝执行判决、裁定、调解书的,第一审人民法院可以采取以下措施:(1)对应当归还的罚款或者应当给付的款额,通知银行从该行政机关的账户内划拨;(2)在规定期限内不履行的,从期满之日起,对该行政机关负责人按日处五十元至一百元的罚款;(3)将行政机关拒绝履行的情况予以公告;(4)向监察机关或者该行政机关的上一级行政机关提出司法建议。接受司法建议的机关,根据有关规定进行处理,并将处理情况告知人民法院;(5)拒不履行判决、裁定、调解书,社会影响恶劣的,可以对该行政机关直接负责的主管人员和其他直接责任人员予以拘留;情节严重,构成犯罪的,依法追究刑事责任。

四、行政赔偿

《中华人民共和国国家赔偿法》(以下简称《国家赔偿法》)第二条第一款规定:"国家机关和国家机关工作人员行使职权,有本法规定的侵犯公民、法人和其他组织合法权益的情形,造成损害的,受害人有依照本法取得国家赔偿的权利。"

(一)行政赔偿的范围

1. 侵犯人身权利的赔偿

国土资源主管部门及其工作人员在行使行政职权时有下列侵犯人身权情形之一的,受害人有取得赔偿的权利:

(1)违法拘留或者违法采取限制公民人身自由的行政强制措施的;

(2)非法拘禁或者以其他方法非法剥夺公民人身自由的;

(3)以殴打等暴力行为或者唆使他人以殴打等暴力行为造成公民身体伤害或者死亡的;

(4)违法使用武器、警械造成公民身体伤害或者死亡的;

(5)造成公民身体伤害或者死亡的其他违法行为。

2. 侵犯财产权利的赔偿

国土资源主管部门及其工作人员在行使行政职权时有下列侵犯财产权情形之一的,受害人有取得赔偿的权利:

(1)违法实施罚款、吊销许可证和执照、责令停产停业、没收财物等行政处罚的;

(2)违法对财产采取查封、扣押、冻结等行政强制措施的;

(3)违反国家规定征收财物、摊派费用的;

(4)造成财产损害的其他违法行为。

(二)赔偿请求人和赔偿义务机关

1. 赔偿请求人

因国土资源主管部门及其工作人员违法行使职权而受损害的公民、法人或者其他组织依法有权要求赔偿的为赔偿请求人。

受害的公民死亡,其继承人和其他有抚养关系的亲属有权要求赔偿。

受害的法人或者其他组织终止,承受其权利的法人或者其他组织有权要求赔偿。

2. 赔偿义务机关

国土资源主管部门及其工作人员行使行政职权侵犯公民、法人和其他组织的合法权益造成损害的,该国土资源主管部门为赔偿义务机关。

两个以上行政机关共同行使行政职权时侵犯公民、法人和其他组织的合法权益造成损害的,共同行使行政职权的行政机关为共同赔偿义务机关。

法律、法规授权的组织在行使授予的行政权力时侵犯公民、法人和其他组织的合法权益造成损害的,被授权的组织为赔偿义务机关。

受行政机关委托的组织或者个人在行使受委托的行政权力时侵犯公民、法人和其他组织的合法权益造成损害的,委托的行政机关为赔偿义务机关。

赔偿义务机关被撤销的,继续行使其职权的行政机关为赔偿义务机关;没有继续行使其职权的行政机关的,撤销该赔偿义务机关的行政机关为赔偿义务机关。

经复议机关复议的,最初造成侵权行为的行政机关为赔偿义务机关,但复议机关的复议决定加重损害的,复议机关对加重的部分履行赔偿义务。

(三)赔偿程序

赔偿义务机关对依法确认有《国家赔偿法》规定的侵犯公民、法人和其他经济组织合法权益的情形的,应当予以赔偿。赔偿程序如下:

(1)赔偿请求人要求赔偿应当先向赔偿义务机关提出,也可以在申请行政复议和提起行政诉讼时一并提出。

(2)赔偿请求人可以向共同赔偿义务机关中的任何一个赔偿义务机关要求赔偿,该赔偿义务机关应当先予赔偿。

(3)赔偿请求人根据受到的不同损害,可以同时提出数项赔偿要求。

(4)要求赔偿应当递交申请书,申请书应当载明下列事项:受害人的姓名、性别、年龄、工作单位和住所,法人或者其他组织的名称、住所和法定代表人或者主要负责人的姓名、职务;具体的要求、事实根据和理由;申请的年、月、日。

赔偿请求人书写申请书确有困难的,可以委托他人代书;也可以口头申请,由赔偿义务机关记入笔录。

(5)赔偿义务机关应当自收到申请之日起两个月内依照《国家赔偿法》第四章的规定给予赔偿;逾期不予赔偿或者赔偿请求人对赔偿数额有异议的,赔偿请求人可以自期限届满之日起三个月内向人民法院提起诉讼。

(6)赔偿义务机关赔偿损失后,应当责令有故意或者重大过失的工作人员或者受委托的组织或者个人承担部分或者全部赔偿费用。

对有故意或者重大过失的责任人员,有关机关应当依法给予行政处分;构成犯罪的,应当依法追究刑事责任。

(四)赔偿方式和计算标准

1.赔偿方式

(1)国家赔偿以支付赔偿金为主要方式;
(2)能够返还财产或者恢复原状的,予以返还财产或者恢复原状。

2.计算标准

依据《国家赔偿法》,赔偿标准按不同情形分别计算。

五、国土资源信访

(一)国土资源信访概述

1.国土资源信访的概念

国土资源信访是指公民、法人或者其他组织采用书信、电子邮件、传真、电话、走访等形式,向国土资源主管部门反映情况,提出建议、意见或者投诉请求,依法由国土资源主管部门处理的活动。

信访人包括公民、法人或者其他组织;信访对象是国土资源主管部门;信访内容是提出建议、意见或者投诉、请求;信访的形式包括书信、电子邮件、传真、电话、走访等。

2.国土资源信访工作的原则

(1)属地管理、分级负责,谁主管、谁负责;

(2)畅通信访渠道,方便信访人;

(3)实事求是,有错必纠;

(4)依法、及时、就地解决问题与疏导教育相结合;

(5)坚持依法行政,从源头上预防导致国土资源信访事项发生的矛盾和纠纷。

3.国土资源信访工作机构的职责

(1)受理、交办、转送国土资源信访事项;

(2)承办本级人民政府和上级国土资源主管部门交办的国土资源信访事项;

(3)协调处理重要国土资源信访事项;

(4)督促检查国土资源信访事项的处理;

(5)研究分析信访情况,开展调查研究,及时向本部门提出完善政策、解决问题和改进工作的建议;

(6)对下级国土资源主管部门的信访工作进行指导。

(二)国土资源信访办理程序

(1)依照法定职责属于国土资源主管部门职权范围内的信访事项,有关国土资源主管部门应当按照"属地管理、分级负责,谁主管、谁负责"的原则,在十五日内予以受理,制作《国土资源信访事项受理通知书》,书面告知信访人。

(2)国土资源主管部门办理信访事项,应当自受理之日起六十日内办结,作出《国土资源信访事项处理意见书》,书面答复信访人。情况重大、复杂的,经本部门负责人批准,可以适当延长办理期限,但延长期限不得超过三十日,并告知信访人延期理由。

(3)信访人对国土资源主管部门作出的信访事项处理意见不服的,可以自收到《国土资源信访事项处理意见书》之日起三十日内,请求同级人民政府或者上一级国土资源主管部门复查。

（4）收到复查请求的上一级国土资源主管部门提出复查意见，并制作《国土资源信访事项复查意见书》，书面答复信访人。

（5）信访人对国土资源主管部门的复查意见不服的，可以自收到《国土资源信访事项复查意见书》之日起三十日内，向复查机关的同级人民政府或者上一级国土资源主管部门请求复核。

（6）收到复核请求的上一级国土资源主管部门提出复核意见，制作《国土资源信访事项复核意见书》，书面答复信访人。

（7）复查、复核机关应当自收到申请之日起三十日内作出复查、复核决定；但补正申请材料、举行听证、专家论证、组织审查小组审查、和解、调解、中止等所用时间不计算在内。

（8）信访事项已经受理或者正在办理的，信访人在规定期限内向受理、办理的国土资源主管部门的上级国土资源主管部门提出同一信访事项的，该上级国土资源主管部门制作《国土资源信访事项不予受理通知书》，书面告知信访人。

（9）信访人对国土资源主管部门作出的复核意见不服，或者信访人在规定时限内未提出复查或者复核请求，仍然以同一事实和理由提出投诉请求的，有关国土资源主管部门应当制作《国土资源信访事项不再受理通知书》，书面告知信访人不再受理该信访事项。

参考文献

[1]《中华人民共和国宪法》

[2]《中华人民共和国物权法》

[3]《中华人民共和国土地管理法》

[4]《中华人民共和国矿产资源法》

[5]《中华人民共和国城市房地产管理法》

[6]《中华人民共和国行政复议法》

[7]《中华人民共和国行政诉讼法》

[8]《中华人民共和国行政处罚法》

[9]《中华人民共和国行政许可法》

[10]《中华人民共和国国家赔偿法》

[11]《信访条例》

[12]《国土资源信访规定》

[13]《中国公民出境入境管理法》

[14]《外国人入境出境管理法》

[15]《土地管理法实施条例》

[16]《矿产资源法实施条例》

[17]《基本农田保护条例》

[18]《矿产资源保护条例》

[19]《土地调查条例》

[20]《城镇国有土地使用权出让和转让暂行条例》

[21]《古生物化石保护条例》

[22]《地质勘查资质管理条例》

[23]《地质灾害防治条例》

[24]《地质资料管理条例》

[25]《土地复垦条例》

[26]《中共中央关于全面深化改革若干重大问题的决定》

[27]《中共中央关于全面推进依法治国若干重大问题的决定》

[28]《矿产资源开采登记管理办法》(国务院令第 241 号)

[29]《古生物化石保护条例实施办法》(国土资源部令第 57 号)

[30]《矿产储量登记统计管理暂行办法》(地质矿产部令第 20 号)

[31]《矿产督察员工作暂行办法》(地质矿产部令第 8 号)

[32]《矿产资源登记统计管理办法》(国土资源部令第 23 号)

[33]《矿产资源补偿费征收管理规定》(国务院令第 151 号)

[34]《矿产资源勘查区块登记管理办法》(国务院令第 240 号)

[35]《地质遗迹保护管理规定》(地质矿产部令第 21 号)

[36]《探矿权采矿权转让管理办法》(国务院令第 242 号)

[37]《地质勘查市场管理暂行办法》(地质矿产部令第 11 号)

[38]《地质灾害危险性评估单位资质管理办法》(国土资源部令第 29 号)

[39]《地质灾害治理工程勘查设计施工单位资质管理办法》(国土资源部令第 30 号)

[40]《地质灾害治理工程监理单位资质管理办法》(国土资源部令第 31 号)

[41]《地质资料管理条例实施办法》(国土资源部令第 16 号)

[42]《土地登记办法》(国土资源部令第 40 号)

[43]《耕地占补平衡考核办法》(国土资源部令第 33 号)

[44]《建设项目用地预审管理办法》(国土资源部令第 42 号)

[45]《土地权属争议调查处理办法》(国土资源部令第 17 号)

[46]《闲置土地处置办法》(国土资源部令第 53 号)

[47]《划拨土地使用权管理暂行办法》(国家土地管理局令第 1 号)

[48]《土地利用年度计划管理办法》(国土资源部令第 26 号)

[49]《建设用地审查报批管理办法》(国土资源部令第 49 号)

[50]《国务院关于深化改革严格土地管理的决定》(国发〔2004〕28 号)

[51]《国务院关于促进节约集约用地的通知》(国发〔2008〕3 号)

[52]《国务院关于严格规范城乡建设用地增减挂钩试点切实做好农村土地整治工作的通知》(国发〔2010〕47 号)

[53]《国务院关于加强国有土地资产管理的通知》(国发〔2001〕15 号)

[54]《国务院办公厅关于进一步严格征地拆迁管理工作切实维护群众合法权益的紧急通知》(国办发明电〔2010〕15 号)

[55]《国土资源部关于全面实行耕地先补后占有关问题的通知》(国土资发〔2009〕31 号)

[56]《国土资源部关于印发开展城镇低效用地再开发试点的指导意见的通知》(国土资发〔2013〕3 号)

[57]《国土资源部关于严格规范城乡建设用地增减挂钩试点工作的通知》(国土资发〔2011〕224 号)

[58]《关于加快编制和实施土地整治规划大力推进高标准基本农田建设的通知》(国土资发〔2012〕

63 号)

[59]《国土资源部办公厅关于严格管理防止违法违规征地的紧急通知》(国土资电发〔2013〕28 号)

[60]《国土资源部关于进一步完善矿产开发利用年度检查工作的通知》(国土资发〔2012〕64 号)

[61]《关于开展矿产资源储量登记工作的通知》(国土资发〔2004〕35 号)

[62]《关于进一步加强矿产督察员管理工作的通知》(国土资发〔2007〕144 号)

[63]《财政部、国土资源部关于印发〈探矿权采矿权使用费和价款管理办法〉的通知》(财综字〔1999〕74 号)

[64]《国土资源部关于加强对矿产资源开发利用方案审查的通知》(国土资发〔1999〕98 号)

[65]《浙江省矿产资源管理条例》

[66]《浙江省国有土地上房屋征收与补偿条例》

[67]《浙江省海域使用管理条例》

[68]《浙江省土地整治条例》

[69]《浙江省盐业管理条例》

[70]《浙江省土地监察条例》

[71]《浙江省基本农田保护条例》

[72]《浙江省土地登记实施细则》

[73]《浙江省实施〈地质资料管理条例〉办法》(浙江省政府令第 250 号)

[74]《浙江省实施〈土地管理法〉办法》(浙江省第九届人民代表大会常务委员会公告第 24 号公布)

[75]《浙江省土地权属争议行政处理程序规定》(浙江省政府令 235 号)

[76]《浙江省城镇国有土地使用权出让和转让实施办法》(浙江省政府令第 19 号)

[77]《浙江省国有土地使用权租赁暂行办法》(浙江省政府令 162 号)

[78]《浙江省土地登记办法》(浙江省政府令 203 号)

[79]《浙江省矿产资源补偿费征收管理实施办法》(浙江省政府令 59 号)

[80]《浙江省人民政府关于全面推进城镇低效用地再开发工作的意见》(浙江省政府发〔2014〕1205 号)

[81]《浙江省人民政府办公厅关于切实做好城乡建设用地增减挂钩工作的通知》(浙政办发〔2009〕121 号)

[82]《关于国家和省重点建设项目由省、市、县组织统一征地意见的通知》(浙政发〔1988〕83 号)

[83]浙江省物价局、省财政厅《关于印发〈浙江省征地管理费暂行办法〉的通知》(浙价房〔1995〕384 号)

[84]浙江省物价局、省财政厅《关于核定征地管理费计费基数的通知》(浙价房〔1996〕431 号)

[85]浙江省人民政府《关于印发〈浙江省征地补偿标准争议协调裁决办法(试行)〉的通知》(浙政发〔2007〕7 号)

[86]《关于进一步加强矿产资源储量评审备案管理的通知》(浙土资发〔2007〕43 号)

[87]浙江政务服务网:http://www.zjzwfw.gov.cn/

第三章　国土资源管理执法监察与国家土地督察

第一节　国土资源执法监察概述

一、国土资源执法监察的含义和地位

国土资源执法监察是指土地资源行政主管部门依法对国土资源行政法律关系主体执行和遵守国土资源法律、法规的情况进行监督检查并对违法者实施法律制裁的行政执法活动。

国土资源执法监察活动实施的行为主体是依法设立的代表国家行使国土资源执法监察职权的各级人民政府国土资源行政主管部门,即县级、市级、省级国土资源管理机关和国土资源部。国土资源执法监察的对象是指在我国行政辖区内的一切与国土资源勘查、开发利用、使用与管理等行为发生联系的单位和个人,即国土资源行政法律关系的主体,既包括有关的公民、法人或其他组织,也包括行使行政、审批权的各级人民政府及代表本级人民政府行使管理权的国土资源主管部门及其工作人员。

国土资源执法监察的地位主要体现在两个方面:

(1)国土资源执法监察是国土资源行政管理的法定职责,是实现我国国土资源行政管理目标不可缺少的重要环节。对于保障国土资源管理目标的实现具有十分重要的意义。

(2)国土资源执法监察是实现我国国土资源管理法制化的重要途径,是国土资源法律法规得以实现的重要保障。由于种种原因,各种违反国土资源法律法规的行为不断发生,有法不依、执法不严、违法不究的问题尚未从根本上得到解决,破坏了我国国土资源管理秩序,给国家经济建设的持续稳定和健康发展造成了严重障碍。因此,加强国土资源执法监察,对于有效防止和坚决打击各种违法活动,实现国土资源管理法制化,具有重要意义。

二、国土资源执法监察的原则和功能

(一)国土资源执法监察的原则

1. 依法原则

依法原则充分体现了我国社会主义法治原则,即"有法可依、有法必依、执法必严、违法必究"。国土资源执法监察属于行政执法行为,必须做到依法办事。依法原则要求国家资源行政主管部门依照国土资源法律、法规规定的职权、程序、期限、形式执行公务,查处国土资源违法行为,确保国家土地、矿产管理法律、法规的实施。具体来说,要做到执法的主体合法、程序合法、内容合法和措施合法,即国土资源执法监察必须在法规规定的范围内实施,超出其范围的则被视为越权或违法甚至犯罪,如给当事人造成财产损失的要承担赔偿责任,构成犯罪的要承担刑事责任。

2. 及时原则

在国土资源违法行为发生的不同阶段,执法监察有着不同的要求。在国土资源违法行为发生初期,及时原则要求责令停止开采、停止施工,将国土资源违法行为制止在萌芽阶段;对已经存在的违法行为,及时原则要求迅速查处并结案,以免因时间久远使案件的查处难度增加或违法行为造成更大的经济损失。国土资源监察的及时原则目的是保证国家国土资源管理法律、法规得以实施,体现国土资源监察"预防为主,预防和查处相结合"的方针,提高国土资源行政主管部门依法行政的效率。

3. 准确原则

准确原则的要求:所认定的事实要清楚,证据要确实、充分、不能含糊其辞,不能以部分证据或个别证据代替足以定案的证据;定性要准确,首先要确定某类或某个具体的行为是合法还是非法,若是非法的则确定是属于哪一类违法行为;适用法律条文要准确,必须明确指出适用哪一部法律或法规的哪一条、哪一款规定;程序要合法,不能以实体替代程序,将法定程序置之不顾;处理要适当,不能对同类违法行为的处理在结果上差别太大,倚重倚轻或是按个人意志办事。

(二)国土资源执法监察功能

1. 防范功能

防范功能主要体现在两个方面:(1)国土资源执法监察是一种动态监察,贯穿于国土资源行政执法的全过程,并且始终在国家强制力保障下进行,它通过事前监察、事中监察、经常性地巡查,产生一种威慑力,使相对人不敢贸然违法,从而收敛其不规范的行为;(2)执法监察的活动过程,也是国土资源法律、法规的宣传过程,通过宣传和查处相结合的方法,用正、反两方面的典型事例,对相对人进行法律、法规宣传,特别是公开披露、处理一些重大违法案件,能起到一种生动、现实的法制教育作用。

2. 补救功能

补救功能主要体现在通过执法监察及时发现问题，在相对人发生偏离法制轨道的行为时，采用制止、纠正、惩处等措施，使其终止违法行为，从而达到减轻危害、减少损失的目的。

3. 反馈功能

反馈功能主要体现在通过执法监察及时反馈有关国土资源法律、法规实施的社会效果，发现国土资源法律、法规本身的不足之处，为法律和法规的制定、修改、完善提供实践依据。

三、国土资源执法监察机构的设置与职权

(一)国土资源执法监察机构设置

为了强化国土资源执法监察职能，国土资源部专门设立了执法监察局，共设 4 个处，分别是：检查指导处、查处一处、查处二处和综合处。

国土资源执法监察机构是国土资源行政主管部门按照内部职责划分设置的专门负责国土资源执法监察工作的职能机构。国土资源执法监察机构与国土资源主管部门在法律上和事实上均不是同一概念。国土资源执法监察机构是国土资源行政主管部门的内设机构，以国土资源行政主管部门的名义行使职权。

地方各级人民政府机构改革也按照国土资源部的机构模式设立相应的专司国土资源执法监察工作的职能机构，并逐步建立起国土资源执法监察专业队伍。另外，在国土资源管理系统之外的其他比较大的行业管理部门（如建设兵团、国有农场、林场、铁路、油田、矿山等）还设置了派驻的国土资源执法监察机构。

(二)国土资源执法监察机构的职权

国土资源执法监察机构的职权是指国土资源行政主管部门依法具有的执法监察职责和权力。各级国土资源行政主管部门下设的执法监察职能机构，在依法行使国土资源执法监察行政职权时，特别是实施行政处罚时，是以相应的国土资源行政主管部门的名义进行的，本身并不具有独立的执法主体资格。根据土地管理法和矿产资源法及国务院批准的国土资源部"三定"方案等，国土资源执法监督的职责和职权如下：

(1)执法监察职责：监督检查国土资源法律、法规的执行和遵守情况；受理对国土资源违法行为的检举、控告；监督检查下级人民政府违反国土资源法律、法规的行为；调查处理国土资源违法案件；其他依法应当履行的职责。

(2)执法监察职权：执法监察职权有检查权，即依法对本行政区域内的单位、组织和个人执行和遵守国土资源法律、法规的情况行使检查的权力；调查权，即依法对监察对象就特定的事项所具有的开展调查活动的权力；制止权，即依法对正在实施中的违反国土资源法律、法规的行为进行制止的权力；行政处罚权，即依法对违反国土资源法

律、法规的行为人应承担的行政法律责任给予行政制裁的权力;建议权,即依法向有关单位和部门提出给予违法者以行政处分或追究刑事责任建议的权力;行政处分决定权,《土地管理法》赋予国土资源行政主管部门有权责令下级土地行政主管部门作出行政处罚决定或者直接给予行政处罚的权力。

四、国土资源执法监察的内容和方式

(一)国土资源执法监察的内容

国土资源执法监察的内容包含在国土资源行政管理的各个环节中。概括地讲是对国土资源法律法规执行和遵守情况进行监督检查,并对违反国土资源法律法规的行为实施法律制裁。监督检查的具体内容包括以下各项:

1. 土地利用、使用行为的合法性

(1)土地权属取得、变更和登记发证行为;

(2)土地规划行为;

(3)土地开发利用行为;

(4)土地整理和土地复垦行为;

(5)耕地保护,特别是基本农田保护行为;

(6)农用地转为建设用地行为;

(7)建设用地行为;

(8)土地征用行为;

(9)土地使用权出让行为;

(10)土地使用权交易行为。

2. 矿产资源勘查、开发利用行为的合法性

(1)探矿权、采矿权审批、登记、发证行为;

(2)矿业权流转审批、管理行为;

(3)矿产资源勘查行为;

(4)矿产资源开采行为;

(5)矿业权流转行为;

(6)矿产资源保护与合理利用行为;

(7)矿产资源有偿使用行为;

(8)矿山地质环境保护行为。

(二)土地执法监察的方式

1. 执法检查

土地行政主管部门要根据本地区的实际情况,依法采取多种形式对本行政区域内土地管理法律、法规执行和遵守情况定期或不定期地进行普遍性检查或专项检查,对于发现的土地违法问题,及时依法处理,并将执法检查情况书面报告给上一级人民政府土地行政主管部门;国土资源部不定期地组织进行全国性或区域性的执法检查。

2. 建立相互配合、协调、制约的机制

土地行政主管部门应该建立有土地监察机构参加的农用地转用、土地征用、建设用地供应、地价评估确认和土地资产处置的会审制度以及土地监察机构与其他内部职能机构之间相互配合、协调、制约的机制,以便及时发现和查处土地违法情况。

3. 建立和完善土地监察网络

土地行政主管部门应该建立和完善专职、兼职相结合,以县、乡、村为基础的三级土地监察网络,有条件的地方还可以采用高科技手段,建立土地利用监察系统,充分发挥土地监察信息网络的作用,及时发现和制止土地违法行为。

4. 推行目标管理

县级以上地方人民政府土地行政主管部门应该争取人民政府的支持,通过开展土地执法模范县(市),模范乡、镇活动推行土地执法目标管理,把土地执法工作纳入人民政府的工作目标管理体系,并配合做好有关工作。上级土地行政主管部门应与下级土地行政主管部门签订土地执法监察目标责任制,将土地违法案件的发案率、查处率、结案率等作为对下级土地行政主管部门进行监督检查的内容,严格考核,层层落实。

5. 建立报告制度和备案制度

下级人民政府土地行政主管部门应该每年向上一级人民政府土地行政主管部门书面报告土地监察工作,并随时反映问题,必要时可以越级报告。

实行重大土地违法案件备案制度。下级人民政府土地行政主管部门对本辖区内发生的重大土地违法案件,应将案件情况和查处情况报上级人民政府土地行政主管部门备案。

6. 建立联合执法机制

土地行政主管部门应当加强与公安机关、司法机关、行政监察机关的联系与协作,主动会同纪检、监察部门对违反国土资源法律法规的重大案件一查到底,处理到位,积极配合人民法院做好土地案件的审理、执行工作,也可以依法与公安、司法机关建立一定形式的联系制度或土地联合执法机构,提高执法效率。

(三)矿产执法监察的方式

1. 自查和抽查

自查是地矿行政主管部门根据矿产执法监察的有关规定,对本部门及其工作人员执行法律、法规和遵纪守法的情况进行检查整顿。通过自我检查,将结果向上级执法监察机构报告;抽查是执法监察机构根据实际情况,有选择地对某一地区或某一部门

实施监督检查。抽查可以自行实施,也可以在自查的基础上实施。

2. 独立检查和联合检查

独立检查是就矿业活动或依法行政的某一方面内容独立进行监督检查,这项工作是地矿行政主管部门日常工作之一;但由于矿业活动涉及面广,因素多,如监督检查的内容往往涉及不同的主管部门,因此,地矿行政主管部门常在当地人民政府领导下与有关部门联合进行监督检查。

3. 全面检查和专项检查

全面检查主要是对法律、法规实施情况不定期地进行监督检查,这是一项基础性的工作,也是履行矿产执法监察职责的一种基本形式;专项检查主要针对专门性的问题进行专门检查,具有针对性强,检查内容单一的特征,便于集中力量,及时解决某一方面的疑难问题。

矿产执法监察的方式多种多样,可以灵活运用,不论采取何种方式,必须有利于调查了解,有利于解决问题,有利于地质行政管理。

五、国土资源执法监察的工作制度

国土资源执法监察工作制度是指行使国土资源监察职权的各级组织按什么原则开展工作的规程。国土资源执法监察工作制度包括以下九种:

(1)动态巡回检查制度。这一制度要求县级以上国土资源行政主管部门和乡(镇)国土资源管理人员认真实行动态巡回检查责任制,及时发现问题及时处理,把多数违法行为消灭在萌芽阶段。

(2)举报制度。要求各级国土资源行政主管部门公开设置举报电话、举报邮箱,多方获取案件线索,并切实保护举报人的合法权益。

(3)违法案件统计制度。要求国土资源行政主管部门每年向上一级国土资源行政主管部门报送《土地、矿产违法案件统计报表》以及国土资源违法案件分析报告。

(4)重大违法案件报告备案制度。要求国土资源行政主管部门对自身查处的重大国土资源违法案件在结案后一个月内报上一级国土资源行政主管部门备案;属于本级管辖范围但自身难以查处或者通过巡查的方式发现属于上级管辖的条件,也应及时向上级国土资源行政主管部门报告。

(5)过错责任追究制度。依照《中华人民共和国行政处罚法》(以下简称《行政处罚法》)、《国家赔偿法》和《土地管理法》《矿产资源法》的规定,建立过错责任追究制度,对案件承办人员因本人的过错造成单位和个人损害的,依法追究有关人员的责任。

(6)违法案件督办制度。为了提高依法行政的效率,对违法案件的查处要建立督办制度,防止对违法案件的查处久拖不决,大事化小,小事化了,维护国土资源执法的严肃性。

(7)回避制度。为了公平、公正地执法,依法建立查处土地、矿产违法案件回避制度。单位和个人有权依法对案件的承办人员及对案件的处理可能影响其公正性的有关人员申请回避。

(8)重大疑难案件会审制度。建立重大疑难案件会审制度,确保公平、公正、准确地执法,提高处理重大疑难案件的透明度,体现执法的严肃性。

(9)犯罪案件移送制度。国土资源行政主管部门在查处土地、矿产违法案件中,发现单位和个人的行为已触犯《中华人民共和国刑法》(以下简称《刑法》)第二百二十八条、第三百四十二条、第一百一十七条、第一百一十八条、第一百五十六条、第一百五十八条时,应当及时将案件移送同级公安机关;发现国家工作人员的行为触犯了《刑法》第四百一十条时,应及时将案件移送同级检察机关。国土资源行政主管部门移送土地、矿产犯罪案件,应当制作《土地、矿产犯罪案件移送书》,并附送有关的证据材料。

国土资源行政主管部门发现或经调查,认为本部门工作人员触犯《刑法》分则第九章中有关条款的规定,涉嫌渎职犯罪,需要追究刑事责任的案件,应将有关材料移送相应的检察机关,发现其他国家机关工作人员的渎职犯罪案件线索,也应将有关材料移送相应的检察机关。

第二节　国土资源违法行为及其法律责任

一、土地违法行为及其法律责任

(一)土地违法行为内涵

土地违法行为是指单位和个人(包括中外合资经营企业、中外合作经营企业和外资企业)违反土地管理法律、法规的行为,即不履行土地管理法律法规规定的义务或滥用权利与职权,应当追究法律责任的行为。

构成土地违法行为的构成要件:必须是违反土地管理法律、法规的行为;必须是侵犯了土地管理法律、法规所保护的土地关系和土地管理秩序,对社会造成了某种危害;必须是行为人出于故意或过失,即有主观方面的过错;行为的主体必须是具有法定责任能力的自然人、法人或其他组织。这四个要件缺一不可。

(二)土地违法行为

根据现行法律、法规的规定,土地违法行为主要包括以下几种:

(1)非法转让土地行为;

(2)破坏耕地行为;

(3)非法占地行为;

(4)非法批地行为;

(5)侵占、挪用征地费及其他有关费用的行为;

(6)拒不交还土地的行为;

（7）拒不履行土地复垦义务的行为；

（8）非法批准出让或者非法出让土地使用权用于房地产开发的行为；

（9）不按批准用途使用国有土地的行为；

（10）非法转让集体土地的行为；

（11）不办理土地变更登记的行为；

（12）临时用地上修建永久性建筑物、构筑物行为；

（13）违反土地利用总体规划重建、扩建建筑物、构筑物行为；

（14）逾期不恢复种植条件行为；

（15）违反法定要求划定基本农田保护区行为；

（16）破坏或者擅自改变基本农田保护区标志行为；

（17）侵占、挪用基本农田的耕地开垦费行为；

（18）占用基本农田发展林果业和挖塘养鱼行为；

（19）非法低价出让国有土地使用权行为；

（20）阻碍土地管理人员执行公务行为；

（21）土地管理部门行政执法不作为行为；

（22）土地管理工作人员玩忽职守、滥用职权、徇私舞弊行为。

（三）土地违法行为的法律责任

土地违法行为的法律责任是指行为人违反土地管理法律、法规所应承担的法律后果。法律责任的追究，需要实施法律制裁即国家专门机关对违法者依法采取惩罚措施来实现。

由于违法行为的性质、情节以及触犯的法律不同，法律责任可以分为：对于刑事违法行为，追究刑事责任，并给予刑事制裁；对于行政违法行为，追究行政责任，并给予行政制裁即行政处分和行政处罚。

（四）土地违法行为的行政责任

违反土地管理法律、法规的行政责任，是指特定的国家机关对犯有一般违反土地管理法律、法规的行为，尚不构成刑事处分的单位和个人追究的法律责任。

1. 土地违法行为的行政处罚

根据《土地管理法》规定，行政处罚的种类有没收、罚款、限期拆除、责令履行义务四大类。

2. 土地违法行为的行政处分

行政处分亦称"纪律处分"，是行政制裁的一种。它是国家机关、企事业单位按行政隶属关系，给予违反行政法的所属人员的一种制裁。

（1）根据《中华人民共和国行政监察法》（以下简称《行政监察法》）的规定，行政处分的种类分为：警告、记过、记大过、降级、撤职、开除等六种。

（2）根据《土地管理法》第七章法律责任的有关规定,应予行政处分的土地违法行为有以下几种情形:

①买卖或者以其他形式非法转让土地的;

②对未经批准或者采取欺骗手段骗取批准,或者超过批准的数量,非法占用土地的;

③非法批地的;

④侵占、挪用被征用土地单位的征地补偿费用和其他有关费用,不构成犯罪的;

⑤土地行政主管部门的工作人员玩忽职守、滥用职权、徇私舞弊,尚不构成犯罪的。

（3）根据《行政处罚法》规定,应予行政处分的土地违法行为有以下几种情形:

①行政机关实施行政处罚,没有法定的行政处罚依据,擅自改变行政处罚种类、幅度,违反法定的行政处罚程序,违反《行政处罚法》第十八条关于委托处罚的规定的,由上级行政机关或者有关部门责令改正,可以对直接负责的主管人员和其他直接责任人员依法给予行政处分(第五十五条);

②行政机关对当事人进行处罚不使用罚款、没收财物单据或者使用非法定部门制发的罚款、没收财物单据的,当事人有权拒绝接受处罚,并有权予以检举。上级行政机关或者有关部门对使用的非法单据予以收缴销毁,对直接负责的主管人员和其他直接责任人员依法给予行政处分(第五十六条);

③行政机关违反《行政处罚法》第四十六条的规定自行收缴罚款的,财政部门违反《行政处罚法》第五十三条的规定向行政机关返还罚款或者拍卖款项的,由上级行政机关或者有关部门责令改正,对直接负责的主管人员和其他直接责任人员依法给予行政处分(第五十七条);

④行政机关将罚款、没收的违法所得或者财物截留、私分或者变相私分的,由财政部门或者有关部门予以追缴,对直接负责的主管人员和其他直接责任人员依法给予行政处分。执法人员利用职务上的便利,索取或者收受他人财物,收缴罚款据为己有,情节轻微不构成犯罪的,依法给予行政处分(第五十八条);

⑤行政机关使用或者损毁扣押的财物,对当事人造成损失的,应当依法予以赔偿,对直接负责的主管人员和其他直接责任人员依法给予行政处分(第五十九条);

⑥行政机关违法实行检查措施或者执行措施,给公民人身或者财产造成损害、给法人或者其他组织造成损失的,应当依法予以赔偿,对直接负责的主管人员和其他直接责任人员依法给予行政处分,情节严重构成犯罪的,依法追究刑事责任(第六十条);

⑦行政机关为牟取本单位私利,对应当依法移交司法机关追究刑事责任的不移交,以行政处罚代替刑罚,由上级行政机关或者有关部门责令纠正;拒不纠正的,对直接负责的主管人员给予行政处分;徇私舞弊、包庇纵容违法行为的,依照刑法有关规定追究刑事责任(第六十一条);

⑧执法人员玩忽职守,对应当予以制止和处罚的违法行为不予制止、处罚,致使公民、法人或者其他组织的合法权益、公共利益和社会秩序遭受损害的,对直接负责的主

管人员和其他直接责任人员依法给予行政处分;情节严重构成犯罪的,依法追究刑事责任(第六十二条)。

(五)土地违法行为的刑事责任

1.刑事责任的概念及其犯罪构成

刑事责任是指行为人实施刑法禁止的行为所必须承担的法律后果。土地违法行为的刑事责任是指行为人实施了土地管理法律、法规禁止的行为,按照刑法受刑事处罚的一种法律后果。换言之,即行为人实施违反土地管理法律、法规的行为,按照刑法构成了犯罪,要依法追究刑事责任。

土地违法行为构成刑事犯罪的条件:

(1)犯罪客体,即我国刑法所保护的而为犯罪行为所侵犯的社会关系;

(2)犯罪客观方面,即刑法所规定的犯罪表现在外部活动的事实特征,它通常指危害社会的行为。在某些犯罪中还包括危害结果之间的因果关系;

(3)犯罪主体,即达到法定责任年龄、具有责任能力和实施社会危害行为的人;

(4)犯罪主观方面,即行为人对实施社会危害行为及行为所引起的危害结果所持的心理态度。它通常指犯罪的故意或者过失,在某些犯罪中还包括犯罪目的。

2.土地违法行为的刑事责任

(1)非法转让、倒卖土地使用权罪:《刑法》第二百二十八条规定,以牟利为目的,违反土地管理法规,非法转让、倒卖土地使用权,情节严重的,处三年以下有期徒刑或者拘役,并处或者单处非法转让、倒卖土地使用权价额百分之五以上百分之二十以下罚金;情节特别严重的,处三年以上七年以下有期徒刑,并处非法转让、倒卖土地使用权价额百分之五以上百分之二十以下罚金。

(2)非法占用农用地罪:《刑法》第三百四十二条规定,违反土地管理法规,非法占用耕地、林地等农用地,改变被占用土地用途,数量较大,造成耕地、林地等农用地大量毁坏的,处五年以下有期徒刑或者拘役,并处或者单处罚金。

(3)非法批准征用、占用土地罪:《刑法》第四百一十条规定,国家机关工作人员徇私舞弊,违反土地管理法规,滥用职权,非法批准征收、征用、占用土地,情节严重的,处三年以下有期徒刑或者拘役;致使国家或者集体利益遭受特别重大损失的,处三年以上七年以下有期徒刑。

(4)非法低价出让国有土地使用权罪:《刑法》第四百一十条规定,国家机关工作人员徇私舞弊,违反土地管理法规,滥用职权,非法低价出让国有土地使用权,情节严重的,处三年以下有期徒刑或者拘役;致使国家或者集体利益遭受特别重大损失的,处三年以上七年以下有期徒刑。

(5)《土地管理法》第七十九条规定,侵占、挪用被征收土地单位的征地补偿费用和其他有关费用,构成犯罪的,依法追究刑事责任;尚不构成犯罪的,依法给予行政处分。根据《刑法》第三百八十二条的规定,国家工作人员利用职务上的便利,侵吞、窃取、骗取或者以其他手段非法占有公共财物的,是贪污罪。《刑法》第二百七十一条规定,公司、企业或者其他单位的人员,利用职务上的便利,将本单位财物非法占为己有,数额较大的,处五年以下有期徒刑或者拘役;数额巨大的,处五年以上有期徒刑,可以并处没收财产。

(6)《土地管理法》第八十四条规定,土地行政主管部门的工作人员玩忽职守、滥用职权、徇私舞弊,构成犯罪的,依法追究刑事责任;尚不构成犯罪的,依法给予行政处分。根据《刑法》第三百九十七条规定,国家机关工作人员滥用职权或者玩忽职守,致使公共财产、国家和人民利益遭受重大损失的,处三年以下有期徒刑或者拘役;情节特别严重的,处三年以上七年以下有期徒刑。国家机关工作人员徇私舞弊,犯前款罪的,处五年以下有期徒刑或者拘役;情节特别严重的,处五年以上十年以下有期徒刑。

(7)《行政处罚法》第五十八条、第六十条、第六十二条规定,土地行政主管部门的工作人员在执法过程中有下列违法行为的,要依法追究有关人员的刑事责任。

土地行政主管部门将罚款、没收的违法所得或者财物截留、私分或者变相私分,情节严重构成犯罪的,对直接负责的主管人员和其他直接责任人员依法追究刑事责任。

土地执法人员利用职务上的便利,索取或者收受他人财物,收缴罚款据为己有,构成犯罪的,依法追究刑事责任。

土地行政主管部门违法实行检查措施或者执行措施,给公民人身或者财产造成损害,给法人或者其他组织造成损失,情节严重构成犯罪的,对直接负责的主管人员和其他直接责任人员依法追究刑事责任。

土地执法人员玩忽职守,对应当予以制止和处罚的违法行为不予制止、处罚,致使公民、法人或者其他组织的合法权益、公共利益和社会秩序遭受损害,情节严重构成犯罪的,对直接负责的主管人员和其他直接责任人员依法追究刑事责任。

二、矿产违法行为及其法律责任

国家对矿产资源勘查实行统一的登记制度,是我国矿产资源管理法律制度中的重要组成部分,任何勘查单位进行矿产资源勘查工作都必须按照国家的规定,依法履行勘查登记手续,领取勘查许可证,取得探矿权;国家以矿产资源的唯一所有者身份,对开采矿产资源实行统一的管理。凡开采矿产资源的国有矿山企业、集体矿山企业、私营矿山企业和个体采矿者等,都必须按照国家的规定,依法履行申请采矿登记手续,取得合法的采矿权;国家对矿产资源的开发利用和保护工作实行监督管理。凡是违反矿产资源勘查登记管理法律制度、违反矿产资源开发管理等法律制度的行为,其主体均须承担法律规定的责任。

(一)矿产违法行为及其法律责任概述

矿产违法行为是指公民、法人或其他社会组织违反矿产资源管理法律法规,应当追究法律责任的行为。

根据现行法律、法规的规定,矿产违法行为主要包括以下几种:

(1)无证勘查行为。包括未取得勘查许可证擅自进行勘查工作;勘查许可证有效期已满,未办理延续登记手续而继续进行矿产资源勘查;超越批准的勘查区块范围进行勘查工作等违法行为;

(2)无证采矿行为。是指未经国土资源行政主管部门批准,未取得采矿许可证而擅自采矿的行为。包括:未依法取得采矿许可证而擅自采矿;采矿许可证有效期已满未办延期登记手续继续采矿;采矿许可证被依法注销、吊销后继续采矿;擅自进入国家规划矿区和对国民经济具有重要价值的矿区范围采矿;擅自开采国家规定实行保护性开采的特种矿种;未按采矿许可证规定的矿种采矿(共生、伴生矿种除外)等违法行为;

(3)破坏性采矿行为;

(4)不按规定报告,拒绝接受监督检查或弄虚作假的行为;

(5)擅自印制或伪造、冒用许可证的行为;

(6)不按期缴纳应缴费用的行为;

(7)不按规定办理许可证变更登记或者注销登记手续的行为;

(8)未完成最低勘查投入的行为;

(9)领取勘查许可证满6个月未开始施工,或者施工后无故停工满6个月的行为;

(10)破坏或者擅自移动矿区范围界桩或者地面标志的行为;

(11)违法收购和销售国家统一收购的矿产品的行为;

(12)非法转让矿业权行为;

(13)不按期缴纳矿产资源补偿费的行为;

(14)弄虚作假,不缴或少缴矿产资源补偿费的行为;

(15)非法批准勘查、开采矿产资源和颁发勘查许可证、采矿许可证的行为;

(16)矿产资源管理工作人员徇私舞弊、滥用职权、玩忽职守行为。

(二)矿产违法行为的行政责任

矿产违法行为行政责任,是指矿产行政法律关系中的主体违反国家有关法律、法规和矿产行政法律、法规、规章的规定,或者不履行法定职责所应承担的法律后果。

矿产违法行为的行政制裁是指地矿行政管理机关对有关单位和个人违反国家有关法律、法规和矿产行政法律、法规、规章而实施的强制性措施。根据矿产违法行为的危害程度、实施行政制裁的方法以及承担行政责任的主体的不同,矿产违法行为的行政制裁分为以下两种:

1. 行政处理

在矿产违法行为中,采取行政处理措施的只能是针对地矿行政主管机关及其工作人员。矿产违法行为的行政处理措施一般有以下三种情形:责令改正;行政处分;撤销违法决定。

2. 行政处罚

行政处罚是指地矿行政主管部门或其他有关国家行政机关对违反矿产资源法规,

情节尚未构成犯罪的行政相对人实施的惩戒性制裁。行政处罚主要是针对地矿行政管理相对人的违法行为而采取的行政手段。地矿行政管理相对人是指在具体的矿产资源行政管理法律关系中处于被管理的一方当事人。矿产资源的行政处罚的形式主要有以下几类：警告；责令限期改正、限期补交资料；责令停止开采，退回本矿区范围内开采，停产整顿、停止借阅地质资料；责令赔偿损失；没收违法所得；罚款；吊销证照；矿产资源法规规定的其他行政处罚措施。

(三)矿产违法行为的刑事责任

(1)非法采矿罪。《刑法》第三百四十三条第一款规定：违反矿产资源法的规定，未取得采矿许可证擅自采矿，擅自进入国家规划矿区、对国民经济具有重要价值的矿区和他人矿区范围采矿，或者擅自开采国家规定实行保护性开采的特定矿种，情节严重的，处三年以下有期徒刑、拘役或者管制，并处或者单处罚金；情节特别严重的，处三年以上七年以下有期徒刑，并处罚金。

(2)破坏性采矿罪。《刑法》第三百四十三条第二款规定：违反矿产资源法的规定，采取破坏性的开采方法开采矿产资源，造成矿产资源严重破坏的，处五年以下有期徒刑或者拘役，并处罚金。

此外，依据《矿产资源法》的有关规定：超越批准的矿区范围采矿，拒不退回本矿区范围内开采，造成矿产资源破坏的；盗窃、抢夺勘查单位财物的；破坏采矿、勘查设施的；扰乱矿区和勘查作业区的生活秩序、工作秩序的；违法收购和销售国家统一收购的矿产品的；负责矿产资源勘查、开采监督管理工作的国家工作人员和其他有关国家工作人员徇私舞弊、滥用职权或者玩忽职守，违反本法规定批准勘查、开采矿产资源和颁发勘查许可证、采矿许可证，或者对违法采矿行为不依法予以制止、处罚，构成犯罪的；以暴力、威胁方法阻碍从事矿产资源勘查、开采监督管理工作的国家工作人员依法执行公务的，依照《刑法》的相关规定对责任人员追究刑事责任。

第三节 国土资源违法行为查处

国土资源部于2014年发布了《国土资源违法行为查处工作规程》。此规程适用于县级以上人民政府国土资源主管部门查处国土资源违法行为，法律、法规、规章另有规定的除外。

一、国土资源违法行为查处的概述

查处国土资源违法行为是指县级以上人民政府国土资源主管部门，依照法定职权和程序，对自然人、法人或者其他组织违反土地、矿产资源法律法规的行为，进行调查处理，实施法律制裁的具体行政执法行为。查处国土资源违法行为，应当遵循严格、规范、公正、文明的原则，做到事实清楚、证据确凿、定性准确、依据正确、程序合法、处罚适当。

查处国土资源违法行为的实施主体是县级以上人民政府国土资源主管部门,具体工作依法由其执法监察工作机构和其他业务职能工作机构按照职责分工承担,其中国土资源执法监察工作机构包括执法监察局、处、科、股和执法监察总队、支队、大队等。县级人民政府国土资源主管部门可以根据需要依法明确国土资源管理所、执法监察中队承担相应的国土资源执法监察工作。国土资源执法监察人员应当熟悉土地、矿产资源等法律法规,并已取得《国土资源执法监察证》;在查处国土资源违法行为过程中,应当出示《国土资源执法监察证》,向当事人或者相关人员表明身份;在国土资源违法行为查处过程中涉及国家秘密、商业秘密或者个人隐私的,执法监察人员应当保守秘密。

在实施国土资源违法行为行政处罚自由裁量权上,省级人民政府国土资源主管部门应当依据法律法规规定的违法行为和相应法律责任,结合当地社会经济发展的实际情况,制定规范行政处罚自由裁量权适用的标准和办法,规定行政处罚自由裁量权适用的条件、种类、幅度、方式和时限等。市(地)级、县级人民政府国土资源主管部门可以根据省级规范行政处罚自由裁量权适用标准和办法,制定实施细则。

二、国土资源违法行为查处的基本流程

(一)违法线索发现

违法线索发现主要包括违法线索发现渠道和违法线索处置,其中违法线索发现的方式包括:举报发现,巡查发现,卫片执法监督检查发现,媒体反映、上级交办、国家土地督察机构督办或者其他部门移送、转办的国土资源违法线索等。

(二)线索核查与违法行为制止

线索核查的主要内容包括:涉嫌违法当事人的基本情况,涉嫌违法的基本事实,违反国土资源管理法律法规的情况,是否属于本级本部门管辖。核查过程中,可以采取拍照、询问、复印资料等方式收集相关证据。

发现存在国土资源违法行为,执法监察人员应当向违法当事人宣传国土资源法律法规和政策,告知其行为违法及可能承担的法律责任,采取措施予以制止。

(三)立案

国土资源主管部门受理行政违法案件后,应当进行审查,对符合立案条件的应当予以立案。

(四)调查取证

土地、矿产违法案件经批准立案后,国土资源行政主管部门应当及时指派案件承办人。办案人员应当全面、客观、公正地对违法事实进行调查,并收集相关证据。调查取证时,应当不少于二人,并应当向被调查人出示执法证件。

(五)案情分析与调查报告起草

办案人员应当对收集的证据、案件事实进行认定,确定违法的性质和法律适用。办案人员应当对证据的真实性、合法性和关联性进行审查,对证据的证明效力进行认定;对违法责任主体是否是实施违法行为并且能够独立承担法律责任的自然人、法人或者其他组织进行认定;对违法用地占用地类,是否符合土地利用总体规划,是否占用基本农田进行认定;对违法勘查开采数量和价值、违法所得进行认定;在此基础上,确定违法的性质和法律适用,研究提出处理意见,起草《国土资源违法案件调查报告》。

(六)案件审理

执法监察工作机构或者国土资源主管部门应当组织审理人员对案件调查报告和证据等相关材料进行审理,并提出审理意见。审理内容包括:是否符合立案条件;违法主体是否认定准确;事实是否清楚,证据是否合法、真实、充分;定性是否准确,理由是否充分;适用法律法规是否正确;程序是否合法;拟定的处理建议是否适当,行政处罚是否符合自由裁量权标准;以及其他需要审理的内容和事项。

(七)作出处理决定

案件经审理通过的,承办人员应当填写《违法案件处理决定呈批表》,附具《国土资源违法案件调查报告》和案件审理意见,报国土资源主管部门负责人审查,根据不同情况作出相应处理决定:行政处罚、行政处理、结案、限期整改、撤案、移送,形成国土资源法律文书,及时送达当事人。

(八)执行

行政处罚决定、行政处理决定生效后,除涉及国家秘密外,国土资源主管部门可以将其内容在门户网站公开,督促违法当事人自觉履行,接受社会监督。当事人收到行政处罚决定后,应当在行政处罚决定规定的期限内自行履行。行政处罚决定生效后,当事人逾期不履行的,国土资源主管部门可以采取措施督促其履行,《履行行政处罚决定催告书》送达十日后,当事人仍未履行行政处罚决定的,国土资源主管部门可以向土地、矿产资源所在地有管辖权的人民法院申请强制执行。

(九)结案

符合下列条件之一的,可以结案:案件已经移送管辖的;终止调查的;决定不予行政处罚或者行政处理的;行政处罚决定或者行政处理决定执行完毕的;行政处罚决定终结执行的;已经依法申请人民法院强制执行的。

(十)立卷归档

办案人员应当将办案过程中形成的全部材料,及时整理装订成卷,并按照规定归档。所有归档的材料,应当合法、完整、真实、准确,文字清楚,日期完备。应当保证归档材料之间的有机联系,同一案件形成的档案应当作为一个整体统一归档,不得分散归档,案卷较厚的可分卷归档。案卷资料归档应当按照档案管理要求统一归档保存或者交本部门档案室保存。

三、国土资源违法行为的立案与调查取证

(一)国土资源违法行为的立案

立案是指国土资源主管部门对公民、法人和其他组织的土地、矿产违法行为决定成立行政案件并进行调查处理的活动。立案是行政处罚普通程序的开始,其目的是通过对所获材料的审查,发现违法事实,追究违法行为。

1. 立案条件

符合下列条件的,应当予以立案:

(1)有明确的行为人;

(2)有违反国土资源管理法律法规的事实;

(3)依照国土资源管理法律法规应当追究法律责任;

(4)属于本级本部门管辖;

(5)违法行为没有超过追诉时效。

违法行为轻微并及时纠正,没有造成危害后果,或者立案前违法状态已经消除的,可以不予立案。

2. 立案呈批

核查后,执法监察工作机构认为符合立案条件的,应当填写《立案呈批表》,报国土资源主管部门负责人审批。符合立案条件的,国土资源主管部门应当在十个工作日内予以立案。

3. 确定承办人员

批准立案后,执法监察工作机构应当确定案件承办人员,承办人员不得少于二人。承办人员具体组织实施案件调查取证,起草相关法律文书,提出处理建议,撰写案件调查报告等。承办人员与案件有利害关系或者可能影响公正处理的,应当主动申请回避。

(二)国土资源违法行为的调查取证

调查取证是指行政机关对于立案处理的案件,为查明案情、收集证据和查获违法行为而依法定程序进行的专门活动和依法采取的有关强制措施。调查主要包括询问当事人和证人,取证主要指现场勘验检查和专门问题进行的鉴定。调查取证是实施行政处罚的前提和基础,行政处罚必须遵循"先取证、后裁决"的原则,在案件违法事实清

楚、证据确凿的情况下实施处罚。

1. 调查措施

调查取证时,办案人员有权采取下列措施:下达《接受调查通知书》,要求被调查的单位或者个人提供有关文件和资料,并就与案件有关的问题作出说明;询问当事人以及相关人员,进入违法现场进行检查、勘测、拍照、录音、摄像,查阅和复印相关材料;责令当事人停止违法行为;根据需要可以对有关证据先行登记保存;依法可以采取的其他措施。

被调查人员拒绝、逃避调查取证或者采取暴力、威胁等方式阻碍调查取证时,可以采取下列措施:商请当事人所在单位或者违法行为发生地所在基层组织协助调查;向上一级国土资源主管部门和本级人民政府报告;提请公安机关、检察机关、监察机关或者相关部门协助;向社会通报违法信息。

2. 调查实施与证据收集

在调查前期准备中,需要收集内业资料;准备调查装备、设备;确定调查的主要内容、方法、步骤及拟收集的证据清单等。

针对土地违法案件,其证据范围包括:当事人身份证明材料;询问笔录;地类及权属证明材料;土地利用现状图、土地利用总体规划图等;现场勘测材料;违法地块现状材料;土地来源资料;项目立项、规划、环评、建设等审批资料;破坏耕地等农用地涉嫌犯罪的相关鉴定材料;违法转让的证明材料;违法批地的证明资料;需要收集的其他材料。

针对矿产违法案件,其证据的范围包括:当事人身份证明材料;询问笔录;勘查、开采审批登记相关资料;证明矿产品种类、开采量、品位、价格等的资料;违法所得证据及认定材料;违法勘查、开采的证明材料;违法转让(出租、承包)矿产资源、矿业权的证明材料;违法采矿、破坏性采矿涉嫌犯罪的相关鉴定结论、鉴定意见或者检验报告;需要收集的其他材料。

调查中发现证据可能灭失或者以后难以取得的情况下,经国土资源主管部门负责人批准,可以先行登记保存,并应当在七日内及时作出处理决定。证据先行登记保存期间,任何人不得销毁或者转移证据。证据先行登记保存,应当制作《证据先行登记保存通知书》,附具《证据保存清单》,向当事人下达。制作《证据保存清单》,应当有当事人在场,当事人不在场可以邀请其他见证人参加,并由当事人或者见证人核对,确定无误后签字。先行登记保存的证据,可以交由当事人自己保存,也可以由国土资源主管部门或者其指定单位保存。证据在原地保存可能妨害公共秩序、公共安全或者对证据保存不利的,也可以异地保存。国土资源主管部门应当自发出《证据先行登记保存通知书》之日起七日内作出处理决定。

3. 调查中止

有下列情形之一的,办案人员应当填写《中止调查决定呈批表》,报国土资源主管部门负责人批准后,中止调查。

（1）因不可抗力或者意外事件，致使案件暂时无法调查的；

（2）涉及法律适用问题，需要有权机关作出解释或者确认的；

（3）需要公安机关、检察机关、其他行政机关、组织的决定或者结论作为前提，但尚无定论的；

（4）当事人下落不明致使调查证据不足的；

（5）需要中止调查的其他情形。

案件中止调查的情形消除后，应当及时恢复调查。

4.调查终止

有下列情形之一的，办案人员应当填写《终止调查决定呈批表》并提出处理建议，报国土资源主管部门负责人批准后，终止调查。

（1）调查过程中，发现违法事实不成立的；

（2）违法行为已过行政处罚追诉时效的；

（3）不属本部门管辖，需要向其他部门移送的；

（4）因不可抗力致使案件无法调查处理的；

（5）需要终止调查的其他情形。

第四节　国家土地督察制度

国家土地督察制度是最严格土地管理制度的重要组成部分。2004 年 10 月 21 日，《国务院关于深化改革严格土地管理的决定》提出建立国家土地督察制度。2006 年 7 月 13 日，《国务院办公厅关于建立国家土地督察制度有关问题的通知》印发，批准设立国家土地总督察，国务院授权国家土地总督察，代表国务院对各省、自治区、直辖市以及计划单列市人民政府土地利用与管理情况进行监督检查，国家土地监督机制自此实施。国家土地监督制度的建立和实施，是我国土地管理制度的重大创新，也是完善中央与地方行政权力与责任体系的积极探索，更是落实科学发展观，加强和改善土地宏观调控的重大举措。

一、国家土地督察机构

《国务院办公厅关于建立国家土地督察制度有关问题的通知》（国办发〔2006〕50 号）规定，国家土地督察行政编制 360 名，设立国家土地总督察 1 名，由国土资源部部长兼任；兼职副总督察 1 名，由国土资源部 1 名副部长兼任；专职副总督察（副部长级）1 名，司局级领导职数 67 名。在国土资源部设立国家土地总督察办公室（正局级）。由国土资源部向地方派驻 9 个国家土地督察局，派驻地方的国家土地督察局为正局级，每个国家土地督察局设局长 1 名、副局长 2 名和国家土地督察专员（司局级）若干名。根据工作需要，国家土地督察局可以适时向其督察范围内的有关省、自治区、直辖市及计划单列市派出国家土地督察专员和工作人员进行巡视与督察。

由国土资源部向地方派驻9个国家土地督察局,分别是:

国家土地督察北京局,督察范围为:北京市、天津市、河北省、山西省、内蒙古自治区;

国家土地督察沈阳局,督察范围为:辽宁省、吉林省、黑龙江省及大连市;

国家土地督察上海局,督察范围为:上海市、浙江省、福建省及宁波市、厦门市;

国家土地督察南京局,督察范围为:江苏省、安徽省、江西省;

国家土地督察济南局,督察范围为:山东省、河南省及青岛市;

国家土地督察广州局,督察范围为:广东省、广西壮族自治区、海南省及深圳市;

国家土地督察武汉局,督察范围为:湖北省、湖南省、贵州省;

国家土地督察成都局,督察范围为:重庆市、四川省、云南省、西藏自治区;

国家土地督察西安局,督察范围为:陕西省、甘肃省、青海省、宁夏回族自治区、新疆维吾尔自治区、新疆生产建设兵团。

二、国家土地督察机构的主要职责

国务院设立国家土地总督察,授权国家土地总督察对各省、自治区、直辖市以及计划单列市人民政府土地利用和管理情况进行监督检查,落实耕地保护目标责任制,监督国家土地调控政策的实施。国家土地总督察对国务院负责,其主要职责如下:

(1)研究拟订国家土地督察工作的工作规则、工作制度、具体办法和管理制度,并负责组织实施;

(2)组织开展完善国家土地督察体制、制度的研究,拟订相关政策法规,加强制度建设;

(3)指导和监督检查国家土地督察局的工作,督促国家土地督察局全面履行监督检查职责,促进监督检查工作的有效开展;

(4)负责对国家土地督察局上报的省级以及计划单列市人民政府土地违法违规问题进行汇总和分析,提出处理意见和建议;

(5)负责土地违法违规责令限期整改的相关具体工作;

(6)负责土地督察工作重要信息的收集、整理、交流、上报等相关工作,加强与国家土地督察局的日常联系、情况沟通和信息反馈等工作;

(7)组织各国家土地督察局开展土地管理的调查研究,提出加强土地管理的政策建议,促进调研成果的应用和转化;

(8)协调国家土地督察局及其工作人员的派驻工作,负责国家土地督察局及其工作人员派驻的协调、联络和服务等具体管理工作;

(9)开展国家土地督察队伍建设工作,协助国土资源部人事部门考核和管理国家土地督察局工作人员;

(10)承办国家土地总督察、副总督察交办的其他事项。

派驻地方的国家土地督察局,代表国家土地总督察履行监督检查职责。对监督检查中发现的问题,派驻地区的国家土地督察局应及时向其督察范围内的相关省级和计划单列市人民政府提出整改意见。对整改不力的,由国家土地总督察依照有关规定责令限期整改。

三、国家土地督察的基本程序

国家土地督察的基本程序包括五步,分别是制定年度土地督察工作计划并报国家土地总督察批准,编制年度土地督察工作方案并向省级或者计划单列市人民政府发送督察通知书,组织开展相关土地督察,编写土地督察报告并发送相关督察整改文书,督察整改和检查验收。

(1)制定年度土地督察工作计划并报国家土地总督察批准。确定督察重点任务,选定督察方式、督察项目和地区,明确各督察项目工作内容和时间。年度土地督察工作计划报国家土地总督察批准后,方可组织实施。

(2)编制年度土地督察工作方案并向省级或者计划单列市人民政府发送督察通知书。督察通知书内容包括督察形式、时间、范围、对象、内容、督察工作人员及督察具体要求。

(3)组织开展相关土地督察。根据督察任务进行内业审查和外业核查。

内业审查的工作流程为:①确定内业审查主要工作目标;②要求督察对象提交需内业审查的资料卷宗目录;③调阅资料并开展阅卷审查;④根据内业审查情况提交需外业核查的事项清单;⑤梳理内业审查工作成果。

外业核查的工作流程为:①确定外业核查主要工作目标;②实地核查和现场踏勘;③根据外业核查情况提交需内业进一步核实的事项清单;④根据需要补充调阅资料并进一步核实相关事项;⑤梳理外业核查工作成果。

汇总督察成果,对督察事项作出评价,与督察对象交换初步督察意见。

(4)编写土地督察报告并发送相关督察整改文书。督察报告内容包括督察的基本情况、发现的问题及定性描述、处理意见和建议。报经督察局主要负责人审批后,对督察发现的问题以书面方式向督察对象进行反馈、核实,形成正式的土地督察报告,连同拟发的相关督察整改文书,上报国家土地总督察。国家土地总督察或副总督察批复后,根据督察发现的问题的严重程度,向有关省级和计划单列市人民政府发送土地督察意见书,同时向有关部门发送工作改进建议书。

(5)督察整改和检查验收。被督察的地方人民政府及其有关职能部门,按照督察整改文书载明的督察意见,在建议限期内进行查处整改,经自检合格后,在时限届满之日前,由有关省级和计划单列市人民政府向派驻地方的国家土地督察局报送整改情况和验收申请或延期申请。派驻地方的国家土地督察监督局组织预验收或审查延期申请,预验收通过后报经国家土地总督察批准正式验收,验收合格后结束整改,验收不合格的及批准延期的,继续整改。对整改不力的,由国家土地总督察依照有关规定责令限期整改。整改期间,暂停被责令限期整改地区的农用地转用和土地征收的受理和审批。

第五节　国家土地督察的职权和业务体系

一、国家土地督察机构的职权

国家土地督察机构在坚持"不改变、不取代地方人民政府及其土地主管部门的行政许可、行政处罚等管理职权""不直接查处案件。对发现的土地利用和管理中的违法违规问题,由国家土地总督察按照有关规定通报监察部等部门依法处理"的原则下,行使调查权、审核权、纠正权、建议权。

(一)调查权

国家土地监督机构通过巡回检查、接受举报、调查研究、核实相关部门提供的材料等方式行使调查权。

(二)审核权

派驻地方的国家土地督察局应对农用地转用和土地征收两项审批事项是否符合法律法规规定的权限、标准、程序等进行合法性审查。由国务院审批的农用地转用和土地征收事项,省级和计划单列市人民政府应将上报文件同时抄送派驻地区的国家土地督察局;派驻地区的国家土地督察局发现有违法违规问题的,应及时向国家土地总督察报告。由省级和计划单列市人民政府审批的农用地转用和土地征收事项,应及时将批准文件抄送派驻地区的国家土地督察局,派驻地区的国家土地督察局发现有违法违规问题的,应在 30 个工作日内提出纠正意见。

(三)纠正权

为了强化国家土地督察机构的权威性和监督的有效性,对于监督检查中发现的问题,先由土地督察局向督察范围内的有关省级和计划单列市人民政府提出整改意见。整改不力的,再由国家土地总督察依照有关规定责令限期整改。整改期间,暂停被责令限期整改地区的农用地转用和土地征收的受理和审批。

(四)建议权

对地方政府改进土地管理工作提出建议。通过认真细致的实地调查研究,对于各地好的做法和典型经验进行总结推广,对于不足的地方向地方人民政府提出改进的建议。

国家土地督察机构不具有处罚权。这主要是基于中央与地方土地管理事权的划分的考虑,不改变、不取代地方政府及其土地行政主管部门的行政许可、行政处罚等土地管理职权,不削弱地方政府现有土地管理职权,并确保地方政府土地管理职权有效行使。

二、国家土地督察的业务体系

现行国家土地督察业务体系由核心督察业务及其技术支撑方式两部分组成。核心督察业务包括例行督察、审核督察、专项督察。

(一)例行督察

国家土地督察机构针对某一地区(通常为地市级单位)一定时段内的土地利用和管理情况进行的全面或者专项常规性监督检查和评估,是全面准确了解土地利用和管理情况,总结经验、发现问题、督促整改、规范管理和健全机制的有效途径之一。例行督察每五年覆盖一次,重点监测地区原则上每两年督察一次。

(二)审核督察

对督察范围内依法应报国务院审批和由省级人民政府审批的农用地转用和土地征收事项及批后实施的合法性与真实性进行及时的逐一监督检查,出具审核意见。审核督察分两个步骤进行:一是日常审核,即运用在线土地监督系统对依法应报国务院审批和由省级人民政府审批的农用地转用及土地征收卷宗进行逐一审核和随到随审;二是实地核查,即在日常审核的基础上,对发现的苗头性倾向性问题及典型重大违法线索进行集中式的实地核查。

(三)专项督察

对督察范围内一定时段的土地利用和管理某一方面的问题或特定事项进行不定期的专项监督检查,如耕地保护专项督察、重大土地违法违规问题专项督察、土地利用和管理特定事项专项督察等。

技术支撑方式包括调查研究、观测点分析、在线土地督察系统。

(1)调查研究。国家土地督察机构按照自身职责职能,围绕土地督察基础理论及核心业务、土地管理苗头性倾向性问题、土地管理制度改革等重要问题,组织专门调查、分析、评估和研究,提出完善土地督察和土地管理制度、改进土地督察和土地管理工作的对策和建议。

(2)观测点分析。国家土地督察机构在全国设置一定数量的观测点,建立科学的形势观测指标体系,分季度收集观测点的指标数据,分析判断区域及全国土地利用和管理形势,为国家土地总督察决策提供参考依据。

(3)在线土地督察系统。集成综合办公、线索发现、内业审核、实地核查、快速反应和指挥调度为一体,构建"天上看、地上查、网上管"的立体式土地督察业务信息自动化操作平台。

参考文献

[1] 中华人民共和国国土资源部网站:http://www.mlr.gov.cn/

[2] 孟宪来,韩永.国土资源执法监察实务[M].北京:地质出版社,2000.

[3] 中华人民共和国国土资源部.国土资源管理实用手册[M].北京:中国大地出版社,2011.

[4] 刘敏.国家土地督察制度及其绩效研究[D].北京:中国地质大学,2011.

[5] 中华人民共和国国土资源部.国土资源违法行为查处工作规程,2014.

第四章　国土资源信息管理

第一节　国土资源信息

一、国土资源信息与信息化

(一)国土资源信息的含义

信息是对客观事实用文字、数字、符号、语言、图像等介质来表示事件、事物、现象等的内容、数量或特征,从而向人们(或系统)提供关于现实世界新的事实和知识,作为生产、建设、经营、管理、分析和决策的依据,它不随载体的物理形式的改变而改变。

对于信息一词可以从以下三个方面来考虑:第一,信息是对客观事物特征的抽象反映;第二,信息以不同的媒介作为表现形式,它是在对数据的处理以后用于描述客观事物特性的,同一信息可以通过不同的表现形式进行描述;第三,信息是为人类生产生活服务的,人类通过对各类数据的加工处理,提取有用信息,形成连续且有逻辑的相关信息,最终汇总为知识,从而认识世界与改造世界。

信息具有客观性、适用性、传输性、共享性、时效性和无限性等特征。信息与数据这两个概念常常被混淆。信息是对数据进行加工与处理后得到的数据内涵,会直接或间接地对事物产生影响,为人类决策提供依据。就本质而言,数据是信息的表达,信息是数据的内涵,信息与数据不可分离。

国土资源信息是指与一个国家主权管理地域内一切自然资源相关的信息,是国土资源管理工作的研究对象和处理结果,是表征国土资源数量、质量、空间分布、利用状况、相互联系、变化规律以及社会经济价值的数字、文字、图像和图形的总称,用这些不同形式的国土资源数据可以定性、定量、定位、定时、可视化地全面表征国土资源的空间、自然、社会、经济等属性。

(二)国土资源信息的类型

根据不同的分类标准,国土资源信息可以被分为多种类型。目前,国土资源信息一般被分为以下四种类型:

（1）国土资源利用信息，主要包括国土资源调查与评价、利用现状动态监测、利用规划信息等。

（2）国土资源物权信息，主要包括不动产权属信息（所有权与使用权的确认、登记、流转、调整信息）、不动产价值评估信息、市场与矿产交易信息（市场供需及交易情况的信息）等。

（3）国土资源基础信息，主要包括基础地理信息（地形、水文、交通、行政管辖等）、地质工程和灾害信息（地质构成、地质环境、地质灾害及风险评价）等。

（4）其他国土资源相关信息，主要包括国土资源税收（如土地增值税、城镇土地使用税和国土资源使用税等）、国土开发功能区、国土旅游资源信息等。

二、国土资源信息化

一般认为，信息化是指培养、发展以计算机为主的智能化、互联性工具为代表的新生产力，并使之造福于社会的历史过程。其中，智能化生产工具与过去生产力中的生产工具不一样的是，它不是一件孤立分散的东西，而是一个具有庞大规模的、有组织的信息网络体系。信息化涉及社会的方方面面，其中，国土资源信息化在国家信息化的建设和推广过程中有着举足轻重的作用。

国土资源信息化是指在国土资源部统一领导和组织下，以现代信息技术广泛应用于国土资源的调查、评价、规划、管理、保护和合理利用等各项工作中为重点，以深入开发和利用各种信息资源为核心，有效地服务于经济社会发展，达到加速实现土地、地矿、海洋、测绘等领域国土资源工作科学化和现代化进程的目的。通过实施国土资源信息化，可以全面、准确、直接地掌握支撑国土资源管理的各类信息，建立覆盖国土资源管理主要业务并贯穿上下的政务信息化体系，形成科学、规范、高效的网络化国土资源管理模式，其基本任务就是实现国土资源调查评价、政务管理和社会服务三个工作流程的信息化。

国土资源工作本身的特点决定了国土资源信息化工作的四大特征：第一，数据种类复杂多样，数据数量庞大；第二，业务内容多，流程复杂；第三，数据对共享和时效性要求高；第四，中央至地方的国家、省、地（市）、县四级系统有机联系，整体性强。

第二节　国土资源的数据类型

数据是通过数字化或直接记录下来的可以被识别的符号，包括数字、文字、符号、图形、图像、声音、影像等多种形式，它是未加工的原始材料，是对客观对象的表达，在一定程度上可以反映事物的数量关系。第一节中对于信息的内涵进行了详细的阐述，可知数据是信息的载体，而信息则是数据的内容和解释。

国土资源数据是国土资源的位置、数量、质量、权属和利用状态的符号化表示，它涵盖地面及地下不同的空间位置，涉及土地、矿藏、海洋、地质、测绘等不同部门，包含

街区、县、市、省、全国范围等不同空间尺度水平,面向统计、分析、评价、预测等不同的应用目标。国土资源数据具有如下特点:

(1)多源性与多维性。国土资源数据的来源与获取途径很多,数据来源于土地调查、测绘、遥感、规划、地质勘探、行政审批等多个方面,以地面监测点监测、卫星遥感、问卷调查与统计等方式获取。

(2)动态性与海量性。国土资源涉及土地、矿产、资源、生态环境、经济等各大领域,随着时间的变化以及对地观测技术的迅速发展和信息化的加速,国土资源数据对国土资源对象的表达从模糊到精确,是一个动态积累的过程,期间的数据积累量也越来越大。

(3)层次性与关联性。国土资源数据按信息分类、时间维、空间维可以划分为不同的级别和层次,形成类似树状的结构,这些数据既相互独立,又相互联系、依存和制约。

(4)空间拓扑特征与类型多样性。国土资源数据中蕴涵大量的空间数据,它们不仅表述空间实体的位置、属性,还描述各实体之间的空间关系,包括空间拓扑关系,即空间对象的联结性、邻接性和连通性;国土资源数据具有多种类型和格式,包括二维表格数据、多维报表数据、矢量数据、栅格数据、影像数据、图形图像数据、声音视频多媒体数据以及各种文档和报告等。

根据国土资源数据的特征,将其分为空间特征数据、时间特征数据、属性特征数据、文档数据这四种类型。

一、空间特征数据

空间特征数据记录的是国土资源空间实体的位置、拓扑关系和几何特征。拓扑关系就是指空间实体抽象为点、线、面之间的关系。一般来说,地理空间被定义为绝对空间和相对空间,因此,空间特征数据包括绝对空间数据和相对空间数据。绝对空间数据必须有满足应用要求的地图投影和坐标系统,是地理参考系定义的绝对位置;在描述国土资源空间时,不仅需要记录空间实体位置的绝对空间数据,还需要记录相对空间位置(即空间实体的点、线、面间的相对位置关系或相邻地物间的空间关系)的相对空间数据,以实现国土资源信息管理中复杂的空间分析功能。空间特征数据主要有以下三种数据结构。

(一)栅格数据结构

栅格数据结构是最简单、最直接的空间数据结构,又称为网格结构(Raster 或 Grid)或像元(Pixel)结构,是指将地球表面划分为大小均匀、紧密相邻的网格阵列,每个网格作为一个像元或像素,由行、列定义,并包含一个代码表示该像素的属性类型或量值,或仅仅包括指向其属性记录的指针。因此,栅格数据结构是以规则的阵列来表示空间地物或现象分布的数据组织,组织中每个数据表示地物或现象的非几何属性特征。栅格数据结构表示的地表是不连续的,是量化和近似离散的数据,在其中,地表被分成相互邻接、规则排列的矩形方块,在特殊情况下也可以采用三角形、菱形、六边形等作为基本栅格单元。例如,遥感影像就是典型的栅格数据结构,每个像元的数字表示影像的灰度等级。

(二)矢量数据结构

在矢量数据结构中,现实世界的要素位置和范围可以采用点、线、面或体表达,在二维中,只需要点、线和面,而在三维中则还需要体。每一个空间实体的位置用它们在坐标参考系统中的空间位置(坐标)尽可能精确地定义,坐标空间设为连续,允许任意位置、长度和面积的精确定义。事实上,矢量数据结构的精度仅受数字化设备的精度和数值记录字长的限制,在一般情况下,比栅格数据结构的精度要高得多。

栅格数据结构和矢量数据结构之间的比较和优缺点分别见图 4-1 和表 4-1。

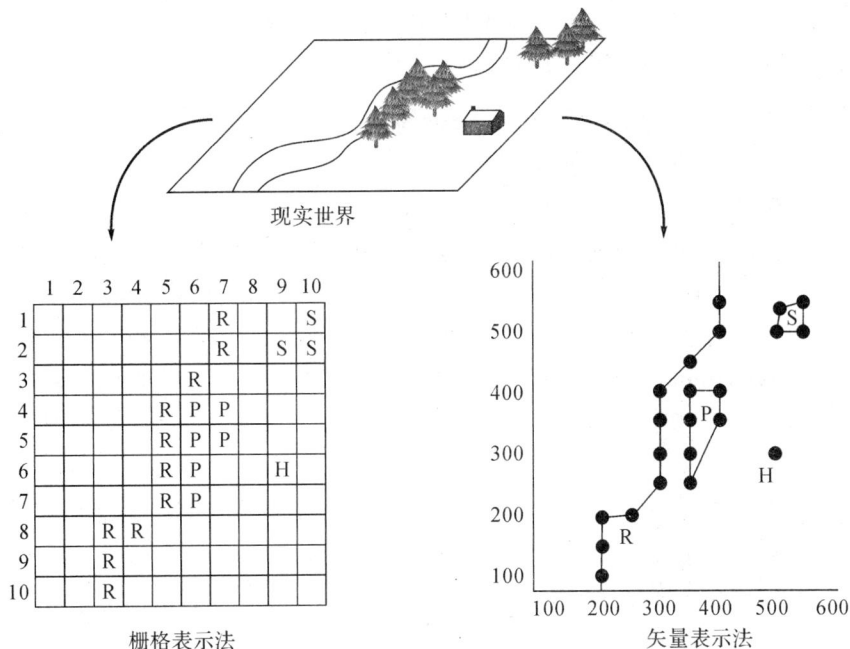

图 4-1 栅格数据结构与矢量数据结构比较

表 4-1 栅格数据结构与矢量数据结构的优缺点

数据结构类型	优 点	缺 点
矢量数据结构	面向对象目标,不仅能表达属性编码,而且能方便地记录每个目标的具体的属性描述信息; 数据结构严密,冗余度小,数据量小; 空间拓扑关系清晰,有利于网络分析; 图形显示质量好、空间位置精度高; 能够方便实现图形数据的恢复、更新和综合; 普通地图可直接手工数字化。	数据结构处理算法复杂; 空间分析技术上比较复杂,数学模拟比较困难,需要更复杂的软、硬件条件; 多边形叠合等分析比较困难,表达空间变化性能力差; 不能直接处理数字图像信息,不能做增强处理; 显示与绘图成本比较高。

续表

数据结构类型	优　　点	缺　　点
栅格数据结构	数据结构简单,易于算法实现; 空间分析和地理现象的模拟均比较容易; 空间数据的叠置和组合容易,有利于与遥感数据匹配应用和分析; 能直接用栅格状设备输出图形,便于做图像的有效增强; 输出方法快速,成本比较低廉。	图形数据量大,用大像元减小数据量时,精度和信息量受损失; 投影转换比较困难; 现象识别的效果不如矢量方法; 难以表达拓扑关系,难以建立空间网络连接关系; 图形数据质量低,空间位置精度相对较低,图形输出不美观,有锯齿。

(三)矢量栅格一体化数据结构

栅格和矢量数据结构各有优缺点,因此通过矢量栅格一体化技术,将矢量和栅格数据相结合,利用两者诸多方面的优点,进行查询、显示和分析。矢量栅格一体化数据结构有多种形式,最简单直接的形式是矢量栅格数据不做任何特殊处理,分别以各自的数据结构存储,需要时将它们调出,进行统一的显示、查询和分析。这种处理方式在许多系统中均已实现,例如将遥感影像或航空影响或扫描的栅格地图,作为矢量数据或其他空间专题信息的背景层,两者同步漫游显示、查询、检索和分析。数字栅格地图(Digital Raster Graphic,DRG)的更新主要是利用现势性强的数字正射影像图来提取变化要素,从而达到更新的目的,其采用的矢栅一体化更新方案,也就是采用两种数据结构来达到更新的目的。

二、时间特征数据

时间特征数据是指国土资源空间实体或其表现的特征随时间变化而形成的数据,其变化周期有超短期、短期、中期、长期、超长期。国土资源数据在某个时段内变化时,能记录到数据采集、处理以及利用行为发生的时间,空间特征数据就会具有时间特征,从而形成相应的时间特征数据。由于目前计算机软硬件的限制,现有的时间特征数据没有形成真正意义上的第四维的数据。

三、属性特征数据

属性特征数据,又称非空间数据,是属于特定国土资源对象特征描述的定性或定量的指标,一般指专题属性,即国土资源实体所具有的各种性质,如土地质量等级,土壤质地,土地沙化程度,土壤侵蚀程度,土地所有权和使用权的性质,权利主体的名称、通信地址、电话等信息,房屋的结构、功能及所有权性质,人口密度,交通流量,产业集聚程度等等,通常以数字、文字、符号、文本和图像等形式来表达,主要是表格、图形或图像。属性特征数据的范围随国土资源信息管理解决的问题不同而有所不同,随着信息管理面向更为广泛的用户并提供更为全面的服务,需要存储更大范围的属性特征数据。

四、文档数据

国土资源信息管理中涉及大量的文档数据,包括来往公文、证件、国家各级政府法律、法规等文字性的资料档案等,这些数据管理与一般的公文管理情况相似,处理比较简单,在国土资源信息管理中起到整理、归档、备案、查阅的作用,目前已存在非常成熟的软件对此数据进行管理。

第三节　国土资源信息化建设

国土资源信息化是国家信息化的重要组成部分,在社会经济发展方面起着重要作用,为此,政府先后启动"数字国土"和"金土工程"等重要工程,在此基础上,结合第二次全国土地调查等专项成果,建立全国国土资源遥感监测"一张图"工程(以下简称"一张图")和综合监管平台,同时编制并出台国土资源信息化规划。

按照《2015年全国国土资源信息化工作要点》,2015年全国国土资源信息化建设将从以下五方面重点开展:一是全面推进"国土资源云"和不动产登记信息管理基础平台建设;二是深化国土资源"一张图"和综合监管平台建设与应用;三是持续推进政务信息网上公开,深化拓展数据共享服务;四是进一步加强网络互联互通,完善信息网络安全保障体系;五是加强信息工作统一领导和统筹部署。

"国土资源云"建设的总体目标是以国土资源"一张图"数据库和政务办公、综合监管、公共服务三大平台为基础,充分利用云计算、大数据等先进理念和技术方法,进一步完善国土资源信息化技术架构,统筹整合业务应用与服务体系,完善网络与安全保障体系,逐步实现基础设施资源、数据资源、业务应用与服务的国家一级大集中或部省(区域)两级大集中,实现业务应用与服务的统一部署与分发,实现部内与部门间的全面数据共享。

一、"数字国土"工程

借鉴"数字地球"的建设构想和服务目标,我国提出了"数字国土"工程计划。"数字国土"工程是国土资源信息化建设的骨干工程,是在结合现代以遥感为主的空间技术和以计算机科学为主的高新信息技术基础上的国家综合资源调查计划,最终实现国土资源信息化,满足农业、土地、环境、水利和采矿工程对地学信息的需求,即信息化时代人类对地学的需求,为国民经济建设和可持续发展实现长期和全方位服务提供数据源;为国家开展"数字地球"信息网络建设提供大量基础信息,是与"数字地球"服务目标相适应的,是"数字地球"中具特殊性的重要组成部分。

　　"数字国土"工程围绕国土资源大调查形成的数据成果,通过利用现代信息技术,建立国土资源基础性、公益性和战略性数据库,提高国土资源信息加工、处理和存储的科学水平,形成对国土资源电子政务和信息社会化服务的强大数据支撑。其建设期主要集中在"十五"期间。此处主要介绍"十五"时期"数字国土"工程中与土地管理相关的建设成果。

(一)基础数据库建设

　　"十五"期间,在基础数据库建设方面,开展了221个项目。通过这些基础数据库的建设,初步形成了地政、矿政两大基础数据库管理体系和基础地学数据库管理体系。

　　在土地资源数据库建设方面,完成了国家级、省级和50万以上人口城市的土地利用规划数据库,以及34个市(县)级试点工作;完成了全国土地利用遥感监测数据库,包括50万人口以上的城市,1999—2002年各时段遥感影像数据;完成了建设项目用地数据库、全国开发区用地数据库、基准地价数据、1∶1万主比例尺全国土地利用现状数据库等;编制完成《县(市)级土地利用数据库标准》(试行稿)、《县(市)级土地利用数据库建设技术规范》(试行稿)和《1∶1万建库管理办法》,形成了一套完整、标准、规范的1∶1万主比例尺土地利用数据库建设技术路线和管理制度;完成高分辨率影像数据库设计及项目工作区高分辨率影像数据整合处理,覆盖面积1.7万平方千米;完成了3600平方千米的数据处理及建库工作;完成地籍数据库试点建设工作。

(二)调查评价相关信息技术的研究开发与应用

　　"十五"期间,在国土资源调查评价相关信息技术的研究开发与应用方面,完成了基于GPS的土地利用变更方法的总体框架以及主要的技术路线和涉及关键技术研究、GPS野外动态数据采集方法及精度分析、GPS土地利用数据转换模块、基于GPS与GIS的土地利用变更信息系统的开发,并建立了试点地区土地利用数据库。通过GPS在土地变更调查中的试点示范,极大地提高了土地变更调查的工作效率和工作精度。

(三)政务管理信息系统建设

　　"十五"期间,在地政管理信息化方面,建设了土地利用规划、建设用地审批等管理信息系统。国家级土地利用规划管理信息系统实现了对国家级规划、全国省级和50万以上人口重点城市规划的管理、规划辅助审查以及决策分析。部分省市,特别是经济发达省市的重点城市,相继建立并运行了建设用地审批管理信息系统、国土资源执法监察管理信息系统、土地利用规划数据库系统、城镇地籍管理信息系统等。

　　此外,在国土资源遥感运行系统方面,完成了土地资源遥感监测业务运行系统技术规程和规范的修订任务,以及遥感数据处理与土地利用信息提取的关键技术研究、海量遥感监测数据管理与建库软件系统开发工作。

(四)信息服务系统建设

"十五"期间,国土资源部门户网站正式开通,相继建成并运行了国土资源新闻网、虚拟办事大厅和交易大厅、行政审批结果公告、矿业权评估机构公示、视频点播系统、土地估价机构和人员信息公示系统,构建了国土资源信息强大的应用服务体系和统一权威的发布窗口。矿产资源规划元数据也已在国土资源部外网提供查询服务。开发并运行了国土资源国家级数据库运行系统及国土资源信息集成与分析系统。

(五)基础网络与信息化标准建设

"十五"期间,完成了国土资源主干网建设,实现了国土资源部机关与在京单位的联接;依托主干网国土资源视频会议系统建设,实现了与全国各省级单位的网络互联;完成了国土资源网络信息安全保密系统建设;完成了包括网络防病毒系统和防火墙系统在内的部分子系统的建设;实施了 PKI/CA 系统、电子邮件网关过滤系统和 IDS 系统。信息化标准规范的制定和推广应用得到了进一步加强,完成了一批重要标准和急需标准,如《国土资源信息化标准化指南》和《国土资源信息核心元数据标准》等一批重要信息化标准已由国土资源部颁布实施,20 多个标准正在试行。

二、"金土工程"

"金土工程"是 2004 年 1 月国务院副总理曾培炎在国土资源部视察工作时提出的。"金土工程"是在国土资源电子政务建设的总体框架下,围绕国土资源管理的中心工作,选择耕地保护、矿产资源管理、地质灾害防治等重要业务,在流程梳理、整合的基础上,建立业务应用系统和相应的信息服务系统,形成边界清晰的政务信息系统。"金土工程"的总体目标,是完成"三大系统"建设(即耕地保护国家监管、矿产资源国家安全保障和地质灾害预警、预报与应急指挥系统),建立覆盖国家、省、市、县级国土资源电子政务管理信息化系统。"金土工程"的实施包括六个方面的具体内容,即应用系统建设、数据库建设与整合、数据中心建设、网络系统建设、安全系统建设及标准化建设。

"金土工程"的建设分期实施。第一期作为试点示范工程,于 2006 年启动,2010年 10 月通过竣工验收,主要完成了国土资源部、31 个省(区、市)及新疆生产建设兵团、32 个试点城市国土资源数据中心建设;所建设的耕地保护、矿产资源管理、国土资源信息统计分析与决策支持、信息服务等四类业务系统的试点应用获得成功,并在全国所有省、市、县得到推广应用;完成了数据采集、质量控制、信息交换和系统安全四类11 项标准的制定;建设了信息安全保障和运行维护系统。

第二期工程围绕国土资源管理工作,按照整合资源、完善扩展要求搞好规划设计,设计重点考虑整合各专业领域的国土资源数据,建设全国国土资源遥感监测"一张图"。完善办公业务网络系统,全业务全流程联网运行;完善监测网络系统,形成综合监管平台;完善社会服务网络系统,扩大网络覆盖面,搞好地质数据信息的集成化和产业化建设。

三、国土资源电子政务系统

2009 年,国土资源部信息中心颁布了《国土资源电子政务建设指南》(以下简称《指南》),其中确定了国土资源电子政务建设工作的目标和任务。

国土资源电子政务建设工作的总体目标是:基本建成结构合理、功能完整、安全稳定、监管有效、服务全面、覆盖全局的国土资源电子政务体系,使信息技术在国土资源规划、管理、保护、合理利用、社会服务等国土资源工作的各个环节得到充分应用,国土资源监管能力进一步增强,参与宏观调控更加主动。通过国土资源电子政务系统的建设,实现国土资源政务管理和决策支持的网络化运行,形成网上双向互动式的国土资源公众信息服务体系。具体目标包括构建稳定、可靠的国土资源数据中心,逐步建立国家、省、市、县网上联动的政务管理信息系统等。

国土资源电子政务建设工作包括建立国土资源管理主要业务应用系统,建设基础性、战略性国土资源数据库,建设国土资源信息服务体系、加强各级国土资源网站建设,建设国土资源网络系统,建设国土资源数据中心,健全和完善国土资源电子政务标准体系。

《指南》还规定了省级、直辖市级、计划单列市级、地(市、州)级、县(市、区)级国土资源电子政务的建设要求,除县(市、区)级不包含综合分析及辅助决策系统,其他各级的国土资源政务管理应用系统建设内容均包括地政业务管理系统、矿政业务管理系统、地质环境业务管理系统、综合分析及辅助决策系统等 4 个方面。但是,各级在这 4 个方面的具体建设内容又有所不同,表 4-2 对地(市、州)级的国土资源政务管理应用系统建设的具体内容进行了介绍。

表 4-2　地(市、州)级的国土资源政务管理应用系统

系统建设主要内容	系统建设具体内容
地政业务管理系统	地籍管理系统
	土地登记管理系统
	土地利用规划管理系统
	土地利用计划管理系统
	建设用地审批备案管理系统
	土地整理复垦开发项目管理系统
	土地供应管理系统
	地价监测管理系统
	土地市场监测管理系统
	国土资源执法监察系统

系统建设主要内容	系统建设具体内容
矿政业务管理系统	矿产资源规划审批管理系统
	矿产资源储量管理系统
	矿产资源储量评审管理系统
	采矿权管理系统
	矿业权年检收费系统
地质环境业务管理系统	矿泉水管理系统
	地质灾害远程会商与应急指挥系统
	地质灾害防治专业技术机构资质审批管理系统
	地质灾害治理工程项目管理系统
	地质灾害危险性评估结果备案管理系统
综合分析及辅助决策系统	国土资源综合统计分析系统
	国土资源综合信息监管平台
	矿产资源可供性分析系统
	区域耕地粮食生产能力分析系统
	基本农田保护现状及分析系统
	区域产业用地动态变化分析系统
	建设用地可供性分析系统

四、国土资源遥感监测"一张图"工程

国土资源遥感监测"一张图"工程(以下简称"一张图"工程)建设,是把土地利用现状、基本农田、遥感监测、基础地理以及矿产资源等多源信息进行有机整合,与国土资源的计划、审批、供应、补充、开发、执法等行政监管系统逻辑叠加,实现资源开发利用"天上看、地上查、网上管"的动态监管目标。

2008年,全国"一张图"本底工程数据库建设已经基本完成,绝大多数省份的遥感数据完成入库。2009年,随着第二次全国土地调查底图生产工作渐入尾声,国土资源部探索应用高科技手段开展国土资源动态监管的"一张图"本底工程初具规模。

(一)建设目标

建设"一张图"工程有以下四项目标:

(1)通过"一张图"工程建设,形成国土资源核心数据库,全面、快速和准确地掌握全国土地、矿产等各类资源的数量、质量、结构和空间布局,准确记录资源开发利用生

命周期中各个阶段的信息,并监测地质灾害发生情况。

(2)加强资源的空间统筹,实现向"以图管地,以图管矿和以图防灾"的转变。以信息化带动管理精细化,力争实现国土资源主要业务要素的落地化管理,促进国土资源管理方式向依靠科技进步和广泛深入应用信息技术方向转变,全面提高国土资源管理行政效能。

(3)将国土资源核心数据库建设成为国土资源主要政务信息系统、资源监管平台的数据支撑环境,为国土资源各项审批业务、资源监管、宏观决策及各项应用和数据交换提供统一的数据和技术保障。

(4)将国土资源核心数据库建设成为支撑国土资源信息共享和社会化服务的数据支撑环境,为实现国土资源数据最大限度地社会化服务提供数据和技术保障。

(二)建设内容

建设"一张图"工程有以下六项内容:

(1)核心数据库建设。在基础设施支撑下,按"一张图"建设的有关技术标准规范对不同类别、不同专业的海量、多源、异构数据进行梳理、整理、重组、合并等,利用提取、转换和加载工具以及必要的手段,将处理加工好的数据按照统一的建库标准进行入库,数据按分层分类管理,形成国土资源核心数据库。

(2)开发核心数据库管理系统。按照"一张图"管理维护和应用服务的要求,开发核心数据库管理系统,实现对全国土地、矿产及地质数据的集中管理与维护。

(3)开展应用服务。在国土资源核心数据库及其管理系统的基础上,开发应用服务接口及对"一张图"调用和操作的应用接口,为国土规划、基础设施建设、农林水等相关行业规划提供数据服务。

(4)建立并完善核心数据库运行环境。鉴于数据量巨大,数据访问频度高,对数据中心的存储系统和主机系统进行必要的扩容、更新相关设备和环境等十分有必要。

(5)逐步建立和完善"一张图"及核心数据库数据汇交和更新的机制。制定《国土资源部数据管理办法》,在此框架内,建立有关"一张图"涉及数据汇交与更新的协调、操作、运行的管理机制;规范各部门、各单位数据汇交与更新规定,以及约束其共享行为的行政规章制度等。

(6)编制相关的技术标准规范。在技术上需要制定数据库建设、管理和应用等的一系列技术标准和规范,确保建设过程中按照统一的空间数据数学基础,统一的数据分类代码、数据格式、命名规则和统计口径等。

(三)进展情况

2014年,"全球地质一张图·中国"正式上线,首次面向全球提供中国主要陆域面积1:100万地质图空间数据(英文版)的发布与网络服务,填补了"全球地质一张图"数据中国区域的空白。"全球地质一张图·中国"的开发与建设,由中国地质调查局发展研究中心牵头完成。项目组在中国地质科学院地质研究所完成的全国1:100万地质图空间数据库(中文版)的基础上,攻克一系列关键技术难题,实现了通过"全球地质一张图"门户网站与独立门户网站两种方式提供中英文双语数据服务。

五、国土资源信息化"十二五"规划

(一)建设目标

以依托四级网络互联互通的国土资源遥感监测"一张图"、电子政务平台、综合监管平台和共享服务平台("三大平台")为基础,努力构建覆盖全国的集数字化、网络化、智能化为一体的"智慧国土",全面实现网上办公、网上审批、网上监管、网上交易和网上服务,促进管理方式的根本转变,增强全程监管能力,提高管理决策的科学化水平,推动服务型政府建设。

其主要目标是:基本实现以信息技术为支撑的常态化调查监测,促进国土资源信息的实时汇集和动态更新;构建四级联动的网上管理运行体系,促进管理方式的根本转变;形成覆盖全国的网上监管运行体系,提高监管质量和效率;实现信息资源的深度挖掘,促进国土资源决策的科学化;构建网上服务体系,进一步提升各级国土资源主管部门的政府公信力和公众满意度;进一步完善基础设施,增强信息化可持续发展能力。

(二)建设任务

"十二五"时期国土资源信息化建设任务主要包括以下四项:

(1)完善国土资源调查评价和监测技术体系,加快以国土资源遥感监测"一张图"为基础的核心数据库建设:完善国土资源调查评价和监测技术体系;持续推进土地调查评价监测信息化;持续推进地质调查评价监测信息化;加快以国土资源遥感监测"一张图"为基础的核心数据库建设。

(2)加快国土资源管理全业务网上运行,构建国土资源管理决策与综合监管技术支撑体系:建立和完善国土资源电子政务平台;建立和完善国土资源综合监管平台;不断深化系统应用。

(3)加强在线服务和信息共享,推动国土资源主管部门服务型政府建设:构建国土资源信息共享服务平台;持续推进国土资源政务信息网上公开;加强在线服务和政民互动;加快推进基础性、公益性国土资源信息共享服务。

(4)完善信息化基础设施,增强信息化支撑保障能力:完善国土资源数据中心基础支撑环境;建立国土资源监测指挥中心;加快推进国土资源业务网建设;加强信息网络安全保障;加强信息化标准体系建设与推广;加强国土资源信息化关键技术研究。

(三)进展情况

截至2013年,国土资源信息化"十二五"规划实施总体顺利,信息化在国土资源管理改革发展中发挥了重要的服务保障作用。国土资源信息化"十二五"规划主要目标任务如下:

（1）初步建成"一张图"及核心数据库：国土资源部基本建成以覆盖全国的遥感影像为本底的"一张图"核心数据库体系，基本形成"一张图"与国土资源调查评价等相关专项联动的数据动态更新机制；全国 29 个省（区、市）初步建立了覆盖本辖区的"一张图"，23 个省（区、市）基本建成了较为完整的"一张图"数据库架构；市、县级"一张图"及核心数据库建设开始启动。

（2）基本建成覆盖全国的综合监管体系：部建成覆盖土地和矿产资源管理、开发利用全过程的综合监管平台，并实现常态化应用和持续完善拓展；全国 25 个省级国土资源主管部门建立覆盖本辖区的综合监管平台并开展初步应用；部分基层国土资源主管部门启动综合监管平台建设。

（3）基本实现四级国土资源主要管理业务的网上运行：部实现行政办公和所有审批事项的网上运行；省级国土资源主管部门行政办公和行政审批等主要管理业务实现全流程网上运行；半数省（区、市）实现三级联网审批。

（4）构建了以国土资源门户网站为载体的公共服务体系：部门户网站成为政务公开主渠道和新闻宣传主阵地；全国国土资源政务信息网上公开接近全覆盖；26 个省（区、市）开展了土地或矿业权网上交易系统建设；一批重要国土资源信息向相关行业和全社会共享。

（5）建立了信息化基础设施保障体系：国土资源业务网接近全覆盖；各地均开展了网络与信息系统安全等级保护工作。

虽然取得了如上成果，但是仍然存在基层国土资源部门管理业务信息化程度较低、"一张图"和综合监管平台应用广度和深度不够、信息安全保障能力有待加强的差距以及信息化工作统筹有待进一步加强、部分地方信息化建设经费保障不足、基层国土资源主管部门信息化管理方式和推进思路还有待进一步完善的问题。

六、浙江省国土资源"一张图"和综合信息监管平台建设

浙江省国土资源"一张图"和综合信息监管平台的建设于 2011 年启动，2012 年初步完成了项目建设工作，2013 年完善了项目建设并通过项目终验。目前该项目的成果及应用如下。

（一）数据自动化采集

该项目与地政审批系统、土地供应系统、农村土地综合整治系统、矿政审批系统、矿产资源储量系统、信访系统等 11 个系统建立数据采集，保证了数据获取。

（二）提供应用服务

该项目已为土地利用规划管理系统、地政审批系统、农村土地综合整治系统、执法监察系统、矿政审批系统、矿产资源储量系统等业务审批系统提供了 10 类、58 个数据服务和"一张图"功能服务，实现了辅助业务审批。

(三)业务监管应用

该项目实现了对土地的批供用补查及矿产的勘储采用查的全过程跟踪监管。建立了国土资源监管指标体系搜索分析引擎,对地政、矿政和地质环境三类业务进行综合统计分析,实现了 450 多个监管指标、40 多张报表、20 类业务专题分析报告等的快速搜索。

(四)核心数据库管理

完成了最新的全省矿产资源规划数据、全省矿产资源储量管理数据、全省土地利用规划数据和国土资源部下发数据等数据的检查与入库工作,形成了覆盖全省的"一张图"核心数据库,其中包括 3 类基础数据、6 类专业数据和 13 类管理数据。

第四节　土地信息管理

一、土地信息的含义与特征

(一)土地信息的涵义

土地信息是指土地工作的研究对象和处理结果,是表征土地系统诸要素的数量、质量、分布特征、相互联系和变化规律的数字、文字、图像和图形等的总称,用这些土地数据可以定性、定量、定位、定时、可视化地全面表征土地的空间、自然、社会、经济等属性。它是对表达土地特性与土地现象之间关系的土地数据的解释,包括土地资源、土地管理、土地评价和地产交易等方面的信息。

(二)土地信息的特征

土地信息主要有以下三个特征,按照不同的分类依据,可以将土地信息分为多种类型,如表 4-3 所示。

表 4-3　土地信息按不同分类依据的类型统计表

分类依据	土地信息的类型
土地管理内容	1.地籍管理信息(主要包括土地调查、土地分等定级与估价、土地登记、土地统计、地籍档案管理等业务中形成的图形、图像、数字、文字和声音等信息)
	2.土地权属管理信息(主要包括土地产权制度的系列动态文档资料、土地所有权与使用权的确认资料、城镇国有土地使用权的流转资料、农用地权属流转资料、土地征收资料、土地权属调整资料等信息)

续表

分类依据	土地信息的类型
土地管理内容	3. 土地利用管理信息(主要包括农用地的利用和保护、建设用地管理、未利用地的开发利用、土地用途管制、土地利用总体规划和土地利用监督与调控等信息)
	4. 土地市场管理信息(主要包括土地市场交易管理制度文档资料、土地市场供需信息、土地市场交易情况等信息)
土地与相关背景特性	1. 环境信息(包括气候、土壤、地质、地貌、水文、植被、野生动物等信息)
	2. 基础设施等建设信息(包括各类公共设施、各种建筑物及构筑物、交通运输系统等信息)
	3. 土地信息(包括地籍管理信息、土地权属管理信息、土地利用管理信息和土地市场管理信息)
	4. 与土地信息有关的社会经济信息(包括经济发展水平、卫生、福利和公共秩序、人口分布等信息)
信息获取途径的不同	1. 野外实地测量信息(包括传统的大地测量方法以及全站仪、电子测距仪等一些测量方法直接量测空间对象,获取具体、准确的定位信息资料)
	2. 摄影测量与遥感信息(摄影测量已普遍用于通用地图的制作,为土地利用现状调查等提供基础图件;对于大范围的资源、环境调查来说,遥感往往是主要的信息来源)
	3. 现场专题考察与调查信息(包括房地产权状况、土地产权界址、土地利用状况等地籍信息以及城镇土地闲置情况等专题调查信息)
	4. 调查与统计信息(用地管理业务中大量的社会调查与统计资料)
	5. 已有信息(土地管理在未进入数字化、信息化之前已形成的大量数据、图件、文字等资料)
从信息系统开发应用角度	1. 基础地理信息(包括空间参考坐标系、地形地貌、水系、植被和线状道路等基础信息)
	2. 专题图形信息(在建立土地信息系统时涉及的有关土地方面的信息图层,如建筑平面图、土地利用总体规划及其专项规划图层等)
	3. 专题属性信息(反映特定地块最基本属性的信息,如土地权利和限制、土地价值和税收等)
	4. 土地相关属性信息(包括人口和人口普查数据、行政管理、古迹、土壤、植被、水文、工业与就业、给水排水、电力和电话等)

1. 时空动态性

土地信息都与一定的空间位置相关,且在区域上表现出分布式的特点,其更高的空间定位精度是土地信息与一般地理信息的区别所在;土地信息的时序特征十分明显,会随时间产生变化,存在时效性,因此,一方面要求及时获取土地信息,并定期更新,另一方面要从其变化的过程中研究其变化规律,从而做出科学的评估与预测,为科

学决策提供依据。

2. 数据海量性

土地信息既有空间特征,又有属性特征,并包括一个较长的发展时段,因此其数据量很大。目前正在兴起的"大数据"科技,在本质上就与土地信息处理与管理有着紧密的联系。

3. 载体多样性

可以用文字、数字、地图和影像等形式描述土地信息,用纸质、磁盘、光盘等物理介质作为土地信息的载体,并以某种方式存储起来,在适当条件下同载体一起进行传输或传播。

二、土地管理信息化与土地信息管理

(一)土地管理信息化

土地信息化在国民经济和社会信息化建设中起着关键环节和基础平台的作用,它不仅是我国国民经济与社会信息化的重要组成部分,也是实现土地管理现代化和促进土地事业发展的关键,其对于促进国家社会经济可持续发展、优化资源利用结构、保障国家资源(经济)安全具有极为重要的意义。土地管理信息化是国土资源部门现代化的必然发展趋势,它不仅能驱动高速发展的信息技术,促进国民经济相关部门,同时也被国土管理部门自身所需要。土地管理信息化不仅包括土地信息系统(如土地资源监管信息系统、土地资源政务管理信息系统等)的建立,还包括管理人员观念的转变,管理体制、管理程式适应信息化的要求等。具体包括以下三个方面:

(1)管理对象的数量化。数量化是信息化的基础。在传统的土地管理中,存在着很多经验判断的成分,这在信息时代是不适应信息化的要求的,因此,必须对过去的规程、规范及算法模型进行修编与改进,以满足信息化对管理对象数量化的要求。

(2)管理模式的程式化。程式化是信息化的必由之路,指按照法律、法规程序,规范地处理一切管理事务,不因个人感情或偶发因素破坏既定的程序。

(3)计算机化是信息化的落脚点。计算机化是指一切管理决策都是以信息数据为基础,以法律、法规为依据,借助计算机中的土地信息系统,进行科学决策。

(二)土地信息管理

土地信息管理是解决如何有效地组织信息资源的问题,以实现土地信息管理一系列目标的管理活动。这些目标包括:开发土地信息资源;支持土地管理的业务运行、专题研究和战略决策;支持土地科技;支持土地利用工程和土地市场;支持国民经济调控和国家管理的有关决策。

土地信息管理的内容包括以下几个方面:

(1)存储现有大量的土地信息,同时为了保持土地资料的现势性,适时更新数据、图件和文档资料；

（2）查询检索，以掌握土地资源、资产状况，满足土地管理业务、社会公众和政府等各层次对土地信息的需求；

（3）数据处理，支持土地管理的业务自动化运行；

（4）信息支持，开展专题研究、综合分析研究，提供土地管理和土地持续利用的辅助决策，以达到土地利用社会效益、经济效益和生态效益的统一；

（5）指标方案，支持土地开发、利用、保护、整治的论证和监测；

（6）信息标准化，以达信息资源共享，最大限度地提高土地信息的利用效益。

三、土地信息系统的涵义和类型

（一）土地信息系统的涵义

土地信息系统（Land Information System，LIS），是土地管理部门的辅助决策系统。它是以土地资源与土地资产为管理对象，以土地空间数据库为基础，在计算机软硬件的支持下，对土地资源和资产相关数据（遥感、地面测绘、土地调查以及历年保存的文档等相关资料）进行采集、分类、管理、检索、操作、分析、统计、模拟和显示，并采用空间模型分析方法，适时提供多种空间和动态的土地信息并应用和传播土地信息，结合专家经验与国家相关法律法规以及土地管理模式，辅助土地管理人员完成土地管理的各项业务，为决策服务而建立起来的计算机技术系统。

土地信息系统整合了人力资源和技术资源，在一系列组织好的程序下，生产出对管理活动有意义的信息，并应用于地籍管理、土地分等定级估价、土地利用动态监测、耕地保护、土地利用规划、建设用地管理、土地监察、土地整理、土地电子政务等诸多方面。

土地信息系统与管理信息系统及地理信息系统具有密切的关系。

首先，土地信息系统是管理信息系统中的一个分支。管理信息系统是信息系统中的一个主要领域，是按照系统思想建立起来的以计算机为工具，为管理决策服务的信息系统，它的特点是系统自动模拟管理工作对象的工作流程，在每一个环节将有关的法律、法规制度贯彻其中，支持协助管理工作人员完成信息数据存储、检索、统计、评估、判定以及决策等工作。土地信息系统是一个较专业的管理信息系统，强调从土地管理工作的实际需要出发，按照工作的实际流程、专业技术的规程和规范以及土地管理要求的各种数据、图件、表册与文档的格式标准，提供对应的功能模块，这一系统对软件的功能与用户界面并重，甚至对用户界面的要求更高。

其次，地理信息系统是非常重要的空间信息系统，它是采集、贮存、管理、分析和描述整个或部分地球表面（包括大气层在内）与空间和地理分布有关的数据的空间信息系统。土地信息系统和地理信息系统的联系在于：两者都属于空间信息系统，且属于可见型信息系统，都是给用户提供一个空间的数据框架，用户可以将地域的各种属性数据（包括自然属性和社会经济属性数据）置于这一框架之中，系统支持用户对这一数字空间框架进行综合分析,对空间数据、属性数据、时间数据进行有机结合并加以管理;大多数土地信息系统都是在地理信息系统平台上开发的应用系统。两者的区别在于:地理信息系统提供更为全面的计算机空间分析功能,特别是在自然地理信息数据的分析处理上,而土地信息系统中的空间分析功能仅是地理信息系统中的一小部分,较多涉及地表的社会属性(特别是权属)。

(二)土地信息系统的基本组成

土地信息系统是为土地管理部门提供数据采集、组织、存贮、加工、处理、应用和传播信息的工具。从应用的角度看,土地信息系统由硬件、软件、数据、应用模型和人员五部分组成。硬件和软件为土地信息系统建设提供环境;数据是土地信息系统的重要内容;应用模型为土地信息系统建设提供解决方案;人员是系统建设中的关键和能动性因素,直接影响和协调其他几个组成部分,决定系统的工作方式和信息表达方式。

(三)土地信息系统的类型与功能

按照不同的分类依据,可以将土地信息系统分成多种类型,如表 4-4 所示。

表 4-4　土地信息系统按不同分类依据的类型统计

分类依据	土地信息系统的类型
应用领域	土地资源信息系统、土地管理信息系统、土地评价信息系统、不动产交易信息系统、土地利用与规划信息系统
管理的地域范围	国家级土地信息系统、省(自治区、直辖市)级土地信息系统、地(市)级土地信息系统、县(市)级土地信息系统
设计目的	基础土地信息系统、应用土地信息系统

土地信息系统是集空间型、管理型于一体的信息系统,因此其必须具有对空间信息的处理功能,又有对非空间信息的处理和管理功能。土地信息系统按照其功能结构可以划分为输入子系统(INS,负责接受外来数据)、数据库管理子系统(DBMS,对空间数据和属性数据进行一体化管理)、系统管理子系统(SMS,是系统工作的协调指挥部,也是系统对外的窗口)、专家子系统(ES,系统的所有应用模型及相应功能模块)和输出子系统(OUTS,将系统工作的结果向外发布)五大部分。

四、土地信息系统的应用

当前,我国对土地实行四级管理,即国家级、省级、地市级与县级四级。四级管理机构职责范围不同,对土地信息系统功能的需求也不同。一般地说,国家、省级是宏观控制管理,对土地信息系统的要求偏重于统计、汇总、分析;而地市、县级是面向用地单位与个人的具体管理,对土地信息系统的要求偏重于准确制图、确认权属、评价与估价、制定利用规划。地市及县级土地信息系统建设是基础,其任务复杂,工作量大。

土地信息系统应当覆盖土地管理的全部业务工作范围,为这些工作提供信息与决策服务。根据土地管理的业务内容,土地信息系统可以应用于地籍管理、土地定级估价、土地利用动态监测、耕地保护、土地利用规划、建设用地管理、土地监察、土地整治等方面。下面详细阐述土地信息系统在地籍管理和土地利用规划中的应用。

(一)地籍管理信息系统

地籍管理信息系统是一个在计算机和现代信息技术支持下,以宗地(或图斑)为核心实体,实现地籍信息的输入、储存、检索、编辑、统计、综合分析、辅助决策以及结果输出的信息系统,是土地信息系统中一个专门管理地籍信息的系统,借助这种信息系统可以保证地籍信息的管理工作高效、持久、和谐地运转。地籍管理信息系统同时还为规划土地管理的现代化提供了坚实的数据基础和优质高效的技术保障,是实现土地现代化管理的先进技术手段。地籍管理信息系统主要由地籍调查子系统、土地调查子系统、土地登记与统计子系统等组成。此外,按照管理的数据特点,还可将其分为城镇地籍信息系统、农村地籍信息系统(土地利用信息系统)、城乡一体化地籍信息系统等。

我国地籍信息化建设是从 20 世纪 80 年代末开始的,截至目前已经取得了很大的成绩,地籍信息化已成为国土资源信息化,特别是土地管理信息化的重要技术支撑。1998 年国土资源部组建以后,地籍信息化建设工作迈入了一个崭新阶段。进入新世纪后,地籍信息化建设步伐更快了,例如,2010 年宁波市对城镇地籍管理信息系统进行了升级改造,通过运用数字签名、二维码和二代身份证读取技术,完善土地登记流程,加强土地使用者的身份认证;2012 年金华市建成了地籍调查数据库和高标准的地籍管理信息系统等。地籍管理信息系统已经实现权属管理与土地利用的无缝一体化管理。

目前,全国大约有超过 40 余种城镇地籍信息系统软件和土地利用数据库软件,其主要的 GIS 平台有 ArcGIS、MAPINFO、MAPGIS、GEOSTAR、SUPERMAP 等。从目前的发展态势看,三层结构、组件化、分布式空间数据库存储与管理等许多先进的技术和方法已经被广泛应用于信息系统和数据库软件的开发与研制中。

(二)土地利用规划信息系统

土地利用规划作为土地资源管理的重要组成部分,是对土地资源的开发、利用、治理和保护进行的全面布局。土地利用规划信息系统的建设就是利用先进的 GIS 技术和计算机网络技术,并结合土地利用规划管理的业务,使土地利用规划工作从资料采集、图件处理、计算机模拟、规划成图到监督实施的全过程实现信息化,同时为上级部门的决策者提供有效的决策支持,将土地利用规划管理水平提高到一个新的台阶,并产生良好的社会效益。一般的土地利用规划信息系统由土地利用现状分析模块、土地评价模块、人口与土地需求量预测模块、土地利用总体规划的环境影响评价模块、土地利用规划管理信息系统这五部分组成,具有数据输入、成果管理、规划实施管理、专题分析、输出、系统维护等功能。

土地利用规划管理信息系统属于土地利用规划信息系统五个组成部分之一,它侧重于土地利用规划行政管理的信息化,建立集 GIS 和办公自动化(OA)为一体的专业化信息系统,兼顾建设用地预审、建设用地规划审查、开发整理复垦项目规划审查、规划调整审查和规划成果管理等管理业务。早在 2002 年,国土资源部就颁布了《县(市)级土地利用规划管理信息系统建设指南(试行)》,规定了土地利用规划管理信息系统的建设规则和规范。

近年来,全国各省市在建设土地利用规划信息系统方面都取得了一定的成果,例如,杭州市余杭区在 2011 年正式启用土地利用规划管理信息系统,实现了局机关与各国土所、执法大队、报批中心的联网,可在第一时间将土地规划变更情况实现共享,又将土地规划预审程序下发至各国土所,提升了余杭区国土资源信息化服务能力和水平。

(三)其他相关土地信息应用系统

1. 土地调查影像管理信息系统

浙江省在 2011 年建设完成了土地调查影像管理信息系统。该系统是我国东部地区首个基于 ERDAS Apollo 平台建立的、专业化管理影像信息系统。系统分为三层架构,通过支撑层 ERDAS Apollo 对数据层的影像、元数据及镶嵌信息进行关联,为应用层提供 C/S 的后台管理模块、B/S 的前台展示和使用界面,并通过标准的 OGC 服务支持第三方应用接入。

该系统实现了对不同时相、不同分辨率、不同数据源影像数据的快速入库和高效管理。系统采用 B/S 结构,通过客户端能够便捷实现影像查询检索、浏览、多时相影像多屏对比、影像与矢量叠加套合分析、影像裁切下载、三维浏览等功能。系统资源空间占用小,稳定性好,支持动态投影,支持 WMS、WCS 等 OGC 标准服务,开放性强,系统为海量数据的管理和应用提供了一个强大而高效的平台。

土地调查影像管理系统是信息技术和应用管理深度融合的成功范例。系统已在土地调查、土地执法监察、基本农田保护、土地利用规划管理、农村土地整治等国土资源管理工作中发挥了较强的服务效用。

2. 省级耕地保护监管系统

浙江省建立了省级耕地保护监管系统,该系统主要由土地资源基础空间数据体系,网络化的数据库管理系统,数据采集、建库、更新与应用技术体系,应用服务开发平台,应用示范建设和决策支持系统等组成。该系统建设的总体要求是建立耕地占补和违法占用等情况的实时监控体系,为实现保护耕地提供信息技术支撑和决策支持。浙江省耕地保护监管系统软件是在图形和数据库等平台软件的基础上,根据业务管理的要求进行的二次开发。

浙江省耕地保护监管系统的基本功能包括:图形输入输出编辑功能、属性数据编辑管理功能、数据更新维护功能、耕地占补管理功能、空间分析功能和信息查询功能等,其中耕地占补管理功能是指对非农建设占用、自然灾害损毁、生态退耕及农业结构调整等造成的耕地减少进行动态管理及对新补划(增加)耕地保护区(块)适时在系统中更新、维护并对新补划耕地保护区(块)属性进行动态管理等。

第五节 矿产信息管理

一、矿产信息的含义、内容与特征

矿产信息是指用于表征矿产资源的数量、质量、含量、性质、地理位置、分布特征、联系和规律的文字、数字、图形、图像和矢量数据的总称。除了具备信息的一般特征之外,矿产信息还有以下特征:

(1)动态性:主要是指矿产信息的动态变化特征。可以将矿产信息以时间尺度划分为不同时间段信息,及时采集和更新矿产信息,从这些数据和信息中寻找时间分布规律,进而对未来作出预测和预报。

(2)区域性:矿产信息由于其独特性而属于空间信息的范畴,通过数据来对矿产信息的空间位置进行标示,并按照指定的区域进行信息的并或分。

(3)多维性:由于矿产信息的空间信息的特点,往往需要多个属性信息才能将矿产信息精确地描述。

二、矿产资源信息的内容

矿产资源信息是国土资源信息化建设的重要前提。系统性、科学性、动态性的矿产资源信息可以更好地为利用矿产资源、造福人类起支持作用。按照矿产资源开发利用各环节作为划分标准,矿产资源信息可以被划分为矿产资源勘查信息、预测信息、规划信息、评价信息。

(一)矿产资源勘查信息

现代矿产资源勘查正在由过去的单一方法向多种方法技术集成方向发展。地质学家使用地质、地球物理、地球化学等多种方法,获取了大量与空间相关的数据、图形、图像和文字资料。对这些多源、多种、数据量大的信息进行综合评价分析,是现代矿产勘查的新的有效途径。

我国的遥感、航空物探和地质勘探数据采集系统也已全部实现数字化自动采集。但地质矿产勘查中野外数据和文字目前以规范化的人工采集为主题,难以用计算机技术替代,室内的资料整理仍以传统的人工方法为主。使用野外现场录像、图形室内处理技术及计算机处理,仍局限于具有较高水平、设备良好和人员素质高的研究单位和院校。图件是矿产勘查成果主要信息载体,遥感、物探、化探等勘查成果采用计算机自动成果已较为普遍,一些地质矿产图和地形图已经起步研究。在地质矿产勘查成果的信息化、计算机自动化处理方面,矿产统计预测研究与应用研究积累了较多成果,已经建成了全国 1∶25 万比例尺的 GIS 系统。

(二)矿产资源预测信息

矿产资源预测是指"通过信息感知研究对象,根据所获得的信息对其规律加以认识和把握,通过思维对各种成矿或非成矿信息的重新组合"。

21 世纪以来,无论发达国家还是发展中国家,对矿产资源的需求都是有增无减。为加强找矿效果,加强地质成矿和勘察理论与方法的研究,采用高新技术与手段,发现和开发难识别、难发现和难勘察的隐伏矿及非传统矿产资源等都是十分必要的。因此,对矿产资源预测信息的完善势在必行。

信息在成矿预测工作中处于至关重要的地位。没有信息的中介桥梁作用,就会使成矿预测与研究对象之间缺少信息通道,成矿预测工作就不能顺利进行,成矿预测结果的可靠性和准确性就无法保证。显然,要做好矿产预测工作,有赖于对成矿信息表达形式和结构的整体把握。

矿产预测工作的各个环节,无论是生产、科研还是管理,从本质上讲都是信息采集、保存、处理、解释、研究和应用的过程。因此,在成矿预测工作中,从野外数据采集到室内数据保存、整理、分析和解释,再到工作成果的存储维护、管理使用和制图出版以及科学管理和决策等诸多方面,无一不与信息紧密相连。

(三)矿产资源规划信息

矿产资源规划是指各级国土资源主管部门依据国家和地方法律法规的规定,结合本地区矿区资源的实际情况,依法审批和监督矿产资源勘查、开发利用、保护以及矿山生态环境保护,确保本地区、国家矿产资源持久有效利用的行为。矿产资源规划是国土规划的重要组成部分。其基本任务是:根据一定时期经济社会发展的目标和要求,统筹安排矿产资源的调查评价、勘查、开发利用和保护,综合运用法律、经济、技术和行政等手段,调控资源开发总量,优化资源利用结构和布局,保护生态环境,以促进经济和社会的可持续发展。

(四)矿产资源评价信息

矿产资源评价是目前地质矿产勘查的重要任务,地理信息系统(GIS 技术)作为对多源地学信息进行集成管理、综合分析的有力工具,广泛应用于矿产资源评价中。

GIS 有很强的综合地学数据的能力,非常有利于任何区域金属矿床评价预测:(1)多源信息快速准确叠加功能。利用 GIS 专题图层管理功能可以方便地完成多学科、多层次、多来源的图形叠加,从而大大减少图纸人工绘制的繁重劳动;(2)快捷地完成空间信息查询、检索,既可以根据专题属性查询,又可以完成不同专题数据空间交互条件查询;(3)可以精确地统计各种地质体空间几何属性,如面积、周长等,这样可以定量地研究诸如地质体规模与矿产的关系等问题;(4)可以主动实现不同专题数据空间叠加分析;(5)利用 DEM、TIN 模型完成各种空间测量科学数据的可视化问题,可以方便地将成矿信息数据处理与 GIS 可视化结合起来;(6)GIS 能够保证成矿预测的过程可视化,能够保证成矿预测工作是"透明的"、可检验的。

三、矿产资源信息管理

借助现代信息技术的手段,对于矿产资源信息和资料进行有计划、有目的的收集、整理、加工、分析,通过向政府管理部门和地质工作者提供有效地矿产信息资源,更为合理、高效地管理矿产资源的活动被称为矿产资源信息管理。

矿产资源信息管理的内容包括以下几个方面:

(1)数据存储。采集、存储现有大量的矿产资源信息,同时为了保持矿产资料的现势性,适时更新数据、图件和文档资料。

(2)数据分类。根据矿产资源信息的不同种类,对数据进行分类整合,有序组织管理矿产信息。

(3)信息处理。对数据库中的图形数据和用户数据进行处理,为管理矿产资源提供更好的数据支持。

(4)信息标准化。实现数据资源的共享化,最大限度地提高矿产资源信息的利用效益。

(5)信息发布。用于发布国土矿产资源管理部门的通知、公文,以及矿区的新发现、矿权转让信息等。

四、矿产资源管理信息系统

(一)矿产资源管理信息系统简介

矿产资源管理信息系统是为了进一步加强对矿产勘查程度与矿产地信息进行标准化、规范化、科学化管理,满足更新矿产勘查程度数据、图件的要求,保持矿产勘查程度资料的现势性,改变矿产勘查程度与矿产地信息管理的落后局面所开发的。主要是针对国土资源主管部门和地矿行政管理部门开发的综合管理系统。系统集图件编制、空间数据和属性数据管理等功能于一体,将各类数据有机地结合起来,以实现对矿产资源勘查、开发、利用和保护的可视化动态监测和管理,利用空间数据发掘与知识发现模型从矿山资源信息海量数据中发掘隐含的有用信息,为政府宏观决策提供及时、有效、准确地帮助,并为矿产资源开发、加工和利用企业合理组织生产与经营提供周到的服务。

矿产资源管理信息系统要求实现储量管理、矿山基本信息查询、开采现状数据的动态更新、矿业秩序的实时监管等功能。

矿产资源管理信息系统,包括数据库管理和综合应用分析两部分,通过该系统能够快速检索查询、统计分析与咨询管理;对矿山资源信息进行分析评价、规划决策。同时通过网络提供资源共享,为各有关部门和个人提供资源管理信息服务。

基于 GIS 的矿产资源管理系统采用空间数据库管理方法,使图形数据和属性数据统一存储管理,从而改善了矿产资源信息的管理方式,实现了对储量管理、矿产资源开发状况的动态监测、越层越界开采和资源破坏的超前预警、土地塌陷的准确预计以及对矿产资源管理的辅助决策等功能,对于促进经济的可持续发展,提高矿产资源行政管理水平具有重要的现实意义。

(二)矿政管理信息系统

一直以来,基于小比例尺地形图作为工作底图等原因,矿政信息管理基本停留在粗放型管理阶段,无法科学准确地反映出矿山生产的实际状况。1999 年我国启动"数字国土"工程,要求在 2010 年完成中国陆地和海域国土资源调查资料的信息化和网络化,进入国家"数字地球"信息网络,在此基础上实施"金土工程"。矿政管理信息化建设作为金土工程一期建设的主要内容,为矿政业务管理信息化的常态化管理、提升基层管理部门信息化水平和矿政管理部门交叉业务的相互协调奠定了坚实的基础。目前我国各级国土资源部门先后构建了"矿政管理一张图"矿政管理信息系统。

"矿政管理一张图"作为矿政管理信息化建设的主要成果,其工作重点是以矿政管理基础数据为基础,建立矿政管理信息系统核心数据库,借助地理信息技术、数据库技术、网络技术等手段将矿业权管理、地质勘查管理资源储量管理、地质环境和地质灾害管理模块集成到一个系统中,从而通过相互关联的专题图层叠加在一个窗口中直观地展现。

坚持贯彻"一张图"管理理念。要求将各种基础地理数据作为框架,叠加土地利用现状,土地利用总体规划、矿产规划、城市规划等相关数据都反映在一个平台上,通过不同属性数据在空间层次上的对比,进行逻辑分析,掌握科学、客观管理土地的方法。

建立矿产权审批管理系统。利用地理信息系统观念贯彻矿政管理的"批、用、查"整个过程,实现矿业权的日常审批。当审批流程发生变更时,用户可以利用系统提供的流程定义工具修改当前审批流程。基于"一张图管矿"的矿政管理思想,实现为审批过程基于图形的决策分析,即通过统一坐标框架基础及动态投影技术,使矿政管理各类业务数据能够在"一张图"上多重叠加、显示、查询和分析。

矿政业务管理系统建设与完善。改造完善现有矿政审批系统与业务应用系统,逐步将独立运行的业务管理系统纳入国土资源电子政务平台的统一环境。通过电子政务平台、综合信息监管平台以及信息共享服务平台信息通道,使现有矿政审批系统既可以共享"一张图"核心数据库的完全信息,也可以共享国土资源综合信息监管平台的各种资源,实现矿产资源信息管理的要求。

五、浙江省矿业权网上交易系统

2014 年 1 月 1 日起,浙江省矿业权网上交易中心和试点市杭州市矿业权网上交易中心实现矿业权网上交易;2014 年 7 月 1 日起,全省实现矿业权网上交易。至此,全省矿业权拍卖、挂牌出让、转让交易都将通过浙江省矿业权网上交易系统实现。

建设矿业权网上交易系统,是构建国土资源交易市场"阳光工程"的重要内容。通过网上交易系统工程的建设和应用,使社会公众更好地了解交易信息,克服传统的现场"拍、挂"方式的弊端;确保矿业权交易摆脱人为操纵和受干扰现象,清除矿业权交易过程中滋生腐败现象的"土壤",促进了廉政建设;最大限度地体现矿业权交易的公开性、公正性、公平性,在提高矿业权交易的有效监管,实现市场配置资源方面起到了积极的作用。

浙江省矿业权网上交易系统,最大程度地模拟了传统的现场挂牌、拍卖交易过程,充分利用了计算机的优势,通过技术实现与客户的实时交互,又结合了网上银行、数字证书加密、数字证书签名等功能,使得用户能在互联网环境下安全、方便、保密地进行竞买行为。整个交易过程全自动、全封闭。网上挂牌、拍卖这种交易模式,开创了挂牌、拍卖交易行为的先河,是矿业权信息化发展的一个重要里程碑。

第六节　国土资源信息系统的整合

目前,国土资源信息化工作已经取得了丰硕的成果:一是网络框架体系结构基本形成,已完成国土资源主干网的建设;二是国土资源管理海量数据持续夯实,建立了各个方面的数据库,为国民经济发展和国土资源管理提供了重要数据支持;三是业务系统建设和应用不断深入,基本覆盖国土资源管理各项业务。

国土资源信息系统纵向涉及国家省市县多级职能部门,横向涉及地政、矿政和地质环境管理等业务,包括国土资源"一张图"、地政审批系统(含预审、农转用、规划局调、农村土地综合整治业务审批)、矿政审批系统(含采矿权、探矿权、建设用地压覆矿业务审批、储量管理)、OA 系统、市县公文交换系统、国土资源核心统计数据采集与处理系统、建设用地供应动态监管系统、土地登记信息综合监管查询系统、地矿行业信用管理系统、信访系统、矿业权网上交易系统等。但是,国土资源信息化建设的现状离国土资源信息系统一体化的目标还存在一定的差距。因此,对国土资源信息系统进行整合是目前信息系统建设的当务之急。系统整合是指按照统一技术标准进行数据整合和集中管理,有交叉的工作流彼此衔接,通过一体化的举措来实现信息系统资源共享和协同工作。其精髓就是将分散的要素组合在一起,最后形成一个有效率的整体。

一、整合内容

(一)数据整合

国土资源信息化建立在海量国土资源数据的基础上,将现有的数据信息进行优化、整合,提升数据信息质量和共享程度是系统整合的核心。从数据质量提升来看,经过整合,系统要统一管理与国土资源相关的数据,提高数据在管理和应用上的准确性与可靠性,并采取必要的管理技术和措施,加强对数据的安全管理,防止对数据的破坏和随意更改。从数据共享程度的提升来看，一是建设统一规范的公共信息数据库，实现应用系统间的公用信息唯一性；二是建立数据中心，集中管理数据，并建立数据质量检查及数据更新机制，确保数据长久的生命周期；三是完善现有的工作流系统，以全面监控数据的生成、修改、变动、归档等状态，确保各系统、各数据库的数据准确、一致、实时；四是使用数据提取、转换和加载工具，进行数据分析、挖掘和再加工，以提高和增强数据利用率和利用效果。

不同的研究者对于数据整合的方式有不同的看法，刘彦花认为数据管理模式应由之前的分散管理逐步转变为多级集散式数据管理模式；而叶建中则认为应将不同时期采用不同技术构建的数据资源采用统一的技术和建库标准进行整合改造，然后集中统一管理；杨建锋等认为利用空间数据库技术，实现空间数据和属性数据一体化存储和管理是系统发展的必然趋势；丁焰认为应将多源数据组成数据库，并采用集中式和分布式相结合的模式进行管理，按照分类和应用情况将数据有效地组织和管理起来。

在统一的数据整合、整理以及数据建库的标准规范前提下，以最大限度地满足资源监管、宏观调控和辅助决策等需求，在调研分析各类数据源现状的基础上，对数据进行完整性检查、标准化处理，经过数据项补充、数据格式转换、坐标转换、拓扑重建、数据入库、构建数据索引等工作，完成多源异构数据的整合入库。采用关系数据库Oracle 和 ArcSDE 相结合的技术，统一管理空间数据和属性数据，确保空间和非空间数据的一体化存储，实现海量数据的存储、索引、管理、查询、处理及数据的深层次挖掘问题，为前端 GIS 应用功能开发和空间信息发布提供强有力的支持。

(二)应用模型整合

系统应用模型的整合也是实现系统整合的途径之一。首先，随着各种先进的技术逐步应用于国土资源信息系统建设，以前以数据采集、存储、管理和查询检索功能为主的系统将不能满足目前在空间分析、预测预报、决策支持等方面的要求；其次，各个应用领域都有自己的应用模型，这些应用模型虽然具有很大的应用价值，但是存在应用模型建立工作所占比重过大、模型之间相互类似且重复利用率不高的问题。因此，必须加强系统应用模型的整合，以提高系统的开发效率、已有模型的重复利用率和升级强化系统的功能。从目前技术的发展来看，组件式模型将是系统应用模型整合的主要方式，利用组件式可以开发出高效、无缝的应用系统，模型组件化将是实现系统应用模型整合的最有效的软件技术手段。

应用模型的整合不仅要解决功能集成的问题，还要解决系统搭建的问题。国土资源信息系统涉及多个部门和多项业务，在整合如此复杂的信息系统时，必须设计统一的框架，在统一框架上架设具体的业务系统，形成"大框架小应用"的格局，才能提高软件开发效率及重复利用率。如果在统一框架的基础上再提供基于统一框架开发的各种便利设施就形成了应用模型构建平台。基于应用模型构建平台开发，不仅在开发成本和工期上可以取得显著效益，开发出的应用系统的各项性能指标也明显高于传统开发模式。

(三)应用环境整合

系统的应用环境包括网络和安全平台、工作流程、管理制度和组织结构等。整合应用环境,首先要建立统一的网络环境和信息安全平台;其次要根据国土资源管理业务特点,围绕为用户提供一站式服务和协同工作的目标,进行机构重组和流程再造。在管理上,一要通过建立管理信息系统(MIS)、办公自动化系统(OA)等,实现管理过程的信息化;二要改革原来不合理的组织结构和规范,按信息化要求重新设计管理程序,将各个部门的管理职能进一步综合集成;三要加强信息技术和管理人员队伍建设,包括系统分析与设计人员、软件开发人员、数据库管理员、硬件维护人员等;四要提供统一的内部门户,实现信息资源集中访问。

二、整合技术

国土资源信息系统整合涉及的技术众多,如遥感、GPS、GIS、网络技术和通信技术等,随着科技发展,一些新技术也逐渐被应用到信息系统一体化建设中。

空间数据库技术是集成化国土资源信息系统的关键技术。与传统的文件型空间数据存储方案相比,基于关系数据库或者对象关系数据库的空间数据管理方式(空间数据库)具有海量数据管理能力、多用户并发控制、严格的权限管理、空间信息与属性信息一体化存储等多种优点。空间数据库技术的发展,代表了 GIS 的重要发展方向,也是国土资源信息化进行数据库建设的重点技术之一。利用关系数据库成熟的海量数据管理、事务处理、记录锁定、并发控制、数据仓库等功能,可以实现空间数据与非空间数据真正整合,增加空间数据的互操作性,而且可以记录和管理各种业务流程。

元数据(Metadata)是"关于数据的数据",空间元数据是对国土资源空间数据集的规范化描述,按照一定标准从空间数据集中抽取数据集的内容、质量、表示方式、空间参考、管理公式以及其他特征信息,组成一个特征元素集合。以元数据为基础建设国土资源空间数据信息交换体系,形成国土资源空间信息基础框架,可以在很大程度上减少空间数据的重复生产,加强数据生产者、管理者以及用户之间的沟通、联系,满足用户对国土资源空间数据快速查询、获取的需求。

系统通过弱耦合的组件式平台架构,可满足不同级别的国土资源部门业务系统建设需求,实现 GIS、OA、MIS 的一体化集成应用。近年来,工作流技术结合组件式开发技术为国土资源局内部业务综合处理提供了一种良好的手段。通过工作流技术,将业务的各个环节整理在一起,业务从网络受理开始,到窗口确认受理,经过局内部审核审批,到档案管理,最后到窗口发件,整个业务处理过程都是受控制的。按照工作流模式,国土资源业务从窗口受理到内部业务处理、领导审核审批一直到窗口的发件,整个过程类似于工厂流水线作业一样,配合国土资源局的人员职能、权限以及机构设置,使得工作分工更为明确,办事过程更为高效,是最理想的业务处理模式。

参考文献

[1] 卢新海,黄善林.土地管理概论[M].上海:复旦大学出版社,2014.

[2] 马才学.土地信息系统[M].北京:北京师范大学出版社,2008.

[3] 刘耀林,何建华.土地信息学[M].北京:科学出版社,2007.

[4] 庞露露.安徽国土资源信息服务平台建设研究[D].合肥:安徽大学,2009.

[5] 王宏新,白智慧,勇越.中国国土资源信息化研究[M].贵阳:贵州人民出版社,2010.

[6] 韩文军.淮安市市级国土资源信息系统框架研究[D].南京:南京师范大学,2008.

[7] 陆红生.土地管理总论(第二版)[M].北京:中国农业出版社,2013.

[8] 杜培军,方涛,负疆.国土资源信息化建设中有关数据问题的探讨[J].国土资源信息化,2002
(3):24-27.

[9] 文斌,张文广,张学峰,等.国土资源数据分析及其整合与集成[J].国土资源信息化,2008(5):
3-11.

[10] 刘胜华,刘家彬.土地管理概论[M].武汉:武汉大学出版社,2005.

[11] 濮励杰,彭补拙.土地资源管理[M].南京:南京大学出版社,2002.

[12] 何贤杰,余浩科,刘斌,等.矿产资源管理通论[M].北京:中国大地出版社,2002.

[13] 林家彬,刘洁,李彦龙,等.中国矿产资源管理报告[M].北京:社会科学文献出版社,2011.

[14] 任效颖.矿产资源规划管理信息化建设研究[J].国土资源信息化,2004(1):16-19.

[15] 赵杰.黑龙江省矿产信息管理系统开发[D].北京:中国地质大学,2013.

[16] 陈启亮,朱杰勇,朱林生,等.基于GIS技术的矿产资源管理信息系统[J].金属矿山,2009(2):
124-127.

[17] 沈泉飞,顾和和,张海荣,等.矿产资源管理信息系统设计与开发[J].国土资源信息化,2006
(5):19-22.

[18] 周桅.矿政管理信息化建设总体思路[J].国土资源信息化,2010(6):55-59.

[19] 尹永焕,李勇海.浅谈矿政管理工作中地理信息系统地应用[J].吉林地质,2013(9):133-135.

[20] 刘卫东.土地资源学[M].上海:复旦大学出版社,2010.

[21] 彼得·F.戴尔,约翰·D.麦克劳林.土地信息管理[M].北京:科学技术文献出版社,1992.

[22] 施峰.基于GIS的区县矿政管理信息系统研究[D].重庆:重庆大学,2013.

[23] 中华人民共和国国土资源部网站:http://www.mlr.gov.cn/xxh/

[24] 内部资料,《国土资源电子政务建设指南》.

[25] 内部资料,《国土资源信息化"十二五"规划》.

[26] 内部资料,《中国的矿产资源政策》.

[27] 《中华人民共和国矿产资源法》.

[28] 叶建中.国土资源管理信息系统整合研究[J].浙江国土资源,2006(11):49-51.

[29] 高志宏.国土资源信息系统一体化方案研究[J].中国土地科学,2009(4):54-59.

[30] 刘伟宏,胡向荣.国土资源信息系统整合初探[J].浙江国土资源,2008(9):42-43.

[31] 刘彦花.国土资源信息系统建设综述[J].地矿测绘,2010(3):29-35.

[32] 杨建锋,罗丽丽,田燕,等.国土资源信息系统的集成化建设与实现[J].地域研究与开发,2005
(24):98-100.

[33] 丁焰.国土资源信息系统建设和更新机制研究[J].信息通信,2013(10):97-98.

[34] 钟耳顺,王尔琪.集成化国土资源信息系统研究与应用[J].地理信息世界,2004(1):14-23.

[35] 张建辉.基于云计算的国土资源信息系统构建探讨[J].数字技术与应用,2015(2):203.

第二篇　土地管理

第五章 土地利用管理

第一节 土地利用与土地利用管理

一、土地利用的涵义与影响因素

(一)土地利用的涵义

土地利用是指人类通过特定的行为,以土地为劳动对象(或手段),利用土地的特性,获得物质产品和服务,以满足自身需要的经济活动过程。这一过程是人类与土地进行物质、能量和信息的交流及转换的过程。

土地利用,就生产力方面看,它为一切生命的滋生、存在和繁衍提供了环境,为人类进行生产和生活提供了场所,为社会生产奉献着一切初始的物质基础。就社会关系而言,土地利用反映了人与人、人与地的种种关系,决定着人们在生产生活过程中所建立的社会关系和利益分配机制。

在土地利用过程中,人类有目的的行为可以表现为生产性活动。土地的生产性利用,是把土地作为主要生产资料和劳动对象,以生产生物产品为主要目的的利用,如种植作物等。土地的非生产利用,则主要利用土地的空间和承载力,如把土地作为活动场所和建筑物基地。

土地利用是一个动态的概念,其动态性表现在两个方面:一方面,随着人类社会的发展,人们对土地的需求不断发生变化,由单纯的物质需求,逐渐转向物质、生态、精神等多种需求的综合,这样对土地利用的目标、内容随之发生变化;另一方面,随着科学技术的进步,人们对土地资源的认识不断加强,对土地生态系统运行规律掌握得越来越透彻,这样人们的土地利用方法与手段也不断得到改进。人地关系从古代的天命论、或然论、征服论,发展到现代的协调论,即人地关系持续的动态平衡,就是土地利用动态性的最大表现。

(二)影响土地利用的因素

1.自然因素

土地利用直接受制于自然因素的影响。这些因素主要包括气候、地貌、水文、土壤、植被、矿藏、景观和位置等。

自然因素对土地利用的影响可表现为以下三个方面：(1)在相当大的程度上决定了土地的可用性，即在现有条件下可不可以开发利用；(2)土地位置及其他因素的组合，对于土地利用的适宜性具有重大的作用；(3)在农业社会和工业社会，即使到了后工业社会和知识经济时代，土地自然条件仍然对土地利用的经济、生态和社会效益起着重要影响。人类为了某种目的对土地进行开发利用，必须遵循自然规律；否则将会导致土地的退化，甚至造成不可弥补的损失。

2. 经济因素

自然因素决定了不同土地利用的物质基础，而不同的经济因素则决定了土地利用的方式、结构及如何利用。首先，经济规模的增长和产业结构的演进，对土地的需求、利用方式和利用结构的形成具有重要作用。例如住宅、工业、商业、交通、教育、卫生、旅游等事业的日益发展，显著增加了建设用地的需求并改变了土地利用结构。其次，随着社会经济的发展，以人力、物力、财力形式表现的经济条件的增强，进一步壮大了土地利用的物质力量。第三，经济上是否可行，决定了土地是否可持续利用。在自给自足经济条件下，其产出一定要满足自身的需要；在市场经济条件下，其产出一定要大于投入，而且还要受比较经济效益、边际效应和经济区位的影响。否则，该土地利用方式不可能持久。

3. 社会因素

制度、人口、法规、政策、教育、技术乃至风俗和宗教都对土地利用构成较大的影响。其中，土地制度、人口和国家政策对土地利用的影响尤其明显。

土地制度是人们在一定社会条件下的土地关系总称。它包括土地的所有制和使用制，是影响土地利用的最主要因素之一。例如我国于 1978 年推行的农村土地联产承包责任制以及在 20 世纪 80 年代末期逐渐推进的城市土地使用制度改革，都对土地利用的方式、结构和效益产生了巨大的作用。

随着人口的增长，不仅对耕地产品的需求量急速增加，而且对居住、工业、交通、旅游、矿业、能源业等部门的用地需求也大幅增加，因此，人口对土地利用的影响是显而易见的。

由于土地利用的公共性和对社会发展的极端重要性，因而土地利用的一切活动，无不受国家土地法规和土地政策的约束及调控。这样，才能避免市场的缺陷，引导人们从长远和整体利益出发，限制土地利用的短期经济行为，达到合理利用土地的目的。

土地利用是一个复合的系统，以上三方面因素是交互发生作用的。它决定着土地系统运行是否高效和可持续。因此，一个好的土地利用方案应该是：自然因素适宜，经济因素可行，社会因素容许。

二、土地合理利用的准则

由于土地利用受自然、经济和社会制度等多种因素制约，因而可以出现截然不同的结果:一种是好的、良性的利用,从非集约化利用转变为集约利用,可以使土地生态系统不断得到改善,最终取得良好的社会、经济和生态效益;另一种则是粗放式的、掠夺性的土地利用,其后果则使土地生产力遭受破坏,以至完全损失。而土地利用的目标是合理利用有限的土地资源,其衡量标准如下。

(一)在土地利用中取得最大的经济效益

土地是环境资源的一部分,土地利用应为其他资源的利用创造良好的条件,同时要注意土地资源利用本身的经济效益。这不仅要求我们不断扩大土地的可利用面积,合理调整土地利用结构,尽量按照土地适宜性进行生产力布局,同时按土地的最佳投资适合度去集约利用土地,而且在整个土地利用过程中要把当前利益和长远利益,局部利益和整体利益结合起来,避免土地利用的外部不经济现象。

(二)在土地利用中取得最佳的生态效益

追求土地利用的生态效益是合理利用土地的重要准则。人类社会实践证明,土地利用与生态环境是一个整体,"人类—土地—环境"是土地利用整体系统中相互联系、不可分割的组成部分。人类要生存与发展,必须不断改善自己的生存环境条件,创造美好的生存空间,从而使社会经济得以持续稳定地增长。

(三)最大限度地满足了人们日益增长的物质和文化需要

土地利用的最终目的之一在于不断满足人类当代和后代的生产和生活对物质、能量、信息和文化的需求,即从物质或能量等硬件的角度予以不断地提供,也从信息、文化等软件的角度予以不断地满足,使得人类生活在一种更合适、更健康、更愉悦的环境中。

三、土地利用管理的涵义和特点

(一)土地利用管理的涵义

土地利用管理是指国家及其职能部门,依据相关法律法规和政策,以及土地基本国情和社会经济的总体发展需要,采取宏观控制和微观管理等多种措施,为保护耕地、合理组织土地利用,协调各部门的用地矛盾,对土地利用实施的计划、组织、协调和控制的活动。

所谓宏观控制,是指国家和部门通过编制土地利用计划、规划及其他措施,调节各类用地的供求关系;控制各类用地的规模、调整其比例结构和空间布局;协调各类用地矛盾,以提高土地利用的宏观经济效益、社会效益和生态效益。微观管理则是国家或部门对单位和个人土地利用活动所进行的直接指导、规定、约束、监督等行为。

(二)土地利用管理的特征

1. 统一性

统一性即城乡土地利用的统一管理。实现全国土地利用的统一管理,是实现国家根本利益的需要,是国家意志的体现。从我国人多地少这一基本国情出发,只有实现全国土地、城乡土地利用的统一管理,才能真正做到严格控制非农生产占用耕地,保证最充分、合理地组织土地利用。

2. 重要性

我国是一个人多地少的国家。合理开发、利用和保护土地资源是实现社会经济可持续发展的基础。因此,用好、管好土地,是人们生存和发展的保证,对人类文明的延续至关重要。

3. 复杂性

只要是与土地利用有关的人类活动,都涉及土地利用管理。在社会生产实践中,各部门、各行业,均与土地利用发生着一定的关系,而不同部门、不同行业对土地利用有着不同的要求,这样给土地利用的合理组织与管理增加了难度。同时,土地利用过程本身就是一个涉及自然、社会、经济、技术和生态的复杂过程,对其实施管理也不是一般管理模式所能完成的,因此,土地利用管理是一个复杂的系统工程。

四、土地利用与管理的基本方针

根据我国人多地少,土地资源稀缺的国情,在土地利用和管理过程中必须坚持以下方针:

1. 把耕地保护放在土地利用与管理的首位

耕地是农业的基础,也是保证国家粮食生产安全的关键。"十分珍惜、合理利用土地和切实保护耕地"是我国的基本国策,发展经济必须以保护耕地为前提。因而,必须对耕地实施特殊保护,严格控制耕地转为建设用地,实行占用耕地补偿制度,划定基本农田,实施永久保护。

2. 坚持供给制约和引导需要,统筹安排各业用地

改变以往以投资规模和用地需求决定土地供给的做法,逐步形成以土地供给能力起主导作用的供地机制,在保护耕地和保障国计民生的重要基础产业、基础设施用地需要的前提下,统筹兼顾、协调各方的用地关系,同时,注重发挥土地市场的资源配置作用,促进土地资源的优化配置和高效利用。

3. 坚持土地节约集约利用,注重挖潜和效率

各项建设用地应当尽量利用存量土地和低效闲置土地,最大限度挖掘土地利用潜力;节约利用土地,可以利用荒地的不得占用耕地,可以利用劣地的不得占用好地,农业发展要充分利用现有农用地,大力改造中低产田,逐步提高土地集约化经营水平,积极开展土地整治,以增加耕地和其他农用地面积,提高土地质量和土地利用效益。

4. 坚持"一要吃饭,二要建设"

在社会主义制度下,国民收入的分配和使用归根到底是为了人民消费和社会主义积累。这就是说,要在满足人民群众日益增长的物质文化生活需要的前提下,即要在安排好人民生活的前提下来安排国家建设。因此,要坚持土地开发、利用、整治和保护相结合,严格保护耕地,注重改善生态环境,实现土地资源的永续利用,促进社会经济协调发展。

第二节　土地用途管制

一、土地用途管制的涵义

土地用途管制是指国家为保证土地资源的合理利用,促进经济、社会和环境的协调发展,按照土地利用总体规划确定的土地用途和土地利用限制条件,实施土地用途变更许可的一项强制性制度。

这里所指的用途是由经国家有批准权的机构批准后,具有法律效力的土地利用总体规划规定的用途。

1999 年 1 月 1 日实施的《土地管理法》第四条规定:"国家实行土地用途管制制度。国家编制土地利用总体规划,规定土地用途,将土地分为农用地、建设用地和未利用地。严格限制农用地转为建设用地,控制建设用地总量,对耕地实行特殊保护"。从法律上确立了土地用途管制作为土地管理的根本制度。

土地用途管制是目前世界上土地管理制度较为完善的国家和地区所普遍采用的土地管理制度,是一项旨在确保土地利用合乎社会需要的基本的土地公共管理制度。它通过对私人利用土地行为的规范,以消除个体使用土地时的负外部性,并阻止资源及资源上附有的社会经济文化价值,不因私人短视行为而遭受不可逆转的破坏。在我国的土地公有制下,土地用途管制制度不仅肩负着克服土地市场失灵,实现土地资源合理配置和有效利用的重任,同时也担负着对土地市场的基础性权利和土地使用权的初始界定的责任。因此,土地用途管制制度在我国的确立,自始就被视为是我国土地管理制度的一次伟大革新。

实践表明,该制度对合理利用土地资源和保护耕地等方面起到了重要作用。

二、土地用途管制的内容和特点

(一)土地用途管制的内容

土地用途管制的主体是国家,土地用途管制的客体是已确定用途、数量、质量和位置的土地,土地用途管制的目标是严格限制农用地转为建设用地,控制建设用地总量,对耕地实行特殊保护,确保辖区内耕地总量不减少。土地用途管制的手段是编制土地利用总体规划,规定土地用途,划分土地利用区,实行分区管制。土地用途管制的主要内容包括:

(1)土地按用途进行合理分类。这是实施土地用途管制的基础。按照《土地管理法》的规定和土地的自然属性及土地的利用状况和保护需要,将土地分为基本农田、一般农田、林地、城镇村建设用地、风景旅游用地、独立工矿用地、生态环境安全用地、自然和人文景观保护用地及其他用地。

(2)通过土地利用总体规划规定土地用途和土地使用条件。各级人民政府要按照《土地管理法》的要求,编制好土地利用总体规划,对土地利用作出长远的计划和安排。县级和乡(镇)土地利用总体规划要划分土地利用区,明确土地用途,乡(镇)土地利用总体规划要根据土地使用条件,确定每一块土地的用途,为土地利用、农用地转用审批提供依据。

(3)土地登记要注明土地用途。在进行土地登记时必须注明土地用途,将规定用途固定在土地证书上,以防土地用途转变,便于土地利用监督管理。

(4)用途变更实行审批制。土地用途转变必须符合土地利用总体规划,并经政府行政主管部门的审批。各级土地行政主管部门必须严格按照土地利用总体规划确定的用途审批用地,严格控制农用地转为建设用地。不符合土地利用总体规划确定的用途,不得批准建设项目用地。对违反规划用地的行为要依法查处。

(二)土地用途管制的特点

土地用途是由代表国家长远和全局利益的中央政府通过各级土地利用总体规划确定的,土地用途一经确定,即具有法律效力,任何单位和个人都不得擅自改变;土地用途一经确定,任何单位和个人都必须按照规定的用途使用土地,即具有强制性。违反规定的用途使用土地的行为属违法行为,要受到法律的制裁。

三、土地用途管制规则

(一)基本农田保护区用途管制规则

(1)基本农田一经划定,任何单位和个人不得擅自占用或者擅自改变用途,是不可逾越的"红线";

(2)对基本农田应逐块划界、定位,建立标志、档案,落实责任人,制定具体保护措施,实行特殊保护政策;

(3)禁止在基本农田内建窑、建房、建厂、建坟或者擅自取土、采矿、堆放废弃物;

(4)区内基本农田坚持实行"占一补一"原则,严格用地审批手续,任何单位和个人不得擅自改变其用途或占用,也不得闲置或荒芜;

(5)国家能源、交通、水利等重点建设项目选址确实无法避开基本农田保护区,需要占用基本农田保护区耕地的,必须依法报有权限部门批准。

(二)一般农用地区用途管制规则

(1)按规划确定的耕地保有量不得随意减少;

(2)积极鼓励和引导用地单位和个人加强对耕地的改良与治理,消除制约因素,改善生产条件,提高耕地质量;

(3)园地主要用于园业及其服务设施使用,林地则主要用于林业生产和生态环境保护建设使用,不得擅自改变;

(4)严禁各类建设项目擅自占用园地、林地;

(5)加强园地的更新改造,强化园地生产环境保护建设,采用科学栽培技术,提高园地生产水平和产品质量;加强对现有林木的保护与管理,禁止一切乱砍、滥伐行为,加快现有林木的更新和抚育。

(三)城镇建设用地区用途管制规则

(1)区内土地主要用于城市、建制镇建设;

(2)区内土地使用必须符合城市、建制镇建设规划;

(3)区内建设应优先利用现有建设用地、闲置地和废弃地;

(4)区内农用地在批准改变用途前,应当按原用途使用,不得荒芜。

(四)村镇建设用地区用途管制规则

(1)区内土地主要用于村庄、集镇建设;

(2)区内土地使用应符合村庄和集镇建设规划;

(3)区内建设应优先利用现有建设用地、闲置地和废弃地;

(4)区内农用地在批准改变用途前,应当按原用途使用,不得荒芜。

(五)独立工矿用地区用途管制规则

(1)区内土地主要用于采矿业以及不宜在居民点内配置的其他工业用地;

(2)区内土地使用应符合工矿建设规划;

(3)区内因生产建设挖损、塌陷、压占的耕地应及时复垦;

(4)区内建设应优先利用现有建设用地、闲置地和废弃地;

(5)区内农用地在批准改变用途前,应当按原用途使用,不得荒芜。

(六)风景旅游用地区用途管制规则

(1)区内土地主要用于旅游、休憩及相关文化活动;

(2)区内土地使用应当符合风景旅游区规划;

(3)区内影响景观保护和游览的土地用途,应在规划期间调整为适宜的用途;

(4)允许使用区内土地进行不破坏景观资源的农业生产活动和适度的旅游设施建设;

（5）严禁占用区内土地进行破坏景观、污染环境的生产建设活动。

（七）自然和人文景观保护区用途管制规则

（1）区内土地主要用于保护具有特殊价值的自然和人文景观；

（2）区内土地使用应符合保护区规划；

（3）区内影响景观保护的土地用途，应在规划期内调整为适宜的用途；

（4）不得占用保护区核心区的土地进行新的生产建设活动，原有的各种生产、开发活动应逐步停止。

（八）其他用地区用途管制规则

区内土地包括交通运输用地、水域或水利设施用地、其他土地等类型的土地用途管制规则按照特定用途需要制定。

第三节　土地节约集约利用

一、土地节约集约利用的涵义

土地节约集约用地是贯彻十分珍惜、合理利用土地和切实保护耕地的基本国策的重要手段，落实最严格的耕地保护制度和最严格的节约集约用地制度，是提升土地资源对经济社会发展的承载能力，促进生态文明建设的途径。

土地节约利用主要是从保护土地资源的角度通过一系列的政策、措施或技术手段，减少社会经济发展对具有自然价值的土地造成不可逆的消耗。节约用地所体现的是减量化原则，希望用尽量少的土地占用量，来实现土地使用的基本功能。鉴于耕地资源的珍贵，节约用地不仅在于减少土地占用量，也包括尽量少占或不占耕地。

集约用地是指在土地资源使用量既定的情况下，通过增加土地的有效投入和优化土地利用与布局，提高土地的利用效率和效益，发挥有限土地资源的更大功能。集约所体现的是功效最大化原则，注重挖掘土地资源的利用潜力，实现土地利用的更大功能，提高土地利用效益。集约用地特点是提高现有土地利用的功效，包括对农用地和建设用地的集约利用。

按照《节约集约利用土地规定》（2014年9月1日起实施）规定：节约与集约利用土地是指通过规模引导、布局优化、标准控制、市场配置、盘活利用等手段，达到节约土地、减量用地、提升用地强度、促进低效废弃地再利用、优化土地利用结构和布局、提高土地利用效率的各项行为与活动。

它包含了以下的基本内涵：（1）在各项建设中要千方百计降低土地资源的消耗，不占或是尽量少占耕地，减少用地规模，珍惜和合理利用每一寸土地。（2）要通过盘活存量土地资源，构建符合资源国情的城乡土地利用新格局，充分发挥市场在土地资源配置中的决定性作用和创新节约集约用地机制等手段,提高土地投入和产出的强度,提高土地利用的集约化程度,以满足社会发展和经济建设的可持续性。(3)土地利用的节约与集约是一个动态的过程,而不是一个静态的终极目标并存在有自身的阶段性和区域的差异。

二、影响土地节约集约利用的因素

1.土地资源状况

土地作为一种自然资源,具有有限性和位置固定的特点。土地节约与集约利用和区域土地资源状况直接相关,即土地资源的稀缺性程度是土地节约与集约利用的最直接资源型影响因素,当土地总量和区域土地供给量充足时,易导致土地的粗放利用,相反,稀缺时使土地利用向集约化方向发展。

2.社会经济发展水平

社会经济因素包含多个方面:(1)社会经济总体的发展状况。在不同工业化阶段,随着产业结构的演进,资本和土地等要素的相对价格不断变化,土地利用集约度呈现非常清晰的有规律的发展趋势。从工业化发展过程来看,在工业化和经济发展初期由于资本稀缺,投资者倾向于以土地替代资本,土地利用呈现粗放的态势;而随着工业化的推进和经济的发展,资本问题逐渐得到解决,土地资源的稀缺性逐渐提升,土地利用的方式逐渐转为集约。(2)利率水平。其可以影响土地收益,投入相同的资本,利率较低时投资商实际上拥有土地的价值要高于利率高时的价值,获得收益也大。(3)社会治安状况。良好的区域,土地开发商乐意投资,土地市场供需两旺。(4)土地价格和税收。当价格低、税收宽松时,土地经营者可以牺牲土地资源量,减少资本和劳动的投入,来降低成本获得高额利润,导致土地粗放利用;反之,土地集约度会提高。(5)制度制约因素。政策制度性因素对土地集约利用的影响也不可忽略,尤其是在我国当前市场经济体制尚未完善、法制建设还不健全的情况下更是如此。土地节约集约利用所产生的效益往往是长远的和全局性的,而经营者常对短期利益和个人利益更感兴趣,两者之间的矛盾需要政府制定政策来调节,对经营者的行为加以引导和约束,如城市规划、土地用途管制等政策。这些政策对土地的节约与集约利用产生极为重要的作用。

3.科学技术水平

一是土地集约利用随着科学技术的发展而变化。科学技术进步后,过去是集约利用型的土地,现在和将来可能是粗放的,土地利用是不断调整的过程。二是技术进步才可能使人们对过去集约度较低的土地加以改造,使之集约化。如建筑技术的提高,建筑物的高度大幅度提高,提高了土地的利用率。

4.城市规模

一般情况下,城市随着人口、经济和文化等要素的不断集聚,规模将进一步扩大,而扩大后的城市规模再促使集聚经济效益和规模经济效益更加突出,土地集约利用能力也进一步增强,城市对各要素的吸引力也增强,增强的吸引力再集聚更多的城市发展要素,如此不断循环。因此,随着城市规模的不断扩大与要素集聚的持续进行,城市土地将得到更加充分和集约的利用。当然,城市规模与城市发展要素的集聚受制于外部不经济性,城市规模也存在一个适度问题。

除此之外,还有土地用途与区位、生态环境、人文景观和心理因素等因素都会影响土地的节约与集约利用程度。

三、土地节约与集约利用政策与措施

(一)土地节约与集约利用的规划计划政策

1. 规模控制政策

国家通过土地利用总体规划,对各区域、各行业发展用地规模和布局进行统筹;规划范围内的产业发展、城乡建设、基础设施布局、生态环境建设等相关规划,应当与土地利用总体规划相衔接,所确定的建设用地规模和布局必须符合土地利用总体规划的安排。相关规划不符合或超出土地利用总体规划确定的建设用地布局和规模的,应当及时调整或者修改,调整用地布局,核减用地规模。

通过土地利用总体规划,确定建设用地的规模、布局、结构和时序安排,对建设用地实行总量控制。土地利用总体规划确定的约束性指标和分区管制规定不得突破。下级土地利用总体规划不得突破上级土地利用总体规划确定的约束性指标。

国土资源主管部门应当通过规划、计划、用地标准、市场引导等手段,有效控制特大城市新增建设用地规模,适度增加集约用地程度高、发展潜力大的地区和中小城市、县城建设用地供给,合理保障民生用地需求。

2. 布局优化措施

引导工业向开发区集中、人口向城镇集中、住宅向社区集中,推动农村人口向中心村、中心镇集聚,产业向功能区集中,耕地向适度规模经营集中。禁止在土地利用总体规划和城乡规划确定的城镇建设用地范围之外设各类城市新区、开发区和工业园区。鼓励线性基础设施并线规划和建设,促进集约布局和节约用地。

国土资源主管部门应当在土地利用总体规划中划定城市开发边界和禁止建设的边界,实行建设用地空间管制。城市建设用地应当因地制宜采取组团式、串联式、卫星城式布局,避免占用优质耕地。

县级国土资源主管部门应当加强与城乡规划主管部门的协商,促进现有城镇用地内部结构调整优化,控制生产用地,保障生活用地,提高生态用地的比例,加大城镇建设使用存量用地的比例,促进城镇用地效率的提高。

鼓励建设项目用地优化设计、分层布局,鼓励充分利用地上、地下空间。建设用地使用权在地上、地下分层设立的,其取得方式和使用年期参照在地表设立的建设用地使用权的相关规定。出让分层设立的建设用地使用权,应当根据当地基准地价和不动产实际交易情况,评估确定分层出让的建设用地最低价标准。

3.计划供地政策

实行新增建设用地计划供应制度,每年根据国家下达的用地计划以及全省国民经济和社会发展规划、土地利用总体规划、城市总体规划及近期建设规划、城市建设开发改造计划以及产业政策、土地市场状况等因素拟订下年度的土地供应计划。

(二)土地节约与集约利用的市场政策

1.切实推行土地有偿使用制度

国家扩大国有土地有偿使用范围,减少非公益性用地划拨。除军事、保障性住房和涉及国家安全和公共秩序的特殊用地可以以划拨方式供应外,国家机关办公和交通、能源、水利等基础设施(产业)、城市基础设施以及各类社会事业用地中的经营性用地,实行有偿使用。各类有偿使用的土地供应应当充分贯彻市场配置的原则,通过运用土地租金和价格杠杆,促进土地节约集约利用。县级国土资源主管部门可以采取先出租后出让、在法定最高年期内实行缩短出让年期等方式出让土地。采取先出租后出让方式供应工业用地的,应当符合国土资源部规定的行业目录。分期建设的大中型工业项目,可以预留规划范围,根据建设进度,实行分期供地。

2.完善地价政策

经营性用地应当以招标拍卖挂牌的方式确定土地使用者和土地价格。各类有偿使用的土地供应不得低于国家规定的用地最低价标准。禁止以土地换项目、先征后返、补贴、奖励等形式变相减免土地出让价款。

鼓励土地使用者在符合规划的前提下,通过厂房加层、厂区改造、内部用地整理等途径提高土地利用率。在符合规划、不改变用途的前提下,现有工业用地提高土地利用率和增加容积率的,不再增收土地价款。符合节约集约用地要求、属于国家鼓励产业的工业用地,可以实行差别化的地价政策。

3.实行土地储备制度

土地储备制度是土地使用制度的一个改革和创新。首先,土地储备制度通过对土地进行统一收购和垄断供应,不仅可以盘活存量土地,使不能有效利用的土地或者闲置的土地,最大程度地来满足城市建设用地的需求,提高土地利用率,同时也能抑制中间商的土地炒作,规范土地市场行为,创造公平竞争的市场环境。其次,可以提高土地资源的利用效率,获得较高的土地经济效益。通过土地利用结构调整、土地整理等手段,实现土地合理利用,优化土地资源配置,实现土地利用在经济、生态、社会综合效益上的最大化。因此,实行土地储备制度既维护了国家土地所有权的完整性,又满足了市场机制对资源合理配置的要求,有力地促进了市场经济体制的完善与发展。

(三)国家实行建设项目用地标准控制制度

1. 制定用地标准

国土资源部会同有关部门制定工程建设项目用地控制指标、工业项目建设用地控制指标、房地产开发用地宗地规模和容积率等建设项目用地控制标准。地方国土资源主管部门可以根据本地实际,制定和实施更加节约集约的地方性建设项目用地控制标准。

国土资源部会同有关部门根据国家经济社会发展状况和宏观产业政策,制定《禁止用地项目目录》和《限制用地项目目录》,促进土地节约集约利用。

2. 按用地标准供地

建设项目应当严格按照建设项目用地控制标准进行测算、设计和施工。市、县国土资源主管部门应当加强对用地者和勘察设计单位落实建设项目用地控制标准的督促和指导。建设项目用地审查、供应和使用,应当符合建设项目用地控制标准和供地政策。市、县国土资源主管部门在有偿供应各类建设用地时,应当在建设用地使用权出让、出租合同中明确节约集约用地的规定;供应工业用地,应当将工业项目投资强度、容积率、建筑系数、绿地率、非生产设施占地比例等控制性指标纳入土地使用条件;供应住宅用地时,应当将最低容积率限制、单位土地面积的住房建设套数和住宅建设套型等规划条件写入建设用地使用权出让合同。对违反建设项目用地控制标准和供地政策使用土地的,县级以上国土资源主管部门应当责令纠正,并依法予以处理。

国土资源主管部门为限制用地的建设项目办理建设用地供应手续必须符合规定的条件;不得为禁止用地的建设项目办理建设用地供应手续。

(四)土地节约集约利用的经济政策

1. 严格征收土地相关的税费

我国目前设立的土地税费包括耕地占有税、契税、土地增值税、城镇土地使用税等。土地税收管理能发挥税收的经济调节作用,促进土地的节约与集约利用。

土地使用制度改革以来,土地在不断地增值,使有些人以办企业为名,占用大量闲置土地,投机赚取高额利润。为合理利用土地资源,提高建设用地集约利用程度,应对这种占而不用的空地征收一定数额的闲置费。土地增值税是国家为了适应土地增值而设立的,其目的是把因社会发展所增加的土地价值用于社会共享,它能有效遏制土地投机的发展。严格征收新增加的建设用地使用费、土地征用安置补偿费和房屋拆迁安置补助费等,做到专款专用,促使土地使用者自觉使用存量建设用地,形成珍惜土地、节约土地、合理用地和集约用地,积极保护耕地和生态环境用地的良好用地习惯。

2. 制定激励和奖惩政策

县级以上地方国土资源主管部门在本级人民政府的领导下,会同有关部门建立城镇低效用地再开发、废弃地再利用的激励机制,对布局散乱、利用粗放、用途不合理、闲置浪费等低效用地进行再开发,对因采矿损毁、交通改线、居民点搬迁、产业调整形成的废弃地实行复垦再利用,促进土地优化利用。

在各区、县实行建设用地节约与高效利用考核制度,将考核评价结果与年度建设用地利用计划指标分解挂钩,促进土地利用节约与高效利用程度提高。通过建设项目节约与高效利用考核评价,对于自觉追加投资或者产出密度高于规划数值的建设项目,主管部门可以根据土地集约和高效利用程度,结合实际情况给出土地利用、税收等的优惠政策,鼓励建设多层厂房,并积极推广标准厂房,提高土地容积率。

鼓励建设项目用地由数量扩张型向质量提高型转变,综合提高建设用地的节约与高效利用效率。对于建设项目用地在节约与高效利用评价考核中未达标的,但建设项目仍旧运营的情况下,必须按土地有偿使用合同约定或划拨决定书规定的有关条款追究土地使用者的责任。对于仍不能达到要求的,可以和建设项目所属企业协商,通过土地置换等手段,引导建设项目达到节约与高效利用标准。

(五)土地节约集约利用的技术政策

1.开展土地整治

国家鼓励土地整治。县级以上地方国土资源主管部门应当会同有关部门,依据土地利用总体规划和土地整治规划,对田、水、路、林、村进行综合治理,对历史遗留的工矿等废弃地进行复垦利用,对城乡低效利用土地进行再开发,提高土地利用效率和效益,促进土地节约集约利用。农用地整治应当促进耕地集中连片,增加有效耕地面积,提升耕地质量,改善生产条件和生态环境,优化用地结构和布局。宜农未利用地开发,应当根据环境和资源承载能力,坚持有利于保护和改善生态环境的原则,因地制宜适度开展。高标准基本农田建设,应当严格控制田间基础设施占地规模,合理缩减田间基础设施占地率。对基础设施占地率超过国家高标准基本农田建设相关标准规范要求的,县级以上地方国土资源主管部门不得通过项目验收。县级以上地方国土资源主管部门可以依据国家有关规定,统筹开展农村建设用地整治、历史遗留工矿废弃地和自然灾害毁损土地的整治,提高建设用地利用效率和效益,改善人民群众生产生活条件和生态环境。鼓励社会资金参与城镇低效用地、废弃地再开发和利用。鼓励土地使用者自行开发或者合作开发。

2.实行土地集约利用专项调查

通过土地利用的调查,查清土地的数量、质量、分布、用途和是否闲置等状况,为土地集约利用评价、土地集约利用潜力评价,实行土地科学管理提供翔实的基础资料。同时,也是为国家国民经济各部门提供确切的现实土地资料,从而为编制土地计划、农业区划和城市规划,指导各部门生产,以及科学评定企业经营效果提供科学依据。

3.建立土地集约利用潜力评价信息系统

土地集约利用潜力评价信息系统是基于地理信息系统的多数据源、多尺度的评价信息系统。土地集约利用潜力评价信息系统是在整合多用途地籍信息系统、城镇土地定级估价信息系统等诸多系统基础上进行的,具有一定的探索性和前瞻性,其目的在于使我国土地集约利用达到一个新的水平。该系统具备较强的动态性,能与土地利用状况保持同步调整,有利于掌握土地的信息,对土地节约集约利用起到辅助作用。

(六)土地节约集约利用的监督考评措施

1. 土地节约集约利用普查与评价

县级以上国土资源主管部门应当组织开展本行政区域内的建设用地利用情况普查,全面掌握建设用地开发利用和投入产出情况、集约利用程度、潜力规模与空间分布等情况,根据建设用地利用普查情况,组织开展区域、城市和开发区节约集约用地评价,并将评价结果向社会公开。浙江省区域建设用地集约利用评价结果已纳入市县党政领导干部实绩考核,也可作为开发区升级、扩区、区位调整和退出的重要依据。

国家和地方尚未出台建设项目用地控制标准的建设项目,或者因安全生产、特殊工艺、地形地貌等原因,确实需要超标准建设的项目,县级以上国土资源主管部门应当组织开展建设项目用地评价,并将其作为建设用地供应的依据。

2. 土地节约集约利用监督

县级以上国土资源主管部门应当加强土地市场动态监测与监管,对建设用地批准和供应后的开发情况实行全程监管,定期在门户网站上公布土地供应、合同履行、欠缴土地价款等情况,接受社会监督。省级国土资源主管部门应当对本行政区域内的节约集约用地情况进行监督,在用地审批、土地供应和土地使用等环节加强用地准入条件、功能分区、用地规模、用地标准、投入产出强度等方面的检查,依据法律法规对浪费土地的行为和责任主体予以处理并公开通报。

四、土地节约集约利用的典型经验

(一)国外城市土地集约利用借鉴

关于城市土地集约利用,国外很多国家因为其土地资源并不缺乏,这方面的直接研究相对较少。然而,在国外的城市土地利用过程中,却一直在关注和解决城市土地利用过程中的粗放与集约的矛盾,并在城市土地利用的具体配置过程中不断总结经验和教训,适时调整城市土地利用的强度,寻求最佳的土地利用方式。

1. 不同城市化发展阶段土地集约利用的变化特征

法国巴黎、美国芝加哥、英国伦敦、德国汉堡等国际大都市都经历了城市化初始阶段的高度集中到城市化成熟阶段的空城化的发展过程。第二次世界大战后,城市人口随经济复兴而增长集中,导致了以疏散为中心的城市规划调整出现,控制城市的高度集约利用。但自 20 世纪 50—60 年代起,又出现了城市人口减少、郊区人口增加的逆城市化现象,导致市区衰退并趋向荒凉,而且昼夜人口差别大,市区就业与人口矛盾大,几乎大部分发达国家都面临这一问题,于是将"疏散"政策改为吸引居民回市中心就业、定居的方针,可见土地集约与粗放一直在矛盾中协调。

在1860年到1970年间,巴黎地区人口从200万人增加到850万人,面积从35平方公里增加到1800平方公里。巴黎市区人口从180万增加到230万,巴黎市区面积增至105平方公里。然而,由于市区建筑密度已经很高,发展余地有限,用地紧张,交通拥堵,生活环境质量下降,缺少停车场等由土地利用过度带来的城市问题,而城郊便宜的地价使得一部分人逐渐迁至郊区居住,导致市区人口呈现减少的趋势,1975年市区人口下降至1886年水平。

芝加哥、汉堡和伦敦等城市均有此现象。如芝加哥总人口从1851年的3万人增至1975年的710万人,其市区人口经历了由1930年的338万人增加至1950年的362万人,后又减少至1975年的300万人这样一个由人口初始集中到后期分散的过程。据统计,美国12个最大城市的人口(洛杉矶除外),在1950—1975年间,其市区人口平均减少9.6%,而郊区人口平均增长20.7%。由此可见,郊区化和市区空心化现象表现明显。又如,英国伦敦从1801年至1901年间,人口猛增了382万,1901年达652万人;而人口增长至20世纪50年代820万人以后,则发生减少的转变,至1971年仅为711万人。

2. 工业从城市中心向外扩散

巴黎是法国最重要和最完备的工业区,拥有很多优越的条件,工业基础强大,工业项目齐全,资金雄厚,劳动力丰富,交通便捷,市场庞大,这进一步加剧了工业在巴黎集中的速度和程度。工业区和居住区混合,同时集中带来了土地需求的增加,导致地价的大幅度上扬,巴黎地区的地价是法国其他中等城市的10～15倍。随着地价的不断上扬,工业成本增加,工业建筑向高层发展,城市环境受到严重的污染。因此,严格控制工业的集中,将工业向其他城市疏散,已成为巴黎规划的一项重要任务。市区工业主要保留无污染工业,并注意工厂建筑环境的改造。而英国伦敦则从1946年便开始进行新城建设,以疏散人口和工业。

3. 新建城市副中心,减轻市区中心土地利用压力

单一市中心的高度集中给城市土地利用带来较大压力,为此,多数发达国家为了减轻办公和商业活动以及交通对市中心区的压力,平衡城市土地利用强度,采取了增建副中心的政策。如巴黎在近郊建了9个郊区中心(副中心);汉堡市为了缓解市中心交通拥堵和停车不足的现象,适应人们购买力的增长、购买习惯的改变以及居民郊区化的影响,建设了一个分级而又相互联系的中心体系,主要结构为市中心、区中心和地段中心等。为了满足办公商业用房剧增的需求,同时不影响原有的城市功能区的功能,避免高度集中而产生弊病,专门在距离市中心6公里的地方新建设了"北商业城",作为市级辅助中心。

4.绿地旷地需求不断扩大

随着物质和文化生活水平的提高和休息时间的增加,居民们越来越讲究生活环境质量,他们不但要求扩大居住面积,而且对文化场所、社会教育设施、绿地、停车场提出了更高的要求。绿地旷地可以净化空气与水面、防止噪音以及调节气候,特别是对有大量人口居住和大量工业和交通的城市更为重要,所以,各大城市都对此予以足够的重视。1975年,巴黎市区公共绿地2200万平方米,占市区总面积的20.9%,人均绿地9.5平方米,规划决定在市区增加公共绿地。因市区用地紧张,地价昂贵,公共绿地的规模都较小,因此决定在郊区建立大片森林带。1976年,巴黎地区人均绿地达到70平方米,但规划建设巴黎地区人均绿地将达到228平方米。

(二)中国台湾地区土地集约利用的变动规律

1.工业化进程与土地集约利用演变的关系

在工业化初期和中期,资本短缺是经济的一个重要特征,因此投资者倾向于以较多的土地替代资本,用地就表现为以粗放利用型为主;进入工业化后期,资本形成较为容易,土地利用逐步趋于集约;而进入后工业化时期,土地利用则更为集约。在工业化初期和中期,中国台湾第三产业比重较为稳定,而以工业为主的第二产业持续增长,随着第二产业的增长,由于资本短缺是这一阶段经济的主要特征,建设用地呈现粗放型扩张趋势,不论工业还是服务业均是如此;进入工业化后期,第二产业和第三产业的比重十分接近,此阶段资本较易形成,而土地供给弹性低,土地价格不断上升,资本和土地的技术替代率上升,土地利用方式开始由粗放型向集约型转变,其中工业用地的这一趋势尤为明显;进入后工业化时期,服务业快速增长,明显超过第二产业,此阶段资本短缺不再是制约经济发展的瓶颈,土地稀缺问题相对突出,土地利用集约度更高,其中服务业用地集约度上升的趋势更快,工业用地集约度上升则较慢。工业用地集约度上升较慢的原因是边际报酬递减规律的作用以及土地使用强度管制等,在后工业化时期,随着人们对环保、安全、防火、城市景观、土地相容性等方面的要求提高,建筑高度、建筑容积率的限制、现代化标准厂房要求等土地使用管制普遍得到实行,从而影响了土地利用效率和土地利用集约度。

2.产业结构对土地集约利用的影响

不同产业、不同行业的土地集约利用水平是有差异的。在中国台湾地区,计算机通信及视听电子产品制造业、精密光学医疗器材及钟表制造业、印刷及其辅助业、电子零组件制造业、电力及电子机械器材制造修配业、成衣饰品及其他纺织制品制造业的土地利用集约度较高;石油及煤制品制造业土地利用集约度最低。

3.城市规模与土地集约利用的关系

中国台湾地区的经验表明,城市规模的差异是影响土地集约利用空间分布的另一个重要因素。城市规模越大,城市内部的通勤成本就越高,土地价格也就越高,资本和土地的技术替代率由此会随之上升,从而带来较高的土地利用强度。规模越大的城市,土地集约利用水平也越高,反之,则越粗放。

第四节　土地评价

土地评价是指在土地资源调查、土地类型划分完成后,在对土地各构成因素及综合体特征有一定认识的基础上,以土地合理利用为目标,对土地自然属性和社会经济属性进行综合鉴定,从而阐明土地的适宜性程度、生产潜力、经济效益和对环境有利或不利的后果,确定土地的价值。

一、土地分等定级

(一)农用地分等定级

1. 农用地分等定级的涵义与原则

2012 年《农用地质量分等规程》和《农用地定级规程》,由行业标准上升为国家标准,对我国农用地分等定级工作进行了统一规范。

农用地分等定级是指根据农用地的自然属性和经济属性,对农用地的质量优劣进行综合评定,并划分等别和级别。农用地等别是依据构成土地质量的稳定的自然和经济条件,在全国范围内进行的农用地质量综合评定。农用地级别是依据构成土地质量的自然因素和社会经济因素,根据地方需要,在行政区(省或县)内进行的农用地质量综合评定。农用地分等侧重于反映因农用地潜在的(或理论的)区域自然质量、平均利用水平和平均效益水平的不同,而造成的农用地生产水平差异;农用地定级则侧重于反映因农用地现实的(或实际可能的)区域自然质量、利用水平和效益水平的差异导致的农用地生产水平的不同。

根据《农用地质量分等规程》(GB/T 28407-2012)和《农用地定级规程》(GB/T 28405-2012)的相关规定,农用地分等定级的原则可概括为:

(1)综合分析原则。农用地质量是各种自然因素、经济因素综合作用的结果,农用地分等定级应以对造成等级差异的各种因素进行综合分析为基础。

(2)分层控制原则。农用地分等定级以建立不同行政区内的统一等级序列为目的,分等在国家、省、县三个层次开展,定级则主要在县级进行。

(3)主导因素原则。农用地分等定级应根据影响因素因子的种类及作用差异,对主导因素进行重点分析,突出主导因素对分等定级结果的作用。

(4)土地收益差异原则。农用地分等定级既要反映出土地自然质量条件、土地利用水平和社会经济水平的差异及其对不同地区土地生产力水平的影响,也要反映出不同投入水平对不同地域土地生产力水平和收益水平的影响。

(5)定量分析与定性分析相结合原则。农用地分等定级应尽量以定量计算为主，但对现阶段难以定量的自然因素、社会经济因素可以采用必要的定性分析，将定性分析的结果运用于农用地分等定级成果的调整和确定阶段的工作中，提高农用地分等定级成果的精度。

2. 农用地分等的基本思路及工作程序

农用地等别分为自然质量等、利用等和综合等三类，自然质量等主要根据影响农用地质量的自然因素划分；利用等是在自然质量等指数基础上进行土地利用系数修正得到利用等指数，然后根据利用等指数划分；综合等是在利用等指数基础上进行经济系数修正得到综合等指数，然后根据综合等指数划分。

农用地分等的基本思路是通过一定的方法计算得到农用地的自然质量等指数、利用等指数和综合等指数，分别对农用地质量的等别进行评价和划分。各等别指数的计算公式如下：

$$自然质量等指数＝光温生产潜力×农用地自然质量分值$$
$$利用等指数＝自然质量等指数×土地利用系数$$
$$综合等指数＝利用等指数×土地经济系数$$

由以上公式可见，农用地分等主要通过农用地生产率高低来衡量农用地质量的优劣。

农用地分等工作可分为准备工作、外业补充调查、内业计算处理和分等结果确定四个阶段。

(1)准备工作

其主要工作包括：

①工作任务书编制，有关调查表格设计准备。任务书内容包括明确工作开展的区域和范围、工作程序与方法、技术资料和基础图件等；调查表格包括农用地分等外业调查表、样点产量—投入调查数据表、农用地分等基本参数表、农用地分等指定作物基本参数表、分等单元面积确定表等。

②农用地自然条件资料收集。包括：水文资料、土壤资料、地形资料、农田基本建设情况资料、气候资料等。

③土地利用、经济效益资料收集。包括：农业耕作制度，种植的主要农作物及其播种、收获日期；标准耕作制度中所涉及指定作物的面积、单产、总产的统计资料，土地利用条件样点基本情况资料，农业生产实测资料和农业技术实验资料等；亩均资金投入、亩均纯收益、农村道路网分布、道路级别标准、距区域经济中心距离、田块破碎程度等资料。

④其他资料收集。包括：土地利用现状图、地形图等图件及农业区划资料、土壤普查资料、土地利用规划资料、土地利用现状调查资料等。

(2)外业补充调查

收集到的现有资料往往存在不足、不实、不详或陈旧等情况，限制了农用地分等工作的开展，因此需要进行外业补充调查。外业补充调查包括农用地自然质量影响因素调查、农用地利用状况调查和农用地经营状况调查三方面内容。

（3）确定标准耕作制度、基准作物与指定作物

标准耕作制度是指在当前的社会经济水平、生产条件和技术水平下，有利于生产或最大限度发挥当地土地生产潜力、未来仍有较大发展前景、不造成生态破坏、能够满足社会需求，并已为（或将为）当地普遍采纳的农作方式。由于各地养地方式难以统一，因此这里的标准耕作制度主要指种植制度。

基准作物指全国比较普遍的主要粮食作物，是理论标准粮的折算基准，一般分为春小麦、冬小麦、春玉米、夏玉米、一季稻、早稻和晚稻等 7 种粮食作物，各地根据实际情况选择其中一种作为本行政区的基准作物。

指定作物指行政区所属耕作区标准耕作制度中涉及的作物。

（4）分等单元划分

分等单元指农用地分等的最小空间单位，一般采用叠置法、地块法、网格法、多边形法等方法划分。

（5）分等因素确定及自然质量分值计算

采用因素法或样地法确定分等因素，编制指定作物—分等因素—自然质量分记分规则，采用几何平均法或加权平均法，计算各分等单元各指定作物的农用地自然质量分值。

（6）土地利用系数和经济系数的计算

首先计算样点土地利用系数和经济系数，初步划分系数等值区，再采用几何平均或加权平均的方法计算等值区指定作物土地经济系数。

（7）等别指数的计算

包括自然质量等指数、利用等指数和综合等指数。

（8）分等结果的划分和确定

根据农用地自然质量等指数、利用等指数和综合等指数，采用等间距法和频率直方图法等方法，进行农用地自然质量等、利用等和综合等的初步划分。然后在室内校核、意见征询和野外验证基础上，对初步分等结果进行调整和完善，得到最终结果。

3. 农用地定级的方法

农用地定级的方法主要有因素法、修正法和样地法。

（1）因素法

因素法是通过对构成土地质量的自然因素、区位因素和社会经济因素的综合分析，确定因素因子体系及影响权重，计算单元因素总分值，以此为依据客观评定农用地级别的方法。其主要步骤如下：

①确定因素因子及其权重。一般采用德尔菲法、因素成对比较法、层次分析法等方法；

②编制"因素因子—分值"关系表；

③划分定级单元；

④确定定级单元的边界；

⑤单元因素因子分值计算;

⑥计算定级指数,可以直接利用定级因子分值计算,也可以将定级因子综合成定级因素分值后再计算;

⑦初步划分农用地级别,根据单元定级指数,采用等间距法、数轴法、总频率曲线法等方法进行初步划分;

⑧初步划分结果的校验与调整。

(2)修正法

修正法是在农用地等别划分基础上,对分等指数进行各种系数修正,以综合鉴定农用地级别的方法。其主要步骤如下:

①确定修正因素。修正因素指在县域范围内具有明显差异,对农用地级别有显著影响的因素,包括必选因素和参选因素。必选因素包括土地区位因素和耕作便利因素两个方面,参选因素包括局部气候条件、地形、土壤条件、水利条件、土地利用现状等;

②划分定级单元;

③计算修正系数,包括土地区位修正系数、耕作便利修正系数、参选因素修正系数;

④计算定级指数;

⑤初步划分农用地级别,划定方法同因素法中的方法;

⑥初步划分结果的校验与调整。

(3)样地法

样地法是以选定的标准样地为参照,建立定级因素计分规则,通过比较,计算定级单元因素分值,对农用地进行级别划分的方法。其主要步骤如下:

①选择标准样地与比照样地;

②确定地块特征属性,包括农用地的自然属性和经济属性,应根据当地实际需要选择;

③编制记分规则表,与样地相比,属性相同的不加(减)分,对农用地定级起正面作用的属性加分,起负面作用的属性减分;

④计算单元特征属性加(减)分;

⑤计算定级指数;

⑥初步划分农用地级别;

⑦初步划分结果的校验与调整。

(二)城镇土地分等定级

1.城镇土地分等定级的涵义和原则

城镇土地分等定级是指在一定地域范围内,根据城镇土地自然和社会经济两方面的属性及其在城镇社会经济活动中的地位和作用,综合评定土地质量并以此划分土地等级的过程。

城镇土地分等定级应遵循以下原则:

（1）综合分析原则

城镇土地分等定级应在综合考虑自然、经济、社会等各种因素的基础上进行,研究和分析各种因素之间的有机联系和综合效益,以提高结果的准确性和可靠性。

（2）主导因素原则

城镇土地分等定级应突出主导因素的作用,以提高结果的科学性。

（3）区域差异原则

在较大的区域范围内,地域差异规律的存在会导致不同类型和质量存在差别的土地。因此,城镇土地定级必须充分考虑地域差异对土地的影响,因地制宜地确定土地定级项目和标准,提高土地质量评定的针对性。

（4）定性与定量相结合的原则

城镇土地分等定级应以定量计算为主要方法,但对某些难以定量的社会经济因素可采用定性分析的方法。

2. 城镇土地分等定级体系

城镇土地分等定级采用等和级两个层次的工作体系。城镇土地分等,是在一定区域范围内以城镇为单位进行等别划分,"等"反映该区域内不同城镇之间利用土地效益高低的差异;城镇土地定级,是对一个城镇内的土地进行质量优劣的评定,"级"反映同一城镇内部土地利用效益的差异。

（1）土地等。城镇土地分等应分层次开展,不同层次的分等工作应相互衔接。如省域内开展城镇土地分等,即将省域内的城市和县城镇与县域内的镇分别划分土地等。另外,必要时可对跨不同行政区域的城镇进行分等。

（2）土地级。城镇土地定级分为综合定级和分类定级两种类型。综合定级是综合考虑影响城镇土地质量的各种因素,按综合评价值进行土地级的划分;分类定级则分别考虑影响城镇某类型用地质量的各种因素,按照分类评价值划分土地级,包括商业用地定级、住宅用地定级、工业用地定级等。

3. 城镇土地分等的基本思路及工作程序

城镇土地分等存在两种技术思路:一是基于市场价格的直接比较。在土地市场发育程度较高,不动产交易十分活跃,地租地价资料丰富且信息易获取的情况下,土地交易的市场价格可以直接反映土地价值的差异,因此可以通过土地市场价格高低的比较来划分土地等别。二是基于多方面因素综合考虑的间接比较。由于土地使用效益的差异是由自然、社会和经济等多方面条件决定的,因此可通过对这些因素的分析比较,揭示各城镇土地价值的差异,划分土地等别,适用于土地市场不发达地区。其他方法如聚类分析法为辅助,再以土地市场交易资料为验证,开展城镇土地分等工作。

城镇土地分等的工作内容主要有:准备工作、外业调查、分等因素选取、资料整理及定量化、城镇分值计算、土地等初步划分、验证与调整初步结果、评定城镇土地等、编制城镇土地分等成果和成果验收。

（1）准备工作。主要包括:明确工作目的和任务、建立工作小组、制定技术方案、确定资料调查收集清单、设计调查工作表格、商定调查程序。

（2）资料调查和整理。需要收集与整理的资料主要有：近 3～5 年统计年鉴、城镇年末总人口、非农业人口、农业人口、区域总人口、农业人口城镇建成区面积、区域土地总面积等分等基本资料；最新行政区划图、交通图、经过各城镇的铁路、公路数量、港口年吞吐量、机场等级、高速公路数量、全年客运货运总量等城镇区位资料；城镇人口密度、二三产业增加值等城镇集聚规模资料；年末铺装道路面积、人均生活用水量、气化率、排水管道总长等城镇基础设施资料；全年批发零售贸易商品销售额、全年固定资产投资额等城镇投入产生水平资料；全年国内生产总值、人均国内生产总值等区域经济发展水平资料；居民年末储蓄存款余额、全年邮电业务总量等区域综合服务能力资料；区域年末耕地总面积、区域人口密度等区域土地供应潜力资料；其他相关资料。

（3）确定城镇土地分等因素因子体系。包括分等因素因子选择及其权重确定，一般采用专家意见法、主成分分析法等方法。

（4）因子指标值标准化与作用分值计算。在分等资料整理基础上，区分因子指标与土地等别之间存在的正相关或负相关关系，采用极值标准化或距离衰减方法建立相应的数学模型进行计算。因子分值越大，表示分等对象受该因子的影响越大。

（5）分等综合分值计算和土地等初步划分。根据因子标准化处理结果，加权计算各城镇土地总分值，采用数轴法或总分频率曲线法初步划分城镇土地等别。

（6）城镇土地等确定。采用市场资料分析和聚类分析等方法对初步结果进行验证，形成分等基本方案，并开展意见征求，对城镇土地等进行调整并定案。

（7）编制城镇土地分等成果。包括城镇土地分等成果图件、报告及基础资料汇编。

4. 城镇土地定级的基本思路及工作程序

城镇土地定级是对城镇内部土地质量的评定，一般来说，土地质量越高，能满足人类生产生活需要的效用就越大，土地的使用价值也越高，利用土地取得的经济效益就越好，土地利用者可以承担的或土地所有者可以收取的租金也可能越多，土地价格也就越高。因此，城镇土地定级总体上有三种基本途径：①多因素综合评定。通过对影响城镇土地质量的自然、社会经济因素因子的综合分析评价来揭示土地质量的空间分异，从而划分土地级别；②直接利用土地市场交易价格划分土地级别；③对土地级差收益进行测算，从企业经营利润中剔除非土地因素，剥离出单位面积土地利润贡献，揭示土地收益能力及其空间差异，从而划分城镇土地级别。

城镇土地定级的主要步骤如下：

（1）准备工作。主要包括：明确土地定级的目的和任务、建立工作小组、制定技术方案、确定资料调查收集清单、设计调查工作表格、准备工作底图和工作辅助图、商定调查程序；

（2）资料收集与整理。需要收集的资料包括：繁华程度资料、交通条件资料、基础设施状况资料、环境条件和自然条件资料、社会历史及人口资料、土地利用效益资料等；

（3）定级因素因子体系确定。包括因子选择及权重确定，因子选择一般采用专家

意见征询确定,权重值可采用德尔菲法、层次分析法等确定;

(4)定级单元划分。定级单元是反映城镇土地自身特性、土地利用和定级因素因子的最基本地块,定级单元内部特性和土地构成因素因子相对均一,定级单元划分一般直接采用网格法,单元面积大小在 $0.25hm^2$ 以下;

(5)定级单元因子分值计算。首先确定因子作用分值计算方法,一般采用极值标准化或距离衰减方法建立相应的数学模型计算。然后根据确定的因子分值计算方法对每一个定级单元进行因素分值计算;

(6)定级单元综合分值计算和土地级别初步划分。根据定级单元因子分值加权计算定级单元总分值,采用数轴法、剖面图法或总分频率曲线法初步划分土地级别;

(7)城镇土地定级结果确定。采用市场交易价格法或土地级差收益验证初步结果,形成定级基本方案,并开展意见征求,对结果进行调整并定案;

(8)成果编制。包括城镇土地定级成果图件、级别面积统计、定级报告和基础资料汇编。

二、土地价格评估

(一)农用地估价

1.农用地价格的涵义、影响因素及估价原价

农用地价格是指在正常条件下,相对估价期日,依据农用地的自然因素、社会经济因素和特殊因素等,农用地所能够实现的价格。对农用地价格进行评估可为农用地流转、农用地权属调整、国家征用集体土地提供依据和价格参考。

影响农用地价格的因素主要包括自然因素、社会经济因素和特殊因素。

(1)自然因素

自然因素指影响农用地生产力的各种自然条件,包括有效积温($\geqslant 10℃$)、降雨量、无霜期、地形、坡度、土壤质地等。

(2)社会经济因素

社会经济因素指影响农用地收益的社会经济发展条件、土地制度、基础设施条件、耕作便利条件、生产利用状况、交通条件等。

(3)特殊因素

特殊因素是指影响农用地生产力和收益所独有的条件或不利因素,如特殊的气候条件、土壤条件、环境条件等。

农用地估价是建立在其效益、相对稀缺性和需求之上的,在进行农用地估价时要遵循以下几个原则:

(1)预期收益原则。采用收益还原法估价时,应以估价对象在正常利用条件下的未来客观有效的预期收益为依据。

(2)替代原则。采用市场比较法估价时,应以邻近地区或类似地区功能相同、条件

相似、交易方式一致的农用地交易实例的市场价格为参考进行估价。

（3）报酬递增递减原则。在投入水平较低时，生产要素每增加一单位投入量，纯收益会随之增加，但当增加到某一数值以后，若继续增加投资，其边际纯收益会递减。这一经济学中的边际效益规律在农业生产经营中也普遍存在，因此在估价时要充分考虑这一原则。

（4）贡献原则。构成农用地总收益的因素除了农用地本身价值之外还有其他各种投入的作用，在估价时要充分考虑农用地本身对总收益的实际贡献。

（5）合理有效利用原则。对农用地不同的利用方式会产生不同的收益，因此在估价时要以合理有效的利用方式为依据进行。

（6）变动原则。农用地估价时应充分考虑地价形成因素的变化，对将来的地价变动作出准确预测，同时也要对所采用的地价资料按变动原则修订到估价期日的标准水平。

（7）供需原则。农用地估价要充分考虑农用地供需的特殊性和农用地市场的地域性。

2. 农用地估价的常用方法

（1）收益还原法

收益还原法是以土地收益价格为依据，将待估农用地在未来一段时间内的年预期纯收益还原为估价期日价格的一种方法，其基本公式为：

$$P = \frac{a}{r}\left[1 - \frac{1}{(1+r)^n}\right] \tag{1}$$

式中：P——待估农用地价格；

a——未来预期年纯收益；

r——还原率；

n——土地使用年期。

当 n 为无限年期时，公式变为：

$$P = \frac{a}{r} \tag{2}$$

收益还原法基于对农用地预期收益的测算，从包含了物质费用及劳动成本的土地总收益中分离出土地纯收益，能较为真实和准确地反映农用地生产力或收益能力的真实水平。因此，收益还原法比较适合用于评估农用地价格。

（2）市场比较法

市场比较法是根据替代原则，对邻近地区条件相同或相似地块的若干个交易实例成交价格进行一定修正后得到待估农用地价格的方法，基本公式为：

$$P = P_b \times K_c \times K_t \times K_n \times K_e \times K_s \times K_y \tag{3}$$

式中：P——待估农用地价格；

P_b——交易实例价格；

K_c——交易情况修正系数；

K_t——交易日期修正系数；

K_n——自然因素修正系数；

K_e——社会经济因素修正系数；

K_s——特殊因素修正系数；

K_y——年期修正系数。

（3）成本法

成本法是根据新开垦农用地或土地整理过程中所耗费的各项客观费用之和，再加上一定的利润、利息、应缴纳的税费和农用地增值收益，并进行各项修正后得到待估农用地价格的方法，基本公式为：

$$P = E_a + E_d + T + R_1 + R_2 + R_3 \tag{4}$$

式中：P——待估农用地价格；

E_a——未利用土地开发或废弃地的取得费；

E_d——土地开发费；

T——税费；

R_1——利息；

R_2——利润；

R_3——土地增值收益。

其他方法还有剩余法、评分法、基准地价修正法等。

3. 农用地基准地价评估

农用地基准地价指县（市）政府根据需要针对农用地不同级别或不同均质地域（农用地质量和价格水平级别相同的土地区域），按照不同利用类型，分别评估确定某一估价期日的平均价格。农用地基准地价是以定级为基础进行评估的，反映的是某一级别农用地的平均价格，而不是某一具体地块的价格。

农用地基准地价评估方法主要有样点地价平均法、定级指数模型法和基准地块法这三种方法。

（1）样点地价平均法

样点地价平均法是基于农用地定级结果，调查样点的投入产出资料和市场交易资料，计算样点地价，对各样点地价取平均值，来进行基准地价评估的一种方法。其具体评估步骤如下：

①资料调查。需要调查的内容包括农用地定级成果资料，农用地承包、转包等交易资料，社会经济及土地利用资料等；

②按农用地级别确定农用地的土地利用类型。土地利用类型的确定根据土地利用现状调查使用的分类，一级分类为耕地、园地、林地、草地、水域及其他农用地，具体可参照《土地利用现状分类》（GB/T 21010-2007）；

③投入产出资料抽样调查；

④利用投入产出资料分析计算土地利用纯收益，并以此计算样点地价；

⑤利用市场交易案例资料，计算样点地价；

⑥根据所测算的样点地价资料,计算各级别基准地价。

(2)定级指数模型法

定级指数模型法是基于农用地定级结果,根据定级单元的定级指数、市场交易地价资料和投入产出资料,建立定级指数与地价的关系模型,并利用该模型进行基准地价评估的一种方法。其具体评估步骤如下:

①资料调查;

②按农用地级别确定农用地的土地利用类型;

③按土地利用类型进行样点地价调查、计算与整理;

④测算有样点地价定级单元的平均地价;

⑤选择确定有样点地价定级单元的指数;

⑥建立定级单元平均地价与定级指数系数模型。基本模型主要有线性模型、对数模型、指数模型、多项式模型等。

⑦计算各级别农用地基准地价。

(3)基准地块法

基准地块法是先根据农用地土地质量条件划分均质地域,再在均质地域内选定若干地块作为基准地块,根据投入产出资料和市场交易资料评估基准地块地价,然后将同一均质地域内的基准地块的平均地价作为该均质地域基准地价的一种方法。其具体评估步骤如下:

①资料调查与收集。主要包括农用地的自然条件资料、社会经济资料、市场交易资料等;

②划分均质地域。划分均质地块一般应保证同一单元内用地类型、耕作制度一致,土地质量相近;

③选定基准地块。在各均质地域内,根据土壤条件、灌溉排水等均质地域划分时选择的地价影响因素的条件,选择各影响因素条件具有普遍性的一定数量的宗地作为基准地块,一般要求基准地块具备以下条件:日照时间、田面干湿、保水等自然条件属于一般的,耕作距离、交通条件等属于一般的,地块大小、形状、土壤条件属于一般的,经营状况具有代表性,在标准耕作制度下,土地利用程度、单产水平等一般的,灾害条件属于一般的。每类农用地基准地块的数量一般不少于3块;

④评估基准地块价格。可以根据实际情况选择市场比较法、收益还原法、成本法等方法对基准地块的价格进行评估,为保证结果准确性,一般采用两种以上方法分别评估,比较不同方法得到的评估结果,再确定基准地块价格;

⑤核定基准地块价格水平。对得到的基准地块价格进行检查,内容包括基准地块的价格是否与当时类似地块的实际交易价格相符,基准地价的价格高低是否与其综合分值的排序一致等;

⑥计算均质地域基准地价。将调整后的基准地块价格取算术平均或加权平均,作为该均质地域的基准地价。

4. 农用地宗地估价

农用地宗地估价工作内容主要包括：

接受估价委托；明确估价对象、估价目的、估价期日等基本事项；拟定估价作业计划，包括估价项目性质、拟采用的估价技术路线和方法，确定工作步骤；估价资料收集和整理；实地查勘待估农用地，并根据待估宗地估价目的、估价对象的特定，所收集资料的状况，选定估价方法，对同一估价对象须选用两种以上的估价方法进行宗地价格评估；根据待估宗地情况及各种方法的评估结果，选用简单算术平均法、加权算术评价法或综合分析法，分析调整试算宗地价格，确定估价结果；最后撰写估价报告。

5. 农用地估价成果

(1)农用地宗地估价成果：宗地估价结果报告、宗地估价技术报告、宗地图和宗地估价附件。

(2)农用地基准地价评估成果：农用地基准地价评估工作报告和技术报告、基准地价图和表格、管理信息数据库。

(二)城镇土地估价

1. 城镇土地价格的涵义、影响因素及估价原则

城镇土地价格是城镇土地现状收益能力的综合反映，受到多种因素的影响，一般将影响城镇土地价格的因素分为一般因素、区域因素和个别因素三大类。

一般因素是对较大范围内的城镇土地有普遍影响的因素，主要包括土地制度、住房制度、城市规划等行政因素，经济发展状况、财政收支、利率水平等宏观经济因素，政治安定状况、社会安定状况、城市化进程等社会因素，人口数量、人口素质、人口构成等人口因素，国际经济状况和国际政治关系等国际因素。

区域因素是对待评估土地所在区域内的土地价格有影响的因素，主要包括区域在城市中的位置、交通状况、基础设施状况、商业繁华程度等。

个别因素是影响具体地价价格的因素，主要包括宗地地形条件、宗地形状、面积、土地使用限制等。

城镇土地估价的基本原则有以下几条：预期收益原则、替代原则、最有效利用原则、供需原则、报酬递增递减原则、贡献原则、变动原则。

2. 城镇土地估价的基本方法

城镇土地估价的基本方法有收益还原法、市场比较法和成本法等。

(1)收益还原法：计算公式同农用地估价收益还原法相同。城镇土地收益可分为实际收益和客观收益，实际收益是在现状情况下土地的实际收益，受土地所有者或经营者个人生产经营能力的影响较大，不能作为城镇土地价格评估的客观依据；客观收益是排除实际收益中特殊、偶然因素后得到的一般正常收益，可以直接用于土地价格评估。城镇土地年收益的主要构成为：土地年租金、生产经营收益等。

(2)市场比较法:市场比较法是根据替代原则,将待估土地与近期类似土地交易实例进行比较,对交易实例价格进行交易情况、期日、区域因素、个别因素等修正后得到修正价格,再对几个修正后的价格取平均值或中位数、众数等,以此作为待估土地价格的一种方法。其计算公式同农用地估价市场比较法相同,只是修正因素为:交易实例土地单位面积价格、交易情况修正系数、交易日期修正系数、区域因素修正系数、个别因素修正系数、土地使用年期修正系数。

(3)成本法:成本法是将土地取得费和基础设施开发费作为城镇土地投资的基本成本,再加上基本成本投资所产生的相应利润、利息、税费、收益,得到待估土地价格的一种方法。其基本公式与农用地估价中的成本法相同。

3. 城镇土地基准地价评估

城镇土地基准地价是在城市规划区范围内,对现状利用和规划利用条件下不同级别的土地或土地条件相当的地域,按照商业、住宅、工业等用途,分别评估确定的某一时点上一定年期的土地使用权区域平均价格。

城镇土地基准地价评估的基本思路如下:首先将条件均一或土地价值相近的区域或级别归为一类,然后在同一类中,根据市场交易资料,测算不同行业用地在不同土地级别或土地条件均值区域上形成的土地收益或地价,以此进行基准地价评估。

对以土地级别为基础进行的基准地价评估,先分别评估商业、住宅、工业用地在不同级别上的基准地价,再以各级别土地利用的最佳用地类型的基准地价,作为该土地的基准地价,然后据此综合估算城镇土地基准地价。

对以土地条件均质区域作为基础进行的基准地价评估,先进行区域归类,再根据各类型区域中实际存在的土地用途及宗地收益、交易等资料评估各区域城镇土地的基准地价。

对城镇基准地价的评估一般采用两种方法,一是利用级差收益测算法估算基准地价,二是利用土地交易资料估算基准地价。

城镇土地级差收益测算是以马克思地租理论为依据,基于城镇土地定级结果,在大量城市各个区位企业生产收益等资料基础上,运用回归分析方法,建立不同土地区位净收益与生产要素之间的模型,并对模型中各生产要素的贡献参数加以分析,分别估算城镇各土地级别的土地收益,据此评估相应的基准地价。

城镇土地市场交易的形式主要有:土地出让与转让、土地联营入股、土地联建分成、以地换房、柜台出租、商品房出售等。各样点地价通过搜集到的市场资料进行相应的出让年期修正、交易时间修正、容积率修正等,然后进行基准地价评估。

4. 城镇宗地估价

城镇宗地估价的工作内容与农用地估价工作内容大致相似,在此不再重复。
城镇土地估价成果与农用地估价成果大致相似。

三、土地适宜性评价

1. 土地适宜性评价的涵义和原则

土地的适宜性是针对某一特定利用方式的,广义如适宜农业、林业、牧业、城建、军事等,狭义如适宜小麦、柑橘等。土地适宜性评价,就是根据土地利用目标,针对特定的土地利用方式,评价土地适宜与否及适宜程度的过程。

进行土地适宜性评价一般需要遵循以下几个原则:

(1)综合性与主导性相结合。土地是由气候、地形、水文、土壤、生物等因素组成的自然综合体,土地适宜性受到各种因素的综合作用,因此在进行适宜性评价时需要从多科学角度出发,综合分析各种因素的影响。但值得注意的是各种因素的作用并不均等,有主导因素和次要因素之分,因此在评价时也应该着重主导因素的分析。

(2)科学性与实用性相结合。在进行土地适宜性评价时,既要尽量采用定量分析,减少主观成分,提高结果精度,又要考虑实际中基础资料等方面的限制情况。

(3)针对性与因地制宜相结合。土地适宜性是针对特定用途或土地利用方式的适宜性,因此在评价时要针对一定的土地用途或土地利用方式进行适宜性评价,同时由于不同地区的自然条件、经济发展水平等存在显著差异,不同地区同一用途或利用方式的适宜性对土地形式的要求也会有较大差别,因此要因地制宜地进行评价。

(4)当前利用与持续利用相结合。土地适宜性是指土地在长期持续利用条件下的适宜性,因此在评价中不仅要考虑当前土地利用状况,也要考虑土地用途的改变在长期利用中可能引起的土地质量变化,及土地持续改造利用的可能性和难易程度。如对坡度超过 25°的陡坡荒草地,若评价为宜耕地而进行开垦种植农作物,在初期可能获得一定产量收益,但随着土壤侵蚀的发展,土壤肥力会逐渐下降,故陡坡开荒从长远和持续利用的观点而言是不适宜的。

(5)社会、经济和生态效应相结合。土地资源具有多宜性的特点,在评价土地资源的最佳利用方式时,要综合考虑社会、经济和生态效益,以达到三者的协调统一。

2. 土地适宜性评价的程序

(1)选择评价系统

对适宜性评价系统的选择应当根据评价目的,综合考虑评价研究区土地资源和土地利用的特点、评价成果应用的要求、评价主客观条件等方面。

(2)划分评价单元

土地是由众多自然和社会经济因素组成的连续综合体,评价单元人为地将连续的土地划分为不同的虚拟个体,使各单元内部土地特性和组成要素性质基本一致,划分的方法主要有地块法、网格法、叠置法、多边形法等。

(3)选取参评因素

应选取对土地适宜性有显著影响、自身性状时间上相对稳定、空间上差异较大、性状指标数据较易获取的因素作为参评因素。

（4）量化参评因素质量分值

参评因素性状指标的表达一般存在很大差异，因此需要转换成质量分值，以便更直观地刻画因素对适宜性的影响大小。

（5）计算参评因素综合分值及划分适宜性等级

在量化参评因素质量分值基础上，根据各参评因素对土地综合体资源质量影响的贡献大小，采用加权求和或几何平均法计算参评因素综合分值，然后根据单元适宜性综合分值，采用等间距法、数轴法或频率曲线法等划分土地适宜性等级，并经实地验证校核、修改完善后最终确定。

3. FAO《土地评价纲要》评价系统

目前在国内外使用最为广泛的土地适宜性评价系统是联合国粮农组织（FAO）在1976年正式公布的《土地评价纲要》。该评价系统包括四个等级单位，即适宜纲、适宜级、适宜亚级和适宜单元（见表5-1）。

表 5-1　FAO《土地评价纲要》评价系统

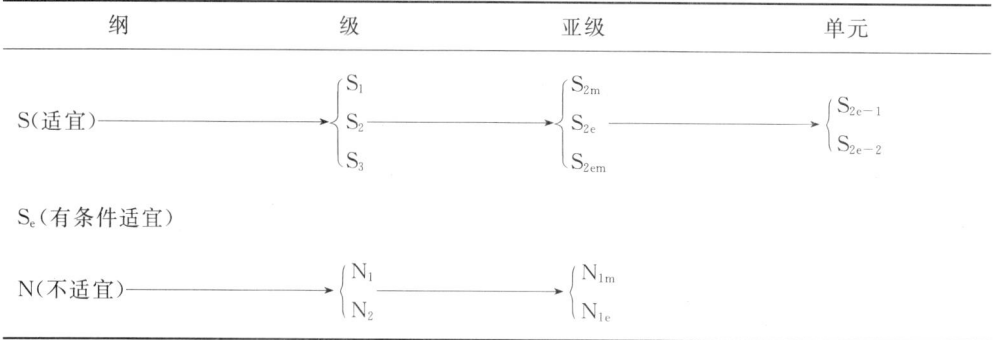

纲	级	亚级	单元
S（适宜）——→	$\begin{cases} S_1 \\ S_2 \\ S_3 \end{cases}$ ——→	$\begin{cases} S_{2m} \\ S_{2e} \\ S_{2em} \end{cases}$ ——→	$\begin{cases} S_{2e-1} \\ S_{2e-2} \end{cases}$
S_c（有条件适宜）			
N（不适宜）——→	$\begin{cases} N_1 \\ N_2 \end{cases}$ ——→	$\begin{cases} N_{1m} \\ N_{1e} \end{cases}$	

（1）适宜纲

适宜纲表示土地对所考虑的特定利用方式是适宜（S）或不适宜（N）。适宜纲（S）表示土地按照所考虑的用途能持久使用且达到预期收益，并不会产生不可接受的破坏后果。不适宜纲（N）表示土地不能按所考虑的用途进行持久利用。土地被列入不适宜纲的原因一般有：预期投资获益小，得不偿失；所提出的用途如果实施会产生破坏性后果，如陡坡耕作等。

（2）适宜级

适宜级反映适宜性程度，一般用阿拉伯数字按适宜纲内的适宜程度递减顺序编列，通常分为高度适宜（S_1）、中度适宜（S_2）和临界适宜（S_3）。

高度适宜（S_1），土地可持续应用于某种用途而不受重要限制，或受限制较小，不至于降低生产力或收益，并且不会将投入提高到超出可接受的程度。

中度适宜（S_2），土地有限制，持久利用于规定用途，会出现中等程度的不利，将减少产量和收益并增加所需投入，但这种用途仍能获得收益，虽然尚有利可图，但明显低于 S_1 级的土地。

临界适宜（S_3），土地对指定用途的持续利用有严重的限制，因此会降低产量进而降低收益或增加必需的投入,收支仅仅勉强达到平衡。

在不适宜纲内通常分为两级:当前不适宜(N_1)和永久不适宜(N_2)。

当前不适宜(N_1),土地有限制性,但未来可以加以克服;或限制性相当严重,以致在一定条件下不能确保对土地进行有效而持久的利用。

永久不适宜(N_2),土地限制性相当严重,以致在一般条件下根本不可能利用,例如陡坡、岩石裸露区或干旱沙漠区等。

（3）适宜亚级

土地适宜亚级反映土地限制性类别的差异,如水分亏缺、侵蚀危害等,亚级用小写字母附在适宜级符号之后的方法来表示,如 S_{2m},S_{2e} 等。S_1 无适宜亚级。亚级的设置一般遵循两条原则:①亚级的数目愈少愈好,只要能区分开适宜级内不同质量的土地即可;②对于任何亚级而言,在符号中应尽可能少用限制因素,一般只用一个字母就够了,如果两个限制因素同样重要,就同时列出两者。

（4）适宜单元

适宜单元是适宜亚级的续分,亚级内所有单元具有同样程度的适宜性和相似的限制性,单元与单元之间的区别则在于生产特点、经营条件和管理要求等细节方面。适宜单元用阿拉伯数字表示,置于适宜亚级之后,如 S_{2m-1}。

具体评价时划分到哪一等级,取决于研究区大小和研究目的与深度。如果研究区范围较小,目的比较狭窄,那么需要划分到土地适宜单元,否则划分到纲、级或亚级就够了。

4.《中国1∶100万土地资源图》评价系统

《中国1∶100万土地资源图》评价系统是由中国科学院原自然资源综合考察委员会于1983年拟定的,该系统由土地潜力区、土地适宜类、土地质量等、土地限制型和土地资源单位组成。

（1）土地潜力区

土地潜力区以水热条件为划分依据,是土地评价的"零"级单位。同一区内土地的生产潜力大致相同,包括适宜的农作物、牧草、林木种类、组成、熟制和产量以及土地利用的主要方向和措施。

（2）土地适宜类

土地适宜类是在土地潜力区内,依据土地对于农、林、牧业生产的适宜性划分的,划分时尽可能按照主要适宜方面划分,共划分为八个土地适宜类,分别为宜农耕地类、宜农宜林宜牧土地类、宜农宜林土地类、宜农宜牧土地类、宜林宜牧土地类、宜林土地类、宜牧土地类、不宜农林牧土地类。

（3）土地质量等

土地质量等是在土地适宜类范围内反映土地的适宜程度和生产力的高低。按农、林、牧三个方面各划分为三个等级,分别用阿拉伯数字1、2、3表示,不宜农林牧土地类用数字0表示。宜农耕地类用一位数字表示,其他均用三位数字表示,第一位表示宜农等级,第二位表示宜林等级,第三位表示宜牧等级。如"1"表示一等宜农耕地;"223"

表示二等宜农二等宜林三等宜牧土地；"010"表示一等宜林不宜农牧土地。

（4）土地限制型

土地限制型是在土地质量等范围内,按照限制因素种类及强度划分的。土地限制型划分为：无限制（o）,水分和排水条件限制（w）,土壤盐碱化限制（s）,有效土层厚度限制（l）,土壤质地限制（m）,基岩裸露限制（b）,地形坡度限制（p）,土壤侵蚀限制（e）,水分限制（r）,温度限制（t）。

（5）土地资源单位

土地资源单位是土地资源图的制图单位和评价对象,实际上就是土地类型,由地貌、土壤、植被与土地利用类型组成。

四、土地生产潜力评价

（一）土地生产潜力评价涵义和程序

在一定自然或社会经济条件下,土地用于农、林、牧业生产或其他利用方面可以达到的生产物质的上限称为土地生产潜力,根据土地生态系统的资源条件分类,土地生产潜力可以分为光合生产潜力、光温生产潜力、气候生产潜力和经济生产潜力等层次。

土地生产潜力评价,或称土地潜力分类,是指依据土壤、气候、地形等土地的自然性质及其对于土地的某种持久利用的限制程度,就土地在该种利用方面的潜在能力对其作出等级划分的过程。如就土地的农业利用而言,潜力评价的任务是依据土壤、气候、地形等要素对土地的持久农业利用的限制程度,及由这种限制程度所决定的作物的潜在生产率和耕作方式的可选择性,对土地作出等级划分。

土地潜力评价一般包括以下四个步骤：

（1）确定潜力评价单元

评价单元应是影响土地评价的要素,如土壤有机质、坡度、排水条件等综合叠置而成的最基本单元,应根据评价的具体目的和要求来划分,不同的评价目的和要求,有不同的评价单元。

（2）建立潜力评价系统

建立潜力评价系统可以参照与研究区土地特点类似地区的现成系统,但需要深入分析这些系统的结构和特点,酌情修正。如果没有类似的方案可供参考,那么就只能通过实地调查并参考有关资料建立评价系统。

（3）拟定潜力评价表

潜力评价表,或称土地限制因素评级表,在进行潜力评价前必须首先拟定这类表格。首先选定评价的限制因素,然后为每一种选定的限制因素划分相应于各潜力级的临界值,如有效土层厚度大于 150 厘米为 I 级,大于 100 厘米为 II 级,大于 70 厘米为 III 级。

（4）评定潜力等级

首先分别对各限制因素评定相应的潜力等级,然后根据各限制因素相应的潜力等级评定土地总的潜力等级。

(二)土地潜力评价成果的应用

在一个地区开展土地潜力评价得到的潜力级、潜力亚级和潜力单元三个级别的成果,可直接或间接用于土地利用规划。

土地潜力级评价成果主要用于资源清查中的土地质量摸底,目的是查明和保护最适合农业耕作的土地。

潜力亚级评价成果指出了土地存在的主要限制因素,可为规划中提高土地潜力提供依据。

在一个潜力单元中,土壤等自然因子有较大一致性,它们对于管理和政策措施的反映也相类似,如果种植类似作物,产量也相近。因此,潜力单元评价成果可用于详细的小区域土地利用规划。

第五节　土地利用动态监测

一、土地利用动态监测的涵义和特点

土地利用动态监测是指综合运用遥感、土地调查等技术手段和计算机、监测仪等科学设备,以土地详查的数据和图件作为本底资料,对土地利用的动态变化进行全面系统反映和分析的科学方法,它具有以下几个特点。

(1)监测成果的多样性。土地利用监测需要为各级土地管理机构定期提供各省、地、县的土地利用现状资料(包括数据和图件资料),同时还需进行固定项目的专题调查,如对建设用地占而未用,耕地撂荒、开发、复垦和灾害毁地等专题项目的实时调查,监测成果具有多样性。

(2)监测体系的层次性。各级土地管理部门都设有相应的监测机构,各级机构相互关联形成了一个体系,该体系可分为两个基本层次:一是国家和省级层次,重点提供全国和全省的土地利用宏观数字;二是县、乡级层次,主要提供本辖区的土地利用资料。

(3)技术要求的区域性。我国地域辽阔,各个地区之间在自然条件、经济发展程度和土地利用水平上都存在差异,因此在进行土地利用监测时需要把全国分为若干个类型区和重点监测区,各监测区的监测周期、技术方法、精度要求都有所不同。

(4)技术手段的综合性。土地利用监测可以采用卫星遥感、航空遥感、抽样调查和地面调查相结合的方法,发挥各种方法的优势,以满足各项需求。

土地利用动态监测的目的在于及时、准确掌握土地利用的数量、质量等方面的状况,为政府决策,为各级土地管理部门制定管理政策和落实各项管理措施提供科学依据。

土地利用动态监测的作用有以下几点:保持土地利用数据的现势性,保证信息的更新;通过动态分析,揭示土地利用变化规律,为宏观研究提供依据;反映规划实施状况,为规划信息系统及时反馈创造条件;对一些重点指标进行定时监控,设置预警界线,为政府制定有效政策与措施提供服务;能及时发现土地违法行为,为土地监察提供目标和依据。

二、土地利用现状遥感动态监测

遥感,从广义上说泛指从远处探测、感知物体或事物,不直接接触物体本身而获取其特征信息,并通过对这些信息的传输、处理、分析得到物体属性及其分布特点的技术。

土地利用现状的遥感动态监测是指以土地变更调查的数据和图件为基础,运用遥感图像处理与识别技术,从遥感图像上提取变化信息,对土地利用变化情况进行定期监测的过程。

遥感监测具有速度快、精度高、范围广等特点,随着遥感技术的日益成熟和影像精度的不断提高,遥感技术在土地利用监测中得到了越来越广泛的应用。国土资源部在1999 年首次利用高分辨率遥感资料,对全国 66 个 50 万人口以上城市在 1998 年 10 月到 1999 年 10 月期间各类建设占用耕地情况进行了监测,得到了中央的高度关注。

(一)土地利用现状遥感动态监测准备工作

(1)制定工作计划。主要内容包括监测范围、遥感数据源选取、监测方法步骤、时间等。

(2)收集资料。主要包括农、林、牧、生态、物候及农时日历,特别是耕地作物物候及长势资料;时相、云量等符合要求的遥感资料;基本农田保护区和城市建成区资料,规划、年度计划等资料;最新的地形图、土地利用现状图等资料。

(3)编制技术设计书。主要内容包括监测区概况、监测技术路线、技术指标及技术要求、监测内容、监测方法和作业流程、组织与实施、监测成果质量控制方法、应该提交的成果等。

(二)遥感动态监测技术流程

(1)多源数据的选取。目前使用较多的数据源为美国的 Landsat TM 和法国的 SPOT 两种数据。

(2)数据预处理。包括辐射校正、影像增强、几何校正、影像配准、镶嵌及影像融合等。

(3)变化信息及变化类型确定。变化信息主要指在监测时间段内,土地利用在位置、范围、大小和类型上的变化。变化信息的提取需要对两个时相的遥感影像作点对点的直接运算,经变化特征的发现、分类处理及人工辅助判读,以获取土地利用的变化信息。

(4)外业核查。通过实际外业核查对变化信息进行确认与后处理。

(5)内外业数据差异处理。利用外业核查及监测的变化图斑数据,对内外业变化监测的差异记录进行核实并进行统计分析及精度评定,最终的监测结果可为管理提供可靠的基础资料。

(三)监测成果的整理与提交

需要提交的监测成果包括以下几个方面:

(1)基本监测图:包括1∶2.5万或1∶5万比例尺县级行政辖区范围的土地利用动态监测图;1∶2.5万或1∶5万比例尺城市辖区(主城区)范围的前、后时相遥感影像图;1∶2.5万或1∶5万比例尺城市辖区(主城区)范围的土地利用动态监测图;根据辖区大小确定比例尺的地(市)行政辖区范围的土地利用动态监测图。

(2)技术报告:对每个监测区,重点从采取的技术方法及成果质量评价等方面进行技术报告的编写。

(3)统计数据资料:包括与土地利用遥感动态监测有关的内外业信息的统计数据,以及相关的整理、分析和处理数据等。

(四)检查验收

以《土地利用动态遥感监测规程》的各项规定为标准,对监测各阶段工作认真检查,可采取自检与互检相结合的方法,也可建立作业小组和检查员检查制度。

三、土地违法监测

土地违法监测是指土地管理部门对土地所有者和使用者使用土地的情况进行检查,对非法使用土地的单位和个人予以行政处罚的行为。

土地违法监测的内容主要包括以下几个方面:

(1)现在土地利用是否违反土地利用总体规划;

(2)在城市、村庄、集镇、江河湖泊治理区内,土地利用是否符合城市规划、村庄和集镇规划、江河湖泊综合治理规划等相应规划;

(3)是否扩建、重建在土地利用总体规划制定前已建的不符合土地利用总体规划确定用途的建筑物、构筑物;

(4)现在土地利用是否造成土地资源破坏、土地闲置或荒芜;

(5)权属、用途变更是否按规定办理变更审批、登记手续;

(6)造成土地破坏的是否按规定履行土地复垦义务;

(7)是否在临时用地上修建永久性建筑物、构筑物;

(8)是否以合法方式取得土地使用权;

(9)是否按土地使用权出让合同或国有土地划拨决定书等规定的用途、期限开发利用土地;

(10)是否未经批准或采取欺骗手段骗取批准非法占用土地等。

根据土地监测结果,结合各类上报审批批文和实地检查情况,对有疑点的图斑逐个进行核查,审定其是否为土地违法行为。对经核查确定为违法用地的行为,县级以上人民政府土地行政主管部门应当依法进行查处。

四、土地质量监测与等级评估

土地质量动态监测是指用一定的标准方法,以一定的时间间隔,测量土地的微观特性,观测和分析在不同土地利用模式下土地质量的变化趋势或退化形式的过程。通过土地质量监测,可以为土地质量和生产力的变化与评价提供基准数据集,为土地质量变化趋势或退化过程的预测提供依据。

世界上最古老的土地质量监测站位于英国洛桑,于1843年开始投入使用,主要是为长期定位监测土地生产力服务,目前世界上已持续观测60年以上的长期土地生态环境定位监测试验站已超过30个。

我国的土地质量监测以耕地质量监测为主,重点对新增耕地、建设占用耕地、整治区域和基本农田建设区域及风涝旱灾发生区域内耕地的质量开展年度调查监测工作,并据此建立耕地质量监测基础数据库,进行耕地等别变化评价,以支持耕地质量建设和考核工作,系统提升耕地数量和质量并重管理能力,保障耕地资源粮食生产能力建设。分等参数调查监测依据《农用地质量分等规程》和《国土资源部办公厅关于印发〈耕地等别调查评定与监测工作方案〉的通知》(国土资厅发〔2012〕60号)相关要求开展。

自2011年,我国开始耕地等别监测国家级试点工作,2013年后扩大了试点范围,同时技术路线也在不断调整中。至2015年,确定了耕地等别年度监测评价技术手册(试行稿,V20150907),耕地质量等别监测也由试点逐渐变为对耕地质量等别的全面监测评价。其监测评价内容包括:每年通过抽样调查监测渐变耕地分等参数的变化,评价区域渐变耕地等别和产能变化趋势、变化强度、分布规律,分析其变化原因。

(一)耕地质量等别年度监测评价程序与技术

1.建立省域耕地等别渐变类型集

在充分考虑气候、地形地貌、土壤类型、水资源空间分布等因素的基础上,结合区域土地利用变化及粮食生产的实际情况,初步提出并建立省域耕地等别渐变类型集,并结合县级质量渐变耕地等别监测工作的具体实践逐步更新完善。耕地等别渐变类型集可初步归纳为:逐步干旱型、逐步渍涝型、肥力提升型、肥力衰退型、沙化型、酸化型、盐化碱化型、脱盐脱碱型、水土流失型,各地可根据情况增加类型,但需反馈到部土地整治中心。

2.确定耕地等别渐变主导因素

依据各期耕地等别数据,全面分析区域内耕地资源本底分布情况,揭示区域耕地质量分布及变化特征,结合农业气象资料、土地利用规划资料、土壤普查资料和农业调查等资料,结合各地域范围内建立的耕地等别渐变类型,初步确定区域内耕地等别渐变主导因素。各耕地等别渐变类型的主导因素主要有灌溉保证率、排水条件、有效土层厚度、土壤有机质含量、表层土壤质地、土壤 pH 值、盐渍化程度等。

3.确定耕地等别渐变类型分布范围

结合县级农用地分等更新工作和耕地等别渐变主导因素,确定耕地等别渐变类型分布范围。耕地等别渐变类型分布范围可以包含主导因素一致耕地等别不同的农用地分等单元。

4.选取耕地等别渐变监测单元

(1)数量要求。耕地等别渐变类型分布范围内的各等别上都至少有一个监测单元,优先选择农用地分等中布设的标准样地。

(2)代表性要求。监测单元要分布在该类型分布范围该等别的典型部位上,要远离城市、道路。

5.调查与评价监测单元质量变化信息

根据耕地质量渐变类型分布范围和确定的监测单元,对各监测单元耕地等别渐变的主导因素进行长期监测,按照渐变类型分布范围和监测单元图层属性格式要求,生成年度耕地等别渐变类型分布范围图层、耕地等别渐变图层和监测单元图层等监测单元耕地质量变化信息,掌握各主导因素变化对耕地等级的影响状况。

6.编制县级耕地等别年度监测评价报告

依据《规程》和监测单元所在地的分等指标体系,评价监测主导因素变化对耕地等别的影响。结合区域内各耕地等别类型等别的升降和面积的消长,对区域耕地质量平均等别和耕地产能变化做出评价。

7.监测评价成果汇总和应用

对各县级成果进行汇总、分析,形成省级耕地等别年度监测评价报告。该成果可应用于土地利用总体规划调整完善、土地整治、永久基本农田划定、耕地质量建设、建设项目用地管理等方面。

(二)耕地质量等别年度监测评价成果

耕地质量等别年度监测评价成果包括:矢量图层成果、图件成果、表格成果、报告成果和影像成果 5 个部分。

1.县级成果

(1)矢量图层成果:包括渐变类型分布范围图层、监测单元图层、耕地等别渐变图层;

(2)图件成果:包括耕地质量渐变类型分布范围及监测单元分布图耕地等别渐变图;

(3)表格成果:包括县耕地等别渐变监测单元数据表、县耕地等别渐变监测结果表;

(4)报告成果:县耕地等别年度监测评价报告;

(5)影像成果:监测单元景观照片。

2.省级成果

(1)表格成果:包括省耕地等别渐变监测单元数据表、省耕地质量渐变监测结果表。

(2)报告成果:省耕地等别年度监测评价报告。

参考文献

[1] 何芳.城市土地集约利用及其潜力评价[M].上海:同济大学出版社,2003.

[2] 陶志红.城市土地集约利用几个基本问题的探讨[J].中国土地科学,2000,14(5):1-5.

[3] 林坚,陈祁晖,晋璟瑶.土地应该怎么用——城市土地集约利用的内涵与指标评价[J].中国土地,2004(11):4-7.

[4] 洪增林,薛惠锋.城市土地集约利用潜力评价指标体系[J].地球科学与环境学报,2006,28(1):106-110.

[5] 韦东,陈常优,屠高平.影响城市土地集约利用的因素研究——以我国30个特大城市为例[J].国土资源科技管理,2007(2):12-16.

[6] 蔡文,万涛,王雄.城市土地集约利用潜力评价研究[J].科技进步与对策,2006,23(1):137-139.

[7] 解海,田金信.浅析哈尔滨市城市土地集约利用政策[J].低温建筑技术,2007(6):139-140.

[8] 程文仕.土地调查与评价:理论·实务[M].兰州:甘肃科学技术出版社,2009.

[9] 何江华,周明中.基于标准样地的耕地质量监测研究[J].河北农业科学,2010,14(9):125-127.

[10] 梁晓晴,段建南,周青青.耕地质量监测指标体系研究[J].农业网络信息,2014(5):13-16.

[11] 梁学庆.土地资源学[M].北京:科学出版社,2006.

[12] 廖永林.土地管理制度与政策[M].北京:中国财政经济出版社,2008.

[13] 刘霈珈,吴克宁,赵华甫.基于农用地分等与土地质量地球化学评估的耕地质量监测类型研究[J].资源科学,2015,37(1):37-44.

[14] 卢新海,黄善林.土地估价[M].上海:复旦大学出版社,2011.

[15] 马建辉,吴克宁,赵华甫,等.我国耕地质量监测指标体系的构建[J].广东农业科学,2012(21):74-78.

[16] 宋艳华,毛含冰,王令超,等.基于控制区空间变异性的耕地质量监测样点布控方法[J].地域研究与开发,2014,33(6):131-136.

[17] 唐程杰,付梅臣,马素华.农用地定级估价指南[M].北京:地质出版社,2011.

[18] 王静.土地资源遥感监测与评价方法[M].北京:科学出版社,2006.

[19] 吴次芳.土地资源调查与评价[M].北京:中国农业出版社,2008.

[20] 相慧,孔祥斌,陈培雄,等.县域耕地质量等别监测样点布控研究——以内蒙古自治区达拉特旗为例[J].资源科学,2014,36(6):1203-1210.

[21] 余述琼,张蚌蚌,相慧,等.基于因素组合的耕地质量等级监测样点布控方法[J].农业工程学报,2014,30(24):288-297.

[22] 周生路.土地评价学[M].南京:东南大学出版社,2006.

[23] Duany，A.，Plater-Zyberk，E.，& Speck，J. *Suburban Nation：The Rise of Sprawl and the Decline of the American Dream*[M]. New York：North Point Press，2010.

[24] Greenburg，K. *Walking Home：The Life and Lessons of A City Builder*[M]. Toronto：Vintage Canada，2012.

[25] Innes，J. E.，Booher，D. E. Reframing public participation：Strategies for the 21st century [J]. *Planning Theory & Practice*，2004，5（4）：419-436. http://dx. doi. org/10. 1080/1464935042000293170.

[26] Jacobs，J. The Death and Life of Great American Cities[M]. New York：Random House，Inc，1961.

第六章　土地利用规划管理

第一节　土地利用规划内涵及体系

一、土地利用规划内涵

从资源配置的角度来说,市场和规划都是重要手段。市场追求的是个体理性,由于外部性、信息不对称、垄断以及公共物品供给等因素,个体理性基础上合成的整体可能是非理性的。规划是以追求整体理性为出发点,是一种服务于社会整体利益和公共利益,实现社会、经济、环境系统所确定的长远目标,提供未来系统空间发展的战略,并借助合法权威通过对系统行为及其变化的控制,来调整和解决系统发展中特定问题的职业性活动过程,是公共管理的一种重要形式。

(一)土地利用规划的概念

我国与土地利用规划有关的记载最早出现在汉代的《尔雅》——"邑外谓之郊,郊外谓之牧,牧外谓之野,野外谓之林,林外谓之坰"。这些记载深蕴着西方后来的农用区位论思想。土地利用规划在世界各国都有举足轻重的地位,但由于规划的目的、内容和方法不同,对其具体的概念解释也不一致。

土地利用规划是土地管理的"龙头"。它是以土地资源合理利用为核心,以最佳综合效益为目标,依据土地自然地理特点、社会经济条件和发展用地需求,在时间和空间上对区域内全部土地资源进行开发、利用、整治、保护所作出的具体部署和安排。它既具有战略性,亦兼有近期实施的可操作性;既是调整产业结构,合理安排生产力,保障人民生活基本需求和促进国民经济发展的蓝皮书,又是编制年度土地利用计划及审批各项用地的重要依据。因此,土地利用规划可以理解为人们为了改变并控制土地利用方向,优化土地利用结构和布局,提高土地产出率,根据社会发展要求和当地自然、经济、社会条件,对一定区域范围内的土地利用,进行空间上的优化组合并在时间上予以实现的统筹安排。

土地利用规划的概念存在以下几个共识:

(1)土地利用规划要满足社会经济发展。随着社会生产力不断发展,其他生产要素如资本、劳动力等在数量上、质量上都有所改进,而土地作为有限的、不可被替代的生产资料自然更应该提高自身的利用率和生产率,在有限的土地产生出更多的物质财富,使得土地利用方式更符合社会经济发展需要。

(2)土地利用规划要符合自然条件和社会条件。土地是自然的产物,它的存在不以人的意志为转移,土地利用规划需考虑到利用土地所必须遵循的客观规律,充分顾及承载土地利用的自然和社会条件。

(3)土地利用规划要注重土地资源的分配。土地利用规划从广义上来讲就是实现地区间人口、资源、环境的协调平衡;狭义上意指土地利用规划实现土地资源在各行业间合理分配,解决部门、乡镇土地需求和供给的矛盾,稳步推进社会协调发展。

(4)土地利用规划要注重空间上的联系。通过土地利用总体规划,给国民经济各部门分配土地资源并实现空间落位,正确处理好各类土地类型空间上的联系,如与产业、交通的关系等。

(5)土地利用规划要考虑时间上的安排。规划要部署推进发展的阶段性任务和限制发展期限。

(二)土地利用规划的任务

土地利用规划与当时主要土地利用问题密切相关,不同时期的土地利用问题并不是一成不变的。从当前而言,土地利用规划的任务在保障发展的同时,需要保证粮食安全,并不断推进生态文明建设;具体包括:分析土地利用问题、明确土地利用目标和基本方针、拟定土地利用控制指标、调整土地利用结构和布局、制定实施规划的政策和措施等任务。

我国的土地资源数量相对较少,耕地资源严重不足,但随着城市化不断发展,城市周边的农用地、未利用地在不断地被蚕食,如果任由城市粗放型蔓延,用地矛盾则会像雪球一样越滚越大,最后对社会稳定造成影响。为协调人口和土地、发展和土地、社会和土地之间的可持续关系,规划除下达合理的、可操作性的土地利用控制性指标,如耕地保有量、基本农田保护面积、建设用地规模等指标外,还提出了有序推进"三线"划定的任务,优先划定永久基本农田保护红线和生态保护红线,合理确定城市开发边界。

土地利用规划的"三线"划定本质上与规划的任务一一对应:

(1)粮食安全下的耕地保护。为保证区域粮食安全和生态安全底线,规划划定永久基本农田保护红线,严格用途管制,将用于粮食和蔬菜生产,实行永久保护、不得擅自占用或改变用途的优质耕地纳入其中。此外,红线划定重点在尽快将城市周边交通沿线易被占用的优质耕地优先划定为永久基本农田,将已建成的高标准农田优先划定为永久基本农田。杜绝城市周边的基本农田红线像"红飘带"一样随意摆动的现象。

(2)生态文明下的生态红线。生态保护红线是指在自然生态服务功能、环境质量安全、自然资源利用等方面,需要实行严格保护的空间边界与管理限值,以维护国家和区域生态安全及经济社会可持续发展,保障人民群众健康。尽管我国生态环境保护和建设力度逐年加大,但总体上看来,资源约束压力持续增大,环境污染日益严重,生态问题依旧十分严峻。目前已建成的保护区空间布局上不尽合理,保护效率不高,若按照生态系统完整性原则和主体功能区定位划定生态红线,优化国土空间开发格局,改善和提高生态系统服务功能,可构建结构完整、功能稳定的生态安全格局,从而维护国家生态安全。

(3)城镇化用地保障。未来我国仍处于城市化工业化上升期,可以预见建设用地需求将继续增加。为促进城市紧凑集约发展,避免城市盲目扩展,土地利用规划划定了城市开发建设活动的边界,即城乡建设用地扩展边界,全面管控规划期内的城乡建设。

二、土地利用规划体系

按规划性质不同,可将土地利用规划分为土地利用总体规划、土地利用专项规划和土地利用详细规划。

(一)土地利用总体规划

《土地管理法》第十七条规定"各级人民政府应当依据国民经济和社会发展规划、国土整治和资源环境保护的要求、土地供给能力以及各项建设对土地的需求,组织编制土地利用总体规划"。土地利用总体规划是指在一定区域内,根据国民经济和社会发展对土地的需求以及当地的自然、社会经济条件,从全局的、长远的利益出发,对区域范围内土地资源的开发、利用、整治、整理、复垦、保护等进行统筹安排的战略性规划。其目的在于加强土地利用的宏观控制和计划管理,合理利用土地资源,提高土地利用率和土地产出率,促进国民经济协调发展,并为土地利用科学管理提供依据。土地利用总体规划一经批准,即具有法律效力,可控制国民经济各部门的土地利用。

土地利用总体规划按不同的标准,可以进行如下分类。

1. 按规划时间期限划分

按规划时间期限不同,可分为长期规划、中期规划和短期规划。长期规划的年限在 10 年以上,短期规划小于 5 年,中期规划介于两者之间。

土地利用总体规划已经成为空间规划体系的重要组成部分,我国历来编制的土地利用总体规划都属于长期规划。1986 年以来,先后共有三轮土地利用总体规划编制,分别是土地利用总体规划(1986—2000 年)、土地利用总体规划(1996—2010 年)和土地利用总体规划(2006—2020 年),三轮规划时限均在 15 年左右。一般而言,长期规划是编制中、短期规划和年度用地计划的依据。譬如,根据土地利用总体规划制定的土地利用 5 年计划和土地利用年度计划即为中期规划和短期规划。可见,中、短期规划多属于过渡性规划,是长期规划的深化和补充,是由宏观向微观过渡的规划。

2. 按自然区划或经济区域划分

根据土地开发、利用、整治和保护的需要,土地利用总体规划也可按流域、自然区划或经济区划,进行跨省、跨市县、跨乡镇的区域土地利用总体规划。如长江三角洲土地利用总体规划、黄河三角洲土地利用总体规划、"一带一路"土地利用总体规划、京津冀区域土地利用总体规划、长江上游土地利用总体规划等。

3.按行政隶属划分

我国土地利用总体规划是属于宏观管理型的利用规划，是各级人民政府及土地行政管理部门科学管理土地的重要依据。由于我国土地行政由各级政府分级进行，总体规划的编制与实施要与行政管理体制密切结合，以保证各级人民政府行使管理土地的职能。因此，土地利用总体规划宜按行政区划体系分级编制。土地利用总体规划按行政隶属可划分成全国土地利用规划纲要、省级土地利用总体规划、市级土地利用总体规划、县级土地利用总体规划和乡级土地利用总体规划。其中全国规划、省级规划和市级规划是宏观控制性、指导性规划，重点在于强化指标控制；县级规划和乡级规划更注重规划的实施能力，属于实施性、管理性规划，县级规划注重规划实施的可操作性，乡级规划具有一定的微观规划性质，重点是把上级规划下达的各项指标落实到土地空间上。

(二)土地利用专项规划

土地利用专项规划是在土地利用总体规划的框架控制下，针对土地开发、利用、整治和保护某一专门问题而进行的规划，是土地利用总体规划的补充和深化。常见的土地利用专项规划如土地整治规划。专项规划多以县域或市域为规划范围，一般不要求各行政级别范围都做。但某些专项规划也可有全国性或省级或跨地区的中长期规划，如土地整治专项规划就有全国层面的全国土地整治规划。

(三)土地利用详细规划

土地利用详细规划是在土地利用总体规划和土地利用专项规划的控制和指导下，直接对某一地段或某一土地使用单位的土地利用及其配套设施作出具体的安排，它是土地利用总体规划或土地利用专项规划的深入和细化。如土地整理项目规划、土地复垦项目规划、土地整治项目规划、村庄整治规划、海涂开发项目规划和农场土地利用规划、林场土地利用规划、村庄用地规划等。土地利用详细规划的特性是单一性、具体性、可操作性、针对性，编制土地利用详细规划需遵循自然科学规律，实现系统内部与外部环境协调、以人为本。从土地利用详细规划的作用来看，可分为控制性土地利用详细规划和开发性土地利用详细规划。

第二节　土地利用总体规划编制和修改

一、土地利用总体规划的性质和特点

《土地管理法》第三章第十七条规定："各级人民政府应当依据国民经济和社会发

展规划、国土整治和资源环境保护的要求、土地供给能力以及各项建设对土地的需求，组织编制土地利用总体规划。"在此基础上，《土地利用总体规划编制审查办法》第三条明确指出"土地利用总体规划是实行最严格土地管理制度的纲领性文件，是落实土地宏观调控和土地用途管制，规划城乡建设和统筹各项土地利用活动的重要依据。各地区、各部门、各行业编制的城市、村镇规划，基础设施、产业发展、生态环境建设等专项规划，应当与土地利用总体规划相衔接"。

（一）土地利用总体规划的性质

土地利用总体规划与土地利用专项规划的区别在于它独有的性质：综合性、长期性、战略性和控制性。

（1）综合性：主要表现在规划对象、任务、内容、效果等方面都具有总体的特性。土地利用总体规划的对象是区域范围内的全部土地，主要囊括协调经济生产部门的用地矛盾的任务以实现优化土地利用结构，提高土地利用效率的目标。

（2）长期性：主要表现在规划的时限具有长期性，规划的影响具有长期性，规划的实施具有长期性。土地利用总体规划是对今后一段时期内（一般而言为15年）土地利用的总安排，因此规划的制定需考虑到人口、经济、技术等因素在规划期限内的变化趋势，并对这种趋势进行预测，计算得到区域用地需求，进而完成指标分配。

（3）战略性：指在研究问题时具有战略意义，对土地利用的战略调节控制，以及其宏观指导性。土地利用总体规划研究的是诸如如何解决国民经济各部门土地供需矛盾，土地利用分区划分等战略性问题，研究重点是土地利用调节的战略性方针制定，为中短期规划提供宏观性指导。

（4）控制性：《土地管理法》第十八条规定："下级土地利用总体规划应当依据上一级土地利用总体规划编制。地方各级人民政府编制的土地利用总体规划中的建设用地总量不得超过上一级土地利用总体规划确定的控制指标，耕地保有量不得低于上一级土地利用总体规划确定的控制指标。省、自治区、直辖市人民政府编制的土地利用总体规划，应当确保本行政区域内耕地总量不减少。"

土地利用总体规划的控制性要从限制发展规划、控制规划和区域控制三方面理解。限制发展规划指建设用地总量不得超过上一级土地利用总体规划确定的控制指标；控制规划侧重粮食安全问题，如耕地保有量不得低于上一级土地利用总体规划确定的控制指标；区域控制指土地利用总体规划规定年度和区域的控制指标，它的前提指标分解是合理的，换句话说，区域内指标分解的伪科学性势必会冲击经济社会的健康发展。

（二）土地利用总体规划的特点

土地利用总体规划的特点从总体规划的概念和性质衍生出来，围绕社会经济可持续发展，提高土地利用率，改善生态环境等方面展开，具体有：

1. 严格的耕地保护规划

耕地保护是关系到我国经济和社会可持续发展的全局性战略问题。土地利用总体规划针对耕地保护下达了两个严格的控制指标:耕地保有量和基本农田数量。耕地保有量即在一定区域内的所有耕地总量,等于上一年结转的耕地数量,扣除年内各项建设占用耕地的数量和农业结构调整占用及生态退耕的数量,加上年内土地开发、复垦和土地整理增加的耕地数量,侧重对耕地的数量保护;基本农田数量,是指中国按照一定时期人口和社会经济发展对农产品的需求,依据土地利用总体规划确定的不得占用的耕地数量,侧重对耕地质量的保护。

2. 从上到下逐级编制规划

上文提到土地利用总体规划的编制从全国到乡镇共五个层级,不难发现,规划编制为从上到下逐级编制,上下级的规划之间必须紧密衔接,如建设用地等规划指标需逐级分解,下一级规划严格遵守上一级规划的具体要求,做到数据统一、图形一致。

3. 实行土地用途管制

2004 年修改的《土地管理法》总则第四条明确指出"国家实行土地用途管制制度"。土地用途管制是指国家为了保证土地资源的合理利用,通过编制土地利用规划,依法划定土地用途分区,确定土地使用限制条件,实行土地用途变更许可的一项强制性制度。

4. 进行土地利用动态监测

土地利用动态监测是指运用遥感、土地调查等技术手段和计算机、监测仪等科学设备,以土地详查的数据和图件作为本底资料,对土地利用的动态变化进行全面系统地反映和分析的科学方法。它有利于保持土地利用有关数据的现实性,保证信息能不断得到更新;通过动态分析,揭示土地利用变化的规律,为宏观研究提供依据;对一些重点指标进行定时监控,设置预警界线,为政府制定有效政策与措施提供服务;及时发现违反土地管理法律法规的行为,为土地监察提供目标和依据等。

二、土地利用总体规划编制

地方各级人民政府编制的土地利用总体规划中,建设用地总量不得超过上一级土地利用总体规划确定的控制指标,耕地保有量不得低于上一级土地利用总体规划确定的控制指标。省、自治区、直辖市人民政府编制的土地利用总体规划,应当确保本行政区域内耕地总量不减少。

(一)土地利用总体规划编制模式

根据《土地管理法》,土地利用总体规划需按照下列原则编制:

(1)严格保护基本农田,控制非农业建设用地;

(2)提高土地利用率;

(3)统筹安排各类、各区域用地；

(4)保护和改善生态环境，保障土地的可持续利用；

(5)占用耕地与开发复垦耕地相平衡。

目前我国土地利用总体规划的发展尚不成熟，编制技术、编制理论、编制手段等都缺乏统一的定论，正如改革一样，土地利用总体规划也在不断汲取以往的经验，逐步完善自身体系。规划编制模式早期是总体蓝图模式，现今为指标控制模式和土地利用分区模式相结合。

总体蓝图模式：通过规划地区各部门和单位共同参与，完成资料收集、数据分析、指标评价与预测等基础工作，对各业的用地规模和布局进行规划，通过各部门间的反复协调和规划方案综合评判确定土地利用规划。在1987—1996年土地利用总体规划编制中，县级土地利用总体规划普遍利用这种模式。

指标控制模式：指从全局利益出发，在确定规划的目标和基本方针的基础上，制定土地利用结构优化调整的控制指标，如耕地最少保有量和基本农田面积、新增建设用地控制指标、生态退耕指标等。这种模式存在一定的缺陷，譬如它对土地利用的空间布局缺乏必要的控制与监督，规划方案具有较大弹性；同时，这种模式把具体的土地利用控制、协调、组织职能下达给有关的职能部门去完成，规划的宏观组织、协调职能很弱。但是由于这种模式完成的时间较少，非常适合于全国、省级等指导性土地利用总体规划。

土地利用分区模式：土地利用分区模式根据区域的自然、社会、经济特点，通过土地适宜性评价、土地生产潜力分析、区域土地利用特点等专题研究，结合土地利用结构调整控制指标，进行土地利用控制分区。在1997—2010年土地利用总体规划中，规划前提是"以供给引导需求"，即根据上级规划的土地利用结构调整控制指标而进行土地利用空间布局，这种模式成为县级土地利用总体规划的最主要模式，以便与乡镇规划衔接。这一模式下编制的乡镇级土地利用总体规划是进行土地用途管制的基础。

鉴于土地利用总体规划编制的复杂性，实际的规划过程中往往是以多种编制模式相互融合为主。同样的，各层级、各区域间存在客观条件差异，不同土地利用总体规划的编制单位的模式也不尽相同。此外，我国空间规划体系除土地利用总体规划外，还存在城乡总体规划与国民经济和社会发展规划。多年的规划实践已表明，在同一个城市空间上，发展规划与控制规划两种模式发生冲突时，不同的规划负责部门不是采用退让方式出现弹性空间，而是采用推进方式产生了更大的冲突，影响社会经济的健康发展。显而易见，不同的规划负责部门空间规划顶层设计权争夺是"多规"难以融合的制度根源，鉴于原有的体制框架难以更改，需要跳出部门的分割，这里提出未来"多规合一"新模式——"面—线—点一体的空间规划框架"。

那么，何为"面—线—点一体的空间规划框架"？

面（基质）：优先划定生态保护区、粮食生产区（或基本农田），采用控制规划，划定城市中心城区，采用发展规划模式；线（廊道）：优先规划交通网络，采用发展规划，划定河流水系，采用控制规划模式；点（嵌块体）：确定历史遗迹保护区，采用控制规划，确定可培育的城镇,采用发展规划模式。

对于控制规划模式的,重点制定管制规则;对于发展规划模式的,重点制定引导政策;对于没有划定的空间,为弹性空间,由市场决定,重点设定用途改变的管制审批条件。

(二)土地利用总体规划编制目标

土地利用总体规划编制目标有总目标和具体目标之分:

(1)总目标。总目标趋向于表达土地利用规划宏观层面上的追求,即区域土地的可持续利用,实现区域可持续发展。以全国土地利用总体规划的总目标为例,在保护生态环境的前提下,保持耕地总量动态平衡,土地利用方式由粗放经营向集约经营转变,土地利用结构与布局明显改善,土地产出率和综合利用效益有比较明显的提高,为国民经济持续、快速、健康发展提供土地保障。

(2)具体目标。具体目标是总目标下的子目标,是总目标的具体体现。如全国土地利用总体规划的具体目标有4个方面。以规划指标形式来体现:耕地指标、建设用地指标、土地利用效率指标和生态环境改善指标。

(三)土地利用总体规划编制内容

1. 土地利用总体规划编制的内容

土地利用总体规划编制的内容一般包括:

(1)土地利用现状分析。土地利用现状分析是土地利用总体规划的基础,指对规划区域内的土地利用基本情况进行分析,可戏称为"摸清家底"。

(2)确定规划目标和任务。《塔木德》上有一句这样的话——"一位百发百中的神箭手,如果他漫无目标地乱射,也不能射中一只野兔。"可见,规划目标和任务在整个规划编制过程中有极其关键的引导作用。正确的规划目标和任务能够有效避免规划过程中的盲目性。

(3)土地供给量预测。土地供给量是土地利用潜力的量化表示,土地利用总体规划编制中土地供给量预测的目的是明确土地利用潜力。

(4)土地需求量预测。土地需求量是各经济部门、各乡镇出于经济社会发展的目的对土地资源产生的需求,土地利用总体规划编制中土地需求量预测是土地利用调整的依据。

(5)土地利用结构与布局。土地利用结构与布局表现为土地资源在时间、空间、数量、质量上的分布状态,是规划的核心内容。

(6)土地利用分区。土地利用分区派生于土地用途管制制度,是土地用途管制的依据。它既不是土地利用总体规划的补充深化,也不是独立于总体规划之外的专项规划,而是总体规划中不可缺少的一部分。

(7)制定实施规划的措施。土地利用总体规划的编制离不开相关实施规划措施作为规划实施保障。

《土地利用总体规划编制审查办法》详细列举了省级、市级、县级、乡(镇)级土地利用总体规划编制应突出的重点内容。

2. 省级土地利用总体规划内容

省级土地利用总体规划,应当重点突出下列内容:

(1)国家级土地利用任务的落实情况;

(2)重大土地利用问题的解决方案;

(3)各区域土地利用的主要方向;

(4)对地市级土地利用的调控;

(5)土地利用重大专项安排;

(6)规划实施的机制创新。

3. 市级土地利用总体规划内容

市级土地利用总体规划,应当重点突出下列内容:

(1)省级土地利用任务的落实;

(2)土地利用规模、结构与布局的安排;

(3)土地利用分区及分区管制规则;

(4)中心城区土地利用控制;

(5)对县级土地利用的调控;

(6)重点工程安排;

(7)规划实施的责任落实。

前款第四项规定的中心城区,包括城市主城区及其相关联的功能组团,其土地利用控制的重点是按照土地用途管制的要求,确定规划期内新增建设用地的规模与布局安排,划定中心城区建设用地的扩展边界。

4. 县级土地利用总体规划内容

县级土地利用总体规划,应当重点突出下列内容:

(1)市级土地利用任务的落实;

(2)土地利用规模、结构和布局的具体安排;

(3)土地用途分区和建设用地管制分区及其管制规则;

(4)中心城区规划;

(5)重点项目和乡镇土地利用调控。

5. 乡(镇)级土地利用总体规划内容

乡(镇)土地利用总体规划,应当重点突出下列内容:

(1)县级规划控制指标的落实;

(2)县级规划中土地用途分区、布局与边界的落实;

(3)各地块土地用途的确定;

(4)具体建设项目和土地整治项目的落实;

(5)规划实施与管理措施。

(四)土地利用总体规划编制流程

鉴于各地的实际情况不同,实际规划过程中可能会采用不同的规划编制模式,因此土地利用总体规划编制的流程也会有所差异,但总体规划编制的一般步骤可以归纳如图 6-1。

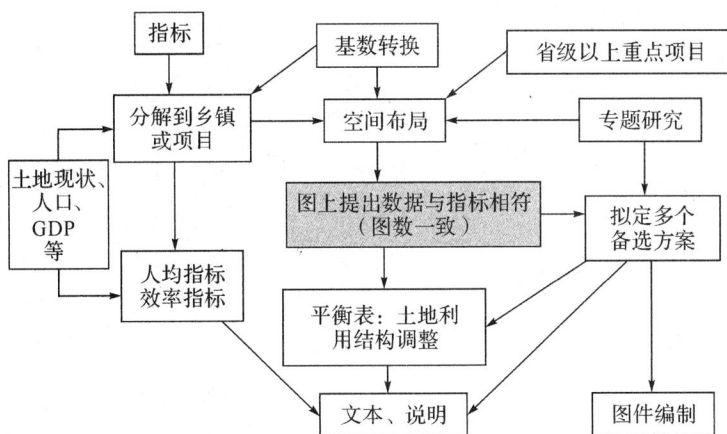

图 6-1　土地利用总体规划编制流程

(1)前期准备工作。前期准备工作是总体规划修编的基础工作,包括收集并整理区域自然、经济、社会、人口等资料,实地深入调研等。《土地利用总体规划编制审查办法》明确规定,土地利用总体规划编制前,国土资源行政主管部门应当对现行规划的实施情况进行评估,开展基础调查、重大问题研究等前期工作。此外,国土资源行政主管部门应当在前期工作基础上,以真实、准确、合法的土地调查基础数据为依据,组织编制土地利用总体规划大纲,其中土地利用总体规划大纲包括规划背景,指导思想和原则,土地利用战略定位和目标,土地利用规模、结构与布局总体安排,规划实施措施等内容。

(2)基数转换。按国土资源部或省国土资源厅出台的土地利用总体规划基数转换及审定办法的要求,对土地变更调查数据进行基数转换,形成土地利用总体规划所需要的现状数据。

(3)专题研究。对规划区域内土地利用状况、土地资源的潜力以及各经济部门在规划期限内对土地需求量进行深入研究,为土地利用总体规划提供可靠的依据。

(4)完成指标分解。根据土地现状、人口、GDP 等未来发展趋势,以上级规划的控制指标为临界点,将用地指标分解到乡镇或项目。

(5)空间布局。空间布局是一个上图的过程,需要结合基数转换、省级以上重点项目落位、专题研究和指标分配等步骤成果,遵循科学合理的原则,保证基础设施建设和重点项目的落实和发展。

(6)拟定多个规划方案。在编制土地利用总体规划时,多出现规划区内土地利用问题较多或多个土地利用规划目标难以完全实现的困境,通常的解决方法是编制多个备选方案,进行比较筛选,选择其中一个较优方案作为最终的规划成果。

(7)编绘土地利用总体规划图。土地利用总体规划图是各级人民政府编制本行政区域的土地利用总体规划时,在土地利用现状图的基础上,根据总体规划所确定的土地利用结构和布局调整情况所编制的用以反映各规划要素在规划期内的结构调整与空间分布的一种专题地图。

(8)撰写土地利用总体规划报告。土地利用总体规划报告是土地利用总体规划主要成果的文字说明部分,包括土地利用总体规划方案和方案说明。

(五)土地利用总体规划成果编制

土地利用规划成果是规划审批的必备资料,也是规划批准后实施规划的法律依据,因此土地利用规划成果的编制质量直接关系到规划审批的通过和规划将来的顺利实施。土地利用规划成果根据规划层次、角度不同,分为土地利用总体规划成果和土地利用专项规划成果。土地利用总体规划成果的内容有规划文本、规划说明、规划图件及附件;土地利用专项规划成果的内容有专项规划报告、专项规划设计说明和专项规划图件。当土地利用总体规划和土地利用专项规划共同送审时,专项规划通常作为总体规划附件中的一项内容。

1. 规划文本的主要内容

根据《县级土地利用总体规划编制规程》,土地利用总体规划文本的主要内容包括:

(1)前言。简述规划目的、任务、依据和规划期限。

(2)土地资源利用状况。简述土地资源利用现状和潜力,阐明土地利用中存在的主要问题。

(3)规划目标与方针。阐述规划目标、近期规划任务和土地利用方针,展望远景土地利用。

(4)土地利用结构调整。阐述规划期各类用地调控数量、结构变化,各类土地利用原则、调控措施。

(5)土地利用分区。阐明各类土地利用区的面积、分布和分区土地利用管制规则。

(6)重点建设项目用地布局。简述重点建设项目用地配置情况。

(7)土地保护、整理、复垦和开发。简述土地保护、整理、复垦、开发的区域范围、利用方向和目标;重点项目概况;分期实施计划;管理措施。

(8)乡镇土地利用。简述各乡镇土地利用调控指标分解方案。

(9)实施规划的措施。阐明实施规划的行政、经济、法规和技术手段。

2. 规划说明的主要内容

(1)属修编规划的,说明上一轮规划实施情况、存在问题及修编的必要性。

(2)编制规划的简要过程。

(3)规划的指导思想、原则和任务。

(4)规划中若干具体问题的说明,包括基础数据来源、重要规划指标和用地布局的依据、供选方案的可行性和效益评价、推荐方案的理由、上一级规划指标落实情况、部门用地协调情况、实施规划的条件等。

三、土地利用总体规划修改

(一)土地利用总体规划修改的法律依据和条件

《土地管理法》第三章第二十六条规定:"经批准的土地利用总体规划的修改,须经原批准机关批准;未经批准,不得改变土地利用总体规划确定的土地用途。经国务院批准的大型能源、交通、水利等基础设施建设用地,需要改变土地利用总体规划的,根据国务院的批准文件修改土地利用总体规划。经省、自治区、直辖市人民政府批准的能源、交通、水利等基础设施建设用地,需要改变土地利用总体规划的,属于省级人民政府土地利用总体规划批准权限内的,根据省级人民政府的批准文件修改土地利用总体规划。"上一级土地利用总体规划修改后,涉及修改下一级土地利用总体规划的,由上一级人民政府通知下一级人民政府做出相应修改,并报原批准机关备案。

(二)浙江省进一步规范和完善土地利用规划管理制度

为落实和巩固全省土地利用总体规划修改专项督查工作成果,总结各地一年来土地利用总体规划修改工作的实践经验,进一步规范和完善土地利用规划管理制度,浙江省国土资源厅于2013年发布了《浙江省国土资源厅关于进一步做好土地利用总体规划修改审查报批工作的通知》(以下简称《通知》)。《通知》内容包括进一步规范规划报批主体、明确审查职责、简化报批材料和报批程序以及强化规划修改批后监管。

1.规范报批主体

(1)报国务院审批的杭州市等各市中心城区规划范围与扩展边界之间的区域涉及的土地利用总体规划修改(落实)方案报批主体为各市辖区人民政府;其他报省人民政府审批的各市中心城区规划范围内的土地利用总体规划修改(落实)方案的报批主体为各市或各市辖区人民政府。

(2)各县(市、区)中心城区规划范围内的土地利用总体规划修改(落实)方案的报批主体为县级人民政府。

(3)各县(市、区)中心城区规划范围外的乡(镇)的土地利用总体规划修改(落实)方案报批主体为乡(镇)人民政府;各县(市、区)中心城区规划范围外的街道(农场、林场、围垦等)的规划修改(落实)方案报批主体为县级人民政府。

2.分级审查职责

按照"权责一致"的原则,进一步明确省、市、县三级国土资源主管部门的审查报批职责,建立分级审查制度。

3. 简化报批材料和报批程序

(1)简化报省审批相关材料

进一步简化报省材料,项目规划红线图等材料不再报省。报省材料纸质件和电子报件需同时上报,并按照《土地利用规划修改审查工作规则》的要求,配合做好省级规划管理信息系统的建设完善工作。

(2)简化报批程序

400平方米以下使用集体土地的农民建房项目使用当地规划预留指标的,可以在建设用地报批时附清单实行台账管理,同时报省厅规划处登记备案,在年度数据库执行更新时用预留指标扣减,未登记备案的,年度数据库执行更新时不予更新。

扩展边界以外的农村土地综合整治复垦地块调整,可以在农整项目报批时附清单实行台账管理,同时报省厅规划处登记备案,在年度数据库执行更新时一次性更新。

跨县(市、区)的交通、能源、水利等基础设施项目占用基本农田,由市级国土资源主管部门组织论证;县(市、区)内的建设项目占用基本农田,由县级国土资源主管部门组织论证,市级国土资源主管部门不需要组织市级论证。

(3)改进组件模式,加强规划的统筹调控能力

为切实维护土地利用总体规划的严肃性,加强规划的统筹调控能力,保障急需建设的重点基础设施建设项目及其安置用地、产业集聚区建设、低丘缓坡土地综合开发、中心镇、中心村建设项目以及农村土地综合整治项目,各县(市、区)应统筹安排、合理控制规划修改面积和次数。

(4)明确规划修改(落实)方案受理时间和补件时间

报省人民政府审批的规划修改(落实)方案的受理时间为每年1月1日—8月31日,补件时间至9月30日(申请省留规划指标项目、抢险救灾项目和低丘缓坡荒滩等未利用地试点项目等除外)。

4. 强化规划修改批后监管

(1)建立监督机制,开展定期督查、效益评估和年度考核;

(2)建立季报制度,加强项目跟踪;

(3)提高业务水平,加强规范管理。

土地利用总体规划影响我国的长治久安,这也决定了规划必须是长期的、稳定的。为保障规划顺利实施,它同时具备了法律性的特征。然而,由于时代在不断发展,社会随之变迁,很多既定的规律也不再成为规律的时候,规划的滞后性和不适应性逐渐显现。因此,规划需要与时俱进。简而言之,规划修改于某种角度而言确实有一丝动摇了它的稳定性,但从战略角度来看,规划修改是保证土地利用率,维护我国稳定,推动社会更快更好发展的一剂良药。

第三节　土地利用计划管理

一、土地利用计划的涵义和作用

(一)土地利用计划的涵义

我国的土地利用计划源于 1986 年 3 月,中共中央、国务院在《关于加强土地管理,制止乱占耕地的通知》中规定今后必须严格按照用地规划、用地计划和用地标准审批土地。1986 年,我国成立了直属国务院领导的统一管理全国土地、城乡地政的专门机构——国家土地管理局。国家土地管理局在健全土地管理制度方面的主要工作之一就是实行建设用地计划管理。

土地利用计划可以理解为国家通过编制计划和下达控制指标,对土地资源的开发、利用、整治和保护进行统筹安排,宏观地指导和约束人们有计划地合理组织土地利用的一项行政调控措施。一般而言,土地利用计划包括土地利用中期计划和年度计划。由于现阶段我国的土地利用总体规划在编制时已考虑未来几年的用地分配,其功能可相当于土地利用中期计划,因此目前提到的土地利用计划多指土地利用年度计划。

按照 2016 年 5 月 10 日国土资源部第三次部务会议第三次修订的《土地利用年度计划管理办法》规定,土地利用年度计划是指国家对计划年度内新增建设用地量(包括新增建设用地总量和新增建设占用农用地及耕地指标)、土地整治补充耕地量和耕地保有量的具体安排。城乡建设用地增减挂钩指标和工矿废弃地复垦利用指标,依照本办法的规定纳入土地利用年度计划管理。各地可以根据需要,在此基础上增设控制指标。

《土地管理法》第二十四条规定"各级人民政府应当加强土地利用计划管理,实行建设用地总量控制。土地利用年度计划,根据国民经济和社会发展计划、国家产业政策、土地利用总体规划以及建设用地和土地利用的实际状况编制。土地利用年度计划的编制审批程序与土地利用总体规划的编制审批程序相同,一经审批下达,必须严格执行"。

(二)土地利用计划的作用

土地利用计划是在我国"一要吃饭,二要建设,三要保护"的土地管理总目标的时代背景下产生的,其作用如下:

(1)实现宏观调控。土地利用计划将国家战略和政府意图具体化,虽然不同的土地利用计划内容和作用不一定全部一致,但从市场经济角度上看,土地利用计划是作为政策工具参与政府的宏观调控。尤其是土地利用年度计划,它对农转用计划指标、土地整治计划指标、新增建设用地计划指标等进行了全面的安排以保证经济社会的可持续发展。

（2）落实土地利用总体规划目标和任务。通过编制土地利用计划，落实各项计划指标，严格按计划控制各项计划指标的实施进度，确保土地利用总体规划目标的实现和土地利用任务的具体实施，保证土地利用总体规划的全面落实，实现土地资源在不同年度间的合理分配和代际公平，体现我国可持续发展的理念。

（3）促进土地节约集约利用。《关于开展城镇低效用地再开发试点的指导意见》指出"我国人多地少、耕地资源稀缺，随着工业化、信息化、城镇化和农业现代化同步加快推进，建设用地供需矛盾日益突出，耕地保护难度不断加大。同时，由于多种原因，现有城镇建设用地利用不合理、低效率的问题也十分突出，加大了经济社会发展对土地资源的消耗，制约了土地利用方式和经济发展方式的转变"。目前我国城镇土地利用粗放和闲置浪费现象严重，通过土地利用计划，控制用地总量，建立科学的考核机制等方式规范土地管理者节约集约利用。

（4）保护基本农田。国务院 1998 年颁发的《基本农田保护条例》中明确规定"国家实行基本农田保护制度"，因此土地利用计划在分配用地指标时应首先满足社会对农产品的需求，尽可能少地占用高质量的耕地，更严禁占用优质农田。

二、土地利用年度计划的编制和审批

（一）土地利用年度计划编制的依据

新增建设用地计划指标，依据国民经济和社会发展计划、国家区域政策、产业政策、土地利用总体规划以及土地利用变更调查成果等确定。

整治补充耕地计划指标，依据土地利用总体规划、土地整治规划、建设占用耕地、耕地后备资源潜力和土地整治实际补充耕地等情况确定。

耕地保有量计划指标，依据国务院向省、自治区、直辖市下达的耕地保护责任考核目标确定。

城乡建设用地增减挂钩指标和工矿废弃地复垦利用指标，依据土地利用总体规划、土地整治规划等专项规划和建设用地整治利用等工作进展情况确定。

（二）土地利用年度计划编制的思路

国土资源部会同国家发展改革委，以全国土地利用总体规划安排为基础，根据经济社会发展状况和各地用地实际等情况，测算全国未来三年新增建设用地计划指标控制总规模。需国务院及国家发展改革委等部门审批、核准和备案的重点建设项目拟在计划年度内使用土地，涉及新增建设用地的，由行业主管部门按项目向国土资源部提出计划建议，同时抄送项目拟使用土地所在地的省、自治区、直辖市国土资源主管部门以及发展改革部门。

县级以上地方国土资源主管部门，以本级土地利用总体规划安排为基本依据，综合考虑本地规划管控、固定资产投资、节约集约用地、人口转移等因素,测算本地未来三年新增建设用地计划指标控制规模,以此为基础,按照年度间相对平衡的原则,会同有关部门提出本地的土地利用年度计划建议,经同级政府审查后,报上一级国土资源主管部门,并逐级汇总。计划单列市、新疆生产建设兵团的土地利用年度计划建议在相关省、自治区的计划建议中单列。

国土资源部会同国家发展改革委根据未来三年全国新增建设用地计划指标控制总规模,结合省、自治区、直辖市和国务院有关部门提出的计划指标建议,编制全国土地利用年度计划草案,纳入国民经济和社会发展计划草案。

(三)土地利用年度计划审批和下达

全国土地利用年度计划草案,报国务院批准,提交全国人民代表大会审议确定后,下达各地执行。全国土地利用年度计划下达到省、自治区、直辖市以及计划单列市、新疆生产建设兵团。国务院及国务院有关部门、中央军委或者中央军委授权的军队有关机关审批、核准、备案的单独选址重点基础设施建设项目,所需的新增建设用地计划指标不下达地方,在建设项目用地审批时直接安排。其他项目所需的新增建设用地计划指标和城乡建设用地增减挂钩指标、工矿废弃地复垦利用指标等每年一次性全部下达地方。

新增建设用地计划指标下达前,各省、自治区、直辖市、计划单列市及新疆生产建设兵团,可以按照不超过上一年度国家下达新增建设用地计划指标总量的百分之五十预先安排使用。

城乡建设用地增减挂钩指标和工矿废弃地复垦利用指标,由国土资源部会同国家发展改革委依据全国人民代表大会审议通过的全国土地利用年度计划总量指标,根据各地经济社会发展状况、规划安排、农村建设用地状况、资源潜力和相关工作进展情况,提出分解方案并下达地方执行。省级以下国土资源主管部门应当将上级下达的土地利用年度计划指标予以分解,经同级人民政府同意后下达。省、自治区、直辖市国土资源主管部门应当将分解下达的土地利用年度计划报上国土资源部。省、自治区、直辖市国土资源主管部门应当根据省级重点建设项目安排、建设项目用地预审和市县建设用地需求,合理确定预留省级的土地利用计划指标和下达市县的土地利用计划指标,并保障农村居民申请宅基地的合理用地需求。市县的土地利用计划指标应当一次性全部下达。

(四)土地利用计划的编制方法

常用的土地利用计划的编制方法有用地系数法、计划演算法、因素分析法和指标控制法。

(1)用地系数法。根据国民经济相关指标的变量与建设用地量之间的相对稳定的比例关系,来测算计划期内的用地计划指标的方法。

(2)计划演算法。根据计划期基本建设计划项目和项目用地逐项累计,用其数量之和作为计划期用地数的方法。

（3）因素分析法。通过对相关因素的分析和计算，找出关系公式，来确定指标数值的方法。

（4）指标控制法。根据法律政策规定的指标和规划确定的控制指标等编制用地计划的方法。

三、土地利用年度计划管理原则

《土地利用年度计划管理办法》第三条规定，土地利用年度计划管理应当遵循下列原则：

（1）严格执行土地利用总体规划安排，合理控制建设用地总量和强度，切实保护耕地特别是基本农田，保护和改善生态环境，保障土地的可持续利用；

（2）运用土地政策参与宏观调控，创新计划管理方式，以土地供应引导需求，促进土地利用结构优化和经济增长方式转变，提高土地节约集约利用水平；

（3）坚持绿色发展，实行耕地保护数量、质量、生态并重，确保建设占用耕地与补充耕地相平衡，提高补充耕地质量；

（4）严格执行国家区域政策、产业政策和供地政策，优先安排社会民生建设用地，保障国家重点建设项目和基础设施项目用地；

（5）坚持协调发展，统筹区域、城乡建设用地，促进国土空间开发格局优化。统筹存量与新增建设用地，促进存量用地盘活利用，严格控制农村集体建设用地规模；

（6）尊重群众意愿，维护群众土地合法权益，保障群众共享城镇化发展成果。

四、土地利用年度计划实施管理

土地利用年度计划实施是土地利用年度计划实现其作用的关键，各级土地管理部门要因地制宜地制订有效的计划实施措施，提高计划落实的效率。

（一）土地利用年度计划指标管理

新增建设用地计划指标实行指令性管理，不得突破。批准使用的建设用地应当符合土地利用年度计划。凡不符合土地利用总体规划、国家区域政策、产业政策和供地政策的建设项目，不得安排土地利用年度计划指标。没有土地利用年度计划指标擅自批准用地的，按照违法批准用地追究法律责任。

土地利用年度计划一经批准下达，必须严格执行。因特殊情况需增加全国土地利用年度计划中新增建设用地计划的，按规定程序报国务院审定。因地震、洪水、台风、泥石流等重大自然灾害引发的抗灾救灾、灾后恢复重建用地等特殊情况，制定灾后重建规划，经发展改革、国土资源、民政等部门审核，省级以上人民政府批准，可以先行安排新增建设用地指标，列出具体项目，半年内将执行情况报国土资源部。水利设施工程建设区域以外的水面用地，不占用计划指标。

对实际新增建设用地面积超过当年下达计划指标的,视情况相应扣减下一年度计划指标。对建设用地整治利用中存在侵害群众权益、整治利用未达到时间、数量和质量要求等情形,情节严重的,扣减下一年度用地计划指标。节余的新增建设用地计划指标,经国土资源部审核同意后,允许在三年内结转使用。

(二)土地利用年度计划指标执行管理

县级以上地方国土资源主管部门应当加强土地利用年度计划执行监管,严格执行土地利用年度计划指标使用在线报备制度,对土地利用年度计划指标使用情况及时进行登记,并按月在线上报。国土资源部依据在线报备数据,按季度对各省、自治区、直辖市土地利用计划安排使用情况进行通报。

省、自治区、直辖市国土资源主管部门应当加强对土地利用年度计划执行情况的跟踪检查,于每年1月底前形成上一年度土地利用年度计划执行情况报告报国土资源部,抄送同级发展改革部门。

(三)土地利用年度计划执行情况考核管理

上级国土资源主管部门应当对下级国土资源主管部门土地利用年度计划的执行情况进行年度评估考核。土地利用年度计划以每年1月1日至12月31日为考核年度。

新增建设用地计划执行情况考核,以农用地转用审批、土地利用变更调查等数据为依据,重点考核新增建设用地总量、新增建设占用耕地计划执行情况和农村宅基地指标保障情况。

城乡建设用地增减挂钩指标和工矿废弃地复垦利用指标考核,重点考核实施管理、进展成效、群众满意度、整治利用质量等情况。

土地利用年度计划执行情况年度评估考核结果,应当作为下一年度土地利用年度计划编制和管理的重要依据。

第四节　土地预审管理

一、土地预审的涵义和预审主体

(一)土地预审的涵义

土地预审是指国土资源主管部门在建设用地项目审批、核准、备案阶段,依法对建设项目涉及的土地利用事项进行的审查。土地开发主体在获得授权后的第一件工作就是申报建设用地预审。《建设项目用地预审管理办法》于2008年11月12日国土资源部第13次部务会议修正通过,自2009年1月1日起施行。2012年国土资源部发布《关于进一步加强和改进建设项目用地预审工作的通知》，该通知首先肯定建设项目用地预审制度实施以来，在严格执行土地利用总体规划、加强土地政策与产业政策的协同配合等方面发挥了重要作用，有力地促进了土地用途管制制度的落地，促进了耕地保护和节约集约用地，促进了国家宏观调控政策的有效落实。但是，随着土地使用制度改革和投资管理体制改革的不断深入，用地预审工作中也出现了一些新情况、新问题，预审内容有待进一步深化，与项目审批（核准、备案）以及建设用地审批、供应之间的衔接有待进一步加强，跟踪监管有待进一步强化。

（二）土地预审的主体

需人民政府或有批准权的人民政府发展和改革等部门审批的建设项目，由该人民政府的国土资源主管部门预审。需核准和备案的建设项目，由与核准、备案机关同级的国土资源主管部门预审。需审批的建设项目在可行性研究阶段，由建设用地单位提出预审申请。需核准的建设项目在项目申请报告核准前，由建设单位提出用地预审申请。需备案的建设项目在办理备案手续后，由建设单位提出用地预审申请。

依照规定应当由国土资源部预审的建设项目，国土资源部委托项目所在地的省级国土资源主管部门受理，但建设项目占用规划确定的城市建设用地范围内土地的，应委托市级国土资源主管部门受理。受理后，提出初审意见，转报国土资源部。涉密军事项目和国务院批准的特殊建设项目用地，建设用地单位可直接向国土资源部提出预审申请。应当由国土资源部负责预审的输电线塔基、钻探井位、通讯基站等小面积零星分散建设项目用地，由省级国土资源主管部门预审，并报国土资源部备案。

二、土地预审的原则和内容

土地预审是《土地管理法》确立的一项基本管理制度，是实施土地利用总体规划、严格土地用途管制的一项基本政策工具，也是国家基本建设管理程序的必要环节。各级国土资源主管部门必须坚持依法行政，严格预审管理，确保用地预审制度真正落实。具体进行预审时，要坚持以下原则。

（一）土地预审的原则

《建设项目用地预审管理办法》第三条规定土地预审管理应当遵循下列原则：

（1）符合土地利用总体规划。具体建设项目需要使用土地的，必须依法申请使用土地利用总体规划中划定的城市建设用地范围内的国有建设用地，包括存量国有建设用地、已依法办理农用地转用和土地征收手续的新增国有建设用地。

（2）保护耕地，特别是基本农田。非农业建设遵循保护耕地的原则，可以利用荒地的，不得占用耕地；可以利用劣地的，不得占用好地。

（3）合理和集约节约利用土地。非农业建设必须节约使用土地。

（4）符合国家供地政策。建设用地项目申报必须符合我国的建设用地供应政策。

(二)土地预审的内容

建设项目用地预审应当审查以下内容:

(1)建设项目选址是否符合土地利用总体规划,是否符合国家供地政策和土地管理法律、法规规定的条件。

(2)建设项目用地规模是否符合有关建设用地指标的规定。

(3)建设项目占用耕地的,补充耕地初步方案是否可行,初步方案内容主要包括补充耕地资金的落实情况,由谁负责完成补充耕地任务,确保耕地保护和节约集约用地各项政策要求的落实。

(4)征地补偿费用和矿山项目土地复垦资金的拟安排情况。强化对建设项目征地补偿费标准的审查,切实维护被征地农民的合法权益;加强对矿山项目等土地复垦资金落实情况的审查,促进矿山环境恢复治理和生态环境保护。

(5)建设项目用地需修改土地利用总体规划的,需注意规划的修改方案、规划修改对规划实施影响评估报告等是否符合法律、法规的规定。

三、土地预审管理程序

(一)申报

建设项目用地实行分级预审,需要审批的建设项目在可行性研究阶段,由建设用地单位向土地行政主管部门提出建设用地项目预审申请,同时提交以下材料:

(1)建设项目用地预审申请表;

(2)预审的申请报告,内容包括拟建项目的基本情况、拟选址占地情况,标明项目用地范围的乡(镇)土地利用总体规划局部图标、拟用地面积确定的依据和适用建设用地指标情况、补充耕地初步方案、征地补偿费用和矿山项目土地复垦资金的拟安排情况等;

(3)项目建议书批复文件,建设项目可行性研究报告;

(4)单独选址建设项目拟选址位于地质灾害防治规划确定的地质灾害易发区内的,提交地质灾害危险性评估报告;

(5)单独选址建设项目所在区域的国土资源主管部门出具是否压覆重要矿产资源的证明材料。

直接审批可行性研究报告的审批类建设项目与需核准的建设项目,申请用地预审的不提交(3)、(4)、(5)项材料。这类建设项目用地预审完成后,申请用地审批前,依据相关法律法规的规定,办理地质灾害危险性评估与矿产资源压覆情况证明等手续。

(二)受理

有关土地行政主管部门对建设单位提出的建设用地预申请进行审查后,对符合受理要求的,应予以受理。

（三）审查

受理预申请的土地行政主管部门应当根据土地利用总体规划、土地利用年度计划、建设用地供应政策等，对材料齐全的建设用地项目进行审查。

做好对拟建项目选址、用地规模、占地类型、补充耕地初步方案等内容的审查，确保耕地保护和节约集约用地各项政策要求的落实；强化对建设项目征地补偿费标准的审查，切实维护被征地农民的合法权益；加强对矿山项目等土地复垦资金落实情况的审查，促进矿山环境恢复治理和生态环境保护。需在用地预审阶段提交地质灾害危险性评估报告和压覆重要矿产资源证明材料的，要做好对有关内容的审查把关。

（四）批复

国土资源主管部门应当自受理预审申请或者收到转报材料之日起二十日内，完成审查工作，并出具预审意见。二十日内不能出具预审意见的，经负责预审的国土资源主管部门负责人批准，可以延长十日。预审意见包括对规定预审内容的结论性意见和对建设用地单位的具体要求。预审意见是有关部门审批项目可行性研究报告、核准项目申请报告的必备文件。

第五节　土地利用规划的实施监管

历史实践证明，规划的真正意义在于实施，规划的生命力在于实施，为了保证规划的有效实施，必须对其实施过程进行有效管理。为严格实施土地利用总体规划，充分发挥土地利用总体规划的统筹管控作用，落实最严格的土地管理制度，保障和促进科学发展，国土资源部 2012 年下达《国土资源部关于严格土地利用总体规划实施管理的通知》（以下简称《通知》）。《通知》从基本农田管理、建设用地空间管制、土地利用总体规划实施等三方面阐释土地利用规划的实施监管。

一、基本农田管理实施监管

（一）及时划定基本农田

各地要严格按照土地利用总体规划确定的基本农田保护目标、保护区布局及管制规则，在土地利用总体规划批准之后 3 个月内完成基本农田划定工作。基本农田划定后，实行永久保护，任何单位和个人未经批准不得改变或者占用。

（二）完善基本农田保护区管理

列入县、乡级土地利用总体规划设定的交通廊道内，或已列入土地利用总体规划重点建设项目清单的民生、环保等特殊项目，在不突破多划基本农田面积额度的前提下,占用基本农田保护区中规划多划的基本农田时,按一般耕地办理建设用地审批手续,不需另外补划基本农田,但用地单位必须落实补充耕地任务,按占用基本农田标准缴纳税费和对农民进行补偿。未在土地利用总体规划设定的交通廊道内,未列入土地利用总体规划项目清单的民生、环保等特殊项目,或超出多划基本农田面积额度的,均按占用基本农田认定。

(三)建立基本农田建设集中投入制度

各级国土资源主管部门要将新增建设用地土地有偿使用费、耕地开垦费、土地复垦费、土地出让收入用于农业开发部分等土地整治专项资金向基本农田保护区、集中区和整备区倾斜,积极试点探索"以奖代投、以补促建"模式,加快建设旱涝保收高标准基本农田,改善基本农田生产条件,提高基本农田质量,引导基本农田整备区内建设用地等其他土地逐步退出,将零星分散的基本农田集中布局,形成集中连片、高标准农产品生产基地。

二、建设用地空间管制实施监管

国家编制土地利用总体规划,规定土地用途,将土地分为农用地、建设用地和未利用地。严格限制农用地转为建设用地,控制建设用地总量,对耕地实行特殊保护。

(一)落实建设用地管制边界和管制区域

各地要严格按照土地利用总体规划划定的"三界四区"(即城乡建设用地规模边界、扩展边界和禁止建设边界,允许建设区、有条件建设区、限制建设区和禁止建设区),尽快将城镇建设用地管制边界和管制区域落实到地,明确四至范围,确定管制边界的拐点坐标,在主要拐点设置标识,并向社会公告,防止城镇建设无序蔓延扩张。

(二)执行空间管制规则

城乡建设用地允许建设区在面积不改变的前提下,空间布局可在有条件建设区内进行形态调整,但不得突破建设用地扩展边界。城乡建设用地规模边界的调整,须经规划原批准机关的同级国土资源主管部门批准。城乡建设用地扩展边界原则上不得调整,如需调整,应按规划修改程序报规划原批准机关批准。禁止建设用地边界,除法律法规另有规定外,不得进行调整。

三、土地利用总体规划实施监管

(一)土地利用计划调控

土地利用年度计划制度设有新增建设用地量、土地开发整理补充和耕地保有量三大控制指标,是实施土地利用总体规划的重要手段,各地要依据土地利用年度计划,严格建设用地审批。凡不符合国家产业政策和供地政策的建设项目,不得安排计划指标,没有计划指标的不得批准用地。要积极推进计划差别化、精细化管理,努力化解土地供需矛盾,保障科学发展用地。

各地要采取措施,加强土地利用计划执行监管,认真做好土地利用计划安排使用登记统计,落实计划安排使用网络直报制度,实时监控计划执行情况。要加强土地利用计划执行考核,全面落实计划指标奖罚,提高计划的约束力,确保计划有效执行。

(二)建设项目用地预审及跟踪监管

建设项目用地预审制度在建设项目的项目可行性论证阶段审查项目用地是否符合土地利用规划。强化建设项目用地规划审查,凡不符合法律规定和土地利用总体规划的,不得通过建设项目用地预审。做好经营性和工业项目出让土地的用地预审,在项目审批(核准)前,必须先按程序进行用地预审,预审意见提出的要求,要作为出让条件纳入出让方案。

《通知》指出要加强对部委托建设项目用地预审的管理,除法律法规规章明确的项目用地外,对部有关政策性文件明确的灾后重建等特殊地区的项目用地委托预审事宜,实行一事一报制度。

预审意见提出的相关要求,在建设用地审批环节必须加以落实。各级国土资源主管部门应在建设用地审批的审查环节,进一步加大对预审意见落实情况的审核力度,对未能落实预审意见提出的要求的,不得通过审核,必要时应当组织专家论证。做好项目用地预审与招拍挂出让供地的衔接。

(三)土地利用项目的规划审查

土地利用项目的规划审查制度着重审查农用地转用、土地征用、土地整理复垦开发等项目是否违反《土地管理法》《土地管理法实施条例》《建设项目用地预审管理办法》等相关法律规定。

对于城镇村建设用地,在土地利用总体规划确定的城乡建设用地允许建设区内选址的,按照规定审查报批用地。需要改变允许建设区的空间布局形态,在有条件建设区进行选址建设的,要在确保允许建设区规模不增加的前提下,编制规划布局调整方案,经规划原批准机关的同级国土资源主管部门批准后才能审批用地。因城镇化进程加快,超过规划城镇建设用地规模,需要在允许建设区规模之外使用有条件建设区的,必须在对规划进行定期评估后,在确保耕地保有量和基本农田保护面积不减少、质量有提高,建设用地规模不增加、布局更合理的前提下,编制规划布局调整方案,经规划原批准机关同级国土资源主管部门批准后才能审批用地。

围填海造地,涉及围填海的规模、用途和布局符合土地利用总体规划的,要按照规定审查报批;未纳入土地利用总体规划的,要编制规划修改方案,经规划原批准机关批准后审查报批。

土地整治项目,应当优先在土地利用总体规划及土地整治规划确定的土地整治重点区域、重大工程、示范区和基本农田保护区、集中区、整备区内安排。

(四)公众参与监督

"公众参与监督"一般发生在规划编制末期和规划实施阶段,指通过实行政务公开和公众参与制度,发动和依靠群众,参与并监督土地利用规划的实施。众所周知,土地利用系统是一个庞大的、复杂的、横跨社会、经济、生态三大领域的复合系统,仅仅依靠领导和专家的智慧、经验往往是不够的,我国《宪法》也明确规定"人民依照法律规定,通过各种途径和形式,管理国家事务,管理经济和文化事业,管理社会事务",公民有权参与到土地利用实施监管的过程中来。不可否认,适当的公众参与一方面有助于提高规划编制的合理性和权威性,另一方面亦可增强公民的社会责任感,有助于社会稳定发展。

(五)土地利用动态监测

通过土地利用动态监测,不断获得土地利用信息,保证土地利用数据的现势性,通过动态分析,揭示土地利用变化情况,反映规划实施的状况,为规划信息系统及时反馈创造条件;对一些重点指标进行定时监控,设置预警界线,为政府制定有效政策与措施提供服务;也可及时发现违反土地管理法律法规的行为,为土地监察提供目标和依据。

参考文献

[1] 安国辉,等.土地利用规划[M].北京:科学出版社,2008.

[2] 韩桐魁,陈若凝,陈银蓉.土地利用规划[M].武汉:湖北科学技术出版社,1997.

[3] 何芳.土地利用规划[M].上海:百家出版社,1994.

[4] 刘文锴.土地利用规划学[M].徐州:中国矿业大学出版社,2012.

[5] 罗士军,廖发良.土地利用总体规划[M].长沙:湖南师范大学出版社,2008.

[6] 马克伟.土地大辞典[M].长春:长春出版社,1991.

[7] 彭补拙,等.土地利用规划学.修订版[M].南京:东南大学出版社,2013.

[8] 曲波.中国城市化市场化进程中的土地计划管理研究[M].北京:经济管理出版社,2011.

[9] 王万茂.土地利用规划学[M].北京:中国大地出版社,2008.

[10] 吴次芳.土地利用规划[M].北京:地质出版社,2000.

[11] 于凤桐.土地利用规划[M].北京:中国大地出版社,1999.

[12] 中国法制出版社.中华人民共和国土地管理法案例注释版[M].北京:中国法制出版社,2013.

第七章　地籍管理

第一节　地籍与地籍管理

一、地籍的内涵

地籍,地指土地,籍有簿册、清册、登记之说。所以,地籍最简要的说法是土地登记册。如同设立户籍一样,为了掌握有关土地状况的资料,土地也必须建立地籍(包括地籍簿与地籍图)。

地籍所记载的内容往往会因建立地籍的目的不同而异。地籍最早是为征税而建立的一种田赋清册或簿册,其所记载的主要内容包括应纳课税所涉及的土地面积、土地质量等级及土地税额。随着社会经济和科学技术的发展,地籍的概念也有了很大的变化,渐渐成为国家管理土地、取得有关土地资料、巩固土地制度、合理利用土地、制订经济计划等的重要依据。此外,现代地籍又从图册逐步向运用电子计算机技术建立地籍信息系统的方向发展。

由此,可以将地籍定义为:国家为了一定目的,记载土地的权属、位置、界址、数量、质量(等级)和用途(地类)等基本状况的图簿册及数据。

其内涵包括:

(1)由国家建立和管理。地籍管理的制度、内容和方法均由国家统一制定,实施统一管理。如地籍的簿册、图件的格式,填写内容,统一和登记的分类体系,统计和登记单位隶属系统、填报程序和日期,地籍分类系统和标准等,都必须按国家的统一规定进行。

(2)核心是土地权属。如多用途地籍是以土地权属为核心对土地诸要素隶属关系的综合表述,即针对国家的每一块土地及其附着物,并以土地权属为核心进行记载和建立地籍档案。

(3)以宗地为基础建立。一个区域的土地根据被占有、使用等原因而分割成具有边界的、空间上连续的许多块土地,这种被权属界线封闭的地块称之为宗地。多用途地籍的内涵之一就是以土地的空间位置为依托,对每一宗地所具有的自然属性和社会经济属性进行准确的描述和记录,由此所得到的信息称之为地籍信息。

（4）记载宗地状况的同时,记载宗地上附着物(建筑物、构筑物等)的状况。历史上最早的地籍只对土地进行描述和记载,并未涉及地面上的建筑物、构筑物,但随着社会和经济的发展,尤其产生了房地产交易市场后,由于房、地所具有的内在联系,多用途地籍必须同时对土地及附着在土地上的建筑物、构筑物进行描述和记载。

（5）土地基本信息的集合。土地基本的信息集合,简称地籍信息,包含地籍图集、地籍数据集、地籍簿册,它们之间通过特殊的标识符(关键字)连接成一个整体,这个标识符就是通常所说的宗地号(地号)。

多用途地籍可提供大量的信息和基础资料:包括文字型地籍资料(控制测量成果、地籍簿册、登记卡、地名集等)、图形地籍资料(地籍图、规划图、影像图等)、人文资料(人口状况、教育状况、文化与公共设施等)、自然资源资料(能源、环境、水系、植被)和经济资料(工矿、市场、金融、商业)等。多用途地籍综合运用了信息工程、电子技术、光电技术、航空航天技术和计算机等高新技术和方法,并建立了地籍管理信息系统,为逐步实现地籍管理工作的现代化奠定了基础。

完善的地籍资料可为制定与完善土地政策、实施科学的土地管理、维护土地权益、促进土地相关经济活动的开展提供基础资料和科学依据。

二、地籍的特点及分类

(一)地籍的特点

地籍是土地的"户籍",但由于土地本身的特殊性,使得其具有不同于户籍的特性。

1.地籍的空间性

地籍的空间性是由土地的空间特点所决定的。土地的数量、质量都具有空间分布的特点。在一定的地域范围内,地界的变动,必然带来土地权属面积的增减。土地的存在和表述必须与其空间位置、界线相联系。所以,地籍的内容不仅记载在簿册上,同时还要标绘在图纸上,并力求做到图件与簿册资料一致。

2.地籍的法律性

地籍的法律性体现了地籍图册资料的可靠性,如地籍图上的界址点、界址线的位置和地籍簿上的权属记载及其面积的登记等都应有法律依据,甚至有关法律凭证还是地籍的必要组成部分。

3.地籍的精准性

地籍的初始和变更的资料一般要通过实地调查取得,同时还要运用先进的测绘和计算机技术手段,才能保证地籍数据的准确性。

4.地籍资料的连续性

社会生产发展和建设规模的扩大,以及土地权属信息的变更,都会使地籍数据失实。所以,地籍不是静态的,必须经常更新,保持资料的记载和数据统计的连续性,否则难以满足其现势性的要求。

(二)地籍的分类

随着地籍使用范围的不断扩大,地籍的内涵更加宽广,类别的划分也更趋于合理。

1.按地籍的功能分类,地籍可划分为税收地籍、产权地籍和多用途地籍

在一定社会生产方式下,地籍具有特定的对象、目的、作用和内容,但它不是一成不变的,大致经历了税收地籍—产权地籍—多用途地籍三个阶段。

税收地籍是各国早期建立的为课税服务的登记簿册,仅具有为税收服务的功能,它记载的主要内容包括纳税人姓名或者纳税单位、地块位置和面积以及确定税率所需的土地等级信息等。

产权地籍亦称法律地籍,是国家为维护土地合法权利、鼓励土地交易、防止土地投机和保护土地买卖双方的权益而建立的土地产权登记的簿册。凡经登记的土地,其产权证明具有法律效力。产权地籍最重要的任务是保护土地所有者、使用者的合法权益和防止土地投机。为此,产权地籍必须准确地反映宗地的界址线和界址点的位置,以及产权登记的面积等主要内容。

多用途地籍,亦称现代地籍,是税收地籍和产权地籍的进一步发展,其目的不仅是为课税或产权登记服务,更重要的是为土地利用、土地保护以及全面科学地管理土地提供必要信息服务。

2.按建立的时序分类,地籍可划分为初始地籍和日常地籍

初始地籍是指在某一时期内,对县以上行政辖区内全部土地进行全面调查后,最初建立的簿册,而不是指历史上的第一本簿册。

日常地籍是针对土地数量、质量、权属及其分布和利用、使用情况的变化,以初始地籍为基础,进行修正、补充和更新的地籍。初始地籍和日常地籍是地籍不可分割的完整体系。初始地籍是基础,日常地籍是对初始地籍的补充、修正和更新。如果只有初始地籍而没有日常地籍,地籍将逐步陈旧,变为历史资料,失去现势性和使用价值。相反,如果没有初始地籍,日常地籍就没有依据、基础,也就不存在日常地籍了。

3.按地域分类,地籍可以分为城镇地籍和农村地籍两种类型

城镇地籍的登记对象是城市和建制镇建成区的土地,以及独立于城镇以外的工矿企业、铁路、交通等用地。

农村地籍的登记对象是城镇郊区及农村集体所有土地、国有农场使用的国有土地和农村居民点用地等。

4.按表现形式分类,地籍可以分为常规地籍和数字地籍

常规地籍。地籍最常规的形式就是地籍图和地籍册。以图、表、卡、册所表示的地籍称为常规地籍。

数字地籍。由于计算机的广泛使用,常规的图、表、卡、册都可以以数字形式存贮在存贮介质中。数字地籍适应多用途、大容量存贮地籍信息资料的需求,且容易更新,它是现代地籍的发展方向。

(三)地籍的研究内容

地籍的研究内容是指在地籍簿册的建立、变更和发展过程中,对地籍诸要素的确定和变化规律,即对土地产权、界址、数量、质量和用途的确定和变化规律的研究,其核心是土地权属调查和确认。

三、地籍管理的涵义与内容

(一)地籍管理的涵义

地籍管理是指国家为建立地籍和研究土地的自然状况、权属状况和经济状况而采取的以地籍调查、土地登记、土地统计、土地分等定级和档案管理为主要内容的一系列工作措施的总称。简言之,地籍管理是地籍工作体系的总称。

土地自然状况主要指土地的位置、四至、形状、地貌、坡度、土壤、植被、面积大小等;土地的权属状况主要包括权属性质、权属来源、权属界址、权利状况等;土地的经济状况则主要指土地等级、评估地价、土地用途等。

地籍管理的内容体系,一方面取决于自己的研究对象——土地产权、界址、数量、质量和用途等基本要素的变化规律;另一方面也取决于社会生产力发展水平及与其相适应的生产关系的变革。

(二)地籍管理的对象

地籍管理的对象和核心是土地的权属,包括土地所有权和使用权的确认和变更。通过地籍管理,为维护社会主义土地公有制,保护土地所有者和使用者的合法权益,调解和处理土地权属纠纷,制止侵占、买卖,或以其他形式非法转让土地的行为提供法律凭证。

(三)地籍管理的内容

现阶段地籍工作的主要内容可以归纳为:土地调查、土地分等定级、土地登记、土地统计、地籍档案管理、地籍信息系统建设等。由于土地分等定级现行业务划归土地利用管理,本章不再赘述,详见第五章;地籍信息系统相关内容也已在第四章中阐述,因此本章介绍的地籍管理内容主要包括以下几个方面。

1.土地调查

土地调查是以查清土地的位置、数量、等级、利用和权属状况为主要目的而进行的调查。通过调查获得有关土地数量、质量、利用和权属状况的准确资料,为编制国民经济计划和制定有关政策提供依据。根据调查内容的重点不同,土地调查主要可分为土地利用现状调查、地籍调查两种类型。

2. 土地登记

土地登记是国家用来确认土地所有权、使用权和他项权利,依法规定由土地权利人或变更当事人向国家主管机关提交登记申请书、产权证书等权源文件,经审核无误后将土地权利或权利变更事项记载于国家土地登记簿的法律过程。

3. 土地统计

土地统计是国家对土地的数量关系及其动态变化规律进行系统、全面、连续的调查、分类、整理和分析,是国家为了掌握土地数量、质量、分布和利用状况其动态变化规律而制定的一项制度。

4. 地籍档案管理

地籍档案管理是对地籍管理工作中直接形成的具有保存价值的历史记录,包括文件、图册、图像资料等,进行搜集、鉴定、整理、保管、统计、编码和提供利用等多项工作的总称。地籍档案是地籍管理各项工作成果的归宿,并为地籍管理各项工作提供参考依据,同时也是向社会提供权威的地籍信息资料的窗口。

上述诸项工作有一定的独立性,但又是相互衔接和联系的,它们共同组成了地籍工作体系。

(四)地籍管理的原则

1. 必须按照国家规定的统一法规制度实施

地籍管理必须按照国家有关地籍管理方面的统一法规制度进行。所谓统一,就是统一内容、统一政策、统一准则、统一规格。如土地统计表格,它的内容、格式、项目的含义、项目的填写都必须有统一的标准。

2. 保证地籍资料的可靠性和准确性

地籍资料涉及土地所有者、使用者的权属和利害冲突,如果提供了错误的资料会造成土地权利人的损失,同时作为政府所提供的资料,是以政府信誉担保,故政府要对此承担风险和责任。基于这些原因,保证地籍资料的可靠性和准确性是非常重要的。

3. 保证地籍资料的概括性和完整性

地籍资料完整性是指地籍管理涉及对象应该是其管辖区全部土地。省级、县级、县级以下地籍资料的覆盖面必须是省级、县级和县级以下乡镇、村范围的全部土地。地籍资料的概括性是指地籍资料内容是包含所需的全部资料。

4. 保证地籍资料的系统性、连续性和现势性

地籍资料的系统性、连续性和现势性是指地籍的各种资料分门别类很有条理,各时期资料相互联系、无中断,且不断得到更新。只有保持地籍资料的系统性、连续性和现势性,地籍资料才能发挥其功能。

第二节 土地调查

一、土地调查的涵义与内容

土地调查是指全面查清土地资源和利用状况,科学勘测土地位置、数量、质量、利用方式、权属状况及其空间分布等各项数据,掌握真实准确的土地基础数据的过程。土地调查是地籍管理的基础。

土地调查包含以下内容:

(一)土地利用现状调查

土地利用现状调查是以县为单位,查清县域内村和农、林、牧、渔场,城镇居民点及其以外的独立工矿企事业单位土地权属界线和村以上各级行政界线,查清各种土地利用类型的面积、分布和利用状况,形成县域土地总面积及土地利用分类面积,再自下而上、逐级汇总为省级、全国的土地总面积及土地利用分类面积而进行的活动。

(二)土地利用变更调查

土地变更调查是指县一级国土资源主管部门,在全国土地调查的基础上,对自然年度内本辖区的土地利用现状、权属变化,以及各类用地管理信息,进行调查、监测、核查、汇总、统计和分析等活动。

(三)土地专项调查

土地专项调查,是指根据国土资源管理需要,在特定范围、特定时间内对特定对象进行的专门调查,包括耕地后备资源调查、土地利用动态遥感监测和勘测定界等。土地专项调查,由县级以上国土资源行政主管部门组织实施。

(四)地籍调查

地籍调查是通过权属调查和地籍测量,以权属调查为核心,查清每一宗土地的位置、权属界线、数量、用途等基本状况,形成数据、图件、表册等调查资料,为土地注册登记、核发证书提供依据的一项技术性工作。

二、土地利用现状调查

(一)调查目标和任务

土地利用现状调查的任务是分县查清全国土地利用分类面积、分布和利用状况,为制订国民经济计划和有关政策,进行农业区划、规划,因地制宜地指导农业生产,建立土地统计、登记制度,全面管理土地等各项工作服务。

(二)土地利用现状调查的工作程序

土地利用现状调查工作可分为五大阶段:准备工作阶段、外业调绘阶段、内业工作阶段、土地利用现状数据库构建阶段、成果检查和验收阶段。具体可分为八大步骤:调查的准备工作;外业调绘;航片转绘;土地面积量算;编制土地利用现状图;编写土地利用现状调查报告及说明书;调查成果的检查验收;成果资料上交归档。

1. 准备工作阶段

准备工作包括思想上、组织上和物质上的准备,熟悉调查区域的基本情况,收集各种原始资料,准备图、表及测绘工具。撰写调查任务申请书,制定《技术方案》和《工作计划》。

2. 外业调绘阶段

外业调绘包括权属调查和地类调查两部分内容。权属调查是调查各级权属界线,地类调查则是查清块地的具体用途。

3. 内业工作阶段

内业工作包括航片转绘、面积量算与汇总、图件编制等内容。航片转绘是对航片高程误差和倾斜误差的纠正,其方法有图解转绘和仪器转绘两大类;面积量算与汇总是各类用地数量的获取,面积量算现在主要用解析法、图解法、求积仪、图形数字化法等多种方法,按"先控制后碎部"的原则进行量算,面积汇总则自下而上逐级进行。图件编制包括土地利用现状图的编制和土地权属界线图的编制两部分,土地利用现状图又包括1:1万分幅土地利用现状图和以行政界线为准的乡(镇)土地利用现状图。图件编制主要利用土地利用现状数据库资料,运用计算机辅助制图等技术,采用缩编等手段进行。根据土地调查及分析结果,编写土地利用现状调查报告。

4. 土地利用现状数据库构建阶段

按照国土资源信息化建设标准,以县(市、区)为单位组织开展土地利用现状数据库建设,对辖区内土地的地类名称、位置、界线、权属状况等数据进行建库管理,以满足县级日常变更等业务需要;在市级层面,以市(地、州)为单位,结合市级土地管理模式,整合辖区内各县级土地利用现状数据库,构建市级土地利用现状数据库,满足市级国土资源日常管理需求;在省级层面上,以省为单位组织,对市县级土地利用现状数据库全面整合,建立省级土地利用现状数据库,以满足省级国土资源管理对土地基础数据的需求;在中央层面上,则是借助现有的网络系统,由国家组织建立国家级土地利用现状数据库,提供对各级土地数据到地块的查询检索、统计汇总、分析输出、及时调用和定期备案等功能。另外,各级数据库之间需提供访问和调用接口,以满足数据上传、接收、交换、备份、更新维护、日常应用等工作需要。

5. 成果检查和验收阶段

成果检查内容包括：外业调绘和补测地物一般需检查辖区内总地物数的10％，最少为5％。重点检查各种权属界限、地类界限及符号、现状地物、新增地物补测、航片接边等内容，还有内业成果、数据库建设等，凡按规程调查，作业成果达到规定要求的，即为合格。

（三）调查主要成果

土地调查具体成果主要包括：数据成果、图件成果、相关文字成果和土地数据库成果等。其中数据成果包括：各级行政区各类土地面积数据；各级行政区基本农田面积数据；不同坡度等级的耕地面积数据；各级行政区城镇土地利用分类面积数据；各级行政区各类土地的权属信息数据。图件成果包括：各级土地利用现状图件；各级基本农田分布图件；土地权属界线图件等。数据库成果包括：各级土地利用现状数据库；各级土地权属数据库；各级多源、多分辨率遥感影像数据库；各级基本农田数据库；市（县）级城镇地籍信息系统。

三、土地变更调查

（一）调查目标

土地变更调查工作的目的是掌握全国年度土地利用现状变化情况，形成数字化、精确化、网络化、时空化、数据权属等一体化土地资源信息网络平台，保持全国土地调查数据和国土资源综合监管平台基础信息的准确性和现势性，满足土地资源现代化管理和社会经济发展的需要。依法公布的土地变更调查成果，是实施国土资源规划、管理、保护与合理利用的依据，是编制和修编土地利用总体规划，制订国土整治规划、国土空间规划、国民经济和社会发展规划、其他专项规划及有关土地政策的基础资料，是划定永久基本农田、检查各地耕地总量动态平衡和耕地占补平衡的提供重要依据，使土地成为国家宏观经济、资源环境和谐发展的指示信号和评价指标，在国家宏观决策中发挥日渐重要的作用。

（二）调查的基本要求和主要任务

1. 调查的基本要求

土地变更调查以县级行政辖区为基本调查单位，采用《土地利用现状分类》为基础，对其中的商服用地（05）、工矿仓储用地（06）、住宅用地（07）、公共管理与公共服务用地（08）、特殊用地（09）一级类和街巷地（103）、空闲地（121）二级类归并为城市（201）、建制镇（202）、村庄（203）、采矿用地（204）、风景名胜及特殊用地（205）。年度土地变更调查时段为每年的1月1日至12月31日，土地变更调查时点为每年的12月31日。变更调查图件比例尺原则上与二次调查一致，与农村土地调查确定的调查比例尺一致(以 1∶10000 比例尺为主,部分地区采用 1∶50000 比例尺),有条件地区可采用更大比例尺。平面采用"1980 西安坐标系",高程采用"1985 国家高程基准";标准分幅图采用高斯—克吕格投影,1∶2000 标准分幅图或数据按 1.5°分带(可任意选择中央子午线),1∶5000、1∶10000 标准分幅图或数据按 3°分带,1∶50000 标准分幅图或数据按 6°分带。长度、宽度采用米(m)为计量单位,精确到 0.1 米;面积采用平方米(m²)为计量单位,精确到 0.01 平方米;面积采用公顷(ha)为计量单位,精确到 0.01公顷。

2. 调查依据

土地变更调查需要依据以下法规和技术标准进行。

(1)《土地调查条例》,中华人民共和国国务院令第 518 号。

(2)《土地调查条例实施办法》,中华人民共和国国土资源部令第 45 号。

(3)《第二次全国土地调查技术规程》,TD/T 1014-2007。

(4)《土地利用现状分类》,GB/T 21010-2007,见附表 1。

(5)《国家基本比例尺地形图分幅与编号》,GB/T 13989-1992。

(6)《土地利用数据库标准》,TD/T 1016-2007。

(7)《第二次全国土地调查基本农田调查技术规程》,TD/T 1017-2007。

(8)《全球定位系统城市测量技术规程》,CJJ 73-1997。

(9)《利用 DEM 确定耕地坡度分级技术规定(试行)》,国务院第二次全国土地调查领导小组办公室。

(10)《第二次全国土地调查底图生产技术规定》,国务院第二次全国土地调查领导小组办公室。

(11)《全国土地变更调查工作规则(试行)》,国土资发〔2011〕180 号。

3. 调查的主要任务

(1)开展遥感监测。国家组织采集当年覆盖全国的最新遥感影像数据,经纠正、配准和融合等处理后,制作分县(市、区)土地利用遥感正射影像图,对照前一年度遥感影像底图和土地调查数据库,提取本年度地类发生变化的遥感影像图斑,并追踪核实以往年度变更调查中相关图斑情况(包括卫片执法检查结果、临时用地等),制作分县(市、区)的当年遥感监测成果。

(2)查清各类土地利用现状变更情况。以实地土地利用现状地类为基础,结合年度遥感监测成果,查清每一地类发生变化的地块范围、权属和面积等实际情况,各级行政区域调查界线位置和走向的变化情况,以及各权属单位的权属性质及其界线的变化情况。根据年度土地整治项目等补充耕地范围界线,逐地块实地核实耕地变化情况,将土地利用现状调查结果、设施农用地、临时用地进行标注;结合遥感影像,实地调查农民自主开发和农业结构调整等新增耕地情况,并依据土地整治项目验收资料,对项目区范围内本年及往年增加耕地的相关信息进行分类标注;这些调查标注结果及农用地变成未利用地图斑的证明材料,经市、省两级审核通过后报国土资源部。

（3）查清基本农田情况。依据合法有效的基本农田划区定界（或依法占用、调整等）资料，调整数据库中基本农田图斑的位置和范围，更新基本农田数据层，汇总形成基本农田面积汇总表。

（4）变更调查成果核查。国家对各县（市、区）的土地变更调查成果进行内业核查和外业核查，查清遥感监测图斑是否已变更、新增建设用地图斑对应卫星影像图上是否已建设等内容。对遥感监测图斑变更为设施农用地和临时用地的，要检查其变更范围是否正确，并整理相关批准资料开展进一步审查；对于年度内实地地类未发生变化或仅有推填土的遥感监测图斑，地方需要提供证明材料，并检查其真实性。最后以省为单位进行汇总、统计和分析，并将核查情况反馈省级国土资源主管部门。

（5）审查和标注用地管理信息。国家组织各省相关职能部门对地方提交的设施农用地、临时用地的批准文件进行审核，审核通过的临时用地以独立图层保存，以后年度遥感监测中进行跟踪监测。国家利用综合监管平台，将用地管理信息与土地利用现状变更结果套合，分类标注新增建设用地信息，并将分类标注结果反馈给各地，作为变更调查管理信息控制数，对地方新增耕地标注结果进行核实确认。地方根据用地管理信息标注结果，在更新数据包中的新增建设用地图斑上补充标注建设用地管理信息；在新增耕地图斑上修改标注耕地管理信息，依据"批而未用"界线在数据库中生成"批而未用"图斑，形成年度变更调查最终成果更新包，经数据库质量检查通过后上报。

（6）数据汇总统计与分析。以县（市、区）为单位，汇总本年度每块土地的利用变化情况，逐级更新各级土地调查数据库。实施县级自查、市级复查、省级验收的三级质量检查验收制度。全面分析土地利用变化情况，编写各级年度土地利用变化情况分析报告。

（三）调查的工作程序

1.准备工作

土地变更调查前需要准备好当年遥感影像监测成果，制定土地变更调查工作方案，对参加土地变更调查人员进行技术培训，收集境界、用地管理信息审查等资料。

土地利用变更调查必须以国家确认的上一年度土地调查数据库为基础，不得随意更改。如县级行政区域界线发生调整的，由省国土资源主管部门统一将调整后的控制界线、控制面积、涉及界线调整的县级土地调查数据库和相关说明材料，于12月15日前报部备案。遥感影像监测成果由国土资源部分发给各县（市、区），辅助开展年度土地变更调查。

省级国土资源主管部门结合实际情况，按照国家统一方案和要求，编制本地区实施方案。并根据年度国土资源管理的具体需求，制定土地利用变更调查工作方案。主要内容包括：调查内容、技术方法、组织实施、时间安排、质量控制、主要成果、数据分析等。

人员培训包括对参加土地变更调查人员进行技术培训，统一土地变更调查的方法、要求和程序等。包括变更调查方法的培训、质量检查的培训、数据库更新的培训等。

资料准备。(1)界线资料准备。界线资料包括国界线、大陆沿海(包括海岛沿海)零米线、行政区域界线、权属界线的变化资料。(2)土地利用动态遥感监测成果准备包括遥感正射影像图、新增建设用地监测成果。(3)用地管理信息审查资料,包括年度新增建设用地计划、新增建设用地审批;设施农用地审批、临时用地审批;土地整治新增耕地、农业结构调整、生态退耕、生态移民、灾毁耕地;农用地变为未利用地、地类之间大面积的变化、国有土地与集体土地之间变化、土地违法查处等资料、相关部门证明材料(文件)、说明、照片等;基本农田调整、补划的文件、图件、说明等。(4)上一年度土地调查数据库。(5)各种表格,根据需要准备相应记录表格。

仪器、工具和设备准备。包括 GPS 接收机、全站仪、钢(皮)尺、计算机及软件系统,以及交通工具等。

2. 土地变更调查地图制作

各县(市、区)参照本地区新增建设用地计划、新增建设用地审批、设施农用地审批、临时用地审批、土地整治新增耕地、基本农田划定与调整、土地违法查处等各类涉及土地利用现状变化的资料,在遥感监测成果和上年度土地调查数据库等成果的基础上,制作土地变更调查外业底图,并填写土地变更调查记录表。

3. 年度土地变更调查

地籍业务部门负责组织对本辖区范围内当期每一变化地块进行实地调查核实,依据《土地利用现状分类》及国家土地变更调查技术规范和要求,查清土地地类实际变化情况,并如实填写土地变更调查记录表。主要以 GPS-PDA 技术为主体,外业采集图斑边界信息和属性信息,通过全数字化作业,形成变更图斑成果。

4. 基本农田情况调查

依据合法有效的基本农田划区定界(或依法占用、调整等)资料,调整数据库中基本农田图斑的位置和范围,更新形成基本农田数据层,汇总形成基本农田面积汇总表。

5. 数据库更新及成果核查

外业调查核实确定的变化信息,对调查结果进行汇总整理,采用增量更新的方式,更新县级土地调查数据库,实现对县级土地调查数据库的变更、上报与更新,编写分析报告并逐级上报。

6. 成果核查与归档

包括省、国家对各地上报的调查成果进行全面核查,并更新省级、国家级数据库,汇总全国年度土地利用现状及变化数据,编写省级、国家级土地利用变化情况分析报告。对调查过程中形成的图、表等资料成果,按照档案管理要求进行整理归档。

(四)调查主要成果

1. 县级调查成果

(1)遥感监测成果,包括县级遥感正射影像图和县级新增建设用地遥感监测图斑。

(2)外业调查成果,包括外业调查图件、坐标表等其他地物补测资料。

(3)数据库成果,包括更新后的土地调查数据库和土地调查数据库更新数据包。

(4)各类统计汇总表,包括《遥感监测图斑信息记录表》《土地变更调查记录表》《土地变更一览表》、变更调查各类面积统计汇总表。

(5)文字成果,《土地利用变化情况分析报告》。

2. 地(市)级、省级、国家级成果

(1)数据库成果,包括地(市)级、省级更新后的土地调查数据和土地调查数据库更新数据包;国家级更新后的土地调查数据库。

(2)变更调查各类面积统计汇总表。

(3)文字成果,市、省、国家级《土地利用变化情况分析报告》。

四、地籍调查

地籍调查是土地登记的法定程序,是土地登记的基础工作,其资料成果经土地登记后,具有法律效力。为保证城镇(包括村庄)地籍调查工作规范、有序,符合土地登记的要求,国土资源部发布了《地籍调查规程》,2012 年 9 月 1 日起实施。

地籍调查的单元是宗地。它是被权属界址线所封闭的地块。一个地块由几个土地使用者共同使用而又难以划清权属界线的也称为一宗地。

(一)地籍调查的内容

地籍调查包括权属调查和地籍测量两项内容。

1. 权属调查

权属调查主要是指对宗地权属状态及其权利所及范围的确认,包括查清土地权属状况和界址,绘制宗地草图,填写地籍调查表,签订土地权属界线协议书或填写土地权属争议原由书等。

2. 地籍测量

地籍测量是在权属调查基础上,运用测绘科学技术手段,进行地籍控制测量、界址点测量、地籍图测绘、面积量算等过程。地籍调查为土地登记、核发证书提供依据,为地籍管理服务。

地籍调查根据调查特点不同可分为地籍总调查和日常地籍调查;根据调查对象不同,分为农村地籍调查和城镇地籍调查,农村地籍调查又分为村庄地籍调查和农用地地籍调查。农村地籍调查除村庄宅基地外,现阶段都是在土地利用现状调查的基础上

进行的,而城镇地籍调查主要是针对城市、建制镇及独立工矿用地的调查,目前是在《城镇地籍调查规程》的指导下进行的,农村宅基地地籍调查也基本上参照城镇地籍调查规程的做法。城镇土地分类以用途为主要依据,全国城镇土地分为 10 个一级类,24个二级类,以两位数编号,十位数表示其一级分类,个位数表示其二级分类。分类及含义见附表 2。

(二)地籍总调查

地籍总调查工作可分为五个阶段。

1. 准备工作

(1)组织准备:地籍总调查由县级以上地方人民政府组织。县级以上地方人民政府应成立专门的领导小组,领导小组负责组织制订工作计划,编制技术设计书,负责地籍总调查的宣传、培训和试点工作;

(2)资料准备:包括土地权属来源资料、测绘资料、土地调查和土地规划资料及其他资料;

(3)工具与表册准备;

(4)划分地籍区、地籍子区、宗地,在县级行政辖区内依次划分地籍区和地籍子区。在地籍子区内,划分国有土地使用权宗地和集体土地所有权宗地;在集体土地所有权宗地内,划分集体建设用地使用权宗地、宅基地使用权宗地;两个或两个以上农民集体共同所有的地块,且土地所有权界线难以划清的,应设为共有宗;两个或两个以上权利人共同使用的地块,且土地使用权界线难以划清的,应设为共用宗;土地权属有争议的地块可设为一宗地;公共广场、停车场、市政道路、公共绿地、市政设施用地、城市(镇、村)内部公用地、空闲地等可单独设立宗地。

2. 土地权属调查

(1)工作底图的选择与制作;

(2)预编宗地代码:宗地代码采用五层 19 位层次码结构,按层次分别表示县级行政区划、地籍区、地籍子区、土地权属类型、宗地顺序号。根据土地登记申请书及土地权属来源证明材料,将每一宗地标绘到工作底图上,在地籍子区范围内,从西到东、从北到南,统一预编宗地代码,并填写到地籍调查表及土地登记申请书上;

(3)土地权属状况调查:包括土地权利主体、土地权属性质及来源、土地权利客体,以及土地的共有共用、抵押权、地役权等情况;

(4)界址调查(核心):包括指界、界址点和界标设置、界址边长丈量、宗地草图绘制、填写地籍调查表等内容。要求现场记录宗地位置、界址点、界址线和相邻宗地关系,并在宗地草图标明:本宗地号、坐落地址、权利人;宗地界址点、界址点号及界址线,宗地内的主要地物;相邻宗地号、坐落地址、权利人或相邻地物;界址边长、界址点与邻近地物的距离;确定宗地界址点位置、界址边方位所必需的建筑物或构筑物;丈量者、丈量日期、检查者、检查日期、概略比例尺、指北针等内容。

3. 地籍测量

(1)坐标系:宜采用 1980 西安坐标系,1954 年北京坐标系、2000 国家大地坐标系、地方坐标系或独立坐标系等应与 1980 西安坐标系联测或建立转换关系;采用"1985 国家高程基准";当长度变形值不大于 2.5cm/km 时,选用高斯 3°带平面直角坐标系统;当长度变形值大于 2.5cm/km 时,应根据具体情况可依次选择:有抵偿高程面的高斯 3°带平面直角坐标系统、高斯—克吕格投影任意带平面直角坐标系统、有抵偿高程面的高斯任意带平面直角坐标系统;

(2)地籍控制测量:地籍控制网分为地籍首级控制网和地籍图根控制网,各等级控制网的布设应遵循"从整体到局部、分级布网"的原则;

(3)界址点测量:可采用解析法或图解法,图解界址点坐标不能用于放样确定实地界址点的精确位置;

(4)地籍图测绘:按特定的投影方法、比例关系,采用专用符号,突出表示地籍要素;目前集体土地所有权调查的基本比例尺为 1∶10000,土地使用权调查的基本比例尺为 1∶500;地籍图的主要内容有行政区划要素、地籍要素、地形要素、数学要素、图廓要素;地籍图可采用全野外数字测图、数字摄影测量成图和编绘成图的测绘方法;宗地图编制,内容包括宗地所在图幅号、宗地代码;宗地权利人名称、面积及地类号;本宗地界址点、界址点号、界址线、界址边长;宗地内的图斑界线、建筑物、构筑物及宗地外紧靠界址点线的附着物;邻宗地的宗地号及相邻宗地间的界址分隔线;相邻宗地权利人、道路、街巷名称;指北方向和比例尺;宗地图的制图者、制图日期、审核者、审核日期等;

(5)面积量算:几何要素法和坐标法,量算水平投影面积量算或椭球面面积。量算面积项目:县级、乡镇级行政区面积、行政村面积、地籍区面积、地籍子区面积、宗地面积、地类图斑面积、建筑占地面积和建筑面积等。

4. 检查验收

地籍总调查成果实行三级检查、一级验收的"三检一验"制度。"三检一验"制度:作业员自检—作业队(组)互检—作业单位专检—国土部门验收。检查验收的内容包括土地权属调查;地籍控制测量;界址测量与地籍图测绘。

5. 成果资料整理与归档

地籍调查成果按介质可分为纸质等实物资料和电子数据,按类型可分为文字、图件、簿册和数据等。国土资源主管部门应建立地籍调查档案管理制度,地籍调查成果应在调查工作结束后按照统一的规格、要求进行整理、立卷、组卷、编目、归档。

(三)日常地籍调查

1. 准备工作

包括资料准备和技术准备。与总调查不同的是日常地籍调查还需要准备:(1)地籍调查资料协助查询单;(2)档案资料、数据的分析与整理;(3)计算测量放样数据。

2. 日常土地权属调查

应核实指界人的身份,对照权属来源资料和档案资料、数据,现场核实权属状况。对界址线有争议、界标发生变化和新设界标等情况,应现场记录并拍摄照片;界址未发生变化,但土地权属类型发生变化,宗地代码仍需重新编制。新设宗地、界址发生变化的宗地,原宗地代码不再使用。新增界址点点号,在地籍子区内的最大界址点号后续编。

3. 日常地籍测量

(1)对原界址点进行检查。

(2)对新设界址点,按照界址点测量的规定进行界址测量;对界址发生变化的,经现场指界后,按照规定进行界址测量。

(3)对宗地进行分割或界址调整的,可根据给定的分割或调整几何参数,计算界址点放样元素,实地放样测量设新界址点的位置并埋设界标;也可在权利人的同意下,预先设置界标,然后测量界标的坐标。

(4)采用高精度代替低精度的原则,进行宗地面积计算。

(5)日常地籍测量报告的编制:包括宗地概况、测量技术依据、控制点坐标来源及坐标与高程系统、界址放样(检测)坐标来源和放样参数计算、外业测量、附表、宗地图和现场照片。

4. 成果资料检查整理归档

由地籍数据的维护和管理单位进行,对成果资料检查整理归档。具体工作是:按照检查验收的规定,对纸质或电子的日常地籍调查成果进行检查,检查认定成果资料正确的,更新地籍数据库—整理调查资料并归档—用于土地登记等相关工作;检查认定成果资料不符要求的,责成任务承担单位检查修正成果资料,直到符合要求为止。

(四)地籍数据库和信息系统建设

1. 总体要求

地籍总调查结束后,应将成果资料按照地籍数据库建设的要求入库,并建设地籍信息系统。日常地籍调查后,应对地籍数据库进行更新,维护升级地籍信息系统。

2. 地籍数据库建设

地籍数据具有空间性、时态性、相关性、多源性、复杂性等特征。

(1)地籍数据库包括地籍区、地籍子区、土地权属、土地利用、基础地理等数据。

(2)主要工作内容:准备工作、资料预处理、数据库结构设计、数据采集和编辑处理、数据建库、质量控制、成果输出、文字报告编写、检查验收、成果归档、数据库更新与应用、数据库运行与管理等。

3. 地籍信息系统建设

地籍信息系统建设是土地信息系统的子系统,是以计算机技术为基础,以地理信息系统为依托,融合数据库管理技术、办公自动化技术和管理信息系统技术为一体的、高度集成化的信息系统。

地籍信息系统应按实用性、稳定性、易操作性、安全性、先进性与开放性建设原则进行建设。

地籍信息系统应具有数据采集与交换、坐标转换与投影变换、数据编辑处理与检查、土地登记工作流管理、查询统计、空间分析、元数据管理、系统维护与升级等主要功能。

第三节 土地权属管理

一、土地确权的内涵和方式

(一)内涵

土地确权是指依法确定土地权利的主体、客体和内容,是根据申请者的申请书、权属证明材料和地籍调查成果,对土地所有者、使用者和他项权利拥有者所申请登记的土地权利进行认定的过程。

土地确权可从广义和狭义两个方面来理解:狭义的土地确权,仅指依法确定土地权利的归属,即确定土地所有权、建设用地使用权、宅基地使用权等土地权利归谁所有;广义的土地确权,不仅包含依法确定土地所有权、建设用地使用权、宅基地使用权等土地权利的主体,而且还包含确定土地权利的客体和内容。由于具体的土地权利总是主体、客体和内容三者的统一,所以,土地确权更多地采用广义上的概念。

土地确权是一项政府行为,一般情况下确权工作由当地政府授权的土地管理部门主持,土地权属主(或授权指界人)、相邻土地权属主(或授权指界人)、地籍调查员和其他必要人员都必须到现场。土地确权结果具有法定性和权威性。

(二)方式

1. 文件确认

它是根据权属主所出示并被现行法律所认可的权源文件来确定土地使用权或所有权的归属,是一种较规范的土地权属认定手段,城市土地使用权的确认大多用此方法。权源文件主要有:批准书、转让文书、继承文书、组建批文、撤并文件、土地使用证、集体土地所有证及联营协议书等。审查上述文件时应注意这些文件是否与现行的法律规定相悖。

2.指界确认

指界确认是基于双方共同认定土地边界来确认土地所有权或使用权界线和归属。在确认集体土地所有权界线时,这是一种常用的方法。在相邻双方均不能出示被现行法律法规认可的权源文件的前提下,使用该方法确权的基本程序如下:(1)共同指界。一般采取双方法定代表人(委托代理人)共同到实地共同指界,确认权属界线。(2)签订《土地权属界线协议书》。

通过双方指界不能将没有法律依据的国有土地,如森林、山岭、草地、荒地、滩涂、水流等划为集体土地。集体土地与没有明确使用者的国有土地权属界线,由集体土地指界人指界、签字,根据有关法规和实地调查结果予以确认。违约缺席指界的,如一方违约缺席,依据另一方所指界线确定;如双方违约缺席,根据权源材料和实际使用状况确定界线;指界人认定界址后不签字的,按违约处理。调查结果以书面形式送达违约方。违约方在 15 日内未提出异议或未提出重新指界的,按调查结果认定权属界线。

3.协商确认

当两个权属单元之间的界址线不清或有争议,而双方权源文件不详或认识不一致时,本着团结、互谅的精神,在主管部门人员和地籍调查员到场的情况下,采用权属双方或多方协商一致的原则进行认定。

4.仲裁确认

在有争议而无法达成协议的情况下,双方都能出示文件而惯用的边界又互不承认,由主管部门约定时间、地点,在各方都到场时,地籍管理部门依照有关规定,充分听取权属各方的申述,实事求是地、合理地进行划分界线裁决。不服从裁决者,在规定的时限内可以向法院申诉,并以法律程序解决。逾期不提出申诉的,则认定为裁决生效。

二、土地确权的内容和方法

(一)土地所有权的确认

国有土地所有权,主要是依据国家在各个时期制订的一系列法律、法令、条例、政策等规定,通过没收、征用、收归国有等法律手段而形成的;集体土地所有权的形成则经历了土改,变封建土地所有制为个体农民土地所有制,再经合作化、公社化,从个体农民土地所有制到合作集体所有制再到社会主义群众集体所有制的过程。

集体所有的土地,由县级人民政府登记造册,核发证书,确认所有权;而国有土地一般只需确认使用权。

1.国有土地所有权的确认

根据《土地管理法》《土地管理法实施条例》和有关法规,下列土地应确认为国家所有:

(1)城市市区的土地属国家所有;

（2）农村和城市郊区中已经依法没收、征收、征购为国有的土地属国家所有；

（3）国家依法征用的土地属国家所有；

（4）依法不属于集体所有的林地、草地、荒地、滩涂及其他土地属国家所有；

（5）农村集体经济组织全部成员转为城镇居民的，原属于其居民集体所有的土地属国家所有；

（6）因国家组织移民、自然灾害等原因，农民地集体迁移后不再使用的原属于迁移农民集体所有的土地属国家所有；

（7）依据 1950 年《中华人民共和国土地改革法》及有关规定，凡当时没有将土地所有权分配给农民的土地；实施 1962 年《农村人民公社工作条例修正草案》（以下简称《六十条》）未划入农民集体范围内的土地属国家所有；

（8）开发利用国家土地，开发利用者仅依法享有土地使用权，土地所有权仍归国家；

（9）国有铁路线路、车站、货场用地以及依法留用的其他铁路用地属国家所有；

（10）县级以上（含县级）公路线路用地属国家所有；

（11）国有电力、通讯设施用地属国家所有；

（12）军队接收的敌伪地产及新中国成立后经人民政府批准征用、划拨的军事用地属国家所有；

（13）河道、堤防内的土地和堤防外的护堤地、无堤防河道历史最高洪水位或者设计洪水位以下的土地，除土改时将所有权分配给农民，国家未征用，且迄今仍归农民集体使用的外，属于国家所有；

（14）县级以上（含县级）水利部门直接管理的水库、渠道等水利工程用地属国家所有；

（15）全民所有制单位和城镇集体所有制单位兼并农民集体企业的，办理有关手续后，被兼并的原农民集体企业使用的集体所有土地；乡（镇）企业依照国家建设征用土地的审批程序和补偿标准使用的非本乡（镇）村农民集体所有的土地属国家所有；

（16）1962 年 9 月《六十条》公布以前，全民所有制单位、城市集体所有制单位和集体所有制单位的华侨农场使用的原农民集体所有的土地（含合作化之前的个人土地），迄今没有退给农民集体的土地属国家所有；

（17）《六十条》公布时起至 1982 年 5 月《国家建设征用土地条例》公布时止，全民所有制单位、城市集体所有制单位使用的原农民集体所有的土地，具有下列情形之一的，属于国家所有：①签订过土地转移等有关协议的；②经县级以上人民政府批准使用的；③进行了一定补偿或安置劳动力的；④接受农民集体馈赠的；⑤已购买原集体所有的建筑物的；⑥农民集体所有制企事业单位转为全民所有制或城市集体所有制单位的；

（18）1982 年 5 月《国家建设征用土地条例》公布时起至 1987 年《土地管理法》开始施行时止，全民所有制单位、城市集体所有制单位违反规定使用的农民集体土地，依照有关规定进行了清查处理后仍由全民所有制单位、城市集体所有制单位使用的土地

属国家所有;

(19)1986 年 3 月中共中央、国务院《关于加强土地管理,制止乱占耕地的通知》发布之前,全民所有制单位、城市集体所有制单位租用农民集体所有的土地,按有关规定处理后,已建成永久性建筑物的,由用地单位按租用时的规定,补办手续,土地归国家所有;

(20)土地所有权争议,不能依法证明争议土地属农民集体所有的,属国家所有。

2.集体土地所有权的确认

(1)农村和城市郊区的土地,除由法律规定属于国家所有以外,属于农民集体所有;宅基地和自留地、自留山,属于农民集体所有。

农民集体所有的土地依法属于村农民集体所有的,由村集体经济组织或者村民委员会经营、管理;已经分别属于村内两个以上农村集体经济组织的农民集体所有的,由村内农村集体经济组织或者村民小组经营、管理;已经属于乡(镇)农民集体所有的,由乡(镇)农村集体经济组织经营、管理。

农民集体应具备三个条件:第一,必须有一定的组织形式、组织机构。如集体经济组织或者村民委员会和村民小组。第二,应当具有民事主体资格,就是说这个集体组织是被法律承认的,能够依照法律享受权利和承担义务。第三,集体成员应为长期生活于集体内的农业户口村民。

①村农民集体土地所有权。村农民集体土地所有权属于全村农民所有,集体经济组织或者村民委员会等只能作为集体土地的经营和管理者。农民集体经济组织的法人机关或者法定代表人,即为集体土地所有者的法定代表。

②乡(镇)农民集体土地所有权。乡(镇)农民集体所有的土地属于全乡(镇)农民集体所有,一般由乡(镇)办企事业单位,或由乡内村农民集体或个人经营管理。

乡(镇)农民集体经济组织的法人机关,代表全乡(镇)农民的意志,对乡(镇)农民集体所有的土地行使所有权。这个法人机关应该具备两个条件:第一,生产和经营活动代表乡(镇)农民的利益;第二,能够依法对乡(镇)农民集体所有的财产包括土地行使处分权。在没有相应的农民集体经济组织出现之前,一般由乡(镇)人民政府代行使乡(镇)农民集体的土地所有权及其他财产权。

③村内存在两个以上农村集体经济组织的土地所有权。行政村内两个以上各自独立的农村集体经济组织,一般是对应于过去的生产队。

农村体制改革实行大包干以后,大部分生产队已经解体,一些地区相应建起了村民小组。农村经济组织是否具有集体土地所有权的主体特征,可以从两个方面来考察,一是各个农村经济组织之间是否仍然明确保持着过去生产队时期的土地权属界线;二是这些农村经济组织对自己认定的界线内的土地是否享有法律规定的占有、使用、收益、处分的权利。

农民集体土地所有权是一种特定的权利,它的产生和行使都是根据法律、法规进行的,受到法律、法规的严格约束,集体土地所有者不能因为拥有土地所有权而超越土地管理法律、法规的限制随意使用和处置土地。

（2）土地改革时分给农民并颁发了土地所有证的土地；实施《六十条》时确定为集体所有的土地，属农民集体所有。

（3）土改时已分配给农民所有的原铁路用地和新建铁路两侧未经征用的农民集体所有土地属农民集体所有。

（4）公路两侧保护用地和公路其他用地凡未经征用的农民集体所有的土地属农民集体所有。

（5）国家电力通讯杆塔占用农民集体所有的土地，未办征用手续的属农民集体所有。

（6）河道堤防内的土地和堤防外的护堤地，无堤防河道历史最高洪水位或者设计洪水位以下土地，土改时已将所有权分配给农民，国家未征用，且迄今仍旧由农民集体使用的属农民集体所有。

（7）县级以上（含县级）水利工程管理和保护范围内未经征用的农民集体土地属农民集体所有。

（8）国家建设对农民集体全部进行移民安置并调剂土地后，原集体仍继续使用的集体所有土地，国家未进行征用的属农民集体所有。

（9）1986 年 3 月中共中央、国务院《关于加强土地管理，制止乱占耕地的通知》发布前，全民所有制单位、城市集体所有制单位租用农民集体所有的土地，按有关规定处理后，能恢复耕种的，退还农民集体耕种，所有权属农民集体。

（10）村农民集体所有的土地，按目前该村农民集体实际使用的本集体土地所有权界线确定所有权。按《六十条》所确定的农民集体土地所有权，如果由于以下的原因发生了变更，按变更后的现状确定所有权。这些原因包括：①由于村、队、社、场合并或分割等管理体制的变化引起土地所有权变更；②由于土地开发、国家征地、集体兴办企事业或者自然灾害等原因进行过土地调整的；③由于农田基本建设和行政区划变动等原因重新划定土地所有权界线的。行政区划变动未涉及土地权属变更的，原土地权属不变。

（11）农民集体连续使用其他农民集体所有土地已满 20 年的，视为现使用者所有；连续使用不满 20 年或虽满 20 年但在 20 年期满前所有者曾向现使用者或有关部门提出归还的，由县级以上人民政府根据具体情况确定土地所有权归属。

（12）乡（镇）或村在集体所有的土地上修建并管理的道路、水利设施用地，属乡（镇）或村农民集体所有。

（13）乡（镇）或村办企事业单位使用的集体土地，《六十条》公布以前使用的，属于该乡（镇）或村农民集体所有；《六十条》公布时起至 1982 年国务院《村镇建房用地管理条例》发布时止使用的，若有以下情况之一，则分别属于该乡（镇）或村农民集体所有，这些情况是：①签订过用地协议的（不含租借）；②经县、乡（公社）、村（大队）批准或同意，并进行了适当的土地调整或经过一定补偿的；③通过购买房屋取得的；④原集体企事业单位体制经批准变更的。1982 年国务院《村镇建房用地管理条例》发布时起至1987 年《土地管理法》开始施行时止，乡（镇）、村办企事业单位违反规定使用的集体土地按照有关规定清查处理后,乡(镇)、村集体单位继续使用的,可确定为该乡(镇)或村集体所有。乡(镇)、村办企事业单位采取上述方式以外的其他方式占用集体土地,或虽采取上述方式,但目前土地利用不合理,例如荒废、闲置等,则应将其全部或部分土地退还原村或乡农民集体,或按有关规定处理。1987 年《土地管理法》施行后违法占用的土地,须依法处理后再确定所有权。

(14)乡(镇)企业使用本乡(镇)、村集体所有的土地,依照有关规定进行补偿和安置的,土地所有权转为乡(镇)农民集体所有。经依法批准的乡(镇)、村公共设施、公益事业使用的农民集体土地,属乡(镇)、村农民集体所有。

(15)农民集体经依法批准以土地使用权作为联营条件与其他单位或个人举办联营企业的,或者农民集体经依法批准以集体所有的土地的使用权作价入股,举办外商投资企业和内联乡镇企业的,集体土地所有权不变。

(二)土地使用权的确认

全民所有制单位、集体所有制单位和个人依法使用国有土地或集体土地,须依法办理使用权的确认手续,由县级以上人民政府登记造册、核发证书、确认使用权。确认林地、草原的使用权,以及水面、滩涂的养殖使用权,应分别依照《森林法》《草原法》和《渔业法》的有关规定办理。

1.国有土地使用权的确认

我国国有土地使用权的主体十分广泛,不仅包括公民、法人,还包括外国人和非法人组织;不仅包括城镇居民,还包括农民集体。铁路、公路、大型水利、电力设施以及军队使用的土地基本上都是国有土地。另外,国有土地使用权的取得方式包括出让、划拨、租赁、国家入股等,还可以通过依法转让、继承等方式取得国有土地使用权。

具体来说,应分别根据以下不同的情况加以确认。

(1)土地使用权确定给直接使用土地的单位或个人,但法律、法规、政策另有规定的除外,这是确定国家土地使用权的一般原则;

(2)土地使用者经国家依法划拨、出让、新中国成立初期接收、沿用,或通过依法转让、继承、接受地上建筑物等方式使用国有土地的,可确定其国有土地使用权;

(3)土地公有制之前,通过购买房屋或土地及租赁方式使用私有的土地,土地转为国有后迄今仍继续使用的,可以确定现使用者国有土地使用权;

(4)因原房屋拆除、改建或自然坍塌等原因,已经变更了实际土地使用者的,经依法审核批准,可将土地使用权确定给实际土地使用者;空地及房屋坍塌或拆除以后两年以上仍未恢复使用的土地,由当地县级以上人民政府收回土地使用权;

(5)其他单位占用原宗教团体、寺观教堂宗教活动用地,原使用单位因恢复宗教活动需要退还使用的,应按有关规定予以退还,确属无法退还,或土地使用权有争议的,经协商,处理后确定使用权;

(6)军事设施用地(包括靶场、试验场、训练场)依照新中国成立初期土地接收文件和人民政府批准征用或划拨土地的文件确定土地使用权。土地使用权有争议的,按国务院、中央军委有关文件规定处理后,再确定土地使用权;经国家批准撤销的军事设施,其土地使用权依照有关规定由当地县级以上人民政府收回并重新确定使用权;

(7)依法接收、征用、划拨的铁路线路用地及其他铁路设施用地,现仍由铁路单位使用的,其使用权确定给铁路单位。铁路线路路基两侧依法取得使用权的保护用地,使用权确定给铁路单位;

(8)驻机关、企事业单位内的行政管理和服务性单位,经政府批准使用的土地,可以由土地行政主管部门明确被驻单位规定土地的用途和其他限制条件后,分别确定实际土地使用者的土地使用权。但租用房屋的除外;

(9)原由铁路、公路、水利、电力、军队及其他单位和个人使用的土地,1982年5月《国家建设征用土地条例》公布之前,已经转由其他单位或个人使用的,除按照国家法律和政策应当退还的外,其国有土地使用权可确定给实际土地使用者,但严重影响上述部门的设施安全和正常使用的,暂不确定土地使用权。按照有关规定处理后,再确定土地使用权。1982年5月以后非法转让的,经依法处理后再确定使用权;

(10)农民集体使用的国有土地,其使用权按县级以上人民政府主管部门审批,划拨文件确定;没有审批、划拨文件的,依照当时规定补办手续后,按使用现状确定;过去未明确划定使用界线的,由县级以上人民政府参照土地实际使用情况确定;

(11)未按规定用途使用的国有土地,由县级以上人民政府收回重新安排使用或按有关规定处理后确定使用权;

(12)1987年1月《土地管理法》施行之前重复划拨或重复征用的土地,可按目前实际使用情况或根据最后一次划拨或征用文件确定使用权;

(13)以土地使用权为条件与其他单位或个人合建房屋的,依据批准文件,合建协议或投资数额确定土地使用权,但1982年《国家建设征用土地条例》公布后合建的,应依法办理土地转让手续后再确定土地使用权;

(14)以出让方式取得的土地使用权或划拨方式取得的土地使用权补办出让手续后作价入股的,土地使用权确定给股份制企业;国家将土地使用权租赁给股份制企业的,土地使用权确定给股份制企业;企业以出让方式取得的土地使用权或以划拨方式取得的土地使用权补办出让手续后,出租给股份制企业的,土地使用权不变;

(15)企业以出让方式取得的土地使用权,企业破产后,经依法处理、确定给新的受让人;企业通过划拨方式取得的土地使用权,企业破产时,其土地使用权由县级以上人民政府收回后,根据有关规定进行处置;

(16)法人之间合并,依法属于应当以有偿方式取得土地使用权的,原土地使用权应当办理有关手续,有偿取得土地使用权;依法可以划拨形式取得土地使用权的,可以办理划拨土地权属变更登记,取得土地使用权。

2.集体土地使用权的确认

集体土地使用权主要包括两类:集体农用土地使用权和集体建设用地使用权。集体农用土地使用权主要是指对农业用地的承包经营权,也包括依法取得的"四荒地"使用权,此处重点介绍土地承包经营权的确权依据。集体建设用地使用权主要包括农村居民宅基地使用权和乡(镇)村企事业建设用地使用权等。

(1)土地承包经营权的确认

根据《土地管理法》的规定,农民集体所有的土地由本集体经济组织的成员承包经营,从事种植业、林业、畜牧业、渔业生产。土地承包经营期限为三十年。农民的土地承包经营权受法律保护。

在土地承包经营期限内,对个别承包经营者之间承包的土地进行适当调整的,必须经村民会议三分之二以上成员或者三分之二以上村民代表的同意,并报乡(镇)人民政府和县级人民政府农业行政主管部门批准。

农民集体所有的土地由本集体经济组织以外的单位或者个人承包经营的,必须经村民会议三分之二以上成员或者三分之二以上村民代表的同意,并报乡(镇)人民政府批准。

(2)集体建设用地使用权的确认

①农村居民宅基地建设用地使用权的确认

1982 年 2 月国务院发布《村镇建房用地管理条例》之前农村居民建房占用的宅基地,超过当地政府规定的面积,在条例施行后未经拆迁、改建、翻建的,可以暂按现有实际使用面积确定集体建设用地使用权。该条例发布时起至 1987 年 1 月《土地管理法》开始施行时止,农村居民建房占用的宅基地,其面积超过当地政府规定标准的,超过部分按 1986 年 3 月中共中央、国务院《关于加强土地管理,制止乱占耕地的通知》及地方人民政府的有关规定处理后,按处理后实际使用面积确定集体建设用地使用权。

符合当地政府分户建房规定而尚未分户的农村居民,其现有的宅基地没有超过分户建房用地合计面积标准的,可按现有宅基地面积确定集体建设用地使用权。

非农业户口居民(含华侨)原在农村的宅基地,房屋产权没有变化的,可依法确定其集体建设用地使用权。房屋拆除后没有批准重建的,土地使用权由集体收回。

接收转让、购买房屋取得的宅基地,与原有宅基地合计面积超过当地政府规定标准,按照有关规定处理后允许继续使用的,可暂确定其集体建设用地使用权。继承房屋取得的宅基地,可确定集体建设用地使用权。

农村专业户宅基地以外的非农业建设用地与宅基地分别确定集体建设用地使用权。

按照上述规定确定农村居民宅基地集体建设用地使用权时,其面积超过当地政府规定标准的,可在土地登记卡和土地证书内注明超过标准面积的数量,以后分户建房或现有房屋拆迁、改建、翻建或政府依法实施规划重新建设时,按当地政府规定的面积标准重新确定使用权,其超过部分退还集体。

空闲或房屋坍塌、拆除两年以上没有恢复使用的宅基地,不确定土地使用权。已经确定使用权的,由集体报经县级人民政府批准,注销其土地登记,土地由集体收回。

②乡(镇)村企事业建设用地使用权的确认

乡(镇)村企事业单位和个人依法使用农民集体土地进行非农业建设的,可依法确定使用者集体建设用地使用权。对多占少用、占而不用的,其闲置部分不予确定使用权,并退还农民集体。

农民集体经依法批准的土地使用权作为联营条件与其他单位或个人合办联营企业,或者农民集体经依法批准以集体所有的土地的使用权作价入股,举办外商投资企业和内联乡镇企业的,可对联营或股份制企业确定集体建设用地使用权。

三、土地权属争议的类型和特点

(一)类型

土地权属争议是指土地所有权或者使用权归属争议,它是特定范围内有关土地权利归属的民事纠纷。土地权属争议可以从不同角度划分出不同类型。

(1)从地类上划分,可分为农业用地和非农业用地、城市土地和农村土地的权属争议。

(2)从土地权属争议形成的原因来划分,可分为历史上形成的和因土地的征用、承包等引起的新的权属争议。

(3)从争议主体的角度来划分,归纳起来主要有五种,即国有土地所有者与集体土地所有者之间;集体土地所有者之间;国有土地使用者之间;集体土地使用者之间;国有土地所有者与集体土地使用者之间。

(4)从土地权属争议的内容来划分,可分为土地所有权争议、土地使用权争议和其他土地权利争议。其中土地所有权争议分为国有土地所有权和集体土地所有权之间的争议、农民集体之间的土地所有权争议。农民集体之间的土地所有权争议又可细分为乡(镇)农民集体之间、村农民集体之间、村民小组农民集体之间的土地所有权争议。土地使用权争议分为国有土地使用权争议和集体土地使用权争议。国有土地使用权争议大多为单位与单位之间土地权属争议,集体土地使用权争议包括集体土地建设用地使用权争议和宅基地使用权争议等。其他土地权利争议是因土地所有权和使用权之外的土地权利而发生的争议,在处理使用权争议时往往涉及这部分权利争议。

(二)特点

(1)土地权属争议的对象是土地所有权、使用权等的归属问题。它不同于其他争议,如有关行政区域边界争议;森林和林木争议;水利设施、水产养殖涉及的水面争议;城镇建设用地规则和房产争议及其他地上建筑物和附着物争议等。它更不同于土地的侵权行为引起的纠纷,土地侵权纠纷的对象是土地侵权行为存在与否的问题,其前提是土地所有权、使用权已明确。

(2)与土地违法案件不同,土地权属争议属于民事纠纷的范畴。土地违法案件中的违法行为人与行使处罚权的土地管理机关属行政管理相对人与行政管理人的关系,即被管理与管理的关系,两者之间的权利义务是不平等的,土地管理机关可以向人民法院申请强制执行,其所作的具体行政行为具有强制性;土地权属的当事人之间则具有平等的法律地位,其争议是平等主体之间的争议,可由当事人协商解决,协商不成的,才由人民政府处理。

(3)土地权属争议最显著的特点是各方均无足以证明其土地所有权、使用权的法律凭证,即存在争议。判断是否存在争议,首先要认定各方是否具有土地权属的法律凭证。如果争议各方均无足以证明其土地权属的法律凭证,属土地权属争议无疑;如果一方有土地权属的法律凭证,他方无凭证,一般不作为土地权属争议处理;如果各方均有法律凭证,但争议之处属各方所持法律凭证的重复之处(如重复发证),则要提请发证机关处理。

四、土地权属争议的调处

土地权属争议调处是指各级人民政府根据法律的授权,作为中立的第三方对民事主体之间发生的土地所有权和使用权争议进行调查处理的各项活动的总称。土地所有权和使用权争议在性质上属于民事争议,民事争议在传统上一概由司法机关管辖。但随着社会经济的发展以及政府职能的扩大,行政机关也开始处理传统上由法院处理的民事争议。

(一)调处特征

土地权属争议调处是行政机关行使行政职权的表现,但它具有鲜明的特征。主要表现在以下几个方面。

(1)调处范围的特定性。按照传统的行政权与司法权划分的原理,民事纠纷由司法机关处理,行政机关无权裁决民事纠纷。当法律授权行政机关处理民事纠纷时,行政机关便因此获得对民事纠纷的裁决权,但这种裁决权行使的范围必须由法律明文设定,因此是特定的。就土地权属争议调处而言,其范围主要局限于土地的所有权和使用权争议。

(2)调处主体的专门性。根据《土地管理法》的授权,单位之间的争议,由县级以上人民政府处理;个人之间、个人与单位之间的争议,由乡级人民政府或者县级人民政府处理。由于调处工作的专业性和技术性,具体工作主要由县级以上国土资源行政主管部门负责。但国土资源部门作为人民政府的职能部门,主要负责争议案件的调查和调解工作,并不具有处理决定权。从长远发展的眼光看,应当建立专门的土地权属裁决机构。

(3)调处行为的行政性。土地权属争议的调处是行政机关行政权运行的体现。权属纠纷调处的结果是使土地权属关系得以确定,在这个意义上可以被称为"行政确权"。此外,调处是行政机关以中间人的身份对平等主体之间的民事争议作出的裁决,在性质上属于行政裁决。因此,土地权属争议调处是一种具体行政行为,当事人对于调处决定不服的,应当通过行政途径获得救济,而不能径行提起民事诉讼。

(4)调处程序的准司法性。行政机关在调处过程中不是作为行政法律关系的一方当事人,而是作为中间人的身份出现。为体现调处解决争议的公开、公平、公正性,行政机关必须采用类似于司法行为的行政司法程序,尽可能让争议双方当事人在平等的基础上充分表达意见,行政机关在听取双方意见的基础上作出客观、公正的裁决。

(5)调处决定的强制性。土地权属争议调处是行政机关行使行政裁决权的活动,民事纠纷当事人是否同意或者是否承认,都不会影响调处决定的成立及其所具有的法律效力。生效的处理决定可以作为土地登记的依据。当事人对处理决定不服的,只能依法申请行政复议或者提起行政诉讼。

(二)调处原则

1.先占原则

先占,就是以据为己有为意图获取或者占有不属于任何人所有的物(无主物)。这种事实上的占据被法律承认为合法占有,由于物是无主的,因而不会侵害任何人。先占有三个成立要件:(1)标的物为无主物;(2)先占者对标的物有事实上的占有;(3)先占者有将无主物归其所有的意思。由于自然等原因,无主土地在中国产生是可能的,如河流入海、入湖而形成的冲积地,河流改道或水位下降形成的河滩地等,在法律上自然会产生由国家还是集体先占并取得所有权的问题。对上述因自然而生的无主土地,目前法律并无相应的规定。从便于土地开发、利用的角度出发,多数学者认为,对于无主土地,可以通过先占原则确立农民集体取得所有权。例如,许多地区发生的围海围湖造田,包括海滩及湖滩造田,农民集体依次获得的耕地,均通过了1988年的土地初始登记。对此如一概规定由国家取得所有权,不利于土地的集约利用。

2.时效取得原则

时效取得,是以所有的意思,公开、和平、继续地占有他人之物达到法律程序规定的时间,从而取得物的所有权或其他财产权。时效取得的法律特征有以下几点:(1)占有人必须以自己所有的意思进行占有;(2)占有人的占有必须是公开的;(3)占有人必须持续不断地占有他人之物。承认该制度,能快速确定当事人之间的法律关系,并排除因岁月消逝而发生举证责任的困难,使长期继续占有他人之物的人,无论善意与否,均能取得该物的所有权,以此促进物尽其用和社会安定的功能。在修订《确定土地所有权和使用权的若干规定》时,已经将先占和时效取得20年的内容写入其中。

3.尊重历史原则

土地权属争议产生的原因很多,但多数是历史遗留问题引起的,这种争议在集体组织之间的土地权属关系中十分普遍。引起这类争议的主要原因有以下几点:(1)历史上乡、村、社、队、场因合并、分割、改变隶属关系等行政建制变化遗留的权属未定、权属不清;(2)因过去的土地开发、征地退耕、兴办或停办企事业、有组织移民形成的权属不清;(3)因过去无偿占用或"一平二调"造成的权属争议;(4)地界不明,包括过去无偿划拨荒山、荒地时未计算面积和划定地界,历史上无地界标志或地界标志不明,新划地界不清或不合理,兴建水利、平整土地、开荒、更改河道等造成地界变化等情形。

这些争议主要是由于土地占有现状缺乏权属依据或者权属依据难以证明。处理这类纠纷,应当从历史出发,摸清争议土地的历史发展变化,查明引起变化的事实背景和当时的政策依据,确定争议产生的原因,以合理划定地界、确定权属。

4. 现有利益保护原则

土地权属争议处理前,土地权利处于不确定状态,因此,在土地所有权和使用权争议解决之前,任何一方不得改变土地现状,不得破坏土地上的附着物。争议双方应遵循保护现有利益的原则,不得有任何破坏土地资源、阻挠争议解决的行为。在涉及历史原因的集体土地争议中,如历史事实不清、相关证据或政策依据不明,应以土地实际占有的现状为根据确定土地的权属关系。在国有土地因重复征收或重复划拨引起的土地争议中,遵循"后者优先"原则,按土地利用现状确定权利归属。

5. 行政处理前置原则

政府出面处理在土地权属纠纷解决中占有很重要的地位。土地确权是一项政策性和技术性很强的工作,政府土地行政主管部门对本行政区的土地状况比较了解,对发生的争议,应面对现实,以法律程序、法规为依据,及时、公正地解决土地权属纠纷。因此,土地权属争议的解决,应先采用行政处理的方式,若当事人对行政处理不服,可以向人民法院起诉。一般情况下,当事人直接向人民法院提起诉讼的,人民法院不予受理。

(三)争议管辖

土地权属争议的管辖是指各级土地行政主管部门承办土地权属争议的权限和范围。在实际工作中,主要依据以下原则:第一,有利于公正处理,保护当事人的合法权益;第二,便于国土资源行政主管部门调查协调,依法处理;第三,便于当事人行使申诉权利;第四,尽量把土地权属争议解决在基层;第五,有利于减少上报下传层次,提高办事效率。

(1)县级土地行政主管部门受理的土地权属争议案件:个人之间、个人与单位之间、单位与单位之间发生的土地权属争议案件;跨乡级行政区域的土地权属争议案件;同级人民政府和上级人民政府土地管理部门交办的土地权属争议案件。

上面规定的个人之间、个人与单位之间发生的土地权属争议案件,也可以由乡级人民政府受理和处理。但需要重新确认所有权和使用权的,应由县级以上人民政府确认。

(2)设区的市、自治州土地行政主管部门受理的争议案件:跨县级行政区域的土地权属争议案件;同级人民政府、上级人民政府土地管理部门交办或者有关部门转送的土地权属争议案件。

(3)省、自治区、直辖市土地行政主管部门调查处理的争议案件:跨设区的市、自治州行政区域的土地权属争议案件;争议一方为中央国家机关直属单位,且涉及土地面积较大的土地权属争议案件;争议一方为军队,且涉及土地面积较大的土地权属争议案件;本行政区域内有较大影响的土地权属争议案件;同级人民政府、国土资源部交办或者有关部门转送的土地权属争议案件。

(4)国土资源部调查处理的争议案件:国务院交办的土地权属争议案件;在全国范围内有重大影响的土地权属争议案件。

当事人之间发生土地权属争议,经协商不能解决的,可以依法向县级以上人民政府或者乡级人民政府提出处理申请,也可以依照上述规定,向有关的土地行政主管部门提出调查处理申请。

(四)调处程序

土地权属争议的调处程序是指土地行政主管部门受理和处理土地权属争议案件的具体工作程序(见图7-1)。依据法律程序规定的程序受理和处理土地权属争议,是解决土地权属争议案件必须遵循的基本原则。

图 7-1　土地权属争议调处程序

1.土地权属争议的申请

(1)申请的概念

申请是指土地权属争议申请人要求国土资源行政主管部门接受处理土地权属争议的行为。申请是国土资源行政主管部门处理土地权属争议的先决条件。申请人主张土地权属,要求行政机关处理土地权属争议,首先要自己提出申请,不提出申请,国土资源行政主管部门一般不主动处理。但人民政府交办的土地权属争议案件,国土资源行政主管部门应直接承办,无需当事人申请。

(2)申请人的条件

土地权属争议申请人应与争议的土地有直接的利害关系,有明确的请求处理对象、具体的处理请求和事实根据。同时,申请人申请处理土地权属争议,应当提交书面申请书和有关证据材料。即申请人负有举证的责任。

(3)申请书应当载明事项

申请人和被申请人的姓名或者名称、地址、邮政编码、法定代表人姓名和职务;请求的事项、事实和理由;证人的姓名、工作单位、住址、邮政编码。

2.土地权属争议的受理

(1)受理的概念

受理是指县级以上国土资源行政主管部门或乡级人民政府依照争议管辖的规定对申请人的申请决定立案审理的行为。

(2)受理的时限

受理认为应当受理的,在决定受理之日起 5 个工作日内将申请书副本发送被申请人。被申请人应当在接到申请书副本之日起 30 日内提交答辩书和有关证明材料。逾期不提交答辩书的,将不影响案件的处理。

不受理认为不应当受理的,应当及时拟定《不予受理建议书》,报同级人民政府作出不予受理决定。

(3)受理的案件类型

土地侵权案件;行政区域边界争议案件;土地违法案件;农村土地承包经营权争议案件;其他不作为土地权属争议的案件。

(4)回避制度

国土资源行政主管部门决定受理争议案件后,应当及时指定承办人,对当事人争议的事实情况进行调查,但与争议案件有利害关系的承办人应当回避。《土地权属争议调查处理办法》规定,承办人与争议案件有利害关系的,应当申请回避;当事人认为承办人与争议案件有利害关系的,有权请求该承办人回避。承办人是否回避,由受理案件的国土资源行政主管部门决定。

3. 土地权属争议的调查

(1)调查的概念

调查是指由国土资源行政主管部门指定的承办人,对争议事实进行查证的行为。调查的目的是弄清案件事实。

(2)调查的证据取得

由当事人提供。根据《土地权属争议调查处理办法》,土地权属争议双方当事人对各自提出的事实和理由负有举证责任,应当及时向国土资源行政主管部门提供有关证据。

由承办人调查取得。承办人在调查处理土地权属争议过程中,可以向有关单位或者个人调查取证。被调查的单位或者个人应当协助,并如实提供有关证明材料。如国土资源行政主管部门认为必要,也可以直接调查取证。在实地调查时,应当通知当事人及有关人员到现场。必要时,可以邀请有关部门派人协助调查。

(3)调查的证据类型

人民政府颁发的确定土地权属的凭证;人民政府或者主管部门批准征用、划拨、出让土地或者以其他方式批准使用土地的文件;争议双方当事人依法达成的书面协议;人民政府或者司法机关处理争议的文件或者附图;其他有关证明文件。

4. 土地权属争议的调解

(1)调解的概念

调解是指在查明事实、分清权属关系和双方自愿的基础上,通过说服教育和劝导协商达成解决纠纷的协议。

(2)调解原则

调解应当符合自愿、合法原则,不得强迫;国土资源行政主管部门对受理的土地权属争议案件,应当在查清事实、分清责任的基础上进行调解;对经过调解不能达成协议的,应当及时提出处理意见,下达处理决定,避免久推不决。

（3）调解书及其效力

调解达成协议的,应当制作调解书。调解书应当载明:当事人的姓名或者名称、法定代表人姓名、职务;争议的主要事实;协议内容及其他有关事项。同时,双方当事人要签名或者盖章,由承办人署名并加盖国土资源行政主管部门的印章后生效。

生效的调解书具有法律效力,是土地登记的依据。国土资源行政主管部门应当在调解书生效之日起 15 日内,依照民事诉讼法的有关规定,将调解书送达当事人,并同时抄报上一级国土资源行政主管部门。

对经过调解不能达成协议的,或者调解书送达前一方或双方反悔的,国土资源行政主管部门应当及时提出处理意见,报人民政府作出处理决定。

5. 土地权属争议的处理

（1）处理的概念

处理是指国土资源行政主管部门对受理的土地权属争议,在查清事实的基础上,提出自己的处理意见报人民政府作出处理决定。

（2）处理的法律依据

处理土地权属争议,要严格依照法律规定,正确适用法律程序,以法律和行政法规为依据。涉及本行政区内、民族自治地方的土地权属争议,以地方性法规和该民族自治地方的自治条例和单行条例为依据,参照国务院部、委根据法律和国务院的行政法规、决定、命令、制度发布的规章以及省、自治区、直辖市和省、自治区的人民政府所在地的市和经国务院批准的较大的市的人民政府根据法律和国务院的行政法规制定、发布的决定。

（3）处理的时限

国土资源行政主管部门应当自受理土地权属争议之日起 6 个月内提出调查处理意见。因情况复杂,在规定时间内不能提出调查处理意见的,经该国土资源行政主管部门的主要负责人批准,可以适当延长。

（4）调查处理意见的主要内容

当事人的姓名或者名称、地址、法定代表人的姓名、职务;争议的事实、理由和要求;认定的事实和适用的法律、法规等依据;拟定的处理结论。

（5）处理决定及其效力

国土资源行政主管部门提出调查处理意见后,应当在 5 个工作日内报送同级人民政府,由人民政府下达处理决定。国土资源行政部门的调查处理意见在报同级人民政府的同时,抄报上一级国土资源行政主管部门。

当事人对人民政府处理决定不服的,可以依法申请行政复议或者提起行政诉讼。如果在规定的时间内,当事人既不申请行政复议,也不提起行政诉讼,处理决定即发生法律效力。生效的处理决定是土地登记的依据。

第四节　土地登记与房屋登记

一、土地登记

(一)土地登记的基本概念和一般规定

1. 基本概念

土地登记,是指将国有土地使用权、集体土地所有权、集体土地使用权和土地抵押权、地役权以及依照法律法规规定需要登记的其他土地权利记载于土地登记簿公示的行为。国有土地使用权,包括国有建设用地使用权和国有农用地使用权;集体土地使用权,包括集体建设用地使用权、宅基地使用权和集体农用地使用权(不含土地承包经营权)。

我国的《土地登记办法》(以下称"本办法")于 2007 年 11 月 28 日国土资源部第五次部务会议审议通过,自 2008 年 2 月 1 日起施行。

2. 一般规定

土地以宗地为单位进行登记。宗地是指土地权属界线封闭的地块或者空间。土地登记实行属地登记原则。申请人应当依照本办法向土地所在地的县级以上人民政府国土资源行政主管部门提出土地登记申请,依法报县级以上人民政府登记造册,核发土地权利证书。但土地抵押权、地役权由县级以上人民政府国土资源行政主管部门登记,核发土地他项权利证明书。跨县级行政区域使用的土地,应当报土地所跨区域各县级以上人民政府分别办理土地登记。

土地登记应当由当事人共同申请,但有下列情形之一的,可以单方申请:①土地总登记;②国有土地使用权、集体土地所有权、集体土地使用权的初始登记;③因继承或者遗赠取得土地权利的登记;④因人民政府已经发生法律效力的土地权属争议处理决定而取得土地权利的登记;⑤因人民法院、仲裁机构已经发生法律效力的法律文书而取得土地权利的登记;⑥更正登记或者异议登记;⑦名称、地址或者用途变更登记;⑧土地权利证书的补发或者换发;⑨其他依照规定可以由当事人单方申请的情形。两个以上土地使用权人共同使用一宗土地的,可以分别申请土地登记。

申请人申请土地登记,应当根据不同的登记事项提交材料:①土地登记申请书;②申请人身份证明材料;③土地权属来源证明;④地籍调查表、宗地图及宗地界址坐标;⑤地上附着物权属证明;⑥法律法规规定的完税或者减免税凭证。地籍调查表、宗地图及宗地界址坐标,可以委托有资质的专业技术单位进行地籍调查获得。申请人申请土地登记,应当如实向国土资源行政主管部门提交有关材料和反映真实情况,并对申请材料实质内容的真实性负责。未成年人的土地权利,应当由其监护人代为申请登记。申请办理未成年人土地登记的,除提交本办法第九条规定的材料外,还应当提交监护人身份证明材料。委托代理人申请土地登记的,除提交本办法第九条规定的材料外,还应当提交授权委托书和代理人身份证明。代理境外申请人申请土地登记的,授权委托书和被代理人身份证明应当经过依法公证或者认证。

国土资源行政主管部门在办理土地所有权和土地使用权登记手续前,应当报经同级人民政府批准。国土资源行政主管部门受理土地登记申请后,认为必要的,可以就有关登记事项向申请人询问,也可以对申请登记的土地进行实地查看。国土资源行政主管部门应当对受理的土地登记申请进行审查,并按照规定办理登记手续:①根据对土地登记申请的审核结果,以宗地为单位填写土地登记簿;②根据土地登记簿的相关内容,以权利人为单位填写土地归户卡;③根据土地登记簿的相关内容,以宗地为单位填写土地权利证书。对共有一宗土地的,应当为两个以上土地权利人分别填写土地权利证书。

土地登记簿是土地权利归属和内容的根据。土地登记簿应当载明:①土地权利人的姓名或者名称、地址;②土地的权属性质、使用权类型、取得时间和使用期限、权利以及内容变化情况;③土地的坐落、界址、面积、宗地号、用途和取得价格;④地上附着物情况。土地登记簿应当加盖人民政府印章。土地登记簿采用电子介质的,应当每天进行异地备份。

土地权利证书是土地权利人享有土地权利的证明,由国务院国土资源行政主管部门统一监制。土地权利证书记载的事项,应当与土地登记簿一致;记载不一致的,除有证据证明土地登记簿确有错误外,以土地登记簿为准。

有下列情形之一的,不予登记:①土地权属有争议的;②土地违法违规行为尚未处理或者正在处理的;③未依法足额缴纳土地有偿使用费和其他税费的;④申请登记的土地权利超过规定期限的;⑤其他依法不予登记的。不予登记的,应当书面告知申请人不予登记的理由。

(二)土地登记的主要类型

1. 土地总登记

土地总登记,是指在一定时间内对辖区内全部土地或者特定区域内土地进行的全面登记。

土地总登记应当发布通告。通告的主要内容包括:①土地登记区的划分;②土地登记的期限;③土地登记收件地点;④土地登记申请人应当提交的相关文件材料;⑤需要通告的其他事项。

对符合总登记要求的宗地,由国土资源行政主管部门予以公告。公告的主要内容包括:①土地权利人的姓名或者名称、地址;②准予登记的土地坐落、面积、用途、权属性质、使用权类型和使用期限;③土地权利人及其他利害关系人提出异议的期限、方式和受理机构;④需要公告的其他事项。公告期满,当事人对土地总登记审核结果无异议或者异议不成立的,由国土资源行政主管部门报经人民政府批准后办理登记。

2. 初始登记

初始登记,是指土地总登记之外对设立的土地权利进行的登记。

依法以划拨方式取得国有建设用地使用权的,当事人应当持县级以上人民政府的批准用地文件和国有土地划拨决定书等相关证明材料,申请划拨国有建设用地使用权初始登记。新开工的大中型建设项目使用划拨国有土地的,还应当提供建设项目竣工验收报告。

依法以出让方式取得国有建设用地使用权的,当事人应当在付清全部国有土地出让价款后,持国有建设用地使用权出让合同和土地出让价款缴纳凭证等相关证明材料,申请出让国有建设用地使用权初始登记。划拨国有建设用地使用权已依法转为出让国有建设用地使用权的,当事人应当持原国有土地使用证、出让合同及土地出让价款缴纳凭证等相关证明材料,申请出让国有建设用地使用权初始登记。

依法以国有土地租赁方式取得国有建设用地使用权的,当事人应当持租赁合同和土地租金缴纳凭证等相关证明材料,申请租赁国有建设用地使用权初始登记。依法以国有土地使用权作价出资或者入股方式取得国有建设用地使用权的,当事人应当持原国有土地使用证、土地使用权出资或者入股批准文件和其他相关证明材料,申请作价出资或者入股国有建设用地使用权初始登记。以国家授权经营方式取得国有建设用地使用权的,当事人应当持原国有土地使用证、土地资产处置批准文件和其他相关证明材料,申请授权经营国有建设用地使用权初始登记。

农民集体土地所有权人应当持集体土地所有权证明材料,申请集体土地所有权初始登记。依法使用本集体土地进行建设的,当事人应当持有批准权的人民政府的批准用地文件,申请集体建设用地使用权初始登记。集体土地所有权人依法以集体建设用地使用权入股、联营等形式兴办企业的,当事人应当持有批准权的人民政府的批准文件和相关合同,申请集体建设用地使用权初始登记。依法使用本集体土地进行农业生产的,当事人应当持农用地使用合同,申请集体农用地使用权初始登记。

依法抵押土地使用权的,抵押权人和抵押人应当持土地权利证书、主债权债务合同、抵押合同以及相关证明材料,申请土地使用权抵押登记。同一宗地多次抵押的,以抵押登记申请先后为序办理抵押登记。符合抵押登记条件的,国土资源行政主管部门应当将抵押合同约定的有关事项在土地登记簿和土地权利证书上加以记载,并向抵押权人颁发土地他项权利证明书。申请登记的抵押为最高额抵押的,应当记载所担保的最高债权额、最高额抵押的期间等内容。

3. 变更登记

变更登记,是指因土地权利人发生改变,或者因土地权利人姓名或者名称、地址或土地用途等内容发生变更而进行的登记。

依法以出让、国有土地租赁、作价出资或者入股方式取得的国有建设用地使用权转让的,当事人应当持原国有土地使用证和土地权利发生转移的相关证明材料,申请国有建设用地使用权变更登记。因依法买卖、交换、赠与地上建筑物、构筑物及其附属设施涉及建设用地使用权转移的,当事人应当持原土地权利证书、变更后的房屋所有权证书及土地使用权发生转移的相关证明材料,申请建设用地使用权变更登记。涉及划拨土地使用权转移的,当事人还应当提供有批准权人民政府的批准文件。因法人或者其他组织合并、分立、兼并、破产等原因致使土地使用权发生转移的,当事人应当持相关协议及有关部门的批准文件、原土地权利证书等相关证明材料,申请土地使用权变更登记。

因处分抵押财产而取得土地使用权的,当事人应当在抵押财产处分后,持相关证明文件,申请土地使用权变更登记。土地使用权抵押期间,土地使用权依法发生转让的,当事人应当持抵押权人同意转让的书面证明、转让合同及其他相关证明材料,申请土地使用权变更登记。已经抵押的土地使用权转让后,当事人应当持土地权利证书和他项权利证明书,办理土地抵押权变更登记。经依法登记的土地抵押权因主债权被转让而转让的,主债权的转让人和受让人可以持原土地他项权利证明书、转让协议、已经通知债务人的证明等相关证明材料,申请土地抵押权变更登记。

因人民法院、仲裁机构生效的法律文书或者因继承、受遗赠取得土地使用权,当事人申请登记的,应当持生效的法律文书或者死亡证明、遗嘱等相关证明材料,申请土地使用权变更登记。权利人在办理登记之前先行转让该土地使用权或者设定土地抵押权的,应当依照本办法先将土地权利申请登记到其名下后,再申请办理土地权利变更登记。

土地权利人姓名或名称、地址发生变化的,当事人应当持原土地权利证书等相关证明材料,申请姓名或者名称、地址变更登记。土地的用途发生变更的,当事人应当持有关批准文件和原土地权利证书,申请土地用途变更登记。土地用途变更依法需要补交土地出让价款的,当事人还应当提交已补交土地出让价款的缴纳凭证。

4. 注销登记

注销登记,是指因土地权利的消灭等而进行的登记。有下列情形之一的,可直接办理注销登记:①依法收回的国有土地;②依法征收的农民集体土地;③因人民法院、仲裁机构生效的法律文书致使原土地权利消灭,当事人未办理注销登记的。因自然灾害等原因造成土地权利消灭的,原土地权利人应当持原土地权利证书及相关证明材料,申请注销登记。非住宅国有建设用地使用权期限届满,国有建设用地使用权人未申请续期或者申请续期未获批准的,当事人应当在期限届满前十五日内,持原土地权利证书,申请注销登记。

已经登记的土地抵押权、地役权终止的,当事人应当在该土地抵押权、地役权终止之日起十五日内,持相关证明文件,申请土地抵押权、地役权注销登记。当事人未按照规定申请注销登记的,国土资源行政主管部门应当责令当事人限期办理;逾期不办理的,进行注销公告,公告期满后可直接办理注销登记。

土地抵押期限届满,当事人未申请土地使用权抵押注销登记的,除设定抵押权的土地使用权期限届满外,国土资源行政主管部门不得直接注销土地使用权抵押登记。土地登记注销后,土地权利证书应当收回;确实无法收回的,应当在土地登记簿上注明,并经公告后废止。

5. 其他登记

其他登记,包括更正登记、异议登记、预告登记和查封登记。

国土资源行政主管部门发现土地登记簿记载的事项确有错误的,应当报经人民政府批准后进行更正登记,并书面通知当事人在规定期限内办理更换或者注销原土地权利证书的手续。当事人逾期不办理的,国土资源行政主管部门报经人民政府批准并公告后,原土地权利证书废止。更正登记涉及土地权利归属的,应当对更正登记结果进行公告。土地权利人认为土地登记簿记载的事项错误的,可以持原土地权利证书和证明登记错误的相关材料,申请更正登记。利害关系人认为土地登记簿记载的事项错误的,可以持土地权利人书面同意更正的证明文件,申请更正登记。

土地登记簿记载的权利人不同意更正的,利害关系人可以申请异议登记。对符合异议登记条件的,国土资源行政主管部门应当将相关事项记载于土地登记簿,并向申请人颁发异议登记证明,同时书面通知土地登记簿记载的土地权利人。异议登记期间,未经异议登记权利人同意,不得办理土地权利的变更登记或者设定土地抵押权。有下列情形之一的,异议登记申请人或者土地登记簿记载的土地权利人可以持相关材料申请注销异议登记:①异议登记申请人在异议登记之日起十五日内没有起诉的;②人民法院对异议登记申请人的起诉不予受理的;③人民法院对异议登记申请人的诉讼请求不予支持的。异议登记失效后,原申请人就同一事项再次申请异议登记的,国土资源行政主管部门不予受理。

当事人签订土地权利转让的协议后,可以按照约定持转让协议申请预告登记。对符合预告登记条件的,国土资源行政主管部门应当将相关事项记载于土地登记簿,并向申请人颁发预告登记证明。预告登记后,债权消灭或者自能够进行土地登记之日起三个月内当事人未申请土地登记的,预告登记失效。预告登记期间,未经预告登记权利人同意,不得办理土地权利的变更登记或者土地抵押权、地役权登记。

国土资源行政主管部门应当根据人民法院提供的查封裁定书和协助执行通知书,报经人民政府批准后将查封或者预查封的情况在土地登记簿上加以记载。国土资源行政主管部门在协助人民法院执行土地使用权时,不对生效法律文书和协助执行通知书进行实体审查。国土资源行政主管部门认为人民法院的查封、预查封裁定书或者其他生效法律文书错误的,可以向人民法院提出审查建议,但不得停止办理协助执行事项。对被执行人因继承、判决或者强制执行取得,但尚未办理变更登记的土地使用权的查封,国土资源行政主管部门依照执行查封的人民法院提交的被执行人取得财产所依据的继承证明、生效判决书或者执行裁定书及协助执行通知书等,先办理变更登记手续后,再行办理查封登记。

二、房屋登记

(一)房屋登记的基本概念和一般规定

1.基本概念

房屋登记,是指房屋登记机构依法将房屋权利和其他应当记载的事项在房屋登记簿上予以记载的行为。房屋登记由房屋所在地的房屋登记机构办理。国务院建设主管部门负责指导、监督全国的房屋登记工作。省、自治区、直辖市人民政府建设(房地产)主管部门负责指导、监督本行政区域内的房屋登记工作。房屋登记机构应当建立本行政区域内统一的房屋登记簿。房屋登记簿是房屋权利归属和内容的根据,由房屋登记机构管理。

我国的《房屋登记办法》已于 2008 年 1 月 22 日经建设部第 147 次常务会议讨论通过,自 2008 年 7 月 1 日起施行。

2.一般规定

办理房屋登记,一般依照下列程序进行:①申请;②受理;③审核;④记载于登记簿;⑤发证。房屋应当按照基本单元进行登记。房屋基本单元是指有固定界限、可以独立使用并且有明确、唯一的编号(幢号、室号等)的房屋或者特定空间。国有土地范围内成套住房,以套为基本单元进行登记;非成套住房,以房屋的幢、层、间等有固定界限的部分为基本单元进行登记。集体土地范围内村民住房,以宅基地上独立建筑为基本单元进行登记;在共有宅基地上建造的村民住房,以套、间等有固定界限的部分为基本单元进行登记。非住房以房屋的幢、层、套、间等有固定界限的部分为基本单元进行登记。

办理房屋登记,应当遵循房屋所有权和房屋占用范围内的土地使用权权利主体一致的原则。申请登记材料应当提供原件。不能提供原件的,应当提交经有关机关确认与原件一致的复印件。申请人应当对申请登记材料的真实性、合法性、有效性负责,不得隐瞒真实情况或者提供虚假材料申请房屋登记。申请房屋登记,应当由有关当事人双方共同申请。有下列情形之一,申请房屋登记的,可以由当事人单方申请:①因合法建造房屋取得房屋权利;②因人民法院、仲裁委员会生效的法律文书取得房屋权利;③因继承、受遗赠取得房屋权利;④有本办法所列变更登记情形之一;⑤房屋灭失;⑥权利人放弃房屋权利;⑦法律、法规规定的其他情形。共有房屋,应当由共有人共同申请登记。未成年人的房屋,应当由其监护人代为申请登记。委托代理人申请房屋登记的,代理人应当提交授权委托书和身份证明。

房屋登记机构应当查验申请登记材料,并根据不同登记申请就申请登记事项是否为申请人的真实意思表示、申请登记房屋是否为共有房屋、房屋登记簿记载的权利人是否同意更正,以及申请登记材料中需进一步明确的其他有关事项询问申请人。询问结果应当经申请人签字确认,并归档保留。办理下列房屋登记,房屋登记机构应当实地查看：①房屋所有权初始登记；②在建工程抵押权登记；③因房屋灭失导致的房屋所有权注销登记；④法律、法规规定的应当实地查看的其他房屋登记。

登记申请符合下列条件的，房屋登记机构应当予以登记，将申请登记事项记载于房屋登记簿：①申请人与依法提交的材料记载的主体一致；②申请初始登记的房屋与申请人提交的规划证明材料记载一致，申请其他登记的房屋与房屋登记簿记载一致；③申请登记的内容与有关材料证明的事实一致；④申请登记的事项与房屋登记簿记载的房屋权利不冲突。

有下列情形之一的，房屋登记机构应当不予登记：①未依法取得规划许可、施工许可或者未按照规划许可的面积等内容建造的建筑申请登记的；②申请人不能提供合法、有效的权利来源证明文件或者申请登记的房屋权利与权利来源证明文件不一致的；③申请登记事项与房屋登记簿记载冲突的；④申请登记房屋不能特定或者不具有独立利用价值的；⑤房屋已被依法征收、没收，原权利人申请登记的；⑥房屋被依法查封期间，权利人申请登记的。

房屋登记簿应当记载房屋自然状况、权利状况以及其他依法应当登记的事项。房屋登记机构应当根据房屋登记簿的记载，缮写并向权利人发放房屋权属证书。房屋权属证书、登记证明与房屋登记簿记载不一致的，除有证据证明房屋登记簿确有错误外，以房屋登记簿为准。

(二)国有土地范围内房屋登记

1. 所有权登记

因合法建造房屋申请房屋所有权初始登记的，应当提交下列材料：①登记申请书；②申请人身份证明；③建设用地使用权证明；④建设工程符合规划的证明；⑤房屋已竣工的证明；⑥房屋测绘报告；⑦其他必要材料。房地产开发企业申请房屋所有权初始登记时，应当对建筑区划内依法属于全体业主共有的公共场所、公用设施和物业服务用房等房屋一并申请登记，由房屋登记机构在房屋登记簿上予以记载，不颁发房屋权属证书。

发生下列情形之一的，当事人应当在有关法律文件生效或者事实发生后申请房屋所有权转移登记：①买卖；②互换；③赠与；④继承、受遗赠；⑤房屋分割、合并，导致所有权发生转移的；⑥以房屋出资入股；⑦法人或者其他组织分立、合并，导致房屋所有权发生转移的；⑧法律、法规规定的其他情形。

抵押期间，抵押人转让抵押房屋的所有权，申请房屋所有权转移登记的，除提供本办法第三十三条规定材料外，还应当提交抵押权人的身份证明、抵押权人同意抵押房屋转让的书面文件、他项权利证书。因人民法院或者仲裁委员会生效的法律文书、合法建造房屋、继承或者受遗赠取得房屋所有权，权利人转让该房屋所有权或者以该房屋设定抵押权时，应当将房屋登记到权利人名下后，再办理房屋所有权转移登记或者房屋抵押权设立登记。

发生下列情形之一的，权利人应当在有关法律文件生效或者事实发生后申请房屋所有权变更登记:①房屋所有权人的姓名或者名称变更的;②房屋坐落的街道、门牌号或者房屋名称变更的;③房屋面积增加或者减少的;④同一所有权人分割、合并房屋的;⑤法律、法规规定的其他情形。申请房屋所有权变更登记,应当提交下列材料:①登记申请书;②申请人身份证明;③房屋所有权证书或者房地产权证书;④证明发生变更事实的材料;⑤其他必要材料。

经依法登记的房屋发生下列情形之一的,房屋登记簿记载的所有权人应当自事实发生后申请房屋所有权注销登记:①房屋灭失的;②放弃所有权的;③法律、法规规定的其他情形。经登记的房屋所有权消灭后,原权利人未申请注销登记的,房屋登记机构可以依据人民法院、仲裁委员会的生效法律文书或者人民政府的生效征收决定办理注销登记,将注销事项记载于房屋登记簿,原房屋所有权证收回或者公告作废。

2. 抵押权登记

以房屋设定抵押的,当事人应当申请抵押权登记。申请抵押权登记,应当提交下列文件:①登记申请书;②申请人的身份证明;③房屋所有权证书或者房地产权证书;④抵押合同;⑤主债权合同;⑥其他必要材料。对符合规定条件的抵押权设立登记,房屋登记机构应当将下列事项记载于房屋登记簿:①抵押当事人、债务人的姓名或者名称;②被担保债权的数额;③登记时间。

当上述所列事项发生变化或者发生法律、法规规定变更抵押权的其他情形的,当事人应当申请抵押权变更登记。经依法登记的房屋抵押权发生下列情形之一的,权利人应当申请抵押权注销登记:①主债权消灭;②抵押权已经实现;③抵押权人放弃抵押权;④法律、法规规定抵押权消灭的其他情形。

以房屋设定最高额抵押的,当事人应当申请最高额抵押权设立登记。因最高债权额、债权确定的期间发生变更而申请变更登记的,还应当提交其他抵押权人的书面同意文件。最高额抵押权担保的债权确定前,债权人转让部分债权的,除当事人另有约定外,房屋登记机构不得办理最高额抵押权转移登记。当事人约定最高额抵押权随同部分债权的转让而转移的,应当在办理最高额抵押权确定登记之后,办理抵押权转移登记。

对符合规定条件的最高额抵押权确定登记,登记机构应当将最高额抵押权担保的债权已经确定的事实记载于房屋登记簿。当事人协议确定或者人民法院、仲裁委员会生效的法律文书确定了债权数额的,房屋登记机构可以依照当事人一方的申请将债权数额确定的事实记载于房屋登记簿。以在建工程设定抵押的,当事人应当申请在建工程抵押权设立登记。在建工程竣工并经房屋所有权初始登记后,当事人应当申请将在建工程抵押权登记转为房屋抵押权登记。

3. 地役权登记

在房屋上设立地役权的,当事人可以申请地役权设立登记。申请地役权设立登记,应当提交下列材料:①登记申请书;②申请人的身份证明;③地役权合同;④房屋所有权证书或者房地产权证书;⑤其他必要材料。对符合规定条件的地役权设立登记,房屋登记机构应当将有关事项记载于需役地和供役地房屋登记簿,并可将地役权合同附于供役地和需役地房屋登记簿。

4. 预告登记

有下列情形之一的,当事人可以申请预告登记:①预购商品房;②以预购商品房设定抵押;③房屋所有权转让、抵押;④法律、法规规定的其他情形。预告登记后,未经预告登记的权利人书面同意,处分该房屋申请登记的,房屋登记机构应当不予办理。预告登记后,债权消灭或者自能够进行相应的房屋登记之日起三个月内,当事人申请房屋登记的,房屋登记机构应当按照预告登记事项办理相应的登记。

预售人和预购人订立商品房买卖合同后,预售人未按照约定与预购人申请预告登记,预购人可以单方申请预告登记。申请预购商品房预告登记,应当提交下列材料:①登记申请书;②申请人的身份证明;③已登记备案的商品房预售合同;④当事人关于预告登记的约定;⑤其他必要材料。预购人单方申请预购商品房预告登记,预售人与预购人在商品房预售合同中对预告登记附有条件和期限的,预购人应当提交相应的证明材料。

5. 其他登记

权利人、利害关系人认为房屋登记簿记载的事项有错误的,可以申请更正登记。房屋登记簿记载确有错误的,应当予以更正;需要更正房屋权属证书内容的,应当书面通知权利人换领房屋权属证书;房屋登记簿记载无误的,应当不予更正,并书面通知申请人。房屋登记机构发现房屋登记簿的记载错误,不涉及房屋权利归属和内容的,应当书面通知有关权利人在规定期限内办理更正登记;当事人无正当理由逾期不办理更正登记的,房屋登记机构可以依据申请登记材料或者有效的法律文件对房屋登记簿的记载予以更正,并书面通知当事人。对于涉及房屋权利归属和内容的房屋登记簿的记载错误,房屋登记机构应当书面通知有关权利人在规定期限内办理更正登记;办理更正登记期间,权利人因处分其房屋权利申请登记的,房屋登记机构应当暂缓办理。

利害关系人认为房屋登记簿记载的事项错误,而权利人不同意更正的,利害关系人可以持登记申请书、申请人的身份证明、房屋登记簿记载错误的证明文件等材料申请异议登记。房屋登记机构受理异议登记的,应当将异议事项记载于房屋登记簿。异议登记期间,房屋登记簿记载的权利人处分房屋申请登记的,房屋登记机构应当暂缓办理。权利人处分房屋申请登记,房屋登记机构受理登记申请但尚未将申请登记事项记载于房屋登记簿之前,第三人申请异议登记的,房屋登记机构应当中止办理原登记申请,并书面通知申请人。异议登记期间,异议登记申请人起诉,人民法院不予受理或者驳回其诉讼请求的,异议登记申请人或者房屋登记簿记载的权利人可以持登记申请书、申请人的身份证明、相应的证明文件等材料申请注销异议登记。

人民法院、仲裁委员会的生效法律文书确定的房屋权利归属或者权利内容与房屋登记簿记载的权利状况不一致的,房屋登记机构应当按照当事人的申请或者有关法律文书,办理相应的登记。司法机关、行政机关、仲裁委员会发生法律效力的文件证明当事人以隐瞒真实情况、提交虚假材料等非法手段获取房屋登记的,房屋登记机构可以撤销原房屋登记,收回房屋权属证书、登记证明或者公告作废,但房屋权利为他人善意取得的除外。

(三)集体土地范围内房屋登记

依法利用宅基地建造的村民住房和依法利用其他集体所有建设用地建造的房屋,可以申请房屋登记。

因合法建造房屋申请房屋所有权初始登记的,应当提交下列材料:①登记申请书;②申请人的身份证明;③宅基地使用权证明或者集体所有建设用地使用权证明;④申请登记房屋符合城乡规划的证明;⑤房屋测绘报告或者村民住房平面图;⑥其他必要材料。申请村民住房所有权初始登记的,还应当提交申请人属于房屋所在地农村集体经济组织成员的证明。农村集体经济组织申请房屋所有权初始登记的,还应当提交经村民会议同意或者由村民会议授权经村民代表会议同意的证明材料。

办理村民住房所有权初始登记、农村集体经济组织所有房屋所有权初始登记,房屋登记机构受理登记申请后,应当将申请登记事项在房屋所在地农村集体经济组织内进行公告。经公告无异议或者异议不成立的,方可予以登记。发生下列情形之一的,权利人应当在有关法律文件生效或者事实发生后申请房屋所有权变更登记:①房屋所有权人的姓名或者名称变更的;②房屋坐落变更的;③房屋面积增加或者减少的;④同一所有权人分割、合并房屋的;⑤法律、法规规定的其他情形。

申请农村村民住房所有权转移登记,受让人不属于房屋所在地农村集体经济组织成员的,除法律、法规另有规定外,房屋登记机构应当不予办理。房屋登记机构对集体土地范围内的房屋予以登记的,应当在房屋登记簿和房屋权属证书上注明"集体土地"字样。办理集体土地范围内房屋的地役权登记、预告登记、更正登记、异议登记等房屋登记,可以参照适用国有土地范围内房屋登记的有关规定。

第五节　不动产统一登记

《物权法》第十条第二款规定:"国家对不动产实行统一登记制度。统一登记的范围、登记机构和登记办法,由法律、行政法规规定。"尽管《物权法》规定的不动产统一登记制度是一项重要的制度创新,具有里程碑的意义,但《物权法》仅仅提出国家对不动产实行统一登记制度,对具体负责登记的机构、登记范围等并未明确规定。

2013年3月28日,国务院办公厅发布《关于实施〈国务院机构改革和职能转变方案〉任务分工的通知》(以下简称《通知》)。《通知》要求,整合房屋登记、林地登记、草原登记、土地登记职责,出台并实施不动产统一登记制度,2014年6月底前出台不动产登记条例。同年11月20日召开的国务院常务会议决定,整合不动产登记职责、建立不动产统一登记制度,由国土资源部负责指导监督全国土地、房屋、草原、林地、海域等不动产统一登记职责,基本做到登记机构、登记簿册、登记依据和信息平台"四统一"。

2014年4月21日,国土资源部表示将在2016年全面实施统一登记制度。同年5月7日,国土资源部地籍管理司加挂不动产登记局牌子,不动产登记局挂牌成立。同年11月24日,国务院以656号文件正式公布《不动产登记暂行条例》,该条例自2015年3月1日起施行。至此,我国不动产统一登记制度基本建立,并在全国逐步开展。

一、建立不动产统一登记制度的背景、意义和指导思想

(一)建立不动产统一登记制度的背景

建立不动产统一登记制度,是经济社会发展的必然要求,是加强和创新社会管理的重要手段,是贯彻落实《物权法》关于建立不动产统一登记制度的重要举措,是规范不动产登记行为,维护不动产交易安全,保护不动产权利人合法权益的重要保障,也是国际上的通行做法。

随着中国经济社会的快速发展,原有的不动产分散登记体制,已不能适应社会管理和社会经济活动的要求,分散登记产生的直接问题有资源资产利用效益低和社会管理效率低,交易活动不安全,公民和社会组织行使物权权利不方便等。2007年颁布实施的《物权法》确立了不动产统一登记制度。但是,由于机构体制等原因,不动产统一登记制度未能真正建立,不动产多头管理、职能重叠、重复登记的问题依然存在,不利于权利人合法权益的保护。党中央、国务院对此高度重视,大力推进改革。2013年3月,《国务院机构改革和职能转变方案》明确要求"减少部门职责交叉和分散。最大限度地整合分散在国务院相同或相似的职责,理顺部门职责关系",其中就包括整合房屋登记、林地登记、草原登记、土地登记的职责由一个部门承担。同年11月,国务院第31次常务会议明确,由国土资源部负责指导监督全国土地、房屋、草原、林地、海域等不动产统一登记职责,基本做到登记机构、登记簿册、登记依据和信息平台"四统一"。12月,中央编办下发《关于整合不动产登记职责的通知》,明确了职责整合的路径和方向。建立和实施不动产统一登记制度的目的是按照完善制度、方便群众、统筹兼顾、平稳实施的原则,在基本实现登记机构、登记依据、登记簿册和信息平台"四统一"的基础上,加快形成权界清晰、分工合理、权责一致、运转高效、法治保障的不动产统一登记体系,最终实现各类不动产从分散登记到统一登记的转变,彻底转变政府职能,保障不动产交易安全,保护不动产权利人的合法财产权。

(二)建立不动产统一登记制度的意义

一是更好地保护不动产权利人的合法财产权,保障不动产交易安全,维护正常的市场交易秩序。"有恒产者有恒心",登记的本质目的就是确定不动产的权利归属,并在登记簿上进行记载公示,从而达到保护不动产物权的目的。以前由不同的部门管理和登记,导致农林用地、农牧用地以及林牧用地之间的权属界线不清,权利归属不明确,引发众多矛盾和纠纷,有的甚至产生恶性械斗,引发群体性事件。除此之外,以前

分散登记,由于各部门的登记方法、技术规程等不一致,很容易导致各种不动产权利的重复登记、遗漏登记现象的产生。特别是不同类型的土地权利面积重叠或者重复登记严重,造成了大量登记错误,不利于保护权利人的权利。统一登记后就可以减少甚至杜绝类似的问题发生,更好地理清当事人之间的不动产权利界限,减少权属纠纷,提高登记的准确性和权威性,更好地维护当事人的不动产物权。同时,统一登记之后,建立不动产登记信息依法公开查询系统,将有效保障不动产交易安全,维护不动产市场的正常交易秩序。

二是提高政府治理效率和水平。不同的部门都办理不动产登记,各个部门都配备一套专门的人员、机构、场所以及设施设备等,国家不仅为此相应地多支付人力、物力、财力,而且由于各部门之间的职能交叉,容易导致各部门之间的争权夺利或者扯皮推诿,降低行政办事效率。建立不动产统一登记制度,理顺部门职责关系,将房屋登记、林地登记、草原登记、土地登记以及海域登记的职责整合由一个部门承担,从而促进政府职能转变,可以大大减少政府行政成本,提高政府办事效率和公信力。

三是方便企业和群众、减轻当事人的负担。分散登记时,在农村,当事人要分别到四个不同的部门办理不同证件:住房要到建设部门办理《房屋所有权证》,宅基地要到国土资源主管部门办理《集体土地使用证》,承包的土地要到农业部门办理《农村土地承包经营权证》,栽种的树木要到林业部门办理《林权证》。在城市,当事人最少也要办两个证:到建设部门办理《房屋所有权证》,到国土资源主管部门办理《国有土地使用证》。各种证书满天飞,不仅增加了人民群众办证的不便,而且增加了其时间成本和金钱成本。在统一不动产登记依据的基础上,确保实现登记机构、登记簿册证和登记信息管理平台的统一,逐步实现一个窗口对外服务,减少办证环节,可以让当事人少跑路,大大减轻群众负担,方便企业和群众。

(三)建立不动产统一登记制度的指导思想

一是体现贯彻落实党中央、国务院关于加强政府职能转变的要求,加快不动产登记管理职能的转变。新一届政府把深化改革作为着力点,把加快转变职能作为大事。2013 年 3 月,《国务院机构改革和职能转变方案》明确要求实行不动产统一登记。同年 11 月,国务院第 31 次常务会议明确,由国土资源部负责指导监督全国不动产统一登记。按照中央"凡属重大改革都要于法有据"的总体要求,不动产统一登记各项制度建设都要以立法为前提,并紧紧围绕不动产登记相关法律规定的各项内容搭建制度框架。为此,国家出台了《不动产登记暂行条例》(以下简称《条例》)。

二是以维护交易安全、保障物权稳定、明确不动产登记的基本规则为立法宗旨。不动产登记突出不动产登记在公示公信方面的基本功能;公示原则的基本含义,就是必须将物权这种抽象的法律权利是否存在、是否发生变动的情形以法律规定的方式公开展示出来,使物权获得法律和社会的承认和保护,以达到保护交易安全和明确社会财产支配秩序的目的。而物权是否存在、物权变动是否发生的法定公示方式就是不动产登记。对于物权变动是否能够发生效果,我国《物权法》第九条第一款规定:"不动产物权的设立、变更、转让和消灭,经依法登记,发生效力;未经登记,不发生效力,但法律另有规定的除外。"条文明确规定,确定物权变动是否生效的法律根据,就是看其是否已经纳入了不动产登记。而对于物权是否存在的法律根据,我国《物权法》第十六条规定:"不动产登记簿是物权归属和内容的根据。"同时,《条例》明确已经发放的权属证书继续有效,已经依法享有的不动产权利不因登记机构和程序的改变而受到影响。

三是将条例定位于程序法,明确了当事人提出不动产登记申请的各种程序。《物权法》中的不动产登记的相关规定,是不动产立法的实体法;《条例》中的登记规则,是不动产立法的程序法。物权实体法决定程序法,程序法反过来影响实体法,程序法的建立也取决于实体法。因此,我国的不动产登记立法必须保障登记能够发挥立法所强调的实质主义的作用的实现。反过来,程序法也会对实体权利产生决定性影响。与物权法的相关制度相比,《条例》规定的不动产登记的主要特点在于如何进行不动产登记,而不是登记与否对物权变动的影响。《条例》建立的是不动产登记的各项程序,也就是规范不动产登记机关开展不动产登记的程序,以及引导和保障民事主体设立、转让、变更和消灭不动产物权的程序。

四是以便民利民和保障交易安全为导向,实现不动产登记实质上的统一。在统一不动产登记依据的基础上,确保实现登记机构、登记簿册证和登记信息管理平台的统一,实现一个窗口对外,并简化程序,减轻群众负担。《条例》特别强调,不动产登记机构能够通过互通共享取得的信息,不得要求不动产登记申请人重复提交。

二、《不动产登记暂行条例》的基本框架及其主要内容

《不动产登记暂行条例》由国务院于 2014 年 11 月 24 日发布,自 2015 年 3 月 1 日起施行。

(一)《不动产登记暂行条例》的基本框架

《条例》共六章,三十五条。

第一章"总则",共七条,对条例的立法目的及依据、不动产登记及不动产的概念、不动产登记的类型、不动产登记的原则、需要进行登记的不动产权利种类、不动产登记机构以及不动产登记管辖进行了规定。

第二章"不动产登记簿",共六条,对不动产登记单元及不动产登记簿应当记载的事项、不动产登记簿的介质、不动产登记簿记载要求、不动产登记工作人员要求、不动产登记簿保管要求、不动产登记簿永久保存及移交等进行了规定。

第三章"登记程序",共九条,对不动产登记申请情形,现场登记、代理登记和撤回登记申请,登记申请应提交的材料及材料目录、范本公示,不动产登记机构初步审查,登记机构查验,登记机构实地查看和调查等审查职责,登记机构审查期限,完成登记,不予登记的情形等内容进行了规定。

第四章"登记信息共享与保护",共六条,对不动产登记信息管理基础平台建设,不动产登记信息互通共享,各部门加强有关信息互通共享,工作人员保密义务,登记资料

查询、复制，查询主体对登记信息不得随意泄露等内容进行了规定。

第五章"法律责任"，共四条，对不动产登记错误造成损害应承担赔偿责任，不动产登记机构工作人员在不动产登记工作中渎职行为应承担法律责任，伪造、变造不动产权属证书或者证明以及买卖、使用伪造、变造的不动产权属证书或者证明应承担法律责任，泄露不动产登记资料、登记信息或者利用不动产登记资料、登记信息进行不正当活动应承担法律责任等进行了规定。

第六章"附则"，共三条，对以往证书是否有效以及农村土地承包经营权登记过渡期，授权国务院国土资源主管部门会同有关部门制定实施细则，条例生效日期等进行了规定。

(二)《不动产登记暂行条例》的主要内容

1.关于登记机构

按照《国务院机构改革和职能转变方案》关于整合房屋登记、林地登记、草原登记、土地登记职责的要求，以及中央编办《关于整合不动产登记职责的通知》中明确国土资源部指导监督全国土地登记、房屋登记、林地登记、草原登记、海域登记等不动产登记工作的职责的有关规定，《条例》明确国土资源部负责指导、监督全国不动产登记工作，同时要求县级以上地方人民政府确定一个部门负责本行政区域不动产登记工作，并接受上级不动产登记主管部门的指导和监督。

2.关于登记簿册

不动产登记簿是物权归属和内容的根据，严格规范登记簿的管理有利于保护不动产权利人的合法权益。《条例》规定，登记机构应当设置统一的登记簿，载明不动产自然状况、权属状况等相关事项，并对登记簿的介质形式、登记机构的保管保存义务等进行明确。同时，为妥善处理好不动产统一登记过程中新证和老证之间的关系，《条例》特别强调，条例施行前依法颁布的各类不动产权属证书和制作的登记簿继续有效。

3.关于登记程序

为贯彻落实党中央、国务院关于简政放权，在服务中实施管理、在管理中实现服务的要求，本着简化程序、方便群众的原则，《条例》规定，一是充分尊重申请人的意愿，允许申请人在特定情形下可以单方提出登记申请，在登记机构登记前还可以自愿撤回登记申请。二是要求登记机构公开申请登记所需材料目录和示范文本等信息，为申请人提供便利。三是规范受理，要求登记机构收到申请材料进行初步审查；申请人可以当场更正错误的，当场受理；登记机构未一次性告知申请人需要补正内容的，视为符合受理条件。四是登记机构能够通过互通共享取得的信息，不得要求申请人重复提交。

4.关于登记信息共享与保护

统一不动产登记信息平台是不动产统一登记工作的重要内容，为加强登记信息共享与保护，《条例》专设一章作出规定，一是要求国务院国土资源主管部门牵头建立统一的不动产登记信息管理基础平台,各级登记机构的信息要纳入统一基础平台,实现信息实时共享。二是国土资源、公安、民政等有关部门要加强不动产登记有关信息互通共享。三是明确权利人、利害关系人、有关国家机关有权依法查询、复制不动产登记资料。四是对查询获得的不动产登记信息、资料的使用进行规范。

三、《不动产登记暂行条例》的基本解读

(一)总则

第一条规定的是《条例》的立法目的及法律依据。

整合不动产登记职责是实现不动产统一登记的基础,规范登记行为是实现不动产统一登记的要求,方便群众申请登记是不动产统一登记的核心,保护权利人合法权益是不动产统一登记的目的。

《条例》作为国务院行政法规,其直接的立法依据应当是《条例》的上位法,其中最主要的是《物权法》,因为其明确规定了国家实行不动产统一登记制度。其他法律如《土地管理法》《城市房地产管理法》《森林法》《草原法》《农村土地承包法》等相关法律对土地、房屋、森林林木、草原等不动产登记也进行了规范,但是由于这些法律在登记机关、登记管辖、登记内容、登记程序等方面规定都不相同,不利于不动产统一登记制度的建立。为此,《条例》以《物权法》为立法依据,吸纳其他法律中对不动产登记的相关内容,并进行了归纳总结。经过充分讨论研究,在条文上采用"根据《中华人民共和国物权法》(以下简称《物权法》)等法律"的表述,不对其他法律进行罗列。当然,除了《物权法》等相关法律,《条例》还有其他间接立法依据。

第二条规定的是不动产登记及不动产的概念。

不动产登记的概念,包含登记的主体是不动产登记机构;登记的内容是不动产权利归属和其他法定事项;登记事项须记载于不动产登记簿。

不动产是与动产相对而言的,都属于"物"的范畴,都由物权法(大陆法系国家)或者财产法(英美法系国家)进行调整。两者之间的区别主要是能否人为地移动,如果能够移动的被称为动产,不能移动的被称为不动产。在境外其他国家和地区,不动产的概念比较广,一般包括土地以及附着于土地与其无法分离的房屋、林木等,甚至与林木没有分离的果实等也属于不动产。

第三条主要规定的是不动产登记的类型。

不动产首次登记,主要是指不动产权利第一次记载于不动产登记簿,具体来说主要包括实践中的总登记和初始登记。变更登记,主要是指因不动产权利人的姓名、名称或者不动产坐落等发生变更而进行的登记。转移登记,主要是指因不动产权利人发生改变而进行的登记。注销登记,主要是指因不动产权利消灭而进行的登记。更正登记,主要是指登记机构根据当事人的申请或者依职权对登记簿的错误记载事项进行更正的登记。异议登记,主要是指登记机构将事实上的权利人以及利害关系人对不动产登记簿记载的权利所提出的异议申请记载于不动产登记簿的行为。预告登记,主要是

指为保全一项以将来发生的不动产物权变动为目的的请求权的不动产登记。查封登记，主要是指不动产登记机构根据人民法院及其他机关提供的查封裁定书和协助执行通知书等法律文件，将查封的情况在不动产登记簿上加以记载的行为。

第四条规定的内容主要有三方面：一是贯彻落实《物权法》，明确规定不动产统一登记制度；二是明确不动产登记应当遵循的三个原则，即严格管理原则、稳定连续原则、方便群众原则；三是明确不动产登记的连续性。

按照《物权法》和党中央、国务院的具体要求，《条例》从几个方面建立不动产统一登记制度：一是统一登记机构，二是统一登记簿册，三是统一登记依据，四是统一信息平台。

第五条主要规定的是需要登记的不动产权利类型。

集体土地所有权，是指农民集体对依法属于其所有的土地所享有的占有、使用、收益、处分的权利。房屋等建筑物、构筑物所有权，是指权利人对属于其所有的房屋等建筑物、构筑物所享有的占有、使用、收益、处分的权利。《条例》打破了原有的林权概念，从实际出发，本着明晰权属，防止重复交叉的原则，对林地所有权和使用权的登记进行了适当归并，一是将林地所有权包含于土地所有权，二是将林地使用权包含于土地承包经营权中。土地承包经营权，是指权利人依法对其承包经营的耕地、林地、草地等享有占有、使用和收益的权利。建设用地使用权，是指利用土地营造建筑物、构筑物和其他设施的权利。宅基地使用权，是指农村集体经济组织的成员依法享有的在农民集体所有的土地上建造个人住宅的权利。海域使用权，是指单位或者个人依法取得对国家所有的特定海域排他性使用权。地役权，是指权利人按照合同约定，利用他人的不动产，以提高自己的不动产的效益的权利。抵押权，是指债务人或者第三人不转移对不动产的占有作为债权的担保，在债务人不履行债务或者发生当事人约定的实现抵押权的情形时，债权人依法享有的对该不动产优先赔偿的权利。

第六条规定的主要是不动产登记机构的设置。

国务院国土资源主管部门是不动产登记的主管机构。目前我国的不动产登记主体主要包括三种形式：一是法律规定由人民政府登记，二是法律规定直接由部门登记，三是同一法律中既规定了政府登记，又规定了部门登记。从我国改革的具体情况来看，《条例》规定由政府部门的不动产登记机构全面承担不动产统一登记的职责较为适宜。

第七条主要规定的是不动产登记的管辖原则。

一是属地登记原则。二是跨县级行政区域的不动产登记。三是属地登记原则的例外。四是直辖市、设区的市可以确定本级不动产登记机构，统一办理所属各区的不动产登记。

（二）不动产登记簿

本章是关于不动产登记簿的有关规定，共六条，涵盖了不动产登记簿的登记单元、登记内容、介质形式、登记人员的要求以及登记簿的保管等内容。具体包括第八条关于不动产登记簿记载事项的规定;第九条关于不动产登记簿形式的规定;第十条关于登记簿记载要求的规定;第十一条关于不动产登记人员的规定;第十二条关于登记簿保管要求的规定;第十三条关于登记簿永久保存、重建及移交的规定。

不动产登记簿,是指不动产登记机构依法制作的,对某一特定地域辖区内的不动产及其上的权利状况加以记载的具有法律效力的官方记录。2013年年底,国务院常务会议对不动产统一登记作出明确要求和部署,要求基本做到登记机构、登记簿册、登记依据和信息平台"四统一"。《物权法》第十六条第一款规定,"不动产登记簿是物权归属和内容的根据",不动产登记簿既要反映不动产的自然状况,还要反映其上建立的各类法律关系,在不动产统一登记制度中处于核心地位。

由于不动产登记簿的法律效力属于实体性规范,《物权法》对此作出了具体规定,因此,《条例》作为程序法,对效力问题不再作出规定。一般认为不动产登记簿具有以下两个方面的效力:一是具有推定力,二是具有公信力。

(三)登记程序

本章是关于不动产登记程序的规定。本章共九条。其中,第十四条规定了登记申请,第十五条规定了现场申请和登记申请的撤回,第十六条规定了申请材料的提交,第十七条规定了登记机构的受理,第十八条规定了登记机构的查验,第十九条规定了登记机构实地查看和调查,第二十条规定了登记机构办理不动产登记的期限,第二十一条规定了登簿和发证,第二十二条规定了不予登记的情形。

在不动产登记机构、登记簿册、登记依据和信息平台统一的大前提下,为了规范登记机构的登记行为,防止权力滥用,为登记机构工作人员提供指导,使登记申请人明确登记流程,更好维护自身合法权益,登记机构进行登记的程序必须统一。各级不动产登记机构应当按照《条例》规定的程序进行登记。

《条例》颁布前,我国《房屋登记办法》《房地产登记技术规程》(JGJ 278—2012)中对登记程序作了列举式的规定,其他关于不动产登记的部门规章或者规范性文件中并未采取列举登记程序名称的方式,而是分别在各条中规定相应的登记程序。如《房屋登记办法》第七条规定:"办理房屋登记,一般依照下列程序进行:(一)申请;(二)受理;(三)审核;(四)记载于登记簿;(五)发证。房屋登记机构认为必要时,可以就登记事项进行公告。"《房地产登记技术规程》4.1.1规定,房地产登记宜按申请、受理、审核、登簿、发证的程序进行。房地产登记机构认为有必要时,可对登记有关事项进行公告。《土地登记规则》也曾列举了土地登记的程序,但是2008年2月1日实施的《土地登记办法》没有再进行列举。《条例》并未采取罗列登记程序名称的方式,而是分别于第十四条、第十五条、第十七条、第十八条和第二十一条规定了登记申请、受理、审核和登簿发证的具体程序。

目前世界上关于不动产登记程序的规定不尽相同,但基本的登记流程却较为统一,即申请、受理、审核和登簿,有些国家和地区还规定了颁证和公告等程序。

1. 申请

不动产登记申请是不动产登记申请人向不动产登记机构提出的进行登记的请求。登记的启动程序依各国立法主要有三种方式：申请登记、嘱托登记和径为登记，其中申请登记是最主要的启动方式，一般说来，当事人不申请，登记机构不得办理登记。

2. 受理

受理是登记机构对符合条件的登记申请予以接受的行为。受理的过程实际上相当于初步审查。主要审查登记申请在形式上是否符合受理的要求，如申请人提交的材料是否齐备、申请材料上的内容与申请登记事项是否相符、是否符合法定形式的要求以及申请材料之间的内容是否对应等。初步审查合格后，登记机构应当接受申请人申请，并根据有关规定收取登记费用。

3. 审核

不动产登记机构受理申请人提出的登记申请后，为了最终作出予以登记或者不予登记的决定，需要对申请登记的事项进行进一步的审核。根据登记机构审核的程度不同，大致可将登记分为形式审查和实质审查两种情况。形式审查是指对于登记的申请材料，只进行形式上的审查，至于登记申请材料上记载的权利事项是否真实及有无瑕疵，则不予过问。而实质审查，是登记机构不仅应对当事人提交的申请材料进行形式要件的审查，而且应当负责审查申请材料内容的真实性、合法性，甚至要审查登记事项的基础法律关系。现行法律法规或规范性文件都没有规定我国实行实质审查还是形式审查。无论实质审查还是形式审查，都必须保证登记结果的准确。

4. 登簿

登簿是指不动产登记机构对符合登记条件的登记事项在登记簿中予以记载的行为。不动产登记簿是物权归属和内容的根据，登记事项自记载于不动产登记簿时完成登记。因此，登记人员对登记材料审查合格后，应当及时将登记事项记载于登记簿。

颁发证书和公告并非各国普遍要求的登记程序，《条例》中明确规定了颁证程序，而对公告程序并未作出规定。

（四）登记信息共享与保护

本章是关于不动产登记信息共享与保护的规定，主要包括了国家有关部门对登记信息的直接利用和保护，以及社会公众对登记信息的利用和保护两个方面。本章共六条，第二十三条规定了建立统一的不动产登记信息管理基础平台，确保各级不动产登记机构登记信息共享。第二十四条规定了住房城乡建设、农业、林业、海洋等部门审批、交易信息与不动产登记有关信息的实时互通共享以及不得要求申请人重复提交材料。第二十五条规定了国土、公安、民政等各部门对不动产登记有关信息的互通共享。第二十六条规定了有关工作人员的保密义务。第二十七条规定了权利人、利害关系人以及有关国家机关对不动产登记资料的利用。第二十八条规定了查询不动产登记资料的单位和个人不得滥用登记资料的义务。

不动产登记信息的共享与保护对于发挥不动产登记物权公示作用,防止交易欺诈行为,保障交易安全,维护不动产交易秩序,保护当事人的合法权益发挥着重要的作用,是便民原则的重要体现,也是不动产登记的重要内容。根据 2013 年 11 月 20 日国务院常务会议建立不动产登记信息管理基础平台,实现不动产审批、交易和登记信息在有关部门间依法依规互通共享,消除"信息孤岛";推动建立不动产登记信息依法公开查询系统,保证不动产交易安全,保护群众合法权益的有关要求,《国务院机构改革和职能转变方案》中"整合建立统一规范的公共资源交易平台、信用信息平台,推动资源共享、提高效能"的有关规定,以及《中央编办关于整合不动产登记职责的通知》中关于"国土资源部负责牵头建立不动产登记信息管理基础平台"的规定,《条例》对不动产登记信息的共享与保护专设一章作出规定。

(五)法律责任

本章共四条,其中第二十九条规定的是登记错误赔偿责任,第三十条规定的是登记机构工作人员滥用职权、玩忽职守的责任,第三十一条规定的是伪造、变造不动产权属证书、证明的责任,第三十二条规定的是关于登记信息滥用的责任。

纵观各国,不动产登记赔偿制度是不动产登记制度的重要组成部分,虽在各国以不同形式确立,但都对保障不动产交易秩序、维系公平公正的法律价值体系发挥着重要作用。《物权法》规定了我国的不动产登记赔偿制度,本条例第二十九条沿用了《物权法》的这一规定。

法律责任是公民、法人或其他组织实施违法行为所必须承担的法律后果,即因违法行为而在法律上受到的相应制裁,法律责任是法律规范的重要组成部分。确定违法行为的法律责任,是法律规范区别于道德规范、政策文件等其他行政规范的重要特征,对于维护法律尊严,惩戒违法者、教育广大公民自觉守法具有重要意义。违反本条例规定需要承担的法律责任包括三种:民事责任、行政责任和刑事责任。

(六)附则

附则是附在法律、法规后面的规则,是法的整体中作为总则和分则辅助性内容而存在的一个组成部分。本章共三条,第三十三条是关于以往证书是否有效以及农村土地承包经营权登记过渡期的规定,第三十四条是关于授权国务院国土资源主管部门会同有关部门制定实施细则的规定,第三十五条是关于本条例生效日期的规定。

第三十三条是关于以往证书是否有效以及农村土地承包经营权登记过渡期的规定。本条第一款首先规定《条例》无溯及力。如此规定的原因首先是符合国际惯例。法律不溯及既是各国普遍遵循的法治原则,我国也已将新法无溯及力作为重要立法原则之一,《条例》也不例外。其次是出于便民的原则。不动产权利涉及千家万户,推进不动产统一登记工作既要充分保护权利人合法不动产权益,也要有效维护不动产交易市场良好秩序,要保持工作的连续性和平稳过渡。按照《条例》要求,一是明确现有各类不动产权证书继续有效;二是在不动产统一登记工作衔接时间节点前,继续按照现有模式指导地方做好日常登记发证工作;三是做好衔接工作。本条第二款关于农村土地承包经营权登记过渡期的规定,是符合实际需要的一项规定。

第三十四条是关于授权国务院国土资源主管部门会同有关部门制定实施细则的规定。不动产统一登记需要一整套法律制度来予以规范,第一是法律,即《物权法》,对不动产统一登记进行原则性的规定,指明方向;第二是行政法规,即《不动产登记暂行条例》,定位于程序法,依据《物权法》的有关规定,明确了当事人提出不动产登记申请后登记机关开展不动产登记的程序,以便民利民和保障交易安全为导向,落实不动产登记实质上的统一,在统一不动产登记依据的基础上,确保实现登记机构、登记簿册和登记信息管理平台的统一;第三是实施细则,需要制定《不动产登记暂行条例实施细则》,对《条例》进行细化,对《条例》未能规范的内容予以规范,对不同种类不动产的不同登记类型作出详细规定,使不动产登记工作能够依法依规顺利开展。

本条例实施细则应当会同有关部门制定,有关部门包括中央编办、财政部、住房城乡建设部、农业部、税务总局、林业局、法制办、海洋局等部门。2014 年 2 月 24 日,国务院以国函〔2014〕28 号向不动产登记工作部际印发《关于同意建立不动产登记工作部际联席会议制度的批复》,明确联席会议由国土资源部、中央编办、财政部、住房城乡建设部、农业部、税务总局、林业局、法制办、海洋局等九个部门组成,国土资源部为联席会议牵头单位。

第三十五条是关于《条例》生效日期的规定。

《条例》由李克强总理于 2014 年 11 月 24 日签署国务院第 656 号令予以公布,于 2015 年 3 月 1 日正式生效施行。

按照新法优于旧法的原则,本条明确规定:本条例施行前公布的行政法规有关不动产登记的规定与本条例规定不一致时,以本条例规定为准。这一规定为解决不同行政法规在不动产登记的有关规定出现矛盾时如何适用提供了依据,方便了矛盾的解决。

相对其他相关法律而言,《物权法》属于新法,《物权法》规定了不动产统一登记制度,按照新法优于旧法的原则,其他法律与《物权法》不一致的,应当以《物权法》为准。并且《物权法》第十条明确授权“统一登记的范围、登记机构和登记办法,由法律、行政法规规定”。《条例》是《物权法》的细化,其他法律与《条例》不一致的,应当以《条例》为准。因此,不需要修改相关法律,《条例》即可实施。

第六节　地籍档案管理

一、地籍档案管理概述

(一)地籍档案管理的内涵与特点

地籍档案管理主要是对地籍信息管理系统中的地籍调查、土地登记、土地统计、土地评等定级、土地监测等各部分在系统运行过程中直接形成的,具有保存价值的文字、图表、音像等数据材料进行管理,同时还包括对地籍综合档案的管理,即管理活动中涉及面广或无法归档的文字材料。

地籍档案作为地籍管理工作的历史写照,记录了各个历史阶段和各个方面地籍管理工作的真实面貌,储存着大量的、历史的、真实的地籍工作信息资源,有着广泛的社会作用。

地籍档案具有数量大、形式多样、保存分散的特点。各级土地管理机关在进行地籍管理活动中产生大量的地籍管理文件材料,尤其是在地籍管理工作中进行的土地利用现状调查、城镇地籍调查以及土地登记发证,面广量大,涉及城镇、农村的千家万户,这些文字材料经过立卷归档后,一个县的数量即可达上万卷。而且地籍档案的形式也是多种多样的,例如文字、图表、胶片、磁带、磁盘、光盘、硬盘等。

1. 成套性

地籍档案的成套性是由地籍档案的自然形成规律所决定的。例如,土地利用现状调查形成的准备工作阶段的材料;外业调绘形成的外业调绘手簿、权属界线协议书、图纸、航片等资料;内业整理形成的航片转绘、面积量算材料以及土地利用现状调查成果形成的土地利用现状图、土地利用现状调查报告,检查、验收、鉴定材料,都是围绕土地利用现状调查这一专业活动先后形成的。它们之间有着密不可分的联系,只有将它们按形成规律成套地收集、整理,才能反映出土地利用现状调查这一专业活动的全过程。

2. 跨年度、形成周期长

地籍管理工作中有些专业技术活动历时较长,往往跨年度才能完成,如土地利用现状调查、城镇地籍调查、土地遥感动态监测等,有的要跨一两年,有的甚至需要三四年才能结束。

3. 动态性和现势性

动态性和现势性是地籍档案区别于其他土地档案最突出的特点。由于受自然因素和社会经济发展变化的影响,土地的数量、质量、分布和使用情况都处在经常变化之中,因此,记载地籍管理活动的地籍档案就具有动态性和现势性的特点。例如,在初始土地登记之后,土地产权及土地用途等发生变更时,登记名义人应及时向土地所在地的土地登记机关申请变更登记,土地登记机关在办理变更土地登记手续时,需调阅土地登记档案,并根据变更结果更新相应地籍图、土地登记簿、土地登记归户册等文件资料上的有关内容。土地登记文件资料更新工作是一项经常性的工作,土地登记工作的这个特点使得地籍档案具有动态性和现势性特点。

4. 兼容性

地籍管理历来是一项政策性、技术性很强的工作,不仅要运用行政、法律的手段,而且还要充分运用测绘、遥感和电子计算机等工程技术手段,尤其是地籍测量、地籍数据库的建立、遥感动态监测等,更需要应用现代的技术手段。因此,反映地籍管理活动的地籍档案便同时具有文书档案和科技档案的特点,而且也具有历史档案的特点,互相交叉,是一种专门档案。

5. 越到基层数量越多、工作量越大

由于土地利用现状调查、城镇地籍调查、土地登记等大量的具体工作是在基层展开的,因此,市、县、乡级土地行政主管部门及事业单位形成的地籍档案数量浩大,形式多样。市、县、乡级地籍管理人员和档案人员应做好本单位档案的收集、整理工作,设置专门库房,配备专、兼职档案人员,建章立制,不断提高地籍档案的现代化管理水平。

地籍档案有其固有的特性,在地籍档案立卷归档时,要按其固有的特性,科学分类,系统整理,集中统一保管,维护地籍档案的完整与安全,以便充分发挥地籍档案在地籍管理活动乃至国土资源管理工作中的重要作用,为经济可持续发展做出贡献。

(二)地籍档案管理的内容与任务

地籍档案管理是以地籍档案为对象进行的收集、整理、鉴定、保管和利用等工作的总称。

地籍档案管理的基本任务是按照集中统一管理档案的原则和要求,科学地管理地籍档案,为本部门及国家有关业务部门提供服务。地籍档案管理应按《土地管理档案工作暂行规定》《县级土地管理档案分类方案(试行)》和《土地管理档案案卷构成的一般要求》的相关规定,积极做好地籍档案的收集、整理归档、保管、统计和利用工作,努力实现管理手段的现代化。档案管理的任务要通过收集、整理、鉴定、保管、统计和利用六项工作来实现,前五项是基础性工作,它们为利用提供物质基础,创造工作条件。利用是档案管理的目的和方向,没有利用,基础性工作也就失去了存在的意义和目标。

(1)档案收集就是把那些具有利用价值的调查、登记、统计等的文字图纸、表、册、卡、音像及其他有关文件材料,在任务完成后,收集齐全,集中保存起来。为了便于保存和系统地提供利用,需要把收集起来的文件材料进行分门别类的立卷归档。档案的收集工作是档案管理的起点。

(2)档案的整理工作是把凌乱、分散的地籍相关材料,进行系统化、条理化整理。

(3)档案的鉴定是指对保存的档案去粗取精、确定档案的保存价值。

(4)为了更长远地利用档案,需要对档案采取保护措施,延长档案的使用寿命,保管工作就是使档案保持完整与安全的一项经常性工作。

(5)档案统计是以数字形式反映档案数量、状况的基础工作。

(6)提供利用是档案管理的目的,是档案管理工作水平的集中体现。

二、地籍档案管理流程

地籍档案管理的流程主要包括地籍档案的收集、整理、鉴定、保管、统计和利用,其中前五项是基础性工作,后一项是管理档案的目的。

(一)地籍档案的收集

地籍档案收集就是对那些分散在各部门、机关、单位与个人手上的,具有保存和利用价值的土地调查、登记、统计等的文字、图纸、表、册、卡、音像及其他有关文件材料,按一定制度和要求进行采集、接收和归档。

地籍档案收集范围包括:

(1)在地籍管理活动中形成的综合性文件材料,如各项工作的通知、决定、请示、批复、会议文件、纪要、工作计划、总结、简报、各种培训教材、技术规程及其有关的音像制品等,凡有查考价值的都要整理归档。

(2)凡是在地籍管理业务活动中形成和使用完毕的、具有查考价值的各种图件资料,包括:外业调绘底图、航片、地形图、外业调查草图、清绘图、地籍原图、复制图、宗地图,以及各种成果图,编绘的图件等,均应按规定收集归档。

(3)在地籍管理中形成的野外调查、测量或清丈的记录、计算数据和成果检查、验收、技术鉴定材料,以及土地权属调查、土地清查、土地登记、土地统计、土地定级估价等的各种表、册、簿、卡、台账、证明文据、协议书、原由书、仲裁书和存根等,凡对今后有参考价值的都要整理归档。

对地籍档案的收集和归档时间,《土地管理档案工作暂行规定》规定:

(1)土地调查、登记、建设用地、案件处理或其他项目,在任务完成后,将该项目应归档的文件材料收集齐全,组成保管单位,由项目负责人审定后,向档案室(部门)归档。

(2)土地管理工作形成的其他应归档的文件材料,收集齐全,组成保管单位,由各职能部门负责人审定后,在第二年上半年向档案部门归档。

(二)地籍档案的整理

. 地籍档案的整理是对纷繁、凌乱的地籍材料进行条理化、系统化整理的工作。地籍管理档案整理的工作程序主要包括分类、立卷、案卷排列和案卷目录的编制等。

立卷就是依据地籍管理活动中原始材料的构成特点,将具有某方面共同点和联系密切的文件综合在一起组成一个案卷。具体有:按问题、时间、行政区域或地理特征组卷。一般采用多种方法组合进行立卷。

案卷排列是确定案卷的前后次序和置放的位置,以保持各案卷之间的有机联系。具体做法是按照分类方案进行排列,将地籍管理档案全部存放在一起,在档案箱、柜、架以及栏、格的编号确定后,组织各类地籍管理档案顺序上架。农村地籍管理档案按乡、村、队、使用者结合年度排列,城镇地籍管理档案按城区、街道、街坊、使用者结合年度排列。

案卷目录的编制,又称案卷编目,是档案整理的重要内容之一,也是档案整理的最后程序。编目就是在全部地籍管理档案确定案卷的前后次序和置放的位置后,将案卷逐个登记,并编制成各种目录的工作。值得注意的是,在宗地权属、自然状况发生变化时,需要对原有归档文件材料按程序和有关规定附加、补充和变更,这种情况必须在备考表中注明。

(三)地籍档案管理的鉴定

地籍档案的鉴定包括对地籍档案真伪的鉴定和对地籍档案价值的鉴定两方面。鉴定地籍档案的价值,主要是指确定档案的保留期限,剔除失去保存价值的档案,并予以销毁。主要包括以下步骤和内容:

1.鉴定地籍档案的价值

一般认为,只有内容重要,有较大的查考、利用价值和凭证作用的地籍档案才具有保存的价值。地籍档案的保存价值取决于其自身的特点和作用。如土地登记类的档案,主要内容是反映土地权属的确定与变更,主要形式有登记表卡证、地籍图和法律凭证等,起着长久性的法律凭据作用。如土地调查类和土地统计类,主要内容是各类土地的面积数据及其分布的图件,对国家各部门的工作具有重要的参考或依据的价值。

2.确定地籍档案的保管期限

地籍档案与其他各类土地管理档案的保管期限分为永久保存、长期保存和短期保存3种。凡是具有重要凭证和长久查考、利用价值的作为永久保存;凡在30~50年内具有查考、利用、凭证作用的为长期保存;凡在30年内具有查考、利用、凭证作用的为短期保存。

3.地籍档案的销毁

将毫无保存价值或者保存期满、已经失去继续保存的价值和意义的地籍文件材料进行剔除与销毁。销毁地籍档案时必须严格把关,销毁清册时,须经主管领导批准,并在销毁清册上签字。销毁档案的登记表包括登记的顺序号、案卷或地籍文件材料的标题、起止日期、号码、数量和备考等。

(四)地籍档案的保管

地籍档案的保管是指根据地籍档案的特点、内容而采取的存放和安全防护的措施。地籍档案的保管是档案室的日常性工作,是土地档案保管和利用不可分割的一部分,对于防止档案的损坏、延长档案的使用寿命、维护档案的完整和安全具有至关重要的作用。

地籍档案保管工作的主要内容包括：

1.库房的建设与管理

根据地籍档案的贮藏量大、使用频繁等特点，需要设有专库保管，分库管理。库房要求具有良好的卫生环境和适当的温度、湿度；要求具有防盗、防火、防晒、防尘、防有害生物和防污染等安全措施作为保障；还要求定期进行库藏档案的清理核对工作，做到账物相符。分库管理的，库房要统一编号；档案架（柜）要排放整齐，便于档案的搬运、取放和利用，符合通风和安全的技术要求。

2.档案流动过程中的保管

地籍档案在收集、整理、鉴定、统计和提供利用的过程中，可能会受到不利因素的损害，如磨损、受潮、丢失、泄密等，因此，地籍档案流动过程中的保护十分重要，是地籍档案保管工作的必要组成部分。

3.保护档案的专门技术措施

为延长地籍档案的使用寿命，应当对破损或载体变质的档案进行及时的修补和复制。一般档案要用卷皮、卷盒等材料重新装订；胶片、照片、磁带等材料则要采用特定的器具存放。

地籍图、土地利用现状图等底图除修改、送晒外，一般不得外借。修改后的地籍图、土地利用现状图等底图入库时，要认真检查其修改、补充的情况，必须做到：修改、补充图纸要有审批手续；修改内容较少时，可直接采用在图面修改处标注"修改标记"；修改内容较多时，应当另绘新图，原图存档，作为原始资料保存。

（五）地籍档案的利用

地籍档案的利用包括编制地籍档案检索工具和地籍档案提供利用两大部分。

地籍档案检索工具是提供查询和储存地籍档案的一种手段，使用者可通过它迅速查找到必要的文件材料，档案保管人员也可通过它查找或系统地向使用者提供地籍档案。地籍档案检索工具由档案室统一编制，以实现土地管理档案的集中、统一管理。地籍档案检索工具主要有：分类目录、专题目录及各种索引等。

地籍档案的借阅可分为内部借阅和外部借阅两种。借阅档案要严格遵守借阅制度，认真填写借阅登记表，土地登记档案可以按规定公开查询。

凡需要借阅地籍档案的，先由使用者查找目录卡片，提出所借档案的名称、分类号、宗地号等，然后由工作人员依据编号到库房查找并取出；使用者必须填写借阅簿上的借阅内容之后方可借出。

凡是利用地籍档案的单位和个人，都必须爱护地籍档案，不得遗失、涂改、拆散、剪裁、勾画、批注和转借。

地籍档案归还时，工作人员应进行清点检查，确认完整无误后，方能签收、注销，再把档案放回原处。如若发现有损坏，应当及时追查责任，严肃处理。

地籍档案的编研工作是以档案室的库藏档案为主要对象，以满足社会利用地籍档案的需要为目的,在研究档案内容的基础上,汇编和出版地籍档案史料,编制参考资料,参加编史修志,撰写专门著作的一项编辑研究性工作。

三、地籍电子档案

近年来,国土资源主管部门开展了大量的国土资源调查、产权确认方面的工作,如第二次土地调查、城镇地籍调查、农村集体土地确权、宅基地使用权确权登记等。相关工作的开展都需要留存的有关地籍档案作为支撑或协助,而所需的大量地籍档案存在形式多样、保存不集中,保存媒介多为纸质,有一些档案由于年代久远,不同程度上存在缺失或破损等诸多问题,这些都为国土资源管理工作带来了诸多不便,特别是涉及权属方面,更是容易产生权属纠纷。

由于地籍档案中记载了每块宗地的权属地线、界址拐点位置等空间和非空间数据,因此地籍档案为调整土地关系、合理组织土地利用提供基本依据信息。随着信息化进程的加快,互联网和计算机技术的飞跃发展,地籍档案管理也面临着新的发展机遇,而地籍电子档案建设便是顺应技术发展和管理现代化的必然产物,不仅可以全面存储地籍档案信息,提高查询、检索效率,更能推动地籍档案管理的质量和水平的提高,而且对发挥地籍档案在国土资源管理工作中的重要地位具有积极的意义。

地籍电子档案是地籍档案管理工作的一个重要飞跃,作为地籍档案管理的一种新型管理形式,数字地籍在一定程度上拓展了传统地籍的应用范畴,能满足土地确权、土地规划、评估、智慧城市的建设需要。要推进地籍电子档案的建设工作,则应加快地籍档案数据库建设工作,统一标准、统一部署,进一步提高工作质量和效率。地籍电子档案的建设,是一个地籍信息不断数字化的过程,也是地籍服务不断实现网络化的过程,更是管理手段走向信息化的过程。

地籍电子档案管理应遵循档案收集、整理、保管、利用、鉴定、统计等管理原则。它与纸质等载体档案有很大区别,其记录形式是数字序列。任何地籍电子档案,当使用技术和设备将信息内容记录在磁性材料或光盘等载体后,就永远离不开这种技术和设备,它不能离开这种生成环境和设备而单独存在。人们只有采用这种记录档案信息内容的技术和设备,进行逆处理还原、输出,才能识别它的信息内容。

地籍电子档案的长期保存,确实非常困难,需要有不断更新的技术和设备作保障。电子文件归档及电子档案管理需要有技术和设备,电子档案的生命周期视电子档案内容而定,而保证电子档案生命周期的存在,却取决于载体的寿命、电子计算机软硬件的生存周期和载体所载档案与电子计算机软硬件平台的一致性。因此,电子档案管理是一项极其复杂的技术工程。

地籍电子档案系统是以现代信息管理技术、缩微技术、扫描技术、图像处理技术、存储技术、数据库及网络技术等,实现档案管理工作中的收集、整理、鉴定、保管、检索、利用、统计等工作。地籍电子档案系统具有系统管理、数据更新、数据查询、数据统计、数据输出和地图显示等功能。

1. 系统管理

(1)路径设置:建立或修改系统支撑环境的路径说明文件;

(2)安全设置:设置用户和用户权限。

2. 数据更新

(1)档案扫描数据输入:档案扫描数据的录入、修改和更新,并维护与其他数据的一致性;

(2)档案数据库表输入:档案数据库表的录入、修改和更新,并维护与其他数据的一致性;

(3)地图输入:地图数据的更新。考虑到地图数据处理的复杂性和技术难度,地图数据更新采用数据文件替换的方式。

3. 数据查询

查询方式有:由图形查属性、所有表格属性的查询、宗地属性查询、由属性查图形、宗地号查询、土地证号查询、通过审批表的属性查询宗地图、通过地名库进行地名查询图形、历史查询、单宗地历史追溯、整图历史查询、多个时期历史同时查询等。查询内容有:宗地属性的查询,土地登记电子档案的浏览(包括主档案、变更档案、查封档案等)。

4. 数据统计

统计方式有:地图范围统计(即统计任意矩形范围内的宗地数据),对所有表格的属性进行条件统计,按街坊、街道或区进行统计等。

5. 数据输出

(1)各种查询统计信息的表格输出和打印;

(2)查询宗地图形输出和打印;

(3)查询档案的输出和打印。

6. 地图显示

(1)地图浏览:实现地图的漫游、放大、缩小、全图查看功能。

(2)图层管理:提供对图层的显示、锁定等控制,使用户可以加快地图的显示速度和合理安排图形显示区,并且可以根据自己的要求更改图层颜色。

参考文献

[1] 蔡卫华.土地登记实务精解.北京:中国法制出版社,2010.

[2] 常昱.不动产登记与物权法:以登记为中心.北京:中国社会科学出版社,2009.

[3] 陈永强.英国土地登记法研究.北京:中国法制出版社,2012.

[4] 邓军.地籍测量.郑州:黄河水利出版社,2012.

[5] 邓军.地籍与房产测量.北京:机械工业出版社,2013.

[6] 樊志全.地政与文化.北京:中国大地出版社,2006.

[7] 高润喜.地籍测量.北京:中国铁道出版社,2012.

[8] 纪勇.地籍测量与房地产测绘.北京:中国电力出版社,2011.

[9] 简德三.地籍管理.上海:上海财经大学出版社,2006.

[10] 建筑考试培训研究中心.2013全国土地登记代理人职业资格考试辅导用书——《地籍调查》命题点全面解读.北京:中国铁道出版社,2013.

[11] 建筑考试培训研究中心.2013全国土地登记代理人职业资格考试辅导用书——《土地权利理论与方法》命题点全面解读.北京:中国铁道出版社,2013.

[12] 李凤章.登记限度论:以不动产权利登记制为中心.北京:法律出版社,2007.

[13] 李天文.现代地籍测量.北京:科学出版社,2012.

[14] 梁玉保.地籍调查与测量(第2版).郑州:黄河水利出版社,2010.

[15] 林增杰.地籍学.北京:科学出版社,2006.

[16] 龙翼飞.土地登记相关法律知识.北京:中国农业出版社,2008.

[17] 楼建波.海外不动产登记制度比较研究.北京:北京大学出版社,2009.

[18] 马奇.土地权属争议调处实务.杭州:浙江大学出版社,2008.

[19] 彭维吉.地籍与房产测量.北京:测绘出版社,2013.

[20] 谭峻,林增杰.地籍管理(第五版).北京:中国人民大学出版社,2011.

[21] 王侬,廖元焰.地籍测量.北京:测绘出版社,2008.

[22] 王萍,宋雪雁.电子档案管理基础.北京:清华大学出版社,2006.

[23] 叶公强.地籍管理(第2版).北京:中国农业出版社,2009.

[24] 于海涌.论不动产登记.北京:法律出版社,2007.

[25] 于霄.英国土地登记法律制度史研究.上海:上海人民出版社,2012.

[26] 詹长根,唐祥云,刘丽.地籍测量学.北京:中国测绘出版社,2012.

[27] 张新长,等.地籍管理数据库信息系统研究.北京:科学出版社,2009.

[28] 章书寿,孙在宏.地籍调查与地籍测量学.北京:测绘出版社,2008.

[29] 赵龙,周建春.土地登记资料公开查询方法与实践.北京:中国大地出版社,2009.

[30] 周甬涛.城市三维地籍的建立研究.上海国土资源,2013,34(2):15-19.

第八章 建设用地管理

第一节 建设用地的内涵和分类

一、建设用地的内涵

根据我国《土地管理法》第四条第三款的规定,建设用地是指建造建筑物、构筑物的土地,包括城乡住宅和公共设施用地、工矿用地、交通水利设施用地、旅游用地、军事设施用地等。

依照国土资源部2002年实施的土地分类体系,建设用地属于一级类,包括商服用地、工矿仓储用地、公共设施用地、公共建筑用地、住宅用地、交通运输用地、水利设施用地、特殊用地八个二级类。2007年国土资源部在该分类的基础上,正式发布了《土地利用现状分类》(GB/T 21010-2007),该土地利用现状分类包括12个一级类,未直接给出建设用地的内涵,仅通过规范性附录的方式,给出了该分类体系中各地类与《土地管理法》规定的三大类土地的对应关系(见表8-1)。其中商服用地、工矿仓储用地、住宅用地、公共管理与公共服务用地、特殊用地、交通运输用地、水域及水利设施用地和其他用地属于建设用地。需要明确的是这并非完全一一对应关系。例如,交通运输用地中的农村道路用地属于三大类中的农用地,铁路、公路等用地则属于建设用地,而其他用地中只有空闲地属于建设用地。

表 8-1 《土地利用现状分类》与《土地管理法》三大类土地中建设用地对应关系

《土地管理法》分类		《土地利用现状分类》(GB/T 21010-2007)		
一级地类	地类号	一级地类	地类号	二级地类名称
建设用地	05	商服用地	051	批发零售用地
			052	住宿餐饮用地
			053	商务金融用地
			054	其他商服用地

《土地管理法》分类	《土地利用现状分类》(GB/T 21010-2007)			
一级地类	地类号	一级地类	地类号	二级地类名称
建设用地	06	工矿仓储用地	061	工业用地
			062	采矿用地
			063	仓储用地
	07	住宅用地	071	城镇住宅用地
			072	农村宅基地
	08	公共管理与公共服务用地	081	机关团体用地
			082	新闻出版用地
			083	科教用地
			084	医卫慈善用地
			085	文体娱乐用地
			086	公共设施用地
			087	公园与绿地
			088	风景名胜设施用地
	09	特殊用地	091	军事设施用地
			092	使领馆用地
			093	监教场所用地
			094	宗教用地
			095	殡葬用地
	10	交通运输用地	101	铁路用地
			102	公路用地
			103	街巷用地
			105	机场用地
			106	港口码头用地
			107	管道运输用地
	11	水域及水利设施用地	113	水库水面
			118	水工建筑物用地
	12	其他用地	121	空闲地

二、建设用地的分类

(一)按土地利用现状分类

按《土地利用现状分类》(GB/T 21010-2007),建设用地主要包括:商服用地、工矿仓储用地、住宅用地、公共管理与公共服务用地、特殊用地、交通运输用地、水域及水利设施用地和其他用地八类。

(1)商服用地:指主要用于商业、服务业的土地。

(2)工矿仓储用地:指主要用于工业生产、物资存放场所的土地。

(3)住宅用地:指主要用于人们生活居住的用地及其附属设施的土地。

(4)公共管理与公共服务用地:指用于机关团体、新闻出版、科教文卫、风景名胜、公共设施等的土地。

(5)特殊用地:指用于军事设施、涉外、宗教、监教、殡葬等的土地。

(6)交通运输用地:指用于运输通行的地面线路、场站等的土地。包括民用机场、港口、码头、地面运输管道和各种道路用地。

(7)水域及水利设施用地:主要指水库水面以及修建水工建筑物的用地。

(8)其他用地:其他用地中的空闲地属于建设用地,主要指城镇、村庄、工矿内部尚未利用的土地。

(二)按附着物的性质分类

按照附着物的性质分类可将建设用地分为建筑物用地和构筑物用地。

(1)建筑物用地:一般是指供人们生产、生活、游玩或其他活动的房屋用地或场所,如工业建筑、民用建筑、农业建筑和园林建筑等用地。

(2)构筑物用地:一般是指生产过程中所必须有的附属建筑设施用地,专指与人们生产和生活无直接接触的工程结构用地,如水塔、烟囱、挡土墙等用地。

(三)根据土地所有权类型分类

我国土地所有权分为国家土地所有权和集体土地所有权,因此,建设用地根据所有权的类型,可以分为国有建设用地和集体所有建设用地。

(1)国有建设用地:包括城市市区的土地、铁路、公路、机场、国有企业、港口等国家所有的建设用地。

(2)集体所有建设用地:使用集体土地进行建设的用地,包括农村宅基地、乡镇企业用地、乡(镇)村公共设施和公益事业建设用地。

(四)根据建设用地的用途分类

根据用途,可以将建设用地分为农业建设用地和非农业建设用地。

(1)农业建设用地:指直接服务于农业或规定用于农业生产配套的工程用地,如作物的暖房、育秧室、农用水泵、农用道路等建设所需使用的土地。

(2)非农业建设用地:指一切非农业用途的建设用地,主要包括以下几类:城镇、工矿、农村居民点用地、交通用地、水利设施用地等。

(五)根据建设用地的状况分类

(1)新增建设用地:指新近某一时点以后由农用地和未利用地转变而来的建设用地。

(2)存量建设用地,指新近某一时点以前已有的建设用地。

这两类建设用地在进入市场交易过程中,有不同的方式和审批要求。

(六)根据建设用地的使用期限分类

(1)永久性建设用地:指建设用地一经使用后就不再恢复原来状态的土地。

(2)临时建设用地:指在实施过程中,需要临时性使用的土地。

三、浙江省建设用地现状

浙江省 2004 年到 2014 年建设用地面积呈持续上升态势,10 年间全省建设用地面积共增加了 35.93 万公顷(538.95 万亩),在土地总面积中所占的比例从 8.6% 上涨到了 12%,上涨了 3.4 个百分点,其中城镇村及工矿用地占据了建设用地中的绝大部分。近年来浙江省城镇村及工矿用地面积持续上涨,其中以村庄建设用地面积比重最大,反映了浙江省农村在建设用地集约利用方面仍有一定的挖潜空间。

第二节　建设用地管理的原则与内容

一、建设用地管理涵义

建设用地管理是指国家调整建设用地关系,合理组织建设用地利用而采取的行政、法律、经济和工程的综合性措施。

调整建设用地关系是指建设用地权属的确立与变更,以及理顺和协调在解决建设用地的分配和再分配过程中所产生的各种关系。

合理组织建设用地利用,主要包括对建设用地进行组织、利用、控制、监督。

二、建设用地管理的原则

(一)实行统一管理的原则

对建设用地实行统一管理是指国家管理建设用地实行统一的法律和政策,由国土资源主管部门负责统一管理,采取统一的措施,制定统一的规划、计划和建设用地标准。

(二)规划总体控制的原则

这一原则强调了土地利用总体规划对建设用地的控制作用。农用地能否转为建设用地,要看其是否符合土地利用总体规划的要求。如果确实需要改变用途,应当通过修改规划的程序对土地利用总体规划进行修改,否则不能批准转为建设用地。

(三)农业用地优先的原则

"十分珍惜、合理利用土地和切实保护耕地"是我国的基本国策,以此为基础我国也建立了世界上最严格的耕地保护制度,这与我国人多地少,耕地后备资源不足的基本国情是密切相关的。为保证粮食安全,土地利用首先要满足农业用地的需要,保证全国农副产品的需求。

(四)节约和集约用地的原则

根据国土资源部颁布的节约集约利用土地规定,节约集约利用土地是指通过规模引导、布局优化、标准控制、市场配置、盘活利用等手段,达到节约土地、减量用地、提升用地强度、促进低效废弃地再利用、优化土地利用结构和布局、提高土地利用效率的各项行为与活动。其内涵包括以下四个方面:节约优先,各项建设少占地、不占或者少占耕地,珍惜和合理利用每一寸土地;盘活存量土地资源,构建符合资源国情的城乡土地利用新格局;妥善处理好政府与市场的关系,充分发挥市场在土地资源配置中的决定性作用;改革创新,探索土地管理新机制,创新节约集约用地新模式。

(五)有偿使用土地的原则

1990 年国务院颁布了《城镇国有土地使用权出让和转让暂行条例》,我国国有土地有偿使用制度正式建立,1994 年第八届全国人大常委会第八次会议通过的《中华人民共和国城市房地产管理法》(以下简称《城市房地产管理法》)进一步明确了国有土地使用权出让等有偿使用方式。建设用地有偿使用的目的在于通过经济的方式促进土地合理利用,提高效率和效益。

土地有偿使用主要包含两方面内容:一是除国土资源部 2001 年发布的《划拨用地目录》规定的十九类用地之外,其他类型国有建设用地的取得均要采取有偿(国有土地使用权出让、国有土地租赁、国有土地使用权作价出资或入股)的方式;二是除个别类型的土地,如国家机关、人民团体、军队自用的土地、由国家财政部门拨付事业经费的单位自用的土地等无需缴税外,在城市、建制镇、工矿区范围内使用土地的单位和个人,均需缴纳城镇土地使用税。

三、建设用地管理的内容

建设用地管理的内容主要包括:建设用地的规划和计划管理、建设用地的供应管理、建设用地的征收管理、建设用地审批管理、建设用地的有偿使用管理、土地划拨管理、农村建用地管理。其中建设用地的规划与计划管理在"第六章"中有阐述,在此不再赘述。

第三节　建设用地的供应方式与政策

一、建设用地供应的内涵

建设用地供应是指土地行政主管部门依据国家法律法规与政策,将土地使用权提供给建设用地单位使用的过程。

建设用地供应管理主要涉及以下五个方面的内容(见图8-1)。

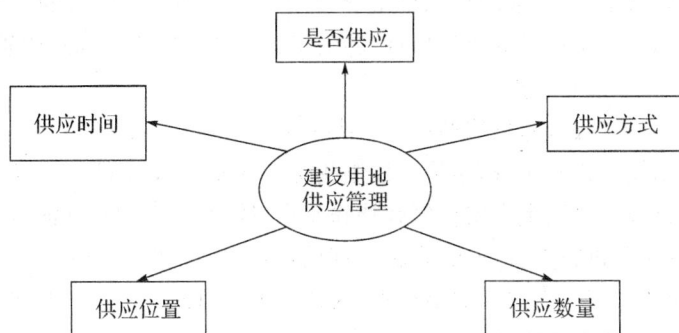

图 8-1　建设用地供应管理内容

二、建设用地供应的基本依据与政策

(一)根据国家产业政策,决定是否供地

根据国家产业结构调整指导目录,产业可分为鼓励类、限制类和淘汰类。建设用地的供应应当以此为基础,同时结合各地区自身发展的规划制定供地目录,主要可以分为鼓励型用地目录、限制型供地目录和禁止型供地目录。

1. 鼓励型用地目录

鼓励型用地目录主要针对国家鼓励发展类产业的建设项目,国家在贷款、进出口及产业政策等各方面都会给予大力支持,直接和间接的融资、税收等政策都要向这些产业倾斜。因此针对这类项建设项目的用地,各级国土资源主管部门应当准许供地甚至积极供地。

2. 限制型供地目录

根据国土资源部或地方国土资源主管部门制定的限制用地目录,凡列入国土资源部发布的《限制供地项目目录》(以下简称《限制目录》)第一至第十类的建设项目或者采用所列工艺技术、装备的建设项目,各级国土资源主管部门和投资管理部门一律不得办理相关手续;凡列入《限制目录》第十一至第十四类的建设项目,必须符合目录规定条件,各级国土资源主管部门和投资管理部门方可办理相关手续,对其进行供地。

3. 禁止型供地目录

禁止供地项目主要包括两类,一是列入国土资源部或地方国土资源主管部门《禁止供地项目目录》(以下简称《禁止目录》)的建设项目或者采用所列工艺技术、装备的建设项目,各级国土资源主管部门和投资管理部门一律不得办理相关手续,禁止供地;二是按照国务院批准的《产业结构调整指导目录》,凡采用明令淘汰的落后工艺技术、装备或者生产明令淘汰产品的建设项目,各级国土资源主管部门和投资管理部门同样不得办理相关手续,禁止供地。

此外,针对工业项目,除依据产业政策决定是否供地外,还需对项目是否满足相应的建设用地控制指标进行审查,不符合控制指标要求的工业项目,不予供地或对项目用地面积予以核减。对因生产安全等有特殊要求确需突破控制指标的,应当根据有关规定,结合项目实际进行充分论证,确属合理的,方可批准供地,并将项目用地的批准文件、土地使用合同等相关法律文书报省(区、市)国土资源主管部门备案。

(二)根据相关法律法规,决定供地方式

国有建设用地的供应方式分为:国有土地使用权划拨、国有土地使用权出让(协议、招标、拍卖和挂牌)。其中划拨属于无偿且无期限的供应方式,协议出让、招标拍卖和挂牌出让属于有偿有期限的供应方式。另外,集体建设用地的使用严格意义上不属于建设用地供应方式的一种,但是仍需满足一定条件,通过国家许可的方式才能取得集体建设用地的使用权。

1. 划拨方式供地

根据《土地管理法》第五十四条,以下四类用地经县级以上人民政府的批准,可以采取划拨的方式对其进行供地:

(1)国家机关用地和军事用地;

(2)城市基础设施用地和公益事业用地；

(3)国家重点扶持的能源、交通、水利等基础设施用地；

(4)法律、行政法规规定的其他用地。

另外，国土资源部根据《土地管理法》的规定，于2001年发布了《划拨用地目录》，符合本目录的建设用地项目，由建设单位提出申请，经有批准权的人民政府批准，可以划拨方式提供土地使用权。

2.有偿使用方式供地

除划拨方式以外，所有使用国有土地的建设项目用地，均应采用有偿使用的方式。有偿使用方式包括出让、租赁、作价出资或者入股。国有土地使用权出让有协议出让、招标拍卖挂牌出让。

由于协议出让的公开性、竞争性程度低，现行法律法规对协议出让条件进行了控制。《物权法》规定工业、商业、旅游、娱乐和商品住宅等经营性用地以及同一土地有两个以上意向用地者的，应当采取招标、拍卖等公开竞价的方式出让。2006年国土资源部发布的《协议出让国有土地使用权规范（试行）》规定了协议出让主要用于以下几种情形：

(1)供应商业、旅游、娱乐和商品住宅等各类经营性用地以外用途的土地，其供地计划公布后同一宗地只有一个意向用地者的。

(2)原划拨、承租土地使用权人申请办理协议出让，经依法批准，可以采取协议方式，但《国有土地划拨决定书》《国有土地租赁合同》、法律、法规、行政规定等明确应当收回土地使用权重新公开出让的除外。

(3)划拨土地使用权转让申请办理协议出让，经依法批准，可以采取协议方式，但《国有土地划拨决定书》、法律、法规、行政规定等明确应当收回土地使用权重新公开出让的除外。

(4)出让土地使用权人申请续期，经审查准予续期的，可以采用协议方式。

(5)法律、法规、行政规定明确可以协议出让的其他情形。

3.依法使用集体建设用地

根据土地管理法，以下三类项目建设可以使用集体建设用地：

(1)农民个人建房。但是农村村民一户只能拥有一处宅基地，面积不得超过省（区、市）规定的标准。

(2)乡（镇）村公共设施、公益事业建设。

(3)乡（镇）企业。乡镇企业主要包括三类：一是乡（镇）企业使用本乡（镇）集体所有的土地；二是村办企业使用本集体所有的土地；三是农村集体经济组织使用本集体所有的土地与其他单位、个人以土地使用权入股、联营等形式共同举办乡（镇）企业。

(三)根据规划，决定供地位置

城市和村庄、集镇建设用地应当符合土地利用总体规划、城市规划、村庄和集镇规划,位于规划的区域范围内。位于规划区域范围之外的单独选址项目,例如大型能源、交通、水利等基础设施建设用地,需要经过国务院或者省级人民政府的批准,才能对其进行供地。

(四)根据年度计划,决定供地时间

各市、县国土资源行政主管部门需依据国民经济与社会发展规划、土地利用总体规划、土地利用年度计划、住房建设规划与计划和年度土地储备计划等,编制建设用地年度供应计划。建设用地的供应时间,应依据土地供应年度计划确定。

(五)根据用地标准,决定供地数量

供地的具体数量,依据建设用地标准指标确定。

三、供地程序

(一)编制并公布供地计划

1.供地计划内涵

国有建设用地供应计划,是由市、县国土资源主管部门编制的在计划期内对国有建设用地供应的总量、结构、布局、时序和方式做出科学安排的计划。供应计划的具体内涵详见表 8-2。

表 8-2　国有建设用地供应计划内涵

确定内容	含义
供应总量	计划期内各类国有建设用地供应的总规模
供应结构	计划期内商服用地、工矿仓储用地、住宅用地、公共管理与公共服务用地、特殊用地、水域及水利设施用地、交通运输用地等各类国有建设用地的供应规模和比例关系
供应布局	计划期内国有建设用地供应在空间上的分布
供应时序	计划期内国有建设用地供应在不同时段的安排
供应方式	划拨、出让、租赁、作价出资或入股等方式

2.供地计划编制内容和程序

(1)供地计划编制内容

国有建设用地供应计划的编制内容主要包括以下几项:明确国有建设用地供应指导思想和原则;提出国有建设用地供应政策导向;确定国有建设用地供应总量、结构、布局、时序和方式;落实计划供应的宗地;实施计划的保障措施。

（2）供地计划编制程序

供应计划年度为每年 1 月 1 日至 12 月 31 日，根据国土资源部发布的《国有建设用地供应计划编制规范》（试行），国有建设用地供应计划由市、县国土资源行政主管部门编制，由同级人民政府批准，同时在实施前需经过上一级国土资源行政主管部门同意，并报省（区、市）国土资源行政主管部门备案。供地计划的编制程序如图 8-2。

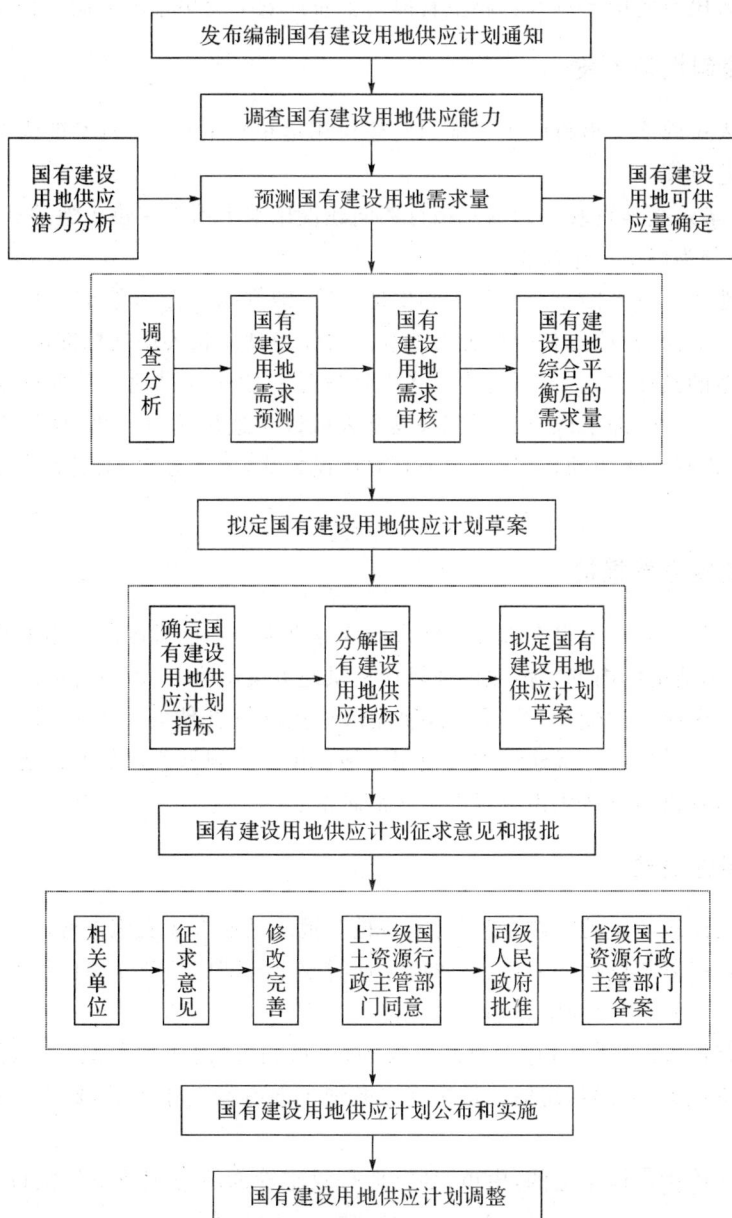

图 8-2　土地供应年度计划编制程序

（二）用地申请

国有建设用地使用权供应计划公布后，需要使用土地的单位和个人可以在市、县人民政府国土资源行政主管部门公布的时限内，向市、县人民政府国土资源行政主管部门提出意向用地申请。

市、县人民政府国土资源行政主管部门公布计划接受申请的时间不得少于 30 日。

（三）编制供地方案

市、县人民政府土地行政主管部门对建设用地单位的申请，经审查认为可以供地的，拟订供地方案。

供地方案是土地行政主管部门拟订的向建设用地申请者提供土地的具体方案，其主要内容应分为以下 3 个层次：

（1）供地是否符合国家产业政策和供地政策，即供地是否具有可行性。

（2）供地的面积、位置是否符合土地利用总体规划及相关用地标准。

（3）供地的具体方式，采用划拨方式供地或是有偿方式供地。采取有偿使用要明确有偿使用的方式，即采取出让、租赁，或是采取以土地使用权作价出资（入股）；确定采用出让方式有偿使用的，还应明确是采取协议方式、招标方式、拍卖方式或是挂牌方式供地。

（四）供地方案报批

供地方案编制后，应报有批准权的人民政府批准。在已批准的农用地转用范围内和原有建设用地范围内的具体建设项目用地供地方案由市、县政府批准。涉及农民集体土地征收、国有土地使用权收回的，须经依法批准且补偿安置实施到位。能源、交通、水利、矿山、军事设施等建设项目使用土地利用总体规划确定的城市建设用地范围以外的土地，其供地方案仍由省级以上政府批准。

（五）实施供地

市、县人民政府土地行政主管部门，根据获批的供地方案实施供地。

（1）以划拨方式供地的由市、县政府土地行政主管部门向建设单位颁发《国有建设用地划拨决定书》，依照规定办理土地登记。

（2）以有偿方式提供国有土地使用权的，由市、县政府土地行政主管部门组织供地，与用地单位签订合同，用地单位按规定缴纳土地有偿使用费后，颁发《国有土地使用证》。

（3）依法使用集体土地的，由市、县土地行政主管部门与用地单位签订《建设使用集体土地协议书》。

第四节　建设用地审批制度

一、建设用地审批制度内涵

建设用地审批,是指法律授权的机关依据法律授予的职权,对建设项目用地的申请、审查、批准以及与之相关的各个环节所实施的行政管理程序。建设用地审批制度是建设用地管理制度的重要组成部分,是实行土地用途管制、严格保护耕地、参与宏观调控、落实国家土地供应和利用政策等的重要环节和基本手段。

建设用地审批主要包含以下几个方面的内容:

(1)建设用地项目用地预审,主要是在项目可行性论证阶段对项目涉及的土地利用事项进行审查。

(2)建设用地审查报批管理,主要是对建设项目的农用地转用方案、补充耕地方案、征收土地方案和供地方案进行审查。

(3)建设用地批后实施管理,主要是对建设用地批准后是否按照合同规定使用土地进行监督管理。

二、建设项目用地预审

建设项目用地预审,是指在建设项目可行性论证时,建设单位向建设项目批准机关的同级国土资源行政主管部门提出用地预申请后,由国土资源主管部门依法对建设项目涉及的土地利用事项进行审查。

浙江省具体的建设用地预审流程见图 8-3,这部分内容已在第六章中有阐述,此处不再赘述。

三、建设用地审查报批管理

(一)建设用地审查报批内容

建设用地审查报批的内容主要包括对建设项目用地呈报书进行审查和对农用地转用方案、补充耕地方案、土地征收方案和供地方案的审查。其中以农用地转用审批和土地征收审批为重点。表 8-3 和表 8-4 分别给出了不同类型的建设项目的审查报批内容,以及各方案具体审批内容。

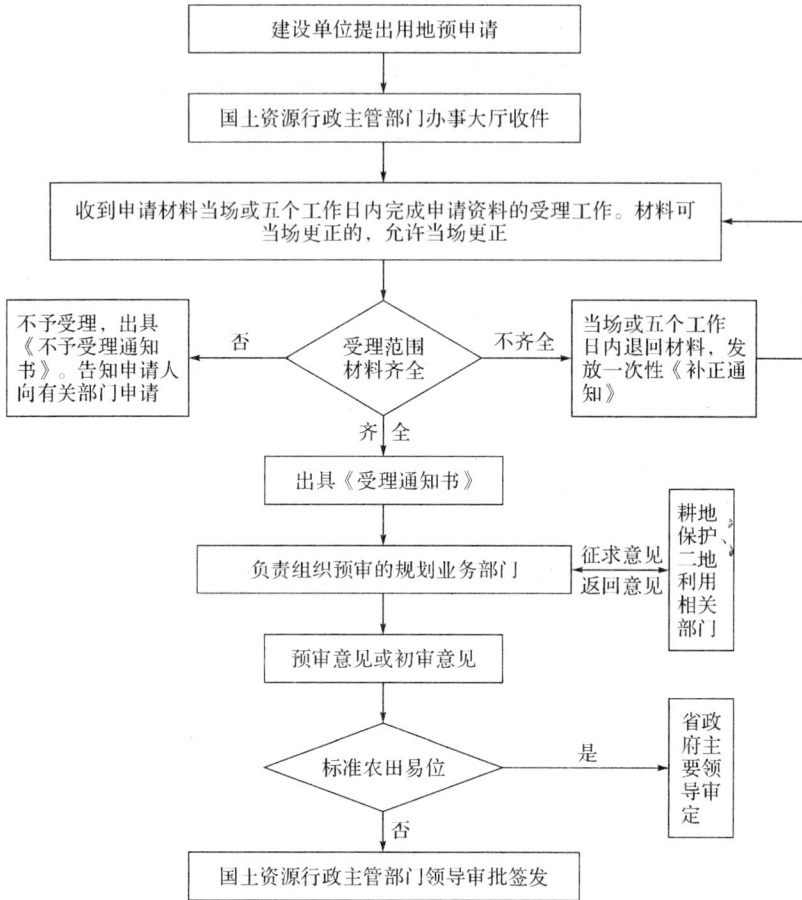

图 8-3　浙江省建设项目用地预审流程

表 8-3　不同类型项目的审查报批内容

项目类型	审查报批内容
土地利用总体规划确定的城市建设用地范围外的单独选址项目	农用地转用方案 补充耕地方案 征收土地方案 供地方案
土地利用总体规划确定的城市或村庄和集镇建设用地范围内的一般批次项目	农用地转用方案 补充耕地方案 征收土地方案
只占国有农用地的建设项目	补充耕地方案 征收土地方案 供地方案
只占集体建设用地的建设项目	征收土地方案 供地方案
只占国有未利用地的建设项目	供地方案

表 8-4　各方案具体审批内容

方案	审批主要内容
农用地转用和补充耕地方案	1.是否符合土地利用总体规划； 2.是否需占用农用地且符合土地利用年度计划的控制指标； 3.占用耕地的,补充耕地方案是否符合土地整理开发专项规划且面积、质量符合规定要求； 4.单独办理农用地转用的,是否符合单独选址条件。
征收土地方案	1.被征用土地界址、地类、面积是否清楚,权属有无争议； 2.补偿标准是否符合法律、法规规定的； 3.安置途径切实是否可行。
供地方案	1.是否符合国家的土地供应政策； 2.用地面积是否符合建设用地标准和集约用地的要求； 3.划拨方式供地的,是否符合法定的划拨用地条件； 4.以有偿使用方式供地的,供地的方式、年限、有偿使用费的标准、数额； 5.只占用国有未利用地的,是否符合规划、是否界址清楚、面积准确。

(二)审批权限和程序

1.审批权限

根据相关法律法规的规定,建设用地审批权限可以分为三级：

(1)报国务院审批的建设用地

根据报国务院批准的建设用地审查办法,以下几种类型的建设用地,需报国务院批准：

下列建设占用土地,涉及农用地转为建设用地的：

①国务院批准的建设项目；

②国务院有关部门和国家计划单列企业批准的道路、管线工程和大型基础设施建设项目；

③省、自治区、直辖市人民政府批准的道路、管线工程和大型基础设施建设项目；

④在土地利用总体规划确定的直辖市、计划单列市和省、自治区人民政府所在地的城市以及人口在 50 万以上的城市建设用地规模范围内,为实施该规划按土地利用年度计划分批次用地。

建设项目用地涉及基本农田或基本农田以外的耕地超过 35 公顷的或其他土地超过 70 公顷的,要报国务院批准。

(2)省级人民政府审批的建设用地：需占用土地利用规划确定的国有未利用地的,由省级人民政府批准。

(3)在已批准的农用地转用范围内和原有建设用地范围内的具体建设项目用地供地方案均由市、县政府批准。

2. 审批程序

土地利用总体规划确定的城市建设用地范围外的单独选址项目建设单位向市县人民政府土地行政主管部门提出用地申请,受理后由市县土地行政主管部门编制一书四方案,逐级上报;在土地利用规划确定的城市建设用地范围内的批次项目,在提出土地利用年度计划建议时,仅需根据土地利用总体规划的用地需求,编制农用地转用和土地征收方案,并上报至省级人民政府。根据 2010 年发布的《国土资源部关于改进报国务院批准城市建设用地申报与实施工作的通知》,需要上报国务院批准的城市建设用地,省级人民政府可根据省内各城市申请用地进度,分批次上报国务院,每个城市一年申报一次用地。

针对报国务院批准的单独选址项目,根据浙江省国土资源厅发布的《关于改进报国务院批准单独选址建设项目用地报批工作的通知》,按照"权责一致"的原则,实行省、市、县三级国土资源行政主管部门分级审查。其具体流程见图 8-4。

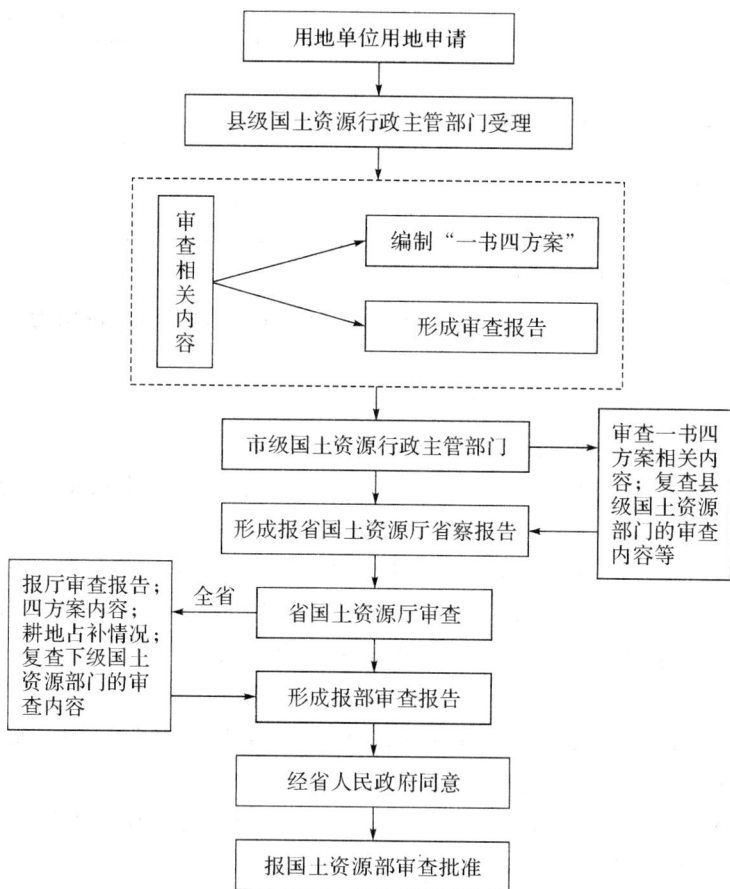

图 8-4 报国务院批准的单独选址项目审查报批程序

四、建设用地批后实施管理

经批准的农用地转用方案、补充耕地方案、征收土地方案和供地方案,由土地所在地的市、县人民政府组织实施。另外,报国务院审批的城市建设项目,由省级人民政府负责农用地转用和土地征收实施方案审批,并报国土资源部备案,由地市人民政府予以公告,国土资源行政主管部门具体实施。

涉及耕地补充的,建设项目补充耕地方案经批准下达后,在土地利用总体规划确定的城市建设用地范围外单独选址的建设项目,由市、县人民政府国土资源行政主管部门负责监督落实;在土地利用总体规划确定的城市和村庄、集镇建设用地范围内,为实施城市规划和村庄、集镇规划占用土地的,由省、自治区、直辖市人民政府国土资源行政主管部门负责监督落实。

各级国土资源行政主管部门应当对建设项目用地进行跟踪检查。对违反批准建设用地或者未经批准非法占用土地的,应当依法予以处罚。

第五节　土地征收管理

一、土地征收的概念

根据《土地管理法》的规定:"国家为了公共利益的需要,可以依法对土地实行征收或者征用并给予补偿。"由于我国城市土地归国家所有,因此土地征收主要是指国家为了公共利益的需要,依法将集体所有的土地转变为国有土地的强制手段。土地征收具有以下特征:

(1)征地是一种政府行为,是政府的专有权力,其他单位和个人都没有征地权。

(2)必须经过有批准权的机构依法批准后才能实施。

(3)向被征收土地的所有者支付补偿费。

(4)土地征收具有强制性,被征收范围必须服从。

(5)征地行为必须向社会公开,接受社会的公开监督。

二、土地征收的审批

根据《土地管理法》的规定,土地征收实行两级审批制度,分别由国务院和省级人民政府进行审批。

(一)国务院的批准权范围

(1)征收基本农田的;

(2)征收基本农田以外的耕地超过35公顷的;

(3)征收其他土地超过 70 公顷的。

(二)省级人民政府审批范围

其他类型的土地征收,由省、自治区、直辖市人民政府批准,报国务院备案。

在征收土地的审批中,如要征收农用地,首先要办理农用地转用,或同时办理农用地转用审批。

三、土地征收的程序

土地征收程序见图 8-5。

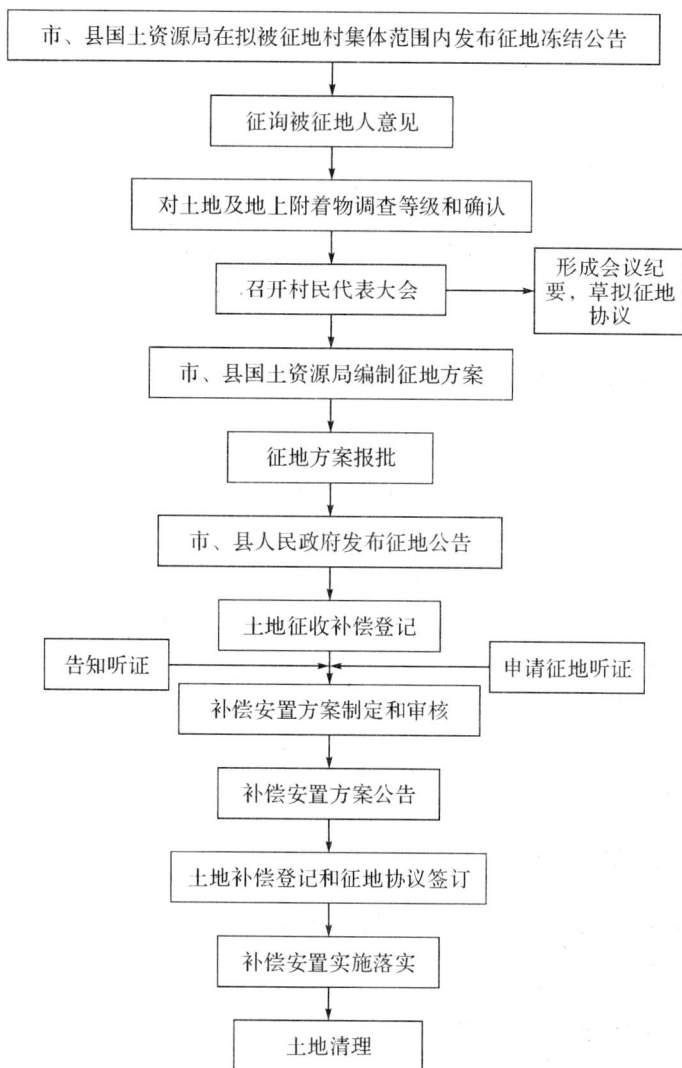

```
┌─────────────────────────────────────────────────┐
│市、县国土资源局在拟被征地村集体范围内发布征地冻结公告│
└─────────────────────────────────────────────────┘
                        │
            ┌───────────────────────┐
            │   征询被征地人意见      │
            └───────────────────────┘
                        │
            ┌───────────────────────┐
            │对土地及地上附着物调查等级和确认│
            └───────────────────────┘
                        │
            ┌───────────────────┐          ┌──────────┐
            │  召开村民代表大会   │─────────→│形成会议纪│
            └───────────────────┘          │要,草拟征地│
                        │                  │协议      │
            ┌───────────────────────┐      └──────────┘
            │市、县国土资源局编制征地方案│
            └───────────────────────┘
                        │
            ┌───────────────────┐
            │   征地方案报批      │
            └───────────────────┘
                        │
            ┌───────────────────────┐
            │市、县人民政府发布征地公告│
            └───────────────────────┘
                        │
            ┌───────────────────┐
            │  土地征收补偿登记   │
            └───────────────────┘
   ┌──────┐      │      ┌──────────┐
   │告知听证│─────┼─────│申请征地听证│
   └──────┘      │      └──────────┘
            ┌───────────────────┐
            │ 补偿安置方案制定和审核│
            └───────────────────┘
                        │
            ┌───────────────────┐
            │   补偿安置方案公告   │
            └───────────────────┘
                        │
            ┌───────────────────────┐
            │土地补偿登记和征地协议签订│
            └───────────────────────┘
                        │
            ┌───────────────────┐
            │   补偿安置实施落实   │
            └───────────────────┘
                        │
            ┌───────────────────┐
            │     土地清理        │
            └───────────────────┘
```

图 8-5　土地征收程序

(一)发布征地冻结公告

在土地利用总体规划确定的城市建设用地和经国务院批准的国家级开发区建设用地范围内,需征收土地的,按程序申请立项及规划选址,市县国土资源行政主管部门根据规划部门划定的征地范围,在征地所在区域发布征地冻结通告,并通知有关部门在征地范围内暂停办理户口迁入、分户、房屋交易、翻(扩)建、装修、核发营业执照、调整农业结构等有关事宜。

(二)编制土地征收方案并告知

土地征收需编制征收方案,一般由市、县政府国土资源行政主管部门负责编制。土地征收方案主要包括征收土地的范围、种类、面积、权属,土地补偿费和安置补助费标准,需要安置人员的安置途径等。另外,征收方案还需附以下材料:

(1)《建设拟征(占)地土地权属情况汇总表》;

(2)耕地以外其他土地的有关补偿标准的规定;

(3)用地单位对本方案的意见;

(4)1∶500 至 1∶1000 征地红线图,需能反映征地范围、面积、利用现状及权属关系;

(5)征地方案拟定后依法报批前,当地国土资源行政主管部门应将拟征地的用途、位置、补偿标准、安置途径等,以书面形式告知被征地农村集体经济组织和农户。

(三)土地征收审查报批

根据被征收土地的性质,将拟定好的征收土地方案,逐级上报至省级人民政府或者国务院进行审批。

(四)土地征收方案公告

征收土地方案经依法批准后,市、县人民政府应当自收到批准文件之日起 10 日内,在被征收土地所在地的乡、镇范围内,就下列内容进行公告(图 8-6)。

(1)征地批准机关、批准文号、批准时间和批准用途;

(2)被征收土地的所有权人、位置、地类和面积;

(3)征地补偿标准和农业人员安置途径;

(4)办理征地补偿登记的期限、地点。

另外,根据《浙江省人民政府办公厅关于进一步加强土地征收政府信息公开工作的通知》的规定,相关信息还应在政府门户网站和部门网站上进行公告。

(五)土地征收补偿登记

被征用土地的所有权人和使用权人应当在公告规定的期限内,持土地权属证书到当地人民政府国土资源行政主管部门办理征地补偿登记。

海盐县人民政府征收土地方案公告（108号）

[2015年] 第108号

发布日期：2015-06-08   信息来源：县国土资源局   字号：[大中小

海盐县2014年度计划第十五批次建设用地项目征收集体土地已于二〇一四年十二月三十日经浙江省人民政府批准。根据《中华人民共和国土地管理法》第46、48条及《中华人民共和国土地管理法实施条例》第25条之规定，现将《征收土地方案》内容和有关事项公告如下：

一、批准机关和批准文号

1、批准机关：浙江省人民政府

2、批准文号：浙土字（330424）A[2014]－0007

二、建设用地项目名称和用途：

项目名称：中兴路东侧地块

用途：公共设施用地

三、征收土地位置：

东至特教学校，南至小曲浜，西至中兴路，北至残联 。

四、被征地单位及征地面积：

武原街道城西村0.2415公顷，折3.623亩。

五、征地补偿标准：

1、区片综合价补偿标准   单位 万元/公顷

区片	补偿标准	本次补偿单价	安置补助标准	本次补助单价
一级	78	78	执行盐政发[1999]222号文件	
二级				

2、青苗费补偿标准   单位 元/亩

类别	标准	本次补偿单价	备注
水稻	1000	1000	

3、地上附着物补偿标准

类别	单位	标准	本次补偿单价
树木	元/株	5-50	25
坟墓	元/穴	100-200	200

4、建筑物补偿另行公告

图 8-6 征地公告示例

(六)制定征地补偿、安置落实方案

公告期满后,由市、县国土资源行政主管部门会同有关部门根据批准的征收土地的方案及土地所有者和使用者的登记情况(经核实)制定,即把征地方案中确定的各种补偿的总费用分配到各所有者和使用者,以及具体落实人员的安置方案。

(七)补偿安置方案公告并实施

1.补偿、安置方案公告

根据国土资源部《征用土地公告办法》,征地补偿安置、方案公告应当包括下列内容(图 8-7):

(1)本集体经济组织被征收土地的位置、地类、面积,地上附着物和青苗的种类、数量,需要安置的农业人口的数量;

(2)土地补偿费的标准、数额、支付对象和支付方式;

(3)安置补助费的标准、数额、支付对象和支付方式;

(4)地上附着物和青苗的补偿标准和支付方式;

(5)农业人员的具体安置途径;

(6)其他有关征地补偿、安置的具体措施。

2.补偿、安置方案实施

公告后对征地补偿、安置方案进行必要的修改后,报市、县人民政府批准,由国土资源行政主管部门组织实施。征地补偿费用应当自征地补偿、安置方案批准之日起 3 个月内全部支付。

(八)土地清理

征地补偿、安置方案实施后,由市、县国土资源行政主管部门组织有关单位对被征收的土地进行清理。

四、土地征收的补偿和安置

按《土地管理法》规定,土地征收补偿安置主要包括对被征收土地的补偿、对被征地农民的安置补助以及被征收土地上附着物和青苗的补偿等内容。

(一)土地补偿

土地补偿费是因国家建设征收土地时,为补偿被征地单位的经济损失而向其支付的款项。其实质是对农民在被征用的土地上的长期投工和投资的补偿。土地补偿费的标准主要有年产值倍数法和区片综合价法两种。

(二)安置补助

对被征地农民的安置途径,主要有以下几种方式。

温州市国土资源局

征地补偿安置方案公告

温土资公瓯新（2015）1号

省人民政府于2014年7月4日以浙土字A[2014]-0145号批准温州市本级2014年度计划第二批次建设用地（瓯江口新区一）的《征收土地方案》，同意征收温州市龙湾区灵昆街道海思村集体土地0.9779公顷（计14.6685亩），其中果园0.9698公顷（计14.547亩），农村道路0.0079公顷（计0.1185亩），沟渠0.0002公顷（计0.003亩），具体为第1号区块。经对被征地村征地补偿登记的复核，现拟定了《征地补偿安置方案》。根据《中华人民共和国土地管理法实施条例》第25条、市人民政府第143号令、温政办（2014）111号文及相关规定。现将《征地补偿安置方案》有关事项公告如下：

一、土地补偿费标准：2.4万/亩　　　　　　　　计：35.2044万元

二、安置补助费标准：4.8万/亩　　　　　　　　计：70.4088万元

三、地上附着物补偿费：按实计算

四、青苗补偿费标准：果园 1.04万元/亩　　　　计：15.1289万元

五、征地现场处理包干费标准：按土地补偿费的10%计算　　计：3.5204万元

六、以上各项补偿费合计124.2625万元人民币（大写：壹佰贰拾肆万贰仟陆佰贰拾伍元整）。

七、核给海思村集体经济组织：住宅用房安置指标建筑面积880.11平方米。

八、给予参加被征地农民基本生活保障人数35名。

九、被征地四至范围内的土地所有权人和土地使用权人对本方案内容如有不同意见，请于2015年5月13日前由村委会以书面形式送达（单位：温州市国土资源局瓯江口新区分局，地址：温州市瓯江口新区行政便民服务中心三楼324室国土分局，联系电话：55875087）。

十、本方案在征求意见后，报温州市人民政府批准组织实施。被征地集体土地及地上附着物（除房屋外）青苗的所有权人对公告所涉及的征地补偿标准有争议的，可在本公告发出之日起60日内，向市人民政府提出书面协调申请。协调不成的，申请人可按规定的程序向裁决机关申请裁决。根据《中华人民共和国土地管理法实施条例》第25条的规定，对批准后的《征地补偿安置方案》有争议，不影响组织实施。

十一、根据《国土资源听证规定》第十九条规定，被征地村对征地补偿标准和安置方案有要求听证的权利，本公告发布后，请按照《国土资源听证规定》第二十一条规定的听证期限，在5个工作日内向我局提出书面申请听证，逾期未提出的视为放弃听证。

特此公告。

2015年4月27日

图 8-7　征地补偿安置方案公告示例

1. 货币安置

采取货币安置的,按照需要安置的农业人口数计算安置补助费标准,每一个需要安置的农业人口的安置补助费标准为该耕地征收前三年平均年产值的 4~6 倍,但每亩耕地的安置补助费,最高不得超过其年产值的 15 倍。

2. 农业生产安置

征收城市规划区外的农民集体土地,应当通过利用农村集体机动地、承包农户自愿交回的承包地、承包地流转和土地开发整理新增加的耕地等,首先使被征地农民有必要的耕作土地,继续从事农业生产。

3. 重新择业安置

应当积极创造条件,向被征地农民提供免费的劳动技能培训,安排相应的工作岗位。在同等条件下,用地单位应优先吸收被征地农民就业。征收城市规划区内的农民集体土地,应当将因征地而导致无地的农民,纳入城镇就业体系,并建立社会保障制度。

4. 入股分红安置

对有长期稳定收益的项目用地,在农户自愿的前提下,被征地农村集体经济组织经与用地单位协商,可以以征地补偿安置费用入股,或以经批准的建设用地土地使用权作价入股。农村集体经济组织和农户通过合同约定以优先股的方式获取收益。

5. 异地移民安置

本地区确实无法为因征地而导致无地的农民提供基本生产生活条件的,在充分征求被征地农村集体经济组织和农户意见的前提下,可由政府统一组织,实行异地移民安置。

(三)地上附着物和青苗补偿

青苗是指正在生长尚未成熟的农作物。地上附着物指原土地占有人投入劳动或资金的产物,如地上的固定建筑物或临时性建筑等。根据国土资源部《关于印发关于完善征地补偿安置制度的指导意见的通知》,地上附着物和青苗补偿是针对在告知征地之前,已种植的青苗和已有的地上附着物,给予补偿。凡在告知征地后抢种的农作物、树木和抢建的设施,一律不予补偿。其补偿标准,由省、自治区、直辖市人民政府根据各省实际自行制定。

(四)补偿安置费用的支付和管理

1. 补偿安置费用支付

征地补偿安置方案经市、县人民政府批准后,应在三个月内向被征地农村集体经济组织拨付征地补偿安置费用。当地国土资源主管部门应配合农业、民政等有关部门对被征地集体经济组织内部征地补偿安置费用的分配和使用情况进行监督。

2. 补偿安置费用管理

土地补偿费:由农村集体经济组织或者村民委员会管理,主要用于发展集体经济和改善生产和生活条件。

安置补助费:谁负责安置,谁管理、使用,不安置的支付给个人。

地上附着物补偿费:谁拆迁和迁建的,支付给谁;自行拆迁的,支付给附着物的所有者;林木、果树补偿给所有者。

青苗补偿费:青苗的补偿费支付给所有者。

(五)浙江省征地补偿安置制度

1. 征地补偿安置内容与标准

浙江省征地补偿安置主要包括两部分内容:一是征地补偿,包括土地补偿费、安置补助费、地上附着物和青苗的补偿费等费用;二是基本生活保障,用于保障被征地农民的基本生活,维护被征地农民的合法权益。

(1)征地补偿

浙江省自 2014 年 7 月 1 日起,全省征收农村集体土地全面实行区片综合价补偿,征地区片综合价由土地补偿费和安置补助费组成,青苗和地上附着物补偿费另行计算。省人民政府综合各地经济社会发展情况,研究制定并公布全省征地补偿最低标准(见表 8-5)。

表 8-5　浙江省征地补偿最低区片综合价标准和地区划分

地区类别	县(市、区)	征地补偿最低区片综合价标准(万元每亩)	
		耕地、除林地外的其他农用地,建设用地	林地,未利用地
一类地区	上城区、下城区、江干区、拱墅区、西湖区、滨江区、萧山区、余杭区、海曙区、江北区、镇海区、北仑区、鄞州区、余姚市、慈溪市、鹿城区、龙湾区、瓯海区、南湖区、秀洲区、越城区、柯桥区、义乌市、椒江区、黄岩区、路桥区(26 个)	5.4	2.8
二类地区	桐庐县、建德市、富阳区、临安市、奉化区、宁海县、象山县、乐清市、瑞安市、吴兴区、南浔区、德清县、长兴县、安吉县、嘉善县、平湖市、海盐县、海宁市、桐乡市、诸暨市、上虞区、嵊州市、新昌县、婺城区、金东区、兰溪市、东阳市、永康市、浦江县、柯城区、衢江区、定海区、普陀区、临海市、温岭市、玉环县、莲都区(37 个)	4.5	2.3
三类地区	淳安县、永嘉县、洞头县、文成区、平阳县、泰顺县、苍南县、武义县、磐安县、龙游县、江山市、常山县、开化县、岱山县、嵊泗县、天台县、仙居县、三门县、缙云县、遂昌县、松阳县、景宁县、龙泉市、青田县、云和县、庆元县(26 个)	3.7	1.9

市、县人民政府结合上述最低标准,制定公布本行政区域征地的区片综合补偿标准并报省人民政府备案。市、县征地补偿标准不得低于全省征地补偿最低标准。

(2)基本生活保障

①基本生活保障的对象

根据《浙江省征地补偿和被征地农民基本生活保障办法》的规定,按照被征收土地的数量和对应的人员,确定参加基本生活保障的对象。未满 16 周岁的被征地农民一次性发给其应得的土地补偿费和安置补助费,不纳入基本生活保障。被征地农民按照本办法规定参加基本生活保障的,其基本生活保障金标准应当不低于当地城市居民最低生活保障标准。

②基本生活保障资金的来源

基本生活保障金的来源主要由政府、被征地农村集体经济组织和参加被征地农民基本生活保障的个人三方出资构成,包括下列部分:

被征地农村集体经济组织和农民个人应当缴纳的基本生活保障费及其增值收入;

市、县人民政府从土地总收益等财政性资金中安排的不低于三方出资总额 30% 的资金及其增值收入;

其他可用于被征地农民基本生活保障的资金及其增值收入。

2. 征地补偿安置费管理与监督

(1)征地补偿安置费的使用管理

征地补偿费分配和管理过程中应当建立资金专户,加强资金监管。被征地农户的承包地被征收后,农村集体经济组织未调剂质量和数量相当的土地给被征地农户承包经营的,征地补偿费中的安置补助费应当分配给被征地农户,土地补偿费主要用于被征地农户缴纳社会保障资金。

留存农村集体经济组织的征地补偿费,应当纳入公积金管理,用于村民社会保障、公益性事业和农村集体经济组织发展生产。

被征地农民基本生活保障资金实行财政专户管理,账户分为个人账户、社会统筹账户两部分,其中被征地农村集体经济组织和农民个人出资的为个人账户,其余为社会统筹账户。基本生活保障金由个人账户和社会统筹账户按照筹资比例分别支付。

被征地农民基本生活保障资金主要用于被征地农民到达一定年龄后按月领取的基本生活保障金支付、征地后无法就业且生活困难农民的生活补助费支付以及其他被征地农民社会保障有关的其他支出。

(2)征地补偿安置监督

征地补偿安置的监督体系如图 8-8 所示。

省财政厅	→	征地补偿资金、基本生活保障资金收支管理监督
省人力社保厅	→	征地农民社会保障和就业促进政策的调整与完善
省农业厅	→	征地补偿费分配、使用和管理办法的制定及集体经济发展

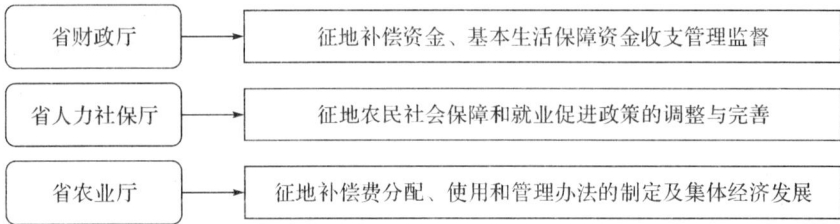

图 8-8　浙江省征地补偿安置监督体系

第六节　建设用地划拨管理

一、建设用地划拨的内涵

根据《城市房地产管理法》第二十三条规定:土地使用权划拨,是指县级以上人民政府依法批准,在土地使用者缴纳补偿、安置等费用后将该幅土地交付其使用,或者将土地使用权无偿交给土地使用者使用的行为。其主要特点如下:

(1)以划拨方式取得土地使用权的,没有期限的规定。

(2)以划拨方式取得土地使用权的,不得从事转让、出租、抵押等经营活动,如果需要转让、出租、抵押的,应当办理土地出让手续或经政府批准。土地使用者不使用土地时,由政府无偿收回。

(3)对划拨土地使用权获得者,其用途不得改变。以划拨方式取得土地使用权的,包括土地使用者缴纳拆迁安置、补偿费用(如城市的存量或集体土地)和无偿取得两种形式。

(4)取得划拨土地使用权,必须经过县级以上人民政府核准并按法定的程序办理手续。

二、划拨土地使用权的适用范围

根据《土地管理法》和国土资源部制定的《划拨用地目录》,以下几种类型的建设用地,经县级以上人民政府依法批准,可以以划拨方式取得使用权:

(1)国家机关用地和军事用地。

(2)城市基础设施用地和公益事业用地。

党政机关和人民团体用地、军事用地、城市基础设施用地、非营利性邮政设施用地、非营利性教育设施用地、公益性科研机构用地、非营利性体育设施用地、非营利性公共文化设施用地、非营利性医疗卫生设施用地、非营利性社会福利设施用地。

(3)国家重点扶持的能源、交通、水利等基础设施用地。

石油天然气设施用地、煤炭设施用地、电力设施用地、水利设施用地、铁路交通设施用地、公路交通设施用地、水路交通设施用地、民用机场设施用地。

(4)法律、行政法规规定的其他用地。

(5)特殊用地。

另外,根据国土资源部颁布的《节约集约利用土地规定》,国家应逐渐扩大国有土地有偿使用范围,减少非公益性用地划拨。除军事、保障性住房和涉及国家安全和公共秩序的特殊用地可以以划拨方式供应外,国家机关办公和交通、能源、水利等基础设施(产业)、城市基础设施以及各类社会事业用地中的经营性用地,均实行有偿使用。

三、划拨土地使用权的后期管理

(一)划拨土地使用权的用途限定

土地使用者必须严格按照《国有建设用地划拨决定书》中规定的划拨土地面积、土地用途、土地使用条件等内容来使用土地,不得擅自变更。确属必须对批准文件规定的用途作某些调整时,应向市、县人民政府国土资源主管部门提出申请。国土资源主管部门经审查后,如果认为改变的土地用途仍符合规划并允许改变的,报经原批准用地机关批准。如果原来是划拨土地使用权要变更为有偿使用的,如经依法批准利用原有划拨土地进行除经营性房地产以外的经营性开发建设的,应当按照市场价补缴土地出让金,按国有土地有偿使用的有关规定办理有偿使用手续,签订土地有偿使用合同,补缴土地有偿使用费。

(二)划拨土地使用权的流转管理

1. 划拨土地使用权流转条件

符合下列条件的情况下,经市、县人民政府土地管理部门和房产管理部门批准,划拨土地使用权和地上建筑物、其他附着物所有权可以转让、出租、抵押:

(1)土地使用者为公司、企业、其他经济组织和个人;

(2)领有国有土地使用证;

(3)具有地上建筑物、其他附着物合法的产权证明。

流转时应依照法律规定签订土地使用权出让合同,向当地市、县人民政府补交土地使用权出让金或者以转让、出租、抵押所获效益抵交土地使用权出让金。

2. 划拨土地使用权流转方式

(1)补缴出让金标准

经依法批准转让原划拨土地使用权的,应当在土地有形市场公开交易,按照市场价补缴土地出让金;低于市场价交易的,政府应当行使优先购买权。根据浙江省国土资源厅发布的《关于划拨土地使用权转让中补缴土地出让金评估方法的批复》,经依法批准后,应当以变更前后两种性质或用途在同一基准日的价差补缴土地出让金。其补缴出让金的具体标准如下:

①转让后不改变用途等土地使用条件的

应缴纳的土地使用权出让金额＝拟出让时的出让土地使用权市场价格－拟出让时的划拨土地使用权权益价格。

②转让后改变用途等土地使用条件的

应缴纳的土地使用权出让金额＝拟出让时的新土地使用条件下出让土地使用权市场价格－拟出让时的原土地使用条件下划拨土地使用权权益价格。

(2)流转程序

根据《协议出让国有土地使用权规范(试行)》的规定,除《国有土地划拨决定书》、法律、法规、行政规定等明确应当收回划拨土地使用权重新公开出让的之外,划拨土地使用权申请转让,经市、县人民政府批准,可以由受让人办理协议出让。其协议出让程序见图 8-9。

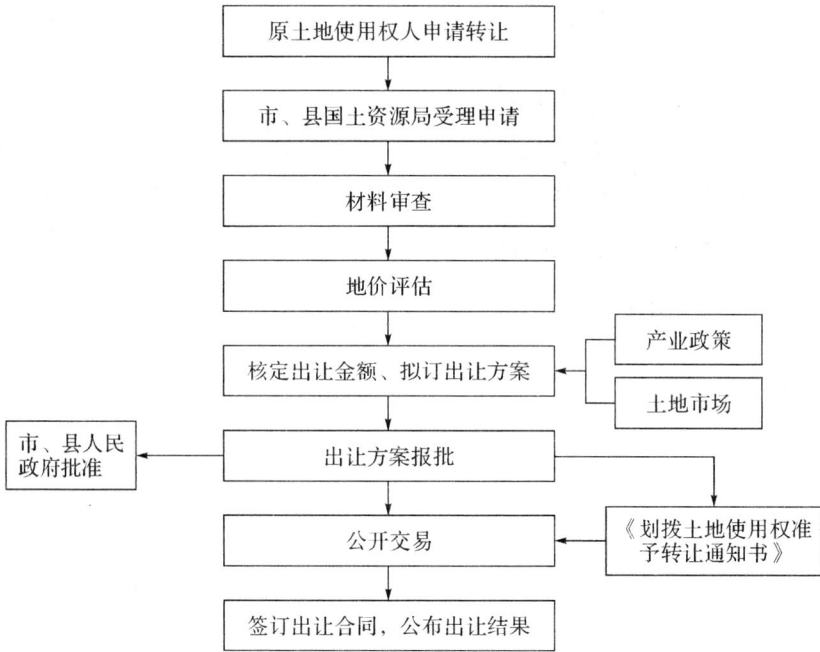

图 8-9　划拨土地使用权转让中的协议出让流程

(三)划拨土地使用权的收回

一般来讲,划拨土地使用权可永续无限期地使用,但在下列两种情况下,市、县人民政府可以无偿收回划拨土地使用权,并根据实际情况,对其地上建筑物、其他附着物,给予适当补偿。

(1)无偿取得划拨土地使用权的土地使用者,因迁移、解散、撤销、破产或者其他原因而停止使用土地的,市、县人民政府应当无偿收回其划拨土地使用权。

(2)对划拨土地使用权,市、县人民政府根据城市建设发展需要和城市规划的要求,可以无偿收回。

第七节　农村集体建设用地管理

一、农村集体建设用地的使用范围

根据《土地管理法》,以下三种情况经依法批准后,可以使用集体土地进行建设:兴办乡镇企业;村民建设住宅;乡(镇)村公共设施和公益事业建设。其中兴办乡镇企业和村民建设住宅仅可使用本集体经济组织的集体土地,而乡(镇)村公共设施和公益事业建设则无范围限制。

(一)兴办乡镇企业

根据《国务院办公厅关于严格执行有关农村集体建设用地法律和政策的通知》的规定,只有以农村集体经济组织或者农民投资为主,在乡镇(包括所辖村)举办的承担支援农业义务的企业才能使用集体土地进行建设。乡(镇)、村、村民小组以及个人办企业分别使用属于本乡(镇)、村、村民小组以及个人所在集体经济组织所有的土地,不允许乡(镇)办企业使用村或村民组所有土地,村办企业也不能使用村民组或其他村集体所有的土地。但是集体经济组织用本集体所有土地与其他单位和个人以土地使用权入股、联营等形式共同举办企业的,视为使用本集体所有的土地。

乡(镇)企业建设用地因本集体经济组织内无法安排,可以申请使用国有建设用地,按国有建设用地的规定办理。

(二)宅基地

宅基地是指农民的住房、辅助用房(厨房、禽畜舍、厕所等)、沼气地(或太阳灶)和小庭院(或天井)用地,以及房前房后少量的绿化用地。宅基地不包括农民生产晒场用地。农村宅基地是用于解决农民的基本住房问题的一种手段,其数量较大,是一种非常重要的集体建设用地类型。

进行住宅建设的主体必须是本集体经济组织的村民,城镇居民使用集体土地,或农村村民建住宅使用其他集体所有的土地是不允许的。

(三)乡(镇)村公共设施和公益事业建设

乡(镇)村公共设施和公益事业建设包括农村道路、水利设施、学校、通讯、医疗卫生、敬老院、幼儿园、村民委员会办公室。此类项目的建设并不限于使用本集体经济组织土地,主要是考虑到一些道路、水利设施及学校等,很难在一个集体经济组织内部安排。乡(镇)村无集体土地,需要使用村民小组所有的土地的,也必须统筹安排。

二、集体建设用地申请与使用条件

(一)宅基地申请条件、标准与程序

1. 申请条件

根据浙江省国土资源厅发布的《关于进一步加强农村宅基地管理的意见》,符合下列情形之一的,农村村民可以申请宅基地:

(1)因国家建设、垦区移民、灾毁等需要搬迁的;

(2)实施村镇规划或旧村镇改造,必须调整搬迁的;

(3)常住人口中已领取结婚证书,确需分户建房的;

(4)原房屋破旧、宅基地偏小,需要翻建、扩建的;

(5)其他情形:一是经批准回乡落户的干部、职工、军人和其他人员;二是回乡定居的华侨、港澳台同胞、外籍华人和烈士家属;三是干部、职工的配偶是农村户口且干部、职工本人长期与其一起居住,经其所在单位批准,原单位无房的;

(6)法律法规规定的其他情形。

农村村民有下列情形之一的,不得再申请宅基地:

(1)已拥有一处宅基地,且其面积已达规定标准的;

(2)出卖、出租、赠与他人或者以其他形式转让宅基地上建筑物的;

(3)以所有家庭人员作为一户申请并被批准后,不具备分户条件而以分户为由的;

(4)其他不符合申请建房条件的。

2. 申请标准

农村村民一户只能拥有一处宅基地,宅基地面积标准(包括附属用房、庭院用地),使用耕地最高不得超过 125 平方米;使用其他土地最高不得超过 140 平方米;山区有条件利用荒地、荒坡的,最高不得超过 160 平方米。

3. 申请程序

农村村民建造住宅用地,应向户口所在地的村民委员会或农村集体经济组织提出书面申请,经村民委员会或农村集体经济组织讨论通过并予以公布。公布期满无异议的,报经乡镇人民政府审核后,报县级人民政府批准。具体的申请程序见图 8-10。

(二)集体建设用地使用条件

三类建设项目必须满足以下两个条件的要求,才能使用集体土地进行建设。

1. 符合乡(镇)规划

乡镇企业、乡(镇)村公共设施、公益事业、农村村民住宅等乡(镇)村建设,应当按照村庄和集镇规划,合理布局,综合开发,配套建设;同时应当符合乡(镇)土地利用总体规划和土地利用年度计划,并依法办理规划建设许可及农用地转用和建设项目用地

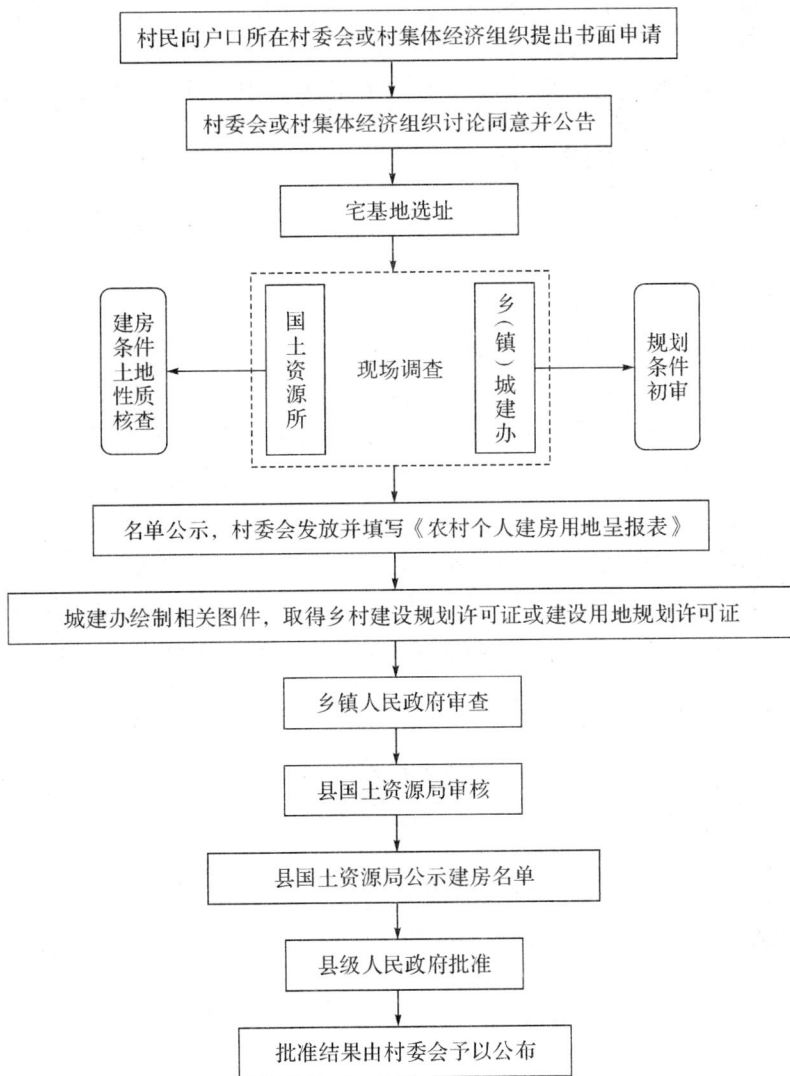

图 8-10　农村宅基地申请程序

审批手续。

2.经依法批准

乡镇企业、乡(镇)村公共设施、公益事业、农村村民住宅等乡(镇)村等项目均需经过依法批准后,才能进行建设。其审批权限设置如下:

(1)农村集体经济组织使用乡(镇)土地利用总体规划确定的建设用地兴办企业或者与其他单位、个人以土地使用权入股、联营等形式共同举办企业的,向县级以上地方人民政府国土资源行政主管部门提出申请,按照省、自治区、直辖市规定的批准权限,由县级以上地方人民政府批准。

(2)乡(镇)村公共设施、公益事业建设,需要使用土地的,经乡(镇)人民政府审核,向县级以上地方人民政府国土资源行政主管部门提出申请,按照省、自治区、直辖市规定的批准权限,由县级以上地方人民政府批准。

(3)农村村民住宅用地,经乡(镇)人民政府审核,由县级人民政府批准。

三、集体建设用地的流转

《土地管理法》第六十、第六十三条对集体建设用地流转相关内容进行了规定。

(一)流转范围

符合土地利用总体规划并依法取得的集体建设用地使用权的企业,因破产、兼并等情形致使集体建设用地使用依法发生转移。

农村集体经济组织使用乡(镇)土地利用总体规划确定的建设用地兴办企业或者与其他单位、个人以土地使用权入股、联营等形式共同举办企业的,应当持有关批准文件,向县级以上地方人民政府国土资源行政主管部门提出申请,按照省、自治区、直辖市规定的批准权限,由县级以上地方人民政府批准。可见,只要持有关批准文件,农村集体经济组织便可使用乡(镇)土地利用总体规划确定的集体建设用地,以土地使用权入股、联营等形式,与其他单位、个人共同举办企业,这意味着农村集体建设用地使用权的流转。

(二)流转条件

集体建设用地需满足以下条件才能进行流转:

(1)经依法批准使用的相关文件,且权属合法、四至清楚;

(2)符合土地利用总体规划;

(3)土地产权关系清晰,土地所有权人同意流转;

(4)原则上不改变土地原批准用途或符合依法批准使用的文件的规定用途;

(5)非娱乐项目和房地产开发用地;

(6)订有明确的付款、交割、期限等协议。

(三)流转方式

根据流转范围或用地类型的不同,流转方式可以分为以下几类。

(1)在城市规划区、建制镇规划区范围外和本级集体经济组织范围内,可以采取转让、作价出资联营或入股的方式进行流转;

(2)在城市规划区、建制镇规划区范围内的集体建设用地使用权需要流转给本集体经济组织以外人员使用的,原则上应将其集体土地所有权转为国有,并办理国有土地使用权有偿使用手续;

(3)农村宅基地在坚持"一户一宅"的原则下,集体经济组织可以收回宅基地,然后依法将其分配给本集体经济组织内具有宅基地取得资格的农户,对地上建筑物的补偿可以与原宅基地使用权拥有者协商确定。

四、农村集体建设用地的收回

农村集体经济组织报经原批准用地的人民政府批准,可以收回土地使用权:

(1)为乡(镇)村公共设施和公益事业建设,需要使用土地的;

(2)不按照批准的用途使用土地的,其中乡镇企业使用农村集体所有的土地,连续闲置两年以上或者因停办闲置一年以上的,应当由原土地所有者收回该土地使用权,重新安排使用;

(3)因撤销、迁移等原因而停止使用土地的。

另外,对于宅基地而言,符合下列情况的,经县级人民政府的批准,可以注销土地使用权证,并由村民委员会收回宅基地使用权:

(1)新建宅基地时与村民委员会签订了原有住房拆除协议,新建房屋竣工后三个月内不拆除的原旧房宅基地;

(2)实施旧村改造,统一建造新村后,已迁入新村居住村民的原有宅基地;

(3)法律规定的其他相关情形。

因公共设施和公益事业建设需要使用土地而收回建设用地使用权的,对土地使用权人应当给予适当补偿。

参考文献

[1] 田志强,郭思岩,彭爱华.基于土地督察实践的城市建设用地审批制度改革思路研究[J].中国土地科学,2012(12):3-11.

[2] 王太高.土地征收制度比较研究[J].比较法研究,2004(6):16-30.

第九章　耕地保护和土地整治管理

第一节　耕地保护和永久基本农田划定管理

一、耕地保护与标准农田建设

(一)耕地内涵和保护措施

耕地是指种植农作物,经常进行耕锄的田地,包括熟地、当年新开荒地、连续撂荒未满 3 年的耕地和休闲地(轮歇地),且以种植农作物为主,并附带种植桑树、茶树、果树和其他林地的土地。耕地是土地资源中最重要最珍贵的部分。耕地保护是指运用法律、行政、经济、技术等手段和措施,对耕地的数量和质量进行的保护。耕地保护是关系我国经济和社会可持续发展的全局性战略问题。"十分珍惜、合理利用土地和切实保护耕地"是必须长期坚持的一项基本国策。

党中央、国务院高度重视耕地保护工作。党的十八大、十八届三中全会和中央经济工作会议、城镇化工作会议、农村工作会议就严防死守 18 亿亩耕地保护红线、确保实有耕地面积基本稳定、实行耕地数量和质量保护并重等提出了新的更高要求。为了贯彻落实最严格的耕地保护制度,国土资源部下发了《关于强化管控落实最严格耕地保护制度的通知》(国土资发〔2014〕18 号),要求国土资源主管部门要认真学习、深刻领会党中央、国务院决策精神,站在对子孙后代负责的高度,切实提高对保护耕地极端重要性和现实紧迫性的认识,坚守耕地保护红线和粮食安全底线。将保护耕地作为土地管理的首要任务,坚决落实最严格的耕地保护制度和节约用地制度,坚持耕地保护优先、数量质量并重,全面强化规划统筹、用途管制、用地节约和执法监管,加快建立共同责任、经济激励和社会监督机制,严守耕地红线,确保耕地实有面积基本稳定、质量不下降。

耕地保护的具体措施如下:

1. 加大土地利用规划、计划管控力度

严格按照土地利用总体规划批地用地,严禁突破土地利用总体规划设立新城新区和各类开发区(园区)。建立土地利用总体规划评估修改制度,严格限定条件,规范修改程序,扩大公众参与,禁止随意修改规划,切实维护规划的严肃性。按照国家新型城镇化发展要求,依据第二次全国土地调查成果,合理调整土地利用总体规划,严格划定城市开发边界、永久基本农田和生态保护红线,强化规划硬约束;严格控制城市建设用地规模,确需扩大的,要采取串联式、组团式、卫星城式布局,避让优质耕地。强化土地利用规划的基础性、约束性作用。加强年度用地计划与规划的衔接,逐步减少新增建设用地计划指标,对耕地后备资源不足的地区相应减少建设占用耕地指标。

2. 进一步严格建设占用耕地审批

强化建设项目预审,严格项目选址把关。凡不符合土地利用总体规划、耕地占补平衡要求、征地补偿安置政策、用地标准、产业和供地政策的项目,不得通过用地预审。严格审核城市建设用地,除生活用地及公共基础设施用地外,原则上不再安排城市人口 500 万以上特大城市中心城区新增建设用地;人均城市建设用地目标严格控制在100 平方米以内,后备耕地资源不足的地方相应减少新增建设占用耕地指标。

3. 强化耕地数量和质量占补平衡

各地要严格执行以补定占、先补后占规定,引导建设不占或少占耕地。土地整治补充耕地要先评定等级再验收,没有达到要求的不得验收。省级国土资源主管部门要在省级人民政府的领导和组织下,会同有关部门,对建设项目耕地占补平衡进行严格审查把关,坚决纠正占优补劣问题。全面实施耕作层剥离再利用制度,建设占用耕地特别是基本农田的耕作层应当予以剥离,用于补充耕地的质量建设。统筹规划,整合资金,大力推进高标准基本农田建设。加大对生产建设活动和自然损毁土地的复垦力度,探索开展受污染严重耕地的修复工作。加强土地整治项目的建后管护,严防边整治边撂荒,严禁土地整治后又被非农业建设占用,多措并举提高整治土地的质量等级。除突发性自然灾害等原因外,严禁将耕地等农用地通过人为撂荒、破坏质量等方式变为未利用地。对因生态退化等原因导致耕地等农用地变更为未利用地的,不得纳入土地整治项目并用于占补平衡。

4. 严格划定和永久保护基本农田

以依法批准的土地利用总体规划为依据,从城市人口 500 万以上城市中心城区周边开始,由大到小、由近及远,加快永久基本农田划定工作推进,切实做到落地到户、上图入库,网上公布,接受监督。在交通沿线和城镇、村庄周边的显著位置增设永久保护标志牌。不得借基本农田划定或者建立数据库之机,擅自改变规划确定的基本农田布局,降低基本农田的质量标准。基本农田一经划定,实行严格管理、永久保护,任何单位和个人不得擅自占用或改变用途;建立和完善基本农田保护负面清单,符合法定条件和供地政策,确需占用和改变基本农田的,必须报国务院批准,并优先将同等面积的优质耕地补划为基本农田。

5. 严防集体土地流转"非农化"

农村土地管理制度改革要按照守住底线、试点先行的原则稳步推进,严格依据经中央批准的改革方案、在批准的试点范围内进行,坚持以符合规划和用途管制为前提,严防擅自扩大建设用地规模、乱占滥用耕地。农村土地承包经营权流转和抵押、担保等,必须在坚持和完善最严格的耕地保护制度前提下进行,坚持农地农用,不得借农地流转之名违规搞非农业建设,严禁在流转农地上建设旅游度假村、高尔夫球场、别墅、农家乐、私人会所等。引导农业结构调整不改变耕地用途,严禁占用基本农田挖塘造湖、种植林果、建绿色通道及其他毁坏基本农田种植条件的行为。设施农业项目要尽可能利用农村存量建设用地和非耕地,不得占用基本农田。生态退耕必须严格按照有关法规规定的条件和经国务院批准的方案,分步骤、有计划进行,基本农田和土地整治形成的耕地不得纳入退耕范围。

6. 引导和促进各类建设节约集约用地

各级国土资源主管部门要按照严控增量、盘活存量、优化结构、提高效率的总要求,综合运用规划调控、市场调节、标准控制、执法监管等手段,全面推进城镇、工矿、农村、基础设施等各类建设节约集约用地,切实减少对耕地的占用,严防侵占优质耕地。统筹安排新增和存量建设用地,新增建设用地计划安排要与节约集约用地绩效相挂钩,促进节约用地、保护耕地。

7. 强化耕地保护执法监察

加强对违反规划计划扩大建设用地规模、农村土地流转和农业结构调整中大量损坏基本农田等影响面大的违法违规行为的执法检查。充分利用卫星遥感、动态巡查、网络信息、群众举报等手段,健全"天上看、地上查、网上管、群众报"违法行为发现机制,对耕地进行全天候、全覆盖监测。认真落实违法行为报告制度,坚持重大典型违法违规案件挂牌督办制度,对占用耕地重大典型案件及时进行公开查处、公开曝光。加强与法院、检察、公安、监察等部门的协同配合,形成查处合力。

8. 进一步加强耕地保护督察

国家土地督察机构要以耕地保护目标责任落实、规划计划执行、建设用地审批、基本农田划定、耕地占补平衡和农地流转等为重点,加强对省级人民政府耕地保护情况的监督检查,有关工作需向国务院报告。

9. 严格耕地保护责任追究制度

严格执行《违反土地管理规定行为处分办法》(监察部、人力资源和社会保障部、国土资源部令第 15 号),积极配合监察机关追究地方人民政府负责人的责任。应当将耕地划入基本农田而不划入,且拒不改正的,对直接负责的主管人员和其他直接责任人员,给予行政处分。对国土资源主管部门工作人员不依法履行职责,存在徇私舞弊、压案不查、隐瞒不报等行为的,要严格依照相关规定追究有关责任人的责任。

10. 构建耕地保护共同责任机制

完善省级人民政府耕地保护责任目标考核办法,将永久基本农田划定和保护、高标准基本农田建设、补充耕地质量等纳入考核内容,健全评价标准,实行耕地数量与质量考核并重。积极推动将耕地保护目标纳入地方经济社会发展和领导干部政绩考核评价指标体系,加大指标权重,考核结果作为对领导班子和领导干部综合考核评价的参考依据。推动地方政府严格执行领导干部耕地保护离任审计制度,落实地方政府保护耕地的主体责任。建立奖惩机制,将耕地保护责任目标落实情况与用地指标分配、整治项目安排相挂钩。

11. 完善耕地保护约束激励机制

支持地方提高非农业建设占用耕地特别是基本农田的成本,加大对耕地保护的补贴力度,探索建立耕地保护经济补偿机制。建立健全制度,鼓励农村集体经济组织和农民依据土地整治规划开展高标准基本农田建设,探索实行"以补代投、以补促建"。

12. 推进耕地保护调查监测和信息化监管

加强耕地和基本农田变化情况监测及调查,及时预警、发布变化情况。以第二次全国土地调查、年度土地变更调查和卫星遥感监测数据为基础,加快完善土地规划、基本农田保护、土地整治和占补平衡等数据库,建立数据实时更新机制,实现与建设用地审批、在线土地督察等系统的关联应用和全国、省、市、县四级系统的互联互通,纳入国土资源"一张图"和综合监管平台,强化耕地保护全流程动态监管。

(二)标准农田建设

1. 标准农田的涵义

标准农田主要是通过土地整理等方法,对农田进行土地平整和田间水利、田间道路、田间防护林等建设,达到田成方、渠相通、路相连、林成网、灌得进、排得出的要求,使农田生产条件得到明显的改善。

2. 标准农田建设的具体标准

(1)土地连片集中,每片面积在 200 亩以上。

(2)农田格式化,每块面积一般 2~3 亩,田间高低不大于 5 厘米,耕作层在 30 厘米以上。

(3)水利排灌设施配套,干支渠道实现三面光。努力争取防洪标准达到 20 年一遇,治涝标准 10 年一遇,抗旱能力 70 天以上,地下水位控制在适宜作物生长的深度。

(4)田间道路布局合理,通畅,保证农业机械下田作业。

(5)田间骨干道路、主干路两边营造绿化带。

3. 标准农田的建设

1999 年 8 月,浙江省政府下发《关于开展 1000 万亩商品粮基地建设的通知》,下达了 1000 万亩标准农田建设任务;2005 年,浙江省十届人大一次会议通过的《政府工作报告》,又下达了 500 万亩标准农田建设任务。全省各级国土资源主管部门根据省政府的部署,结合土地整理开展了标准农田建设工作,1999—2007 年,全省共投入资金 250 多亿元,整理土地 2000 万亩,到 2014 年全省实际建成标准农田 1581.81 万亩,其中任务面积 1513.62 万亩、储备面积 59.03 万亩、省代建面积 9.16 万亩。

4. 标准农田管理

(1)标准农田数据库建设与管理。为了加强标准农田管理,掌握标准农田分布状况,2008 年,浙江省开展了标准农田上图入库工作,建成了全省标准农田数据库,启用了标准农田管理信息系统。2009 年以后的补建标准农田项目按照"建成一个、入库一个"的要求,全部纳入数据库管理。

(2)标准农田占补管理。根据《浙江省耕地质量管理办法》,全省实行了标准农田"先补后占"管理制度。2010、2011 年,省国土资源厅、省农业厅先后下发了《关于切实加强标准农田占补管理工作的通知》(浙土资函〔2010〕28 号)和《关于进一步加强标准农田占补管理工作的通知》(浙土资发〔2011〕62 号),建立了国土资源部门、农业部门联合审查的标准农田占补、置换管理机制。2009—2014 年,全省审核标准农田占补方案共计 908 个,面积 15.66 万亩;置换方案 809 个,面积 14.74 万亩;核减方案 135 个,面积 1.92 万亩。经批准建设占用标准农田 32.32 万亩,通过储备面积补充标准农田面积 28.59 万亩,直接核减储备面积 3.72 万亩。

(3)标准农田质量提升工程。为进一步提升标准农田地力等级和粮食生产能力,2009 年,省政府部署实施了"千万亩标准农田质量提升工程",在 1500 万亩标准农田范围内选取了 1000 万亩集中连片、地势平缓、基础条件优良的标准农田开展质量提升工程。标准农田质量提升工作由省农业厅组织实施。

(4)标准农田易地调剂管理。为了缓解部分地区标准农田补建资源匮乏、无法落实建设占用标准农田"先补后占"的矛盾,保障全省重大建设项目的标准农田占补平衡,经省政府同意,建立了储备标准农田跨县易地有偿调剂制度和省统筹代建标准农田制度。2009—2014 年,共批准跨市调剂标准农田面积 1.03 万亩,落实省统筹代建标准农田 9.16 万亩。

(三)高标准基本农田

1. 高标准基本农田和高标准基本农田建设的涵义

高标准基本农田是指一定时期内,通过农村土地整治形成的集中连片、设施配套、高产稳产、生态良好、抗灾能力强,与现代农业生产和经营方式相适应的基本农田,包括经过整治后达到标准的原基本农田和新划定的基本农田。

高标准基本农田建设是指以建设高标准基本农田为目标,依据土地利用总体规划和土地整治规划,在农村土地整治重点区域及重大工程建设区域、基本农田保护区、基本农田整备区等开展的土地整治活动。

2. 高标准基本农田建设的内容

主要包括土地平整工程、灌溉与排水工程、田间道路工程、农田防护与生态环境保护工程以及其他工程,具体按照《高标准基本农田建设标准》(TD/T 1033-2012)和《高标准农田建设通则》(GB/T 30600-2014)进行建设,要求满足田间管理和农业机械化、规模化生产需要,合理布局耕作田块,保持各项工程之间的协调配合,实现田间基础设施配套齐全,耕地质量等别达到所在县的较高等别。到 2015 年年末,浙江省共建设高标准农田 1048 万亩。

3. 高标准基本农田管理

高标准基本农田的管理措施除了基本农田管理措施都适用外,还有:要加快编制省级高标准农田建设规划,整合部门力量统筹使用财政资金,合力推进高标准基本农田建设,要严格按照标准建设、确保高标准农田建设全面达标,建成后要及时确权登记,健全管护机制,明确管护主体,落实管护责任和管护经费,加强对工程管护工作的监督指导和监测评价,强化信息管理,实行永久保护。

"十二五"期间,浙江省高标准基本农田在空间布局上与标准农田、粮食生产功能区大部分是重合的。

二、永久基本农田划定

(一)基本农田和永久基本农田

基本农田,是指按照一定时期人口和社会经济发展对农产品的需求,依据土地利用总体规划确定的不得占用的耕地。

永久基本农田是 2008 年中共十七届三中全会提出的概念,即对基本农田实行永久性保护,就是指土地利用总体规划中确定的基本农田。其内涵是无论什么情况下都不能改变其用途,不得以任何方式挪作他用的基本农田。其目的是优先把城镇周边、交通沿线易被占用的优质耕地划为永久基本农田,严控城市化进程加快对耕地尤其是对城市周边地区优质耕地的挤占,给子孙后代留下良田沃土。

(二)永久基本农田划定的思路和原则

1. 永久基本农田划定的思路

在已有基本农田划区定界工作成果的基础上,根据第二次全国土地调查、最新年度土地利用变更调查、土地利用总体规划调整完善、耕地质量等级调查与地力评价成果,结合土地例行督察、土地出让收支和耕地保护情况审计中发现问题的整改工作,按照城市(镇)由大到小、空间由近到远、耕地质量等级和地力等级由高到低的顺序,科学地划定永久基本农田,将永久基本农田划定任务及时落实到村、户,并上图入库、上网公布,接受社会监督。同时,将劣质耕地和不符合要求的其他土地划出永久基本农田,进一步优化永久基本农田结构和布局,确保永久基本农田布局基本稳定、数量不减少、质量有提高。

2. 划定永久基本农田的原则

(1)质量优先。按照"耕地质量从高到低"的划定要求,优先将集中连片、旱涝保收、质量优良的平原优质耕地划入永久基本农田及示范区。

(2)生态安全。按照"从城市周边开始、由近及远"的划定要求,将大中城市、县域中心城区、城镇周边的优质耕地首先划入永久基本农田及示范区,为城市(镇)发展建立生态屏障,推进新型城镇化建设。

(3)保障发展。按照"保障和促进科学发展"的要求,科学界定永久基本农田、生态保护、城市(镇)扩展边界三条红线,在确保永久基本农田保护和生态安全的基础上,为新型城镇化建设留出发展空间。

(4)公众参与。在划定永久基本农田及示范区过程中,充分征求发改、农业、水利等部门,以及有关专家、集体经济组织和农民的意见,让公众参与,做到划定标准、划定范围、保护措施公开。

(三)永久基本农田划定技术流程

根据《国土资源部关于强化管控落实最严格耕地保护制度的通知》《国土资源部、农业部关于进一步做好永久基本农田划定工作的通知》(国土资发〔2014〕128 号)和《浙江省人民政府办公厅关于进一步做好永久基本农田划定和保护工作的通知》(浙政办发〔2015〕54 号)文件精神,按照《浙江省进一步划定永久基本农田技术方案》划定永久基本农田和永久基本农田示范区,其划定流程见图 9-1。

(四)永久基本农田划入划出标准

1. 永久基本农田划入标准

全域特别是城镇周边、交通沿线为重点的尚未划为基本农田的下列优质耕地,包括:已建成的标准农田;已建成的粮食生产功能区和现代农业园区内的耕地;农业综合开发部门建成的高标准农田、水利部门实施的农田水利标准化建成的旱涝保收农田;保障城镇蔬菜供应的蔬菜种植基地;其他优质耕地。

2. 永久基本农田划出标准

通过套合土地利用现状成果,结合土地审计、土地例行督察、卫片检查等工作,或者比对遥感影像等成果,发现土地利用总体规划和基本农田划定成果中存在以下情形的:实地已经被建设占用的耕地(违法用地已复垦且符合耕地标准的除外);县级以上人民政府颁发林权证或与生态公益林重叠耕地(可以调整生态公益林范围的除外);坡度 25°以上耕地;已经批准农用地转用尚未占用的耕地(纳入盘活存量用地的除外);耕作层遭严重破坏或土壤受到严重污染的耕地;按照国土资源部、农业部核实举证标准不能划入永久基本农田的耕地。

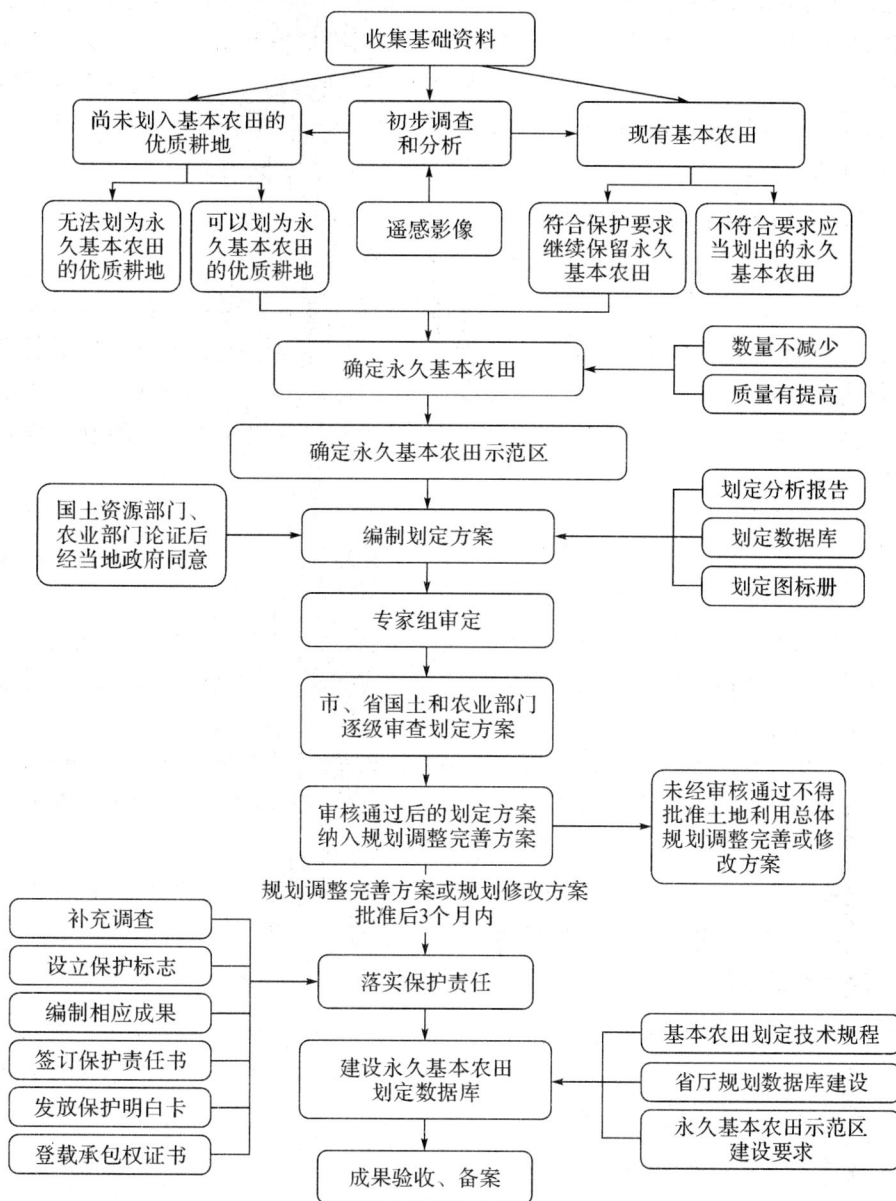

图 9-1 永久基本农田划定技术流程

（五）划定工作内容

1.工作底图制作

提取土地利用总体规划数据库成果中与永久基本农田相关的信息、基本农田划定成果信息（基本农田保护图斑层）合并作为现有基本农田层，结合城市周边、交通沿线土地利用现状为耕地但尚未纳入基本农田保护的高标准基本农田、标准农田、粮食生产功能区和现代农业园区等优质耕地,按照永久基本农田划定、划入和划出的标准,套合最新的卫星遥感影像,标注出影像中疑似已建设或内业预判不宜划为永久基本农田的疑问图斑,形成外业调查工作底图和自我核实举证初步数据。工作底图内容还应包括行政界线、权属界线、地类界线、基本农田保护界线、线状地物、地类符号、注记、图名、图例等要素。

2. 基本农田图层数据转换和套合

通过对土地利用总体规划数据库和基本农田划定成果中的基本农田图层进行数据转换,以及以城镇周边、交通沿线为重点的尚未划为基本农田须自我核实举证的优质耕地,与最新的土地利用现状数据库中地类图斑层套合,落实到最新卫星遥感影像上,根据永久基本农田划定、划入、划出标准,经过自我核实举证后,确定永久基本农田的位置、范围、地类、质量、坡度等。原则上永久基本农田片块边界与土地利用现状图斑边界相一致。

具体套合要求如下:

当永久基本农田界线与土地利用现状地类图斑界线重合时,直接提取地类图斑界线作为永久基本农田片块界线。

当永久基本农田界线与土地利用现状地类图斑的空间位置、形状一致或基本一致(由于纠正、数据转换等技术处理造成的界线位移),以数据库中相应地类图斑界线作为基本农田图斑界线。

当永久基本农田界线与土地利用现状地类图斑的空间位置、界线不一致时,以相关地形、地貌和地物要素为参考,确定永久基本农田片块界线,分割图斑的永久基本农田片块边界应有明显地面参照物并设立标志物。

属于划入的永久基本农田,与土地利用现状地类图斑界线重合时,直接提取地类图斑界线作为基本农田保护片(块)界线。

3. 地类和面积认定

按照《基本农田划定技术规程》(TD/T 1032-2011)的方法确定永久基本农田保护片块和图斑的地类和面积。永久基本农田现状登记表和现状汇总表中的地类面积按照土地利用现状调查认定的地类面积进行汇总。

4. 质量等级信息确定

质量等级信息包括耕地质量等别和耕地地力等级两部分。分别以国土资源部门耕地质量等级补充完善成果和农业部门耕地地力评价结果为基础,逐一落实永久基本农田图斑和片块对应的质量等级信息,填写永久基本农田图斑和片块属性结构表的耕地质量等级代码(ZLDJDM),同时分别增加耕地地力等级代码(GDDLDJ)。在划定过程中,应综合评价划入、划出基本农田的质量等级(耕地质量等别和耕地地力等级,下同)信息,确保县级划入基本农田的平均质量等级高于划出基本农田的平均质量等级。

5. 落实保护责任

编制反映永久基本农田地块和保护片(块)的空间位置和编号、图件、表册等成果。

划定的永久基本农田应落实到村组和承包农户,并结合农村土地承包经营权登记试点工作,逐步将永久基本农田标注到农村土地承包经营权证书上。明确集体经济组织和农户的保护责任,依据《基本农田保护条例》层层落实保护责任,明确基本农田的范围、地类、面积、地块、质量等级、保护措施、当事人的权利与义务、奖励与处罚等内容。按《基本农田与土地整理标识使用和有关标志牌设立规定》的要求,设立统一规范的永久基本农田保护牌和标识。

6.建立永久基本农田数据库

县级以上各级国土资源主管部门按照《基本农田数据库标准》要求,根据划定的永久基本农田成果,建立永久基本农田数据库,将永久基本农田保护图、表、册的内容,纳入数据库管理,并逐步实现省域内数据库联网互通。

三、永久基本农田示范区划定

永久基本农田示范区划定工作是指在土地利用总体规划确定基本农田范围内,将质量等级高、生产能力有保障、适合规模经营和现代化耕种方式的平原优质耕地,划定为永久基本农田示范区,作为"祖宗田""口粮田"实行强制管制,落实永久保护。重点将标准农田建设、高标准基本农田建设、粮食生产功能区建设、千万亩标准农田质量提升、农田水利标准化建设、农业综合开发等建成的优质耕地,以及城市(镇)周边、交通沿线易被建设占用的优质耕地优先划为永久基本农田,并将集中连片、设施完善、质量优良、土壤清洁、适合规模经营和现代化耕作的平原优质耕地划为永久基本农田示范区,设立永久保护标志。

(一)永久基本农田示范区划定的流程和划入划出标准

永久基本农田示范区划定的流程与永久基本农田划定流程相似,可参见图9-1。

永久基本农田示范区在永久基本农田划定基础上开展。其划定标准:地势平坦、坡度6°以下;农田水利、田间道路设施完善;集中连片度原则上平原地区大于500亩、山地丘陵区大于200亩(已经建成的粮食生产功能区按实际建成面积划入);耕地质量等级与地力等级高,土壤清洁。

下列耕地必须纳入永久基本农田示范区:

(1)已经建成的高标准基本农田;

(2)已经建成的粮食生产功能区内的耕地;

(3)历年建成的地力等级为二等以上的标准农田。

(二)永久基本农田示范区划定工作内容

永久基本农田示范区的划定工作内容基本与永久基本农田划定的方法相同,主要差异是:永久基本农田示范区必须完全位于永久基本农田中,原则上永久基本农田示范区图斑不分割永久基本农田图斑,对属于永久基本农田示范区的片块和图斑增加标识予以区分。

　　按照国家下达浙江省的永久基本农田保护任务,逐级做到规划落实到图斑、保护任务落实到村、实地落实到地块(图斑)、责任落实到农户,通过优质耕地的划入和劣质耕地的划出,稳妥有序地优化永久基本农田结构和布局,划定永久基本农田和永久基本农田示范区。永久基本农田布局调整与土地利用总体规划调整完善同步进行,在完成土地利用总体规划调整完善成果报批后,按照有关规定和技术要求,在三个月内把基本农田落实到具体地块(图斑),明确保护责任,设立保护标志,编制保护图册,严格监督管理。

四、永久基本农田保护

　　基本农田的保护是指地方各级人民政府应当采取措施,确保土地利用总体规划确定的本行政区域内基本农田的数量不减少,质量不下降。永久基本农田保护简单地说是对基本农田实行永久保护,也即永久基本农田保护比基本农田保护更严。介于现行《土地管理法》及相关的法规仍沿用的基本农田这一概念,所以本小节仍采用基本农田来叙述。

(一)基本农田的利用与建设

1. 禁止闲置

　　禁止任何单位和个人闲置、荒芜基本农田。经国务院批准的重点建设项目占用基本农田的,满1年不使用而又可以耕种并收获的,应当由原耕种该幅基本农田的集体或者个人恢复耕种,也可以由用地单位组织耕种;1年以上未动工建设的,应当按照省、自治区、直辖市的规定缴纳闲置费;连续2年未使用的,经国务院批准,由县级以上人民政府无偿收回用地单位的土地使用权;该幅土地原为农民集体所有的,应当交由原农村集体经济组织恢复耕种,重新划入基本农田保护区。承包经营基本农田的单位或者个人连续2年弃耕抛荒的,原发包单位应当终止承包合同,收回发包的基本农田。

2. 基本农田质量建设

　　国家提倡和鼓励农业生产者对其经营的基本农田施用有机肥料,合理施用化肥和农药。利用基本农田从事农业生产的单位和个人应当保持和培肥地力。

　　县级人民政府应当根据当地实际情况制定基本农田地力分等定级办法,由农业行政主管部门会同国土资源行政主管部门组织实施,对基本农田地力分等定级,并建立档案。

　　农村集体经济组织或者村民委员会应当定期评定基本农田地力等级。县级以上地方各级人民政府农业行政主管部门应当逐步建立基本农田地力与施肥效益长期定位监测网点,定期向本级人民政府提出基本农田地力变化状况报告以及相应的地力保护措施,并为农业生产者提供施肥指导服务。

　　应当尽量采取各种有效措施提高耕地产出水平,推广绿肥种植、秸秆还田技术,加大对使用有机肥料的支持力度,培肥基本农田地力;大力推广应用配方施肥、保护性耕作、地力培肥、退化耕地修复等技术,提升基本农田地力等级。加大对基本农田保护区农田水利建设的投入,改造和配套水利灌溉排水设施,增加基本农田的有效灌溉面积。

3. 基本农田污染防治

县级以上人民政府农业行政主管部门应当会同同级环境保护行政主管部门对基本农田环境污染进行监测和评价,并定期向本级人民政府提出环境质量与发展趋势的报告。

经国务院批准占用基本农田兴建国家重点建设项目的,必须遵守国家有关建设项目环境保护管理的规定。在建设项目环境影响报告书中,应当有基本农田环境保护方案。

向基本农田保护区提供肥料和作为肥料的城市垃圾、污泥的,应当符合国家有关标准。

因发生事故或者其他突发性事件,造成或者可能造成基本农田环境污染事故的,当事人必须立即采取措施处理,并向当地环境保护行政主管部门和农业行政主管部门报告,接受调查处理。

4. 基本农田相关违法处置

有下列行为之一的,依照《土地管理法》和《土地管理法实施条例》的有关规定,从重给予处罚:

(1)未经批准或者采取欺骗手段骗取批准,非法占用基本农田的;

(2)超过批准数量,非法占用基本农田的;

(3)非法批准占用基本农田的;

(4)买卖或者以其他形式非法转让基本农田的。

应当将耕地划入基本农田保护区而不划入的,由上一级人民政府责令限期改正;拒不改正的,对直接负责的主管人员和其他直接责任人员依法给予行政处分或者纪律处分。

破坏或者擅自改变基本农田保护区标志的,由县级以上地方人民政府国土资源行政主管部门或者农业行政主管部门责令恢复原状,可以处 1000 元以下罚款。

占用基本农田建窑、建房、建坟、挖砂、采石、采矿、取土、堆放固体废弃物或者从事其他活动破坏基本农田,毁坏种植条件的,由县级以上人民政府国土资源行政主管部门责令改正或者治理,恢复原种植条件,处占用基本农田的耕地开垦费 1 倍以上 2 倍以下的罚款;构成犯罪的,依法追究刑事责任。

侵占、挪用基本农田的耕地开垦费,构成犯罪的,依法追究刑事责任;尚不构成犯罪的,依法给予行政处分或者纪律处分。

(二)基本农田的占用审批

1. 允许占用基本农田的项目

根据国土资源部发布的《关于进一步做好基本农田保护有关工作的意见》,除国家能源、交通、水利、军事设施等重点建设项目选址确实无法避开基本农田保护区的外,其他建设项目一律不得占用基本农田。

对耕作层造成永久性破坏的工程临时用地不得占用基本农田。任何单位和个人也不得在基本农田保护区内建窑、建房、建坟、挖砂、采石、采矿、取土、堆放固体废弃物、侵占或者损坏基本农田保护区的设施、破坏或者擅自改变基本农田保护区的保护标志以及发展林果业和挖塘养鱼或者进行其他破坏基本农田的活动。

2. 占用基本农田的条件

符合法律规定确需占用基本农田的非农建设项目，必须满足以下几项条件，才能占用基本农田：

（1）必须按法定程序，经省政府审核后，报国务院批准农用地转用和土地征收。其中涉及占用蔬菜生产基地的，报省人民政府审核前，应当征得省农业行政主管部门的同意。

（2）经国务院批准占用基本农田的，当地人民政府应当按照国务院的批准文件修改土地利用总体规划，并补充划入数量和质量相当的基本农田。占用单位应当按照占多少、垦多少的原则，负责开垦与所占基本农田的数量与质量相当的耕地；没有条件开垦或者开垦的耕地不符合要求的，应当按照省、自治区、直辖市的规定缴纳耕地开垦费，专款用于开垦新的耕地。

（3）占用基本农田的单位应当按照县级以上地方人民政府的要求，将所占用基本农田耕作层的土壤用于新开垦耕地、劣质地或者其他耕地的土壤改良。

（三）基本农田保护目标责任制

根据基本农田保护条例，基本农田保护应当建立目标责任制，将耕地和基本农田保护工作纳入政府领导任期目标考核的内容。在建立基本农田保护区的地方，县级以上地方人民政府应当与下一级人民政府就基本农田的范围、面积、地块，基本农田的地力等级，保护措施，当事人的权利与义务，奖励与处罚等事项签订基本农田保护责任书；乡（镇）人民政府应当根据与县级人民政府签订的基本农田保护责任书的要求，与农村集体经济组织或者村民委员会签订基本农田保护责任书。

1. 省级政府耕地保护责任目标考核

根据《省级政府耕地保护责任目标考核办法》，从 2006 年起，每五年为一个规划期，在每个规划期的期中和期末，国务院对各省、自治区、直辖市各考核一次。考核的标准是：

（1）省级行政区域内的耕地保有量不得低于国务院下达的耕地保有量考核指标。

（2）省级行政区域内的基本农田保护面积不得低于国务院下达的基本农田保护面积考核指标。

（3）省级行政区域内各类非农建设经依法批准占用耕地和基本农田后，补充的耕地和基本农田的面积与质量不得低于已占用的面积与质量。

2. 浙江省市级政府耕地保护责任目标考核

根据《浙江省人民政府办公厅关于印发〈浙江省市级政府耕地保护责任目标考核办法〉的通知》,浙江省耕地保护责任目标考核主要内容如下:

(1)区域内的耕地保有量不低于省政府下达的控制数、基本农田保护面积不低于省政府下达的任务数。

(2)严格执行土地利用总体规划和年度计划,区域内的农用地转为建设用地新增总量不突破省政府下达的计划指标(包括折抵指标使用额度)。

(3)区域内各类非农建设经依法批准占用耕地和基本农田后,补充的耕地和基本农田的面积与质量不低于已占用的面积与质量。

(4)积极开展标准农田建设,如期完成省政府下达的标准农田年度建设任务。基本农田示范区建设组织健全,措施到位,逐步实现“基本农田标准化、基础工作规范化、保护责任社会化、监督管理信息化”的目标。

(5)当年发生的违法占用耕地案件查处率达到 95% 以上,违法占用基本农田案件的查处率达到 100%。

(四)永久基本农田保护

根据《浙江省人民政府办公厅关于进一步做好永久基本农田划定和保护工作的通知》,对于永久基本农田与对基本农田保护要求相等同,但对于建设占用永久基本农田的,增加一道内部控制程序,即“选址方案”论证程序。要求由各设区市人民政府在建设项目用地预审环节,对占用永久基本农田建设项目的用地选址方案认真组织论证,未经论证通过的,不得通过建设项目用地预审;对占用永久基本农田示范区的,采取了更严格的保护措施,规定只有国家批准的交通、水利项目以及省政府确定的重大线型工程建设项目确实无法避让的,项目建设用地选址方案由省国土资源厅会同省农业厅等部门进行论证,未经论证通过的,不得通过建设项目用地预审。

第二节　耕地占补平衡管理

耕地占补平衡是《土地管理法》确定的一项耕地保护的基本制度。该法第三十一条规定:国家实行占用耕地补偿制度。非农业建设批准占用耕地的,按照“占多少,补多少”的原则,由占用耕地的单位负责开垦与所占用的耕地数量和质量相当的耕地,没有条件开垦或者开垦的耕地不符合要求的,应当按照省、自治区、直辖市的规定缴纳耕地开垦费,专款用于开垦新的耕地。

耕地保护关系到国家粮食安全、经济发展和社会稳定,是国土资源管理第一位、最重要的任务,因此实现耕地占补平衡在耕地保护中具有举足轻重的作用。在地方各级政府和国土资源主管部门的积极配合下,我国耕地占补平衡工作取得了明显成效:全国 31 个省(区、市)(港澳台除外)中,1998 年实现省域内耕地占补平衡的有 18 个,

1999 年有 24 个,2000 年有 29 个,2001 年和 2002 年达到所有省份实现目标,全国初步建立起一套较为完善的耕地占补平衡的工作制度体系,为耕地保护打下了坚实的基础。

一、补充耕地主体

根据国土资源部颁布的《耕地占补平衡考核办法》,补充耕地的责任单位主要包括建设单位、市、县人民政府、农村集体经济组织等,具体不同主体对应的不同情形如下:

(1)建设单位为补充耕地主体:单独选址建设项目用地,由建设单位自行补充耕地。因没有条件开垦或者开垦的耕地不符合要求,按照省、自治区、直辖市的规定缴纳耕地开垦费,收取耕地开垦费的地方人民政府或者有关部门可帮助建设单位履行补充耕地义务。

(2)市、县人民政府为补充耕地主体:城市分批次建设用地。因耕地后备资源匮乏,经省、自治区、直辖市国土资源主管部门统一安排,通过收取耕地开垦费在本省、自治区、直辖市行政区域内易地补充耕地的,支付耕地开垦费的有关地方人民政府或部门为补充耕地的主体单位,接收耕地开垦费的有关地方人民政府或部门为补充耕地的责任单位。

(3)农村集体经济组织为补充耕地主体:村庄、集镇分批次建设用地。

二、耕地补充管理

按照《国土资源部关于强化管控落实最严格耕地保护制度的通知》要求,凡不符合土地利用总体规划、耕地占补平衡要求等政策的项目,不得通过用地预审。确需占用的,按照确保粮食生产能力不下降的要求,提出补充耕地安排,补充数量质量相当的耕地,并作为通过预审的必备条件。建设用地审查报批时,要严格审查补充耕地落实情况,达不到规定要求的,不得通过审查。严格执行以补定占、先补后占规定,引导建设不占或少占耕地。土地整治补充耕地要先评定等级再验收,没有达到要求的不得验收。可见,耕地占补平衡、占优补优、先补后占,是落实最严格保护耕地的具体措施。

(一)市、县范围内自主补充

耕地占补平衡补充耕地任务,主要在建设项目所在市、县范围内中,由建设单位或市、县人民政府负责完成。对于后备耕地资源不足的市县,按照《国土资源部关于强化管控落实最严格耕地保护制度的通知》文件规定,要相应减少新增建设占用耕地,可见市、县在其管辖范围内自主完成补充耕地任务是实现耕地占补平衡补充耕地的最主要途径。

1."先补后占"政策的落实

市、县地方国土资源主管部门,要积极开展土地整理、废弃土地和灾毁土地的复垦、宜耕后备资源的开发等工作,补充耕地,并通过建立健全补充耕地储备库的方式,储备新增耕地,以便建设项目占用耕地时,有可以用于补充的新增耕地,保证做到先补后占。

对于滩涂围垦(填海)项目,根据 2014 年发布的《浙江省人民政府办公厅关于进一步加强耕地占补平衡管理的通知》,按滩涂围垦(填海)项目围成面积的 20% 落实耕地补充。

2."占优补优"和"占水田补水田"政策的落实

加强建设项目用地审查,积极引导建设项目不占或少占耕地,特别是优质水田。建设项目确需占用耕地的,要按照"占优补优""占水田补水田"的要求,补充耕地的质量等级不得低于占用耕地质量等级,占用水田必须补充同等数量的水田。对交通、能源、水利等基础设施项目,教育、医疗、城市道路等城市基础设施项目,以及军事项目,因受客观条件限制,确实无法直接做到"占优补优""占水田补水田"的,允许采取"补改结合"方式,以补充耕地项目新增的旱地和"旱地改水田"耕地质量提升项目,增加的水田共同落实占水田补水田任务,实现耕地数量和质量占补平衡。建设项目占用可调整农用地的,应查清地类变更的历史情况,从水田变更为可调整农用地的,按水田认定;从其他地类变更为可调整农用地的,按旱地认定。

在建设项目预审阶段,允许采用"边补边占"方式落实补充耕地的,安排的补充耕地项目应完成立项和规划设计并报国土资源部农村土地整治监测监管系统备案。采用"补改结合"方式落实耕地占补平衡的,拟安排的"旱改水"耕地质量提升项目必须已经得到省国土资源厅同意并完成立项和规划设计。

3."旱改水"耕地质量提升项目的落实

所谓"旱改水"是指将旱地改造成水田,以提升耕地质量的活动。

(1)"旱改水"示范项目实施条件

A. 建设区域:"旱改水"项目原则上应当在地形平坦、区块规整、坡度 15°以下(低丘缓坡区可放宽到 15°以下)、有水源保证、方便农业机械耕作的区域内组织实施。

B. 建设规模:"旱改水"项目可以结合标准农田建设、高标准基本农田建设同步实施;建设规模原则上不低于 50 亩且集中连片,项目区新增水田面积不低于 60%。周边已有集中连片水田 30 亩以上且排灌设施较为完善的区域,实施的"旱改水"项目建设规模原则上不作要求。

C. 地类认定:"旱改水"项目实施前地类为第二次调查认定的旱地。通过土地整治新增的旱地也可纳入实施范围。

D. 群众意愿:"旱改水"项目应充分尊重农村集体经济组织和群众的意愿,项目需经村经济组织合作社成员(代表)大会或村民(代表)三分之二以上成员同意。

(2)"旱改水"项目工程建设标准

"旱改水"项目要严格按照《浙江省土地整治垦造水田建设标准》(试行)(浙土资办〔2014〕79 号)、《浙江省土地开发整理工程建设标准》(浙江省国土资源厅公告〔2015〕13 号)要求,组织实施工程建设。同时要重点做好以下几点:

①需对地表原有青苗及附着物进行清理。

②加强田间防渗工程,夯实犁底层,达到防水保水的要求。

③项目区要求固定水源保证,配套固定的灌排设施。

④项目区要有实施耕地耕作层剥离再利用工程,采用熟土覆盖,提升耕地质量。

(3)"旱改水"项目实施程序

①项目选址。要符合土地利用总体规划、土地整治规划等相关规划,要符合"旱改水"项目实施条件。

②申报立项。县(市、区)国土资源部门要组织农业、水利、财政等部门和专家对项目进行实地踏勘、论证,对符合条件的做好项目申报确认工作,项目由经县(市、区)人民政府批准立项,报省、市级国土资源部门备案。

③组织实施。项目实施要严格按照经批准的规划设计和资金预算,落实项目法人,严格执行招投标、公告、合同、监理和审计等各环节制度规范,强化项目实施管理。

④竣工验收。项目竣工后,由县级国土资源部门会同同级农业部门,根据《浙江省土地整治补充耕地质量等级评定办法(试行)》(浙土资办〔2015〕18 号)开展耕地质量等级评定,组织有关部门和专家进行项目验收,出具验收意见,竣工验收意见应明确改造提升后的耕地类型、面积、质量等级指标。经验收的"旱改水"项目按要求及时在年度土地利用变更调查时予以变更。

⑤指标管理。对于尚未用于占补平衡的新增旱地改造成水田的,按照耕地占补平衡指标管理,直接用于建设项目占用水田数量和质量平衡;对于原有旱地或已用于占补平衡的旱地改造成水田的,按"旱改水"指标管理,允许采用"补改结合"方式落实耕地占补平衡。

(二)省统筹补充耕地

1.内涵

省统筹补充耕地指标是指省政府委托市县政府垦造耕地取得的耕地占补平衡指标。

2.管理方式

省统筹补充耕地由项目管理调整为按指标管理,由落实垦造耕地项目方式调整为上缴补充耕地指标方式。省统筹补充耕地指标垦造耕地项目由省级造地改田资金全额投入,由项目所在地人民政府具体实施,项目通过验收并经省级复核确认后统一纳入省级耕地占补平衡指标储备库。

(三)跨市调剂补充耕地机制

浙江省目前除 2012 年 12 月 31 日前已达成跨市调剂补充耕地指标协议的可继续按原政策执行外,取消跨市自行交易调剂补充耕地指标,建立省级补充耕地指标调剂平台,实行省统一平台、统一定价、统一调剂。

1. 指标调剂价格

指标调剂的定价模式采用省统一确定补充耕地指标、标准农田指标调剂最高限价模式。旱地不高于 20 万元/亩,水田不高于 35 万元/亩。

2. 指标调剂程序

补充耕地指标调整的流程见图 9-2。

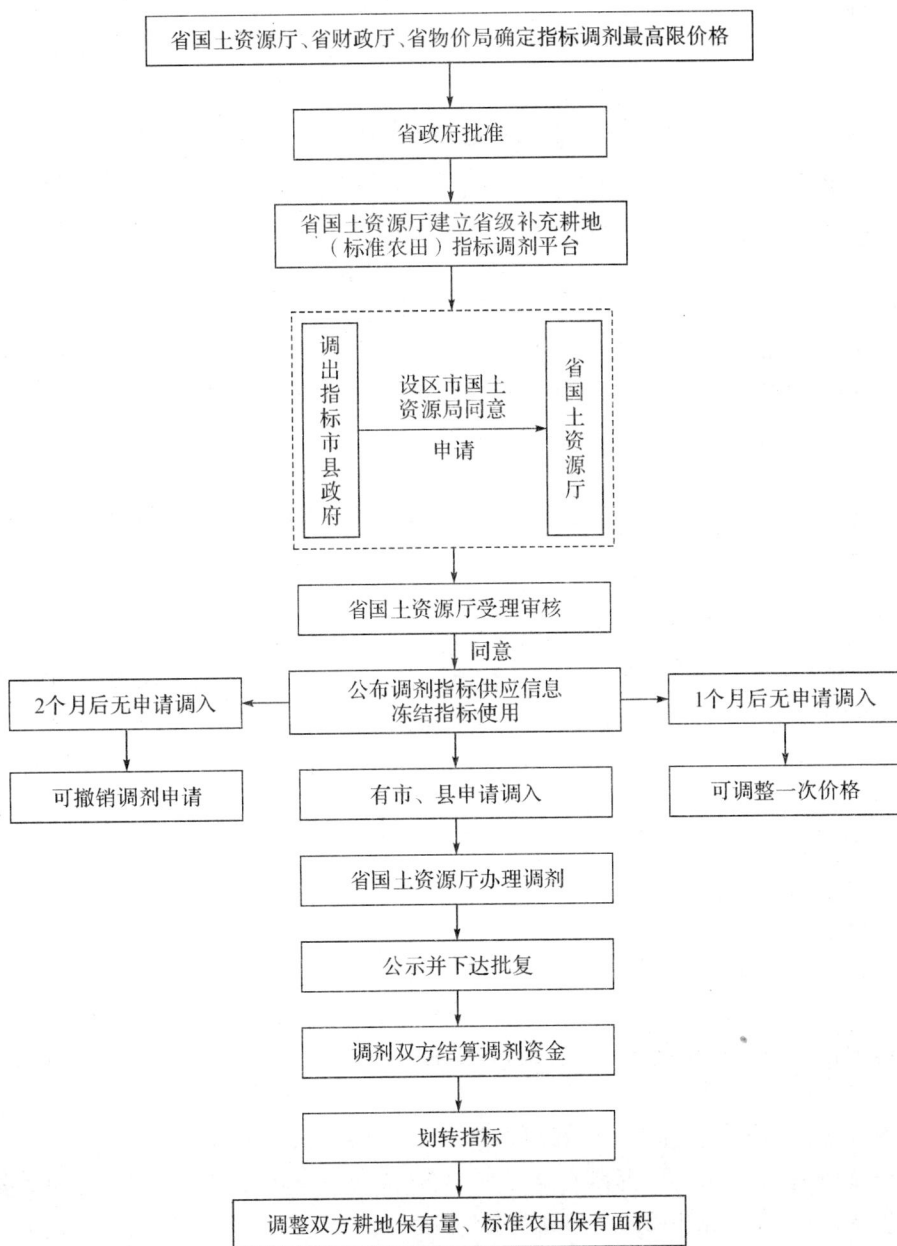

```
┌──────────────────────────────────────────────┐
│ 省国土资源厅、省财政厅、省物价局确定指标调剂最高限价格 │
└──────────────────────────────────────────────┘
                        │
              ┌──────────────────┐
              │     省政府批准     │
              └──────────────────┘
                        │
      ┌──────────────────────────────────┐
      │ 省国土资源厅建立省级补充耕地          │
      │ (标准农田)指标调剂平台              │
      └──────────────────────────────────┘
                        │
 ┌─────────────────────────────────────────────┐
 │ ┌──────┐    设区市国土      ┌──────┐          │
 │ │调出指 │    资源局同意      │省国  │          │
 │ │标市县 │ ──── 申请 ────→   │土资  │          │
 │ │政府   │                   │源厅  │          │
 │ └──────┘                   └──────┘          │
 └─────────────────────────────────────────────┘
                        │
              ┌──────────────────┐
              │  省国土资源厅受理审核 │
              └──────────────────┘
                      │ 同意
┌───────────┐  ┌──────────────────┐  ┌───────────┐
│2个月后无申请调入│←│ 公布调剂指标供应信息  │→│1个月后无申请调入│
└───────────┘  │   冻结指标使用      │  └───────────┘
      │         └──────────────────┘        │
┌───────────┐  ┌──────────────────┐  ┌───────────┐
│ 可撤销调剂申请 │  │  有市、县申请调入    │  │ 可调整一次价格 │
└───────────┘  └──────────────────┘  └───────────┘
                        │
              ┌──────────────────┐
              │ 省国土资源厅办理调剂  │
              └──────────────────┘
                        │
              ┌──────────────────┐
              │  公示并下达批复      │
              └──────────────────┘
                        │
              ┌──────────────────┐
              │ 调剂双方结算调剂资金  │
              └──────────────────┘
                        │
              ┌──────────────────┐
              │     划转指标       │
              └──────────────────┘
                        │
    ┌──────────────────────────────────┐
    │ 调整双方耕地保有量、标准农田保有面积    │
    └──────────────────────────────────┘
```

图 9-2　补充耕地指标调剂程序

(四)耕地补充的要求

根据国土资源部的规定,耕地占补平衡中补充的耕地必须满足两项要求:

(1)补充耕地数量不得低于建设用地项目补充耕地方案确定的数量,且已经进行了土地变更调查或登记。

(2)补充耕地的质量等级不得低于建设用地项目占用耕地质量等级,且占用水田的必须补充同等数量的水田。

另外,所有用于占补平衡的补充耕地项目必须报部备案,未经备案的,不得用于占补平衡。

为确保土地利用总体规划确定的耕地保有量不减少,在现阶段,不允许以补充高质量耕地为由减少补充耕地数量。

(五)涉林垦造耕地的监管

为切实加强涉林垦造耕地的监管工作,浙江省发改委、省国土厅、省农业厅联合下发《关于切实加强涉林垦造耕地监管工作的通知》(浙发改农经〔2015〕252 号),要求原则上停止在山上垦造耕地,凡垦造耕地项目选址,必须严格执行《浙江省土地整治条例》,并须在浙江省定的以下"十个范围"以外:

(1)坡度 25°以上林地。

(2)省级以上重点生态公益林林地,指省人民政府批准公布的国家级公益林和省级公益林范围的林地。

(3)自然保护区和自然保护小区林地,指县级以上人民政府或有关部门批准公布的自然保护区和自然保护小区范围内的林地。

(4)有古树名木和珍贵树种分布的林地,指独立或成片分布有古树名木和珍贵树种的树冠覆盖范围内以及冠缘起向外延伸 15 米的林地。

(5)省级以上森林公园林地,指省级以上林业部门批准公布的国家级森林公园和省级森林公园范围的林地。

(6)生长茂盛成片的林地,指连片 1 公顷以上的生长正常、结构稳定的郁闭度≥6 的乔木林地、竹林地。

(7)山林权属纠纷林地。

(8)"四边区域"林地,指公路边、铁路边、河边和山边林地。

(9)高山顶部林。

(10)沿山脊线及其两边范围林地,指海拔 500 米以上的滑山脊线西侧下降延伸 1/6 坡面长度范围的林地。

各地要进一步努力加强土地利用规划管理、建设项目选址管理,从源头控制占用耕地的规模,逐步缓解耕地占补平衡矛盾。对造成毁林开垦的,要依法严肃查处,对违法选址规定的,要追究相关人员的党纪政纪责任。

三、耕地占补平衡资金管理

(一)补充耕地资金来源

单独选址建设项目用地占用耕地的,补充耕地资金应当足额列入工程预算;城市分批次建设用地占用耕地的,由当地人民政府提供补充耕地资金,通过实施土地开发整理项目先行落实补充耕地,但不得使用新增建设用地土地有偿使用费;村庄、集镇分批次建设用地占用耕地的,由农村集体经济组织筹集有关资金或者组织农民投工投劳实施土地整理项目补充耕地。

(二)耕地开垦费的征收与管理

1.耕地开垦费的内涵

根据浙江省人民政府发布的《关于耕地开垦费征收管理办法的通知》,耕地开垦费是指依法占用耕地进行非农业建设的单位和个人,按照"占多少、垦多少"的原则,因没有条件开垦耕地或开垦的耕地不符合要求(具体条件由省国土资源厅另行制定),按占用耕地面积缴纳的,专项用于耕地开发、复垦、土地开发整理等补充耕地的资源性收费。

2.征收标准

建设单位和个人在办理建设用地申请时,向受理申请的市、县级国土资源行政主管部门缴纳耕地开垦费。根据浙江省人民政府办公厅发布的《关于进一步加强耕地占补平衡管理的通知》,浙江省全省范围内共分四个类别进行耕地开垦费征收,不同类别包含的区域及收费标准见表9-1。非农业建设经批准占用园地的,视同占用耕地缴纳耕地开垦费。对占用基本农田、标准农田的,耕地开垦费要按现有非农建设占用耕地收费标准的两倍收取。

表 9-1　耕地开垦费收费标准

类别	区域	收费标准
1	杭州市上城区、下城区、江干区、拱墅区、西湖区、滨江区,宁波市海曙区、江北区、镇海区、北仑区,温州市鹿城区、龙湾区、瓯海区	每平方米 72 元
2	湖州市吴兴区、南浔区,嘉兴市南湖区、秀洲区,绍兴市越城区,舟山市定海区、普陀区,台州市椒江区、黄岩区、路桥区	每平方米 64 元
3	杭州市萧山区、余杭区、富阳区,宁波市鄞州区、余姚市、慈溪市,温州市乐清市、瑞安市、苍南县,嘉兴市桐乡市、平湖市、海宁市,绍兴市柯桥区、上虞区、诸暨市,金华市婺城区、金东区、东阳市、义乌市、永康市,衢州市柯城区、衢江区,台州市临海市、温岭市、玉环县,丽水市莲都区	每平方米 56 元
4	其他县(市)	每平方米 40 元

对使用省统筹补充耕地指标落实耕地占补平衡的建设项目,耕地开垦费按每平方米 75 元标准缴纳。对当地耕地占补平衡指标不足、需调入补充耕地指标的市、县(市、区),可根据耕地开垦费标准、调剂补充耕地指标价格,结合补充耕地指标结构和数量,制订本地建设项目占用耕地使用补充耕地指标统一结算标准。涉及标准农田补建、标准农田质量提升所需建设费用,不得额外向项目建设单位再行收取。

3. 耕地开垦费的管理与监督

为加快开发土地后备资源,确保全省耕地总量动态平衡,建立省级耕地开垦资金。耕地开垦费按照省 20%、市县 80% 的比例进行分成,省 20% 部分作为省级耕地开垦资金,由各市、县(市、区)人民政府按照省国土资源厅开具的缴款通知书的金额上缴省级财政。使用省统筹补充耕地指标的,耕地开垦费全额缴省,纳入省造地改田资金统一管理;使用省统筹标准农田占补平衡指标和省预留基本农田指标的,加收的耕地开垦费全额缴省。省、市、县(市、区)各级耕地开垦费收入,都要及时全额划入同级财政专户,实行收支两条线管理,专项结算。

四、耕地占补平衡的考核

(一)考核内容

耕地占补平衡的考核内容主要包括对补充耕地资金的落实、补充耕地项目与建设用地项目的挂钩以及对补充耕地任务的完成状况。

1. 落实补充耕地资金

单独选址建设用地项目,补充耕地责任单位自行补充耕地的,其补充耕地费用列入了工程预算;缴纳耕地开垦费的,按有关规定要求缴纳了耕地开垦费。城市、村庄和集镇分批次建设用地,补充耕地责任单位落实了除新增建设用地土地有偿使用费以外的补充耕地资金。

2. 实行项目挂钩

按照建设用地项目报批时拟定的补充耕地方案,补充耕地责任单位将补充耕地任务具体落实到土地开发整理项目上。国土资源主管部门通过台账、项目库等形式,进行建设用地项目与补充耕地的土地开发整理项目挂钩管理。

3. 完成补充耕地任务

(1)补充耕地的土地开发整理项目按有关规定要求通过了竣工验收,并具有竣工验收报告和有关文件。

(2)补充耕地数量达到或超过建设用地项目补充耕地方案确定的数量,并且已进行了土地变更调查或登记。

(3)补充耕地质量符合要求,即土地开发整理项目工程建设质量达到设计要求。

(二)考核方式

考核采取先自上而下清理,后自下而上检查、汇总与抽查的方式进行。

1.清理与检查

省级国土资源主管部门清理应纳入考核范围的国务院和省级人民政府依法批准的建设用地项目;市(县)国土资源主管部门清理应纳入考核范围的被授权的市(县)人民政府依法批准的建设用地项目,明确补充耕地责任单位、挂钩的土地开发整理项目和考核单位。省级、市(县)国土资源主管部门分别对所管辖的补充耕地责任单位进行考核;县级国土资源主管部门对负责补充耕地的农村集体经济组织进行考核,检查和实地核查土地开发整理项目完成补充耕地情况。考核结束后提交考核报告和《年度建设用地项目补充耕地考核表》。补充耕地责任单位为省级的,省级国土资源主管部门比照上述要求自行检查。

2.汇总与抽查

县、市填写的《年度建设用地项目补充耕地考核表》逐级汇总至省级国土资源主管部门。建设用地项目和挂钩的土地开发整理项目在同一行政区域内的,按要求将挂钩项目对应反映在《年度建设用地项目补充耕地考核表》中;未在同一行政区域内的,予以情况说明,以便按建设用地项目汇总考核情况。

各设区市国土资源局要定期对已经所辖县(市、区)验收通过的垦造耕地项目进行抽查复核,抽查复核率不低于40%,并出具复核意见。各设区市国土资源局的复核情况要按季度向省厅报备。省厅将以市为单位定期开展抽查复核工作,抽查复核率不低于15%。抽查复核发现垦造耕地项目存在新增耕地不实、质量不合格等情况的,责令项目所在地进行整改,整改期间暂停补充耕地指标的使用和调剂。无法进行整改的,补充耕地指标作废,删除项目备案信息,并双倍扣减补充耕地指标储备面积,追究相关责任人的责任;指标已使用的,要重新调整建设项目补充耕地方案;指标已经有偿调剂的,要重新调整补充耕地项目或退回调剂资金。

第三节　土地整治内涵和类型

一、土地整治的内涵

国家实行土地整治,对低效利用、不合理利用和未利用的土地进行治理.对生产建设破坏和自然灾害损毁的土地进行恢复利用,从而提高土地的利用率和产出率。

狭义的土地整治,又叫土地治理,是指通过采取生物、工程技术等综合措施,改变土地的生态环境,维护和完善有利于人类生产活动的生态系统平衡,提高土地利用率和产出率,使土地资源能永续利用。狭义的土地整治侧重于采取有针对性的措施对土地退化现象进行消除与预防,即防和治两个方面:防是指消除可能造成未退化土地发生退化和使已退化土地继续发生退化的各种动力因素,治是指对已退化土地进行建设性改造。土地整治,对未退化土地,其目的是要维持土地已有的良好性状并使其具有持续的利用能力;对已退化的土地,其目的是要消除其不良性状,恢复土地良好的生产条件,从而提高土地的永续利用能力。

广义的土地整治,是指为保障土地资源的可持续利用,促进经济和社会的可持续发展,根据土地生态系统平衡的原理,结合土地利用现状,按照土地利用总体规划、城市规划、土地整治专项规划所确定的目标和用途,采用行政、经济、法律、生物、工程技术等直接或间接的手段和措施,对低效利用、不合理利用和未利用的土地进行科学开发利用、建设调整、改良改造和综合治理;对生产建设破坏和自然灾害损毁的土地进行恢复利用,提高土地节约集约利用率和产出率,改善生产、生活条件和生态环境的活动过程。简言之,土地整治就是对受生态环境、技术条件、社会经济等因素制约和影响的利用率低、质量差、产出不高的土地,采用生物、工程技术等综合措施进行科学开发利用、建设调整、改良改造和综合治理。

土地整治是农业基本建设的重要内容之一。对土地进行科学整治,有利于合理开发和利用土地资源,提高土地生产力,保持生态平衡,防止水土流失以及土壤沙化和碱化。实施土地整治的根本目的在于提高土地的利用率和产出率,实现经济、社会、生态三大效率良性循环。我国的土地整治在 2000 年前以"土地整理"一词出现,其主要特点是注重数量潜力挖掘,主要目的是补充耕地、挖掘生产潜力。2000 年至 2007 年主要采用"土地开发整理"的概念,除了注重数量的增加,土地整治由重数量向数量质量并重转变。随着科学的发展和可持续利用进入新的历史新时期,"土地整治"一词被广泛应用。从土地开发整理到土地整治,不仅仅是概念上的变更,其内涵和外延也发生了深刻的变化。在范围上,已由相对孤立的、分散的土地开发整理项目向集中连片的综合整治转变,从农村延伸到城镇;在内涵上,已由增加耕地数量为主向增加耕地数量、提高耕地质量、改善生态环境并重转变;在目标上,已由单纯的补充耕地向建设性保护耕地与推进新农村建设和城乡统筹发展相结合转变;在手段上,已由以项目为载体向以项目、工程为载体结合城乡建设用地增减挂钩、工矿废弃地复垦调整利用等政策的运用转变;从内容上,已由以农用地整理为主,转向农用地、农村建设用地、城镇工矿建设用地、未利用地开发与土地复垦等综合整治活动。因此,土地整治的内涵可以概括为为增加耕地有效面积,提高耕地质量,而对未利用或者未合理利用的土地进行整理、复垦和开发,包括农用地整理、建设用地垦造为农用地,宜耕后备土地资源开发等活动。

二、土地整治的类型

土地整治的主要类型包括农用地整理、建设用地垦造为农用地、宜耕后备土地资源土地开发。

（一）农用地整理

农用地整理广义上是指在一定区域内，按照土地利用规划或城市规划所确定的目标和用途，采取行政、经济、法律和工程技术手段，对土地利用状况进行调查、调整和改造，以提高土地的利用率和产出率，改善生产、生活条件和生态环境的过程。农地整理的实质是调整农用地的土地关系，合理组织土地利用。狭义上的农用地整理是指在农用地（主要是耕地）区域，通过实施土地平整、灌溉与排水、田间道路、农田防护与生态保持等工程，增加有效耕地面积，提高耕地质量，改善农业生产条件和生态环境的活动。

（二）建设用地垦造为农用地

建设用地垦造为农用地是指对农村地区散乱、废弃、闲置和低效利用的建设用地以及工矿建设用地，通过工程技术措施，改造为农用地的活动。这一活动必须按照统筹城乡发展和镇、村规划的要求，采取土地平整、水利交通建设、表土回填等工程技术、土地产权调整等措施，将农村地区散乱、废弃、闲置和低效利用建设用地开垦改造成为农用地，目的是促进农民集中居住和产业集中园区，实现土地集约高效利用和农业规模化经营，改善农村生活、生产环境。

（三）宜耕后备土地资源开发

广义的土地开发是指因人类生产建设和生活不断发展的需要，采用一定的现代科学技术和经济手段，扩大对土地的有效利用范围或提高对土地的利用深度所进行的活动。包括对尚未利用的土地进行开垦和利用，以扩大土地利用范围，也包括对已利用的土地进行整治，以提高土地利用率和集约经营程度。狭义的土地开发主要是对未利用土地的开发利用，要实现耕地总量动态平衡，未利用土地开发是补充耕地的一种有效途径。宜耕后备土地资源开发是指对宜耕后备土地资源通过整治措施，增加耕地面积、改善生态环境的活动。其目的是挖掘土地的固有潜力，提高土地的利用率，扩大和拓宽土地利用空间与利用深度，充分发挥土地在生产和生活中的作用的过程。

（四）农村土地综合整治

农村土地综合整治是指在一定区域内，按照土地利用总体规划、农村土地综合整治专项规划确定的目标和用途，有效整合各类涉农资金，采取行政、经济、法律和工程技术措施，对田、水、路、林、村、房进行综合治理过程。农村土地综合整治能有效增加耕地面积，提高耕地质量，促进耕地规模经营、人口集中居住、产业集聚发展，严守耕地红线，实现农村建设和产业集聚区发展，促进产业发展和农村地区社会经济发展。它涉及农地整理、后备土地资源开发、建设用地垦造为农用地、高标准基本农田建设等内容，通过整合有效资源和资金投入，统筹土地、人（农民）和产业，充分体现了综合性和系统性，避免了建设的重复、无序和资金的浪费。

土地整治是经济社会发展到一定阶段,人们对土地利用在深度、广度和空间上配置方式提出的新要求,是建立在社会主义市场经济基础上的经济体制和经济增长方式转变的客观要求,是落实土地基本国策,实现土地资源永续利用的必然选择,也是实施土地利用规划和促进地区发展的重要手段。土地整治的内涵和外延都十分丰富,不同的国家或地区、不同历史时期,对土地整治都有不同的要求。世界上许多国家都在积极推进这项对经济、社会建设具有重要意义的基础性工作。我国目前的土地整治以适时补充耕地、盘活存量土地、优化用地结构、强化集约用地、提升土地产能为核心目标,是新时期统筹城乡、惠及三农、强村富民、促进生态保护的"民生工程"。由于耕地是最为宝贵的资源,人多地少的基本国情,决定了我们要实行最严格的耕地保护制度,自然耕地保护也成为土地整治的主要任务,因此,本章主要围绕耕地保护的土地整治开展论述。

第四节　农地整理管理

一、项目立项审批管理

(一)农地整理项目立项原则

农地整理项目立项必须坚持符合规划原则;坚持生态环境保护优先,质量第一和科学合理利用原则;坚持保障土地权益,尊重土地权利人意愿原则,保障土地权利人的知情权、参与权和监督权,保护农村自然人文景观,促进耕地节约集约利用,实现耕地总量平衡与农业可持续发展。

(二)立项审批管理

农地整理项目必须符合土地利用总体规划、土地整治专项规划和其他相关规划,不得在土地利用总体规划确定的城镇建设用地范围内实施。项目区现状图必须经有资质的测绘单位实测,新增耕地必须落实到图斑,主要拐点要标注坐标,坐标采用国家统一的坐标系,新增耕地图斑在项目立项前的土地利用变更调查现状图上必须为除耕地外的其他地类。

农地整理项目涉及国有土地的,应当征得土地使用权人的同意;涉及集体所有土地的,应当征求土地承包经营权人的意见,经村经济合作社社员(代表)大会或者村民(代表)会议三分之二以上成员同意;涉及合法建筑物搬迁或者拆除的,应当征得建筑物所有权人的同意。

县(市、区)国土资源主管部门应当自收到项目立项申报材料之日起二十日内,组织有关部门和专家进行实地踏勘、论证,提出论证意见,报本级人民政府审批。县(市、区)人民政府应当在二十日内作出是否同意立项的决定。项目取得立项批准后,方可组织实施。

二、项目规划设计管理

农地整理项目由项目所在地的乡(镇)人民政府、街道办事处或者县(市、区)人民政府确定的单位负责组织实施工作。该项目实施单位应组织技术人员,严格按照国土资源部《土地整治项目规划设计规范》(TD/T 1012-2016)、《高标准基本农田建设标准》(TD/T 1033-2012)、《高标准农田建设通则》(GB/T 30600-2014)和《浙江省土地整治工程建设标准》《浙江省土地整治项目规划设计规范》等有关规定编制项目规划设计,且项目规划设计应当按照项目所在乡(镇)、街道同类型耕地的最高等级,预设整治后形成耕地的质量等级;严格按照财政部、国土资源部《土地整治项目预算定额标准》《浙江省土地整治项目预算定额标准》及有关规定编制项目工程预算,且资金预算应当包括土地整治项目涉及的青苗补偿费用、建筑物搬迁或者拆除的补偿费用以及土地整治后形成耕地的后续管护费用等,报有批准权的主管部门核准,并作为项目工程招投标和项目验收的依据。项目规划设计核准后,设计方案需要变更的,涉及资金预算的变化幅度在10%以内的,应当报经县(市、区)土地整治机构批准;资金预算的变化幅度超过10%的规划设计变更,应当按照原立项审批程序报经批准。变更规划设计的,不得降低规划设计预设的耕地质量等级。

三、项目实施管理

项目实施应积极采用现代工程项目管理的方法和手段进行管理,高标准基本农田建设项目应严格按照《高标准基本农田建设标准》(TD/T 1033-2012)、《高标准农田建设通则》(GB/T 30600-2014)进行建设,实行项目管理。

(一)土地整理项目实施管理的主要内容

(1)建立项目组织机构:土地整理项目实施组织机构是直接对国家投资负责的系列机构,主要包括土地整理项目实施领导小组、项目法人(项目实施单位)、项目施工单位、工程监理机构、监督检查与验收机构等。

(2)项目实施管理:包括项目法人管理、项目公告管理、项目招投标管理、工程建设监理、合同管理、采购管理、权属认定和调整管理、资金使用管理、项目监督检查,确保工程质量和建设进度,管好、用好土地整理项目资金。

(3)工程竣工验收:项目竣工验收是土地整理项目实施管理的关键一环,它不仅是对项目本身的验收,也是对项目法人、工程建设监理单位工作的检验。包括项目自查、竣工决算、竣工验收、项目审计、土地权属确认、信息档案整理和移交、管理。

(4)项目后期管理:包括后期管护和后评价,后期管护是对土地整理成果(如农田水利设施、田间道路等)在使用过程中的管理维护,以巩固土地整理成果、延长其使用寿命,增强土地整理项目投资效果。项目后评价是指对项目实施及使用过程中积累的经验、存在的问题、实际运行效果、实际投资效果等进行系统分析、评价的过程。它对其他同类项目及本项目进一步方案设计或改进都具有十分重要的意义。

(二)项目运行管理

按照《浙江省土地整治条例》,农地整理项目由县级以上人民政府统一领导,发展和改革、农业和农村工作综合管理、财政、农业、林业、水利、海洋与渔业、交通运输、住房和城乡建设、城乡规划、环境保护等部门按照各自职责,负责其中重大事项的协调及其相关工作;具体项目由乡(镇)人民政府、街道办事处或者县(市、区)人民政府确定的单位(以下统称项目组织实施单位)负责实施,村民委员会、村经济合作社以及国有农场(林场、渔场)等农业生产经营组织支持、配合和参与。县级以上人民政府国土资源部门负责土地整治活动的业务指导和监督管理,土地整治机构负责土地整治的潜力调查、绩效评价和抽查、复核等具体工作。

(三)项目施工质量管理

项目工程质量管理严格按照《浙江省土地整治工程建设标准》《高标准基本农田建设标准》(TD/T 1033-2012)、《高标准农田建设通则》(GB/T 30600-2014)和国土资源部《土地整治项目规划设计规范》(TD/T 1012-2016)规定执行,确保项目区地块平整,灌溉与排水工程、田间道路工程、农田防护与生态环境保持工程等设施完善,满足农作物种植条件。

农地整理项目通过竣工验收后,项目所在地农业主管部门应当依照耕地质量法律、法规、规章的规定,建立新增耕地质量定期监测制度,防止新增耕地抛荒。加强项目后续管护,管护期不少于三年,财政部门要从新增建设用地土地有偿使用费、土地出让金用于农业开发部分等资金中,安排专项资金,专项用于负责项目后续管护。

四、项目资金管理

(一)项目资金性质和特点

农地整理项目资金是专项用于农地整理项目实施的资金,属于专项资金范畴。农地整理项目资金既具有一般专项资金所共有的基本特征,又具有自己的特点,主要是资金来源的固定性、资金使用的限制性和资金运行的单向性。

(二)项目资金的主要来源

农地整理项目主要是由政府立项和国土资源主管部门或其授权的所属机构具体组织实施,所需的投资由县(市、区)政府为主负责落实,以新增建设用地土地有偿使用费等造田改地资金和用于农业土地开发的土地出让金等土地整治专项资金为主,引导和整合各类相关涉农资金,建立集中投入机制。省补助资金由中央分配到省的新增费和省分成新增费分配市县部分构成,具体视高标准基本农田建设任务和资金可用额度确定。

为了保障土地整理事业的持续发展,切实做好耕地保护工作,国家在不断加大农地整理投入的同时,也将引入市场运行机制,鼓励社会力量(包括社会企事业单位和个人)参与农地整理工作的投入,逐步建立起农地整理多元化投融资渠道。

(三)项目资金管理和监督

农地整理项目资金纳入财政预算管理,统筹安排使用。财政、国土资源行政部门建立资金统计报表制度,做到项目资金的会计核算,以全面、及时、准确反映项目资金使用情况。

财政、审计、国土资源等行政部门对项目资金使用、管理情况进行监督检查。各级财政部门单独设立"造地改田资金"专户,实行专户管理、封闭运行。不得将其并入其他资金专户,也不得将其他资金混入造地改田资金专户。造地改田资金不得挪用和移用。造地改田资金要进行会计核算,全面、及时、准确地反映造地改田资金的使用情况。项目承担单位要严格按照批准下达的项目计划和支出预算,合理安排项目资金的使用。

(四)项目资金管理的依据

土地整理项目资金管理应以国家有关法律、法规和政策为依据。由于土地整理是一项新的工作,除通用法律、法规外,专业性法规制度尚在陆续制定中,已颁布的专业性法规制度还需通过实践进一步加以修订和完善。目前主要执行的有《预算法》《预算法实施细则》《会计法》《审计法》等通用性法律、法规和制度,以及《土地开发整理项目资金暂行办法》《土地开发整理项目预算编制规定》《浙江省中央分成新增建设用地土地有偿使用费项目暨资金管理暂行办法》《浙江省造地改田资金筹集和使用管理办法》等专业性法规制度规定。

五、项目检查验收和后评价

(一)项目检查验收

土地整理项目检查验收是项目由建设转入生产、使用和运营阶段的标志,是全面考核和检验项目建设工作是否符合规划设计要求和生产要求的重要内容,是项目业主、项目工程建设承包人向投资者汇报建设成果和缴付固定资产的过程。

土地整理项目竣工验收是建设项目竣工验收的一种,是指土地整理工程竣工后,各级国土资源主管部门根据下达的项目投资计划与支出预算和经审定的项目规划设计,依据相关政策法规及技术规范,按照规定的程序和方法,对土地整理项目进行的全面检验和综合评价的活动。

项目的竣工验收内容除了和一般工程建设项目一样,包括项目计划任务完成情况,项目规划设计与预算执行情况,工程建设质量、资金使用与管理情况,档案资料管理情况以及工程管护措施等之外,还包括土地权属管理情况,这是土地整理项目的特色之一。

1. 土地整理项目竣工验收的依据

土地整理项目竣工验收是对整个土地整理项目实施情况及效果的全面验收。项目竣工验收的依据主要包括五方面内容：(1)批复计划性依据，经批准的投资土地整理项目投资计划和预算；确定项目各项技术经济指标的依据；政策法规性依据；行业标准依据。(2)其他资料，包括土地权属调整方案、土地权属和利用现状报告、土地登记资料、相关土地权属调整协议。(3)有关施工记录、所用材料、构件和设备的质检合格文件。(4)有关工程建设监理日记和月报、工程监理总结报告。(5)工程质量检验资料及有关质检部门意见等内容。

2. 竣工验收的程序

申请项目竣工验收的前提条件是自验合格。自验是土地整理项目完工以后，项目实施部门根据批准、核定的项目投资计划与支出预算、项目规划设计、项目实施方案以及市计、监理和质检部门的意见等，经实际检验，认为工程合格后，项目实施部门提出验收申请，并提交《土地整理项目竣工报告》。

县级国土资源部门接到竣工验收申请后，组织并会同农业、水利、统计等相关部门开展项目竣工验收。对验收不合格的项目予以通报，责令限期整改。

项目承担单位应做好项目成果有关档案管理工作，从项目申报到验收合格的有关文件和资料，要收集整理，立卷归档。

(二)项目后评价

土地整理项目后评价是指对照土地整理投资项目立项决策、设计的技术经济要求及其项目投资的目标，通过对土地整理投资活动时间的检查总结，找出项目实施的实际和项目规划设计目标的差异，客观分析土地整理投资项目在营运管理过程取得的成绩和存在问题，评价项目的效果、效益、作用和影响，判断项目目标是否达到，土地整理投资项目规划、设计是否合理，项目的主要效益指标是否实现，通过建立有效的后评价反馈机制，改进和完善拟建土地整理投资项目，提高土地整理投资效益。

土地整理项目后评价主要开展的有：项目目标评价、项目实施过程评价、项目效益评价和项目持续性评价。

1. 项目目标评价

项目立项时预定了项目的目标，项目后评价主要是评定项目目标的实现程度。因此，项目后评价主要是对照原定目标检查项目实际实现的情况和变化，分析实际发生变化的原因，以判断目标的实现程度。判别项目目标的指标应在项目立项时就确定下来，一般包括宏观目标，即对项目所在地区经济和社会发展的总体影响和作用。目标评价的另一项任务是要对项目原定决策目标的正确性、合理性和实践性进行分析评价。有些项目原定目标不明确，或不符合实际情况，项目实施过程中可能会发生重大变化，如政策性变化等。项目后评价要给予重新分析和评价。

2. 项目实施过程评价

项目的过程评价应对照可行性研究评估时所预计的情况和实际执行的过程进行比较和分析,找出差别,分析原因。过程评价一般要分析以下几个方面:项目的报备、评估和立项,项目建设规模和工程内容,项目工程进度和实施情况,配套设施和服务条件,受益者范围及其反映,项目的实施管理机制,财务执行情况。

3. 项目效益评价

项目的效益评价包括经济效益评价、环境效益评价和社会效益评价。

4. 项目持续性评价

项目的持续性是指在项目的建设资金投入完成之后,项目的既定目标是否还能继续,项目是否可以持续地发展下去,接受投资的项目业主是否愿意并可能依靠自己的力量继续去实现既定目标。项目是否具有可重复性,即是否可在未来以同样的方式建设同类项目。

项目持续性的影响因素一般包括:政策、管理、组织、地方参与、财务因素、技术因素、社会文化因素、环境和生态因素、外部因素等。

为保证项目后评价成果能及时反映到拟建项目的决策和管理过程中,首先,要建立和健全投资管理的法规,从法律、制度、程序上形成体系,建立必要的执行和管理机构;其次,要建立项目管理的信息数据库,从项目筛选、立项、实施、完工到营运全过程进行监测管理;再者,要培训和发展后评价的队伍,在实践中运用与国际接轨的评价理论和方法,不断提高后评价质量。

第五节　宜耕后备土地资源开发管理

宜耕后备土地资源开发是增加有效耕地的有效手段,也是认真贯彻落实最严格的耕地保护制度,确保落实耕地占补平衡法定义务,有效服务和保障经济社会发展的主要措施之一。

一、宜耕后备土地资源开发管理的基本原则和相关规定

(一)基本原则

宜耕后备土地资源开发活动管理是土地管理的一个重要组成部分,它必须遵循以下原则:在农用地适宜的条件下,优先进行农用地开发原则;因地制宜,保持生态平衡或优化生态环境原则;坚持综合性开发原则,保证最大限度地发挥后备土地资源开发的社会、经济和生态的综合效益。

(二)宜耕后备土地资源开发的有关规定

《土地管理法》《土地管理法实施条例》和《浙江省土地整治条例》对未利用地开发作出了以下相应规定:

(1)开垦未利用的土地,必须经过科学论证和评估,在土地利用总体规划划定的可开垦的区域内,经依法批准后进行。禁止毁坏森林、草原开垦耕地,禁止围湖造田和侵占江河滩地。根据土地利用总体规划,对破坏生态环境开垦、围垦的土地,有计划有步骤地退耕还林、还牧、还湖。

(2)禁止单位和个人在土地利用总体规划确定的禁止开垦区内从事土地开发活动。

(3)在土地利用总体规划确定的土地开垦区内,开发未确定土地使用权的国有荒山、荒地、荒滩从事种植业、林业、畜牧业、渔业生产的,应当向土地所在地的县级以上人民政府国土资源部门提出申请,报有批准权的人民政府批准。

(4)开发未确定土地使用权的国有荒山、荒地、荒滩从事种植业、林业、畜牧业或者渔业生产的,经县级以上地方人民政府依法批准,可以确定给开发单位或者个人长期使用,使用期限最长不得超过50年。

二、项目立项审批管理

宜耕后备土地资源开发项目(简称垦造耕地项目)的立项管理作为政府项目管理机制中的首要环节,直接影响项目后继的规划设计、项目施工和资金投入等各个环节,是土地资源配置和项目建设之间的统筹性结合点,对于项目建设和融资均具有重大影响。通过严格项目的立项审批管理,切实加强项目立项的可行性论证和审批工作,能从源头上把好质量关。

垦造耕地项目必须符合土地整治规划和低丘缓坡综合开发利用规划、滩涂围垦规划,充分考虑项目立地条件和垦造耕地的适宜性,按照《浙江省土地整治条例》和浙江省发改委、省国土厅、省农业厅联合下发《关于切实加强涉林垦造耕地监管工作的通知》(浙发改农经〔2015〕252号)要求,满足浙江省定的"十个范围"以外(详见本章第二节),科学合理做好项目规划选址,注重保护和改善生态环境、历史文化名城名镇名村。

垦造耕地项目涉及国有土地的,应当征得土地使用权人的同意;涉及集体所有土地的,应当征求土地承包经营权人的意见,经村经济合作社社员(代表)大会或者村民(代表)会议三分之二以上成员同意;涉及合法建筑物搬迁或者拆除的,应当征得建筑物所有权人的同意。

县(市、区)国土资源主管部门应当自收到项目立项申报材料之日起二十日内,组织有关部门和专家进行实地踏勘、论证,提出论证意见,报本级人民政府审批。县(市、区)人民政府应当在二十日内作出是否同意立项的决定。

三、项目规划设计管理

在规划垦造耕地方案时,要注重保护生态和改善生态环境,防止水土流失,做到经济、社会、生态效益的有机结合。项目实施单位应组织技术人员,严格按照国土资源部《土地开发整理项目规划设计规范》(TD/T 1012-2000)、《浙江省土地开发整理工程建设标准》和财政部、国土资源部《土地开发整理项目预算定额标准》及浙江省相关规定编制项目规划设计及工程预算,报有批准权的主管部门核准,作为项目工程招投标和项目验收的依据。本类项目规划设计变更与农地整理项目规划设计变更规定相同。

四、项目实施管理

(一)项目组织运行管理

垦造耕地工作由县级以上人民政府统一领导,发展和改革、农业和农村工作综合管理、财政、农业、林业、水利、海洋与渔业、交通运输、住房和城乡建设、城乡规划、环境保护等部门按照各自职责,负责其中的相关工作;垦造耕地项目由乡(镇)人民政府、街道办事处或者县(市、区)人民政府确定的单位(以下统称项目组织实施单位)负责实施,村民委员会、村经济合作社以及国有农场(林场、渔场)等农业生产经营组织支持、配合和参与。县级以上人民政府国土资源部门负责耕地垦造活动的业务指导和监督管理,土地整治机构负责土地整治的潜力调查、绩效评价和抽查、复核等具体工作。

项目的规划设计单位、施工单位、监理单位依照招标投标法律、法规规定的条件和程序确定;其中,施工单位由项目组织实施单位确定,规划设计单位、监理单位由县(市、区)国土资源主管部门确定。

(二)项目施工质量管理

垦造耕地要坚持数量和质量并重,确保数量,提高质量。项目工程质量管理严格按照《浙江省土地开发整理工程建设标准》和国土资源部《土地开发整理项目规划设计规范》(TD/T 1012-2000)规定执行,确保项目区设施完善,耕作层不少于 30 厘米,满足农作物种植条件。积极推行建设占用耕地表土剥离再利用工作,建设项目占用基本农田、标准农田的,其耕作层要剥离后用于垦造耕地项目。

加强项目后续管护,实施地力提升工程。垦造耕地项目通过竣工验收后,由项目所在地农业主管部门应当依照耕地质量法律、法规、规章的规定,加强对耕地种植和地力提升的指导和支持,建立新增耕地质量定期监测制度,防止新增耕地抛荒。管护期不少于三年,财政部门要从新增建设用地土地有偿使用费、土地出让金用于农业开发部分等资金中,安排专项资金,专项用于负责项目后续管护和地力提升。

(三)项目资金管理

按照国家和省关于造地改田资金筹集和使用管理的有关规定,各级政府制订完善造地改田资金筹集和使用管理办法,加大资金筹集力度,确保垦造耕地各项支出。建立垦造耕地项目投资预算制,按定额标准合理安排规划设计、工程建设等各项支出,严格按照工程决算和审计结果拨付项目建设资金,专款专用、专账核算,确保工程建设资金投入到位。切实加强耕地占补平衡指标调剂成本回收资金管理,应将70%以上调剂收入纳入造地改田资金,实行专项管理,主要用于垦造耕地。各级财政、审计部门要加强对垦造耕地资金管理,加大资金使用监督检查力度,促进资金依法依规合理使用。

五、项目竣工验收管理

垦造耕地项目实施完成后,由县(市、区)国土资源主管部门组织有关部门和专家,严格按照《浙江省土地开发整理工程建设标准》和项目规划设计方案进行验收,共同把好项目验收关,确保项目新增耕地面积准确、建设质量符合要求,并出具验收意见。对不符合工程建设标准、不按规划设计实施的项目,责令项目单位和工程施工单位限期整改。整改不到位的,不予通过验收。

项目验收前,县(市、区)国土资源主管部门会同同级农业主管部门,根据国家农用地质量分等定级规程组织开展耕地质量等级评定,并作为项目验收依据。垦造耕地质量等级评定内容包括土壤质地、有机质、酸碱度以及耕作层厚度、田面平整度、灌排水条件、道路通达条件等指标,确保达到项目规划设计预设耕地质量等级要求,未经耕地质量等级评定,或者经评定耕地质量等级未达到规划设计预设的质量等级的,不得进行垦造耕地项目验收。

第六节　农村土地综合整治管理

农村土地综合整治是中共中央十七届三中全会作出的重大决策,是实现社会主义新农村建设和统筹城乡发展战略的重要途径。它的提出使土地开发整理转型为土地的综合整治,为破解城乡建设用地和新农村建设指明了新的发展方向,是深化农村改革发展的一项突破,也是统筹城乡发展的一大举措。

农村土地综合整治要深入贯彻落实科学发展观,紧紧围绕"创业富民、创新强省"总战略,按照统筹城乡发展和建设社会主义新农村的要求,以落实城乡建设用地增减挂钩政策为抓手,全域规划、全域设计、全域整治,实行最严格的耕地保护制度和节约用地制度,积极推进土地整理复垦,深入开展农村土地综合整治工作,进一步优化农村土地利用结构和布局,提升农业综合生产能力,推进农村住房改造、社区公共服务和基础设施建设,推动农村人口和村庄集聚,加快发展村域经济,促进农村和全省经济社会持续健康发展。

一、农村土地综合整治基本原则

1. 坚持政府主导、市场推动

加强政策引导和工作统筹,充分发挥市场对土地资源配置的基础性作用,建立规范统一的建设用地指标流转市场,鼓励企业、个人等参与农村土地综合整治。

2. 坚持统筹规划、整体推进

按照统筹城乡发展的要求,依据土地利用总体规划、县市域总体规划和村庄规划,科学编制农村土地综合整治规划,统筹安排农村生产、生活、生态等用地规模和布局,整体推进村庄改造、产业发展、公共事业、农田水利、生态保护等建设。

3. 坚持村为主体、惠及农民

农村土地综合整治以村为主体开展,要在坚决守住耕地总量和基本农田红线、努力增加耕地的前提下,使农民群众通过土地综合整治得到实实在在的利益。

4. 坚持节约土地、集聚人口

实行开发与整理联动、复垦与盘活并重、增量与减量挂钩,统一规划、整体开发、配套建设,促进人口向中心村集中、住户向居住点集中、产业向功能区集中、耕地向规模经营主体集中。

5. 坚持注重实效、量力而行

从实际出发,综合考虑政府财力、村集体和农民群众的承受能力,重点解决当前生产、生活中的突出问题,先易后难,有序推进。

二、项目立项与审查报批

(一)项目的立项要求

农村土地综合整治项目以项目区为单位,项目区可涵盖单个或多个行政村。项目区设置要结合新农村建设、农村住房改造、地质灾害避险搬迁、下山脱贫致富、农村环境整治和中心镇、中心村建设等工作,按照浙江省国土资源厅下达的增减挂钩指标规模和农村土地综合整治任务,集中连片有序开展整村整片整治。要优先选择土地利用总体规划、城乡规划确定撤并、改造的村庄和废弃工矿建设用地,作为综合整治项目的拆旧区。不得将城乡建设规划区内的建设用地纳入复垦区。

项目立项必须符合以下条件:

(1)符合乡镇土地利用总体规划、土地综合整治专项规划和村庄建设规划;

(2)村(镇)班子力量强,村民进行农村综合整治意愿高;

(3)土地综合整治有潜力,土地开发、复垦、整理质量有保证;

(4)整治后项目区内的耕地保有量、基本农田、标准农田总量不减少;

(5)整治后村庄基础设施、公共服务设施配套完善。

要编制土地综合整治专项规划,做好与相关规划的衔接和协调。要优先选择土地利用总体规划、城乡规划确定撤并、改造的村庄和废弃工矿建设用地作为综合整治项目的拆旧区。不得将城乡建设规划区内的建设用地纳入复垦区。要按照拆旧与建新相对应的原则设置建新区,建新区占用农用地和未利用地的面积,不得大于拆旧区建设用地复垦面积。建新区用地应当首先满足拆旧区农户搬迁安置用地和新农村建设用地,确有结余的,方可挂钩安排城镇或其他建设项目用地。

项目拆旧区和农户搬迁安置用地确定后,由负责组织实施拆旧复垦、补偿、安置、新农村建设的乡镇人民政府(街道办事处)组织编制拆旧区农房搬迁、补偿、安置、土地复垦和新农村、新社区建设方案。各地在搬迁农民自愿和处理好搬迁户经济补偿政策的情况下,经县级人民政府同意,可先行实施搬迁、建设用地复垦等工作。

(二)项目报批要求

农村土地综合整治项目的申报主体为县级人民政府,组织报批材料的具体工作由县(市、区)级国土资源主管部门负责。项目申报材料包括:

(1)项目申报书及其市级审核意见;

(2)农村土地综合整治项目实施方案及其论证意见和听证纪要;

(3)拆旧区农户搬迁确认表;

(4)建新区建设用地分类面积汇总表及其实地踏勘与信访情况表、规划部门选址意见或规划许可证;

(5)城乡建设用地增减挂钩指标使用台账;

(6)建新区标准农田占补省级确认材料,土地征收方案,征地补偿安置协议及村民代表会议纪要、听证告知书及回执、市级社会保障部门确认的社保措施落实情况表;

(7)标明拆旧区、建新区范围的土地利用现状局部图(1∶10000)、土地利用总体规划局部图(1∶10000)和勘测定界图(1∶500 或 1∶1000)及界址点坐标成果表。

(8)项目实施方案、农房搬迁补偿安置政策和方案、安置新村选址、土地权属调整方案等事项,要事先征求村集体经济组织和搬迁农户的意见,并按要求组织召开听证会,听取意见和建议。农房搬迁补偿不落实、农民新居用地不落实、拆旧区农户不同意搬迁的,不得报批农村土地综合整治项目。

(9)暂不安排建新区块的,可先以土地整治项目立项,开展农村建设用地复垦,待建新区块确定后,组件报批农村土地综合整治项目。或者建新区块确因各种原因,暂时不能全部落实的,允许在报批农村土地综合整治项目时,分期安排建新区块,允许在 2 年内分期(不超过 3 期)落实建新区块,即先将拆旧区与部分建新区进行对应组件报批农村土地综合整治项目立项,待其他建新地块逐一确定后,再报省政府审批,并申请国土资源部修改农村土地综合整治监管系统报备信息。

（三）项目审查内容

1. 设区市国土资源主管部门审查内容与职责

设区市国土资源主管部门受理县级人民政府项目申报后,负责对县级国土资源主管部门组报材料进行全面审查。重点审查以下内容:

(1)项目规划设计方案的合理性、可行性,规划设计方案告知、论证、听证、公示的履行情况,搬迁农户意见确认情况;

(2)拆旧复垦区、建新区、宜耕后备土地资源开发、农地土地整理区是否符合土地利用总体规划情况;整治土地面积、权属、地类、勘测定界坐标及图件成果;

(3)项目资金来源及用途情况;

(4)征地补偿标准执行、征地批前程序履行、社会保障措施和安置措施落实情况等,以及使用集体土地和国有土地情况;

(5)审核建新区标准农田置换情况;

(6)建新区压覆矿产资源情况、地质灾害危险性评估备案情况;

(7)建新区动工建设情况、违法用地和信访处理情况。

设区市国土资源主管部门根据审查情况,形成农村土地综合整治项目市级审核意见,确保上报省级国土资源部门的项目的真实和合法合规。

2. 省级国土资源主管部门审查内容与职责

省厅受理农村土地综合整治项目报批材料后,重点审查以下内容:

(1)报件材料的完整性;

(2)拆旧复垦区、建新区、宜耕后备土地资源开发、农地土地整理区是否符合土地利用总体规划情况以及地类、面积、权属情况确认,项目规划设计方案的合理性、可行性;

(3)被征地农民社会保障措施和安置措施落实情况,使用集体土地和国有土地情况;

(4)建新区标准农田置换情况;

(5)建新区动工建设情况、违法用地和信访处理情况。

省厅根据审查情况,对农村土地综合整治项目是否符合法律法规和有关规定提出结论性意见,必要时应进行实地核实和抽查。

三、项目规划设计管理

在项目拆旧区确定后,由实施拆旧复垦工作的乡镇人民政府(街道办事处)组织编制拆旧区复垦工程规划设计,经县级国土资源主管部门审查通过后实施。拆旧区复垦工程要按照"宜耕则耕,宜农则农"的原则,结合毗邻土地的性质和用途,科学确定土地复垦用途,优先将土地复垦为耕地。拆旧区复垦为耕地的面积要大于建新区占用耕地的面积,复垦耕地的质量应不低于建新区占用耕地的质量。拆旧区复垦为其他农用地

(非耕地)的,建新区不得占用耕地。拆旧区复垦工程规划设计材料纳入农村土地综合整治项目整体材料,由县级国土资源主管部门一并归档。

在农地整理区域和宜耕后备土地资源开发区域的规划设计管理分别按本章第四节和第五节的相关要求进行。

四、项目实施管理

农村土地综合整治项目经省政府批准后实施。拆旧区农房搬迁、补偿、安置、土地复垦和新农村建设等工作应按规定时间进行,并在规定的时间内用拆旧区建设用地复垦面积归还增减挂钩指标。拆旧区复垦规模小于50亩、搬迁农户少于80户的农村土地综合整治项目,需在批准后2年内实施完成,其余项目在3年内实施完成。

拆旧区复垦工程的实施管理同垦造耕地项目的实施管理。市、县(市、区)国土资源主管部门要及时协调有关部门做好复垦土地质量评定和验收工作。项目拆旧区复垦为耕地的面积超过建新区占用耕地面积的,经验收、报部备案、建立台账后,净增耕地部分可用于建设项目耕地占补平衡。

在农地整理区域和宜耕后备土地资源开发区域的实施管理分别按本章第四节和第五节的相关要求进行。

五、项目验收和调整管理

项目实施完成后,进行单项验收与整体验收工作,及时归还增减挂钩指标。验收时应严格按照批准的规模、范围和期限对比实施的农村土地综合整治项目,对拆旧区的复垦,因特殊原因确需延长实施期限的,经省国土资源厅同意后,可适当延长6个月至1年。因特殊原因造成无法实施复垦,确需调整项目拆旧区的,由县级人民政府按照拟调整规模另行安排相应的拆旧区,在先行实施搬迁、建设用地复垦和单项验收工作后,提出调整申请。对达到整体验收条件的,在验收时一并完成调整工作。项目建新区原则上不予调整,确需调整的,报省政府批准同意。在农地整理区域和宜耕后备土地资源开发区域的验收管理可以分别按本章第四节和第五节的相关要求进行。

按照《浙江省国土资源厅办公室关于农村土地综合整治项目立项报批有关事项的通知》(浙土资办〔2014〕142号)规定,先行立项开展农村建设用地复垦的土地整治项目经县级人民政府批准立项、实施后,纳入省对各市农村土地综合整治考核任务数。建设用地垦造为农用地的管理总体上与农村土地综合整治中拆旧区复垦管理基本相同,所以不再赘述。

参考文献

[1] 胡振琪.土地整理概论[M].北京:中国农业出版社,2007.
[2] 国土资源部土地估价师资格考试委员会.土地管理基础[M].北京:地质出版社,2000.
[3] 林和明,李永涛,等.广东土地整治理论与实践[M].北京:中国农业出版社,2013.

第十章　土地市场管理

　　土地市场是指土地这种特殊商品在流通过程中发生的经济关系的总和。在土地市场中,市场主体是土地的供给者、购买者和出租者、承租者、抵押者、政府管理部门、中介机构等其他参与者,市场客体是交换的目的物,即土地。在土地交易过程中各参与者要发生以土地交易为核心的各种经济关系,如签订经济合同、资金结算、办理各种法律手续等。这种为实现土地交易而进行的各种活动及经济关系就构成了土地市场。由于我国实行的是国家所有和集体所有两种形式的社会主义土地公有制,土地市场可分为城市土地市场和农村土地市场。

　　本章首先概述土地市场的特点、功能和我国土地市场的整体结构,然后从土地市场运行机制、管理手段、调控手段、交易管理、信息管理以及中介服务系统管理等方面介绍土地市场管理的具体内容和主要方法。

第一节　土地市场概述

一、土地市场的特点

(一)交易实体的非转移性

　　一般市场交易表现为商品实体的转移,而土地在交易过程中,由于土地位置的固定性,交易对象不移动,只发生产权的转移。因此,土地交易往往以法律文件为依据,并按权属管理的要求进行变更登记,使其权属变更得到法律的确认。土地市场实际上是土地权利和义务关系的交换场所。

(二)土地市场的区域性

　　土地位置的固定性,决定了任何一宗地只能就地开发、利用,并要受制于其所处的空间环境,如邻里关系和当地的社会经济条件等。土地作为一种资源或生产要素无法在不同地区之间调剂余缺,即无法从产地或过剩地区运送到供给相对短缺或需求相对旺盛的地区。所以,土地市场既非全国性市场更非全球性市场,而是一个区域性市场,其供求状况、价格水平和价格走势等都是区域性的。不同地区由于经济发展水平不同,土地供求关系、交易量及交易价格均存在较大差异。

(三)土地市场的垄断性

土地资源的稀缺性和土地位置的固定性以及土地市场的地域性分割,导致地方性土地市场的不完全竞争和土地价格不完全由供求关系来决定,加之土地交易数额较大,所以土地市场容易形成价格垄断。此外,由于我国实行土地公有制,与土地所有权相联系的各种权利义务关系复杂而繁多,拥有部分产权者在行使自己的权利时,就会影响到其他产权人的利益。这样,为了协调土地产权人之间以及土地产权人与其他相关市场主体之间的关系,必须由政府对其进行相关管理,从而限制进入土地市场的竞争者,使土地交易带有垄断性或不完全竞争的特征。

(四)土地供给弹性小

土地是一种稀缺的不可再生资源,其总量是不变的,土地的自然供给完全无弹性。由于土地资源用途变更存在困难性,土地的经济供给弹性也很小。因此,在一定地域的市场内,土地价格主要由需求来决定。在一般情况下,对土地的需求增加,地租上升,地价就随之上涨;反之,对土地的需求减少,地租则下降,地价也下跌。

二、土地市场的功能

(一)优化土地资源配置

土地资源的配置方式因配置手段的不同可分为行政划拨配置和市场配置。中国近几十年的实践证明,单一的行政划拨资源配置方式一般来说效率低下,极易造成土地资源的错配与浪费。党的十八届三中全会提出,要让市场在资源配置中起决定性作用,同时更好发挥政府作用。实践中,多目标多样化的人类生产生活活动对土地资源的需求千差万别,难以通过政府的行政划拨手段得到满足,只有通过市场机制的作用,运用市场原则才能得到满足。

(二)调整产业结构,优化生产力布局

经济的健康发展,需要有合理的产业结构和生产力布局。以价格机制为核心的市场机制是一只"无形的手",时时刻刻对一个国家或地区的产业结构和生产力布局依市场原则进行调整,以实现最大的经济效益。地租、地价是土地市场中最为重要的经济杠杆,是引导土地资源在不同产业中配置的重要信号,这种信号比任何其他非经济信号和指令更具科学性,更能促进生产力布局的优化。

(三)健全市场体系,实现生产要素的最优组合

一个完整的市场体系,不但要有消费品市场、一般性的生产资料市场,还应包括金融市场、土地市场、房地产市场、劳务市场和技术市场等。市场机制只有在一个完整的

市场体系中才能充分发挥作用。土地是人类的基本生产要素,只有实现其市场配置才能健全市场体系,最大限度地发挥市场优化资源配置,实现生产要素的最优组合的作用。

三、我国土地市场的整体结构

我国的土地市场结构可以分为城市土地市场和农村土地市场。城市土地市场又可以进一步细分为城市土地一级市场和城市土地二级市场。农村土地市场则可以进一步细分为集体农用地使用权流转市场和集体建设用地使用权流转市场。

(一)城市土地市场

1.城市土地一级市场

城市土地一级市场是土地使用权的出让市场,其主要市场活动是国家以土地所有者的身份,将土地使用权按照规划要求和投资计划及使用年限,出让给土地使用者或开发商。由于我国实行土地公有制,土地一级市场是国家垄断的市场。政府通过土地供应计划和规划,对出让土地的建设规模、土地开发计划、土地的位置及面积、土地的使用要求作出规定,并根据这些规定和需要,对土地出让活动实行直接调控。

2.城市土地二级市场

城市土地二级市场即土地使用权转让市场,其主要市场活动是土地使用者之间进行的土地转让、租赁、抵押等交易活动。其受让方可以是二手的开发经营者,也可能是直接的土地使用者。土地的价格原则上根据市场供求状况,由交易双方议定,交易总量由市场供求决定。当然,政府也在其中发挥了不可替代的宏观调控作用。

(二)农村土地市场

1.集体农用地使用权流转市场

我国《农村土地承包法》指出,农村集体土地的家庭承包经营权可以依法采取转包、出租、互换、转让或其他方式流转。土地承包经营权流转的主体是承包方。承包方有权依法自主决定土地承包经营权是否流转和流转的方式。党的十八届三中全会提出,在坚持和完善最严格的耕地保护制度前提下,赋予农民对承包地占有、使用、收益、流转及承包经营权抵押、担保权能,允许农民以承包经营权入股发展农业产业化经营。鼓励承包经营权在公开市场上向专业大户、家庭农场、农民合作社和农业企业流转,发展多种形式规模经营。

2.集体建设用地使用权流转市场

按现行法律规定,农村集体所有的非农建设用地是不能自由进入市场进行流转的,农村集体土地进入市场必须由政府征收转为国有。这就意味着作为农村土地所有者的农村集体组织不具备土地市场出让、转让主体资格。

然而,实际上,非农土地交易行为在农村普遍存在。非农土地交易包括村集体将集体所有的建设用地使用权(不包含宅基地使用权)流转给外来投资使用,也包括村民个人将自己的住房连同宅基地的使用权流转给城市居民。从 20 世纪末开始,我国的一些地方已经开始考虑如何疏导而不是堵住此类交易,尤其是为了实现农村存量建设用地资源的高效利用和农村自身的发展。党的十八届三中全会提出,建立城乡统一的建设用地市场,在符合规划和用途管制前提下,允许农村集体经营性建设用地出让、租赁、入股,实行与国有土地同等入市、同权同价。

第二节　土地市场运行机制和管理手段

一、土地市场运行机制

(一)市场供求机制

土地供给是指在一定时期内,土地供给者在各种可能的价格条件下,愿意并且能够供给的土地数量的总和。土地供给按照其性质可分为自然供给与经济供给。自然供给因为其面积总量的固定性而成为无弹性的供给,经济供给则由于土地的多宜性、多用性及价格波动等因素,是可变的土地供给。城市化水平、土地需求、价格水平、经济发展状况和政策变量是影响土地供给的主要因素。目前,我国土地的供给方式已逐步实现了无偿向有偿的过渡,由于我国土地以公有制为基础,政府对土地进行严格的用途管制,加上我国地域广阔,土地的供给结构具有明显的不平衡特征。

土地需求是指在一定时期内,土地需求者在各种可能的价格条件下,愿意并且能够购买的土地数量的总和。土地需求应是整个土地市场运行的原动力,是市场供给、价格、资本等各要素运动的起点,也是检验市场机制完善程度的重要指标。城市化进程推进、社会经济发展和人们生活水平提高使得用地需求逐年增加。其中,土地价格、收入水平、政策、市场预期及人口是影响土地市场需求的主要因素。

土地作为一种稀缺的经济资源,虽然具有一般商品的某些特性,但它的供求结构仍与一般商品有很大区别:从长期来看,土地供给有限,而土地需求是趋升的,因此,供求平衡是局部的、不稳定的,而供不应求是市场结构的常态。从一定时期来看,土地供给与需求的关系却在不断变动。在土地市场化发育不充分、城市和农村土地市场二元割裂的条件下,土地的可能供给与现实供给、可能需求与现实需求在不同层次上具有复杂多样的联系。

(二)市场价格机制

地价是地租的资本化,是土地收益与权利的购买价格。它是土地所有权或土地使用权所决定的土地各项权能的取得、保有或交易的价格。在土地市场中,由于土地质量、产权安排、供求关系及政策的不同而形成了标准、作用不同的地价形式。这些地价形式彼此联系、相互区别,共同满足土地市场运行的需要,构成了一个城市或地区的地价体系。我国的土地价格主要分为以下几种类型:

(1)基准地价。它是指在城镇规划区范围内,对现状利用条件下不同级别或不同均质地域的土地,按照商业、居住、工业等用途分别评估法定最高年期的土地使用权价格,并由市、县及以上人民政府公布的国有土地使用权的平均价格。

(2)标定地价。它是指以基准地价为基础确定的标准地块的一定使用年限的价格。标定地价是政府根据管理需要,评估的某一宗土地在正常市场条件下于某一估价期日的土地使用权价格,也是该类土地在该区域的标准指导价格。

(3)交易底价。它反映宗地在不同市场条件和不同交换形式下的地价水平,供交易各方作为交易最低价或期望参考的价格或评估价。

(4)成交价格。它反映具体的宗地在土地市场交易活动中的现实价格,由土地交易双方认可并据此支付地价款的土地价格。

(5)其他价格。它是由以上四种类型的土地价格衍生和派生的供抵押贷款、土地税收、资产核算、土地出让等方面使用的土地价格。

上述五种地价类型相互影响,相互联系,共同构成了我国的土地价格体系,同时,它们在地价体系中起到不同的作用,具有不同的地位,显示出各自不同的特点。基准地价和标定地价是政府为管理地价和土地市场而组织委托评估的,对地价体系中的其他地价具有一定的导向控制作用,是我国土地市场价格机制的核心;标定地价、交易底价是土地市场中最常见、最大量发生的地价形式,因而是土地市场价格机制的主要成分;而成交地价反映的是土地市场的现实价格,是土地市场价格机制内最关键的参照指标。

二、土地市场管理手段

(一)基本手段

1.土地利用规划、计划与供应管理

我国政府为了达到控制土地供应总量,协调供求关系,调整和稳定土地价格,确定合理用地结构,优化土地资源配置等目标,专门制定土地利用规划,对土地市场进行管理。为了保证规划的实施,更加有效地管理土地市场,国家还要求编制和实施土地利用年度计划。年度计划的实施是把握土地入市节奏,调控土地市场的有效手段。同时,根据经济社会发展情况和土地利用规划,科学合理确定土地供应的数量和规模也是强化土地市场管理的重要内容。

2.确定并定期公布基准地价和标定地价

我国《城市房地产管理法》规定,基准地价和标定地价要定期公布。建立我国的基准地价、标定地价定期公布制度,是规范土地交易行为,加强国家对地价进行管理的重

要措施。

3.根据经济和城市建设的需要,对单位和个人的土地使用权实行提前收回

我国《城市房地产管理法》规定,在特殊情况下,国家根据社会公共利益的需要,可以依照法律程序提前收回土地使用权,并根据土地使用者使用土地的实际年限和开发土地的实际情况给予相应的补偿。

4.对土地使用权转移的优先购买权

我国《城镇国有土地使用权出让和转让暂行条例》规定,土地使用权转让价格明显低于市场价格的,市、县人民政府有优先购买权。这可以保证用于满足公共利益等建设需要的土地为政府所得;防止土地在转移时,土地交易双方为少缴税费而虚报、瞒报地价,避免国家收益流失。

5.对地价上涨可采取必要的行政手段进行干预

我国《城镇国有土地使用权出让和转让暂行条例》规定,土地使用权转让的市场价格不合理上涨时,市、县人民政府可以采取必要的措施。这样可以避免地价过快上涨对国民经济造成冲击;也有利于培育发展土地市场,促进土地合理流转,充分利用土地。

6.土地成交价格申报制度

我国《城市房地产管理法》规定,国家实行房地产成交价格申报制度。房地产权利人转让房地产,应当向县级以上地方人民政府规定的部门如实申报成交价,不得瞒报或者作不实的申报。这有利于稳定房价、地价,规范土地市场交易秩序,营造公平的市场竞争环境及防止国有土地资产流失,保障房地市场持续健康稳定发展。

7.建立地价动态监测体系

地价动态监测是为了及时了解土地价格动态变化状态和趋势,发挥地价的市场"晴雨表"作用,及时、准确地反映地价水平及其变化趋势信息;通过对地价信息的深层次分析,掌握土地市场运行状态,判断地价变化与土地市场供需、房地产市场以及社会经济发展的协调状况,为政府干预、调控土地供应,加强对土地市场的宏观调控、稳定土地市场、促进经济社会良性运行提供决策依据;也为社会公众提供地价信息服务,引导投资方向,通过地价杠杆调节土地资源配置。

(二)浙江省土地市场管理手段

近年来,根据中央的统一部署安排和地方实际情况,浙江省陆续出台多项政策文件,进一步明确了浙江省管理土地市场的三大手段。

1.土地供应管理

2009年浙江省《关于发挥土地供应动态监测监管支撑作用、推进保增长保红线行动的通知》要求,要认真开展土地供应形势分析,各地应密切关注区域土地市场与土地供应情况,深化对土地供应总量、结构、方式、时序、价格及开发利用情况的监测分析,及时提出应对市场变化调控政策建议。尤其要强化对扩大项目用地供应落实等情况的动态实时监控,及时了解重点项目供地情况。2010 年浙江省《关于做好具体建设项目用地审批有关事项的通知》要求,各地要健全建设用地供应动态监管和定期公布制度,有效监测和预防批而未征、征而未供、供而未用、用而未尽等土地闲置浪费现象的发生。省国土资源厅要建立健全土地供应与开发利用的监督管理和检查披露制度,制定建设用地批后监管办法,督促各地做好具体建设项目用地审批工作,确保土地供应依法依规、土地开发利用节约集约、土地市场运行规范有序。2013 年浙江省《关于印发全省实施"亩产倍增"计划深化土地节约集约利用方案的通知》强调,要规范土地供应行为,严格执行"净地"出让和经营性用地招拍挂出让制度,全面落实土地供应公告公示要求,划拨决定书和土地出让合同要及时上传土地市场动态监测监管系统,实行网上填报和备案管理,切实加强土地市场的监管和调控。

2. 地价的动态监测与管理

2008 年浙江省《关于进一步加强我省城市地价调查与监测工作的通知》提出,及时客观掌握全省重点城市土地价格变化情况,全面建立我省土地市场定期分析和预警机制。《通知》指出,开展城市地价调查与监测工作,是运用土地政策参与宏观调控的重要技术手段,也是完善土地资源市场配置体系的重要业务基础。其主要目的是及时监测城市土地价格变化情况,掌握城市土地市场客观数据,建立和完善地价管理制度,实现城市地价信息的社会化服务,满足国土资源管理和经济社会发展的需要。2014年出台的《关于进一步规范浙江省基准地价更新管理的实施意见》要求,严格执行城镇基准地价定期更新制度,各地要结合土地市场变化情况,每 2 至 3 年更新一次城镇基准地价;必须严格执行《城镇土地分等定级规程》《城镇土地估价规程》两个技术标准,以土地均质区域或土地定级为基础,以市场样点地价资料或地价动态监测资料为依据,更新基准地价;根据新形势积极探索,丰富城镇基准地价体系。

3. 在全省范围内建立健全土地市场交易平台

2012 年浙江省《关于进一步加强土地市场交易平台建设和监管工作的通知》提出,以"统一交易平台、统一市场准入、统一信息发布、统一交易规则、统一监督管理"为总体要求,努力构筑规范透明、便捷高效的省、市、县三级上下联动的土地市场交易平台。根据 2015 年国务院《关于印发整合建立统一的公共资源交易平台工作方案的通知》和浙江省人民政府《关于印发浙江省整合建立统一的公共资源交易平台实施方案的通知》,积极推动土地出让向公共资源交易平台整合,营造公开、公平、公正的土地交易环境。

第三节　土地市场的调控手段

在土地市场的发展过程中,政府对土地市场的调控有效地促进了土地市场的健康发展,土地资源的市场配置效率不断提高,土地资源的利用也逐步优化。政府对土地市场的调控手段主要包括:经济手段、行政手段和法律手段。

一、土地市场调控的经济手段

调控土地市场主要是调控土地经济关系。我国城市土地国有制,一方面决定了政府是土地一级市场的供给者;另一方面决定了政府是二级市场上强有力的调控者,通过一级土地市场的供给和对土地转让、出租等课征土地使用税(费)、土地增值税等手段,对土地市场价格和土地开发进行干预;并应用地价补贴扶持新兴产业、鼓励大型项目开发建设和支持保障房建设等。经济手段是政府进行宏观调控的重要举措之一,主要包括以下两大类:

(1)财政政策。即实行土地财税制度,包括完善税种、税收惩罚和税收优惠。通过调整与土地相关的税收和土地使用费等政策来调整土地开发量,增加闲置土地的保有成本,改变土地持有者对土地收益—成本的预期,达到促使其转让多余的土地或提高土地利用率的目的等。

(2)货币金融政策。例如,调整法定准备金率,以控制货币供给;调整中央银行再贴现率,以影响市场利率;采取选择性信贷管制,如金融机构仅能提供住房信贷或储蓄,有目的地抑制某些土地投机行为;放宽住房抵押贷款条件,促进住宅信用消费等。

二、土地市场调控的行政手段

政府对我国土地市场进行调控的行政手段包括制定科学的土地利用规划和城镇规划以及建设用地供给计划,建立土地收购、储备制度和用地项目控制制度并做好市场交易监管工作。政府通过下列"五位一体"的措施来调节土地市场的供给与需求、土地利用结构以及市场主体的交易决策与行为,从微观和宏观两方面促进土地资源的合理高效配置与利用。

(1)编制科学的土地利用总体规划和城镇规划,优化用地结构和规模。规划直接关系到土地资源的配置,因此规划是任何一个国家都必须采用的控制土地供应总量的重要措施。通过制定和实施土地利用总体规划和城镇总体规划,政府可以对各项建设用地进行合理组织和安排,提高土地利用的空间效益。

(2)制订土地供给计划,调节土地市场供给总量。我国城市土地属于国家所有,政府作为城市土地所有者垄断了城市土地初始供给市场,客观上要求制订科学合理的土地供应计划。只有列入供地计划的土地才能出让,未列入供地计划的土地一律不得擅自出让其使用权。在对土地总需求作认真预测的前提下,中央每年向各省市下达土地利用计划,规定各省市新增的非农建设用地数量必须严格限制在计划之内。土地供给计划应提前一定时间向社会公开,通过土地供给计划的实施,以计划调控土地市场,促进市场供求平衡,实现土地资源的良性循环和城镇化发展的有序化。

(3)建立土地收购储备制度,稳定土地市场供需总量,促进土地节约集约利用,助力保障和改善民生。由于市场的多变性,政府不能保证对市场供给总量的控制恰到好处,为此在维护计划刚性的前提下,就需要建立土地供应调控的稳定机制,其中心环节就是建立土地收购储备制度。土地收购储备制度是指由政府依照法定程序,运用市场机制,按照土地利用总体规划和城市总体规划,通过收购、回购、置换和征用等方式取得土地,进行前期开发利用和存储后,以公开招标、拍卖出让方式供应土地,控制各类建设用地需求的制度。目前,浙江省已经全面建立起了土地收购储备制度并将之用于促进土地市场平稳运行、土地节约集约利用以及保障和改善民生。

比如,2014年浙江省《关于全面推进城镇低效用地再开发工作的意见》指出,列入政府主导再开发项目范围的地块,符合依法收回、收购国有土地使用权条件的,由市、县(市、区)政府依法收回、收购国有土地使用权;涉及集体建设用地需要转为国有建设用地的,应当依法办理土地征收,纳入政府储备,按现行法律法规规定办理供地手续。2012年浙江省《关于推进低效利用建设用地二次开发的若干意见》也强调,对市县政府因城市基础设施和公共设施建设需要调整使用土地的,或实施新的城市规划后的土地用于商品住宅、商品写字楼等经营性房地产开发以及部分用于经营性房地产开发的,由市县政府依法收回、收购土地使用权后,纳入政府土地储备。2012年浙江省出台的《全省批而未供、供而未用土地大清查专项行动实施方案》还指出,两年内不能处置到位或土地使用者不愿意继续开发的,采取有偿收回土地并纳入政府土地储备库或根据实际情况采取其他方式处置。同年,浙江省《关于加强保障性安居工程建设和管理的实施意见》则提及,要提前做好保障性安居工程建设项目储备并落实到具体地块。依法收回的国有土地、储备土地和转而未供土地应优先安排用于保障性安居工程建设。

(4)建立项目用地管控制度,保证用地结构的合理性,促进土地节约集约利用。土地市场结构性过剩是土地市场管理的难题之一,也是土地资源浪费严重的具体表现。因此,政府可以通过建立项目用地控制制度,增加土地供应的层次性,设立用地标准,强制压抑某些过度的用地需求,划定限制供地和禁止供地的范围,发布《限制供地项目目录》和《禁止供地项目目录》等。

具体来看,2013年浙江省《推进节约集约用地实施亩产倍增行动计划》提出,要进一步提高建设项目用地控制指标标准,加强土地供应管理,推动现有建设用地整合利用,加快开发区(园区)产业转型升级。2014年的浙江省《关于实施"空间换地"深化节约集约用地的意见》和《建立完善耕地保护共同责任机制构建土地管理新格局实施方案》均指出,要根据经济发展水平,修订完善《浙江省工业等项目建设用地控制指标》等用地标准;各地在省建设用地控制标准的基础上,结合当地实际和产业导向,制订适用于当地的建设项目用地控制标准。同年,浙江省正式对外发布了《浙江省工业等项目建设用地控制指标(2014)》《浙江省限制用地项目目录(2014年本)》《浙江省禁止用地项目目录(2014年本)》。

(5)做好市场交易监管工作,维护交易公正。市场经济是一种竞争经济,竞争的效果直接影响着资源配置的效果,为了保证竞争的有效性,政府有必要对市场交易进行监管。对土地市场的交易监管内容主要包括对交易合法性、交易公平性和交易公正性的监管。做好市场监管工作的关键是制定土地入市准则,建立区域均衡机制,打击土地囤积投机行为。

三、土地市场调控的法律手段

法律手段是国家以立法的形式对土地市场进行规范。上述土地市场调控的经济手段和行政手段,也是要在依法有据的前提下进行的。此外,法律手段还有关于土地登记、土地用途管制、耕地占补平衡、严禁闲置土地和节约集约利用土地等法律法规规定。为了使土地市场竞争有序进行,就必须制定完善的竞争规则,以约束供需主体的市场行为。土地市场竞争保障制度的主要内容就是要建立有序竞争的法律保障体系。此外,党的十八届四中全会明确提出,全面推进依法治国,建设社会主义法治国家。因此,国家对土地市场的管理调节也必须依法进行,离开了法律保障这个前提,有序的市场竞争就无法形成,国家对土地市场的调控也就会成为"无本之木、无源之水"。

第四节　土地交易管理

土地市场的核心是土地交易。土地交易管理自然是土地市场管理的中心环节。当前,我国城镇国有土地使用权交易是土地市场交易中最为活跃的板块。因此,本节将重点阐释国有土地交易(即出让、出租、转让和抵押)管理的相关内容。当然,农村土地交易(或流转)也是土地市场交易的重要组成部分。特别是党的十八届三中全会以来,建立城乡统一的建设用地市场已经成为全面深化土地管理制度改革的政策取向。故而,本节也会介绍农村土地交易(或流转)管理的要点。

一、土地出让管理

我国的《城镇国有土地使用权出让和转让暂行条例》规定,土地使用权出让是指国家以土地所有者的身份将土地使用权在一定年限内让与土地使用者,并由土地使用者向国家支付土地使用权出让金的行为。土地使用权出让应当签订出让合同。

(一)土地使用权出让期限

依据《城市房地产管理法》和《城镇国有土地使用权出让和转让暂行条例》,土地使用权出让最高年限按下列用途确定:居住用地七十年;工业用地五十年;教育、科技、文化、卫生、体育用地五十年;商业、旅游、娱乐用地四十年;综合或者其他用地五十年。在具体地块出让中,应根据具体情况和国家产业政策在上述范围内确定使用年限,不必都以最高年限出让,更不允许超出最高年限出让土地使用权。

(二)土地使用权出让方式及程序

目前,我国城镇国有土地使用权出让的方式主要有四种,即协议、招标、拍卖及挂牌。根据我国《招标拍卖挂牌出让国有土地使用权规定》以及浙江省《城镇国有土地使用权出让和转让实施办法》,浙江省国有土地使用出让的具体方式与程序如下。

1. 土地使用权协议出让

首先,申请使用土地者向土地所在地的市、县人民政府土地管理部门提出受让土地使用权申请,并提交下列文件:建设项目批准文件;申请用地报告书;申请使用土地者身份及资信证明文件;其他应提交的文件。然后,土地管理部门在接到全部申请文件之日起三十天内给予答复,并与申请使用土地者进行具体协商。经协商取得协议后,土地管理部门与申请使用土地者签订出让合同。申请使用土地者按规定交付定金。最后,申请使用土地者按出让合同规定缴纳土地使用权出让金,办理登记手续,领取土地使用证。

2. 土地使用权招标出让

首先,市、县人民政府土地管理部门发出招标公告。然后,投标者购领招标文件并按招标文件规定向土地管理部门交付投标保证金,参加投标。接着,土地管理部门会同城市规划、建设管理、房产管理等有关部门组成评标小组,主持开标、评标和决标工作,确定中标者后,发出中标通知书。对未中标者也应书面通知,其投标保证金在决标后十天内全部退还。中标者在中标通知书规定的期限内,与土地管理部门签订出让合同,并按规定交付定金。其中,投标保证金不计利息,投标保证金可抵充定金。最后,中标者按出让合同规定缴纳土地使用权出让金,办理登记手续,领取土地使用证。

3. 土地使用权拍卖出让

首先,市、县人民政府土地管理部门发出拍卖公告。然后,竞拍者购领拍卖文件。接着,土地管理部门按公告规定的时间、地点公开拍卖。竞拍者按规定交付竞拍保证金,参加竞拍。其中,竞拍保证金不计利息。竞拍得主当场与土地管理部门签订出让合同,并按规定交付定金。竞拍保证金可抵充定金。对未得者,其竞拍保证金在拍卖后十天内全部退还。最后,竞拍得主按出让合同规定缴纳土地使用权出让金,办理登记手续,领取土地使用证。

4. 土地使用权挂牌出让

首先,在挂牌公告规定的挂牌起始日,出让人将挂牌宗地的面积、界址、空间范围、现状、用途、使用年期、规划指标要求、开工时间和竣工时间、起始价、增价规则及增价幅度等,在挂牌公告规定的土地交易场所挂牌公布。然后,符合条件的竞买人填写报价单报价。挂牌主持人确认该报价后,更新显示挂牌价格。最后,挂牌主持人在挂牌公告规定的挂牌截止时间确定竞得人。

(三)土地使用权出让的审批管理

浙江省《城镇国有土地使用权出让和转让实施办法》规定,土地使用权的出让,由市、县人民政府负责,有计划、有步骤地进行。土地使用权出让的地块、用途、年限和其他条件,由市、县人民政府土地管理部门会同城市规划和建设管理、房产管理部门共同拟定方案,按照规定的审批权限报经政府批准后,由土地管理部门实施。

(四)土地使用权出让收入的管理

我国《国有土地使用权出让收支管理办法》规定,土地使用权出让收入是指政府以出让等方式配置国有土地使用权取得的全部土地价款。具体包括:以招标、拍卖、挂牌和协议方式出让国有土地使用权所取得的总成交价款(不含代收代缴的税费);转让划拨国有土地使用权或依法利用原划拨土地进行经营性建设应当补缴的土地价款;处置抵押划拨国有土地使用权应当补缴的土地价款;转让房改房、经济适用住房按照规定应当补缴的土地价款;改变出让国有土地使用权土地用途、容积率等土地使用条件应当补缴的土地价款,以及其他和国有土地使用权出让或变更有关的收入等。

我国《关于规范国有土地使用权出让收支管理的通知》要求,土地出让收入全部缴入地方国库,支出一律通过地方基金预算从土地出让收入中予以安排,实行彻底的"收支两条线"。在地方国库中设立专账,专门核算土地出让收入和支出情况。2015年正式开始实施的新《预算法》则明确规定,政府的全部收入和支出都应当纳入预算,国有资源(资产)有偿使用收入属于一般公共预算收入。这就意味着土地出让收入应依法纳入预算管理。

浙江省《关于进一步加强国有土地使用权出让收支管理的通知》明确提出,健全国有土地使用权出让收支基金预算管理制度;进一步规范国有土地使用权出让支出管理,各级政府要严格按照规定科学合理安排国有土地使用权出让支出,不得随意扩大支出范围,不得侵害被征地农民合法权益;严格按规定及时足额计提有关专项资金;建立和完善信息共享制度,各级财政、国土资源主管部门和人民银行分支机构要明确分工、落实责任,加强沟通、密切配合,共同做好土地出让收支管理信息系统的应用工作;严格落实责任追究制度,对于未及时足额缴纳土地出让收入、未将土地出让收支全额纳入地方基金预算管理、已收缴的土地出让收入未按规定及时缴入地方国库,以及越权减免缓缴或变相减免土地出让收入、擅自扩大使用范围、违规使用土地出让收入等行为,要严格按照相关规定进行处理,并依法追究有关责任人员的责任。

二、土地转让管理

土地使用权转让是指土地使用者将土地使用权再转移的行为,包括出售、交换和赠与等。我国《城市房地产管理法》《城镇国有土地使用权出让和转让暂行条例》和浙江省《城镇国有土地使用权出让和转让实施办法》等政策法规明确了浙江省土地使用权转让的条件、内容和程序。

(一)土地使用权转让的条件

我国《城市房地产管理法》和《城镇国有土地使用权出让和转让暂行条例》规定,以出让方式取得土地使用权的,转让的前提是:要按照出让合同约定,已经支付全部土地使用权出让金,并取得土地使用权证书;属于房屋建设的,实际投入房屋建设工程的资金额应占全部开发投资总额的 25% 以上;属于成片开发土地的,应形成工业或其他建设用地条件;转让房地产时房屋已建成的,还应当持有房屋所有权证书。对于以划拨方式取得土地使用权的,转让的前提是必须经有批准权的人民政府审批。经审查除不允许转让外,对准予转让的有两种处理方式:第一种是由受让方先补办土地使用权出让手续,并依照国家有关规定缴纳土地使用权出让金后,才能进行转让;第二种是可以不办理土地使用权出让手续而转让的,但转让方应将转让所获得的土地收益上缴国家或作其他处理。

浙江省《城镇国有土地使用权出让和转让实施办法》规定,土地使用权的转让必须同时具备下列条件:已缴清土地使用权出让金、土地使用金和税费;不改变出让合同规定的土地用途和规划要求;除土地使用权出让金外,实际投资已达出让合同规定的建设投资总额 20% 以上;已实现出让合同规定的其他转让前提条件。

浙江省《城镇国有土地使用权出让和转让实施办法》还规定,转让划拨土地使用权和地上建筑物、其他附着物所有权,须符合下列条件:土地使用者为公司、企业、其他经济组织和个人;领有国有土地使用证;具有地上建筑物、其他附着物合法的产权证明;签订出让合同,按规定补交土地使用权出让金或者以转让所获收益抵充土地使用权出让金;经市、县人民政府土地管理部门和房产管理部门批准。

当前,为了推动土地节约集约利用,浙江省鼓励土地使用权转让。2012 年浙江省《关于推进低效利用建设用地二次开发的若干意见》就提出,对企业依法取得土地使用权后,已投入一定的资金进行土地开发,用地已经满足转让条件,但因项目、资金、预期效益等原因,短期内难以继续开发或达到预期目标的,鼓励企业依法流转土地使用权。

(二)土地使用权转让的内容

土地使用权转让包括以下四项内容:

(1)权利义务的转移。土地使用权转让应当签订转让合同。土地使用权转让时,土地使用权出让合同和登记文件中所载明的权利、义务随之转移。

(2)建筑物、附着物转让。土地使用权转让时,其地上建筑物、其他附着物所有权随之转让。地上建筑物、其他附着物的所有人或者共有人,享有该建筑物、附着物使用范围内的土地使用权。土地使用者转让地上建筑物、其他附着物所有权时,其使用范围内的土地使用权随之转让,但地上建筑物、其他附着物作为动产转让的除外。土地使用权和地上建筑物、其他附着物所有权转让,应当按照规定办理过户登记。土地使用权和地上建筑物、其他附着物所有权分割转让的,应当经市、县人民政府土地管理部门和房产管理部门批准,并依照规定办理过户登记。

（3）使用年限。土地使用者通过转让方式取得的土地使用权,其使用年限为土地使用权出让合同规定的使用年限减去原土地使用者已使用年限后的剩余年限。

（4）转让价格。土地使用权转让价格明显低于市场价格的,市、县人民政府有优先购买权。土地使用权转让的市场价格不合理上涨时,市、县人民政府可以采取必要的措施。

（三）土地使用权转让的程序

首先,转让方与受让方签订书面的土地使用权转让合同。然后,转让方协同受让方办理土地使用权的地上建筑物、其他附着物所有权的过户登记,以及转让方办理注销登记。分割转让土地使用权和地上建筑物、其他附着物所有权以及转让划拨土地使用权,向市、县人民政府土地管理部门和房产管理部门申请批准。此外,经批准同意转让划拨土地使用权的,应补办土地使用权出让手续,补签土地出让合同以及补缴土地使用权出让金,或者将转让土地使用权所获得的收益上缴国家。

三、土地出租管理

我国《城镇国有土地使用权出让和转让暂行条例》和浙江省《城镇国有土地使用权出让和转让实施办法》规定了浙江省土地使用权出租的内涵、条件和程序。

（一）土地使用权出租的内涵

土地使用权出租是指土地使用者作为出租人将土地使用权随同地上建筑物、其他附着物租赁给承租人使用,由承租人向出租人支付租金的行为。

（二）土地使用权出租的条件

未按土地使用权出让合同规定的期限和条件投资开发、利用土地的,土地使用权不得出租。出租划拨土地使用权和地上建筑物、其他附着物所有权,须符合下列条件:土地使用者为公司、企业、其他经济组织和个人;领有国有土地使用证;具有地上建筑物、其他附着物合法的产权证明;签订出让合同,按规定补交土地使用权出让金或者以出租所获收益抵充土地使用权出让金;并经市、县人民政府土地管理部门和房产管理部门批准。

（三）土地使用权出租的程序

首先,土地使用权的出租人与承租人应当签订租赁合同。租赁合同不得违背国家法律、法规和土地使用权出让合同的规定。土地使用权出租后,出租人必须继续履行土地使用权的出让合同。土地使用权及其地上建筑物、其他附着物出租时,出租人和承租人还应在租赁合同签订之日起三十天内,按规定办理租赁登记手续。

四、土地抵押管理

我国《城市房地产管理法》《城镇国有土地使用权出让和转让暂行条例》和浙江省

《城镇国有土地使用权出让和转让实施办法》等政策法规明确了浙江省土地使用权抵押的内涵、条件、程序和法律后果。

(一)土地使用权抵押的内涵

土地使用权抵押是指抵押人用土地使用权,以不转移占有的方式向抵押权人提供债务履行担保的行为。债务人不履行债务时,抵押权人有权依法以抵押的土地使用权变卖所得的价款优先受偿。

(二)土地使用权抵押的条件

依法取得的房屋所有权连同该房屋占用范围内的土地使用权,可以设定抵押权。以出让方式取得的土地使用权,可以设定抵押权。抵押划拨土地使用权和地上建筑物、其他附着物所有权,须符合下列条件:土地使用者为公司、企业、其他经济组织和个人;领有国有土地使用证;具有地上建筑物、其他附着物合法的产权证明;签订出让合同,按规定补交土地使用权出让金或者以抵押所获收益抵充土地使用权出让金;经市、县人民政府土地管理部门和房产管理部门批准。

此外,2013年浙江省《进一步加强政府土地融资管理的通知》还强调,要严格规范土地抵押行为。用于抵押的土地使用权必须具有合法权属来源,严禁将违规登记或虚假设定的土地使用权用于抵押,严禁将教育、医疗、市政设施、党政机关团体办公场地等公共基础设施和公益性用地用于抵押。各市、县(市、区)人民政府不得以抄告单、会议纪要等形式授意相关部门违反上述规定违规办理土地抵押融资。

(三)土地使用权抵押的程序

首先,抵押人与抵押权人应当签订抵押合同。抵押合同不得违背国家法律、法规和土地使用权出让合同的规定。然后,抵押人和抵押权人应在抵押合同签订之日起三十天内,按规定办理抵押登记手续。另外,抵押权因债务清偿或其他原因而消灭的,当事人应在清偿或消灭之日起三十天内,按规定办理注销登记手续。

(四)土地使用权抵押的法律后果

抵押人到期未能履行债务或者在抵押合同期间宣告解散、破产的,抵押权人有权依照国家法律、法规和抵押合同的规定处分抵押财产。因处分抵押财产而取得土地使用权和地上建筑物、其他附着物所有权的,应当依照规定办理过户登记。处分抵押财产所得,抵押权人有优先受偿权。

需要注意的是,设定房地产抵押权的土地使用权是以划拨方式取得的,依法拍卖该房地产后,应当从拍卖所得的价款中缴纳相当于应缴纳的土地使用权出让金的款额后,抵押权人方可优先受偿。

五、农村土地交易管理

(一)集体农用地使用权流转管理

1. 集体农用地使用权流转的原则

集体农用地使用权流转应当遵循以下五项基本原则:第一,平等协商、自愿、有偿,任何组织和个人不得强迫或者阻碍承包方进行土地承包经营权流转。第二,不得改变土地所有权的性质和土地的农业用途。第三,流转的期限不得超过承包期的剩余期限。第四,受让方需有农业经营能力。第五,在同等条件下,本集体经济组织成员享有优先权。

2. 集体农用地使用权流转的主要内容

我国《农村土地承包法》和浙江省《实施〈中华人民共和国农村土地承包法〉办法》对集体农用地使用权流转作出了具体规定。

(1)集体农用地使用权流转的主要形式。通过家庭承包方式取得的土地承包经营权可以依法采取转包、出租、互换、转让方式流转,也可以采取入股等其他方式流转。

(2)集体农用地使用权流转的基本要求。不得改变土地所有权性质和土地的农业用途;承包方享有土地承包经营权流转的自主权,任何组织和个人不得强迫或者阻碍承包方依法流转其承包土地;土地承包经营权流转收益归承包方所有,任何组织和个人不得侵占、截留、扣缴;土地承包经营权流转的当事人应当依法签订书面合同,但承包方将土地交由他人代耕不超过一年的,可以不签订书面合同;土地承包经营权流转的期限不得超过承包期的剩余期限;县级以上人民政府农业、林业行政主管部门和乡(镇)人民政府应当为土地承包经营权流转创造条件,提供便利。

3. 浙江集体农用地使用权流转的新政策

党的十八届三中全会以来,浙江省贯彻落实中央决定精神,出台了相关政策文件,鼓励集体农用地使用权依法、合理、有序流转。2013 年浙江省《关于培育发展家庭农场的意见》就指出,要引导土地(含林地、水面)流转。坚持依法、自愿、有偿原则,大力鼓励农民以土地承包经营权入股,组建股份合作农场、农民专业合作社等。加大对种粮农户土地流转补贴的力度,支持村经济合作社统筹协调种植粮食作物和经济作物土地流转价格,推进整村整组连片流转土地;规模化土地优先流给创办家庭农场的村经济合作社成员经营。

(二)集体建设用地使用权流转管理

根据我国有关法律规定,集体建设用地使用权一般情况下不允许以转让、出租、抵押等形式流转。但是符合土地利用总体规划并依法取得建设用地的企业因破产、兼并等情形致使土地使用权依法发生转移的除外。

党的十八届三中全会提出,建立城乡统一的建设用地市场,在符合规划和用途管制前提下,允许农村集体经营性建设用地出让、租赁、入股,实行与国有土地同等入市、同权同价。对此,2014年浙江省《关于全面推进城镇低效用地再开发工作的意见》和《关于进一步规范浙江省基准地价更新管理的实施意见》就分别提出,存量用地再开发涉及存量集体建设用地的,可由原集体经济组织自行或合作进行;要顺应集体建设用地流转改革发展趋势,探索建立集体建设用地基准地价体系。

第五节　土地市场信息管理

市场信息是土地市场供需和交易的基础。土地市场信息是指在土地市场交易中交易主体、交易客体、交易价格、交易方式、权属以及土地市场供应与需求情况的数据资料等。加强土地市场信息管理,是培育和规范土地市场的重大举措,是土地市场成熟的重要标志。土地市场信息管理制度的建立也是政府加强土地市场信息服务,增加土地使用权交易透明度以及管理土地市场的重要手段。

一、土地市场信息管理的主要内容

土地市场信息管理主要包括以下六个方面:

(一)土地供应信息管理

主要围绕政府供地实际状况及其变化趋势进行研究分析,包括不同时期的总供地量、供地结构、不同时期及不同地区的供地量比较,不同供地方式的比较及变化分析,年度供地计划及其执行情况等。

(二)土地开发利用信息管理

通过比较不同土地用途、不同供地来源、不同行政区域、不同时间段的土地供应计划量和实际供应量、闲置土地面积变化情况等,分析土地开发利用情况,为政府制定和调整土地开发利用政策提供依据。

(三)集体经营性建设用地交易信息管理

采集农村集体经营性建设用地交易数据,分析集体土地开发与转让情况,并与城市国有土地市场、国家征收土地情况等进行比较,及时向社会公开分析结果,减少信息的不对称性,以确保集体经营性建设用地交易市场健康平稳有序运行。

(四)房地产市场信息管理

重点搜集房地产开发土地供应总量及来源、房地产开发土地供给结构、房地产市场价格等信息。通过对不同类型经营性用地、不同地区同类经营性用地的价格走势、面积比例、供求状况等的研究,阐明房地产市场的总体运行情况及存在的问题,同时理性预测房地产市场的未来发展趋势。

(五)土地价格变化趋势的信息管理

采集不同时期、不同地区的土地实际交易价格,分析土地交易价格变化趋势并与房地产价格进行比较,为政府宏观调控和市场主体理性决策提供信息支持。

(六)总结提炼土地市场运行总体情况、主要问题与对策

综合土地供应、土地开发利用、集体经营性建设用地交易、房地产市场运行情况和土地价格变化趋势等多方面信息,总结土地市场运行的总体情况,分析其中存在的突出问题,并提出相应的对策建议。

二、浙江省土地市场信息管理的政策要求

近年来,浙江省在强化土地市场信息管理方面出台了一系列政策文件,可以简单概括为"三个加强"。

(一)加强土地市场交易信息公开

2012 年浙江省《关于进一步加强土地市场交易平台建设和监管工作的通知》明确要求,强化土地市场信息发布。完善土地出让计划公示制度,各地要在向社会公布土地出让计划的基础上,合理安排具体地块出让的时序和方式,进一步细化拟出让地块的规划和土地使用条件,定期向社会发布土地出让信息,并且及时、准确地公开土地市场信息。根据依法公开、注重实效、保密例外的原则,建立并完善出让土地信息公开制度,规范土地出让公告发布和结果公示,实现土地出让计划、过程、结果全程信息公开。同时,加快建设覆盖全省的城市地价动态监测网络,定期发布全省土地市场交易信息和地价指数,实现基准地价、标定地价、市场交易地价等信息的公开查询,为社会监督提供顺畅有效的信息资源。2014 年浙江省《关于全面推进城镇低效用地再开发工作的意见》也提及,要加大信息公开力度,公开再开发项目信息,涉及协议办理用地手续的,必须严格按政策执行、集体决策、结果公示。

(二)加强土地供应信息管理

2009 年浙江省《关于发挥土地供应动态监测监管支撑作用、推进保增长保红线行动的通知》提出,各地应密切关注区域土地市场与土地供应情况,深化对土地供应总量、结构、方式、时序、价格及开发利用情况的监测分析,及时提出应对市场变化调控政策建议。2012 年浙江省《关于抓紧做好全省土地出让金审计发现问题整改工作的通知》要求,进一步规范建设用地供应动态监测监管系统管理。各级国土资源主管部门要切实加强省建设用地供应动态监管系统数据采集管理。要完善管理制度,落实专人负责,明确责任,加强核查,杜绝错录、漏录和迟录现象,确保系统土地供应和批后监管

信息的及时、准确、完整。

(三)加强土地开发利用信息监测

2007 年浙江省《关于加强建设用地供应动态监测系统应用的通知》、2008 年《关于贯彻落实国土资源部加强建设用地动态监督管理通知的意见》、2011 年《关于进一步强化土地供应和开发利用情况动态监管的通知》都指出,要切实做好建设用地供应备案和动态监管基础数据建库及汇交工作,建立起建设项目用地开发利用全过程的跟踪检查制度,建立建设用地供应和开发利用等监管信息的快速反应和处理机制,省国土资源厅定期发布全省建设用地供应和开发利用情况监测报告。

第六节　土地中介服务系统管理

一、土地中介服务系统管理的基本内容

(一)对土地中介服务企业与个人进行严格的资质审查

所谓资质审查,是政府有关机构对从事土地中介服务的企业或个人进行资格审定的确认。

1. 土地市场中介服务企业必须具备的资质条件

(1)必须是具有法人资格的经济实体。要有明确的经营主体和章程,实行自主经营,独立核算,自负盈亏,独立承担经济责任。

(2)必须有健全的管理机构。要有合法的法人代表,并配有与经营内容、经营方式及经营规模相适应的具有土地专业知识的经营、技术和财务人员。

(3)必须有与经营规模、内容相适应的自有资金。

(4)必须建立符合财政部门和建设银行规定的财务管理制度。

(5)必须有固定的办公地点和合法的经营方式和手段。

2. 土地经纪人必须具备的资质条件

(1)要具有一定的经营能力。要熟悉了解市场管理的方针、政策、市场行情及相关业务技术知识。

(2)要有一定的经营方向和经营范围。每个经纪人要确定一定的经营方向,并按业务种类或地域确定经营活动的范围。

(3)要有正当的社会身份和从业目的。土地经纪人必须有当地的正式户口、合法的社会身份和为土地市场服务的从业目的。

(4)有良好的职业道德。要严格执行土地市场管理的方针政策,遵纪守法,在国家法令和政府允许的范围内开展中介服务活动。

3.对土地中介服务企业或个人进行资质审查的具体程序

(1)由已从事或准备从事土地中介服务的企业或个人等当事人向主管部门申报,并取得主管部门同意。

(2)向土地的行政管理部门申请资质审查,并提交有关证件、资料。经审查合格,由国土资源行政管理部门颁发经营资质证书。

(3)当事人凭经营资质证书和其他有关证件、资料,到工商行政管理部门办理开业登记手续,由工商行政管理部门核发营业执照。任何从事土地中介服务的企业或个人,只有在取得经营资格证书和营业执照以后,方可从事土地中介服务活动。

(二)对土地中介服务企业与个人进行经常性的审查和监督

政府除了对从事土地中介服务的企业与个人进行严格的资质审查外,还必须进行经常性的审查和监督。其中,应当重点做好以下四个方面的工作:

(1)对未经资质审查而从事土地市场中介服务的企业或个人,其中不具备条件的应坚决取缔;已具备条件而未经资质审查的,应督促办理资质审查手续。

(2)已经资质审查合格的中介服务企业或个人,如果违反国家法令和有关规定,从事非法经营活动,要视其情节轻重给予行政和经济处罚,甚至取消经营资质,以确保把土地市场的中介活动纳入国家法令和政策允许的范围之内。

(3)对发生分立、合并和倒闭的土地中介服务企业,要重新予以资质审查或办理注销手续。

(4)严格限制土地经纪人的业务范围,土地经纪人不得以咨询、介绍、服务为名进行实务性买卖。建立经纪人经营规范、委托、代办收费必须通过合同协议公开进行,服务费的收取应由物价管理部门核定。对非法从事土地经纪活动的企业和个人要严肃依法查处。

二、浙江省土地中介服务系统管理的政策要求

近年来,针对土地中介服务活动中出现的新情况、新问题,浙江省陆续出台了《国土资源系统进一步加强依法行政、加快法治国土建设实施意见》《关于进一步加强土地市场交易平台建设和监管工作的通知》《关于进一步加强行政审批中介服务管理的意见》《关于印发〈清理规范国土资源行政审批中介服务专项行动方案〉的通知》等政策文件,明确了土地中介服务系统管理的四个着力点和一个重点。

(一)着力规范市场准入机制和培育市场中介服务组织

按照"非禁即入"的市场准入原则,充分发挥市场的竞争作用,除涉及国家机密、公共安全等重要领域外,应当允许具备资质的国土资源中介服务机构进入市场开展业务,清理取消省、市、县三级国土资源主管部门规范性文件设置的各种行业性、区域性的中介服务保护措施和准入门槛。国土资源主管部门不得利用职权指定或变相指定

中介服务机构提供服务。积极引导国土资源行业中介机构有序发展、规范运作,加强对土地整理、土地估价、储量评审和矿业权评估、交易等中介机构的管理,严格资质审查、加强行业建设、规范从业行为。

(二)着力构建土地中介服务行业的信用体系

制定并发布土地中介服务机构信用评定办法,建立信用评价指标体系,对各类中介机构进行信用评级,并建立诚信档案。土地中介服务机构及其从业人员诚信状况与登记机关、主管部门监督管理、银行授信额度、政府招投标等挂钩。完善执业资格管理制度,定期公布失信中介机构和被吊销执业资格或营业执照的中介机构名单,对严重违法违规的中介机构,除依法予以惩戒或处罚外,对其执业人员也要依法惩处并实行执业禁入。要依托全省统一的信用信息平台建设土地中介服务机构信用信息平台。

(三)着力推进土地市场中介服务系统管理的法治化和常态化

国土资源主管部门要根据有关法律法规规章和标准,制定国土资源行业中介机构监督管理制度及考评实施细则,依法加强对本部门管理范围的中介机构及从业人员的监督管理。要建立对中介机构及从业人员违法执业的举报投诉制度,严肃查处各类违法违规经营行为。要加强对中介机构的业务指导,积极开展相关业务培训,提高中介机构从业人员的业务素质。要结合国土资源行业特点,会同工商行政管理部门分类建立中介服务合同示范文本,督促指导中介机构建立并严格执行服务承诺、执业公示、一次性告知、合同管理、依规收费、执业记录等中介服务制度,积极探索运用电子监察系统以加强对中介服务情况的实时监督,提高中介机构的服务效率和服务水平。

(四)着力引导土地市场中介服务系统及其从业人员严格自律

国土资源主管部门要从实际出发,积极引导中介机构建立行业协会。中介机构应当加入行业协会,自觉接受行业协会监管。中介机构行业协会要切实履行自律、服务、指导、协调等职能,加强职业道德教育,完善行业执业标准、自律规范和惩戒规则,规范收费和竞争行为,建立健全自律性监督管理机制。

(五)重点加强对地价评估中介服务系统的管理

进一步培育竞争有序的地价评估市场,逐步通过综合招标等形式全面开放具备相应资质的中介机构参与土地出让价评估。建立健全土地估价中介机构长效监管机制,遏制土地估价行业的不正当竞争行为。加大土地评估执业情况检查力度,对有违规执业、不诚信执业及其他不良行为的机构应列入"黑名单"范围,建立土地估价行业"黑名单"公示制度。

参考文献

[1] 柴志春.宏观调控土地市场的三条途径[J].中国土地,2004(11):41-42.

[2] 陈晓军,张建利.城市化进程中城市土地需求预测研究[J].陕西师范大学学报,2008,36(3):92-96.

[3] 黄小虎.征地制度改革的历史回顾与思考[J].上海国土资源,2011,32(2):7-13.

[4] 蒋省三,刘守英,李青.土地制度改革与国民经济成长[J].管理世界,2007(9):1-9.

[5] 孔祥斌,聂铭新,姜广辉.政府宏观调控和市场调控相结合的土地资源配置机制[J].广东土地科学,2005(5):29-32.

[6] 刘卫东.加强土地市场信息建设浅议[J].土地与经济,2000(8):40-40.

[7] 刘琪.浅析地价与地租、房价与房租之间的关系[J].价格理论与实践,2006(8):41-42.

[8] 刘铭.我国土地市场的特点与供求关系分析[J].科协论坛,2008(11):98-98.

[9] 刘力豪,陈志刚,陈逸.土地市场化改革对城市工业用地规模变化的影响——基于国内46个大中城市的实证研究[J].地理科学进展,2015,34(9):1179-1186.

[10] 李涛.城市化进程中土地供给的价格机制探讨[J].经济问题,2006(10):32-33.

[11] 李泳,苏海东,潘云涛.过渡经济体制下的城市规划和土地交易问题的制度分析[J].经济地理,2009,29(7):1186-1190.

[12] 卢胜.我国土地市场的特点与土地资源配置方式的改革[J].财经科学,2002(S2):370-372.

[13] 卢新海.城市化进程中的土地需求与供给[J].中国房地产,2004(1):30-32.

[14] 罗能生,彭郁,罗富政.土地市场化对城市土地综合利用效率的影响[J].城市问题,2016(11):21-28.

[15] 钱忠好,牟燕.中国土地市场化改革:制度变迁及其特征分析[J].农业经济问题,2013(5):20-26.

[16] 谭术魁,张红霞.城市土地市场调控的实证分析——以武汉市为例[J].资源科学,2011,33(3):549-555.

[17] 谭荣.征收和出让土地中政府干预对土地配置效率影响的定量研究[J].中国土地科学,2010,24(8):21-26.

[18] 唐健,谭荣.农村集体建设用地价值"释放"的新思路——基于成都和无锡农村集体建设用地流转模式的比较[J].华中农业大学学报,2013(3):10-15.

[19] 陶然,汪晖.中国尚未完成之转型中的土地制度改革:挑战与出路[J].国际经济评论,2010(2):93-123.

第十一章　土地收益与土地金融

第一节　土地收益与土地金融

一、土地收益

(一)土地收益的内涵

收益性是土地资源资产的一个重要特征。从广义上理解,土地收益是土地资产在利用过程中所形成的价值,既包括表现为货币形态的经济价值,也包括难于用货币计量的生态价值和社会价值。从狭义上理解,土地收益主要指经营性的土地资源资产参与到社会生产经营活动后,所带来的超出原土地资产投入的、可以用货币计量的经济价值,实质是土地使用权通过生产经营活动所获得的超额剩余价值。本章所讨论的土地收益,主要指狭义的土地收益。

土地收益在形式上是一种价值增值,是资产运动的结果。土地收益在本质上表现为一种生产关系。这种生产关系,就其一般性而言,是土地资源资产的所有者、经营者和使用者的经济利益关系。在我国社会主义市场经济条件下,国家具有行政事务管理者和国有土地资源资产所有者的双重身份。因此,国家以行政事务管理者身份,凭借手中的政治权力从任何经济主体收益分配中获得税收收入;同时,国家作为土地资源资产所有者的身份,可以从土地资源资产的使用者和经营者中获得资产收益。对于集体土地资源资产,国家以税收的形式获得税收后,土地资源资产收益在集体、集体土地使用者、集体土地经营者之间进行收益分配。

(二)土地收益的分类

根据土地权利属性,可分为所有者收益和使用者收益。由于土地权利的可分离性,各项土地权利在使用和转移过程中参与分配。土地所有权收益是土地所有者凭借所有权垄断而取得的土地收益,包括土地本身及改良物。土地使用权收益指土地使用者所获得的土地收益。需要注意的是,土地经营利用活动产生的经济增值收益在租期内归土地使用者占有,而因社会经济发展导致土地资源供需紧张带来的增值收益应由全社会分享。

我国实行土地二元制,土地收益可相应分为国有土地收益和集体土地收益。国有土地收益是指国有土地(以城市国有建设用地为主)作为一种特殊商品和生产要素在开发、利用、流转过程中产生的各种收益,其分配在参与这一使用过程的各主体(国有土地的所有者和使用者)间进行,主要包括各级政府、开发商和用地单位、私人业主(企业或家庭个人)、金融机构等。集体土地收益是指集体土地使用过程中产生的各种收益,其分配在参与这一使用过程的各主体(集体土地的所有者和使用者)间进行,主要包括农村集体、农民等。

二、土地金融

(一)土地金融的内涵

土地金融是指利用土地作为获得信用的担保品,从而获得资金融通的一切活动的统称,它包括围绕土地的开发、经营、消费而展开的筹资、融资、结算等各种金融活动。它是一种土地使用权抵押信用,反映的是国家、集体及使用土地者三方经济利益关系。土地金融可分解为市地金融和农地金融。市地金融是指围绕城市土地的开发、建设、经营所展开的资金融通活动,包括市地获得金融、市地改良金融、市地转让与经营金融。农地金融是围绕农地的开发、生产、经营而展开的资金融通活动,在国外又称农业金融,主要包括农地获得金融、农地改良金融、农地经营金融。

土地商品的特殊性决定了土地金融是有担保的金融。一方面,由于土地价值巨大,开发周期较长,决定了土地金融具有期限长、额度大的特点。因此,土地融资通常要求土地作为抵押物为其债权作担保。另一方面,土地位置固定,与其他抵押物相比,没有被盗和藏匿的忧虑;土地具有永续利用的特点,其地上建筑物存续周期较长,而且随着经济的发展土地还具有保值和增值的趋势。因此,土地是银行最为优良的抵押担保品种,能最大限度地保障债权的安全。

(二)土地金融的特点

1. 土地金融是有担保的金融

土地金融属于长期信用,即以土地进行抵押为融资提供担保。担保包括人的担保(即信誉担保,具有法律效力)和物的担保。人的担保,通常是由信誉卓著或资本雄厚的第三者(可以是个人或企业)为债权人的债务清偿提供担保,当债权人不能履行贷款合同时,该第三人具有代为履行偿还贷款的责任;物的担保,就是以特定的财物为借款人债务的履行作担保,当债务不能履行时,债权人有权行使该担保物权,无论债权人是否还负有其他债务或是否将该担保物转让他人,都能从该担保物权的执行中获得债权的优先清偿。其中人的担保比较方便,物的担保比较安全。两种担保可选择其一,也可同时使用。一般来说,土地金融的债权必须以物,即是以土地及其附着物作担保,同时也考虑到债权人的偿还能力。

▎专栏一：重庆"八大投"融资模式

通过重组和新建等方式,重庆市高调组建了八个大型的国有建设性投资集团(以下简称"八大投"),包括重庆市城投集团、重庆地产集团、重庆市水务集团、重庆市水利投资有限公司、重庆市高速公路发展有限公司、重庆市高等级公路建设投资有限公司、重庆开发投资有限公司和重庆渝富公司。这八大投资集团由政府拥有,授权经营,通过市场化方式运作,成为重庆基础设施、城市建设等公共领域重大项目的重要投融资平台。

重庆"八大投"很重要的一个资金来源是和土地储备有关系的,它们是"八大投"的优质资产,成为获得银行贷款和市场融资的重要砝码。不过,重庆的土地储备却不是简单的卖地,不是简单依赖土地出让金的收入,而是通过组建国有公司的市场化运作,合理、高效、可持续地利用土地资源。

2002 年前,重庆主城区的许多土地掌握在开发商的手里,一些开发商囤积土地不开发,政府建设一些公益性项目,要从开发商手里买地。从 2002 年以后,重庆市政府出台了土地储备的相关条规,建立土地储备机构,专门推动土地储备。这个土地储备机构起到了"一个龙头放水、一个池子蓄水"的作用,对土地市场的规范管理是有很多好处的,同时也提高了政府调控能力,特别是在集团内部有"两个循环"。重庆市政府通过赋予"八大投"土地储备职能,建立了土地供给的"蓄水池"。

第一个循环是资金链上的循环,就是说,假如城投公司有 10000 亩土地,规划上让他储备了,他拿出部分资金,完成规划红线内的这些土地征地动迁、产权过户,使它成为信用资产,可以在银行抵押贷款。一亩地如果抵押了 50 万元,那么 10000 亩地就是 50 亿元,城投拿了这 50 亿元可以用于基础设施建设。这是一个循环,从储备到融资都搞项目。

第二个循环,土地储备了以后,要投入、开发,"七通一平",然后把这个土地通过市场转让给房地产开发商。这是一个土地升值的过程,也许你 50 万元一亩的地,转让的时候 200 万元一亩了,这就有一个额外的收入。这个收入,部分土地出让金要转给区县政府和市政府,部分资金用来抵扣基础设施中的各种投资,那么,转让土地以后的收入用来还银行,最终把银行的账平了。第一个循环是跟银行借钱,第二个循环是把银行的钱还了,这样就形成了良性循环。

为了防范金融风险,重庆市政府构建风险"防火墙",要求"八大投"必须做到"三个不"。第一,重庆市财政不直接为八大投资集团融资担保。比如"八大投"要借 100 亿元,重庆政府出张空头支票担保一下,那么"八大投"的风险全部变成了重庆政府的债务,现在重庆政府一般不为"八大投"担保,"八大投"之所以能在市场上融资,是因为它们自己的资本金和收入,以及各方面的平衡能够有这个信用去借到 300 亿元、500 亿元的钱,而不是靠政府的一纸担保来融资的。第二,八大投资集团之间互相不能担保。因为一互相担保,会掩盖矛盾,某个集团的情况很好,就会为别的集团做担保,等到一个集团出事,把八个集团都拉下水,这种"多米诺骨牌"效应要防范。哪个集团动不了了,政府高度关注,可以为哪个集团做平衡,把矛盾消解,不要等到几个集团一起下水了,才事后来解决问题。第三,因为投资集团中有些资金是中央给某些方面的专项资金,不能违反财务规定,在一个集团内,哪怕这个资金放在账上还有余,暂时还用不了,而别的项目可能资金很紧,也不能交叉混用。

2. 土地金融以抵押权为基础

土地金融以土地抵押为前提,以土地抵押物权的设立为开始,并以抵押权的注销(债权如期清偿时)或执行(债权不能清偿时)为结束。土地金融的基础就是抵押权。所谓抵押权就是抵押权人对抵押财产享有的优先受偿权,即债务人不能履行债务时,债权人拥有将其抵押财产折价或者以拍卖、变卖该财产并优先受偿的权利。

抵押物又具有以下主要特点:一是抵押权属于担保物权,因此,抵押权从属于债权而存在,其作用将随着债权的清偿而消失;二是抵押权担保的债权具有优先受偿权,即当同一债务有多项债权时,抵押权所担保的债权必须优先清偿;三是用益物权可设立抵押权,抵押标的除了完全物权外,用益物权如使用权也可设立抵押权。

3. 土地金融一般要实行证券化

一般来说,土地金融和其他金融一样,其负债大多为期限较短、流动性较强的短期负债,但其资产则具有期限较长、额度较大的特点,当该项信贷资产规模占银行信贷资产总量的比重达到一定比例(通常为 25%~30%),银行便可能面临资金的流动性风险。为了使这部分长期资产短期化,使资产具有流动性,有必要对土地抵押进行证券化。

土地证券化包括:一是土地本身或所有权(在我国为土地使用权)的证券化,就是将土地本身的价值或产权进行小额分割,并以证券的形式表示,使大额的不易流动的土地价值具有较好的流动性。二是土地债权证券化,就是将长期、大额度的抵押债权进行小额分割,以有价证券的形式,通过资本市场进行融资,使得长期的抵押贷款资产具有很好的流动性。

4. 土地金融具有较强的政策性

土地金融是受政府政策干预较强的金融部门。土地收购储备、城市规划、城市发展计划、产业政策等都对土地金融有诸多限制。

5. 土地金融业务成本较高,收益较好

一般来讲,土地贷款需通过借款人的资信调查、土地抵押物估价、土地抵押物保险、抵押权的设立到注销,在这一过程中需要和土地管理部门、产权登记机构、保险机构、评估机构等部门进行联系。中间的操作过程需要专业人员协作,如土地估价师、资信评估师、律师、会计师、经纪人等。因此,复杂的土地金融经营成本较高。同时,因为土地金融派生性较强,可带动一些中间业务的发展,产生极大的社会效益。

■ 专栏二:土地收购储备中的金融风险

我国的城市土地储备制度是指土地储备中心通过征收、收购、收回等方式,从分散的土地使用者手中集中收储土地,并由土地储备中心组织进行安置、拆迁、平整、市政建设等开发整理工作后,根据城市规划和城市土地出让年度计划,有计划地将土地投入市场的制度。2007年《土地储备管理办法》的颁布标志着土地储备制度在全国范围内得到确定。

土地储备在运作过程中需要大量的资金,一是用于收购土地;二是用于对储备土地进行必要的前期开发,使之具备供应条件。通常来讲,支撑土地储备的资金来源有三种:一为财政拨款,二为自有资金,三为银行贷款。实际操作中,由于财政拨款太少,自有资金的量也不大,因此银行贷款成了主要的资金来源。国土资源部土地整理中心2003年年底的一项调查发现,全国用于土地储备的资金中,70%以上依赖银行贷款。通过向银行贷款,土地储备机构实现了土地融资的功能,从而解决了地方政府想盘活存量土地,却苦于财力不足的问题。因此,土地储备制度从一开始就受到了地方政府的欢迎。

然而,土地融资存在信贷风险,并且在资金管理方面存在一些问题,因此也备受争议。首先,土地储备机构作为贷款单位,其自有资金和偿贷能力与贷款规模不匹配,银行贷款缺乏安全保障。土地储备机构的注册资本很低,往往只有几十万元,顶多几百万元甚至上千万元,而贷款动辄几亿元甚至数十亿元。其次,土地储备与房地产市场息息相关,银行当初之所以敢将巨额资金贷给土地储备机构,看中的是土地储备机构手中的土地,认为只要未来房地产市场良好,储备土地的抵押贷款无疑就是优良资产。然而,房地产市场风云变幻莫测,一旦陷入低迷尤其是地价暴跌,很有可能出现土地储备机构大量土地无法脱手的局面,届时,银行的贷款将很难收回。再者,对取得的贷款如何支配,界限比较模糊,贷款被地方政府挪作他用的情况比比皆是,如用来建设道路、桥梁、轨交等城市基础设施或补贴企业等。一些地方的土地储备机构,甚至成了地方政府从银行"套钱"的工具。

土地储备潜在的金融风险不可小觑。由于土地储备贷款规模很大,既涉及房地产市场,又涉及土地金融,一旦出现信贷危机,将严重危及相关地区的经济运行。

(三)土地金融的类型

1. 土地银行

土地银行分广义和狭义两种。广义的土地银行是指以经营土地金融资产和负债为对象的综合性、多功能的金融企业;它是以利用土地作为信用的保证和媒介而获得资金融通且兼顾其他商业银行职能的新型专业银行。首先,它具有一般企业的基本特征,它具有从事业务经营所需要的自有资本,依法经营,照章纳税,自负盈亏,与其他工商企业一样,以盈利为目的;其次,土地银行经营的是特殊商品——土地、货币和货币资本,经营内容包括土地货币的收付、借贷以及各种与货币活动有关的或与之相联系的金融服务。广义的土地银行经营的不仅有城市用地,而且还包括农村用地。德国、美国、日本和中国台湾等采用的是广义的土地银行模式。而狭义的土地银行则是指代表城市政府集中进行土地征购、整理、储备、供应和开发的专门机构,它是城市政府参与和调控土地市场的基本工具。由于它在土地资源配置和土地资产增值方面具有类似商业银行在金融市场中的地位和作用,且主要管理城市建设用地,因此称为城市土地银行。荷兰、瑞典、新加坡采用的是狭义的城市土地银行模式。

2. 土地基金

土地基金是基金的一种形式。关于基金,理论界有两种解释:一种是为兴办、维持或发展某种事业而储备的资金或专门拨款,指定用途、单独核算,例如:养老基金、人寿保险基金;另一种是由若干主体出资形成的有相对稳定的存在形式,专门用于投资目的,并取得投资收益,如:产业投资基金、证券投资基金。我国香港、澳门特区都设立了土地基金,并且在香港、澳门回归协议签署后,仍存在相当长的过渡时期(从联合声明签署到特区政府成立)。通过建立土地基金,将过渡时期土地增值收入的一半纳入土地基金,采用信托方式,由受托人管理,保护了尚未成立的特区政府的正当利益。同时,土地基金还起到解决土地收益分配的代际公平问题的作用,更好地促进了香港、澳门特区的持续发展。

第二节　土地收益来源与分配制度

一、土地收益来源

(一)地租收入

地租一般有狭义地租和广义地租之分。狭义地租,即真正的地租,是单纯为使用土地资源而支付的;而广义地租泛指业主把其所有的土地、房屋等租给他人利用所获得的报酬,其中包含单纯为使用土地资源而支付的真正地租即狭义地租,还包括附加的地上资本的折旧和利息等。广义地租的附加部分,不是为使用土地支付的真正地租,但由于土地所有权的垄断和土地价格因素的影响,实际上和真正的地租都构成为土地所有者的收入。收取地租是实现土地所有权收益的主要形式,是国家土地所有权在经济上的具体体现。在我国,主要通过国有土地租赁制或年租制、场地使用费来实现。

(1)年租金。国家按一定的租金标准与土地使用者签订土地使用权租赁合同,土地使用者每年按期交纳租金,承租期可以是几年,也可以是几十年。根据每年所交纳的地租金额是否固定,年租金分为年定额租金和年分成租金两种。年定额租金是土地使用者按租赁合同规定的金额,每年按期足额交纳;年分成租金是土地使用者在年终按租赁合同规定的比例将其一定份额的收入交纳的地租。

(2)三资企业场地使用费。它是我国土地有偿使用的最初成果之一。《中外合资企业法》等三资企业法规定外商投资企业用地有一定的年限,一般与外商投资企业经营年限一致,且须缴纳场地使用费,使用费按年缴纳。我们认定政府收取的场地使用费实质上是地租收入。

(二)地价收入

所谓地价可解释为土地预期纯收益的购买价格。土地只能通过它的利用产生收益——地租,才能产生土地价格。这就是马克思指出的"土地价格无非是出租土地的资本化的收入"。在我国土地公有制条件下,不存在土地所有权价格,土地征用虽使集体土地所有权发生转移,但它不是市场行为,征地补偿费仅是依据过去土地收益对现在和将来的损失所作出的适当补偿,仅是一种准价格。而土地出让金是国家将若干年的土地使用权批租给土地使用者,按一定的年租额一次性收取全部批租年限的地租折现值总和。地价收入也是国家土地所有权的经济实现形式。我国目前地价收入主要表现为国有土地使用权价格,有三种情形:

(1)存量建设用地的土地出让收入。即建设用地入市要缴纳的土地出让金收入,包括:政府控制的一级土地市场上出让土地使用权的出让金收入和政府批准的二级土地市场上划拨土地使用权转让时补交的土地出让金收入,以及续期土地出让金和合同改约补偿金等。

(2)土地国家股收益。在国有企业改制时,国家根据需要,可以将一定年限的国有土地使用权作价入股或作价出资,经评估作价后,界定为国家股,由国有股权持股单位统一持有。土地资产以这种方式进入现代企业制度时,各方按其入股企业资产的数量,分别占有相应的股权,承担相应的义务,获得相应的收益。这是地价收入的特殊形式,即国家的出让金收入转为国家股权收益。

(3)新增建设用地的土地出让收入。即新增建设用地入市要缴纳的土地出让金收入。

(三)地税收入

世界上任何国家无论其社会制度如何不同,都无一例外地要承担公共责任,而国家公共责任赖以实现的物质基础主要来自税收,税收是国家实现国民收入再分配的一个手段。《中国大百科全书》中税收的定义是:税收是国家政权为了行使其职能,保证国家机器的正常运转,通过法律规定的标准,强制地、无偿地取得财政收入的一种形式。土地税在此简称地税,是国家以土地作为课税对象而设立的一类税,也是国家凭借政治权力,依法强制、无偿、固定地取得的一部分国民收入。改革开放以来,我国的地税收入基本上形成了土地使用权取得、保有、流转为主要环节的土地税收体系。

(四)地费收入

"费"从词意上讲是花费、消耗。它在内涵上是一种补偿,表现为受社会公共机构规制服务等产品的补偿价格,同时又表现为补充国家财力的继补税。而在我国土地费是指根据政府文件规定的项目和标准,用地者在办理征(拨、使)用地手续时或办理土地登记和变更登记时应缴纳的各种费用。按照政府收费管理部门的分类方法,土地费可分为三类:

(1)行政、事业性收费。又可以分为:①为弥补人员经费不足的收费;②为筹集事业发展资金的收费,如农业重点开发建设资金、新菜地开发建设基金;③用经济手段强化土地管理的收费,如土地闲置费;④国家或政府作为土地所有者在经济实现形式上补充的收费,如土地收益金。

(2)服务性收费。又可分:工本补偿型,如土地证书工本费、建设用地批准书工本费;劳务补偿型,如土地登记费、土地权属和用途变更费。

(3)资源性收费。如耕地开垦费、土地复垦费等。

总之,从理论上讲,地租来源于产品价值的实现,是总利润中的一部分,是社会总分配中的第一个层次的分配(即初次分配);地价是资本化的地租,与一般商品的价格发生在纯粹交换领域不同,在交换的同时取得了分配的功能形式,也是社会总分配中第一个层次的分配。税收和土地费则是再分配,它们来源于土地收益的一部分,是社会总分配中的第二个层次。

专栏三:中国的土地财政问题

改革开放后至1994年分税制财政管理体制改革前,中国经济出现持续性的高速增长,国内生产总值年均增幅9.9%左右。然而经济高速发展的同时,国家财力却并未同步增长。根据中国统计年鉴数据分析,从1978年到1993年,我国的财政收入占GDP的比重从1978年的31.06%逐年下降到1993年的12.31%,年均下降1.17%;中央财政收入占全国财政收入的比重也由1985年的38.4%下降为1993年的22.0%。中央财政陷入了严重危机,中央政府面临前所未有的"弱中央"状态。中央财力的薄弱,很大程度上致使中央政府调控能力的弱化和宏观政策意图的难以贯彻实施,中央政府财权与事权严重不匹配。

1994年的分税制财政体制改革,解决了中央的财政窘境,增强了中央财政的转移支付能力。根据 2010 年中国统计年鉴,实施分税制后,地方政府的财政收入占整个财政收入的比重由 1993 年的 78.0％下降到 2009 年的 47.6％,中央政府的财政收入占整个财政收入的比重由 1993 年的 22.0％上升到 2009 年的 52.4％。另一方面,地方政府的财政支出占整个财政支出的比重从 1990 年至 2003 年始终在 70％左右波动,2003 年以后逐年攀升,至 2009 年则达到了 80％。实施分税制后,地方政府财权与事权的明显不对等迫使地方政府另辟财源。

由此,地方财政被经营城市"找补"钱袋子这种模式"绑架",土地收入成为地方政府财政收入的重要来源。由于这种以土地收入为中心的预算外财政有别于一般预算财政,完全由地方政府掌控,因此被称为"土地财政"。一方面,近年来,土地财政出现了愈演愈烈之势:1999 年至 2007 年间,土地出让面积增长了 5 倍,年均增长率 22.8％;同期,土地出让纯收益增长了 8.8 倍,年均增长率 31.3％,2007 年,土地成交价款达到了 2.7 万亿元。而在这些数字的背后,是高速城市化过程中建设用地的无序扩张、土地资源的肆意浪费和大量的强征强拆事件。另一方面,地方政府财权与事权的失衡也致使本来就非常薄弱的农村公共物品供给和公共服务进一步缺失、基础设施建设严重滞后,也部分导致了教育、医疗卫生、住房等都被推向市场,社会矛盾也进一步加剧。

据人民网 2014 年 4 月 15 日发布的《中国经济周刊》、中国经济研究院联合研究报告——"我国 23 个省份土地财政依赖度排名报告",认为"在中国23 省土地财政依赖度排名中,浙江省土地财政依赖度第一",文章列举的具体数据显示,从"承诺以土地出让收入偿还债务总额"的绝对值来看,总量排名依次为北京(3601 亿元)、浙江(2739 亿元)、上海(2222 亿元)、四川(2125亿元)、辽宁(1983 亿元)、湖北(1762 亿元)、广东(1670 亿元)、重庆(1659 亿元)、山东(1437 亿元)、天津(1401 亿元),其中浙江在总量上居第二位,比第一名的北京少约 900 亿元,比第三名的上海多出 500 多亿元,但从土地财政依赖度,即"土地偿债在政府负有偿还责任债务中占比"来看,浙江排名第一,达到 66.27％,即在政府负有偿还责任债务中 2/3 需要土地出让收入来偿债,远高于上海(44％)、江苏(37％)、广东(26％)的偿还占比,即使是 23 个省份中最少的也有 1/5 债务要靠卖地偿还。因此,土地财政成为全国性问题,特别是浙江省,无论是依赖土地财政偿还的债务总量,还是土地财政依赖度,浙江均居全国前列,需要引起高度重视。

二、土地收益分配制度

(一)土地收益分配制度的涵义

土地收益分配制度是土地所有者、使用者、管理者和其他利益主体对在土地利用、转移、管理过程中形成的土地收益的分配和再分配的制度安排,是在经济上实现土地权利的政策法律体系。土地收益分配制度是一个诸多利益主体博弈过程中形成的相对稳定的经济生态系统,通过租、价、税、费等经济手段起到调节各利益主体土地收益分配关系的作用。

(二)土地收益分配主体

地租、地价、地税、地费等作为土地收益分配的主要表现形式,如果从土地产权的角度来讲,地租、地价是土地所有权在经济上的实现形式,归土地所有者占有。而作为社会管理者的政府为了国家机器的正常运转,通过地税、地费等手段取得了土地权益。土地使用者因其开发利用土地,获得相应的土地资本的补偿和利息,作为对其土地投资的回报,体现"谁投资谁受益"的原则。这形成土地所有者、土地使用者和社会管理者三个土地收益分配主体。

以土地具体运作过程中的各个利益主体结合我国土地制度进行分类,国有土地收益分配主体分为中央政府、地方政府、企业或个人;集体土地收益分配主体为中央政府、地方政府、集体、企业或农民;集体土地转化成国有土地,主要以集体农地转化为国有建设为主,其土地益分配主体也分为中央政府、地方政府、集体、企业或农民。

(三)各主体间的土地收益分配

1. 国家与集体(农民)之间的土地收益分配

国家与集体(农民)之间的土地收益分配包含两个层次:第一个层次是由中国既定的土地所有权制度安排所决定的国家与集体之间的土地收益分配。《土地管理法》中明文规定,城市市区的土地属于国家所有;农村和城市郊区的土地(除由法律规定属于国家所有的以外)、宅基地和自留地、自留山属于集体所有。这一土地产权制度在阐明中国土地所有制二元结构的同时,也就界定了国家与集体获取土地收益的空间范围,即国家作为城市土地的所有者,有权获取城市土地的收益;众多的村民集体作为农村和城市郊区等土地的所有者,有权获取其所有权范围内的土地收益。第二个层次是指因建设而征收集体土地过程中由于土地所有权的转移所发生的国家与集体(农民)之间的土地收益分配。为满足建设需要,除存量国有土地外,政府还需要对集体土地进行征收。《中华人民共和国宪法》(以下简称《宪法》)以及《土地管理法》均规定,国家为了公共利益的需要,可以依法对土地实行征收或者征用并给予补偿。一方面,随着中国城市化进程的加快,由国家征收的集体土地范围不断扩大,1999 年年初至 2004 年,中国因建设占用而减少的耕地面积高达 1875.87 万亩,从而直接造成集体获取土地收益的面积在空间范围上的缩小。另一方面,在农地产权转移过程中,国家需要合理补偿给集体(农民)因土地被征收所造成的损失和作为机会成本所丧失的土地收益。2004 年新修订的《土地管理法》规定:"征收耕地的补偿费用包括土地补偿费、安置补助费以及地上附着物和青苗的补偿费。征收耕地的土地补偿费,为该耕地被征收前三年平均年产值的六至十倍。征收耕地的安置补助费,按照需要安置的农业人口数计算。需要安置的农业人口数,按照被征收的耕地数量除以征地前被征收单位平均每人占有耕地的数量计算。每一个需要安置的农业人口的安置补助费标准,为该耕地被征收前三年平均年产值的四至六倍。但是,每公顷被征收耕地的安置补助费,最高不得超过被征收前三年平均年产值的十五倍。"因此,在土地征收的过程中,需要就土地补偿和土地价值增值在国家与集体(农民)之间作合理分配。

2. 国家与城市土地使用者之间的土地收益分配

在我国,城市土地归国家所有,但并非由国家直接占有和支配所有的城市土地,根据《土地管理法》的有关规定,任何单位和个人进行建设需要使用土地的,可以依法申请使用国有土地。目前,国家与城市土地使用者之间的土地收益分配因土地用途和土地供应方式而异。对于公共目的用地,包括国家机关用地和军事用地、城市基础设施用地和公益事业用地、国家重点扶持的能源、交通、水利等基础设施用地以及法律、行政法规规定的其他用地,经县级以上人民政府依法批准,可以以划拨方式取得。因此,在土地划拨的情况下,国家作为土地所有者以放弃土地收益权的方式将潜在的土地收益让渡给土地使用者。对于非公共目的用地,包括工商业用地和别墅、公寓和商品房住宅用地,国家作为土地所有者,一般以土地租、税、费三种形式参与土地收益的分配。其中,地租是政府以国有土地所有者代表的身份直接获取的国有土地收益,土地税、费是政府依据政治权力间接参与土地使用者的土地收益分配、获取财政收入的形式。

3. 中央政府与地方政府的土地收益分配

虽然中国现行政权体制规定了中央政府是国家所有权的唯一代表,但在土地管理上,根据《土地管理法》及相关法律、法规的规定,中国实行的是土地分级管理体制,各级政府在土地管理上有明确的职责划分。中央政府的土地管理职能包括:(1)编制和执行全国土地利用总体规划和批准下级地方政府的土地利用总体规划;(2)对于国家建设占用耕地1000亩以上,其他土地2000亩以上,拥有批准权;(3)制定和实施土地使用权和国有土地有偿使用具体办法,中外合资经营企业、中外合作经营企业、外资企业使用土地的管理办法,以及大型水利、水电工程建设征用土地的补偿费标准和移民安置办法等。县以上地方政府的土地管理职能包括:(1)编制本行政区域内的土地利用总体规划,并报上级政府批准后执行;同时,上级政府也拥有批准下级政府土地利用总体规划的权限;(2)县政府对集体所有土地登记造册、核发证书、确认所有权;县级以上地方政府对国有、集体单位和个人依法使用的国有土地登记造册、核发证书、确认使用权;(3)处理本行政辖区的土地所有权和使用权争议;(4)在法律规定的批准权限内,对征用本行政辖区的土地拥有批准权;(5)依法拥有可制定本行政区域内乡(镇)村建设用地的控制指标,报上级政府批准执行的职能等。从中央与地方政府土地管理的职能划分可以看出,地方政府对行政区域内的土地利用、权属转移以及土地供给拥有实际而具体的管理权和控制权。这样,尽管中央政府作为国有土地所有者的唯一代表,理应行使国有土地的收益权,但考虑到地方事权与财权的匹配,在土地收益的征收和分配上向地方政府作了让渡,目前在国有土地有偿使用收入中,只有新增建设用地有偿使用费中央参与 30% 的分享,其他土地收益均归地方政府征收和所有。

4. 政府代际之间的土地收益分配

政府代际之间的土地收益分配是指不同届期政府之间的土地收益分配关系,其根源在于土地出让制下地租的预收性质。通常一届地方政府的任期不超过 5 年,而土地出让制下,政府一次性预收几十年的地租。《城镇国有土地使用权出让和转让暂行条例》规定,土地使用权出让最高年限为:(1)居住用地七十年;(2)工业用地五十年;(3)教育、科技、文化、卫生、体育用地五十年;(4)商业、旅游、娱乐用地四十年;(5)综合或者其他用地五十年。而土地供给的有限性决定了随着土地出让面积的不断扩大,可供出让的土地面积必然不断减少。如果缺乏均衡政府代际间土地收益分配的制度和机制,则会给后任政府的财政平衡带来风险。2006 年 12 月《国务院办公厅关于规范国有土地使用权出让收支管理的通知》(国办发〔2006〕100 号)规定:"为加强土地调控,由财政部门从缴入地方国库的土地出让收入中,划出一定比例资金,用于建立国有土地收益基金,实行分账核算,具体比例由省、自治区、直辖市及计划单列市人民政府确定,并报送财政部和国土资源部备案。国有土地收益基金主要用于土地收购储备。"至此,政府间土地收益分配平衡制度的构建有了初步进展。

第三节　土地金融市场及其管理

一、土地金融市场涵义和分类

土地金融市场是指以土地作抵押物向金融机构获得资金信贷的交易活动的总称。地产金融包括农地金融和市地金融,其业务主要是:以土地为抵押品,筹集融通资金,以达到对土地进行开发和利用的目的。土地金融一般以债券化的方式开展业务,具有债权可靠、利息率低、还贷期长、运作安全的特点。

(一)按业务划分,可分为一级市场和二级市场

1. 土地一级市场

土地一级市场,是土地资金初始的交易市场,是土地金融市场的基础部分,主要包括金融机构对土地资金需求者的各种信贷业务、地产证券的发行交易以及上述信贷和证券业务的附属金融业务,如政府机构、信托机构和保险机构等对地产信贷和证券发行的保证、保险和信托等交易活动。地产信贷业务种类繁多,按地产开发环节的不同可以分为土地开发贷款、建筑贷款等。地产信贷对象十分复杂,包括各级政府、房地产企业、工商企业和个人等。地产信贷资金主要运用在各项贷款、委托贷款、购买债券、缴存存款准备金、上缴税利等。为降低信贷风险,地产金融初级市场一般以抵押方式作为通常采用的信贷方式。除此以外,发行地产证券也是初级市场经常使用的信贷金融工具,主要用于

政府。有关金融机构和开发企业等筹集的房地产建设资金也属于其中一类。

2.土地二级市场

二级市场是土地信用的再交易再流通市场,是地产金融市场的核心部分。二级市场是为适应房地产信用资金的流动性,均衡各金融机构的存贷结构而产生的,通常为区域性市场,主要交易对象为土地证券交易。在初级市场上,金融机构贷出大量资金,为了满足新的资金需求者的要求,金融机构往往会对原有的土地信用进行再交易,把原来作为抵押的地产或债券售卖出去,取得资金,再向资金需求者放贷。对于土地债券的投资者来说,二级市场是他们出售土地债券的场所,可满足他们对资金流动性的需要。

(二)按市场交易方式,分为协议信用市场和公开市场

1.协议信用市场

协议信用市场是由供需双方直接面对,按自愿互利原则进行交易,交易价格由交易双方在借贷协议中议定,交易客户的范围是相对稳定的市场。

2.公开市场

公开市场以偿还期为标准,可分为货币市场和长期资本市场。(1)货币市场。货币市场即短期资金市场,指一年期以下的金融工具交易的场所。其主要功能在于:第一,能够为企业的资金短缺和政府的短期赤字实现弥补性融通,又能将它们的短期盈余迅速地进行投资;第二,货币市场将各银行融为一体,使各银行的存款能在全国信用市场上有效集合起来;第三,能调节大部分企业、家庭以及政府的临时性、周期性的盈余和赤字。(2)资本市场。资本市场又称长期资金市场,指一年以上的金融工具交易的场所,包括长期信贷市场和证券市场。

此外,根据土地金融业务的不同,土地金融市场还可以分为货币市场和实物市场。

二、我国土地金融的发展概况

新中国成立以来,我国的土地金融主要是伴随着整个房地产金融的成长而不断发展的。我国的银行也曾办理过城市居民住房抵押贷款业务。但是,在产品经济模式下,由于房地产的商品属性被否定,住房金融业务也因此而取消。

改革开放以来,不动产金融业获得新生。1982年国务院批准在常州、沙市、四平、郑州四市试行住宅补贴出售,为配合这一工作,中国人民银行对城市居民个人和少数企业单位首先试办了购建房存贷款业务(1984年工商银行从人民银行分设后,该业务划归工商银行)。1987年中国建设银行颁布了《住宅储蓄存款和住宅借款试行办法》,极大地推进了住房金融业的发展,但房屋建设尚属基本建设投资,因而该项业务仅限于城市居民个人,直至1987年国家计委、城乡建设部、国家统计局联合发出计资〔1987〕16号文件《关于加强商品房屋建设计划管理的暂行规定》,确认"商品房是指开发公司综合开发建成后出售的住宅和商业用房,以及其他的建筑物",并"作为指导性

计划进行管理"之后,房地产金融业才得到了更进一步的发展。1987年建设银行、工商银行就设立了房地产信贷部,蚌埠、烟台成立了住房储蓄银行。

进入20世纪90年代以后,不动产金融得到迅猛发展,很多银行推出了按揭业务,中国人民银行上海分行于1992年3月颁布的《房地产抵押贷款暂行办法》以及建设银行总行在1992年9月颁布的《职工住房抵押贷款暂行办法》可以说是我国现代不动产金融的萌芽。1997年4月30日中国人民银行《个人住房担保贷款管理试行办法》的颁布,使得我国终于有了一个规范不动产金融发展的部门规章。此后,我国以商业银行自营性住房信贷业务和委托性住房存贷款业务并存的不动产金融模式基本确立。

1998年以后,为了扩大内需,促进经济增长,中国人民银行先后出台了一系列鼓励不动产开发和消费的金融政策,包括:《关于加大住房信贷投入支持住房建设与消费的通知》《关于改进金融服务、支持国民经济发展的指导意见》以及《个人住房贷款管理办法》等文件。1999年,中国人民银行还下发了《关于开展个人消费信贷的指导意见》,鼓励商业银行提供包括不动产金融在内的全方位优质金融服务。当然,在大力推动我国不动产市场发展的同时,规范金融制度也得到了政府的高度重视。2001年6月中国人民银行发出《关于规范住房金融业务的通知》,2003年6月发出《关于进一步加强房地产信贷业务管理的通知》,2005年3月还对个人住房贷款的利率定价机制进行了市场化调整。这些政策不仅有效支持了我国不动产业的发展,也加强了相应的地产金融风险防范。

专栏四:浙江省土地抵押登记情况

1. 积极制定抵押登记政策

近年来为规范房地产抵押登记,解决企业融资困境,浙江省各地都出台了相关规定,对抵押登记作了一些突破性探索。2012年浙江省人民政府下发了《浙江省人民政府关于进一步规范房地产抵押登记工作的通知》(浙政发〔2012〕61号),解决省内各地房地产抵押登记部门不尽统一问题,规范登记管理工作。2013年为加强土地储备机构和政府融资平台公司的土地融资管理,省政府办公厅制定了《浙江省人民政府办公厅关于进一步加强政府土地融资管理的通知》(浙政办发〔2013〕97号)。2010年,杭州市制定了《杭州市区土地使用权抵押登记操作办法》(杭土资发〔2010〕21号)。2013年,根据国土资源部等三部委《土地储备管理办法》、国土资源部《关于规范土地登记的意见》(国土资发〔2012〕134号)、浙江省政府《关于进一步规范房地产抵押登记工作的通知》文件精神,杭州市又修订出台了《杭州市区建设用地使用权抵押登记若干规定》(杭土资发〔2013〕25号)(以下简称《规定》),对简化土地抵押登记办文环节,缓解企业发展中的资金短缺问题,规范土地使用权抵押登记环节,维护杭州市区的房地产信贷市场秩序起到了重要作用。

2. 依法开展企业间债权产生的土地抵押登记

根据最高人民法院和中国人民银行有关规定,企业之间的借贷违反金融法规,属于扰乱金融秩序,不得抵押登记。国土资源部关于规范土地登记的意见规定,经中国银行监督管理委员会批准取得《金融许可证》的金融机构,经省级人民政府主管部门批准设立的小额贷款公司等可以作为放贷人申请土地抵押登记。为支持企业发展,浙江省各级国土资源部门认真研究法律政策,积极开展企业间土地抵押登记,形成各种好的做法。杭州市《规定》明确,经批准取得《金融许可证》的金融机构、小额贷款公司和典当企业在其经营范围内从事借贷业务的,或担保公司为债务人向金融机构借款提供的担保而要求反担保的,可以申请建设用地使用权抵押登记。台州市办理抵押登记的抵押权人一般为银行、经商务部批准的典当行、经省政府主管部门批准的小额贷款公司。温州市出台《关于印发加强房地产等财产抵(质)押登记管理工作暂行办法的通知》(温政〔2011〕197号),规定抵押权人可以为接受房地产作为债务人履行债务担保(反担保)的金融机构,也可为自然人、非金融机构法人或者其他组织,如融资性担保公司、典当行、小额贷款公司等。

3. 土地抵押登记情况统计

截至2007年,浙江省共办理土地抵押登记87万件,2008—2014年办理土地抵押登记680287件,2009年抵押金额大幅上涨,此后逐年稳健上涨,累计抵押金额47353.18亿元,年度明细表如表11-1所示。

表 11-1　2008—2014 年浙江省土地抵押登记情况

年度	抵押登记数	抵押金额(亿元)
2008	81542	3971.36
2009	135388	6079.23
2010	123969	7908.30
2011	98321	8903.47
2012	98855	9790.63
2013	81667	10700.19
2014	60545	10842.00

三、我国土地金融存在的主要问题

整个房地产金融业的成长虽然也带动了土地金融的发展,但由于仍处于起步阶段,我国的土地金融尚存在不少问题。

1. 业务面窄、运作欠规范

目前,我国的土地金融业务仍是以土地抵押贷款为主,业务运作模式单一,且范围较窄,主要集中在土地和不动产开发领域。国际上通行的诸如土地信托基金、土地证券化等业务还处于萌芽阶段。土地金融业务的广度和深度都有待于进一步加强。不仅如此,在具体的土地金融活动中,还时常会出现包括土地使用权重复抵押、土地抵押价格偏低等不协调现象;而且有关土地金融的规范性制度和操作性办法都很不健全,亟待通过相应的制度改革和法律途径加以不断完善。

2. 资金渠道不畅、业务拓展滞后

土地金融制度的运行及其作用功能发挥的基础就在于有雄厚的资金支撑。目前,我国土地金融的资金来源相对单一,主要依靠银行信贷注入和政府财政支持。这无疑使得土地金融的资金实力大打折扣,难以满足土地市场交易和相关金融业务的需求。不仅如此,由于对政策性资金的依赖较强,土地金融的资金汇入渠道也经常会受到限制和阻碍。特别是在国家财政政策和信贷政策不断调整的过程中,土地金融资金的主要源泉就不可避免地会出现波动和阻碍,从而影响各项土地金融业务的正常开展。

3. 政策性业务与经营性业务混淆

一般地,根据金融业务的经营性质,土地金融也可以划分为政策性业务和经营性业务两大类。众所周知,这两者在经营目的、管理体制和收益分配等方面都存在着明显的差异。政策性土地金融业务主要是为贯彻国家或地方征地的土地政策、产业政策和分配政策等服务的,它决不能以盈利为目的。例如,为了鼓励一些基础性产业的发展,引导土地的节约、集约利用,政府可以在土地金融的支持方面提供一些优先条件或优惠待遇。这些对于土地金融制度的实施来看可能是不盈利的,甚至还会亏本。而对于一些商业性土地开发项目,相应的土地金融业务则应严格按照市场机制运行。事实上,按照我国现行的土地管理体制和土地使用制度,土地取得、使用上的"双轨制"仍然存在,土地金融支持的优惠与否往往在一些权利部门手中,因此混淆政策性和经营性土地金融业务的情形时有发生。

四、我国土地金融市场的建设与管理

土地金融运行机制的建立,奠定了土地金融制度建设的基础,在这个基础上国家应根据实际需要和可能,制定一系列关于土地金融的条例、法令、法规、法律等,从法制上规范土地抵押行为,保证土地金融的正常运行。同时,土地金融制度建设还涉及土地市场的完善和土地产权的明晰等一系列问题,主要内容包括以下几方面。

1. 土地金融制度建设宜循序渐进、试点推广

我国土地金融制度,是在社会主义公有制的基础上,借鉴发达国家经验建立的。开展土地金融活动,理论上无所遵循,实践上也有待创新,所以我国土地金融制度建设宜先试点后推广,切忌一步到位。尤其是土地债券的发行,存在很多困难,但并非不可想象,关键在于利用土地"自偿性"的特点,有利可得,就可以还本付息。由于我国现阶段市场发育尚未完全,价格尚未理顺,土地"自偿性"在大部分地区,特别是农村广大地区,还没有充分表现出来,则可以在具备条件的地区,如城镇房地产开发区、发达地区、某些开发性农业试验区等,先试点,条件成熟后再推广。

2.完善法制建设土地、房地产抵押法

目前,土地、房地产抵押在我国已开始走向实践,特别是房地产抵押已开始成为一种潮流。然而,我国还没有统一的抵押法,土地、房地产抵押仍缺乏法制保障和法律约束,不利于土地市场发育和土地转让。因此,尽快建立抵押法是我国面临的迫切任务,还应在土地、房地产交易、估价、保障等方面建立相应的法规,形成对市场主体和市场行为的硬约束体系。

3.建立新型的土地产权制度

土地抵押是对土地一定产权的抵押,如所有权、使用权等,这就要求有明晰的土地产权制度,否则不利于土地抵押的广泛开展,土地金融市场发育需要用地单位成为真正独立的经济实体。只有建立新型的产权制度,明确产权,形成彼此区别的利益主体,抵押贷款的双方才会有真正的金融行为。

4.建立和发展土地金融体系

证券市场的发展,尤其是土地证券市场的发育,将更好地促进抵押贷款的发展。保险业、信托咨询业的发展,各种土地估价机构的创建,也将有助于土地金融市场的健康发展。

第四节　不动产税收管理

一、土地税收

(一)土地税收的概念

土地税收是赋税的一种,指的是国家以土地为征税对象,凭借其政治权力从土地所有者或土地使用者手中无偿地、强制地、固定地取得部分土地收益的一种税收。土地税收是以土地或土地改良物的财产价值、财产收益或自然增值为征税对象所征收的赋税。

(二)土地税收的特点

1.土地税收是国家税收中最悠久的税种

在古代利用土地最主要的生产事业就是耕种。当时由于工商业还没发展起来。有收入而能成为税收对象的几乎只有农业,于是赋税就首先在农地上产生,农地征税是人类税制史上最古老的税种。

2.土地税收以土地制度为基础

在不同的社会制度下,因土地制度不同,土地税收的性质、征收方式和办法也不一样。一般来说,土地税的本质是财产税、收益税或所得税。所谓财产税,是指公民所有

的财产价值达到某一数额以上,政府就要依法征收其中的一部分作为公用,不论所有权人是否从利用这些财产中获得利益。因此,即使荒芜而未被利用的农地以及城市内未建筑的土地,只要法律规定,都要缴纳土地税。土地税的征收往往以宗地价格为依据,或者以能反映土地价值大小的其他指标为依据。

3. 土地税税源稳定

由于土地拥有位置固定和永续利用的特性,因此,土地作为征税客体,税源比较稳定。

4. 土地税收在特定情况下可以转嫁

就自己利用的宅基地和娱乐用地来说,如果征收土地税,是没有转嫁的可能的。但是对于许多生产用地,如矿业用地、农业用地、工商业用地以及用于出租房屋的基地等,它们所负担的土地税可能转嫁。土地税可以前转,如土地使用者在转让土地时,将未来要负担的赋税全部在地价中扣除,这样,出让者就把土地税一次性地转嫁给受让者。土地税也可以后转,如在出卖土地时通过提高卖价,把已支付的税收转嫁给购买土地者。土地税转嫁是一个客观存在的事实,国家在制定和执行土地税制时,应当认识到这一点并尽量加以避免,以便保证税收的中性原则。

(三)土地税收的功能

为促进土地政策和产业政策的推行,征收土地税是一项有利的手段。具体说,土地税具有抑制地价上涨、促进土地利用、调节土地收益分配、筹集公共设施建设资金等功效。

1. 抑制土地投机,确保公平

随着社会经济发展和人口不断增加,人类对土地的需求也日益增长。土地数量有限且又不可移动,以有限的土地供应去满足无限的需求,土地价格自然日趋高涨。由于土地的稀缺性,使土地市场一般呈现为卖方市场,这就为土地投机行为创造了契机。这些投机者对其拥有的土地待价而沽却不予使用。通过土地税可以抑制这种投机行为,促进土地资源的合理流动。不过,土地税收政策应当以抑制需求、增加供给为目标,对不同的用地需求应当区别对待。如,对公共设施用地的需求、普通住宅用地的需求一般不应抑制;而对工业用地的需求,特别是商业用地、娱乐用地需求,则要根据产业政策的需要,适当加以控制,特别是要抑制投机性用地需求。

2. 引导土地利用方向,促进土地资源合理利用

合理的土地税收能够引导土地利用方向,促进土地资源的合理利用。土地税收作为一种经济杠杆,通过土地税收政策的变化,实现引导土地利用方向的目的。如,对不同土地利用方向确定不同的税率;对不希望的土地利用方向课以重税,对希望的土地利用方向实行轻税或免税。征税的压力会促使土地经营者调整土地利用方向。而征收荒地税和空地税,会驱使土地占有者充分利用和节约土地。

3.调节土地收益分配,促进企业间公平竞争

由于土地是万物之本,无法自然增加,又是社会主要财富,所以人们拥有土地就是拥有财富的标志。土地分配是否合理,也就标志着社会分配制度是否公平合理。土地税的征收尤其是地价税、土地增值税,确实是实行土地制度改革、公平土地分配的途径之一。在征收土地税中实行差别税率,可以将一些地区或部门较高的级差地租收归国家,然后再以各种形式(扶贫、贷款、投资等)分配给需要特别支持的地区或部门以促进国民经济各地区或各部门间的平衡协调发展。

4.组织财政收入,筹集公共设施建设资金

土地税收是国家财政收入的重要保障,这是土地税收最古老、最基本的功能。土地为不动产,具有固定性和非移动性,难以隐秘,税源真实可靠。土地的无法自然增加扩大使土地价值日益上涨,对土地价值课征的地价税自然也随之每年增加。随着人类社会经济的飞速发展,所得税、流转税等税种在筹集财政收入方面的作用逐渐增强,并取代了土地税,土地税由国家的主要税收变成为地方政府税种,但其组织财政收入的作用仍然存在,这也是各国依然长期征收土地税的主要原因之一。它筹集的资金可以用来进行地方的公共事业建设。世界各国都十分重视土地税收的征管,甚至不惜为此进行大量的基础性工作。中国历来所进行的大规模的地籍调查,基本上都是为土地税征收服务的。

5.稳定经济运行,提供就业机会

农村人口就业的基础是土地,土地兼并垄断,必然迫使大批农业人口成为剩余劳动力,既造成贫富悬殊又给城市就业带来新的压力,形成一些新的社会问题。课征土地税可迫使土地投机者或其他土地使用者退出部分土地,增加农业人口就业机会,对稳定社会发展经济起到一定的积极作用,同时也促使土地使用者提高土地利用率和加强土地改良,达到促进生产发展的目的。

二、我国现行土地税收体系

目前,我国直接将房产和地产作为征税对象的税种,包括土地增值税、城镇土地使用税、耕地占用税、房产税、契税等,共有十余种税收。以下按 4 个税类分别加以简单介绍。

(一)所得税类

1.农业税

农业税是国家向一切从事农林牧渔生产取得收入的单位和个人征收的一种税。其课税对象是农业收入,包括粮食、棉花、麻类、烟叶、油料、糖料和园艺等作物的收入。虽然从其本质而言是一种收益税,并非真正的土地税,但是由于我国没有单独对农业土地征税,因此农业税实际上可以看作是农用土地税。农业税以常年产量作为计税依据,即用规定的税率乘以常年产量计算出应纳税额。新中国成立后,按照 1958 年实行的《农业税条例》规定,全国农业税平均税率为常年产量的 15.5%。不同地方税率有所区别。至 20 世纪 90 年代中期,部分地区开展了农村税费改革试验。而至 2004 年 4 月,财政部、农业部和国家税务总局颁布的《关于 2004 年降低农业税税率和在部分粮食主产区进行免征农业税改革试点有关问题的通知》中规定:"2004 年,为了调动粮食主产区农民粮食生产的积极性,吉林、黑龙江两省先行免征农业税改革试点,河北、内蒙古、辽宁、江苏、安徽、江西、山东、河南、湖北、湖南、四川等 11 个粮食主产省(自治区)农业税税率降低 3 个百分点,并主要用于鼓励粮食生产;其余省、自治区、直辖市农业税税率总体上降低 1 个百分点。农业税附加随正税同步降低。沿海及其他有条件的地区也可视地方财力情况进行免征农业税的改革试点。征收牧业税的地区,要按照免征农业税改革试点或农业税税率降低的幅度,同时将牧业税及附加负担水平降下来。"至 2005 年,进一步扩大了农业税免征范围,加大减征力度,确定免征农业税的省份增加至 18 个,加上 2004 年的 8 个省份,共计 26 省。2006 年 1 月 1 日起废止《农业税条例》。国家对农业税的改革有力地调动了农民生产的积极性,也提高了广大农民的收入水平,是一种与时俱进的税制改革措施。

2. 农业特产税

1993 年国务院颁布《关于对农林特产收入征收农业税的若干规定》,将农业特产收入从农业收入中分离出来,另行征收农业特产税,具体征税范围包括烟叶、林木产品、园艺产品、水产品、牲畜产品、食用菌和贵重食品等。税率由 8% 到 25% 分为六个档次。此种税收的本质仍然是农业税。因此,其随着农业税的改革而改革。2004 年 6 月,财政部和国家税务总局发布的《关于取消除烟叶外的农业特产税有关问题的通知》中规定:"从 2004 年起,对烟叶仍征收农业特产税。取消其他农业特产品的农业特产税,其中对征收农业税的地区,在农业税计税土地上生产的农业特产品,改征农业税,农业特产品的计税收入原则上参照粮食作物的计税收入确定,在非农业税计税土地上生产的农业特产品,不再改征农业税;对已免征农业税的地区,农业特产品不再改征农业税。对文到之日前已对非农业税计税土地上生产的农业特产品(烟叶除外,下同)征收的 2004 年度的农业特产税,退还纳税人;凡对农业税计税土地上生产的农业特产品已经改征农业税的,仍按农业税相关政策执行,如未改征农业税已征收农业特产税的,可抵顶改征的农业税,抵顶后多征的税款,退还纳税人。"

3. 牧业税

国家并未制定统一的征税办法,而是授权征收牧业税的省区根据农业税条例和民族区域自治法以及国家有关方针政策自行制定。征税范围包括骆驼、马、驴、骡、牛、羊等。对于在半农半牧区兼营农牧业的单位和个人,根据"征一不征二"原则进行征收。也就是说,如果牧业收入比重大,则征收农业税;如果农业收入比较大,则征收牧业税。由于牧业产品也是土地产品,因此牧业税本质也是农业税。这一点在上述 2004 年发布的条例中可以看出。

4.所得税中的土地税

该种土地税并非一个独立的税种或者税目,而是所得税的组成部分。其分为企业所得税和个人所得税中的土地税。其课税对象为纳税人每一纳税年度内房地产租金所得和转让房地产所得。前者因为是对企业征收,因此还要扣除"准予扣除项目"的金额。两者的税率分别为33%和20%。

(二)财产税类

1.城镇土地使用税

为了利用经济手段加强对土地的控制和管理,调节不同地区、不同地段之间的土地级差收入,促使城镇土地使用者节约用地,提高土地使用效益,国务院于1988年9月27日发布了《中华人民共和国城镇土地使用税暂行条例》,该条例自1988年11月1日起施行。城镇土地使用税是国家在城市、县城、建制镇和工矿区范围内,对使用土地的单位和个人,以其实际占用的土地面积为计税依据,按照规定的税额计算征收的一种税。有关城镇土地使用税的主要课征制度分述如下:

(1)纳税人

在国家规定的征税范围内使用土地的单位和个人为城镇土地使用税的纳税人。拥有土地使用权的纳税人不在土地所在地的,由代管人或实际使用人缴纳;土地使用权未确定或权属纠纷未解决的,由实际使用人纳税;土地使用权共有的,由共有各方按其实际使用土地面积占总面积的比例分别计算纳税。

(2)课税对象

城镇土地使用税的课税对象是城市(包括市区和郊区)、县城、建制镇和工矿区范围内的土地。

(3)计税依据

城镇土地使用税以纳税人实际占用的土地面积为计税依据。

(4)税率

城镇土地使用税采用分类分级的幅度定额税率,或称分等级幅度税率。具体地说,按城市大小分四个档次,每平方米的年幅度税额如表11-2所示。

表 11-2　城镇土地使用税税率　　　　　　　　　　单位:元

等级	每平方米年幅度税额
大城市	0.5～10
中等城市	0.4～8
小城市	0.3～6
县城、建制镇、工矿区	0.2～4

采用幅度税额并分等级的作法,主要是为了调节不同地区、地段之间的级差收入,

尽可能地平衡税负。把同类地区幅度税额的差距规定为 20 倍,这样选择余地较大,便于地方根据本地区情况确定适当的税额标准。此外,考虑到一些地区经济较为落后,需要适当降低税额,以及一些经济发达地区需要适当提高税额的情况,土地使用税暂行条例规定,经省、自治区、直辖市人民政府批准,可以适当降低税额,但降低幅度不得超过最低税额的 30%;经济发达地区适用税额可以适当提高,但需报经财政部批准。

(5)减免规定

对下列土地可免征城镇土地使用税:

①国家机关、人民团体、军队自用的土地;

②由国家财政部拨付事业经费的单位自用的土地;

③宗教寺庙、公园、名胜古迹自用的土地;

④市政街道、广场、绿化地带等公共用地;

⑤直接用于农林牧渔业的生产用地;

⑥经批准开山填海整治的土地和改造的废弃土地,从使用的月份起免缴土地使用税 5～10 年;

⑦由财政部另行规定的能源、交通、水利设施用地和其他用地。

2. 土地增值税

为了配合国家宏观经济,充分利用税收杠杆,合理调节土地级差收益,抑制土地投机,国务院于 1993 年 12 月 13 日正式颁布《中华人民共和国土地增值税暂行条例》,并于 1994 年 1 月 1 日起施行。土地增值税是对在中华人民共和国境内转让国有土地使用权、地上建筑物及其附着物所取得的增值额征收的一种税,兼有收益课税和资源课税的性质。

(1)纳税人

有偿转让国有土地使用权、地上建筑物及其他附着物(以下简称"转让房地产")并取得收入的单位和个人为土地增值税的纳税义务人。

(2)计税依据

土地增值税以转让房地产所取得的土地增值额为计税依据。土地增值额为纳税人转让房地产所取得的收入减除规定项目金额后的余额。

转让房地产的收入是指包括货币收入、实物收入和其他收入在内的全部收入。

允许扣除项目包括以下部分:

①取得土地使用权时所支付的金额;

②开发土地的成本、费用;

③新建房及配套设施的成本、费用,或者旧房及建筑物的评估价格;

④与转让房地产有关的税金;

⑤财政部规定的其他扣除项目。

(3)税率

土地增值税实行四级超率累进税率,具体规定如表 11-3。

表 11-3　新税制土地增值税征收标准表

级数	土地增值额超过扣除项目金额比例 （％）	税率 （％）
1	＜50	30
2	50～100	40
3	100～200	50
4	≥200	60

（4）减免规定

土地增值税有以下减免项目：

①纳税人建造普通标准住宅出售，其土地增值税额未超过扣除项目金额 20％的，予以免税；

②因国家建设需要依法征用、收回的房地产，予以免税；

③个人因工作调动等原因转让居住满一定年限的原自用住房，区别情况予以减免土地增值税；

④对 1994 年 1 月 1 日前签订开发及转让合同的房地产，区别不同情况给予宽限免税期。

3. 房产税

该税以城市、县城、建制镇和工矿区的房产为课税对象，是按照房屋计税价值和出租房屋的租金收入向产权所有人征收的。该税的税率一是按房产原值减除 10％到 30％后的余额计征，税率为 1.2％；二是按照房产出租的租金计征，税率为 12％。国家机关、人民团体、军队等自用住房、由国家财政部门拨付事业经费的单位的自用房屋、寺庙、公园、名胜古迹的自用房屋、个人所有的非营业性房屋等，均可免税。

4. 契税

契税是以所有权发生转移、变动的不动产为征税对象，向产权承受人征收的一种财产税。它属于财产转移税，由财产承受人缴纳。契税的具体征税范围包括国有土地使用权出让、土地使用权转让（包括出售、赠与和交换）、房屋买卖、房屋赠与和房屋交换。其税率实行幅度比例税率，幅度为 3％到 5％，具体执行税率由省、直辖市、自治区人民政府在规定的幅度内根据本地区实际情况确定。契税的计税依据按照土地、房屋交易的不同情况而确定。国有土地使用权出让、土地使用权出售和房屋买卖，计税依据为交易的成交价格；土地使用权赠与和房屋的赠与，由征税机关参照土地使用权出售、房屋买卖的市场价格核定；土地使用权交换和房屋交换，为所交换的土地使用权、房屋的价格差额。同时，国家机关、事业单位、社会团体、军事单位承受土地、房屋用于办公、教学、医疗、科研和军事设施的免征契税；城镇职工按规定第一次购买公有住房的免征契税；因不可抗力丧失住房而重新购买住房的酌情准予减征或免征契税；财政部规定的其他减征和免征项目可以免税。

(三)行为税类

1.耕地占用税

耕地占用税是国家对占用耕地建房或者从事其他非农业建设的单位和个人征收的一种税。我国人均耕地少、耕地后备资源严重不足。长期以来,我国城乡非农业建设乱占滥用耕地的情况相当严重。为了合理利用土地资源、加强土地管理、保护耕地,1987年4月1日国务院发布了《中华人民共和国耕地占用税暂行条例》,决定对建房或者从事其他非农业建设的单位和个人征收耕地占用税。2007年国务院公布最新修订的《中华人民共和国耕地占用税暂行条例》,于2008年1月1日正式施行。其课征制度主要是:

(1)纳税人

耕地占用税的纳税义务人,是在中华人民共和国境内占用耕地建房或者从事其他非农业建设的单位和个人。

(2)课税对象

耕地占用税的征税对象是占用耕地建房或者从事其他非农业建设的行为。这一行为必须同时具备以下两个条件,才构成耕地占用税征税对象:一是占用了耕地,二是建房或者从事非农业建设。耕地占用税征税范围包括国家所有和集体所有的耕地。

(3)计税依据

耕地占用税以纳税人实际占用的耕地面积为计税依据。

(4)税率

由于我国各地区之间经济发展水平不均衡,人口密度不同,各地区人均占有耕地数量悬殊,因此全国不能用一个固定税率征税,必须根据不同地区人均占有耕地数量和经济发展状况规定不同的税率,即实行地区差别税率。税法规定的税率分为4个级别,如表11-4所示。

表11-4　按人均耕地面积征收的耕地占用税额标准(以县为单位)

级数	人均耕地(亩)	每平方米幅度税额(元)
1	≤1	10~50
2	1~2	8~40
3	2~3	6~30
4	>3	5~25

国务院财政、税务主管部门根据人均耕地面积和经济发展情况确定各省、自治区、直辖市的平均税额。各地适用税额,由省、自治区、直辖市人民政府在级1规定的税额幅度内,根据本地区情况核定。各省、自治区、直辖市人民政府核定的适用税额的平均水平,不得低于级2规定的平均税额。经济特区、经济技术开发区和经济发达且人均耕地特别少的地区,适用税额可以适当提高,但是提高的部分最高不得超过级3规定

的当地适用税额的 50%。占用基本农田的,适用税额应当在当地适用税额的基础上提高 50%。

(5)减免规定

耕地占用税的减免主要有以下三种情况:

①特殊占地免税;

②纳税困难户照顾减免税;

③特殊户和农村居民建房用地减免税。

2. 城市维护建设税

该税是一种具有受益性质的行为税,它随消费税、增值税和营业税而附征,税款专用于城市公用事业和公共设施的维护与建设。纳税人所在地为城市的税率为 7%;纳税人所在地为县城和建制镇的税率为 5%;纳税人所在地不在城市市区、县城和建制镇的税率为 1%。

3. 印花税

该税是对于经济活动、经济交往中书立、领受凭证的行为而征税,包括房屋产权证、土地使用证、房地产租赁合同等。印花税实行比例税率或者额定税率,比例税率分为五个档次:千分之一、万分之五、万分之三、万分之零点五和万分之零点三。定额税率适用于无法计算金额的凭证或计税依据明显不合理的凭证。

(四)流转税类

属于流转税类的是营业税。主要指的是转让土地使用权、销售不动产所缴纳的这部分营业税。《中华人民共和国营业税暂行条例》中规定,在中国境内有偿销售不动产,必须缴纳营业税。纳税人是销售不动产的单位和个人,税率为 5%。纳税人转让土地使用权或者销售不动产,采用预收款项的方式。纳税人转让土地使用权,应当向土地所在地主管税务机关申报纳税。纳税人销售不动产,应当向不动产所在地主管机关申报纳税。

三、我国土地税收的改革方向

(一)我国现行土地税收存在的问题

我国土地税收在筹集财政收入和调节社会经济等方面发挥了一定的作用,但是其缺陷仍然明显存在,主要表现在以下几个方面:

(1)现行土地税收体系部分税种的课征违背了公平原则。比如,内资企业缴纳房产税和城镇土地使用税、外资企业缴纳城市房地产税,且仅就房产纳税,地产不需纳税,其税收负担低于内资企业。又如,我国的房产税和城镇土地使用税的课税范围均为城市、县城、建制镇和工矿区,而处在这些区域之外的房产和土地则不需纳税。目前,许多企业都坐落于房产税和城镇土地使用税课税范围之外的区域,其与坐落于城镇的企业在对公共品的享受方面并没有本质区别,却不需承担房产税和城镇土地使用税的纳税义务,尤其在城镇与非城镇的交界处,一些地方同一条街道两侧的企业,一侧要纳税,而几米之外的另一侧的企业则不需纳税,更加彰显了房产税和城镇土地使用税课税范围规定的失当。

(2)现行土地税收体系中部分税种的调节欠合理。如土地增值税的计税依据过窄、名义税率过高;房产税的课税范围过窄且免税范围过宽、自用房产的计税依据及税率失当等。

(3)现行房地产税收体系中部分税种的配合失当。如房产税与城镇土地使用税存在重复课税、土地增值税与企业所得税存在重复课税等。

(4)土地税、费、租混杂。我国土地属国家和集体所有,基本上是租、税、费合一,但是实践中存在许多不合理现象。其一,以税代租。以税代租极易形成土地部门、企业甚至个人所有制观念,大大增加了税务部门的工作量,甚至造成征管失控。其二,以费代税。如《城市房地产管理法》第二十五条规定的"超过合同的约定动工开发日期满1年未动工者,将征收相当于土地使用权出让费20%以下的土地闲置费"。显然这里的"土地闲置费"并非因提供相关服务而产生,也无需给予补偿,是一种典型的惩罚行为税,而不是费。其三,以费代租。我国向外企征收的土地使用费,是土地使用者为取得某块土地一定时期内的使用权而向土地所有者支付的货币,其实质是地租。其四,税低费高。据估算我国土地税收约占房地产开发总成本的10%,而各种收费却占总成本的20%以上。而国外与土地开发有关的费用仅占房地产价值的2%左右。可以说,目前我国的土地收费状况对开放和繁荣我国房地产市场产生了极大的阻碍。这些收费侵蚀了税法所能赋予的财政收入权利,削弱了财政收入能力。

(5)其他。对比国外的地产、房产相关税收体系可以看出,我国的土地税收在税种、征管等方面还存在一定的不足之处。如没有将土地和房屋当作个人或企业财产,没有考虑房屋在遗产继承中的问题,没有考虑土地的充分、合理利用等。

(二)我国土地税收改革的思路

土地税收体系调整与完善的思路是"转税、正税、完税"。转税,就是把不属于税范畴的租与费还其本来面目,主要体现在"还税于租、还税于费",从而消除税越位、错位的情况。正税,就是调整不合理的税率、税目及减免办法,合并、停征一些与土地有关的税种。完税,就是完善现有土地税种,设立一些新税种。根据土地税收调整与完善的思路,从取得、保有、流转三个方面,对现行土地税收体系进行调整与完善。

1.土地取得阶段严控土地供给量

土地取得是土地开发利用三阶段的最初阶段,也是关键的阶段,这一环节至关重要,必须从严控制土地供给量才能遏制土地开发中乱批乱建的势头,也只有这样才能真正从源头做到对土地资源的保护工作。目前我国土地取得阶段中所实行的土地税种主要是耕地占用税,这种课税方式的好处是简便易行、一次结清,但是其中也存在某些弊端:例如这种方法只能考虑到占用土地所在地区的人均耕地数量,并没有将土经济价值、投入到土地中的人力和物力价值考虑在内。要改革现行土地取得阶段的税制就要将仅仅对耕地征税的方法改变为对所有农地进行课税；要以土地评估价格作为税收基础，并将区位好坏和土地质量的优劣对土地价值的影响也考虑在内；采用能够反映地区差别的税率，同时根据土地质量优劣高低来设置税率，土地质量越高税率也就越高；关于税收收益的分配，应当本着调动地方政府的征税积极性为宗旨，按照中央为主、地方为辅的原则实施按比例共享。

2.土地保有阶段提高土地利用率

当前我国土地保有阶段税收种类明显少于土地流转阶段征收的土地税收种类。目前我国土地流转阶段征收的土地税费种类包括 8 种，而土地保有阶段征收的土地税只包括 2 种，分别是房产税和城镇土地使用税。不仅数量上土地保有阶段的税收负担小，而且税款数额也明显少于土地流转阶段中的税收数额。由此产生的直接后果便是开发商在取得土地之后的"批而不建"的土地浪费现象泛滥。这种情况迫切要求相关部门尽快出台有效措施加大对农村土地抛荒及城市闲置土地等现象的惩治力度，促进整个社会向逐步降低群众对于建设用地的占有量或消费量的需求，提高土地节约利用水平的方向努力。不可否认，房产税和城镇土地使用税在其设置的初期及之后的很长一段时期都充分显示了其优越性，但是随着我国土地利用状况的不断改变，土地税收制度在执行的过程中逐渐出现一些亟待解决的问题，这两种税不同程度地暴露出诸如课税范围较窄、计税依据欠缺科学性、税率偏低等弊端。实践中由于城镇土地使用税和房产税的税率过低造成"重流转、轻保有"的趋势，致使房地产开发商大肆囤地，待价而沽，出现大量房屋闲置，而中低收入家庭却面临买不起房的尴尬局面。长此以往，我国房地产市场乃至整个国民经济都会受到重创。基于此，土地保有阶段税收制度的改革应当朝着提高土地使用效率的方向前进，通过开征物业税和土地闲置税达到优化土地及房屋资源配置，让更多的房屋和土地进入流通领域，加大供给量，保证房地产经济健康有序地发展。

3.土地流转阶段促进土地优化配置

我国实行土地国家所有制，但是为了更好地提高土地利用水平，优化土地资源配置，政府应当鼓励土地流转。现阶段我国实行的土地流转已经出现税收负担过重、课税方法繁杂以及征管效果不佳等问题。当前，在我国境内政府在土地流转阶段开征的税费多达 8 种，分别是土地增值税、营业税、个人所得税、企业所得税、契税、印花税、城市维护建设税、教育附加税等。除此之外，受"土地财政"的影响，各级地方政府还会不定期向土地买卖双方征收各种附加费。不得不承认如此庞大的土地交易成本确实使得开发商和百姓苦不堪言，怨声载道。针对这些问题，政府应当从改革土地税收制度着手，本着减轻税收负担、降低课税方法的复杂程度以及强化税收征管力度的精神开始进行改革。

在统筹城乡发展，加快城镇化建设的大背景下，国有建设用地随着时间的推移供应量会逐渐减少，在一个较长时期内，农村集体建设用地通过征用转变为国有建设用地是一个必然趋势。目前,与农村集体建设用地流转相关方面的税收制度设计尚处于空白状态,只有少量的费用存在。地方政府应当根据《中共中央关于推进农村改革发展若干重大问题决定》的精神和宗旨,在国家没有出台统一的制度和规则的情形下,结合各地实际情况,探索符合当地实际需要的农村土地流转方式,设置符合农村土地流转方式和扭转土地财政的要求,建立健全农村集体土地流转的相关税收体系,充分发挥农村土地流转的示范、引导作用。

参考文献

[1] 韩树杰.我国土地收益分配对国民经济的影响实证研究[D].北京:中国社会科学院研究生院,2014.

[2] 童建军.我国土地收益分配机制研究[D].南京:南京农业大学,2003.

[3] 张立彦.中国政府土地收益制度研究[M].北京:中国财政经济出版社,2010.

[4] 苏迅.国土资源资产与市场[M].北京:中国大地出版社,2004.

[5] 谭术魁.中国城市土地市场化经营研究[M].北京:中国经济出版社,2001.

[6] 高向军.土地经济学教程[M].北京:中共中央党校出版社,2005.

[7] 黄贤金,张安录.土地经济学[M].北京:中国农业大学出版社,2008.

[8] 周诚.土地经济学原理[M].北京:商务印书馆,2003.

[9] (英)哈维,等.城市土地经济学[M].夏业良,译.福州:福建人民出版社,2012.

[10] 刘书楷,曲福田.土地经济学[M].北京:中国农业出版社,2004.

[11] 黄贤金,严金明.土地经济研究[M].南京:南京大学出版社,2014.

[12] 毕宝德.不动产经济研究[M].北京:中国经济出版社,2013.

[13] 路春城,张莉.论土地税在土地资源管理中的作用及其完善[J].国土资源情报,2006(2):35-41.

[14] 许合进.我国土地税立法的完善[J].税务研究,2000(1):71-74.

[15] 叶剑平.土地科学导论[M].北京:中国人民大学出版社.2005.

[16] 毕继业,朱道林,邹晓云.政府内部土地收益分配的博弈分析[J].中国土地科学,2003(2):3-7.

[17] 张平军.浅析土地价格问题与土地税收问题[J].甘肃农业,2012(2):55-56,58.

[18] 高瞩.浙江省土地抵押登记状况及思考[J].浙江国土资源,2014(8):34-36.

[19] 黄小虎.从土地财政与土地金融分析中国土地制度走向[J].上海国土资源,2012(2):5-10.

[20] 梁萍.基于国外先进经验构建我国土地税收制度[J].行政事业资产与财务,2011(12):7-8.

[21] 夏方舟,严金明.土地储备、入市影响与集体建设用地未来路径[J].改革,2015(3):48-55.

第三篇　矿产资源管理

第十二章　地质勘查管理

第一节　矿产资源规划管理

矿产资源规划是国家规划体系的重要专项规划,是落实国家矿产资源战略、加强和改善矿产资源宏观调控的重要手段,是依法审批和监督管理地质勘查、矿产资源开发利用和保护活动的重要依据。矿产资源规划管理包括矿产资源规划的编制与实施两个基本环节。

一、矿产资源规划的涵义和法律依据

(一)矿产资源规划的涵义

矿产资源规划是指根据矿产资源禀赋条件、勘查开发利用现状和一定时期内国民经济和社会发展对矿产资源的需求,对地质勘查、矿产资源开发利用和保护等作出的总量、结构、布局和时序安排。

(二)矿产资源规划的目的和作用

我国对矿产资源实行统一规划的目的:一是为了维护矿产资源国家所有权益,加强国家对矿产资源勘查、开发利用的宏观调控,促进矿产资源的优化配置;二是协调长远与当前、国内与国外、中央与地方、地方与地方之间对矿产资源的需求;三是保护与合理利用矿产资源,保护生态环境,促进经济社会持续健康发展。

矿产资源规划的作用:矿产资源规划是各级人民政府依法管理和保护矿产资源的指导性文件,其主要规划目标纳入同级国民经济和社会发展规划中执行。矿产资源规划是各级政府调控矿产资源勘查开发活动的重要手段,是国土资源主管部门依法审批探矿权采矿权、对矿产资源勘查开发与保护等进行监督管理的依据,是维护探矿权采矿权市场规范运行、充分发挥市场配置资源决定性作用的前提条件。矿产资源规划在整个矿产资源管理工作中具有统揽全局的"龙头"作用。

(三)矿产资源规划的法律依据

根据《矿产资源法》第七条的规定,国家对矿产资源的勘查、开发实行统一规划、合理布局、综合勘查、合理开采和综合利用的方针。矿产资源规划的法律依据主要有《矿产资源法》《矿产资源法实施细则》《浙江省矿产资源管理条例》《矿产资源规划编制实施办法》(国土资源部令第 55 号)等法律、法规和规章。

二、矿产资源规划体系

(一)矿产资源规划体系构成

矿产资源规划按行政层级可分为国家级规划、省级规划、市(设区市)级规划和县级规划等四级;按规划对象和功能类别可分为总体规划、专项规划和区域规划。其中,下级规划编制要以上级规划为依据,专项规划和区域规划的编制要以总体规划为依据。

全省矿产资源规划体系由省、市、县三级规划构成,省级规划又分为总体规划和专项规划。浙江省第一轮矿产资源规划工作始于 1999 年,到 2002 年年底,省、市、县三级矿产资源规划编制和审批工作在全国率先完成,从而建立了全省矿产资源规划体系。

(二)各类矿产资源规划的定位

不同等级(或类型)的矿产资源规划,具有不同的定位要求。

矿产资源总体规划是以某一行政区内的矿产资源调查评价与勘查、矿产资源开发利用与保护、矿山生态环境的保护与治理等全部活动为对象编制的规划;矿产资源专项规划是以矿产资源调查评价与勘查、矿产资源开发利用与保护、矿山生态环境的保护与治理等特定领域或特定矿种为对象编制的规划,是对总体规划在特定领域或矿产的延伸和细化;矿产资源区域规划是以特定区域内的全部或重要矿产资源勘查、开发利用活动为对象编制的规划,是总体规划在特定区域的进一步细化和落实。

市级矿产资源规划在全省矿产资源规划体系中起承上启下的作用,既要将省级规划的目标、任务分解落实到县(市),又要对县级规划提出指导性意见与约束性要求。县级矿产资源规划是矿产资源规划体系的基层单元,既要对上级规划涉及本行政区的目标、任务进行落实,又要结合本地实际,对矿产资源勘查、开发利用与保护、矿山生态(地质)环境保护与治理等进行统筹安排,确保规划目标任务、空间布局和管理措施等全面落地。

三、矿产资源规划的编制与审批

(一)规划编制与审批主体

《浙江省矿产资源管理条例》第十条规定,省人民政府应当根据上一级矿产资源总体规划组织编制本省的矿产资源总体规划,报国务院地质矿产主管部门批准后实施。市(地)人民政府根据上一级矿产资源总体规划组织编制本行政区域矿产资源总体规划,报省人民政府批准后实施。《浙江省人民政府办公厅关于公布取消和调整行政审批事项目录的通知》(浙政办发〔2014〕138号)规定,县级矿产资源规划审批由设区市人民政府执行;县级矿产资源专项规划由设区市国土资源部门执行。

《浙江省矿产资源管理条例》第十一条规定,省地质矿产主管部门根据上一级矿产资源总体规划组织编制本省的矿产资源专项规划,经省人民政府同意后,报国务院地质矿产主管部门批准后实施。市(地)、县级地质矿产主管部门根据上一级矿产资源总体规划组织编制本行政区域的矿产资源专项规划,经本级人民政府同意后,逐级上报省地质矿产主管部门批准后实施。

(二)规划编制工作的一般程序

规划编制工作的一般程序如下:(1)建立规划编制组织机构。包括成立规划编制工作领导小组及其办公室,落实规划编制单位并组建规划编制项目组,制定规划编制工作方案等;(2)搜集资料与调查研究。全面搜集各方面、多部门的现有资料,对重点问题和重点地区开展实地调查,进行资料整理和综合分析,在此基础上编写完成规划调研报告;(3)编制规划文本。在调研报告的基础上,起草规划编写提纲,报规划领导小组审定后再行编写规划文本,同时编制配套的规划附表和图件等,形成规划草案;(4)广泛征求意见。书面征求和会议咨询等相结合,分层次广泛征求各级政府及相关部门、专家、矿山企业等方面的意见,修改形成规划送审稿;(5)召开论证会和听证会。组织各方面专家、政府有关部门召开规划论证会,按有关规定要求,召开规划听证会,修改形成规划报批稿;(6)上报审批。按规定要求上报审批。

(三)规划报批要求

市级矿产资源总体规划由市人民政府行文,报省人民政府审批;根据《浙江省人民政府办公厅关于公布取消和调整行政审批事项目录的通知》,县级矿产资源规划由县级人民政府行文,报设区市人民政府审批。

规划报批时,应当提交下列材料:(1)市级(或县级)人民政府报批文件;(2)规划文本(含附表、附图);(3)规划编制说明;(4)规划调研报告;(5)规划成果有关电子文档;(6)其他有关材料。

四、矿产资源规划的分区管理制度

《浙江省矿产资源管理条例》第九条第三款规定,矿产资源规划应当划定本行政区域的规划禁采区、规划限采区和规划开采区的具体范围,并予以公告。

规划分区遵循法律法规、产业政策和上级规划,并与相关规划衔接的原则;遵循成矿地质规律的原则;遵循保护生态环境和节约集约利用资源的原则;遵循资源分布与行政区域划分相结合的原则;遵循合理继承和依法管理的原则。

(一)规划禁采区

规划禁采区是指在规划期内根据相关法律法规、国家产业政策、经济社会发展及资源环境保护的要求或国家特殊需要等,受经济、技术、安全、环境等多种因素的制约,禁止进行矿产资源开采的区域或地段。规划禁采区主要包括自然保护区、风景名胜区、饮用水水源保护区、森林公园、地质公园、地质(矿业)遗迹保护区、旅游度假区、历史文物和名胜古迹所在地、军事要地、城镇规划区等国家和地方规定不得开采矿产资源的一定范围。禁采地段包括公路、铁路、航道及其他线型设施两侧一定距离以内国家和地方规定不得开采矿产资源的范围。规划禁采区(包括禁采地段)内不得新设立矿山,已有矿山应到期或提前实现关闭,同时落实关闭矿山的生态环境治理任务、要求和措施。

(二)规划开采区

规划开采区是指有查明资源储量的矿产地,并有一定的开发前景且经济技术条件较好;矿产品有稳定的市场需求,已形成规模开采或具备规模开发的基础;资源开发对自然生态环境影响较小,或虽有影响但开采后易于治理的区域。规划开采区应当进一步科学规划,科学地确定开采区内矿山的布局、数量和开采规模等,实现规模化开采和资源节约集约利用。

(三)规划限采区

规划限采区是指在规划期内根据国家产业政策、经济社会发展及资源环境保护的要求或国家特殊需要等,受经济、技术、安全、环境等多种因素的制约,对矿产资源开发利用活动实行一定限制的区域。规划限采区应当最大限度地减少矿山数量,降低开采强度和对生态环境的破坏程度。

五、矿产资源规划实施管理

矿产资源规划一经批准,必须严格执行。矿产资源规划实施管理实行规划年度实施制度、矿业权设置规划审查制度、规划实施监督检查制度和规划调整制度等。

(一)规划年度实施制度

各级国土资源主管部门应当建立矿产资源规划年度实施制度,对下列事项作出年度实施安排:对实行总量控制的矿种,提出年度调控要求和计划安排;对优化矿产资源开发利用布局和结构,提出调整措施和年度指标;引导探矿权合理设置,对重要矿种的采矿权投放作出年度安排;对本级财政出资安排的地质勘查、矿产资源开发利用和保护、矿山地质环境保护与治理恢复、矿区土地复垦等工作,提出支持重点和年度指标。

(二)矿业权设置规划审查制度

各级国土资源主管部门应当依据矿产资源规划引导商业性矿产资源勘查,在审批探矿权申请时对下列内容进行审查:是否符合矿产资源规划确定的矿种调控方向;是否符合矿产资源规划分区要求,有利于促进整装勘查、综合勘查、综合评价。

在审批登记采矿权时,应当依据矿产资源规划对下列内容进行审查:是否符合矿产资源规划确定的矿种调控方向;是否符合矿产资源规划分区要求,有利于开采布局的优化调整;是否符合矿产资源规划确定的矿山数量控制、最低开采规模、节约与综合利用、资源保护、环境保护等条件和要求。

不符合矿产资源规划要求的,不得同意探矿权、采矿权申请,不得审批、颁发勘查许可证和采矿许可证。

(三)规划实施监督检查制度

各级国土资源主管部门应当加强对规划执行情况的监督检查,重点包括矿山数量是否按规划得到控制、矿业权设置是否符合规划要求、布局结构是否按规划优化调整,以及矿山生态(地质)环境治理恢复和土地复垦目标任务是否如期完成等。及时向同级人民政府和上级国土资源主管部门报告规划执行情况监督检查结果。

(四)规划调整制度

根据《矿产资源规划编制实施办法》相关规定,结合浙江实际,明确矿产资源规划在实施过程中遇下列情况可以进行调整:地质勘查有重大发现的;市场条件、技术条件等发生重大变化的;产业政策或基础设施建设布局调整的;相关规划调整的;其他需要调整的情况。

矿产资源规划调整涉及其他主管部门的,应当征求其他主管部门的意见。调整矿产资源规划,应当由原编制机关向原批准机关提交下列材料,经原批准机关同意后进行:调整矿产资源规划的理由及论证材料;调整矿产资源规划的方案、内容说明和相关图件;上级国土资源主管部门规定应当提交的其他材料。

第二节　地质勘查管理

地质勘查工作是经济社会发展重要的先行性、基础性工作,贯穿于经济建设发展的全过程,服务于经济社会的各个方面。切实加强地质勘查工作,对于增强矿产资源保障能力和社会服务功能,充分发挥国土资源的经济效益、环境效益和社会效益,促进经济可持续发展和社会全面进步具有十分重要的作用。

一、地质勘查工作分类

在社会主义市场经济体制下,地质工作依据其经济属性的不同,划分为公益性地质勘查工作和商业性地质勘查工作。

(一)公益性地质勘查工作

公益性地质勘查属于非营利性的地质勘查活动,由国家公共财政出资,向社会公众提供地质公共信息产品和服务,其成果使用不具有排他性。

公益性地质勘查工作是一项面向各级政府、公众的工作,是地质工作的重要组成部分。其主要任务是:运用现代地学理论和技术方法,进行系统的地质调查和分析研究工作,通过各种比例尺的单一专业或多专业、多学科的综合调查方法,阐明调查区内的基础地质、矿产地质、水文地质、工程地质、环境地质、遥感地质、地球物理、地球化学等基本特征及其相互关系,研究成矿地质条件和区域分布规律,研究地质环境演变规律,研究地壳稳定性等,为农业、交通、城建、水利等部门的基础设施规划服务,为协调资源与环境的关系提供决策服务,为商业性地质勘查提供基础资料。

中央和省人民政府负责全省性、跨区域1:5万以及小比例尺的基础地质和环境地质综合调查,重要(优势)矿产资源调查和潜力评价,基础地质问题专项调查等;市(设区市)、县人民政府主要负责为本行政区经济社会发展服务的环境地质、灾害地质调查和优势矿产资源调查评价。

(二)商业性地质勘查工作

商业性地质勘查属于营利性的勘查活动,由社会投资人出资,以追求经济效益为目的,勘查成果由投资者依法自行处置,取得投资回报。商业性地质勘查以市场为导向,在国家规划和政策指导下,投资者自主选择勘查区域和勘查矿种,进行风险勘查,探求资源储量。

按照建立政府与企业合理分工、相互促进的地质勘查体系的要求,商业性地质勘查的主体应是企业。当前,为缓解我国矿产资源供应瓶颈,在当前商业性地质勘查市场尚不发育的情况下,对勘查风险大的能源和其他重要矿产资源,国家仍采取扶持政策,通过适当加大前期勘查力度,为投资者提供更多的找矿信息,以减少投资风险,从而推动商业性地质勘查市场发展。

二、地质勘查成果管理

地质勘查成果的管理及收益分配按不同情况处理:使用中央财政和省级财政资金形成的公益性地质成果资料无偿提供社会使用;使用中央财政和地方财政资金查明的矿产资源,一律采用市场方式出让矿业权,所得收入由中央和地方按比例分成;省财政资金补助的地方矿产勘查项目,其形成的矿业权价款除上交中央财政外,还要按各自的出资比例分享矿业权有偿出让所得。

根据《矿产资源法》《国务院关于加强地质工作的决定》（国发〔2006〕4号）的有关规定和要求，矿业权价款的收益主要用于矿产资源勘查。

三、地质勘查活动监督管理

地质勘查活动监督是地矿行政监督管理的重要组成部分。其主要目的是通过监督勘查者履行法定的义务，按照国家法律法规和有关技术标准进行勘查活动，保证矿业法规在勘查活动中得到有效地遵守，监督地质资源得到综合调查评价和保护，监督矿产资源得到科学合理、综合勘查评价和保护，保障矿产资源的国家所有权益和矿业权人的合法权益不受损害，促进矿业经济和生态环境的协调发展。各级国土资源主管部门是地质勘查活动监督的主体，应依法履行职责。

地质勘查活动监督的主要内容：（1）审查探矿权人提交的勘查实施方案；（2）审查勘查者提交的勘查年度工作报告；（3）审核检验勘查许可证，接受开工报告，对勘查许可证进行年度检查；（4）抽查勘查者是否履行法定的各项义务，如探矿权人应完成的最低勘查投入、有无越界勘查、以采代探等等；（5）解决矿业权纠纷，维护勘查秩序，保护勘查投资者的合法权益。

第三节　探矿权管理

一、主要法律法规和政策

探矿权管理所涉及的法律法规和政策有：《矿产资源法》第二章和第三章、《矿产资源法实施细则》（国务院令第152号）、《矿产资源勘查区块登记管理办法》（国务院令第240号）、《探矿权采矿权转让管理办法》（国务院令第242号）、《探矿权采矿权招标拍卖挂牌管理办法（试行）》（国土资发〔2003〕197号）、《关于进一步规范矿业权出让管理的通知》（国土资发〔2006〕12号）以及《国土资源部关于进一步规范探矿权管理有关问题的通知》（国土资发〔2009〕200号）等。

二、探矿权审批登记制度

国家对矿产资源勘查实行许可证制度。在中华人民共和国领域及其管辖海域勘查矿产资源，必须依法申请，经审查批准，办理登记手续，领取勘查许可证，取得探矿权。

三、勘查区块登记制度

国家对矿产资源勘查实行统一的区块登记管理制度。矿产资源勘查区块的划分，以 1：5 万图幅为基础，按经差 1′、纬差 1′ 分成基本单位区块；按经差 15″、纬差 15″ 分成 16 个小区块。申请勘查登记时，工作范围取一个小区块的整数倍。国土资发〔2009〕200 号文件《国土资源部关于进一步规范探矿权管理有关问题的通知》规定，新立探矿权的勘查区块面积一般不得小于 1 个基本单位区块。申请勘查区域与他人采矿权区域之间应保持合理间距，无法根据地质条件确定间距的，应不少于 100 米。

四、探矿权及探矿权人

探矿权是指在依法取得的勘查许可证规定的范围内，勘查矿产资源的权利。取得勘查许可证的企（事）业法人称为探矿权人。政府机关不能成为探矿权人，政府出资勘查，可以委托符合法律法规规定的企（事）业单位申请探矿权。

五、探矿权申请人的资质条件

国土资发〔2009〕200 号文对探矿权申请人主体性质、勘查资质、资金能力等准入条件作出了明确规定，较过去的管理规定更严格和更具操作性。探矿权申请人必须是企业法人或事业单位法人。探矿权申请人提供的银行资金证明，须同时满足三个条件：一是不得低于申请项目勘查实施方案安排的第一勘查年度资金投入额；二是不得低于申请项目勘查实施方案安排的总资金额的 1/3；三是对于申请新立探矿权的，还不得低于本次申请的、以往申请的和已经取得的探矿权所需勘查资金累计总额。探矿权申请人不具备地质勘查资质的，要依法委托具有相应地质勘查资质的勘查单位编制勘查实施方案并开展地质勘查工作。

六、探矿权出让

（一）出让方式

探矿权实行分类管理。出让分行政授予和市场竞争两种基本方式。前者以申请在先的原则，即申请者事先依法登记的方式出让探矿权；后者以招标拍卖挂牌的方式出让探矿权。国家可根据经济社会发展的需要以及矿产资源赋存情况的差异，对不同矿种采用不同的出让方式（《关于进一步规范矿业权出让管理的通知》）。

（二）探矿权审批（出让）权限

需国土资源部审批、发证的勘查项目有：(1)跨省行政区域的矿产资源勘查；(2)领海及我国管辖的其他海域的矿产资源勘查；(3)外商投资的矿产资源勘查；(4)石油、天然气、放射性矿产勘查；(5)投资规模在 500 万元以上的煤、金、银、铂、锰、铬、钴、铁、铜、铅、锌、铝、镍、钨、锡、锑、钼、稀土、磷、钾、锶、铌、钽勘查。

需省国土资源厅审批、发证的勘查项目有：(1)投资规模在 500 万元以下的金、银、铂、锰、铬、钴、铁、铜、铅、锌、铝、镍、锡、锑、钼、磷、钾、锶、铌、钽勘查；(2)授权省级人民政府国土资源主管部门颁发勘查许可证的二氧化碳气、地热、硫、金刚石、石棉、矿泉水勘查;(3)本省行政区内其他矿产资源的勘查。

(三)探矿权审批(出让)的基本程序

以申请在先的探矿权,其基本程序为申请、受理、审查、批准、登记、颁证。

(1)申请。申请人向省国土资源厅提出探矿权申请,提交申请登记资料。主要有:探矿权申请登记书;区块范围图、勘查范围图;申请人身份证明文件(事业单位法人证书或企业法人营业执照);勘查单位地质勘查资质证书;勘查计划或勘查合同;勘查资金证明文件;勘查设计或实施方案;市、县(市)地质矿产主管部门意见。

(2)受理。提交资料有效、齐全,填写正确的,受理申请;否则,不予受理,退回申请。

(3)审查。登记管理机关职能处室对勘查申请进行审查,提出意见,提交主管厅长审批。

(4)批准、通知。勘查申请经审查批准后,通知申请人领证。

(5)登记、颁证。探矿权申请人在收到领证通知之日起三十日内,持领证通知到登记管理机关缴纳探矿权使用费(价款)和登记费,办理登记手续。登记管理机关向申请人颁发勘查许可证,申请人成为探矿权人。

(四)探矿权审批内容

首次申请时需审查勘查矿种和勘查投入是否符合法律法规、矿产资源规划和有关政策规定,申请勘查区块内有否设置探矿权和采矿权,申请资料是否符合《浙江省探矿权申请登记资料规定》,计划投入的勘查资金是否满足法规规定的勘查年度最低投入。

探矿权变更、延续申请,除审查上述内容外,还要审查是否已完成最低勘查投入,是否按时缴纳规费。申请国家出资勘查已探明矿产地探矿权的,需审查探矿权价款是否已经评估,价款的处置方式是否经有关管理机关批准。

七、探矿权转让

探矿权人在完成规定的最低勘查投入后,经依法批准,变更探矿权人的情形,为探矿权转让。探矿权转让后,探矿权人的权利、义务随之转移,勘查许可证的有效期为剩余期限。

(一)转让形式

探矿权的转让有多种形式,如出售、作价出租、股权转让等,但均须依法批准才可转让。

(二)转让条件

应持有探矿权满两年,或持有探矿权满一年且提交经评审备案的普查以上工作程度的地质报告,或经原登记机关组织审查并证实在勘查作业区内新发现可供进一步勘查或开采的矿产资源;完成规定的最低勘查投入,按照国家有关规定已经缴纳探矿权使用费、探矿权价款,权属无争议的探矿权可以申请转让。受让人应满足以下条件:转让后继续探矿的,应具备探矿权人资质条件;转让后申请采矿的,应具备采矿权人资质条件;以协议方式取得探矿权的,5年内不得转让。

(三)转让申请资料

申请资料主要有:转让申请书,转让人与受让人签订的转让合同,受让人资质条件的证明文件,矿产资源勘查报告。转让国家出资勘查形成的探矿权,探矿权须经有矿业权评估资质的评估机构评估确认,缴纳国家出资部分的探矿权价款。

(四)转让审批权限

国土资源部负责部审批发证的探矿权的转让审批,省国土资源厅负责省审批发证的探矿权的转让审批。

第四节　地质勘查资质管理

为了加强对地质勘查活动的管理,维护地质勘查市场秩序,保证地质勘查质量,促进地质勘查业的发展,国务院颁布了《地质勘查资质管理条例》(国务院令第520号)以及《地质勘查资质分类分级标准》(国土资发〔2008〕137号),各级人民政府据此受理和审批地质勘查资质。

一、出台《地质勘查资质管理条例》的背景

(1)地质勘查工作自身特性的内在要求。地质勘查工作具有科学性、技术性、风险性强的特点,必须由专业技术队伍承担,在勘查设备、人员、技能等方面有特殊要求。因此,要对地质勘查单位实行准入管理。

(2)是矿产资源管理法律法规的要求。《矿产资源法》第三条第四款规定,从事矿产资源勘查必须符合规定的资质条件。《矿产资源勘查区块登记管理办法》第六条也规定,探矿权申请人申请探矿权时,应当提交勘查单位的资格证书。为保证上述法律法规的实施,需要对地质勘查单位的资质有一个明确的界定。

(3)资源瓶颈制约对地质勘查工作提出的新要求。随着我国经济社会的快速发展,矿产资源的需求不断增长,面对矿产资源勘查滞后,重要资源可采储量下降,难以满足现代化建设需要的局面,迫切需要通过完善资质条件,提高地质勘查单位的勘查能力和效益,提升地质勘查的资源保障能力。

(4)规范矿产资源勘查秩序的重要举措。随着矿产资源开发活动的升温,一些不具备条件的单位也开始从事地质勘查活动,导致勘查工作质量下降,由此引发的安全

事故也时有发生,迫切需要规范地质勘查单位的资质管理。

二、地质勘查资质分类分级

地质勘查资质分为综合地质勘查资质和专业地质勘查资质。综合地质勘查资质包括区域地质调查资质,海洋地质调查资质,石油天然气矿产勘查资质,液体矿产勘查资质(不含石油),气体矿产勘查资质(不含天然气),煤炭等固体矿产勘查资质和水文地质、工程地质、环境地质调查资质;专业地质勘查资质包括地球物理勘查资质、地球化学勘查资质、航空地质调查资质、遥感地质调查资质、地质钻(坑)探资质和地质实验测试资质。其中,区域地质调查资质、海洋地质调查资质、石油天然气矿产勘查资质、气体矿产勘查资质(不含天然气)、航空地质调查资质、遥感地质调查资质和地质实验测试资质分为甲级、乙级两级;其他地质勘查资质分为甲级、乙级、丙级三级。

三、申请地质勘查资质的基本条件

具有企业或者事业单位法人资格,有与所申请的地质勘查资质类别和资质等级相适应的具有资格的勘查技术人员;有与所申请的地质勘查资质类别和资质等级相适应的勘查设备、仪器;有与所申请的地质勘查资质类别和资质等级相适应的质量管理体系和安全生产管理体系。

四、地质勘查资质审批权限

地质勘查资质实行两级审批。国务院国土资源主管部门审批颁发:海洋地质调查资质、石油天然气矿产勘查资质、航空地质调查资质以及其他甲级地质勘查资质;省(区、市)人民政府国土资源主管部门审批颁发:除国务院国土资源主管部门审批之外的地质勘查资质。

五、地质勘查资质审批的基本程序

地质勘查资质审批的基本程序为申请、受理、审查、公示、批准、发证、公告。

(一)申请与受理

(1)申请时,应当向审批机关提交下列材料:地质勘查资质申请书;法人资格证明文件;勘查技术人员名单、身份证明、资格证书和技术负责人的任职文件;勘查设备、仪器清单和相应证明文件;质量管理体系和安全生产管理体系的有关文件。

(2)受理依照《行政许可法》的有关规定办理。提交的资料有效、齐全,填写正确的,受理申请;否则,不予受理,退回申请。

(二)审查与公示、批准与发证

经审查符合条件的,审批机关应当予以公示,公示期不少于 10 个工作日。公示期满无异议的,予以批准,并在 10 个工作日内颁发地质勘查资质证书;有异议的,应当在 10 个工作日内通知申请单位提交相关说明材料。经审查不符合条件的,审批机关应当书面通知申请单位,并说明理由。

(三)公告

审批机关应当将颁发的地质勘查资质证书及时向社会公告,为公众查阅提供便利。公告的主要内容包括:单位名称、住所和法定代表人;资质类别和资质等级;有效期限;发证机关、发证日期和证书编号。

参考文献

[1] 李万亨,等.矿产经济与管理[M].北京:中国地质大学出版社,2000.

[2] 何贤杰,等.矿产资源管理通论[M].北京:中国大地出版社,2002.

[3] 仲伟志.地质矿产勘查与管理[J].资源与产业,2000(9):8-11.

[4] 蒋承菘.矿产资源管理导论[M].北京:地质出版社,2001.

[5] 陈炳良.地质勘查行业发展和管理存在的问题[J].建材与装饰,2010(10):274-276.

第十三章 矿产资源储量管理

矿产资源储量管理是矿产资源管理的基础,其内容包括建立统一的矿产资源储量分类分级标准、矿产资源的审批管理以及矿产储量登记统计管理等。

第一节 矿产资源储量管理

一、矿产资源储量分类

固体矿产资源是指在地壳内或地表由地质作用形成具有经济意义的固体自然富集物,根据产出形式、数量和质量可以预期最终开采是技术上可行、经济上合理的。其位置、数量、品位、质量、地质特征是根据特定的地质依据和地质知识计算和估算的。

固体矿产资源储量分类是定量评价矿产资源的基本准则,是进行矿产资源的有关计算、统计、评价、交易与管理的重要前提。《固体矿产资源/储量分类国家标准》(GB/T 17766-1999)依据矿产勘查阶段和可行性评价及其结果、地质可靠程度和经济意义,将固体矿产资源/储量分为储量、基础储量和资源量三大类(储量是指基础储量中的经济可采部分),依据地质可靠程度和经济意义进一步将储量、基础储量、资源量分为 16 种类型(见表 13-1)。

二、矿产资源储量评审备案管理

矿产资源储量的评审备案,是指矿产资源勘查、开发过程中,由于管理、筹集资金或采矿权交易的需要,对特定范围内的矿产资源的质和量按照统一的评价标准而进行的评价和确认。矿产资源储量的评审备案管理,是我国矿产资源管理中的一项重要管理制度,也是矿产资源管理的一项基础性工作。

(一)矿产资源储量评审备案的法律依据

我国《矿产资源法》第十三条规定,凡提供矿山建设设计使用的矿产资源储量必须经过国务院或省、自治区、直辖市矿产储量审批机构审查批准;未经批准的,不得作为矿山建设设计的依据。

表 13-1　固体矿产资源/储量分类表

地质可靠程度 分类类型 经济意义	查明矿产资源			潜在矿产资源
	探明的	控制的	推断的	预测的
经济的	可采储量(111)			
	基础储量(111b)			
	预可采储量(121)	预可采储量(122)		
	基础储量(121b)	基础储量(122b)		
边际经济的	基础储量(2M11)			
	基础储量(2M21)	基础储量(2M22)		
次边际经济的	资源量(2S11)			
	资源量(2S21)	资源量(2S22)		
内蕴经济的	资源量(331)	资源量(332)	资源量(333)	资源量(334)?

注:表中所用编码(111-334),第 1 位数表示经济意义:1＝经济的,2M＝边际经济的,2S＝次边际经济的,3＝内蕴经济的,? ＝经济意义未定的;第 2 位数表示可行性评价阶段:1＝可行性研究,2＝预可行性研究,3＝概略研究;第 3 位数表示地质可靠程度:1＝探明的,2＝控制的,3＝推断的,4＝预测的,b＝为未扣除设计、采矿损失的可采储量。

《国土资源部关于加强矿产资源储量评审监督管理的通知》(国土资发〔2003〕136号)明确,自 2003 年 5 月 6 日起,国土资源行政主管部门对矿产资源储量评审不再进行认定,设立备案管理制度。

(二)矿产资源储量评审管理

矿产资源储量评审是为矿业权市场主体及各种矿业权流转变动时发生的矿产资源储量提供咨询意见,是地质勘查市场的重要组成部分,是对矿产资源储量的真实性、可靠性进行评估,评估的结果直接关系到矿业权人的切身利益,关系到矿业权市场的健康发展。

1.评审机构管理

《矿产资源储量评审认定工作有关规定》明确,属于国土资源部认定的矿产资源储量,放射性矿产由国土资源部矿产资源储量评审中心放射性矿产专业办公室组织评审;其余的由国土资源部矿产资源储量评审中心组织评审。属于省、自治区、直辖市地质矿产主管部门认定的矿产资源储量,由属地矿产资源储量评审机构评审,未设立评审机构的,可由省、自治区、直辖市地质矿产主管部门指定其他具有资格的矿产资源储量评审机构组织评审。零星分散矿产资源以及只能用作普通建筑材料的砂、石、粘土的矿产资源储量的评审分工原则,由省级地质矿产主管部门制定。

目前,我省矿产资源储量评审工作均由矿产资源储量评审机构承担。国土资源主管部门负责对评审机构、评估和评审工作进行监督管理。

2. 评审人员管理

国家设立矿产储量评估师执业资格制度,由国土资源部统一组织考核,合格者由国土资源部统一颁发人事部和国土资源部用印的矿产储量评估师执业资格证书,该证书全国范围内有效。规定凡承担矿产资源储量评审业务的评审人员必须具备人事部、国土资源部授予的矿产储量评估师资格,不具备相应资格的,评审机构不得聘请其承担评审工作,所出具的评审文件不具有效力。

《浙江省矿产资源储量专家库管理办法》规定,经省国土资源厅审查、培训、考试和公示入选浙江省矿产资源储量专家库名单的评审类专家,可以协助矿产储量评估师开展矿产资源储量报告评审工作。

3. 评审工作管理

凡需要评审的矿产资源储量报告,报告提交单位应按照规定携带所有资料向有关评审机构提出申报,评审机构自收齐送审材料之日起 15 日内作出是否予以受理的决定,并书面通知申报单位。评审机构受理评审后,应在 5 个工作日内向负责备案的国土资源主管部门报备,一般应在 50 日内完成评审工作。

评审机构应当聘请矿产储量评估师进行评审,并指定评审组长。矿产资源储量规模在大型以上的,一般应聘请 5～7 名;中型的,不少于 3 名;小型的,一般 1～2 名。矿产资源储量评审方式分会议评审和函审。凡甲类矿产资源储量规模中型(含中型)以上、乙类矿产年产量 100 万吨以上、储量评审专家意见分歧大、涉及重要国有资产处置(或资源置换等)的矿产资源储量报告一律采用会议形式评审,其他的可以采取函审。召开评审会议时,应当邀请各有关方面的代表或专家参加,广泛听取意见。评审专家要提出署名的评审意见,评审意见书由组长综合参会各方代表提出的意见,形成最终的评审意见。

(三)矿产资源储量评审备案管理

矿产资源储量评审备案是指国土资源主管部门按照规定对评审机构资格、评审过程的合规性、评审结果的合理性进行全面核实的过程。

1. 矿产资源储量评审备案范围

《矿产资源储量评审认定办法》第五条规定下列矿产资源储量必须按照规定进行评审备案:申请供矿山建设设计使用的采矿权或取水许可证依据的矿产资源储量;探矿权人或者采矿权人在转让探矿权或者采矿权时应核实的矿产资源储量;以矿产资源勘查、开发项目公开发行股票及其他方式筹资、融资时依据的矿产资源储量;停办或关闭矿山时提交的尚未采尽的和注销的矿产资源储量;矿区内的矿产资源储量发生重大变化,需要重新评审认定的矿产资源;国土资源部认为应予评审、认定的其他情形的矿产资源储量。凡未经评审认定的,综合经济管理部门不予受理矿山建设或水源地建设项目立项申请;地质矿产主管部门不予受理采矿权以及采矿权转让申请;证券管理机构不予受理公开发行股票申请;银行及其他金融机构不予受理贷款申请。

2. 矿产资源储量评审备案分工

矿产资源储量评审备案工作严格按采矿许可证审批发证权限分工,采矿许可证审批发证权限按照有关文件要求委托下放的,储量评审备案工作相应由受委托的国土资源主管部门办理。

3. 矿产资源储量评审备案程序

矿产资源储量评审备案工作流程一般为:申报→受理→审查→审核→审定→备案→归档。办理时限一般不超过 15 个工作日。申报材料经审定通过的,国土资源主管部门应出具《矿产资源储量评审备案通知书》;不符合要求的,不予办理备案手续,但应书面通知有关评审机构和申报单位,并说明理由。

4. 矿产资源储量评审备案审查内容

经办人对报送的电子和纸质材料进行一致性、合规性和合理性审查。主要审查以下内容:承担评审工作的机构是否具有相应资格;评审过程是否符合有关规定;评审工作中聘请的评审专家是否具有矿产储量评估师资格,协助评审的储量专家是否在储量专家库人员名单中,评审专家人数是否符合有关规定的要求;提交的材料是否齐全、清晰、完整、有效;评审工作是否依据规定的技术标准、规定和要求等。

(四)矿床工业指标的管理

矿床工业指标是界定矿产资源的标准,是监督、权衡矿产资源是否合理利用的依据,是矿产资源勘查开发过程中资源效益与经济效益协调统一的结果。当前,矿床工业指标由矿业权人确定;出让矿业权的,由负责出让的国土资源主管部门确定。

在普查阶段,矿床工业指标采用一般工业指标(即《矿产资源工业要求手册》或矿种勘查规范提出的一般工业要求)进行评价;涉及出让矿业权的,也采用一般工业指标进行评价。在详查、勘探阶段,矿业权人如不采用一般工业指标的,要进行技术经济论证后确定。论证工作由矿业权人或负责出让的国土资源主管部门委托有矿山设计资质的单位进行,并由地质勘查单位、矿山设计资质单位共同按照"综合勘查、综合评价""优矿优用"等原则进行多方案技术、经济论证,提交矿床工业指标论证报告,经组织专家审查通过后确定。矿区资源储量分割、矿山资源储量核实或老矿山延伸(深)勘查,一般执行原矿床(区)工业指标;矿床工业指标有调整的,应当说明原因并分析调整前后的变化等情况。没有一般工业指标的,须经技术经济论证确定并抄报省厅备案。

三、矿产资源登记管理

《矿产资源登记统计管理办法》规定,在中华人民共和国领域及管辖的其他海域从事矿产资源勘查、开采或者工程建设压覆重要矿产资源的,应当依照本办法的规定进行矿产资源登记统计。矿产资源储量登记,是指县级以上国土资源主管部门对查明、占用、残留、压覆矿产资源储量的类型、数量、质量特征、产地以及其他相关情况进行登记的活动。

(一)矿产资源登记范围

《矿产资源登记统计管理办法》规定,有下列情形之一的,探矿权人、采矿权人或者建设单位应当依照规定办理矿产资源储量登记:

(1)探矿权人在不同勘查阶段查明矿产资源储量的;

(2)采矿权申请人申请占用矿产资源储量的;

(3)采矿权人因变更矿区范围等调整占用矿产资源储量的;

(4)停办或者关闭矿山后有残留或者剩余矿产资源储量的;

(5)工程建设压覆重要矿产资源储量的;

(6)采矿权人占用的矿产资源储量发生重大变化后新计算的矿产资源储量。

乙类矿产(普通建筑材料用砂、石、粘土)不再办理查明、占用、残留、压覆资源储量登记。

(二)矿产资源登记分工

矿产资源储量登记工作严格按采矿许可证审批发证权限分工,采矿许可证审批发证权限按照有关文件要求委托下放的,储量登记工作相应由受委托的国土资源主管部门办理。

(三)矿产资源登记要求

(1)探矿权人查明的矿产资源储量,在矿产资源储量评审通过后 15 日内,由原发证的国土资源主管部门登记;

(2)采矿权申请人申请占用的矿产资源储量,由发证的国土资源行政主管部门在办理采矿许可证时同时办理;

(3)采矿权人因变更矿区范围等调整占用的矿产资源储量,由原发证的国土资源行政主管部门在办理采矿许可证变更登记手续时同时办理;

(4)采矿权人停办或者关闭矿山残留或者剩余的矿产资源储量,由原发证的国土资源行政主管部门在办理采矿许可证注销手续时同时办理;

(5)工程建设项目压覆的重要矿产资源储量,由批准建设用地的国土资源行政主管部门在办理建设用地审批手续时同时办理。

经登记的矿产资源储量,是矿产资源规划、管理、保护与合理利用的依据,未经法定程序,任何单位和个人不得擅自更改。

(四)申报登记人及其权利和义务

矿产资源申报登记人是指各探矿权人、采矿权人和压覆矿产资源储量的项目建设单位。

（1）申报登记人的权利。依法履行矿产资源储量登记手续的登记人，其合法权益受法律保护。查明矿产资源储量经过登记后，探矿权人依法享有优先取得该矿产资源的采矿权的权利；占用矿产资源储量经过登记后，作为采矿权人占用该矿产资源储量的依据；建设项目压覆的矿产资源储量经过登记后，国土资源主管部门不再受理对该矿产资源的采矿申请。

（2）申报登记人的义务。按照规定依法履行矿产资源储量登记手续。

四、矿产资源统计管理

《矿产资源登记统计管理办法》规定，在中华人民共和国领域及管辖的其他海域从事矿产资源勘查、开采或者工程建设压覆重要矿产资源的，应当依照本办法的规定进行矿产资源统计。矿产资源统计，是指县级以上国土资源主管部门对矿产资源储量变化及开发利用情况进行统计的活动。

（一）矿产资源统计内容

矿产资源统计，应当使用由国土资源部统一制定并经国务院统计行政主管部门批准的矿产资源统计基础表及其填报说明。

矿产资源统计基础表，包括采矿权人和矿山（油气田）基本情况、生产能力和实际产量、采选技术指标、矿产组分和质量指标、占用矿产资源储量变化情况、共伴生矿产综合利用情况等内容。未列入矿产资源统计基础表的查明矿产资源储量、压覆矿产资源储量、残留矿产资源储量及其变化情况和占用矿产资源储量的相关情况，依据矿产资源储量登记书进行统计。

（二）矿产资源统计分工

采矿权人负责完成矿产资源统计基础表的填报。

县级国土资源主管部门负责经上级国土资源主管部门登记后通知的和本级登记的矿产资源储量的录入、汇总，本行政区域内采矿权人的矿产资源统计基础表的组织填报、数据审查、录入、现场抽查，经登记的矿产资源储量和本行政区域内采矿权人占用的矿产资源储量变化情况的统计，本行政区域内采矿权人的开发利用情况的统计，向上一级国土资源主管部门报送有关统计资料等统计工作。

上级国土资源主管部门负责对下一级国土资源行政主管部门上报的统计资料和采矿权人直接报送的矿产资源统计基础表进行审查、现场抽查和汇总分析。

（三）矿产资源统计要求

开采矿产资源，以年度为统计周期，以采矿许可证划定的矿区范围为基本统计单元。

采矿权人应当于每年1月底前，完成矿产资源统计基础表的填报工作，并将矿产资源统计基础表一式三份报送矿区所在地的县级国土资源主管部门。统计单元跨行政区域的,报共同的上级国土资源主管部门指定的县级国土资源主管部门。填报矿产资源统计基础表,应当如实、准确、全面、及时,并符合统计核查、检测和计算等方面的规定,不得虚报、瞒报、迟报、拒报。

第二节　矿产资源勘查、开采监督管理

一、监督管理的涵义及特点

(一)监督管理的涵义

矿产资源勘查、开发和环境保护的监督管理是指作为地质矿产行政监督主体的国家地质矿产行政管理机关,根据法律赋予的矿产资源勘查、开发和环境保护的监督权,对采矿权人在保护资源和环境方面是否遵守法律、法规,履行义务,执行国家行政机关命令和决定的情况所进行的监督检查和处理。矿产资源监督管理贯穿于矿产资源勘查、开发利用、闭坑、复垦的全过程,依据《矿产资源法》及其配套法规的有关规定,当前作为依法行政的重点是对资源保护和环境污染进行监督管理。

为促进我国经济和社会的可持续发展,必须在保持经济增长的同时,控制人口增长,保护自然资源以及良好的生态环境,这是根据我国国情和长远发展的战略目标而确定的基本国策。对矿产资源勘查、开发和环境保护实施监督管理,正是保护资源和环境最直接的方法和最有效的手段。

在保护中开发,在开发中保护,资源开发和节约并举,把节约放在首位,努力提高资源利用效率,积极推进资源利用方式从粗放向集约转变,走出一条适合我国国情的资源节约型的经济发展新路子。在防治污染、保护环境方面,要控制矿山排放污染物达到国家和地方规定的指标之内,坚决防止资源开发中对生态环境造成新的破坏。

(二)监督管理的特点

(1)监督管理的客体。包括《矿产资源法》调整的全部矿种,即目前国内已发现的呈固态、液态、气态的各种矿产;

(2)监督管理的对象。包括取得合法勘查、开采许可,从事矿产资源勘查开采的探矿权人(含地勘单位)和采矿权人守法和履行义务的行为。

(3)监督管理的要求。监督管理要贯穿于矿产资源勘查、开采的全过程,包括找矿勘查、矿产开发规划、可行性研究、采矿权申请审批登记、矿山设计、矿山建设、采矿、选矿、矿山关闭、复垦等各个环节,是矿业活动的一项系统工程。

(4)监督管理的基本原则。矿产资源勘查、开发、环境保护的监督管理应贯彻可持续发展原则;资源开发和节约并举,把节约放在首位;在保护中开发,在开发中保护;谁开发谁保护,谁污染谁治理,谁破坏谁复垦,谁使用谁补偿。

二、监督管理的基本原则和要求

(1)国家对矿产资源的勘查、开发实行统一规划、合理布局、综合勘查的方针,要求监督对象在申请探矿权和设计施工方案时,须遵循国家统一规划的要求,并进行综合勘查、综合评价。

(2)排他性原则。探矿区设立的客体是带有区块编号的区块范围。每一个探矿权所对应的区块范围是唯一的,一般不能与其他的探矿权或采矿权重复或交叉,也就是说每一个探矿权都具有排他性。按照这一原则,既要求探矿权人严格在划定的勘查区块内作业,不得越界勘查,也是探矿权人依法保护自身权益的重要法律依据。

(3)有偿取得原则。矿业活动是一项经济活动,探矿权人在勘查矿产资源时,必须依法向国家缴纳探矿权使用费或探矿权价款,它体现了国家和探矿权人之间的经济关系。确立探矿权有偿取得制度,有利于勘查投资主体多元化的发展,提高勘查找矿的经济效益,是国家利用经济手段管理勘查活动的有效方式,因此是监督的一项主要内容。

(4)设置探矿权不得占用过多区块原则。为防止探矿权人过多地占用矿产地却不及时开展地质勘查工作,根据各大类矿种勘查特点不同,法规规定了每个勘查许可证允许的最大区块数。这项原则要贯彻在监督检查中。

(5)最低工作投入原则。为了杜绝在采矿权交易中炒作采矿权,牟取暴利,法律规定探矿权人在完成规定的最低勘查投入后,经依法批准,可以将探矿权转让他人。在转让办法中,更明确了探矿权的转让条件是勘查工作满2年,有所发现,完成最低勘查投入,这就给勘查的监督管理赋予了经济内涵。

(6)不得以产生破坏性后果的方式进行勘查的原则。《矿产资源法》规定,普查、勘探易损坏的特种非金属矿产、流体矿产、易燃易爆易溶矿产和含有放射性元素的矿产,必须采用省级以上人民政府有关主管部门规定的普查、勘探方法,有必要的技术装备和安全措施。监督检查这项要求,防止以破坏性方式勘查矿产资源,对保护和合理开发利用矿产资源具有重要意义。

三、监督管理的主要内容

《矿产资源法》第十九条明确规定:"地方各级人民政府应当采取措施,维护本行政区域内的国有矿山企业和其他矿山企业矿区范围内的正常秩序。"各级地矿行政主管部门应该在同级人民政府的领导下,依法履行监督管理的职责。矿产资源勘查开采监督管理的主要内容包括:

(1)登记管理机关依法行政情况。检查各级地矿行政主管部门是否严格遵照法律法规的规定审批登记矿业权;是否对违法或不当的登记发证及时纠正;是否对违法勘查开采矿产资源的行为依法查处;本行政区正常的矿业秩序是否建立和巩固。

(2)矿业权人履行法定义务情况。督促矿业权人按时开工和开工后按时提交工作进度报告和有关资料,核准探矿权人完成最低勘查投入、缴纳各种法定费用。

(3)合理开发利用矿产资源情况。检查矿业权人是否按照批准的开发利用方案和矿山设计进行采矿活动,保证矿产资源得到科学合理的开发利用;监督检查矿业权人是否执行经批准的环境保护计划,是否执行经批准的矿地复垦计划。

(4)维护正常矿业秩序情况。监督矿业权人在矿业权赋予的权利范围内从事矿业活动,从严查处无证勘查开采矿产资源、以采代探、越界勘查开采矿产资源和擅自转让矿业权等各种违法行为。

四、矿产督察

矿产督察是国土资源主管部门聘请督察员,以相关法律、法规为依据,以矿业权人依法勘查开采矿产资源、履行法定义务、综合勘查评价和合理利用矿产资源为主要内容,通过检查、核实、核算等方法对矿业权人进行监督管理的一项行政管理措施,是督促矿业权人综合勘查评价、合理开采和综合利用矿产资源的重要手段。

(一)矿产督察程序

矿产督察一般由组织管理、前期准备和现场督察等各项工作组成。组织管理工作由国土资源主管部门完成(即各级矿产督察员办公室),包括制定督察计划、下发督察意见和跟踪整改等工作程序;前期准备工作包括了解督察对象和下发督察通知等工作程序,分别由督察员和国土资源主管部门完成;现场督察工作由矿产督察员完成,一般有听、看、查、评、报等工作程序。

(二)矿产督查内容

(1)针对采矿权人的监督内容。主要监督检查其依法开采、有效保护与合理开发利用、法定义务履行和合同履约等情况,包括:有无越界开采,有无破坏性开采,有无非法转让矿产资源或采矿权,开发利用方案实施情况,矿产资源合理利用情况,法定费用缴纳情况,有无按规定定期测绘并报送采矿图件,有无擅自移动或破坏矿区范围界桩、告示牌,有无依法提交年度报告,拒绝接受监督检查或者弄虚作假情况,矿山管理情况。

(2)针对探矿权人的监督内容。主要监督检查其依法勘查、矿产资源勘查、法定义务履行和合同履约等情况,包括:有无非法转让探矿权行为,有无越界勘查、以采代探情况,有无完成最低勘查投入,是否存在应变更登记未申请变更情况,是否存在无故停工,是否存在工程转包情况,探矿权标识牌设立情况,重型山地工程(钻探、坑探)是否挂牌施工,是否按规定缴纳相关规费,勘查工作开始前是否向地方矿产资源管理部门提交开工报告,是否按时提交进度报表,是否对共、伴生矿产进行综合勘查综合评价,是否及时封、填探矿作业遗留的井、碉,钻探岩芯保存情况,实物工作量完成情况,探矿权人实际出资情况和投入使用情况,技术人员投入情况,资料汇交情况,工业指标及确定依据,资源储量估算方法,探矿生产的矿产品处置情况,综合勘查与评价情况。

第三节　地矿信用监督管理

一、地矿信用系统的建立

2014年8月4日,浙江省国土资源厅发布的《浙江省采矿权人信用监督管理暂行办法》明确,从2015年1月1日起,对本省行政区域范围内从事矿产资源(石油、天然气除外)开发利用的采矿权人实施信用监督管理。另外,同时出台了《浙江省地矿信用体系建设工作方案》,这标志着浙江省地矿信用体系建设正式启动。到2016年年底,浙江省将完善监督管理制度、信用评价标准和信用信息平台,建立奖惩机制,全面建成全省地矿信用体系。

建设信用体系的总体目标是打造"诚信浙江地矿"。浙江省将通过建立健全地矿领域各主体的信用监督管理制度,建立健全地矿领域各主体信用诚信名单和黑名单,奖励守信行为,惩戒失信行为,提高矿业权人依法勘查开采意识,提升地矿资质(资格)单位、专家人员的技术支撑能力和服务水平。

二、信用监管对象

浙江省将以制度建设为核心,以主体信用为基础,以道德法制为依托,以信息技术为支撑,以健全信息采集、评价和应用机制为重点,统筹规划、严格监管,有序推进全省地矿信用体系建设。

浙江省地矿信用监督管理的对象分为4类:即采矿权人、探矿权人、地矿资质(资格)单位和专家人员。地矿信用体系建设必须做到规范公正、公开、公平,要按照地矿领域不同主体制定相应的信用监督管理办法,明确守信和失信行为,制定公平的信用评价标准,公开信用评价结果,建立奖惩机制。

三、地矿信用体系主要内容

地矿信用体系主要包括信用监督管理制度、信用等级评价标准和信用信息系统3个部分。

(1)监督管理制度。依据地矿领域各主体特点,分别建立采矿权人、探矿权人、地矿资质(资格)单位和专家人员的信用监督管理,明确工作职责,规范信息采集、等级评价、情况反馈、奖惩、监管、信息使用等行为。

(2)等级评价标准。从采矿权人、探矿权人、地矿资质(资格)单位和专家人员的各类信用信息中,选取可客观反映主体信用状况的信息作为评价指标,分别制定相应的评价标准,由信用信息系统自动评定信用等级。

(3)信用信息系统。建立浙江省公共信用信息平台,与国土资源执法监察和矿业权管理系统的信息资源对接共享,建立地矿信用监管平台和公示平台,包括采矿权人、探矿权人、地矿资质(资格)单位和专家人员 4 个功能模块,具有信息采集、数据审核、实时评价、情况分析、信息公示和发布等功能,操作简便、实用性强的信用信息系统。

第四节　矿业权价款评估管理

一、相关概念

1. 矿业权评估

矿业权评估是由专门机构和人员根据特定的评估目的、评估对象和用途以及矿权的实际情况选择适当的评估方法,依据国家的法律、法规和有关技术经济资料,在确定的评估条件下,对某一时点上的矿业权进行评定、估算。根据市场需求,可分为矿业权价款评估和矿业权价值评估。

2. 矿业权评估管理

矿业权评估管理是矿业权管理部门对矿业权评估活动等市场行为所进行的监督管理工作。在目前我国的法律体系中,矿业权评估管理有两重职能:(1)政府的行政管理职责,对整个评估行业进行监督管理,包括对矿业权价值评估的监督和管理;(2)代表出资人行使业主的职权,担负维护国有资产权益的职责,主要是针对矿业权价款评估进行的监督和管理。矿业权评估管理的作用是在矿业权评估领域进行经济调节、社会管理、市场监督和公共服务;维护平等竞争的市场秩序,维护评估市场的公平、公正、公开,促进矿业权评估行业健康发展;同时履行确定出售国家资产价格的责任和维护国有资产权益的职责。

3. 矿业权价值

《国际评估准则》将以市场交易为目的的资产价值确定为市场价值,其定义为自愿买方与自愿卖方在评估基准日进行正常的市场营销之后所达成的公平交易中某项资产应当进行交易的价值。当事人双方应各自谨慎行事,不受任何强迫压制。

4. 矿业权价款

《中国矿业权评估准则》对矿业权价款的定义是:国家出资勘查投入的权益价值和国家作为矿产资源所有权人所分享的权益价值。一般包括矿业权登记管理机关出让国家出资勘查形成的矿产地、依法收归国有的矿产地、无风险或低风险矿产的矿业权,或者矿业权人转让未进行有偿处置的国家出资勘查形成的矿产地的矿业权,以及根据国家矿业权有偿取得政策规定,向矿业权受让人或矿业权人收取的款项。

二、矿业权价款评估管理

矿业权评估市场经过近10多年的发展,原有的法律法规已经明显滞后于评估管理实际,具体表现在管理部门和评估机构职责尚不够明确,出让评估委托机制还不是太顺。这些问题急需管理部门出台新的管理办法,明确矿业权评估各方权利和责任,理顺关系,引导矿业权评估行业健康发展。为此,矿业权评估行政主管部门从管理实际出发,制定和出台矿业权价款评估管理方面的2个规范性文件:《国土资源部关于规范矿业权出让评估委托有关事项的通知》(国土资发〔2008〕181号)、《国土资源部关于规范矿业权评估报告备案有关事项的通知》(国土资发〔2008〕182号),主要是对涉及国家权益的矿业权价款评估管理进行规范。前者规范了矿业权价款评估的委托程序,明确了矿业权的价款评估由国土资源行政主管部门采用公开方式选择评估机构委托评估,并支付评估费用;后者规范了矿业权价款评估的审查验收、备案程序实行公开化,以公开促公平,以公开促公正,突出体现了矿业权评估管理程序规范化,管理过程公开化,强化了社会监督。

矿业权价款评估管理包括项目委托摇号、评估机构选择、评估报告合规性审查以及评估报告网上公示等环节。

三、矿业权价款评估管理存在问题

(1)报名参与摇号项目的评估机构覆盖面窄,局限性较强,不利于矿业权评估行业的健康发展。究其原因,主要有三方面:机构不重视,错过了报名的最佳时间;新批准机构的注册矿业权评估师没有以往的实绩证明材料;有的机构主业不是矿业权评估,对一级市场的评估不关注,放弃报名机会。

(2)评估报告质量评价机制缺失,不利于验收备案工作的正常进行。评估报告的修改次数与机构的重视度和从业人员的实力紧密相关,如果没有行之有效的评估报告质量监督机制,就会造成有的机构忙于对外承揽业务,应付交差,不注重评估报告的质量和对评估报告审查意见的修改,致使修改报告次数增多,备案时间延长,不利于提高整体工作质量和效率。

(3)准则规定的方法和参数已不能满足评估实际,需修改完善。突出的问题是折现现金流量风险系数调整法中风险调整系数的内容不能全面反映找矿风险,导致赋存稳定的沉积型矿种中,大中型矿床中普查阶段的探矿权评估方法在选用折现现金流量法与折现现金流量风险系数调整法时,因准则对评估用资源利用储量的规定不一,使得评估结果差别较大,偏离了地勘工作的实际。

(4)目前评估报告的备案审查方式,已不适合矿业权评估管理的需要。主要表现:①合规性审查内容和部分合理性审查内容由审查人员完成,缺乏专业全面性和对相关文件理解力不一,使得在备案过程中所掌握的标准不一,有时会使评估机构和矿业权评估人员无所适从;②政府管理部门进行备案审查导致陷入大量具体的事务性工作之中,无法正常履行其社会管理职能,不利于简捷、便民的社会服务要求,同时也使政府管理机关无时间、无精力对评估机构实施监督管理。

因此,为了克服上述问题,需要从下面四方面加以改正:(1)简化报名程序,降低门槛,给更多的机构参与摇号的机会。从扶持培育矿业权评估市场健康发展出发,构建大的良性平台形成优胜劣汰机制,从而督促评估机构整体水平的提高;(2)制定完善评估报告质量评价机制,提高验收备案效率。通过分析矿业权价款评估活动中相关利益主体对质量评价的要求,将报告格式要件、合规性要求、合同要求三方面的相关内容予以量化细化,构建矿业权价款评估报告的质量评价体系,这样既有利于国土资源行政主管部门优质高效地进行矿业权价款评估报告的验收备案工作,又有利于评估机构加强业务建设提高评估报告质量;(3)研究完善评估方法和评估参数,提高全行业执业水平。以中国矿业权评估师协会评估质量技术委员会为主,积极开展评估理论与评估技术研究活动,在行业中形成好的学术风气。可与国内外知名的大专院校相关专业建立学术联系,共同探讨评估学术问题,解决评估实务操作中的难点和热点问题,提高全行业执业水平;(4)建立矿业权评估报告专家审查制,完善评估报告的备案程序。在现行市场诚信机制不健全的条件下,由工作人员对评估报告的合规性审查,由专家对评估参数的合理性进行审查。这样可以及时发现评估报告合理性的问题,既能避免因事后抽查评估报告参数的合理性失真导致评估结果失实而引发的矿业权价款纠纷的问题,又能提高国土资源行政主管部门对评估报告备案的工作效率。

第五节　矿产资源补偿费征收管理

一、矿产资源补偿费征收涵义与特征

(一)矿产资源补偿费征收的涵义

1994年国务院制定的《矿产资源补偿费征收管理规定》第二条规定:在中华人民共和国领域和其他管辖海域开采矿产资源,应当依照本规定缴纳矿产资源补偿费,《矿产资源补偿费征收管理规定》对于征收矿产资源补偿费的立法宗旨、目的、调整对象、征收范围、征收方式、征收机关及其内涵等方面,都做了具体的规定。随后,各地方分别出台了关于征收矿产资源补偿费的具体实施办法,从而形成了我国的矿产资源补偿费征收制度。矿产资源补偿费所调整的是国家作为矿产资源所有者与采矿权人之间的关系,其实质是地质矿产主管部门与采矿权人之间管理与被管理的行政法律关系,是采矿权人因开采不可再生的矿产资源而对国家作为矿产资源所有者的补偿。

矿产资源补偿费是指国家作为矿产资源所有者,依法向开采矿产资源的采矿权人收取的费用。矿产资源补偿费属于政府非税收入,全额纳入财政预算管理,体现国家对矿产资源的财产权益。矿产资源补偿费征收制度是国家矿产资源有偿使用制度的一个重要组成部分,是在经济上实现矿产资源国家所有权的基本形式之一。征收矿产资源补偿费的目的,在于维护国家对矿产资源的财产权益,促进矿产资源的勘探与开发,合理利用资源与保护资源。

(二)矿产资源补偿费征收的特征

1.矿产资源补偿费征收的法定性

《矿产资源法》第五条规定:开采矿产资源,必须按照国家有关规定缴纳资源税和资源补偿费,这是征收矿产资源补偿费的法律依据。1994年,国务院制定了《矿产资源补偿费征收管理规定》,该规定对于征收矿产资源补偿费的征收主体、征收范围、征收对象、征收方式等做出了明确的规定。其中征收主体为地质矿产主管部门与财政部门,征收范围为我国境内的矿产资源,征收对象为采矿权人,征收方式是按照矿产品的销售收入从价计征。因此,矿产资源补偿费必须严格按照法律的规定来征收,具有严格的法定性。此外,各地方相继出台了矿产资源补偿费征收的具体实施办法,使得矿产资源补偿费的征收工作能够在法律的框架内得以具体执行。

2.矿产资源补偿费征收主体的特定性

《矿产资源补偿费征收管理规定》第七条规定:矿产资源补偿费由地质矿产主管部门会同财政部门征收。矿区在县级行政区域内的,矿产资源补偿费由矿区所在地的县级人民政府负责地质矿产管理工作的部门予以征收。根据这一规定,地质矿产主管部门和财政部门是矿产资源补偿费的征收主体,二者共同代表国家向采矿权人收取矿产资源补偿费。除此之外,其他任何机关均无权向采矿权人征收矿产资源补偿费。其中,地质矿产主管部门负责具体征收工作,财政部门负责征收的监督工作,这体现了矿产资源补偿费征收主体的特定性。

3.矿产资源补偿费征收范围的广泛性

《矿产资源补偿费征收管理规定》第二条规定:在中华人民共和国领域和其他管辖海域开采矿产资源,应当依照本规定缴纳矿产资源补偿费。根据这一规定,只要在我国境内开采矿产资源,就应当向国家缴纳矿产资源补偿费,这是矿产资源补偿费征收在空间上的适用范围。此外,该规定"附录"中罗列了各种矿产资源及其适用的费率,从中可以看出,我国矿产资源补偿费的征收范围十分广泛,充分体现了国家对矿产这种资源性权益的保护。

4.矿产资源补偿费征收标准与征收对象的确定性

《矿产资源补偿费征收管理规定》第三条规定:矿产资源补偿费按照矿产品销售收入的一定比例计征。根据这一规定,矿产资源补偿费征收的标准是矿产品的销售收入,具体计算公式为:征收矿产资源补偿费金额=矿产品销售收入×补偿费费率×开采回采率系数。同时,该《规定》第四条规定:矿产资源补偿费由采矿权人缴纳。根据这一规定,矿产资源补偿费的征收对象为采矿权人,而不是探矿权人或者其他采矿权人。采矿权人因为开采国家矿产资源而有义务向国家缴纳矿产资源补偿费。这两条规定不仅确定了矿产资源补偿费的征收对象,还确定了矿产资源补偿费的征收标准,这使地质矿产主管部门可以准确计算出矿产资源补偿费的金额,及时足额地向采矿权人收缴。

二、矿产资源补偿费制度

(一)矿产资源补偿费征收制度

根据《矿产资源补偿费征收管理规定》的有关规定,在我国开采矿产资源必须缴纳矿产资源补偿费,矿产资源补偿费按照矿产品销售收入的一定比例计征。矿产资源补偿费按照下列方式计算:补偿费金额=矿产品销售收入×补偿费费率×开采回采率系数。开采回采率系数=核定开采回采率/实际开采回采率。矿产资源资产品种不同,采用的补偿费费率不同。费率范围一般是 1%～4%,平均费率为 1.18%。

(二)矿产资源补偿费减免制度

根据《矿产资源补偿费征收管理规定》的有关规定,我国实施矿产资源补偿费减免制度。采矿权人经省级人民政府地质矿产主管部门会同同级财政部门批准,可以免缴或减缴矿产资源补偿费。

免缴条件包括:
(1)从废石中回收矿产品的;
(2)按照国家有关规定经批准开采已关闭矿山的非保安残留矿体的;
(3)国务院地质矿产主管部门会同国务院财政部门认定免缴的其他情形。
减缴矿产资源补偿费的条件包括:
(1)从尾矿中回收矿产品的;
(2)开采未达到工业品位或者未计算储量的低品位矿产资源的;
(3)依法开采水体下、建筑物下、交通要道下的矿产资源的;
(4)由于执行国家定价而形成政策性亏损的;
(5)国务院地质矿产主管部门会同国务院财政部门认定减缴的其他情形。

采矿权人减缴的矿产资源补偿费超过应当缴纳的矿产资源补偿费 50% 的,须经省级人民政府批准。批准减缴矿产资源补偿费需在国务院地质矿产主管部门和国务院财政部门备案。

(三)矿产资源补偿费分配与使用制度

根据《矿产资源补偿费征收管理规定》的有关规定,矿产资源补偿费在中央与省(除青海外)、直辖市按照 5:5 比例分成;中央与广西、西藏、新疆、内蒙古、宁夏五自治区和青海省的分成比例为 4:6。矿产资源补偿费纳入国家预算,实行专项管理,主要用于矿产资源勘查。地方所得的矿产资源补偿费的使用由省级人民政府规定。中央所得的矿产资源补偿费主要用于矿产资源勘查支出,不低于年度矿产资源补偿费支出预算的70%,并适当用于矿产资源保护支出和矿产资源补偿费征收部门经费补助。矿产资源补偿费用途:矿产资源勘查支出,主要用于国家经济建设急需矿种和战略储备需要的重大地质普查找矿工作,不得用于基本建设、一般性勘查、勘探项目以及其他非地质项目费用;矿产资源保护支出,主要用于国有矿山企业为提高矿产资源开采及回收利用水平而进行的技术改造工作,实行专款专用;矿产资源补偿费征收部门经费补助,主要用于补助征收部门管理及人员经费。

虽然我国到目前为止已颁布了一系列与采矿权有偿取得相关的法律、法规,但在矿产资源补偿费征收管理过程中及对采矿权市场建设中也出现一些现实问题:《矿产资源补偿费征收管理规定》部分条款不便操作,现有矿产资源补偿费征收基数不合理,补偿费的使用不够公开透明,无证开采、侵权现象的存在造成漏费,矿产资源补偿费征收手续不健全,采矿权市场行为不规范,信息不畅通。

在市场经济条件下,建立和完善采矿权市场,需要政府发挥积极作用,规范采矿权行为,加大宏观调控监管力度,做好采矿权市场的统筹、政策指导、交易规则的审查、市场监管等工作,加快采矿权市场的建设步伐。要进一步完善采矿权市场建设的法律法规,加大执法监督力度;逐步理顺矿产资源产权的经济关系,提高公众缴纳矿产资源税费的意识,将矿产资源补偿费的征收改为权利金的征收;矿产资源补偿费的计价方式由从价计征改为从量计征与从价计征相结合,按不同矿种制定不同的费率。

第六节　地质资料汇交管理

一、我国地质资料管理概况

地质资料是国土资源的信息载体,对国民经济建设和社会发展有极为重要的作用,尤其是在促进地质矿产科学研究和社会发展的进步,科学地进行国民经济规划和行业规划,促进矿业经济的可持续发展,减少地质矿产投资风险和重复投入,加强矿产资源合理开发利用和保护监督管理等方面具有重要意义。1986年的《矿产资源法》第十二条规定:矿产资源勘查成果档案资料和各类矿产储量的统计资料实行统一的管理制度,按照国务院规定汇交或者填报。这就从法律上确立了地质资料汇交制度。1988年5月经国务院批准,原地质矿产部发布了《全国地质资料汇交管理办法》,进一步加强了地质资料的汇交管理。

1998年,国务院赋予国土资源部地质资料管理的职责为:组织制订全国地质资料汇交管理办法、地质档案管理办法和有关技术标准;对全国地质资料汇交和地质档案管理情况进行检查、监督,制定资料汇交统计通报工作;组织开展全国和省(自治区、直辖市)地质资料信息系统和检索系统建设;组织汇交地质资料的开发利用;指导地质资料的有关馆藏业务。

为了建立和健全地质资料管理制度,提高地质资料保管和利用水平,更好地满足国民经济和社会发展对地质资料的需要,国土资源部于1998—1999年年底组织全国各省(区、市)地质矿产主管部门和石油天然气、放射性矿产地质勘查主管部门,开展了全国地质资料管理情况调查。

二、地质资料管理的基本思路与主要内容

(一)总体目标与管理思路

地质资料管理工作的总体目标是以制定《地质资料汇交管理条例》为龙头,建立和完善地质资料法规体系,实现地质资料管理法制化;制定和修订馆藏建设标准和地质资料管理技术标准、规范,实现地质资料馆藏机构和馆藏管理标准化;以先进信息技术为手段,将现有馆藏资料进行数字化处理,在全国实行地质资料电子文档汇交,实现地质资料数字化;以信息网络技术为支撑,建立全国地质资料汇交管理网络系统,实现地质资料管理和社会服务网络化。

管理的总体思路:(1)地质资料管理法制化。以《矿产资源法》及有关法律为依据,以《地质资料汇交管理条例》为龙头,建立一套适应社会主义市场经济体制要求的、符合国际惯例的地质资料管理制度,既要充分发挥地质资料在国民经济建设和社会发展中的重要作用,实现地质资料的社会共享,又要充分保障汇交人的合法权益。强化地质资料汇交的统一管理,加强对原始地质资料、实物地质资料的管理。依法行政,严格行政,强化地质资料社会化共享的意识,提高地质资料社会化利用水平。(2)地质资料馆藏设施和服务标准化。全国及省级地质资料馆藏机构建馆以来,为社会提供了大量服务。然而,目前馆藏机构的设施和服务手段、服务方式已大大落后于时代的要求,馆藏设施陈旧落后,不能保障地质资料的安全和长期保存,不符合地质资料保管的基本要求。通过制订地质资料馆藏建设标准,按现代化、信息化的要求建设标准化的馆藏机构。制定并完善服务规程和资料管理技术标准,实行标准化管理和服务。(3)地质资料数字化。我国馆藏资料以纸质介质为主,已不能满足地质资料的保管和利用的要求,服务和管理效率低。需将现有的纸质地质资料按其重要性程度分步进行数字化,对新汇交的地质资料,要求汇交数字化文本和图件,全面实现地质资料图文数字化存储和利用。(4)地质资料管理服务网络化。在统一标准、格式的基础上,建设中央级、省级(行业)二级管理和服务体系,建立全国地质资料目录检索系统和地质资料汇交管理系统,利用信息技术,提供网络化管理和社会化服务。

(二)地质资料汇交管理的主要内容

(1)加强地质资料汇交的统一管理,扩大地质资料汇交管理范围,除地质成果资料外,原始地质资料和实物地质资料也纳入汇交管理范畴。

(2)地质资料汇交内容包括:按有关标准规范编制的成果地质资料、原始地质资料目录和实物地质资料目录,以及国家认为具有重要保存和利用价值的原始地质资料和

实物地质资料。

(3)区别管理公益性地质资料和商业性地质资料。公益性地质资料按规定必须公开无偿提供社会查阅;商业性地质资料给予一定期限的保密,在保密期内可有偿提供使用。

(4)加强汇交管理的法律责任。将汇交义务与采矿权管理、国家出资地质项目管理衔接起来,对违反规定的行为,加大经济、行政处罚力度。

(5)扩大地质资料社会化利用范围,简化借阅利用手续。对外商实行国民待遇。

(6)在统一管理的前提下,按照有利生产、方便使用的原则,对一些特定矿种的地质资料和具有特殊保管、利用条件的地质资料实行委托保管,并依法提供社会利用。

(7)调整地质资料汇交义务人。与采矿权相关的,探矿权人、采矿权人是地质资料汇交人;与采矿权无关的,地质工作出资人为地质资料汇交人,但国家出资的,承担地质工作的单位或个人是汇交人。

(8)调整汇交时间,探矿权人、采矿权人应在探矿权注销、采矿权注销前汇交勘查资料或闭坑地质资料;其他地质资料应在地质工作项目结束后 6 个月内汇交。

(9)调整汇交地质资料印制质量要求,在汇交电子文档的基础上,可以汇交计算机打印的地质资料。

参考文献

[1] 李万亨,等.矿产经济与管理[M].北京:中国地质大学出版社,2000.

[2] 何贤杰,等.矿产资源管理通论[M].北京:中国大地出版社,2002.

[3] 李文孟.建设项目压覆矿产资源的管理问题初探[J].矿产保护与利用,1997(3):6-8.

[4] 李风.对采矿权人实施信用监管[J].国土资源,2014(10):58.

[5] 赵亚利,王升辉,卜小平,等.对我国矿业权价款评估管理现状分析与对策建议[J].工业技术经济,2010,29(9):51-53.

[6] 孟刚,郭会山,赵亚利,等.对我国矿业权价款评估中几个主要问题的思考[J].中国矿业,2015,24(3):31-34.

[7] 石俊峰.完善我国矿产资源补偿费征收立法研究[D].呼和浩特:内蒙古大学,2012.

[8] 关凤峻,苏迅.关于矿产资源补偿费的几个观点[J].资源·产业,1999(8):12-13.

第十四章　矿产资源开发与保护管理

第一节　矿区范围划定和采矿权

一、矿区范围的概念及其划定

矿区范围指登记管理机关依法划定的可供开采矿产资源的范围、井巷工程设施分布范围或者露天剥离范围的立体空间区域。

采矿权管理工作是地矿行政管理的核心内容。矿区范围划定管理是采矿权管理的重要内容之一。要合理划定矿区范围,理顺采矿权的管理体制,规范管理采矿权的授予和转让行为,采取切实有力的措施加以解决,主要应从以下几个方面做好工作。

(1)认真学习和宣传修改后的《矿产资源法》及国务院发布的三个配套法规,深刻认识新的采矿权制度对发展社会主义市场经济、维护矿产资源的国家所有权、保障采矿权人的合法权益等方面的重大意义。

(2)强化采矿权管理,理顺采矿权管理体制,依法做好采矿许可证的审批授予工作。要严格履行地矿部门对矿产资源的审批职责,做到审批划定的矿区范围与其他相邻采矿权人无资源纠纷,占有矿产储量与拟建矿山规模、服务年限相适应。

(3)严格规范管理采矿权转让行为。对转让采矿权特别是部分转让采矿权的,要依照《矿产资源法》和《探矿权、采矿权转让管理办法》的规定,严格审查。

(4)矿区范围的划定原则:地下开采矿山的矿区范围应包括可供开采矿产资源的范围和井巷工程设施分布范围的立体空间区域;露天开采矿山的矿区范围应包括可供开采矿产资源的范围和露天剥离范围的立体空间区域。

(5)普通建筑用石料采矿权矿区范围的划定原则:对可以整体开发的山体,不得分割划界,尽可能实现整座山体移平式开采,以利于矿地综合利用。对不能整体开发的山体,原则上按照等高线进行划定,不得将山脊线作为矿界,要最大程度地减少终了边坡的面积。对确实无法按照等高线划定的,划定的矿区范围拐点内角必须形成钝角,并使开采以后的山体在水平方向不产生锐角。因工程需要设立的砂石土采矿权,矿区范围应按照工程设计的范围划定。

二、采矿权的概念及其构成

采矿权的概念出现于民法通则和矿产资源法规中,《矿产资源法实施细则》中对此的定义是:采矿权是指在依法取得的采矿许可证规定的范围内开采矿产资源和获得所开采的矿产品的权利,采矿权人对其采出的矿产品有行使所有权的权利。

构成采矿权的权利要具有三方面的要素:(1)申请采矿权的单位或者个人必须具备法律、法规规定的资质条件;(2)采矿权申请者必须依法办理采矿登记,领取采矿许可证,采矿许可证是采矿权的法律凭证;(3)采矿权人必须实际从事采矿工作,真实地履行义务。

同探矿权一样,采矿权也确立了一种民事法律关系:(1)拍卖采矿权反映了作为采矿权人的矿山企业或者公民个人,与作为矿产资源所有者的国家及其法定授权行使这一所有权的地质矿产行政管理机关之间的一种权利义务关系;(2)这种民事法律关系的主体,一方面是国家由此成为特殊"民事主体",以及国家授权行使采矿权管理的地质矿产行政管理机关,另一方面是依法设立的各类矿山企业和依法取得采矿权的公民,随着经济体制的改革深化和对外开放的扩大,采矿权的主体已经扩大,外商投资企业、私营企业、合作制企业或者股份制企业均可以成为采矿权人;(3)采矿权法律关系的客体是国家所有的矿产资源,这一点与探矿权的客体无异,但就特定的探矿权、采矿权而言,它们的客体的存在性质是不一样的,设立探矿权时,对该探矿权所指向的客体尚不可知,具有不稳定性;而设立采矿权时,对该采矿权所指向的客体在现有认识上是可知的,具有相对的稳定性;(4)采矿权法律关系的内容,主要是采矿权的权利内容。确认采矿权排他性原则是1986年修订的《矿产资源法》和《矿产资源开采登记管理办法》的一项主要指导思想。

矿产资源法的修改和采矿登记办法充分贯彻了采矿权排他性原则,采矿权排他性这一原则在修改后的矿产资源法和采矿登记办法中得到充分体现。首先,1996年版《矿产资源法》的修订删去了原《矿产资源法》第三十六条的规定,即"在国营矿山企业的统筹安排下,经国营矿山企业上级主管部门批准,乡镇集体矿山企业可以开采该国营矿山企业矿区范围内的边缘零星矿产,但是必须按照规定申请办理采矿许可证"。实践证明,这一规定带有浓厚的计划经济色彩,不符合采矿权排他性原则,是造成采矿纠纷持续不断、矿业秩序混乱的立法不完善的因素。同时,将原《矿产资源法》第十六条第三款修改为:"禁止任何单位和个人进入他人依法设立的国有矿山企业和其他矿山企业矿区范围内采矿。"(原规定是:"任何单位或者个人不得进入他人已取得采矿权的矿山企业矿区范围内采矿。")第二十九条的修改,也强调了侵犯他人采矿权的法律责任。其次,采矿登记办法第四条规定的采矿权预申请制度("采矿权申请人在提出采矿权申请前,应当根据经批准的地质勘查报告,向登记管理机关申请划定矿区范围")和第三条规定的采矿许可证逐级备案制度("县级以上地方人民政府负责地质矿产管理工作的部门在审批发证后,应当逐级向上一级人民政府负责地质矿产管理工作的部门备案")都是保证采矿权排他制度的重要措施。

三、采矿权人的权利义务

(一)采矿权人的权利内容

采矿权人的权利内容,即采矿权人享有的权利和承担的义务总和。《矿产资源法》及其实施细则对此作出了比较详尽的规定。

《矿产资源法实施细则》以列举式概括了采矿权人享有的以开采权和矿产品销售权为核心的若干权利。

一般的民法著作则对采矿权人的权利列举出三方面:一是开采矿产资源的权利;二是有权禁止其他单位或个人进入自己的矿区范围内采矿,对非法进入自己矿区范围采矿的单位或个人,采矿权人有权请求停止开采、赔偿损失;三是有权销售其开采所得的矿产品。有的著作提到采矿权人的权利时,列举采矿权人的权利为四个方面:(1)对采矿许可证规定矿区范围和期限内的矿产资源的排他性占有;(2)开采;(3)矿山建筑权和辅助建筑权;(4)矿产品所有权和经营权。上述著作形成的时间均在 1996 年《矿产资源法》修正之前。修正前的《矿产资源法》禁止采矿权买卖、出租或者用作抵押,亦即作为采矿权所有者不得享有采矿权之处分权。《矿产资源法》的修正明确了采矿权人在法定情形下经地质矿产行政机关批准可以将采矿权转让,即"已取得采矿权的矿山企业,因企业合并、分立,与他人合资、合作经营,或者因企业资产出售以及有其他变更企业资产产权的情形而需要变更采矿权主体的,经依法批准可以将采矿权转让他人采矿"。有鉴于此,对采矿权人的权利内容应增补"对采矿权人附条件的处分权"一项。

(二)采矿权人的义务内容

《矿产资源法》比较详细地规定了采矿权人应承担的法律义务。该法第四章"矿产资源的开采"所规定的内容基本是采矿权人的义务,包括合理开采利用矿产资源、环境保护、土地复垦、劳动安全等方面。第五条缴纳有关税费的规定,第三十七条提高资源回收率、禁止乱挖滥采的规定等,都是采矿权人的义务。《矿产资源法实施细则》列举了采矿权人应当履行的 5 个方面的义务。

第二节　采矿权市场管理

一、采矿权市场流转形式及其经济关系

采矿权市场是指作为特殊商品的采矿权,在流转过程中发生的经济关系的总和。采矿权市场的主体是采矿权人,即采矿权交易的双方;采矿权市场的客体是交易的目的物,即采矿权本身;采矿权主体之间的种种利益构成了采矿权市场的经济关系。

采矿权市场管理体制的核心内容之一,就是采矿权的流转制度,是指采矿权在其流通过程中,在不同持有者之间,按照市场经济规律达到资源合理配置的目的。

(一)采矿权流转的形式

采矿权的流转方向可以是由国家流向企业(包括各种经济类型),也可以是由企业流向国家,还可以由企业流向企业。按照采矿权流转的方向和对象,一般将采矿权流转分为两种形式,即一级采矿权出让市场和二级采矿权转让市场。

1. 采矿权的出让市场

一级采矿权出让市场是指采矿权作为资产,初次进入流通领域所形成的市场。我国在矿业权管理上实行的是探矿权和采矿权登记许可证制度。初次投入市场的探矿权和采矿权,都是由国家垄断的,一般采取出让的方式。国家根据国民经济和地区经济发展的需要,以及矿产资源存在形式的不同采用不同的出让形式,如协议、招标、拍卖和挂牌等方式出让探矿权和采矿权。

2. 采矿权的转让市场

二级采矿权转让市场是一级市场的延伸和扩展,是指采矿权人为经营目的,将采矿权再次投入流通领域所形成的市场,其流转是在两个平等的民事主体之间进行的。流转的形式多种多样,有出售、股权转让、继承等。二级采矿权转让市场的转让是有条件的,必须遵照法律、法规的规定运作。在《矿产资源法》第六条中,对转让探矿权和采矿权的条件,都有明文规定。

(二)采矿权流转的经济关系

1. 采矿权流转经济关系的主体

采矿权流转经济关系的主体是指在矿业权流转过程中,依法独立享受经济权益和承担经济义务的当事人,即采矿权的出让方(或转让方)和采矿权的受让方,具体包括:

(1)国家。国家是矿业流转经济关系中重要的主体。按现行法律规定,国家是采矿权的终极所有者。我国《矿产资源法》明确规定:矿产资源属于国家所有,由国务院行使对矿产资源的所有权,而采矿权又是矿产资源所有权派生出来的,这样,由于矿产资源的国家所有的唯一性,就决定了国家是采矿权经济关系中最重要的主体,也确立了其作为采矿权的终极所有者的地位。同时,国务院也已明确由国务院地质矿产主管部代表国家行使采矿权流转的行政管理。

《矿产资源法》第十一条第一款规定:国务院地质矿产主管部门主管全国矿产资源勘查、开采的监督管理工作。地质矿产行政主管部门管理工作的核心应该是采矿权管理,可见国家的法律、法规不仅赋予地质矿产管理部门地质矿产行政管理的权限,而且还赋予其对矿产资源进行监督管理的权力,从而地质矿产部门便成为采矿权流转经济关系中最重要的主体(国家)的代表。

(2)采矿权人。勘察出资人为探矿权申请人。符合国家资质条件的采矿权申请人向国家提出申请,经有关部门批准或依法受让并办理法定手续后,所有的公司、企业、其他组织和个人均可成为采矿权人。

2.采矿权流转经济关系的客体

采矿权流转经济关系的客体就是采矿权主体权利和义务共同指向的对象,即采矿权本身和流转这一经济行为。就体现采矿权目标物而言,探矿权的具体目标物可以是矿产地,或者是成矿有利地段、找矿靶区等;采矿权的目标物是具有工业经济价值的矿产储量。

二、采矿权流转制度

采矿权流转的主要形式,包括采矿权一级市场的出让和二级市场的转让。采矿权流转制度也可以分为两个相应的基本制度,即采矿权国家出让制度和采矿权转让制度。矿业权流转制度的基本指导思想是建立以矿产资源所有权为核心的国家出让市场,以及以市场供需为核心的、以经济利益为驱动的二级转让市场。

(一)采矿权国家出让制度

国家出让的一级市场是两权流转制度的第一个环节。探矿权和采矿权呈纵向流通,国家以矿产资源所有者的身份把矿产资源的探矿权和采矿权投入市场运行,国家对该市场具有垄断性,表现为政府与采矿权申请人之间的交易行为,基本上均由政府根据国家的整体利益,特别是不同矿产资源对国民经济的影响程度及经济发展的总体需求来确定出让形式。例如对一般矿产地,尤其是在矿产资源前景不明朗的空白区块出让探矿权时,经常使用申请批准方式,即根据申请人的先后顺序,将探矿权授予最先申请者;申请者只需按面积缴纳探矿权使用费就可获得探矿权。对于一些已知的矿产地,招标出让采矿权是经常采用的方式。对于我国今后的采矿权出让市场来说,竞争性招标方式、协议方式、委托方式或拍卖方式都有可能存在。除非采矿权人自动放弃采矿权,或者由国家收回后再度出让,否则同一矿产地的采矿权只能出让一次。

(二)采矿权转让制度

以探矿权为例,探矿权申请人在国家出让取得探矿权之后,经过一段时间的投资勘查,找到矿产资源或取得一些有价值的发现情况下,都有可能进入二级市场,申请探矿权的转让。受让人经过批准获得探矿权后,经过一定的勘查投入和勘察阶段也有可能再次进入采矿权二级市场进行转让。一项探矿权如果符合转让条件,经依法批准,可以多次转让。采矿权也是如此,作为采矿权人的不同主体,由于各种原因,都可以将采矿权拿到二级市场进行市场交易行为进行一次或多次转让。

二级市场的一个重要特点是矿业权为横向流通,各个民事主体之间的地位是平等的,政府只以社会管理者的身份对采矿权转让市场进行管理和宏观调控,所以说采矿权流转的二级市场才真正体现了市场经济的公平、公正,公开、效率原则以及利益驱动原则。当然,现在还存在着许多原来从国家无偿获得的采矿权,国家对其进行了大量的地质勘察费投资,如果这些采矿权要转让,不论现在是由谁持有,都要根据国家的法律、法规规定,对国家的地质勘查费投资在评估的基础上予以补偿。

第三节　采矿权登记管理

采矿权登记是体现矿产资源国家所有的重要手段,也是矿产资源国家社会管理的主要内容。对矿产资源进行开采登记是国际通用做法,特别是在市场经济体制国家,开采登记是矿产资源管理的重要法律体现。

一、开采登记管理的主要原则

(一)维护矿产资源国家所有的原则

矿产资源开采登记作为一种委托管辖权,是所有权派生出来的他物权,必然反映和遵从所有者的意志。《宪法》规定了矿产资源归国家所有,维护矿产资源国家所有是国家社会管理者的责任和义务,是必须遵循的第一法则。长期以来对矿产资源所有关系的模糊认识,使得在许多地方,在人们的意识中,矿产资源生在何处,就归何处所有的认识还有相当存在的市场、地方与国家争夺资源支配权的事件时时发生。就连一个农民,在其承包的土地下的矿产资源,都要分取一部分权益,否则矿产资源不能开采,这给合法开采者带来许多麻烦,甚至只能望而却步。这种被扭曲的认识,甚至一些违法事件,说明了实现矿产资源国家所有难度很大,需要长期的法制教育宣传甚至斗争。矿产资源登记管理机关更有义务站在维护矿产资源国家所有的立场予以保护所有者权益。国家应有更强硬的手段和措施以保障所有者权益。

(二)依法保障采矿权人合法权益原则

获准开采登记,采矿权申请人即完成了物权登记手续,拥有法定的采矿权,享有法定权益。采矿权人的法定权益受法律保护,登记管理机关有义务依法保障采矿权人的合法权益。

(三)探矿权人优先登记的原则

探矿权是依附于矿产资源所有权的一种特殊的他物权。我国法律规定,探矿权具有不可侵犯性,在探矿权有效期内,勘查作业区的生产和工作秩序不受影响和破坏。为保障探矿权人的合法权益,在探矿权有效期内探矿权人理应优先取得采矿权。因此,《矿产资源法》明确探矿权人有权优先取得勘查作业区内矿产资源的采矿权。

(四)开采登记排他性原则

毫无疑问,开采登记作为物权登记的一种形式,必须保证物权的独立性、唯一性,并具有对抗他人侵犯的权利。物权登记时必须界定"物"之所在,因此只有对登记的"物"才有排他的权利。我国长期以来就有对排他性的争论,是绝对排他,还是相对排他,双方各执一词。从物权观念来看,确定矿产资源开采排他程度,关键要看开采登记的对象和空间分布,只有两者结合起来,才具有排他的权利。因此,无论是绝对的排他,还是相对的排他,开采登记范围内开采对象是具有绝对排他的,不得进行重复登记或有范围重叠登记。

(五)有偿取得采矿权原则

申请开采登记并有偿取得采矿权,主要是基于体现所有者权益、社会行政管理成本和矿业经济宏观调控。采矿权可视为所有权派生出来的经营权,与所有权存在经济补偿关系;国家作为社会行政管理者,负有保障采矿权人和所有者权益的义务,负有最有效地开采矿产资源的义务,也有为社会积累财富并用于整个社会运转的义务。因此,国家作为所有者和管理者,必须实行采矿权有偿取得制度,主要收取矿产资源补偿费、矿产资源税和采矿权使用费。补偿费体现所有者权益,后两者包括登记管理在内的社会管理成本和采矿权保护的各种平均费用,以便合理调控采矿行为。

(六)采矿权依法流转原则

采矿权作为一种他物权,具有物权交易的属性,可以在不同的民事主体间流转,这个民事主体可以是国家(特殊的民事主体)、企业和个人。采矿权的流转仅是他物权的流转,不改变矿产资源的所有权。采矿权流转是物权交易行为,必须服从国家的法律,必须依法流转。

按照物权流转的可能形式,大体上可分为两种:一是物权初次进行流转,由自物权中流出;二是他物权的自身流转。在采矿权中,前者属于采矿权的出让,是一级流转;后者属于采矿权的转让,是二级流转。无论是一级流转还是二级流转,都是有偿公平交易,属于市场行为,前者向所有者交纳出让金或称采矿权价款;后者由受让方向转让方交纳采矿权转让费。

采矿权的流转主要是经济法律关系的重新调整,对采矿权的合理价值,转让方和受让方均应进行详细评估。其评估结果作为交易谈判的基础。国家法规规定,转让国家出资勘查形成的采矿权价款必须经认定的评估机构评估并经地矿主管部门确认。

二、开采登记管理的主要内容

采矿权登记管理是矿产资源开发利用中的重要环节,是采矿行政管理的核心。其主要内容是保护矿产资源的所有权益,保护采矿权人的合法权益,规范采矿行为和合理利用与保护矿产资源使之可持续供给所进行的一切活动。具体体现在开采登记的申请受理、审查、批准,采矿权的出让、转让、延续、变更、注销管理,所有者权益的保障和收缴。主要包括:(1)制定开采登记管理的有关办法;(2)界定可开采登记区的范围和时间;(3)设定申请登记的资格、条件和程序;(4)界定采矿权人的权利和义务;(5)受理申请、审查、批准开采登记(采矿权);(6)采矿权的出让、转让、延续、变更、注销管理;(7)管理国家出资形成的采矿权转让;(8)保护采矿权人的合法权益;(9)监督采矿权人的采矿行为;(10)征收所有者权益;(11)维护公民和社会与采矿有关的合法权益。

三、开采登记审批权限

矿产资源开采登记实行分级审批管理。

由国务院地质矿产主管部门审批登记并颁发采矿许可证的有:石油、天然气、煤层气、放射性矿产资源;领海及中华人民共和国管辖的其他海域的矿产资源;外商投资开采的矿产资源。

省、自治区、直辖市人民政府地质矿产主管部门审批登记,颁发采矿许可证的有:(1)《矿产资源开采登记管理办法》附录所列的34种重要矿产除石油、天然气、煤层气、放射性矿产以外的矿产资源;其中煤、有色金属和大中型储量规模的重要矿产,均由省级人民政府地质矿产主管部门报请省级人民政府批准后再办理采矿登记手续;(2)前款规定以外的矿产储量规模在中型以上(含中型)的矿产资源。除此以外的矿产资源,由省、自治区、直辖市人民代表大会常务委员会制定管理办法,由县级以上地方人民政府负责地质矿产管理工作的部门审批登记并颁发采矿许可证。

矿区范围跨县级以上行政区域的,由所涉及行政区域的共同上一级登记管理机关审批登记,颁发采矿许可证。县级以上地方人民政府负责地质矿产管理工作的部门在审批发证后,应当逐级向上一级人民政府负责地质矿产管理工作的部门备案。

对省级人民政府地质矿产主管部门违法颁发的采矿许可证,由国务院地质矿产主管部门予以撤销。

四、开采登记资格审查

开采登记需进行开采资格审查,主要审查下列资料:
(1)申请登记书和矿区范围图;
(2)采矿权申请人资质条件和证明;
(3)矿产资源开发利用方案;
(4)依法设立矿山企业的批准文件;
(5)符合矿产资源规划、行业发展规划、矿区总体规划和国家产业政策;
(6)设立的矿山开采规模与矿产储量规模相适应;
(7)开采矿产资源的环境影响评价报告;
(8)国务院地质矿产主管部门规定提交的其他资料。

申请开采国家规划矿区或者对国民经济具有重要价值的矿区内的矿产资源和国家实行保护性开采的特定矿种的,还应当审查国务院有关部门的批准文件。申请开采石油、天然气的,还应当审查国务院批准设立石油公司或者同意进行石油、天然气开采的批准文件以及采矿企业法人资格证明。

五、开采登记变更

采矿权人由于下列原因应当在采矿许可证有效期内,向登记管理机关申请变更登记:(1)变更矿区范围的;(2)变更主要开采矿种的;(3)变更开采方式的;(4)变更矿山企业名称的;(5)经依法批准转让采矿权的。

第四节　治理备用金管理

一、治理备用金含义

治理备用金是指采矿权人在开采矿产资源过程中及其在闭坑、停办、关闭矿山后为保护矿山自然生态环境,防治地质灾害和水土流失、恢复植被等工作应缴纳的备用治理费。治理备用金由当地国土资源主管部门代收,存入财政专户,实行专项管理。采矿权人履行治理义务且治理工程经组织验收合格的,按规定返还治理备用金。

二、收取标准

治理备用金收取要严格遵循不低于治理费用的原则,以矿山地质环境保护与治理恢复方案(以下简称"治理恢复方案")中明确的矿山地质环境保护与治理恢复经费概算为主要依据。治理恢复方案须明确矿山地质环境保护、治理恢复、监测对象和内容,提出矿山地质环境保护与治理恢复工程及矿山地质环境保护监测工程和技术措施,确定其工程量,参照相关标准,测算矿山地质环境保护与治理恢复经费。不同地区省市可结合当地实际,制定不同的收取标准。

三、收取方法

采矿权人在领取采矿许可证并与地质矿产主管部门签订矿山自然生态治理责任书的同时,向矿区所在地的地质主管部门缴纳治理备用金。治理备用金原则上由矿区所在地的县级本部门负责收取和管理。矿区范围跨市的,由省地质矿产主管部门负责收取和管理;跨县不跨市的,由市地质矿产主管部门负责收取和管理。

第五节　方案管理

方案管理包括《矿产资源开发利用方案》管理、《矿山地质环境保护与恢复治理方案》管理和《矿山土地复垦方案》管理,其中矿山土地复垦的方案的编制可参照《土地复垦方案编制规程》(TD/T 1031.1-2011),矿山土地复垦的方案管理可参照第九章第四节和第六节的相关内容,在此不再赘述。

一、矿产资源开发利用方案管理

国土资源部于1999年制定了矿产资源开发利用方案编写内容的《矿产资源开发利用方案审查大纲》,并颁发了《关于加强对矿产资源开发利用方案审查的通知》,明确规定编写矿产资源开发利用方案并对其进行审查是采矿权授予中必需的重要程序。这对促进矿产资源开发利用方案、程序的规范化,对强化资源的科学管理,推进矿业经济发展具有重要的意义。

(一)开发利用方案编制的基本任务

开发利用方案的基本任务是对拟开采矿山从技术、工程和经济方面进行深入细致的分析研究、多方案比较,从而对资源如何利用、怎样发挥最大效益、如何合理地建设矿山、保证资源的科学利用进行综合论证,为政府管理部门对该矿区的资源开发利用作出科学决策提供依据。

开发利用方案与项目可行性研究报告相比较而言,开发利用方案重点对资源储量利用、产品方向进行论证,这两方面的内容要求均高于可行性研究报告。建设方案的确定、矿产开采、选矿及尾矿设施、矿山机械总体运输、通风与安全、劳动定员和经济预算等编写内容要求基本与项目可行性研究报告相同。

开发利用方案重点是研究和确定资源的利用方案、产品方向、利用率及效益的合理性和科学性,并从矿床开采、采选工艺、环境保护等方面提出方案,来实现已确定的资源利用目标,主要是提供给国土资源主管部门审查其资源开发利用的合理性。

开发利用方案是申请采矿许可证的必要报件之一,必须委托有相应资质的设计单位编制开发利用方案。

(二)开发利用方案管理

国土资源部颁发的《矿产资源开发利用方案编写内容要求》已实施十多年,今后相当一段时间内仍是资源管理和开发利用必须遵循的政策和技术标准,随着中国矿产资源管理改革的不断深入,开发利用方案的作用也在不断延伸,为了使开发利用方案适应新形势下矿产资源管理的新要求,开发利用方案形成程序必须规范化。

1. 加强"设计利用资源储量"合理性论证

矿产资源储量要区分地质报告提交资源储量、设计利用资源储量、可采储量。地质报告提交资源储量包括基础储量和资源量。地质报告提交的资源储量必须依法经过有资质的社会中介组织评审和国土资源主管部门备案后才能提供给设计部门作为设计依据。要将国家投资获得的资源储量与矿山企业用自有资金投入地质勘探获得的资源储量区别开。利用国家投资获得的资源储量,矿山企业要交纳采矿权价款,而开采企业用自有资金探获的储量不用交纳采矿权价款。

2.加强改扩建矿山现状研究,提高开发利用方案的合理性

改扩建矿山新老设计方案存在六个方面的衔接:一是设计利用的资源储量变化、产品方向和生产规模调整;二是开拓系统的改造和调整;三是提升运输系统及其设备能力、性能的调整;四是安全设计系统及原有开采区的安全防治;五是供电、供水系统的改造及调整;六是环保措施的改进和完善。由此可见,改扩建矿山资源开发利用方案编制工作中,对现状的研究是十分重要的,开发利用方案中,不但要加重对现状的阐述,编制好详细的开发利用现状图也是十分必要的。

3.加强前期工作研究,提高资源综合利用效益

选矿技术的研究和选矿方案的确定,是科学合理利用矿产资源的关键。由于其选矿的特殊性,相应的尾矿设施安全、环境保护都成为开发方案研究的重点。

4.加强安全生产和环境保护

对矿山开采过程可能存在的危险因素要进行必要分析,针对这些危险因素提出安全生产和环境保护的保障设施和管理措施。矿山建设工程的安全生产和环境保护设施必须与主体工程同时设计、同时施工、同时投入生产和使用。矿山建设工程安全设施设计必须经安全生产监督管理部门审查,环境保护设施设计必须经环境保护主管部门审查。

5.加强技术经济评价可行性研究

矿产资源开发利用方案不但技术上要可行,而且经济上必须合理。如果一个项目虽然技术上可行,但经济上不合算,投入资金不能取得预期的效果,甚至投资都无法收回,这个项目是不可取的。因此,在技术可行的基础上,要对方案进行必要的经济评价。

二、矿产资源开发利用与安全设施设计方案管理

中国矿产资源开发利用市场的建立,对矿产资源开发利用方案的编制提出了新的要求,注入了新的内容。为适应矿产资源开发利用市场,强化安全生产,加强矿产资源开发利用和矿山安全生产监督管理制度的衔接,提高办事效率,浙江省国土资源厅、浙江省安全生产监督管理局于 2014 年 11 月发出了《关于做好露天开采矿山矿产资源开发利用与安全设施设计方案编制审查工作的通知》(浙土资厅函〔2014〕648 号),决定将《矿产资源开发利用方案》和《矿山安全设施设计》(即《矿山安全专篇》)合编为《矿产资源开发利用与安全设施设计方案》(以下简称《方案》),并实行联合审查。

(一)《方案》的编制

根据现行法律、法规和规章要求,需要同时取得采矿许可证和安全生产许可证的露天开采矿山,其采矿权申请人在申请办理采矿许可证之前,须委托具有国家批准的矿山设计资质单位编制《方案》。《方案》应按照《浙江省露天开采矿山矿产资源开发利

用与安全设施设计方案编制大纲(试行)》和相关技术规范的要求编制,编制人员需涵括地质、采矿、机电、安全等不同专业的人员。

(二)《方案》的审查

1. 审查权限

《方案》由负责采矿权登记发证的国土资源部门和同级安全生产监督管理部门联合组织审查。其中,省级登记发证矿山的《方案》委托矿山所在地县级相应部门组织审查。市级相应部门可根据情况自行决定是否委托。没有委托的市,如按照"安全生产监督管理部门负责本级政府及其投资主管部门审批(核准、备案)的建设项目安全设施设计审查审批"的规定,采矿许可登记发证和立项分别对应市、县二级安全生产监督管理部门的,二级安全生产监督管理部门均须参与审查。

2. 审查程序及要求

(1)资料受理。提交审查的《方案》由负责组织审查的国土资源部门统一收件。收件后,须对照《矿产资源开发利用与安全设施设计方案审查收件清单》对送审报件及时进行受理要件审查。符合要求的报件,予以受理;不符合要求的报件,予以退回补正,并说明理由。国土资源部门在受理后的5个工作日内,将受理的材料分送到负责组织审查的安全生产监督管理部门。

(2)评审筹备。负责组织审查的国土资源部门、安全生产监督管理部门协商确定评审会时间、地点、参会单位、评审专家组成员等与评审会议有关的事项,并联合发布会议通知。评审专家从省国土资源厅公布的"浙江省矿产资源开发利用与保护专家库"的矿产资源开发利用方案评审类专家和安全生产监督管理部门公布的矿山安全生产专家库中选取。专家组成员专业构成要与审查任务相匹配,应当回避的专家不得聘为专家组成员。

(3)组织评审。评审一律以会审的形式进行。评审会议应由负责组织审查的国土资源部门或安全生产监督管理部门主持。主持人在会上应宣布会议的主要议程,征询评审专家是否有回避情形的意见,主持推荐专家组组长。专家组应对照有关法律法规、规章规程和编制大纲要求,对编制单位的资质、文本内容与格式、编制依据、矿产资源保护与合理开发利用、安全可靠性和可行性、安全对策措施的有效性和可行性等进行审查,并充分听取与会代表的意见,形成专家组审查意见。专家组审查意见须明确是否通过评审,若专家组成员无法达成一致意见的,应通过投票决定,并在专家组意见中如实记载。专家组意见应由专家组组长签名,专家组组长对专家组意见负总责;每位专家均须提交个人书面意见,并对个人书面意见负责。负责组织评审会的国土资源部门和安全生产监督管理部门应确定专人做好会议记录,并形成会议纪要。会议纪要、专家组意见及专家个人意见由组织审查的国土资源部门和安全生产监督管理部门备案。

(4)修改确认。评审会议结束后,编制单位须根据评审会上提出的修改意见和要求进行修改,编写修改说明;修改后的《方案》和修改说明须送专家组组长或专家组指定的专家审核,并由负责审核的专家书面签字确认。

(三)《方案》的审定和批复

负责组织审查的国土资源部门对《方案》中矿产资源开发利用相关内容的审查意见进行审定,符合要求的,出具审定意见;不符合要求的应退回,按要求补正后再出具审定意见。《方案》和审定意见作为采矿权申请人办理采矿权登记发证的要件。

采矿权申请人取得采矿许可证后,应根据安全生产监督管理部门有关矿山建设项目安全设施设计审查审批的有关规定,将《方案》及评审会会议纪要、评审专家组意见、修改确认意见等其他需要提供的材料,向具有审批权限的安全生产监督管理部门提出安全设施设计的审查申请。负责审批的安全生产监督管理部门根据联合审查情况和上报的材料,对《方案》中的涉及安全生产的内容及其他申报材料进行行政合规性审查,符合法律法规、规章标准要求的,出具通过安全设施设计审查的批复;不符合要求的,出具不通过审查的批复,并说明理由。

(四)《方案》的调整和变更

(1)在《方案》实施过程中,因矿产资源开发利用或矿山安全生产等因素需作调整或变更的,在作调整或变更之前,应征得负责组织审查的国土资源部门和安全生产监督管理部门同意。

(2)因矿产资源开发利用需调整或变更的,其程序及要求按国土资源部门的有关规定执行;因矿山安全生产需调整或变更的,其程序及要求按安全生产监督管理部门的有关规定执行。调整或变更事项同时涉及矿产资源开发利用和矿山安全生产的,调整或变更《方案》的审查、审定和批复按本通知的规定执行。

(3)调整或变更后的《方案》须同时报负责组织审查的国土资源部门和安全生产监督管理部门备案。

(五)其他事项

(1)按照相关法律法规要求,申请变更矿区范围、开采矿种、生产规模和开采方式的矿山,在申请采矿权变更登记之前,需重编或修编《方案》。

(2)按现行规定要求,仅需编制《矿产资源开发利用方案》或《矿山安全设施设计》的矿山,不要求编制《方案》,其《矿产资源开发利用方案》或《矿山安全设施设计》的编制、审查、审定或批复,仍按本文件下发前国土资源部门或安全生产监督管理部门的有关规定执行。

三、矿山地质环境保护与恢复治理方案管理

(一)矿山地质环境保护与恢复治理方案编制规范的形成过程与趋势

随着矿产资源开发所带来的环境问题越来越突出,形势日趋严峻,2005 年《国务

院关于全面整顿和规范矿产资源开发秩序的通知》（国发〔2005〕28号）文件要求："新建和已投产生产矿山企业要制定矿山生态环境保护与综合治理方案,报经主管部门审批后实施。"为了指导矿山企业编制矿山环境保护与综合治理方案,国土资源部起草并颁布了行业标准《矿山环境保护与综合治理方案编制规范》（DZ/T 223-2007）,2007年9月1日起施行。为进一步保护矿山地质环境,减少矿产资源勘查开采活动造成的矿山地质环境破坏,保护人民生命和财产安全,促进矿产资源的合理开发利用和经济社会、资源环境的协调发展,根据《矿产资源法》和《地质灾害防治条例》,制定了《矿山地质环境保护规定》,并于2009年3月2日以国土资源部第44号令的形式予以发布,自2009年5月1日起实施。该规定明确国土资源部负责全国矿山地质环境的保护工作,县级以上地方国土资源行政主管部门负责本行政区的矿山地质环境保护工作,矿山地质环境保护坚持预防为主、防治结合,谁开发谁保护、谁破坏谁治理、谁投资谁受益的原则。该规定适用于矿产资源勘查开采等活动造成矿区地面塌陷、地裂缝、崩塌、滑坡、含水层破坏、地形地貌景观破坏等的预防和治理恢复,对矿山地质环境调查评价、矿山地质环境保护规划、矿山地质环境保护与治理恢复方案编制和审批以及监督管理都做了较为详细的规定。根据《矿山地质环境保护规定》（2009年3月发布）关于编制矿山地质环境保护与治理恢复方案的要求,国土资源部对《矿山环境保护与综合治理方案编制规范》（DZ/T 223-2007）进行了修订,修订的主要内容包括对适用范围做了适当的调整,补充了相关术语和定义,修改完善了总则部分条款,对评估任务和内容进行了修改,增加了"矿山地质环境保护与治理恢复分区"和"矿山地质环境保护与治理恢复措施"两个章节,删除了与修订后规范无关的应用文件、部分术语和定义、综合评估等,形成了《矿山地质环境保护与治理恢复方案编制规范》（DZ/T 223-2009）行业标准,2011年又对其进行了修订,形成了《矿山地质环境保护与治理恢复方案编制规范》（DZ/T 0223-2011）。

2013年7月,为贯彻《环境保护法》和《国务院关于加强环境保护重点工作的意见》,加强矿山生态环境管理,推进矿产资源开发过程中生态环境保护与恢复治理,指导和规范矿山生态环境保护与恢复治理方案（规划）编制工作,环境保护部组织制定和颁布了《矿山生态环境保护与恢复治理（规划）编制规范（试行）》（HJ 625-2013）。但由于该规范仅有矿山环境保护与恢复治理（规划）编制方面的内容,难以指导矿山环境保护与恢复治理工作,且矿山环境保护与恢复治理职能在国土资源部门,故目前矿山环境保护与恢复治理工作主要应用《矿山地质环境保护与治理恢复方案编制规范》（DZ/T 0223-2011）（以下简称《治理方案》）。但将矿山地质环境保护与治理恢复扩展到矿山生态环境保护与治理恢复是国家生态文明建设的需要,也是未来的发展趋势。浙江省响应这一趋势,早在2012年就出台了《关于进一步落实矿山自然生态环境治理备用金收取管理办法的通知》（浙财建〔2012〕229号）,2015年又组织编制了《浙江省矿山生态环境保护与治理规划（2016—2020年）》,现实中矿山治理的内涵已扩展到生态环境范畴。

（二）《治理方案》的编制原则和工作程序

1.《治理方案》的涵义和编制原则

《治理方案》是指针对矿山地质环境问题，提出矿山地质环境保护和治理恢复技术措施、工程措施和生物措施，并做出总体部署和安排，是实施保护、监测和治理恢复矿山地质环境的技术依据之一。

所谓矿山地质环境是指采矿活动所影响到的岩石圈、水圈、生物圈相互作用的客观地质体。矿山地质环境问题是指受采矿活动影响而产生的地质环境破坏的现象。主要包括矿区地面塌陷、地裂缝、崩塌、滑坡、含水层破坏、地形地貌景观破坏等。

编制矿山地质环境保护与治理恢复方案，要坚持"预防为主，防治结合""在保护中开发，在开发中保护""依靠科技进步，发展循环经济，建设绿色矿业""因地制宜，边开采边治理"的原则。矿山地质环境保护与治理恢复方案应在矿山地质环境现状调查和矿产资源开发利用方案或矿山开采设计等基础上编制，并符合相关规划。矿山地质环境保护与治理恢复方案编制的区域范围包括开采区及采矿活动的影响区。

2.《治理方案》编制的工作程序

编制矿山地质环境保护与治理恢复方案按图 14-1 程序进行。

資料收集及現場踏勘 → 矿山地质环境调查 → 确定评估范围和评估级别 → 矿山地质环境影响评估 → 矿山地质环境保护与治理恢复分区 → 矿山地质环境保护与治理恢复方案报告编写和图件编绘

图 14-1　工作程序框图

（三）《治理方案》的编制与审查管理

1.《治理方案》的编制管理

采矿权申请人在申请办理采矿许可证时，应当编制《治理方案》，并不再单独进行地质灾害危险性评估。矿山企业扩大开采规模、变更矿区范围或者开采方式的，应当重新编制矿山地质环境保护与恢复治理方案。

《治理方案》由采矿权申请人或采矿权人委托符合《矿山地质环境保护规定》（国土

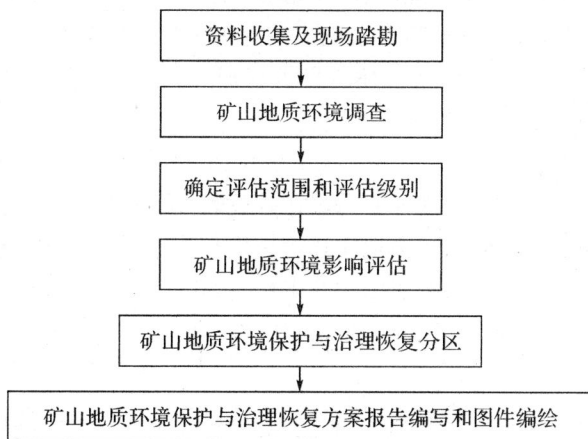

资源部第 44 号令)要求的资质单位进行编制。其中,由国土资源部受理发证的矿山,编制单位应具备甲级资质;由省级国土资源行政主管部门受理发证的矿山,编制单位应具备乙级及其以上资质;由市、县级国土资源行政主管部门受理发证的矿山,编制单位应具备丙级及其以上的资质。《治理方案》中涉及地质灾害危险性评估内容的,编制单位应具备相应等级的地质灾害危险性评估资质。

《治理方案》的编制内容和技术要求应符合地质矿产行业标准《矿山地质环境保护与治理恢复方案编制规范》(DZ/T 0223-2011)的规定。其中,涉及地质灾害危险性评估内容的,还应符合《国土资源部关于加强地质灾害危险性评估工作的通知》(国土资发〔2004〕69 号)要求。油气、水气及砂石粘土类等矿产,《治理方案》的编制内容可适当简化,可按规范要求编制方案表。

2.《治理方案》的审查管理

采矿权申请人或采矿权人按要求编制完成的《治理方案》,应按采矿权审批权限,报具有相应审批权的国土资源行政主管部门组织专家开展评审和审查工作。主管矿山地质环境保护与治理恢复的业务部门负责评审组织工作,并委托具有一定技术力量的单位承担具体评审工作。

负责评审组织工作的国土资源行政主管部门要建立和完善《治理方案》评审专家库。专家库要由水文地质、工程地质、环境地质、采矿工程、岩土工程、土地整理、生态环境、工程预算等相关专业领域的专家组成。专家库成员应具有较高专业技术水平,熟悉国家矿产资源开发和矿山地质环境保护管理等方面的法律法规、政策及技术标准。入选专家库的专家名单要向社会公告。

采矿权申请人或采矿权人在报送《治理方案》审查时,应提交下列资料:(1)《治理方案》审查申请登记表;(2)《治理方案》报告书(或表)及附图;(3)编制单位资质证书及培训合格证书复印件;(4)缴纳矿山地质环境保护与治理恢复保证金承诺书。

承担评审工作的单位要根据矿山的开采矿种、开采方式、地质环境条件等特点,在专家库中选定相关专家组成专家组,对《治理方案》进行评审,形成专家评审结论,填写《矿山地质环境保护与治理恢复方案评审表》。负责评审组织工作的国土资源行政主管部门应对专家评审结论进行审查,并在《矿山地质环境保护与治理恢复方案评审表》上签署意见。审查的重点内容包括:评审程序是否合理、评审专家组成是否合适、评审结论是否获得通过、对评审提出的意见是否已按要求进行修改、缴存矿山地质环境保护与治理恢复保证金承诺书是否符合要求等。经国土资源行政主管部门审查同意后,采矿权申请人将《治理方案》报告文本等有关资料,按照矿产资源开采登记有关规定,随采矿登记资料一并报送有审批权的国土资源行政主管部门。负责评审组织工作的国土资源行政主管部门应当自收到申请之日起 45 日内,作出同意或不同意的审查意见,并通知申请人。

3. 监督管理

各级国土资源行政主管部门应加强对《治理方案》编制、评审、审查工作的组织领导和管理,督促采矿权人按照经审查批准后的《治理方案》开展治理工作,并对《治理方案》中包括监测方案等各项措施的落实情况进行检查。

四、"三个方案"合并编制审批管理

为进一步减轻企业负担,简化矿业权审批程序,提高审批效率,浙江省国土资源厅已于 2015 年 11 月 30 日下发通知,自 2016 年 3 月 1 日起,合并实施矿山矿产资源开发利用方案、地质环境保护与治理恢复方案及土地复垦方案(以下简称"三个方案")的编制及评审工作。

浙江省国土资源厅规定,"三个方案"合并编制,统一在一份报告里,原三个方案内容分别作为报告的三个章节,报告名称统一为《××矿山矿产资源开发利用、地质环境保护与治理恢复、土地复垦方案》。建筑石料矿山地质报告与三个方案也合并编制,统一在一份报告里,原地质报告及三个方案内容分别作为报告的四个章节,报告名称统一为《××矿山地质报告及矿产资源开发利用、地质环境保护与治理恢复、土地复垦方案》。地热、矿泉水矿山只需编制矿产资源开发利用方案章节;对于确实没有土地复垦任务的矿山,矿山企业提出书面说明,矿山所在地国土资源部门核实后,可不编制土地复垦这一章节。

浙江省国土资源厅明确,矿山扩大生产规模、变更矿区范围、变更开采矿种或者开采方式的,应重新编制报告。申请人可按要求自行编制方案报告书,也可委托有关机构编制。省级发证矿山报告评审工作实行专家现场核查与内业审查相结合方式按有关规定开展,原则上要采用专家组会审方式。专家组由省国土资源厅专家库中地质勘查、采矿工程、环境地质、土地整理、工程造价等专业领域专家组成。

第六节 绿色矿山建设

一、绿色矿山的含义

"绿色矿山"是指矿产资源开发利用与生态环境保护相协调的矿山,具有开采方式科学化、资源利用高效化、企业管理规范化、生产工艺环保化、矿山环境生态化、企业社区和谐化的特点。绿色矿山建设是一项复杂的系统工程。它代表了一个地区矿山开发利用总体水平和可持续发展潜力,以及维护生态环境平衡的能力。它着力于科学、有序、合理的开发利用矿山资源的过程中,对其必然产生的污染、矿山地质灾害、生态破坏失衡,最大限度地予以恢复治理或转化创新。

二、绿色矿山的基本条件

(一)建设绿色矿山应达到的一般要求

(1)矿山资源开发利用符合国家的法律法规和产业政策,应制定矿产资源规划、地质环境保护规划,并做到不在生态功能区、自然保护区、风景名胜区、森林公园、地质公园及其附近采矿,且矿山开采不能造成对主要交通干线和旅游公路两侧直观可视范围内的地貌景观造成不良影响和破坏。

(2)矿山建设项目应按规定进行环境影响评价和地质灾害评估,制定相应的保护方案。

(3)矿产资源开发利用应采用先进的生产技术和有利于生态保护的生产方式。

(4)矿山开采产生的废水、废气、废渣有一定的处理措施,确保达到国家和省的有关标准。

(5)闭坑矿山应实行生态环境恢复治理和土地复垦。

(二)国家级绿色矿山基本条件

2010年国土资源部制定发布了《国家级绿色矿山基本条件》,从依法办矿、规范管理、综合利用、技术创新、节能减排、环境保护、土地复垦、社区和谐、企业文化九个方面对绿色矿山的基本条件进行规定。

(三)浙江省绿色矿山基本条件

1. 依法办矿

(1)严格遵守《矿产资源法》《浙江省矿产资源管理条例》等法律法规,证照齐全,合法经营,遵纪守法;

(2)三年内未受到与矿产资源、环境保护相关的行政处罚;

(3)矿产资源开发利用活动符合矿产资源规划、采矿权设置方案的要求和规定,符合国家和我省产业政策;

(4)具有通过审查的矿产资源开发利用方案、矿山地质(生态)环境保护与恢复治理方案;

(5)依法纳税,依规缴费,严格按照矿山自然生态环境治理责任书约定缴纳矿山自然生态环境治理备用金。

2. 规范管理

(1)绿色矿山建设实行企业法定代表人负责制,明确绿色矿山建设的内设机构,专人负责,责任到人,并形成制度性文件;

(2)矿产资源开发利用管理、环境保护、土地复垦、生态修复、安全生产等规章制度和保障措施健全;

(3)严格按矿产资源开发利用方案或开采设计进行开采;

(4)实施储量动态管理,矿山管理原始记录规范,准确、及时填报矿产资源开发利用统计年报等有关报表,资源储量台账、档案资料齐全;

(5)重视质量、环境、职业健康、安全管理体系认证,实现矿山管理的科学化、制度化和规范化。

3.综合利用

(1)重视技改投入,设施设备、生产工艺符合矿产资源节约与综合利用的要求,资源开发与综合利用指标、技术经济水平居同级同类矿山先进水平;

(2)加强矿产资源利用的研发投入,金属矿山共伴生元素得到充分回收利用;非金属矿产做到优质优用,分级利用;

(3)矿产资源开采回采率、采矿贫化率和选矿回收率指标达到或超过矿产资源开发利用方案(设计)指标;

(4)露天开采矿山废弃物100%得到妥善处置,矿山剥离的表土得到合理堆放和利用;地下开采矿山的废碴、尾矿等固体废弃物有专用排土场和尾矿库,处置率达到90%以上,并最大限度得到综合利用。

4.环境保护

(1)严格执行环境影响评价和"三同时"制度,认真落实各项污染防治措施,可能发生环境污染事故的建设项目,建设单位应制订环境污染事故应急预案,落实环境应急措施;

(2)选矿厂主要加工设备封闭运行或湿法加工,矿区主要运输道路硬化、防尘措施有效,矿石运输车辆驶离矿区时采取保洁措施,矿区大气环境质量达到国家现行《环境空气质量标准》二级以上标准;

(3)建有规范完备的废水处理设施,废水经处理后循环使用,基本实现零排放,矿区建有截(排)水系统,地表径流水经沉淀处理后达标排放,地表水环境质量达到国家现行《地表水环境质量标准》相应功能区水质标准;

(4)矿区和矿界周围噪声排放达到国家现行《工业企业厂界噪声标准》中相应标准;

(5)震动符合环保要求。

5.生态修复

(1)矿山企业在矿产资源开发利用各阶段中,具有有效的矿地植被恢复及生态环境保护措施;

(2)按照矿山地质(生态)环境保护与恢复治理方案和环境评价的要求,实施"边开采,边治理",实行生态修复的动态化;

(3)矿区环境优美,绿化树种搭配合理、长势良好,矿山采矿权登记范围内可绿化区域的绿化覆盖率达到80%以上。

6.企社和谐

(1)具有良好的精神面貌和企业形象,矿容矿貌整洁,社会责任感较强,积极参与社会公益事业;矿容矿貌整洁,生产秩序井然;

(2)有符合推进实现企业发展战略目标和企业特点的企业文化和企业精神,具有较浓厚的绿色矿山建设氛围;

(3)及时调整或改进影响矿区周边生活的生产作业,与矿山所在地乡镇(街道)、村(社区)等建立磋商和协作机制,共同应对损害公共利益的重大事件,及时妥善解决各类矛盾,企社关系和谐;

(4)职工物质、体育、文化生活丰富,重视职工生活、关注职工健康,矿山企业内部业主与职工同心同德、氛围和谐。

建设绿色矿山,是立足于我国国情矿情的实际,为更好地解决我国矿产资源供需矛盾、资源开发与环境的矛盾等一系列人与社会、人与资源、人与自然矛盾的全新思维和有效途径,也是转变矿业经济发展方式的必然选择和促进社会稳定与社区和谐发展的重要举措。通过建设绿色矿山,科学建立起资源开发、环境保护和生态恢复的补偿机制,最大限度地降低环境损害,使矿山企业走上科学生产与环境保护协调发展的道路,对促进地方经济发展,提高人民物质文化生活水平,维护人民群众生命财产安全,改善生活环境质量,保证社会稳定,促进社区和谐都具有重要的意义与作用。

三、绿色矿山建设的基本原则

为促进绿色矿业发展,建设绿色矿山必须坚持以下原则:

坚持实施可持续发展战略,落实保护资源措施。正确处理经济发展与资源保护的关系,合理开发和节约利用资源,努力提高资源利用效率,提高矿产资源对全面建设小康社会的保障能力,走科技含量高,经济效益好,资源消耗低,环境污染少,人力资源得到充分发挥的绿色矿业发展道路。

坚持矿产资源开发与环境保护协调发展。正确处理资源开发与环境保护的关系,加强统筹规划,促进矿产资源勘查开发的合理布局和资源的优化配置,实行矿产资源综合勘查,综合评价,综合开发,综合利用,加强共伴生资源、低品位和难选冶资源、尾矿等二次资源的综合回收利用。按照"预防为主,防治结合"的方针,加强矿山环境的保护与治理,加强矿山土地复垦和生态环境重建,大力改善矿山生产生活环境,建设和谐社区,实现矿产资源开发与环境保护的协调发展。

坚持科技进步与创新,加快矿产资源开发利用结构调整。实施科学办矿,科技兴矿,加强新理论新方法新技术的基础研究和科技创新,大力推广新技术,新工艺和新设备,不断提高生产效率和资源综合利用水平,大力开展节能减排,实施清洁生产,发展低碳经济和循环经济,加强对科技人才队伍的培养和使用,促进矿产资源勘查开发由传统产业向现代化产业,由劳动密集型向技术密集型,由粗放式经营向集约化经营的转变。

坚持依法管理和开发矿产资源。坚持依法办矿,加强矿产资源管理,整顿和规范矿产资源开发秩序,加强矿山企业制度建设和行业自律,提高矿山企业的社会责任意识,促进矿产资源保护与合理开发利用,实现企业管理的法制化、规范化和科学化。

四、绿色矿山建设的基本内容

建设绿色矿山,发展绿色矿业是我国矿业的共同行动纲领和发展目标,其实质内容是以节约资源,充分合理开发利用资源与最有效地保护生态环境为核心,全面开展矿山各项建设工作,实现矿产资源开发与生态环境保护协调发展,矿业的可持续科学发展。

按照国家级、省级、市级等不同级别的绿色矿山建设基本条件要求,开展绿色矿山建设。国家级绿色矿山建设的基本内容包括依法办矿、规范管理、综合利用、技术创新、节能减排、环境保护、土地复垦、社区和谐、企业文化等九个方面。省级和市级绿色矿山建设内容在符合国家绿色矿山建设基本要求的前提下,可根据各地的实践情况有所区别。浙江省的绿色矿山建设内容主要包括:依法办矿、规范管理、综合利用、环境保护、生态修复和企社和谐等六个方面的内容。

其中,依法办矿和安全生产是绿色矿山建设的前提条件,其重要内容是严格遵守矿产资源方面的法律法规,依法经营;遵纪守法、依法管理,不断强化矿业开发秩序的治理整顿。实现企业法制化管理,坚持以人为本,把"安全第一,以防为主"方针放在一切工作的首位,实现安全生产。保护环境与社区和谐是绿色矿山建设的工作核心,其重要内容是坚持"矿产资源开发与环境保护并重"和"在开发中保护,在保护中开发"方针,并采取各种科学手段以保障矿产资源开发与生态环境保护协调发展,严格履行企业社会责任。

技术创新和矿产资源综合利用是提高资源利用效率和效益的关键环节。重视技改投入和矿产资源利用的研发投入,改进设施设备和生产工艺,符合矿产资源节约与综合利用的要求,提高矿产资源开采回采率、资源开发与综合利用水平和技术经济水平,充分回收利用金属矿山共伴生元素,优质优用和分级利用非金属矿产,妥善处置露天开采矿山废弃物,合理堆放和利用矿山剥离表土;最大限度地综合利用地下开采矿山的废碴、尾矿等固体废弃物。

环境保护和生态修复是经济可持续发展和社会和谐基础。建设单位应按照环境影响评价要求,认真落实各项污染防治措施。矿区主要运输道路硬化、防尘措施有效。矿区大气环境质量、废水排放、矿区地表径流水排放,矿区和矿界周围噪声排放都要达到国家现行相关标准规范的要求。矿山企业在矿产资源开发利用各阶段中,具有有效的矿地植被恢复及生态环境保护措施,实施"边开采,边治理",实行生态修复的动态化;矿山采矿权登记范围内可绿化区域的要尽量绿化。

和谐社区和企业文化建设、矿山规范管理是绿色矿山建设的重要手段,其重要内容是建立健全符合企业特点的企业文化,以推进企业发展战略目标的全面实现。建立健全各种规章制度,管理体制机制和措施,实现企业科学化、规范化管理,促进科技创新。

节能减排和土地复垦是绿色矿山建设的保障措施,其重要内容是坚持科学发展,坚持科技人才战略,通过不断深化矿业改革和科技创新,节能减排,清洁生产,发展循环经济,实行集约化生产,开展土地复垦与生态环境治理恢复等,最终实现资源效益、环境效益、生态效益和经济效益最佳化。

五、绿色矿山建设措施

发展绿色矿业是一项长期性战略任务,需要全社会的关注与支持,需要矿山企业的共同努力,为使绿色矿山建设工作得以健康开展下去,特提出如下基本措施建议:

1. 充分发挥政府引导,企业主体和协会支撑作用

充分发挥政府部门的政策引导,积极推进试点,建立绿色矿山标准体系,研究出台相关鼓励支持政策,按照全国矿产资源总体规划的目标要求,在建设绿色矿山、发展绿色矿业工作中,各级政府主管部门应充分发挥政策引导、规划落实、监督检查作用,使推进绿色矿业、建设绿色矿山工作得到全面持续健康发展。

矿山企业是建设绿色矿山,发展绿色矿业工作的主体,发展绿色矿业,关键在企业。一是企业要增强节约资源,合理开发利用资源和保护环境的社会责任意识;二是必须制订合理的矿产资源开发利用方案,并坚决落实;三是要切实加大投入,积极采用先进技术、工艺与装备,提高资源利用水平,减少环境污染,实现生产安全;四是要处理好与当地政府和社区居民的利益关系,重视和发挥社区群众的参与和监督作用,建设和谐社区。

2. 充分发挥各级矿业行业协会的协调和支撑作用

在创建绿色矿山工作中,应发挥中国矿业联合会及各级矿业行业协会的优势作用,加强对不同类型矿山的调研工作,及时反映矿山企业的需求,做好政府与企业间的沟通、协调工作,发挥桥梁与纽带作用,在各级政府主管部门的指导下,研究制定绿色矿山建设的有关办法、认定标准和鼓励政策,组织开展绿色矿山推荐、评选、宣传等业务支撑工作,开展有利于推进绿色矿业发展和绿色矿山建设等相关交流活动,并提供技术咨询和信息社会化服务。

3. 制定绿色矿山建设规划,促进绿色矿业稳步发展

在各级政府主管部门的指导下,矿山企业也应认真研究制定绿色矿山建设规划,明确发展绿色矿业的目标任务、工作内容、工程安排和保障措施,绿色矿山建设规划要与国家和地方经济发展规划结合起来,与矿山企业发展战略、节约资源和保护资源、充分合理开发利用资源、安全生产、环境保护与治理、土地复垦与生态重建紧密结合起来,与科技创新、发展低碳经济、循环经济、实施节能减排、清洁生产结合起来,与加强企业自律、科学管理结合起来,与企业文化建设、人才培养和职工队伍素质建设结合起来。

4. 协调配合,认真开展好绿色矿山评审与命名工作

在先行开展典型示范的基础上,认真开展好绿色矿山评审与命名工作,充分发挥

典型样板的模范带头作用,是积极推进绿色矿山建设的重要措施之一,而要做好这项工作,一定要加强政府、企业、行业协会的协调配合,认真做好申报、推荐、调查和评审工作,并建立长效运行管理机制,使这项工作长期有序地开展下去。

5. 研究出台相关鼓励支持政策

为了更好地推进绿色矿山建设工作的开展,建议国家有关部门研究出台支持绿色矿山建设的相关优惠政策措施,如对获得国家级绿色矿山的企业,在受理采矿权或者探矿权延续申请时,同等条件下予以优先办理,在制定或者调整土地利用总体规划、矿产资源总体规划、城市建设规划、资源整合规划、地质环境治理规划等工作中,首先保护绿色矿山的合法权益,或者使绿色矿山优先受益,在资源配置方面予以优先考虑,在矿业用地方面,绿色矿山可以优先取得土地使用权,加大对绿色矿山国家专项资金的支持力度,在受理国家出资项目申请时,同等条件下,优先受理、优先批准绿色矿山的申请,给予绿色矿山信贷、税费、矿产品价格等方面优惠政策,在国家规定的各种税费减免幅度内,给予最大减免等等。

6. 大力加强宣传工作,积极宣传和推广先进典型经验

要结合绿色矿山公约和围绕绿色矿山建设工作,加大推进绿色矿业的舆论宣传,提高全民认识,调动各方面的积极性和支持力度,特别要加强对绿色矿山企业先进典型经验的宣传与推广,通过先进典型和榜样的模范带头作用,推进全国绿色矿山建设工作的持续健康发展。

六、浙江省绿色矿山建设

(一)建设绿色矿山的历程回顾

1. 萌发建设绿色矿山理念

2000 年 4 月,浙江省人大颁布的《浙江省矿产资源管理条例》率先提出了"开采矿产资源应当贯彻可持续发展战略,坚持谁开发利用矿产资源谁负责保护,谁破坏生态环境谁负责治理,坚持经济效益、社会效益和环境效益相统一"的矿产资源开发要求和基本原则,萌发了建设绿色矿山的新理念。

2. 提出建设绿色矿山概念

2003 年,浙江省确立了"富饶秀美、和谐安康"的生态省建设目标,提出了生态优先、环保优先,推动科学发展、和谐发展、绿色发展的新要求。在这一大背景下,绿色矿山建设进入了实质性启动阶段。2004 年,湖州市在全省率先提出"打造绿色矿山",并开始建设绿色矿山的探索实践。2005 年年初,浙江省国土资源厅专门成立课题组对"绿色矿山"的内涵、标准等进行深入研究,将绿色矿山定位为矿产开发与环境保护协调发展的矿山,是实现资源利用集约化、开采方式科学化、生产工艺环保化、企业管理规范化、闭坑矿区生态化的矿山。用一句话来概括,就是人与自然和谐的矿山。

3. 探索建设绿色矿山路径

2005 年年底,浙江省国土资源厅发出了《关于开展创建省级绿色矿山试点工作的通知》,拉开了浙江省绿色矿山建设的序幕。到 2007 年年底,第一批 10 家省级绿色矿山试点圆满完成;到 2008 年年底,第二批 11 家省级绿色矿山试点圆满完成。经过试点,探索和积累了创建绿色矿山的有效措施和方法,进一步完善了创建绿色矿山相关制度和绿色矿山考核指标,为全面开展绿色矿山建设工作积累了宝贵的经验。

4. 全面推进绿色矿山建设

2008 年 6 月,浙江省国土资源厅、环境保护局在湖州召开全省绿色矿山创建工作现场会,总结推广绿色矿山创建试点工作经验,研究部署推进全省绿色矿山建设工作。2010 年,浙江省委下发了《中共浙江省委关于推进生态文明建设的决定》,该决定将建设绿色矿山、发展绿色矿业纳入了生态文明建设的重要内容。2012 年 6 月,浙江省委、省政府发出了在"公路边、铁路边、河边、山边"开展"洁化、绿化、美化"工作(简称"四边三化")专项行动,该行动要求最大限度减轻矿产资源开发对"四边"区域生态环境的影响与破坏,要求全省省道公路、铁路、航道两侧 3000 米范围内的生产经营性矿山,全面开展绿色矿山建设工作。全省国土系统把"四边三化"行动作为深入推进绿色矿山建设的一次难得机遇,化压力为动力,化被动为主动,强力推进绿色矿山建设工作。

(二)绿色矿山建设现状

1. 建立了完善的制度体系

在 2000 年《浙江省矿产资源管理条例》出台,第二十四条规定:采矿权人应当在领取采矿许可证的同时与地质矿产主管部门签订矿山自然生态环境治理责任书,并分期缴纳治理备用金。治理备用金应当不低于治理费用。2001 年 12 月下发了《浙江省人民政府关于矿山自然生态环境治理备用金收取管理办法的通知》(浙政发〔2001〕81 号);2002 年 9 月,浙江省人民政府办公厅下发了《关于矿山自然生态环境治理备用金收取管理办法有关问题的通知》(浙政办发〔2002〕48 号);同年浙江省国土资源厅下发了《关于印发浙江省矿山自然生态环境治理备用金收取管理实施意见的通知》(浙土资发〔2002〕35 号),对治理备用金的收取标准、收取方法,以及管理与监督作出了明确规定。2005 年年底,浙江省国土资源厅发出了《关于开展创建省级绿色矿山试点工作的通知》,2010 年,浙江省委下发了《中共浙江省委关于推进生态文明建设的决定》,该决定将建设绿色矿山、发展绿色矿业纳入了生态文明建设的重要内容。2012 年,浙江省国土资源厅与省财政厅共同出台了《关于进一步落实矿山自然生态环境治理备用金收取管理办法的通知》(浙财建〔2012〕229 号),进一步明确了治理备用金收取的计算依据和标准,治理备用金的核定程序和收取方法,治理备用金的清算、变更和处置,治理备用金的监督管理等工作要求,全省露天矿山治理备用金收取标准从原来的 10 元/平方米提高到了 40~120 元/平方米。同年 5 月,浙江省国土资源厅和省环保厅联合制定了《浙江省绿色矿山建设管理办法》,明确了绿色矿山建设的基本条件和评分办法、绿色矿山建设实施方案的编制、评审、备案、修编等要求,绿色矿山认定与复核以及监督管理,为绿色矿山建设奠定了法律法规基础。

2. 全面收取备用金

围绕着《浙江省矿产资源管理条例》《矿山地质环境保护规定》等规定,浙江省全面执行了《治理方案》编制审查制度、治理备用金的收取使用管理制度、治理责任书签订制度,将矿山自然生态环境保护与治理工作纳入法制化轨道,明确规定采矿权人在领取采矿许可证的同时与地质矿产主管部门签订矿山自然生态环境治理责任书,交纳缴纳治理备用金。截至 2014 年年底,全省已累计收取治理备用金 27.40 亿元,累计返还治理备用金 1.31 亿元,为绿色矿山建设提供了资金保证。

3. 绿色矿山建设情况

浙江省将矿山生态环境保护和恢复治理作为生态省生态文明建设的重要抓手,从 2012 年起,全面开展绿色矿山建设,发展绿色矿业。到 2013 年底,全省已累计建成省、市、县三级绿色矿山 260 家,其中省级绿色矿山 88 家,市、县级绿色矿山 172 家,全省应建矿山绿色矿山建成率达 44.1%,“四边”区域建成率达 46.7%。目前,浙江省有国家级绿色矿山试点单位 23 家。

(三)绿色矿山建设的主要做法

1. 规划先行,落实治理责任

2002 年和 2015 年浙江省国土资源厅分别组织编制了《浙江省矿山生态环境保护与治理规划》。《浙江省矿山生态环境保护与治理规划(2016—2020 年)》明确了规划期间矿山生态环境保护与治理的目标,提出了治理的主要任务,实施因矿施治、分类治理,加强重点区域治理。建立健全政府主导、部门联动、各司其职的责任体系,市级相关职能部门要加强对矿山生态环境保护治理工作的检查督导,县(市、区)级人民政府及相关职能部门重点做好政策处理衔接和经费保障落实,乡镇(街道)作为废弃矿山治理的责任主体,切实承担起治理工作职责。国土、环保、公安、安监、林业、水利、交通等各职能部门建立协调联动机制,在当地政府的领导下,做好沟通衔接,加强管理、指导和服务。将《浙江省矿山生态环境保护与治理规划》主要目标任务纳入各级政府年度工作目标考核体系,制定考核办法,完善年度计划,细化具体项目。加大专项督察力度,围绕重点项目、重点地段、进度质量,每年开展不少于一次的专项督察,并向社会公示执行情况。对主要任务完成较好、工作突出的市县、部门和个人予以表彰,对未通过考核的市县、部门进行通报并追究责任。

2. 试点先行,典型引路

为扎实推进全省绿色矿山建设工作,计划分两批、共选取 21 家矿山开展省级绿色矿山建设的试点工作。经过试点,探索总结绿色矿山建设的基本经验,完善了绿色矿山建设的相关制度和绿色矿山考核指标;选树了一批典型,发挥了示范引领作用。

3. 创新制度,激发动力

在成功试点、积累经验的基础上,实现了一系列制度创新:一是提出了"应建必建"的原则。规定在浙江省行政区域范围内,除批准用地红线范围内的工程性开采,以及开采砖瓦用粘土、建筑用砂、水气、地热等矿种外,采矿权(剩余)出让年限在 3 年(含)以上的矿山,都要按照规定建设绿色矿山。二是将绿色矿山建设与采矿权出让有机结合起来。规定凡是属于"应建必建"的新出让采矿权,须在采矿权出让合同中明确绿色矿山建设内容。三是将绿色矿山建设与采矿权审批、日常监管有机结合起来。规定未按采矿权出让合同约定建设绿色矿山,未按备案的实施方案开展绿色矿山建设工作的,矿产资源开发利用年度检查不予通过,暂缓办理采矿权延续等采矿权登记事项。四是对绿色矿山考核指标进行了修改完善。将原办法中五大类 22 项指标调整为六大类 26 项指标,丰富、优化了绿色矿山建设的内容,与国家级绿色矿山建设的基本内容相衔接。五是对省、市、县三级绿色矿山的建设管理提出了更高要求,建设内容更丰富、更全面。通过上述制度创新,使矿山企业对绿色矿山建设从以往的"要我建"到现在的"我要建"的根本转变。

4. 机制联动,形成合力

绿色矿山建设是一项系统工程,其工作内容横向涉及国土、环保、财政、安监等多个部门,纵向与省市县各级政府的重视和支持密不可分。只有建立上下联动、横向配合的机制,充分发挥各级政府、各部门的优势和职能,形成合力,才能有效地促进绿色矿山的建设。为此,浙江省政府明确规定,只有建成市、县级绿色矿山满一年后才可申报建设上一级绿色矿山。通过建立这种分级建设、逐级提升的机制,来调动矿山企业建设绿色矿山的主动性和积极性。同时,通过建立政府各部门之间的沟通协调机制,让环保、安监等相关部门从绿色矿山建设的方案评审、过程监督到工程验收全程参与,合力推进绿色矿山建设。

5. 突出主体,落实责任

矿山企业是绿色矿山建设的主体,企业建设绿色矿山的主动性、积极性如何,对绿色矿山建设活动能否顺利推进具有决定性的意义。一是明确矿山企业是建设绿色矿山的第一责任人,主体到位,责任落实。二是主动为矿山企业搞好服务。对于企业在绿色矿山建设过程中遇到的问题,国土资源部门应主动上门,听取意见,搞好协调,帮助解决。三是鼓励和支持矿山企业努力依靠科技进步,加快技术改造。动员矿山企业在科研和技改上加大投入力度,努力采用先进的采、选矿工艺,为建设绿色矿山提供技术支撑。

6. 严格标准,确保质量

绿色矿山建设的质量是绿色矿山的生命所在,也是推进这项活动的意义所在。在绿色矿山建设过程中,要始终严格坚持标准,把好质量关。各建设企业严格按照《浙江省绿色矿山建设管理办法（试行）》确定的"五化"标准，始终把矿产资源开发利用率、吨耗资源经济效益、矿区绿化覆盖率和矿区生态环境治理率作为主要指标，规范矿山企业的开采行为，提高矿产资源利用效率，改善安全生产条件，保护矿区生态环境，改进生产工艺，优化产品结构，增加产品的科技含量，提高产品的附加值，从绿化美化矿区环境着手，夯实绿色矿山建设基础。始终坚持因矿制宜、分类指导的原则开展建设工作。

7. 多措并举，标本兼治

在绿色矿山建设过程中，要十分注重源头管控、规划引导、制度倒逼，力求多措并举、标本兼治。一是优化新设采矿权的布局。自 2012 年 6 月起，全省国省道公路、铁路、航道两侧 1000 米内可视范围，明确规定不得再新设立露天开采的采矿权，地下开采的采矿权需先组织专家论证并征得相关部门同意后才允许设置的原则。从制度层面减少绿色矿山建设难度，促进绿色矿山建成率的提升。二是严格实行矿产资源规划分区管理制度。严格按照规划分区设置采矿权，在规划开采区，要求新设经营性建筑石料类采矿权的出让期限一般不得低于 10 年，矿山的年均开采规模一般不得低于 100 万吨，鼓励矿山企业做大做强，提升企业绿色矿山建设的能力。三是严格执行治理备用金制度。省国土资源厅下发规范性文件，明确规定自 2013 年 4 月 1 日起，对未编制治理方案、治理方案不符合要求、未按规定签订治理责任书、未按时足额缴纳治理备用金的，不予以办理采矿权新设、延续和变更等审批登记手续。健全完善并严格执行治理备用金制度，倒逼了矿山企业自觉履行治理义务，增强了建设绿色矿山的内生动力。

(四)绿色矿山建设经验

1. 建设绿色矿山，更新理念是前提

绿色矿山建设，不是简单的"复垦还绿"，它包括资源合理开发利用、节能减排、环境保护、生态修复、矿地和谐等丰富内涵，是一个关乎生态文明建设的系统工程。只有树立了这样全面的"绿色"理念，才能将绿色矿山建设工作从"要我建"转变为"我要建"，才能将"看得见山，望得见水，记得起乡愁"和"绿水青山就是金山银山"的理念深入人心，才能真正形成多赢共赢的新格局。

2. 建设绿色矿山，制度跟进是保障

建设绿色矿山，必须始终推进制度供给和制度创新。要对绿色矿山的概念、内容和要求深入研究，逐步形成较完整的绿色矿山评价指标体系；要通过完善制度建设，把规范开采、保护环境、节约资源、文明开矿的要求纳入矿产开发管理的各个环节，使绿色矿山建设走上规范化、制度化、可持续的运行轨道。

3. 建设绿色矿山，模式转变是重点

要引导和规范矿山企业、要倒逼和促进矿山企业从过去"只采不治""先采后治"的

矿产开发利用模式,转变为"边采边治""环境优先"的绿色矿产开发利用模式,只有这样,才能促进矿产资源开发利用与生态环境保护相协调,实现资源、生态、经济和社会效益的有机统一。

4. 建设绿色矿山,机制创新是核心

绿色矿山建设作为一个系统工程,既联动各级政府,又事关多个部门;既需要政策支持,又需要技术支撑;既需要上层强力推进,又需要基层主动对接;既需要矿山企业的内在愿望,又需要矿山企业必备条件。因此,只有形成上下联动、部门合作共建的新机制,形成从采矿权"设立到注销"各个环节,采矿权人都能自觉开展绿色矿山建设的新机制,才能更好地完成绿色矿山建设任务。

5. 建设绿色矿山,主体责任是关键

建设绿色矿山,矿山企业是主体。明确矿山企业的主体责任,充分发挥好矿山企业的主体作用是实现绿色矿山建设目标的关键。只有充分调动矿山企业在建设绿色矿山中的主动性、积极性和创造性,帮助矿山企业提升矿产资源开发利用水平,提高资源利用率,不断改善生态环境,和谐矿群关系,才能真正实现建矿一处、造福一方的绿色和谐目标。

参考文献

[1] 杨璐,金愉中.我国矿产资源开发管理与保护[J].矿产保护与利用,2006(6):1-2.

[2] 郦天权.浙江省矿产资源及其开发利用形势[J].金属矿山,2004(8):3-5.

[3] 骆云.中国矿产资源勘查开发管理研究[D].西安:长安大学,2014.

[4] 李厚民,吴良士,李建武,等.矿区范围的划分与勘查程度的确定[J].地质通报,2014,33(5):706-714.

[5] 胡恒明.矿区范围划分混乱的原因及对策:以枣庄煤矿区为例[J].中国地质,1998(6):20-22.

[6] 李万亨,等.矿产经济与管理[M].北京:中国地质大学出版社,2000.

[7] 蒋承菘.矿产资源管理导论[M].北京:地质出版社,2001.

[8] 谭秀民,赵恒勤,马化龙.浅析矿产资源开发利用方案的规范化[J].矿产保护与利用,2010(4):1-4.

[9] 胡军尚.矿产资源开发利用方案的编制[J].现代矿业,2009(9):128-129.

[10] 何芳军,秦健,张建华,等.浅谈矿山土地复垦存在的问题及对策[J].科技创新导报,2010(31):65.

[11] 李宗发.编制矿山土地复垦方案值得注意的几个问题[J].贵州地质,2010,27(3):231-233.

[12] 石永国.露天废弃矿山治理方式及安全措施[J].金属矿山,2011(8):151-154.

[13] 刘岁海,周开灿,李发斌,等.四川省废弃矿井现状及其治理对策[J].中国矿业,2011,20(5):93-95.

第十五章　地质灾害防治与地质环境保护

　　地质环境是人类赖以生存和经济、文明发展的基础。自然环境破坏和人类行为不当导致地质灾害的频发与地质环境的日渐恶化,因此,防治地质灾害和保护地质环境是一件刻不容缓的事情。

　　浙江是我国地质灾害多发省份之一。全省 70% 以上为山地丘陵,地质构造复杂,地貌类型多样,人口密度大,人类工程活动强烈,降水时空分布不均,特别是在梅汛期和台汛期降雨较为集中,极易引发各类突发性地质灾害,严重威胁人民群众的生命财产安全。

第一节　地质灾害防治

一、地质灾害涵义

　　地质灾害包括自然因素或者人为活动引发的危害人民生命和财产安全的山体崩塌、滑坡、泥石流、地面塌陷、地裂缝、地面沉降等与地质作用有关的灾害。

　　近年来,虽然在地质环境保护、加强地质灾害防治,保护人民生命财产安全方面做了大量工作,但是由于某些地区地质环境条件较差,不合理人类工程活动等日益加剧,极端天气异常多变,从而导致地质环境问题日渐突出及经济活动诱发的地质灾害在频度、程度上都大大加强,造成的危害越来越严重。如 2010 年 8 月 11 日,甘肃省舟曲特大山洪地质灾害造成 1117 人遇害;2012 年 8 月 30 日四川省凉山州锦屏,群发性的地质灾害造成 10 人死亡 14 人失踪。据不完全统计,2012 年 1 至 10 月,全国共发生地质灾害 14203 次,其中 136 次造成人员伤亡,导致 290 多人死亡、80 多人失踪、250 多人受伤,造成直接经济损失达 52.3 亿元。

二、地质灾害防治规划编制方案

(一)地质灾害防治规划的总体目标

　　地质灾害防治规划类型很多,按规划区域分有国家规划、地区规划、流域规划等;

按规划时间分有超长期规划、长期规划、中期规划、短期规划;按地质灾害种类分有单类地质灾害防治规划、综合地质灾害防治规划;按防治内容分有以某一种防治措施为中心的专门防治规划和多种防治措施的综合防治规划。地质灾害防治规划的主要任务和目的是根据地质灾害防治需要和实际能力,对地质灾害防治工作进行统筹安排,从总体上指导地质灾害防治工作的顺利进行。

浙江省地质灾害防治规划的总体目标是:建立健全地质灾害防治法规制度体系,进一步完善地质灾害调查评价、监测预警、综合防治和应急体系,提高地质灾害防治水平,最大限度减少人员伤亡和财产损失。

(二)地质灾害防治规划的主要内容

1. 地质灾害调查评价

(1)地质灾害详细调查。以县(市、区)为单元,以农村山区居民点、学校、城镇、厂矿、重要交通沿线、重要工程设施、重点旅游景区等为重点,开展1:5万地质灾害详细调查。查明地质灾害隐患分布发育规律、形成条件、诱发因素、稳定状态及危害程度;分析地质灾害成因机理,进行地质灾害易发程度区划和风险评价;以乡镇为单元编制地质灾害隐患分布与地质安全评价图册,划定地质灾害重点巡查区(段);编制地质灾害防灾预案,完善地质灾害群测群防网络。为地方政府组织监测预警、工程治理、避让搬迁以及村庄规划提供依据。

(2)重要城镇和人口集聚区地质灾害勘查。对可能威胁城镇、学校、医院、集市及村庄、厂矿企业、部队营房、移民集中安置地,隐蔽性强、地质条件复杂的重大地质灾害隐患点部署地质灾害勘查工作。全面查明城镇建设区、人口集聚区地质灾害隐患类型、规模,通过深入分析地质灾害成因机理和影响因素,评价其稳定性和危害程度,逐点制定落实防治措施。

(3)规划与工程建设地质灾害危险性评估。严格执行地质灾害危险性评估制度,编制地质灾害易发区内的城市总体规划、村和乡镇规划,以及在易发区内新建或者提高地质灾害防治要求的改建、扩建工程,应当进行地质灾害危险性评估,查明地质环境条件和地质灾害发育特征,对工程建设可能引发、加剧和遭受地质灾害的可能性和危险性进行预测,提出具体的防治措施,通过必要的防治工程达到从源头上预防地质灾害的目的。

(4)地质灾害排查与动态巡查。建立健全地质灾害隐患排查制度,组织开展浙江省89个县(市、区)年度农村山区地质灾害隐患排查,确定重点巡查区(段)。组织开展地质灾害隐患点经常性巡回检查,对重点巡查区(段)开展汛前排查、汛中巡查、汛后核查,及时发现地质灾害隐患,公布相关信息。对各类地质灾害隐患点要及时更新地质灾害基础数据库,修订防灾预案,落实各项防治措施。

(5)地面沉降调查。建立和完善杭嘉湖、宁奉、温黄平原等地地下水与地面沉降耦合模型,评估地面沉降危害程度和经济损失,分析研究大规模城市建设与地面沉降的关系,评价地面沉降对重点工程和城市安全的影响,提出地面沉降的防治措施。

2. 地质灾害监测预报预警

（1）群测群防体系建设。全面推进地质灾害群测群防高标准"十有县"和基层国土资源所评估到位、巡查到位、预案到位、宣传到位和人员到位的"五到位"建设，按照"组织严密、责任明确、管理规范、经费落实、监测有效、预警及时、广泛参与"的要求，进一步完善地质灾害群测群防网络体系，网络覆盖到全部地质灾害易发区和地质灾害隐患点，做到"预警到乡、预案到点、责任到人、有效避险"。

健全以村干部和骨干群众为主体的群测群防员队伍，组织群测群防员培训，合理选择监测手段和方法，配置简便实用的监测预警设备，完善群测群防和专家指导相结合的监测预警体系，不断提高群测群防的技术含量。利用和完善农村广播网络以及电视、互联网、手机短信、微信等多种媒体手段，以农村山区等偏远地区为重点，加强预警信息发布手段建设，确保及时发现险情、及时发出预警。

（2）专业监测网络建设。对威胁人口多、工程治理难度大、暂时不能采取搬迁措施、目前处于缓慢变形或局部变形的重要滑坡、泥石流、地面塌陷等地质灾害点进行专业监测，进一步完善以重要地质灾害专业监测为重点的骨干监测网络。根据监测点的特征和实际情况，采用全球定位系统（GPS）、全站仪、测斜技术、先进传感技术、数据无线传输等监测手段和方法，对地表及地下变形、地下水水位及孔隙水压力、地应力及降雨量等实施多参数立体监测，为地质灾害预报预警提供依据。

（3）地质灾害预报预警。加快构建国土、气象、水利等部门联动的地质灾害气象监测预警信息共享平台，加密部署气象、水文等专业监测设施，建立预报会商和预警联动机制。加强地质灾害预警预报标准体系建设，积极推进市、县地质灾害预警预报工作深入开展，逐步提高地质灾害预警预报精度和水平。完善地质灾害预警预报信息发布系统，确保预警信息及时传递到受威胁群众。

（4）地下水和地面沉降监测。完善、健全地面沉降监测网络，提高自动化监测水平和数据共享程度，对地面沉降实施有效监控。完善杭嘉湖、宁奉、温黄、温瑞平原地面沉降监测网络，扩大萧绍姚平原、平阳、苍南等地地面沉降监测，建成区域水准监测为主，重点地区基岩标、分层标组控制，联合 GPS 等多种监测技术手段的地面沉降监测网络体系。

3. 地质灾害综合治理

（1）地质灾害应急治理。对规模较小、危险性大、易于治理的地质灾害隐患点采取应急排险等简易治理措施，及时消除隐患。地质灾害应急治理应本着施工简单、经济实用、安全可靠的原则，在专业队伍详细调查并提出施工方案的基础上，采取必要的简易工程措施达到消除隐患的目的。

（2）地质灾害勘查治理。对规模较大、危险性大、危害严重或难以实施避让搬迁的地质灾害隐患点，依据轻重缓急，在勘查、设计的基础上实施工程治理。勘查应查明地质环境条件、灾害体结构和变形特征，分析其成因机理、影响因素和威胁范围，确定其稳定性，并提供具体的设计参数。根据勘查成果编制专项治理设计，提出具体治理方案。治理工程施工应加强监理,保证治理工程质量。

(3)地质灾害避让搬迁。对危害程度高、治理难度大或避让搬迁所需综合费用低于工程治理费用的地质灾害隐患点,优先实施避让搬迁。避让搬迁工作应根据地质灾害发育特征和危险性,统筹规划,分类分批、科学合理地安排。坚持政府引导、群众参与、突出重点、统一规划、分步实施的原则。加大对欠发达地区、山区、生态功能区受地质灾害威胁群众避让搬迁的引导,把避让搬迁与下山脱贫、生态移民、新农村建设、小城镇建设、农村土地综合整治等工作有机地结合起来,列入年度计划,确保受地质灾害威胁的群众及时避让搬迁。加强搬迁安置点地质灾害危险性评估,保障移民新址不受地质灾害威胁。同时,积极扶持搬迁移民就业创业,做到"搬得下、稳得住、能致富"。

4. 应急处置体系建设

(1)地质灾害应急机制建设。加快推进各级地质灾害应急管理办公室和应急中心建设,建立和完善地质灾害应急协调机制,整合部门和社会资源,形成人员、设备、技术统一调配机制,保证重大地质灾害发生后及时开展应急调查、灾情评估和应急处置工作。

(2)突发地质灾害预案建设。及时修订地质灾害应急预案和应急操作手册。落实组织指挥体系,明确责任和分工,形成高效的应急工作机制,加强应急保障。对威胁人员密集区、重要基础设施和公共设施的地质灾害点,定期组织突发地质灾害应急演练,提高临灾应急防范能力。

(3)地质灾害应急队伍建设。整合社会资源,配备必要的交通、通讯和专业设备,形成协调联动、反应迅速、组织有力、救援有效的地质灾害应急救援队伍。有突发性地质灾害防治任务的县(市、区)应依托地质勘查单位和专家,组建地质灾害应急调查小分队,协助处理突发地质灾害事件,指导和制定应急处置方案。

(4)地质灾害应急支撑平台建设。运用计算机技术、网络技术和通讯技术等技术手段,推进地质灾害应急支撑平台建设,实现地质灾害应急防治远程会商、科学决策和快速处置。

(5)临灾避险能力建设。加强应急避灾场所建设,提高临灾避险能力。对出现灾害前兆,可能造成人员伤亡和重大财产损失的地质灾害隐患,县级人民政府要及时划定地质灾害危险区,设立明显的警示标志,第一时间撤离受威胁人员,组织力量严密监测隐患变化情况,开展应急调查与评估,落实监测预警等防范措施。

5. 科学研究和技术支撑

(1)地质灾害防治科学研究。加大对地质灾害防治领域科学研究和技术创新的支持力度,鼓励科研院所、大专院校、地勘单位及高新企业开展地质灾害防治基础性研究和"产、学、研"相结合的科技攻关,解决我省地质灾害防治的关键技术;推广应用新技术和新方法,提高地质灾害调查评价、监测预警、工程治理的水平;加强国内和国际地质灾害防治学术交流,提高我省地质灾害防治整体技术水平。

重点开展应对极端天气事件引发地质灾害对策、泥石流形成机理与监测预警关键技术、地质灾害快速调查技术、大比例地质灾害调查与评价技术方法、地质灾害风险评价、地质灾害监测、地质灾害应急技术、地质灾害工程治理技术等重要领域研究,形成具有浙江特色的地质灾害调查与评价技术规范体系,为重要工程建设和避让搬迁工程提供科学依据,减少工程建设潜在风险。

(2)地质灾害管理信息系统建设。积极推进地质灾害防治"一张图"工程,以高精度遥感和数字地形等地理信息为基础,全面建成"平台统一、功能齐全、数据共享、及时更新"的省、市、县三级地质灾害防治管理信息系统,实现集地质灾害隐患与易发区管理、监测预警、灾情速报、会商指挥、抢险救灾、项目管理等为一体,满足日常防灾工作需要的地质灾害防治综合管理系统,提高突发地质灾害决策和快速处理的能力和水平。

三、地质灾害防治管理的主要内容

地质灾害防治管理就是有关政府主管部门通过行政、法律、经济等手段对地质灾害的发生、发展过程进行控制,减少其危害性,对已形成造成威胁的地质灾害进行治理,以便保障人民生命和财产安全,对管辖区内地质灾害活动及各责任相关体进行监督和管理,探索适宜我国地质灾害特点并符合社会主义市场经济需要的灾害管理系统。

1.地质灾害管理的基本原则与主要内容

地质灾害管理的基本原则:(1)实行分级管理,推进减灾社会化;(2)推进灾害管理科学化、现代化、规范化、法制化;(3)同其他自然灾害管理相结合;(4)同资源管理、环境管理等相结合;(5)同国家经济改革、政治改革相结合。

地质灾害管理的主要内容:(1)灾情管理;(2)减灾规划;(3)减灾法规;(4)减灾技术;(5)减灾工程。

2.地质灾害分级管理与减灾社会化

我国地质灾害的基本特点是种类繁多,破坏损失严重,分布零散而又十分广泛,防治周期特别长。因此,减灾工作不仅需要巨大的资金投入,而且需要广大灾区有关部门和亿万民众坚持不懈地长期投入才能奏效。面对这种情况,传统的由政府包揽的减灾体制不但无法筹措足够的资金,而且难以用行政手段无偿调动人力、物力组织实施减灾工程。解决这一问题的根本出路是实行地质灾害分级管理,推行减灾社会化。

地质灾害分级管理的核心是根据社会系统中对于减灾的责任和损益关系,建立中央政府、地方政府、行业与企业、个人相结合的社会化减灾体系。在该体系中,中央政府和地方政府发挥骨干领导作用,其基本任务是制定减灾法规和区域减灾规划,制定技术规范及有关的标准;负责灾情预测、预报,进行区域灾情监测;实施重大地质灾害防治;组织协调跨地区、跨部门的地质灾害防治;参与区域国土整治和环境治理,削弱地质灾害发生的基础;与国际减灾行动协调,实施灾害研究。行业和企业根据政府确定的减灾规划,通过基建投入和灾害保险等方式,承担本部门、本企业的灾害防治工作。家庭和个人通过个体防护以及灾害保险、灾害互助等形式投入减灾工作。

按照这一体制运行的减灾工作有三个优势：第一可以调动社会各方面积极性，明确减灾责任，形成全国、区域、地区、局部相结合的防治网络，加大减灾覆盖面，增强减灾效果；第二可以多方面筹措资金，增加减灾投入；第三可以明确减灾责任与权益，有利于灾害预防。

3. 地质灾害灾情管理

灾情管理主要内容是建立地质灾害信息库，并按照一定程序和形式发布灾情报告。地质灾害信息库可分为国家级和地方级两类，地质灾害主管部门可委托专业研究机构承担。灾情报告有灾害事件专项报告、灾害事件预测报告、灾害事件评估报告、灾害事件监测报告、灾害事件年度报告或阶段报告和灾害事件综合报告等。全国地质灾害由地质矿产部提供，企业和地区地质灾害由企业和地方主管地质灾害机构提供，灾情报告不但要具有权威性，而且要逐步实现科学化、规范化。

地质灾害灾情综合评估报告，一般应包括地质灾害活动趋势的危险性分析、地质灾害危害区易损性分析、地质灾害破坏损失分析和地质灾害防治工程与效益分析。

4. 地质灾害减灾规划与项目管理

制定并实施减灾规划，是变应急或被动管理为积极主动管理的重要手段。地质灾害减灾规划可分为全国规划、区域规划和企业规划。不同层次的减灾规划分别由相应的地质灾害主管部门制定。任何形式、任何地区的减灾规划都不是孤立的。首先，全国规划、区域规划、企业规划要相互衔接，彼此配合。其次，还要与其他自然灾害减灾规划，以及同期、同地的经济发展、城市发展、资源开发、环境保护等相协调。此外，减灾规划既要有超前目标和先进的科学性，又要有切实可行的方法与措施。

地质灾害项目管理的目的是根据地质灾害减灾规划，科学地部署和实施减灾工程，保障取得充分的减灾效果。地质灾害减灾工程项目可分为科研、勘查、防治三种类型。项目管理应贯穿于立项、实施、终结全过程。管理内容既包括技术管理，也包括项目经济管理。管理的基本依据是有关的规程、规范。为提高决策管理水平，可由专业学术团体或研究机构的专家组成专门机构，对项目进行论证、评估、监督、审查。项目可采用竞争招标等方式确定承担者，并依据项目责任，采用市场化方式组织实施，实现减灾项目企业化管理。

5. 地质灾害减灾法规

建立健全地质灾害减灾法规，是实施地质灾害管理、实现减灾目标的重要保障。地质灾害减灾法规体系由基本法规、专项法规、地方法规等组成。这些法规除相互协调外，还必须与矿产资源法、水法、水土保持法、土地管理法等相衔接。要确保法规的权威性，切实做到有法必依，违法必究。

6. 地质灾害减灾技术管理

主要目的是提高减灾科学技术水平。减灾技术不仅包括自然科学技术，还包括社会科学技术。多年来,地质灾害管理和防治工作,侧重于灾害形成条件、变化规律等硬件内容,对于灾害经济等软件内容非常薄弱。因此,在进一步深化灾害自然属性研究的同时,着力加强社会属性的研究尤其必要。

灾害管理是减灾系统工程的龙头,它的内容十分广泛,特别是在我国经济体制巨大变革中,建立新的灾害管理系统尤为复杂,应该加强对这一领域的研究,使地质灾害减灾事业紧跟改革的步伐,不断出现新的局面。

四、地质灾害防治措施

地质灾害的形成和发生,主要是受大气降水、地形地貌、地质构造等自然因素和人类工程经济活动的控制。因此,试图通过人为努力全面阻止其发生,目前还有很大的困难。但只要我们采取积极主动的防治措施,地质灾害的危害是能够得到控制或减轻的。

为了有效地防治地质灾害,必须采取行政管理措施与技术防治措施双管齐下的方法。

1. 行政管理措施

(1)加强领导,建立健全机构

各级政府要重视地质灾害防治工作,加强对地质灾害防治工作的领导,建立健全地质灾害防治管理工作机构,明确主管部门和各有关部门职责,做到齐抓共管。

(2)制定法规,依法管理

以保护地质环境和控制灾害诱发因素,落实防治工作职责为目标,依据国家有关法规,因地制宜制定一些地方性法规,使地质灾害防治管理工作科学化、法制化。

(3)开展地质灾害防治科普宣传

由于社会公众对地质灾害还缺乏了解,因此当前迫切需要加强地质灾害防治的科普宣传,要通过报刊、广播电视等新闻媒介,广泛地宣传地质灾害防治知识,提高人民群众自身的防灾抗灾能力。

(4)开展现状调查,编好防治规划

各级政府要组织人员开展本行政区域的地质灾害现状调查,查清地质灾害的种类、成因、规模及发展趋势,在此基础上研究防治措施,编制防治规划,并把防治规划列入当地整个经济建设规划之中,予以认真落实。

(5)编制防灾预案,组织群测群防

以防为主,是地质灾害防治工作的基本方针。对地质灾害易发区、危险区,当地政府每年都应及时编制防灾预案,组织群测群防,对重大地质灾害隐患点要加强监测,责任到人,人须到位。

(6)多方筹集资金,及时组织勘查治理

对重大地质灾害隐患点,要由政府出面,本着"谁诱发,谁治理;谁受益,谁出资"的原则,多方筹集资金,组织有资质的勘查单位及时开展勘查治理工程,以尽早消除隐患,确保人民财产安全。

2.技术防治措施

(1)监测预报

监测可分为宏观监测和微观监测两种。前者是通过人的感官系统直接观测形变与位移情况,后者是借助仪器监测获取各种信息。宏观监测可以采用简便的方法派专人定时测量变形破坏的水平、垂直位移;观察滚石、掉块、地陷;地下水露头(泉)、地表水的量变、色变;地动、地音、地表建筑物或植物的位移。宏观监测具有经济、简便、直观、容易推行运用,且信息可靠的特点。

微观监测一般应选择危害严重、规模较大的灾害点进行,常用方法有大地形变测量法(各种变形计监测、全自动边坡监测系统)或单一的灾害应变仪、声控器等,借助仪器获得变形体的空间形变、应变,地下水位等变化。此种方法所获取的信息具有准确、连续、定量的特点。但专业技术性强,费用大,不利于普遍推广。浙江省地质灾害分布面广,适宜以宏观监测为主。

地质灾害的险情预报可分为三个等级状态,即预警报状态、警报状态和临灾警报状态。而确定险情状态预报的判据主要依据降雨、地下水、变形体的监测资料。

(2)生物防治

在地质灾害分布区应坚决制止破坏植被,通过对种植结构的调整和森林覆盖率的提高,可以减少雨水渗入,保持水土,以达到防治地质灾害与提高经济效益的双重目的。

(3)避让

就目前人们认识自然、改造自然的能力而言,对于某些地质灾害的产生是无法抗拒的。因此,在宏观经济布点时尽量予以回避。

(4)工程治理

在预防无效或不能躲避的情况下,对已有险情的灾害体,宜采用工程措施制止灾害的发生或扩大。常用的方法有:削(减载、削坡、清方);排(地下排水、地表排水、地面防渗);护(护墙、护坡、抛石反压);挡(挡土墙、锚杆、抗滑桩)等工程治理方法。这些方法可一种或几种同时使用,以取得较好的治理效果为目的。

第二节　地下水监测与地面沉降防治

地下水监测与地面沉降防治作为地质环境保护中的重要工作之一,事关经济社会可持续发展和生态文明建设的大局,责任重大,意义深远。

一、地下水监测

地下水监测是加强地下水管理和保护、实施水资源优化配置和合理调度的重要基础。

地下水作为水资源的重要组成部分，不仅是我国城乡生活和工农业用水的重要供水水源，而且是维系生态系统的重要要素，是自然生态系统及环境的重要组成部分。随着我国经济社会发展、人口增长以及全球气候变化，地下水的不可替代作用日益凸现，尤其是在地表水资源短缺的北方地区和南方水质型缺水地区，地下水的资源功能更加突出，是这些地区主要的生活和生产供水水源。目前，我国有三分之二的城市供水依赖地下水，用于农业灌溉的地下水占地下水开采量的 50％以上。自 21 世纪以来，全国地下水年开采量持续超过 $1000 \times 10^8 \mathrm{m}^3$，地下水开采量居世界第三位。地下水的开发利用为区域经济和社会发展发挥了重要作用，提供了重要保障。但是，由于一些局部地区开采量超过了地下水可开采量，造成地下水采补失衡，导致地下水水位持续下降，并引发地面沉降、生态环境退化、地下水污染等一系列问题。因此，为科学、合理地开发利用和保护地下水资源和生态环境的恢复，需要加强地下水的动态监测和分析预测，为水资源统一调度、合理配置、生态保护等提供决策依据，实现对地下水资源的可持续开发利用。

二、地下水监测技术

地下水的监测可以分为人工监测和自动监测两种。目前，我国的地下水监测以人工监测方式为主，但正在快速推进地下水自动监测系统建设。监测指标如下：

（1）水位。地下水水位是最普遍、最主要的地下水动态监测要素。人工测量地下水位基本上是采用电接触悬锤式水尺，也有更简单的代用措施。自动测量地下水位的仪器主要有压力式地下水位计等。

（2）水质。地下水水质监测主要采用人工取样—实验室分析的方式。地下水采样可以使用地下水采样泵和采样器。水质自动监测可以分为电极法水质自动测量方法和抽水采样自动分析方法，目前基本上都采用电极法水质自动测量。人工测量地下水水质参数时也可以使用便携式自动测量仪在现场进行人工自动测量和采样现场分析。

（3）水温。地下水温人工测量时应用各种数字式温度计测温。单独自动测量水温的仪器使用半导体、铂电阻等传感器；实际应用中自动测量水温的传感器一般和其他传感器安装在一起，构成多参数水质传感器等。

（4）流量（开采量）。地下水以人工抽出和自动出流（泉水）方式流出地面，按出水方式不同分别以管道或明渠流量测验方式进行水量测量。人工抽水方式流出地面的应用相应的管道流量测量仪器，如水表、电磁管道流量计、声学（超声波）管道流量计等；以泉水方式自流出地面的应用相应的明渠测流方法，如：堰槽流量计、流速仪流量计、声学（超声波）流量计等。此外，地下水的流速、流向测量主要有抽水试验法、示踪法和电位差法等，但测量结果多用于定性范畴。

三、地下水监测存在的问题及建议

经过几十年的发展，地下水监测工作取得了长足进步，但地下水监测现状总体比较薄弱,不能满足水资源科学管理和经济社会发展的新需求,主要表现在以下几个方面。

(1)站网布局不合理。随着地下水的大量持续开发利用以及城市化发展等,对近年来发展形成的一些地下水特殊类型区等缺乏必要的监控,与水资源管理的需求不相匹配,现有的地下水监测站(井)分布不能全面准确地反映新的区域地下水动态变化规律,地下水监测站网密度总体偏低,需要对站网布局进行补充和调整。

(2)缺乏地下水专用监测井。现有的地下水监测绝大多数利用生产井,一定程度上影响了地下水动态监测的观测精度和代表性,一些监测站的管理和维护难度大、资料连续性差。

(3)监测技术手段落后。长期以来地下水监测要素是以地下水位(埋深)人工监测方式为主,监测内容单一、时效性差;由于对水质、水量等的监测很有限,使得新的监测技术应用明显滞后。

(4)监测分析服务能力弱。地下水监测数据管理和分析服务能力薄弱,地下水数据库和信息系统的开发、模型模拟预测、分析服务与决策支持等系统建设滞后;地下水监测技术标准体系仍显薄弱,不足以支撑水资源科学管理和生态环境保护等的需要。

针对我国地下水监测中存在的问题,结合国外的经验,需要加强以下五个方面的工作:(1)全面优化地下水监测网,从布局上消除观测冗余和不足,从井结构和观测方式上提高监测点提取地下水信息的能力;(2)提高基层监测员的技能和酬劳,减少初级滤波误差;(3)认真落实地下水监测技术规范中规定的数据模板,增大不同时间、不同地点监测数据之间的可比性;(4)加快地下水监测数据库系统的建设步伐,统一标准,分阶段实现,以期将全国不同时期海量的地下水监测静态和动态数据统一管理,并提供基本的分析(如统计、报表等)功能;(5)深入了解用户潜在的信息需求,增加地下水监测内容和服务项目,积极探索提高地下水监测地位和价值的多种有效实现方式。

四、地面沉降

地面沉降是指地面高程的降低,又称为地面下沉或地沉,是在自然条件和人为因素作用下,由于地壳表层土压缩而导致区域性地面标高降低的一种环境地质现象。

地面沉降是一种缓慢的土层压缩变形过程,这种现象常发生在那些新近沉积的正在发生固结的地方。地面沉降是一种广泛的地质灾害,不仅对地面设施产生一定影响,而且也会使地下环境发生变化,给工业生产、城市建设和人们生活带来巨大的影响。地面沉降伴随着地下水的开采而产生、伴随着地下水位的变化而变化、伴随着开采量的增加或减少而发展或减缓。地面沉降的漏斗与地下水位下降漏斗基本一致,发生地面沉降的层位与各含水组的开采量相对应,新构造运动、地震、工程建筑的施工降水及荷重等对沉降也产生一定的影响,但主要是开采地下水所致。因此,正确认识地面沉降发生机理,描述地下水渗流,确立地面沉降模型,并以此来预测地下水可开采量及地面沉降量,这对控制地面沉降的发展至关重要。

五、地面沉降发生机理

(一)地下水相关分析

地面沉降应该根据地下水所处的地层层位、载体物性、载体厚度、抽排方式和沉陷损害类型进行分析。从地下水所处的地层层位看,可以把地下水分为浅层地下水和深层地下水;从地下水所处地层的物性(地下水载体)看,可分为新生代地层载体地下水和基岩地层载体地下水。其中,新生代地层载体又有非固结、固结和超固结等3种状态;从地下水所处地层的厚度看,可分为厚含水层和薄含水层;从地下水抽排的性质看,可以分为正常的地下水的抽放与突发性的地下水强排;从地下水抽排对地表所产生的影响看,还可分为一般地层的连续沉陷与特殊构造地层的突发陷落损害。

(二)主导因素

地下水开采对地面沉降的作用可以归结为地下水开采后地层有效应力增大、含水层浮托力减小以及渗透力的作用。目前,普遍采用地下水开采有效应力的变化原理解释地面沉降的发生机制。含水地层强度—土层的预固结应力是指载性土层在地质历史过程中迄今所承受的最大有效应力,这是衡量一个地区某一土层固结情况的尺度。根据土力学,把土层的预固结应力值与土层现今的自重应力比较,可分出欠固结、正常固结和超固结3种。对于前两种,尤其是欠固结状态有利于地面沉降的发生,因为处于这两种状态的土层在地下水开采后,地下水失去了对土空隙地占据,也失去了对上覆土层的支撑,使地层有效应力增大,从而产生渗透固结和荷载固结,尤其是渗透固结对地面沉降所起的作用较大。对于具超固结应力的土层,只有在承压水位下降,并使土层中产生新的孔隙水压力时,才有可能出现地面沉降。对于基岩中的地下水,由于基岩强度相对很大,所以基岩内地下水流失对上覆岩层以及地面的沉降影响很小。从上述分析可以得出,引起地面沉降的地下水一般产生于松散或半固结状态的、强度相对较弱的新生代沉积结构模式环境中,尤其是那些未固结状态的土层。也就是说,深层基岩地下水的开采造成的地面沉降极小,在未导致浅层新生代地下水大量流失的条件下,一般可不考虑基岩地下水引起的地面沉降,而浅层新生代地下水的开采对地面沉降的影响很大,是地面沉降的主导因素。含水层浮托力减小和渗透力这两个因素对开采地下承压水造成地面沉降有一定的影响。在抽取地下承压含水层中的地下水时,会使承压水头压力降低,减小含水层浮托力,引起土骨架之间有效应力增加,使骨架孔隙压缩。加之,地下水渗透力的作用,造成含水层周围的地下水运移释水,从而形成地下较大范围的压缩层,导致地面沉降。但相对地说,这两个因素对于非承压的浅层厚新生代地下水影响不大。因此,浅层非固结的厚新生代地下水的开采是引起地面沉降的主导因素,而地下水强排和特殊构造地层是引发地面沉降的主要原因。

六、地面沉降防治措施

浙江省深层地下水开采经历了少量开采、大量开采和超量开采三个阶段,对应于地面沉降的缓慢、显著、急剧三个阶段,目前已显著减缓。控制地面沉降的具体措施如下:

1. 科学规划、调整深层地下水开采

地下水是宝贵的自然资源,只有科学规划,合理开发,才能使水资源与环境协调发展。保护区内深层地下水资源的关键措施之一就是要控制深层地下水的开采,保证开采量不大于补给量。以深层地下水采、补平衡为原则,实行有计划、逐步的封井,以使深层地下水资源达到采、补平衡的良性循环状态。

2. 施行分质供水

水行政主管部门应充分考虑区内不同水质水资源的分布特点和优势条件,根据企事业单位和居民对水质的不同要求,铺设专线,施行分质供水,以减少用水部门只对深层地下水供给的依赖和需求量,提高深层地下水的使用效率。

3. 深层地下水人工回灌

除压缩开采量外,采用人工回灌技术,建立深层地下水库,既可以填补地下水漏斗、保护地下水资源,又可以有效地控制地面沉降。

(1)回灌井类型及回灌方法

回灌工作中,利用一些闲置井作为回灌井。人工回灌可采用真空回灌和压力回灌两种方法。真空回灌是在真空状态下,利用虹吸原理将水灌入含水层中,也称负压回灌。压力回灌是在密封条件下,用压力将水灌入含水层中。

(2)回灌水源及水质要求

人工回灌地下水时不仅要求有足够的回灌水量,并要求充分注意回灌水的水质,以免使地下水因回灌而遭受污染,故回灌工作必须与环境保护工作密切结合。根据上海地下水回灌经验,可利用地表水源(河水或自来水)作为回灌水源,汛期水源丰富,经净化处理后可作为回灌水源。

4. 加强地面沉降监测

地面沉降是一个缓变的过程,依据监测方案进行定期监测,取得丰富的监测数据是地面沉降研究的重要基础工作。地面沉降观测网由地面水准点、分层标及地下水长观系列孔等组成,用来对地面沉降发展趋势进行有效的监测。

七、地面沉降和地下水开采矛盾的解决

由于超量开采地下水引起的防治不是一朝一夕的事情,必须区分轻重缓急,制定防治规划。通过地下水资源开发利用规划,加强地下水资源管理,开展滨海平原地下水开发利用现状调查,深入研究地下水含水系统结构及地面沉降状况,确定地下水超

采区,划定限采区和禁采区,把地下水开采量控制在合理范围之内。加强用水管理,合理用水、优水优用,进一步控制工业用地下水,并把优质地下水作为生活饮用水逐步过渡为作为饮用水水源;采用经济杠杆,实行优质优价;加大环境综合整治力度,解决替代水源,改善地面水功能,提高地面水的供水能力。

在地面沉降剧烈的情况下,应暂时停止开采地下水;向含水层进行人工回灌,回灌时要严格控制回灌水源的水质标准,以防止地下水被污染,并要根据地面沉降规律,制定合理的采灌方案;调整地下水开采层次,进行合理开采,适当开采更深层的地下水。认真做好规划的组织实施;政府各部门要高度重视,将规划作为一件大事列入议事日程,成立规划协调机构,定期检查规划实施情况;加强法制建设,保护地质环境;广泛宣传国家有关法规,加快制订地质环境保护的法规。不断提高人民群众的法制观念,形成全社会自觉保护地质环境的强大舆论。抓好重点项目的实施和管理,要严格按规划立项,按项目进行动态管理,按设计组织施工,按工程进度安排资金。要保障重点项目的资金投入;环境地质问题的勘察与防治重点工程项目,要纳入市基本建设预算,相关部门按照事权、财权对人员和资金投入作出长期安排。因此,在总量控制的前提下,要进一步优化地下水的开采布局,把按层次、地区和时间内集中开采调整为按含水系统的特征转化为分散式的开采,避免现有地下水降落漏斗的进一步发展。

可采取的具体措施如下:

(1)完善地下水动态与地面沉降监测。进一步完善地下水动态监测网络,加强地下水动态监测,改进监测手段,加快地下水动态监测信息网建设,提高监测成果的时效性和服务水平。建立和完善滨海平原地面沉降区域监测网,加快 GPS 监测网络与分层标相结合的地面沉降监测网络体系建设,实现 GPS 监测与分层监测标组监测自动化。及时掌握地下水开采与地面沉降动态情况,适时调整地下水开采计划,实现地下水资源的动态管理。

(2)加强地面沉降预测预警系统研究。加强地面沉降预测预警与防治研究,研究地面沉降与地下水开采、水位动态与地质结构的相互关系及其演化规律,结合海平面变化趋势研究,深入分析地面沉降对城市建设、国土整治、经济发展的危害。建立滨海平原地区地下水资源与地面沉降预测预警系统,为政府制定城市和区域可持续发展规划提供科学依据。

(3)因地制宜开展地下水人工回灌。人工回灌是防治地面沉降的有效手段之一,且方法简单,技术可行,并能起到蓄水储能的综合效果。应积极创造条件,在保证水质的前提下,选择水文地质条件有利地段建立地下水人工回灌试验场,进行地下水人工回灌试验,并有计划、有步骤、因地制宜地逐步推广地下水人工回灌工作。

第三节　地质遗迹保护与地质公园建设

中国是世界上地质遗迹资源比较丰富、分布地域较为广阔、种类比较齐全的少数国家之一。我国在开展地质遗迹保护工作中,通过多年探索,逐步形成了通过建立地质遗迹自然保护区和地质公园的方式来实现保护地质遗迹的目的,并取得了显著的成效。特别是通过地质公园的建立,既有效地保护了地质遗迹资源,又充分利用地质遗迹的科学和观赏价值来推进地学研究、科普教育、地学旅游,从而达到提高公民素质,促进地方经济发展的目的。

一、地质遗迹与地质公园的涵义

地质遗迹是指在地球演化的漫长的地质历史时期内,由于各种内外动力地质作用,形成、发展并遗留下来的珍贵的、不可再生的地质自然遗产,它包括旅游中的山水名胜、自然风光等自然遗迹,也包括在晚近地质历史时期人类形成过程中,人类与地质体相互作用和人类开发利用地质环境、地质资源的遗迹以及地质灾害遗迹等。

地质遗迹是大自然给人类创造并遗留下来的自然遗产之一,是人类赖以生存的地质环境的重要组成部分,作为洞察地球及其环境演变的窗口,以其特殊的地质科学意义、稀有的自然属性、较高的美学观赏价值,具有一定规划和分布范围的地质遗迹景观为主体,并融合其他自然景观与人文景观而构成的一种独特的自然区域。既为人们提供有较高科学品位的观光游览、度假休闲、保健疗养、文化娱乐的场所,又是地质遗迹景观和生态环境的重点保护区,地质科学研究与普及的基地,地质公园是一种自然公园,它是向游客展示地质景观的地球科学知识和美学魅力的天然博物馆。

建立地质公园是国际上为保护地质遗迹采用的一种通行做法,"地质公园"一词是联合国教科文组织在开展地质公园计划的可行性研究中提出的新名词,它是将一些具有稀有的自然属性、优雅的美学观赏价值并具有重大科学价值的一定规模的地质遗迹资源划定一个特殊的区域,融合自然景观和人文景观,兼具生态、历史和文化价值,以保护地质遗迹,支持当地经济、文化教育和环境的可持续发展为宗旨,为人们提供具有较高科学品位的观光游览、度假休闲、保健疗养、科学教育、文化娱乐的场所。地质公园既为科学研究和环境教育提供基地,又为地方发展旅游业创造条件,加深了旅游的内涵,丰富了旅游的内容,提高了旅游的档次,同时也是探索在保护中开发、在开发中保护地质遗迹资源的有效途径。

二、浙江省地质遗迹现状和特点

浙江省幅员辽阔,地质环境背景复杂,在漫长的地质历史时期,孕育、形成、发展并遗留下丰富的地质遗迹,到 2014 年年底,浙江省省级以上的地质遗迹有 286 处,见附表 3。其中,中国 4 枚珍贵的"金钉子"剖面落户浙江。浙西北典型的地层剖面、生物化石组合带,浙东的火山构造、熔岩地貌,白垩纪红层盆地的恐龙蛋和龙骨化石,海岸带及岛屿海湾的海滩岩等地质遗迹,都具有重要的科学研究价值和美学观赏价值,亟需保护和开发。

浙江省地质遗迹保护工作始于 20 世纪 80 年代,先后进行了长兴煤山、江山大豆山、常山西阳山等地层剖面的保护工作。20 世纪 90 年代末期以来,我省的地质遗迹保护工作得到了省委、省政府及地方各级政府的高度重视。至今完成了全省地质遗迹资源的概略性调查评价,建立了 17 处省级、国家级、世界级的地质遗迹自然保护区(地质公园、矿山公园)。其特点如下:

(1)数量众多,内容丰富。包括地层、构造、岩石、矿产、古生物、地质灾害、地质地貌、水体等 8 大类,涵盖了地质遗迹的主要类型。其中地层类 154 处,构造类 105 处,岩石类 55 处,矿产类 70 处,古生物类 48 处,地质灾害类 20 处,地质地貌类 301 处,水体类 142 处。

(2)科学价值高。在 895 处地质遗迹中,国家级地质遗迹 56 处,约占 6%;省级 215 处,约占 24%;省级以下 624 处,约占 70%。部分地质遗迹在全国乃至世界享有盛誉,如浙西北记录了古生代生命进化和华南古板块的沉积演化史,是华南及全球的著名标准地层区;全省中生代以来的岩浆侵入、火山喷发、矿化活动和生物遗存是环太平洋构造带最典型、最重要的现象区之一;新生代以来形成的各种剥蚀与堆积地貌景观在地貌学上具有全国乃至全球性的典型意义。

(3)美学价值高。新生代以来的新构造运动为浙江塑造了许多在美学与地貌科学上具有高价值的地貌遗迹。突出的有浙西北的岩溶景观、浙中的丹霞地貌和浙东南的流纹岩地貌等。这些景观地貌是构成浙江 17 处国家重点风景名胜区的主要风景旅游资源,展示了浙江山川海洋之雄伟、峰林峡谷之幽奇、岩溶洞穴之变幻、丹崖赤壁之神秀,使浙江省成为著名的风景之乡、旅游胜地。全新世海平面升降引起了浙北平原与钱塘江河口的环境剧变,形成了举世闻名的杭州湾涌潮。

(4)地域差异明显、地理分布聚集。从遗迹的生成规律与背景出发,全省可分为五大遗迹区,即浙西北地层古生物与岩溶景观遗迹区、浙北平原与古人类文化遗迹区、浙中白垩纪红盆与丹霞地貌遗迹区、浙东南中生代火山地质与火山岩地貌遗迹区和海岸岛屿地貌遗迹区。在地理分布上,形成了 30 多处地质遗迹集中区,为地质遗迹的重点保护和适度开发利用提供了有利条件。

人类活动也增添了许多珍贵的遗迹。浙江一些地质遗迹是人类活动的结晶,如浙江古代先民开采的金属、石料等矿产遗留下了许多采矿遗迹,这为地质遗迹资源增添了丰富的文化内涵。突出的有浙西南的银矿采冶遗迹、浙中及浙东的采石遗迹等。

三、地质遗迹保护与地质公园建设内容

地质公园是国际上通行的国家公园的一种类型,是保护和开发地质遗迹的最好形式。地质遗迹保护及地质公园建设的内容主要包括:

(一)地质遗迹调查

地质遗迹调查的主要内容包括:查明公园内应当予以保护的地质遗迹的类型与空间分布;地质遗迹的地质地貌背景,例如构成地质遗迹的岩石、地层,控制地质遗迹形成的构造与外营力作用,地质遗迹所处的地貌类型单元等;能描述和分析地质遗迹形

态和性状特征的各种参数;地质遗迹受到破坏与保护的现状;对地质遗迹产生破坏或威胁的自然与人为的影响因素。

地质遗迹野外调查的信息与数据采集,并在此基础上对地质遗迹进行评价,建立地质公园地质遗迹数据库。

(二)地质公园规划编制与实施

1.地质公园规划的编制

地质公园规划的主要内容包括:合理划定、明确界定地质公园范围,掌握地质公园的土地权属情况,在公园范围内,按地质遗迹景观和其他景观类型的空间分布与组合特征、地貌的自然分区、交通连通状况,特别是行政辖区的因素,可将地质公园划分为相对独立的园区和园区之下的景区。

依据土地使用功能的差别、地质遗迹保护的要求并结合旅游活动的要求,在公园或独立的园区范围内,可酌情划分出如下功能区:门区、游客服务区、科普教育区、地质遗迹保护区、自然生态区、游览区(包括地质、人文、生态、特别景观游览区)、公园管理区、居民点保留区等。根据保护对象的重要性,地质遗迹保护区可划分为特级保护区(点)、一级保护区、二级保护区和三级保护区。

2.地质公园规划实施建设

在公园园区范围内,依据地质公园设立前批准的当地经济发展规划等开展的工程建设项目,项目建设单位应当补充地质遗迹保护可行性论证报告,经省级国土资源主管部门审查,报国土资源部批准后方可动工。建设单位应确保其建设活动不得破坏公园内的地质遗迹。

3.地质公园在建设中应注意的事项

(1)重点保护地质遗迹的完整性。地质遗迹的种类多、品质好、品位高,地质公园的知名度就高,因此,保护地质遗迹是重中之重。保护地质遗迹就是要保护它的原始状态、原有风貌,不得异地保管、不得修补,地质遗迹分布区不能人为增加景点,破坏生态环境和自然美。

(2)地质遗迹区不可搞大型建筑和施工,以免产生视角污染和对地质遗迹的破坏,要维护和强化整体山水、植被格局的连续性。

(3)保护和建立多样化乡土生态环境系统,维护和恢复河道、湖岸的自然状态,保护和恢复湿地。

(4)建立环境通道和非机动车绿色通道,建立环境卫生保障系统。

(三)地质遗迹的保护

各级地质遗迹保护区要有明确的保护要求:特级保护区是地质公园内的核心保护区域,不允许观光游客进入,只允许经过批准的科研、管理人员进入开展保护和科研活动,区内不得设立任何建筑设施;一级保护区可以安置必要的游赏步道和相关设施,但必须与景观环境协调,要控制游客数量,严禁机动交通工具进入;二级、三级保护区属一般保护区,允许设立少量地学旅游服务设施,但必须限制与地学景观游赏无关的建筑,各项建设与设施应与景观环境协调。所有地质遗迹保护区内不得进行任何与保护功能不相符的工程建设活动;不得进行矿产资源勘查、开发活动;不得设立宾馆、招待所、培训中心、疗养院等大型服务设施。

地质公园内禁止开山、开荒等破坏地貌景观和植被的活动,不得设立任何形式的工业开发区。

四、地质遗迹保护和地质公园管理措施

为了推进浙江地质公园建设,做好地质遗迹保护工作,今后应重点做好以下几方面的工作:

(1)按照"在开发中保护,在保护中开发"的原则,在不破坏自然景观的真实性、完整性,以及不改变地质遗迹高品位的前提下,应该鼓励开发,发展地质旅游业,要把地质公园建成集自然科学研究、地学科普、教育启智、旅游观赏为一体的综合载体,这样才能使地质遗迹资源造福于子孙后代。

(2)加强基础调查、评价工作,科学建立地质公园。开展地质遗迹资源调查评价工作,编制地质遗迹资源保护、开发利用规划,在此基础上,有计划、有重点地建立一个布局合理、类型具有特色、面积适宜、管理水平先进、效益良好的地质公园体系。

(3)加强法制建设。制定一套管理办法,完善评价标准和规范,切实做到依法依规推进地质遗迹保护和地质公园建设。

(4)积极推进地质遗迹保护管理职能的延伸,做到市、县地质遗迹保护工作有组织、有专人管理。

(5)对已批准建立的地质公园,要按照规划做好开发与保护工作。

(6)开发建设地质公园,要注意挖掘地质遗迹的科学内涵,让人们在旅游观光时了解大自然的奥妙,提高公众保护地质遗迹的自觉性。

总之,保护好地质遗迹,建设好地质公园,是积极保护和合理利用地质遗迹资源,促进地方经济和生态环境保护的重要举措,是功在当代、利在千秋的事业。

第四节　地热及矿泉水勘查开发管理

一、矿泉水及地热

(一)矿泉水

矿泉水是指从地下深处自然涌出或经人工揭露且未受污染的地下矿水,含有一定

量的矿物盐、微量元素或二氧化碳气体。在通常情况下,其化学成分、流量、水温等动态在天然波动范围内相对稳定。医疗矿泉水则是指含有一定浓度的某种特定成分的溶解态矿物质、气体或放射性元素,或者水温达到界限温度,而可用于医疗目的。饮用天然矿泉水以天然含有适量浓度的某种特定成分的矿物盐、微量元素或二氧化碳气体为特征,可供直接饮用,也可用做配制饮料的水基。

饮用天然矿泉水应在保证原水卫生安全的条件下采集和罐装。在不改变饮用天然矿泉水的特征和主要成分条件下,除允许曝气、倾析、过滤和除去或加入二氧化碳外,不得进行其他任何处理。矿泉水资源的自然属性是在特殊的地球化学场内经地质作用和漫长地史时期形成的,不是水与矿物质简单地溶解合成。作为其中的原生水,完全不参与水资源动态的大气、地表、地下水循环,是耗竭性资源。

(二)地热资源

地球本身像一个大锅炉,深部蕴藏着巨大的热能。在地质因素的控制下,这些热能会以热蒸气、热水、干热岩等形式向地壳的某一范围聚集,如果达到可开发利用的条件,便成了具有开发意义的地热资源。

地热资源,简称地热,其科学概念为:在我国当前技术经济条件下,地壳内可供开发利用的地热能、地热流体及其有用组分,其涵义包括:(1)地热过程的全部产物,主指天然气、热水和热卤水等;(2)人工引入热储的水、气或其他流体所产生的二次蒸气及其他气体、热水和热卤水等;(3)由上述产物带出的副产品。

地热资源的自然属性:(1)以蒸气为主的地热;(2)以液态为主的地热;(3)地压型地热;(4)干热岩体型地热;(5)岩浆型地热。前2种统称为水热型地热,后3种统称为干热型地热。引发争议的是水热型地热资源,根据《矿产资源法实施细则》(国务院令第152号)附则、矿产资源分类细目,矿泉水被列为水气矿产,与地下水并列;地热被列为能源矿产,与煤、石油、天然气并列。

地热资源按温度可分为高温、中温和低温三类。温度大于150℃的地热以蒸气形式存在,叫高温地热;90～150℃的地热以水和蒸气的混合物等形式存在,叫中温地热;温度大于25℃,小于90℃的地热以温水(25～40℃)、温热水(40～60℃)、热水(60～90℃)等形式存在,叫低温地热。高温地热一般存在于地质活动性强的全球板块的边界,即火山、地震、岩浆侵入多发地区,著名的冰岛地热田、新西兰地热田、日本地热田以及我国的西藏羊八井地热田、云南腾冲地热田、台湾大屯地热田都属于高温地热田。中低温地热田广泛分布在板块的内部,我国华北、京津地区的地热田多属于中低温地热田。

在地壳中,地热的分布可分为三个带,即可变温度带、常温带和增温带。可变温度带由于受太阳辐射的影响,其温度有着昼夜、年份、世纪甚至更长的周期变化,其厚度一般为15～20m;常温带的温度变化幅度几乎等于零,其深度一般为20～30m;增温带在常温带以下,温度随深度增加而升高,其热量的主要来源是地球内部的热能。

按照地热增温率的差别,我们把陆地上的不同地区划分为正常地热区和异常地热区。地热增温率接近 3℃ 的地区,称为正常热区。远远超过 3℃ 的地区,称为异常地热区。在正常地热区,较高温度的热水或蒸气埋藏在地球的较深处。在异常地热区,由于地热增温率较大,较高温度的热水或蒸气埋藏在地壳的较浅部,有的甚至出露地表。那些天然出露的地下热水或蒸气叫做温泉。温泉是当前经济技术条件下最容易利用的一种地热资源。在异常地热区,人们也较易通过钻井等人工方法把地下热水或蒸气引导到地面上来加以利用。

严格来讲,地热能不是一种可再生资源,而是一种像石油一样可开采的能源,最终的可回灌将依赖于所采用的技术。将水重新注入到含水层中可以提高再生的性能,因为这使含水层不枯竭。然而在这个问题上没有明确的结论,因为有相当一部分地热点可采用某种方式进行开发,让提取的热量等于自然不断补充的热量。实事求是地讲,任何情况下,即使从技术上来说地热能不是可再生能源,但全球地热资源潜量十分巨大,因此问题不在于资源规模的大小,而在于是否有适合的技术将这些资源经济开发出来。

二、矿泉水及地热勘查开发管理制度的内容

《矿产资源法》规定,矿产资源属于国家所有,由国务院行使国家对矿产资源的所有权,勘查、开采矿产资源,必须依法分别申请、经批准取得探矿权、采矿权,并办理登记,国务院地质矿产主管部门主管全国矿产资源勘查、开采的监督管理工作,国家实行探矿权、采矿权有偿取得的制度,开采矿产资源,必须按照国家有关规定缴纳资源税和资源补偿费。这些规定可归纳为三点:一是矿产资源属于国家所有;二是国家通过建立矿业权审批登记、矿产资源勘查登记、采矿许可证和矿产资源有偿使用制度来实现国家对矿产资源的占有、使用和处分的权利;三是国务院授权国务院地质矿产主管部门对全国矿产资源分配实施统一管理。

根据《矿产资源法实施细则》及有关法规规定,地热和矿泉水是由国务院地质矿产主管部门审批登记、颁发勘查许可证和采矿许可证的矿种。根据地质矿产部《关于授权颁发勘查许可证采矿许可证的规定》和国土资源部《关于授权颁发新建矿山采矿许可证有关规定的通知》两个文件精神,地热、矿泉水资源现已授权给省(区、市)国土资源地矿管理部门审批并颁发勘查许可证和采矿许可证,并规定各单位对上述授权事项必须严格掌握,不得再行授权。对于在实施中不能严格依法审批发证的,部将依法收回授权。

依照有关法律法规,国土资源主管部门目前对地热、矿泉水资源的勘查、开采主要实行以下几方面的管理制度。

(一)地热、矿泉水探矿权管理制度

(1)探矿权申请:申请探矿权时需要提交的资料包括申请登记书和范围图;勘查单位的资格证书复印件;勘查工作计划、合同或委托勘查的证明文件;勘查实施方案及附件;资金来源证明等。

（2）缴纳探矿权使用费和探矿权价款：探矿权申请后，登记管理机关将在自收到申请之日起 40 日内作出是否准予登记的决定。当探矿权人收到准予登记的通知时，应当在自收到通知之日起 30 日内，按规定缴纳探矿权使用费和国家出资勘查形成的探矿权价款，办理登记手续，领取勘查许可证，成为探矿权人。领取勘查许可证后，可以开展相应的勘查工作。探矿权使用费每年每平方千米缴纳的标准是第 1 至第 3 个勘查年度为 100 元，第 4 个勘查年度起每年增加 100 元，但最高不超过 500 元。

（3）每个勘查项目最大工作区范围的划定：矿泉水资源勘查项目允许登记的最大范围为 10 个基本单位区块（以经纬度 $1' \times 1'$ 划分的区块为基本单位区块），地下水和地热资源勘查项目允许登记的最大范围为 200 个基本单位区块。

（4）探矿权保留期规定：新立探矿权有效期为 3 年，每延续一次时间最长为 2 年，并应提高符合规范要求的地质勘查工作阶段。探矿权人在勘查许可证有效期内探明可开采的资源量后，经登记管理机关批准，可以停止相应区块的最低勘查投入，并可在勘查许可证有效期届满的 30 日前申请保留探矿权。保留期限最长不得超过 2 年，需要延长保留期的，可以申请延长两次，每次不超过 2 年。最低勘查投入每平方千米费用，第 1 个勘查年度 2000 元，第 2 个勘查年度 5000 元，从第 3 个勘查年度起，每年为 10000 元。

（5）探矿权人应当履行的义务：在规定的期限内开始施工，并在勘查许可证规定的期限内完成勘查工作；向勘查登记管理机关报告开工等情况；按照探矿工程设计施工，不得擅自进行采矿活动；对资源进行综合勘查、综合评价；编写勘查报告，提交有关部门审批；按照国务院有关规定汇交矿产资源勘查成果档案资料；遵守有关法律、法规关于劳动安全、土地复垦和环境保护的规定；勘查作业完毕，及时封、填探矿作业遗留的井、坑或者采取其他措施，消除安全和污染隐患。

（二）地热、矿泉水资源采矿权管理制度

（1）采矿权申请。采矿权申请人申请办理采矿许可证应提交的资料包括：申请登记书和矿区范围图；申请人资质条件证明；矿产资源开发利用方案；依法设立矿山企业的批准文件；环境影响评价报告等。

（2）缴纳采矿权使用费和采矿权价款。采矿权申请人在收到登记管理机关准予登记的通知后，应自收到通知之日起 30 日内办理缴纳采矿权使用费和国家出资勘查形成的采矿权价款、办理登记手续、领取采矿许可证，成为采矿权人。采矿权使用费按矿区面积逐年缴纳，标准为每年每平方千米 1000 元。

（3）缴纳矿产资源补偿费。矿产资源补偿费按照矿产品销售收入的一定比例计征。地热资源的补偿费费率为 3%，矿泉水资源补偿费的费率为 4%。地下水资源由水行政主管部门征收水资源费。

（4）采矿许可证有效期。根据矿山建设规模确定其有效期，大型以上最长 30 年，中型最长 20 年，小型最长 10 年。到期需要继续采矿的，在采矿许可证有效期届满 30 日前到登记管理机关办理延续登记手续。

(5)地热、矿泉水、地下水资源储量规模划分标准。地下水按允许开采量划分：≥100000m^3/d 为大型，10000～100000m^3/d 为中型，<10000m^3/a 为小型。地热按热能划分：>50MW 为大型，10～50MW 为中型，<10MW 为小型。矿泉水按允许开采量划分：>5000m^3/a 为大型，500～5000m^3/a 为中型，<500m^3/a为小型。

(6)采矿权人应当履行的义务。在批准的期限内进行矿山建设或者开采；有效保护、合理开采、综合利用矿产资源；依法缴纳资源税和矿产资源补偿费；遵守国家有关劳动安全、水土保持、土地复垦和环境保护的法律、法规；接受地质矿产主管部门和有关主管部门的监督管理，按照规定填报矿产储量表和矿产资源开发利用情况统计报告。

(三)开采监督管理制度

国土资源主管部门对企业开采地热、矿泉水资源的全过程进行监督管理，重点是督查采矿权人履行合理开发、有效利用和保护矿产资源和环境的义务。采矿权人要采用合理的成井工艺和开采方案，要按照批准的开采方案和核定的开采量开采，对开采井(泉、田)进行动态监测，定时测定水位、水温、水质、水量，分析和掌握动态变化趋势，采取有效措施，防止过量开采和污染。国土资源主管部门对企业开采地下水资源，进行监测、监督。

(四)资源储量管理和资料汇交制度

(1)矿产资源储量评审管理与备案。供建设使用的地下水水源地、地热井(田)、矿泉水水源地的勘查评价报告，要经具有储量评审资质的单位评审(或鉴定)，经评审通过的资源储量要报国土资源主管部门备案。

(2)地质资料汇交管理。探矿权人在地热、矿泉水、地下水资源勘查工作中形成的文字、图表、声像、电磁介质等形式的原始地质资料、成果地质资料和岩矿芯、各类标本、光薄片、样品等实物地质资料，要按照《地质资料管理条例》的要求进行汇交。汇交的地质资料，探矿权人应当在勘查许可证有效期届满的 30 日前汇交，或工程建设项目竣工验收之日起 180 日内汇交。

(3)矿产资源储量登记统计管理制度。按照要求进行储量登记。

(五)地热资源管理

地热是集地热能、矿物质、水、气于一体的清洁能源矿产，得到越来越广泛的开发利用，已被应用于发电、取暖、温室养殖、洗浴、疗养等领域。必须严格按照矿产资源法及其配套法规，对地热资源的勘查开采进行管理。要坚持统一规划、科学论证、控制开采、综合利用、尾水回灌的原则，实行保护性、限制性开采的严管措施。实施严格的地热井审批、凿井论证、成井竣工报告制度，一采一灌的双井开采和回灌制度，控制最低水位，依据动态监测数据按年度核定各井开采指标，根据不同的水温和用途确定资源补偿费并计量征收，安装和使用节能节水设施，采取有力措施，努力提高地热资源的利用效率。

三、矿泉水及地热勘查开发的原则要求

勘查、开采地热、矿泉水资源,必须贯彻节约资源、保护环境的基本国策,贯彻科学发展观,坚持"在保护中开发,在开发中保护"的原则,坚持开源和节流并举、节约优先、治污为本,高效利用以及人与自然和谐相处的发展方针,合理开发利用,努力提高资源利用效率。地热、矿泉水资源的开发利用应遵循以下基本原则:

(1)采补平衡,持续利用。根据其补给和储存条件,按照采补平衡的原则,调整优化开采井布局和用水结构。超采区压缩开采量,有资源潜力的地区扩大开采量,基本做到采补平衡,实现地下水资源的可持续利用。

(2)浅层为主,深层适度。我国大部分地区以开发浅层地下水为主。在深层地下水资源丰富、开发利用后又不产生较大环境地质问题的地区,可有计划地适度开发深层水资源。

(3)水位为纲,合理调控。以一个地区、一个含水层组(或热储层)最合适的水位为依据。确定其允许开采量,进行合理调控。因为地下水位的过高和过低,都会引发生态环境问题。

(4)保护水质,优质优用。采取有效措施,切实保护矿泉水和地下水水源,严格控制和防止地下水污染。严格执行矿泉水、地下水水源地的卫生防护带制度,积极推进水源补给源区的保护区制度。优质地下水优先保证城乡居民生活用水,兼顾工业、农业和生态环境用水,分质供水、优质优用。

(5)联合调蓄,统筹兼顾。坚持地表水、地下水,上、下游,深、浅层水资源统筹兼顾的原则。实施地表水、地下水联合调蓄战略,发挥地表水库和地下水库各自的优势,取长补短,优势互补。充分利用含水层分布广、储存空间大、调控能力强的优势,积极推进人工回灌,增加地下储水空间,提高降水的有效入渗量,减少蒸发蒸腾损失,综合开发利用各类水资源。

参考文献

[1] 胡涵棋.地质灾害防治与地质环境保护[J].科技致富向导,2014(21):115-116.

[2] 宋子龙.福州市地质灾害防治管理体系分析与完善[D].福州:福建农林大学,2013.

[3] 詹晨曦.城市地质灾害防治规划编制初探[J].西部探矿工程,2004,16(9):210-213.

[4] 王洲平.浙江省地质灾害现状及防治措施[J].灾害学,2001,16(4):63-66.

[5] 孟荣.论地质灾害管理[J].中国地质灾害与防治学报,1994(5):396.

[6] 戴长雷,迟宝明.地下水监测研究进展[J].水土保持研究,2005,12(2):86-88.

[7] 王爱平,杨建青,杨桂莲,等.我国地下水监测现状分析与展望[J].水文,2010(6):53-56.

[8] 周洋,许猛,许青松,等.浅谈地下水开采对地面沉降影响及防治措施[J].河南水利与南水北调,2012(8):6-7.

[9] 郑朋.地面沉降与地下水开采问题的探讨[J].西部探矿工程,2008(10):60-62.

[10] 蔡文晓.德州市深层地下水开采与地面沉降关系研究[D].长春:吉林大学,2009.

[11] 李烈荣,姜建军,王文.中国地质遗迹资源及其管理[M].北京:中国大地出版社,2002.

[12] 谢艳平.浙江省地质公园地质遗迹及其保护利用研究[D].杭州:浙江大学,2006.

[13] 周兆东.保护地质遗迹建设地质公园[J].南方国土资源,2005(1):34-35.

[14] 邓学军.论矿泉水和地热资源的开发、利用、管理和保护的法律适用[J].江苏地矿信息,1999,24(4):122-124.

[15] 陶庆法.勘查、开采地下水、地热和矿泉水资源的监督管理[J].地热能,2005(4):3-6.

附　表

附表 1 土地利用现状分类
(GB/T 21010-2007)

国家质监总局、国家标准化管理委员会 2007 年 8 月 10 日发布实施

一级类		二级类		含　义	三大类
类别编码	类别名称	类别编码	类别名称		
01	耕地			指种植农作物的土地,包括熟地、新开发、复垦、整理地,休闲地(轮歇地、轮作地);以种植农作物(含蔬菜)为主,间有零星果树、桑树或其他树木的土地;平均每年能保证收获一季的已垦滩地和海涂。耕地中还包括南方宽度<1.0 米、北方宽度<2.0 米固定的沟、渠、路和地坎(埂);临时种植药材、草皮、花卉、苗木等的耕地,以及其他临时改变用途的耕地	农用地
		011	水田	指用于种植水稻、莲藕等水生农作物的耕地。包括实行水生、旱生农作物轮种的耕地	
		012	水浇地	指有水源保证和灌溉设施,在一般年景能正常灌溉,种植旱生农作物的耕地。包括种植蔬菜等的非工厂化的大棚用地	
		013	旱地	指无灌溉设施,主要靠天然降水种植旱生农作物的耕地,包括没有灌溉设施,仅靠引洪淤灌的耕地	
02	园地			指种植以采集果、叶、根、茎、枝、汁等为主的集约经营的多年生木本和草本作物,覆盖度大于50%或每亩株数大于合理株数70%的土地。包括用于育苗的土地	
		021	果园	指种植果树的园地	
		022	茶园	指种植茶树的园地	
		023	其他园地	指种植桑树、橡胶、可可、咖啡、油棕、胡椒、药材等其他多年生作物的园地	

续表

一级类		二级类		含　　义	三大类
类别编码	类别名称	类别编码	类别名称		
03	林地			指生长乔木、竹类、灌木的土地,及沿海生长红树林的土地。包括迹地,不包括居民点内部的绿化林木用地,以及铁路、公路、征地范围内的林木,以及河流、沟渠的护堤林	农用地
		031	有林地	指树木郁闭度≥0.2的乔木林地,包括红树林地和竹林地	
		032	灌木林地	指灌木覆盖度≥40%的林地	
		033	其他林地	包括疏林地(指树木郁闭度≥0.1、<0.2的林地)、未成林地、迹地、苗圃等林地	
04	草地			指生长草本植物为主的土地	
		041	天然牧草地	指以天然草本植物为主,用于放牧或割草的草地	
		042	人工牧草地	指人工种牧草的草地	
		043	其他草地	指树林郁闭度<0.1,表层为土质,生长草本植物为主,不用于畜牧业的草地	未利用地
05	商服用地			指主要用于商业、服务业的土地	
		051	批发零售用地	指主要用于商品批发、零售的用地。包括商场、商店、超市、各类批发(零售)市场、加油站等及其附属的小型仓库、车间、工场等的用地	
		052	住宿餐饮用地	指主要用于提供住宿、餐饮服务的用地。包括宾馆、酒店、饭店、旅馆、招待所、度假村、餐厅、酒吧等	
		053	商务金融用地	指企业、服务业等办公用地,以及经营性的办公场所用地。包括写字楼、商业性办公场所、金融活动场所和企业厂区外独立的办公场所等用地	建设用地
		054	其他商服用地	指上述用地以外的其他商业、服务业用地。包括洗车场、洗染店、废旧物资回收站、维修网点、照相馆、理发美容店、洗浴场所等用地	
06	工矿仓储用地			指主要用于工业生产、物资存放场所的土地	
		061	工业用地	指工业生产及直接为工业生产服务的附属设施用地	
		062	采矿用地	指采矿、采石、采砂(沙)场、盐田、砖瓦窑等地面生产用地及尾矿堆放地	
		063	仓储用地	指用于物资储备、中转的场所用地	

一级类		二级类		含　　义	三大类
类别编码	类别名称	类别编码	类别名称		
07	住宅用地			指主要用于人们生活居住的房基地及其附属设施的土地	
		071	城镇住宅用地	指城镇用于居住的各类房屋用地及其附属设施用地。包括普通住宅、公寓、别墅等用地	
		072	农村宅基地	指农村用于生活居住的宅基地	
08	公共管理与公共服务用地			指用于机关团体、新闻出版、科教文卫、风景名胜、公共设施等的土地	建设用地
		081	机关团体用地	指用于党政机关、社会团体、群众自治组织等的用地	
		082	新闻出版用地	指用于广播电台、电视台、电影厂、报社、杂志社、通讯社、出版社等的用地	
		083	科教用地	指用于各类教育,独立的科研、勘测、设计、技术推广、科普等的用地	
		084	医卫慈善用地	指用于医疗保健、卫生防疫、急救康复、医检药检、福利救助等的用地	
		085	文体娱乐用地	指用于各类文化、体育、娱乐及公共广场等的用地	
		086	公共设施用地	指用于城乡基础设施的用地。包括给排水、供电、供热、供气、邮政、电信、消防、环卫、公用设施维修等用地	
		087	公园与绿地	指城镇、村庄内部的公园、动物园、植物园、街心花园和用于休憩及美化环境的绿化用地	
		088	风景名胜设施用地	指风景名胜(包括名胜古迹、旅游景点、革命遗址等)景点及管理机构的建筑用地。景区内的其他用地按现状归入相应地类	
09	特殊用地			指用于军事设施、涉外、宗教、监教、殡葬等的土地	
		091	军事设施用地	指直接用于军事目的的设施用地	
		092	使领馆用地	指用于外国政府及国际组织驻华使领馆、办事处等的用地	
		093	监教场所用地	指用于监狱、看守所、劳改场、劳教所、戒毒所等的建筑用地	
		094	宗教用地	指专门用于宗教活动的庙宇、寺院、道观、教堂等宗教自用地	
		095	殡葬用地	指陵园、墓地、殡葬场所用地	

续表

一级类		二级类		含　义	三大类
类别编码	类别名称	类别编码	类别名称		
10	交通运输用地			指用于运输通行的地面线路、场站等的土地。包括民用机场、港口、码头、地面运输管道和各种道路用地	建设用地
		101	铁路用地	指用于铁道线路、轨交、场站的用地。包括设计内的路堤、路堑、道沟、桥梁、林木等用地	
		102	公路用地	指用于国道、省道、县道和乡道的用地。包括设计内的路堤、路堑、道沟、桥梁、汽车停靠站、林木及直接为其服务的附属用地	
		103	街巷用地	指用于城镇、村庄内部公用道路（含立交桥）及行道树的用地。包括公共停车场、汽车客货运输站点及停车场等用地	
		104	农村道路	指公路用地以外的南方宽度≥1.0m、北方宽度≥2.0m的村间、田间道路（含机耕道）	农用地
		105	机场用地	指用于民用机场的用地	
		106	港口码头用地	指用于人工修建的客运、货运、捕捞及工作船舶停靠的场所及其附属建筑物的用地，不包括常水位以下部分	建设用地
		107	管道运输用地	指用于运输煤炭、石油、天然气等管道及其相应附属设施的地上部分用地	
11	水域及水利设施用地			指陆地水域，海涂，沟渠、水工建筑物等用地。不包括滞洪区和已垦滩涂中的耕地、园地、林地、居民点、道路等用地	建设用地
		111	河流水面	指天然形成或人工开挖河流常水位岸线之间的水面，不包括被堤坝拦截后形成的水库水面	未利用地
		112	湖泊水面	指天然形成的积水区常水位岸线所围成的水面	
		113	水库水面	指人工拦截汇积而成的总库容≥10万 m^3 的水库正常蓄水位岸线所围成的水面	建设用地
		114	坑塘水面	指人工开挖或天然形成的蓄水量<10万 m^3 的坑塘常水位岸线所围成的水面	农用地
		115	沿海滩涂	指沿海大潮高潮位与低潮位之间的潮侵地带。包括海岛的沿海滩涂。不包括已利用的滩涂	建设用地
		116	内陆滩涂	指河流、湖泊常水位至洪水位间的滩地；时令湖、河洪水位以下的滩地；水库、坑塘的正常蓄水位与洪水位间的滩地。包括海岛的内陆滩涂。不包括已利用的滩地	

一级类		二级类		含　义	三大类
类别编码	类别名称	类别编码	类别名称		
11	水域及水利设施用地	117	沟渠	指人工修建,南方宽度≥1.0m、北方宽度≥2.0m用于引、排、灌的渠道,包括渠槽、渠堤、取土坑、护堤林	农用地
		118	水工建筑用地	指人工修建的闸、坝、堤路林、水电厂房、扬水站等常水位岸线以上的建筑物用地	建设用地
		119	冰川及永久积雪	指表层被冰雪常年覆盖的土地	未利用地
12	其他土地			指上述地类以外的其他类型的土地	建设用地
		121	空闲地	指城镇、村庄、工矿内部尚未利用的土地	建设用地
		122	设施农业用地	指直接用于经营性养殖的畜禽舍、工厂化作物栽培或水产养殖的生产设施用地及其相应附属用地,农村宅基地以外的晾晒场等农业设施用地	农用地
		123	田坎	主要指耕地中南方宽度≥1.0m、北方宽度≥2.0m 的地坎	
		124	盐碱地	指表层盐碱聚集,生长天然耐盐植物的土地	
		125	沼泽地	指经常积水或渍水,一般生长沼生、湿生植物的土地	
		126	沙地	指表层为沙覆盖、基本无植被的土地。不包括滩涂中的沙漠	未利用地
		127	裸地	指表层为土质,基本无植被覆盖的土地;或表层为岩石、石砾,其覆盖面积≥70％的土地	

附表2 城镇土地分类及含义

一级类型		二级类型		含 义
编号	名称	编号	名 称	
10	商业金融业用地			指商业服务业、旅游业、金融保险业等用地
		11	商业服务业	指各种商店、公司、修理服务部、生产资料供应站、饭店、旅社、对外经营的食堂、文印誊写社、报刊门市部、蔬菜购销转运站等用地
		12	旅游业	指主要为旅游业服务的宾馆、饭店、大厦、乐园、俱乐部、旅行社、旅游商店、友谊商店等用地
		13	金融保险业	指银行、储蓄所、信用社、信托公司、证券交易所、保险公司等用地
20	工业仓库用地			指工业、仓储用地
		21	工 业	指独立设置的工厂、车间、手工业作坊、建筑安装的生产场地、排渣（灰）场地等用地
		22	仓 储	指国家、省（自治区、直辖市）及地方的储备、中转、外贸、供应等各种仓库、油库、材料堆场及其附属设备等用地
30	市政用地			指市政公用设施、绿化用地
		31	市政公用设施	指自来水厂、泵站、污水处理厂、变电所、煤气站、供热中心、环卫所、公共厕所、殡仪馆、消防队、邮电局（所）及各种管线工程专用地段等用地
		32	绿 化	指公园、动植物园、陵园、风景名胜、防护林、水源保护林以及其他公共绿地等用地
40	公共建筑用地			指文化、体育、娱乐、机关、科研、设计、教育、医卫等用地
		41	文、体、娱	指文化馆、博物馆、图书馆、展览馆、纪念馆、体育场馆、俱乐部、影剧院、游乐场、文化体育团体等用地
		42	机关、宣传	指行政及事业机关,党、政、工、青、妇、群众组织驻地,广播电台、电视台、出版社、报社、杂志社等用地
		43	科研、设计	指科研、设计机构用地。如研究院（所）、设计院及其实验室、实验场所等用地

一级类型		二级类型		含　义
编号	名称	编号	名　　称	
40	公共建筑用地	44	教　育	指大专院校、中等专业学校、职业学校、干校、党校、中小学校、幼儿园、托儿所、业余进修院校、工读学校等用地
		45	医　卫	指医院、门诊部、保健院（站、所）、疗养院（所）、救护、血站、卫生院、防治所、检疫站、防疫站、医学化验、药品检验等用地
50	住宅用地			指供居住各类房屋用地
60	交通用地			指铁路、民用机场、港口码头及其他交通用地
		61	铁　路	指铁路线路及场站、地铁出入口等用地
		62	民用机场	指民用机场及其附属设施用地
		63	港口码头	指专供客、货运船舶停靠的场所用地
		64	其他交通	指车场站、广场、公路、街、巷、小区内的道路等用地
70	特殊用地			指军事设施、涉外、宗教、监狱等用地
		71	军事设施	指军事设施用地。包括部队机关、营房、军用工厂仓库和其他军事设施等用地
		72	涉　外	指外国使领馆、驻华办事处等用地
		73	宗　教	指专门从事宗教活动的庙宇、教堂等宗教自用地
		74	监　狱	指监狱用地。包括监狱、看守所、劳改场（所）等用地
80	水域用地			指河流、湖泊、水库、坑塘、沟渠、防洪堤等用地
90	农用地			指水田、菜地、旱地、园地等用地
		91	水　田	指筑有田埂（坎）可以经常蓄水，用于种植水稻等水生作物的耕地
		92	菜　地	指种植蔬菜为主的耕地。包括温室、塑料大棚等用地
		93	旱　地	指水田、菜地以外的耕地。包括水浇地和一般旱地
		94	园　地	指种植以采集果、叶、根、茎等为主的集约经营的多年生木本和草本作物，覆盖度大于50％或单位面积株数大于合理株数70％的土地，包括苗圃等用地
00	其他用地			指各种未利用土地、空闲地等其他用地

附表 3　浙江省级以上地质遗迹名录

编号	行政属地		遗迹名称	主要保护对象	遗迹等级	保护现状
1	杭州市	西湖区	西湖九溪之江组地层剖面	地层剖面	省级	省重要地质遗迹保护点
2			西湖龙井老虎洞组地层剖面	地层剖面	省级	省重要地质遗迹保护点
3			西湖翁家山黄龙组—船山组地层剖面	地层剖面	省级	省重要地质遗迹保护点
4			杭州临安山字型构造	构造剖面	省级	
5			西湖宝石山杭州棋盘格式构造	构造剖面	省级	国家重点风景名胜区
6			杭州西湖	湖泊	国家级	国家重点风景名胜区、世界遗产
7			杭州西溪湿地	湿地沼泽	国家级	国家湿地公园
8			杭州虎跑泉	泉	省级	国家重点风景名胜区
9		萧山区	萧山桥头虹赤村组地层剖面	地层剖面	国家级	省重要地质遗迹保护点
10			萧山直坞—高洪尖上墅组地层剖面	地层剖面	省级	省重要地质遗迹保护点
11			杭州湾钱江潮	河口地貌与潮汐	世界级	一般风景区
12		余杭区	余杭超山寒武系地层剖面	地层剖面	国家级	省重要地质遗迹保护点
13			余杭狮子山腕足动物群化石产地	重要化石产地	世界级	省重要地质遗迹保护点
14			余杭仇山膨润土矿	矿床剖面及露头	国家级	
15			余杭山沟沟花岗岩地貌	花岗岩地貌	省级	国家森林公园

编号	行政属地		遗迹名称	主要保护对象	遗迹等级	保护现状
16			富阳章村双溪坞群地层剖面	地层剖面	国家级	省重要地质遗迹保护点
17			富阳新店西湖组地层剖面	地层剖面	国家级	省重要地质遗迹保护点
18			富阳新店唐家坞组地层剖面	地层剖面	国家级	省重要地质遗迹保护点
19			富阳钟家庄板桥山组地层剖面	地层剖面	国家级	省重要地质遗迹保护点
20		富阳区	富阳骆村骆家门组地层剖面	地层剖面	省级	省重要地质遗迹保护点
21			富阳章村—河上构造岩浆带剖面	岩石剖面	国家级	
22			富阳大源神功运动构造不整合面	构造剖面	国家级	省重要地质遗迹保护点
23			富阳骆村晋宁运动构造不整合面	构造剖面	省级	省重要地质遗迹保护点
24			富阳章村背斜构造	构造剖面	省级	
25			富阳里山推覆构造	构造剖面	省级	省重要地质遗迹保护点
26	杭州市		建德枣园—岩下寿昌组—横山组地层剖面	地层剖面	国家级	省重要地质遗迹保护点
27			建德下涯休宁组地层剖面	地层剖面	省级	省重要地质遗迹保护点
28			建德大同劳村组地层剖面	地层剖面	省级	省重要地质遗迹保护点
29			建德航头黄尖组地层剖面	地层剖面	省级	省重要地质遗迹保护点
30		建德市	建德乌龟洞建德人化石产地	重要化石产地	省级	浙江省级文物保护单位
31			建德岭后铜矿	矿床剖面及露头	省级	
32			建德灵栖洞岩溶地貌	岩溶地貌	省级	国家重点风景名胜区
33			建德富春江风景河段	河流（景观带）	省级	国家重点风景名胜区
34			建德大慈岩火山岩地貌	火山岩地貌	省级	国家重点风景名胜区
35			临安板桥奥陶系地层剖面	地层剖面	省级	省重要地质遗迹保护点
36			临安上骆家长坞组地层剖面	地层剖面	省级	省重要地质遗迹保护点
37		临安市	临安湍口宁国组—胡乐组地层剖面	地层剖面	省级	
38			临安马啸加里东运动构造不整合面	构造剖面	省级	省重要地质遗迹保护点
39			临安马啸东西向皱褶构造	构造剖面	省级	国家自然保护区

续表

编号	行政属地			遗迹名称	主要保护对象	遗迹等级	保护现状
40	杭州市	临安市		临安千亩田钨铍矿	矿床剖面及露头	省级	国家自然保护区、省级地质公园
41				临安玉岩山昌化鸡血石	矿床剖面及露头	国家级	省重要地质遗迹保护点
42				临安瑞晶洞岩溶地貌	岩溶地貌	国家级	一般风景区
43				临安大明山花岗岩地貌	花岗岩地貌	省级	国家自然保护区、省级地质公园
44				临安浙西天池	湿地沼泽	省级	国家自然保护区
45				临安湍口温泉	泉	省级	
46				临安浙西大峡谷	峡谷地貌	省级	国家自然保护区
47		桐庐县		桐庐分水印渚埠组地层剖面	地层剖面	国家级	
48				桐庐沈村船山组地层剖面	地层剖面	省级	省重要地质遗迹保护点
49				桐庐冷坞栖霞组地层剖面	地层剖面	省级	省重要地质遗迹保护点
50				桐庐刘家奥陶系地层剖面	地层剖面	省级	省重要地质遗迹保护点
51				桐庐瑶琳洞岩溶地貌	岩溶地貌	国家级	国家重点风景名胜区
52		淳安县		淳安潭头志留系地层剖面	地层剖面	国家级	省重要地质遗迹保护点
53				淳安潭头文昌组地层剖面	地层剖面	国家级	省重要地质遗迹保护点
54				淳安秋源蓝田组—皮园村组地层剖面	地层剖面	省级	
55				淳安姜吕塘腕足动物群化石产地	重要化石产地	省级	省重要地质遗迹保护点
56				淳安三宝台锑矿	矿床剖面及露头	省级	
57				淳安千岛湖石林岩溶地貌	岩溶地貌	省级	国家重点风景名胜区
58				淳安千亩田湿地	湿地沼泽	省级	省级自然保护区
59	宁波市	鄞州区		鄞州牌楼馆头组地层剖面	地层剖面	省级	省重要地质遗迹保护点
60				鄞州东钱湖	湖泊	省级	省级风景名胜区
61		余姚市		余姚大陈盾火山构造	火山机构	省级	
62				余姚四明山夷平面	火山岩地貌	省级	省级地质公园、国家森林公园
63		奉化区		奉化溪口徐凫岩瀑布	瀑布	省级	国家重点风景名胜区

编号	行政属地		遗迹名称	主要保护对象	遗迹等级	保护现状
64	宁波市	象山县	象山石浦馆头组地层剖面	地层剖面	省级	省重要地质遗迹保护点
65			象山花岙火山岩柱状节理	火山岩地貌	省级	省级地质公园
66			象山道人山海滩岩	海岸地貌	省级	一般风景区
67			象山石浦皇城沙滩	海岸地貌	省级	一般风景区
68			象山松兰山沙滩群	海岸地貌	省级	一般风景区
69			象山檀头山姊妹滩	海岸地貌	省级	一般风景区
70		宁海县	宁海伍山石窟古采矿遗址	矿业遗址	国家级	国家矿山公园
71			宁海南溪温泉	泉	省级	浙江省级森林公园
72			宁海茶山破火山构造	火山机构	省级	
73			宁海浙东大峡谷	峡谷地貌	省级	国家水利风景区
74	温州市	鹿城区	鹿城渡船头伊利石矿	矿床剖面及露头	省级	
75		瓯海区	温州大罗山花岗岩地貌	花岗岩地貌	省级	省级风景名胜区
76			瓯海泽雅七瀑涧峡谷	峡谷地貌	省级	省级风景名胜区
77		洞头区	洞头半屏山海蚀地貌	海岸地貌	省级	省级风景名胜区
78		乐清市	乐清大龙湫球泡流纹岩	岩石剖面	省级	世界地质公园
79			乐清方洞火山碎屑流相剖面	岩石剖面	省级	世界地质公园
80			乐清智仁基底涌流相剖面	岩石剖面	省级	省重要地质遗迹保护点
81			乐清大龙湫瀑布	瀑布	省级	世界地质公园
82			乐清雁荡山流纹岩地貌	火山岩地貌	世界级	世界地质公园
83			乐清中雁荡山流纹岩地貌	火山岩地貌	省级	国家重点风景名胜区
84		永嘉县	永嘉枫林震旦系地层剖面	地层剖面	省级	省重要地质遗迹保护点
85			永嘉楠溪江风景河段	河流（景观带）	国家级	世界地质公园
86			永嘉大箬岩火山岩地貌	火山岩地貌	省级	国家重点风景名胜区
87			永嘉石桅岩火山岩地貌	火山岩地貌	省级	世界地质公园

续表

编号	行政属地		遗迹名称	主要保护对象	遗迹等级	保护现状
88	温州市	平阳县	平阳南麂列岛花岗岩地貌	花岗岩地貌	国家级	国家海洋自然保护区
89			平阳南雁荡山火山岩地貌	火山岩地貌	省级	国家重点风景名胜区
90		苍南县	苍南瑶坑碱性花岗岩	岩石剖面	省级	省重要地质遗迹保护点
91			苍南矾山明矾石矿	矿床剖面及露头	国家级	
92			苍南玉苍山花岗岩地貌	花岗岩地貌	省级	国家森林公园、省级风景名胜区
93			苍南渔寮沙滩	海岸地貌	省级	省级风景名胜区
94		文成县	文成百丈漈瀑布	瀑布	国家级	国家重点风景名胜区
95			文成铜岭峡	峡谷地貌	省级	国家重点风景名胜区、国家森林公园
96		泰顺县	泰顺承天氡泉	泉	省级	省级地质遗迹保护区
97	嘉兴市	南湖区	嘉兴南湖	湖泊	省级	国家重点风景名胜区
98		海盐县	海盐南北湖	湖泊	省级	省级风景名胜区
99	湖州市	吴兴区	吴兴王母山苦橄玢岩与霓霞岩	岩石剖面	省级	
100		长兴县	长兴煤山金钉子剖面	地层剖面	世界级	国家地质遗迹自然保护区
101			长兴千井湾青龙组—周冲村组地层剖面	地层剖面	省级	
102		安吉县	安吉孝丰康山组地层剖面	地层剖面	国家级	
103			安吉孝丰霞乡组地层剖面	地层剖面	省级	省重要地质遗迹保护点
104			安吉叶坑坞寒武系地层剖面	地层剖面	省级	省重要地质遗迹保护点
105			安吉康山沥青煤	矿床剖面及露头	省级	
106			安吉深溪大石浪崩积地貌	火山岩地貌	省级	

编号	行政属地		遗迹名称	主要保护对象	遗迹等级	保护现状
107	绍兴市	越城区	越城吼山古采矿遗址	矿业遗址	省级	省重要地质遗迹保护点
108			越城东湖古采矿遗址	矿业遗址	省级	省重要地质遗迹保护点
109		柯桥区	柯桥兵康平水组地层剖面	地层剖面	国家级	省重要地质遗迹保护点
110			柯桥赵婆岙石英闪长岩	岩石剖面	国家级	省重要地质遗迹保护点
111			柯桥上灶斜长花岗岩	岩石剖面	国家级	省重要地质遗迹保护点
112			柯桥青龙山推覆构造	构造剖面	省级	
113			柯桥漓渚铁钼矿	矿床剖面及露头	省级	
114			柯桥西裘铜矿	矿床剖面及露头	省级	
115			柯桥柯岩古采矿遗址	矿业遗址	省级	省重要地质遗迹保护点、省级风景名胜区
116		诸暨市	诸暨陈蔡陈蔡群剖面	地层剖面	国家级	省重要地质遗迹保护点
117			诸暨斯宅高坞组地层剖面	地层剖面	省级	
118			诸暨石角球状辉闪岩	岩石剖面	世界级	省重要地质遗迹保护点
119			诸暨璜山石英闪长岩	岩石剖面	国家级	
120			诸暨次坞辉绿岩	岩石剖面	国家级	省重要地质遗迹保护点
121			诸暨道林山碱长花岗岩	岩石剖面	国家级	省重要地质遗迹保护点
122			诸暨王家宅韧性剪切带	构造剖面	国家级	省重要地质遗迹保护点
123			诸暨璜山金矿	矿床剖面及露头	省级	
124			诸暨七湾铅锌矿	矿床剖面及露头	省级	
125			诸暨五泄瀑布	瀑布	省级	国家重点风景名胜区
126			诸暨芙蓉山破火山构造	火山机构	国家级	
127		嵊州市	嵊州张墅嵊县组地层剖面	地层剖面	省级	
128			嵊州艇湖恐龙化石产地	重要化石产地	省级	
129			嵊州浦桥硅藻土矿	矿床剖面及露头	省级	
130			嵊州王院百丈飞瀑群	瀑布	省级	一般风景区
131			嵊州石舍玄武岩柱状节理	火山岩地貌	省级	
132			嵊州白雁坑崩积地貌	火山岩地貌	省级	一般旅游区

续表

编号	行政属地		遗迹名称	主要保护对象	遗迹等级	保护现状
133	绍兴市	新昌县	新昌壳山壳山组地层剖面	地层剖面	省级	
134			新昌王家坪硅化木化石群产地	重要化石产地	国家级	国家地质公园
135			新昌董村水晶矿遗址	矿业遗址	省级	
136			新昌穿岩十九峰丹霞地貌	丹霞地貌	省级	国家地质公园
137	金华市	婺城区	婺城浙江吉蓝泰龙化石产地	重要化石产地	国家级	省重要地质遗迹保护点
138			婺城双龙洞岩溶地貌	岩溶地貌	国家级	国家重点风景名胜区
139			婺城九峰山丹霞地貌	丹霞地貌	省级	省级风景名胜区
140		义乌市	义乌乌灶乌灶组地层剖面	地层剖面	省级	
141		东阳市	东阳大炮岗大爽组地层剖面	地层剖面	省级	省重要地质遗迹保护点
142			东阳大爽石英二长岩	岩石剖面	省级	
143			东阳中国东阳龙化石产地	重要化石产地	国家级	省重要地质遗迹保护点
144			东阳杨岩东阳盾龙化石产地	重要化石产地	国家级	省重要地质遗迹保护点
145			东阳吴山恐龙脚印化石产地	重要化石产地	国家级	省重要地质遗迹保护点
146			东阳塔山南马东阳蛋化石产地	重要化石产地	省级	省重要地质遗迹保护点
147			东阳三都屏岩丹霞地貌	丹霞地貌	省级	省级风景名胜区
148			东阳东白山高山湿地	湿地沼泽	省级	省级湿地公园
149			东阳八面山超基性岩筒	火山机构	省级	省重要地质遗迹保护点
150		永康市	永康石柱方岩组地层剖面	地层剖面	省级	省重要地质遗迹保护点
151			永康溪坦朝川组地层剖面	地层剖面	省级	省重要地质遗迹保护点
152			永康溪坦馆头组地层剖面	地层剖面	省级	省重要地质遗迹保护点
153			永康西城恐龙化石产地	重要化石产地	省级	
154			永康方岩丹霞地貌	丹霞地貌	国家级	国家重点风景名胜区

编号	行政属地		遗迹名称	主要保护对象	遗迹等级	保护现状
155	金华市	兰溪市	兰溪马涧马涧组地层剖面	地层剖面	省级	省重要地质遗迹保护点
156			兰溪柏社渔山尖组地层剖面	地层剖面	省级	省重要地质遗迹保护点
157			兰溪柏社恐龙骨骼化石产地	重要化石产地	省级	
158			兰溪草舍瓣鳃类化石产地	重要化石产地	省级	省重要地质遗迹保护点
159			兰溪六洞山地下长河岩溶地貌	岩溶地貌	省级	省级风景名胜区
160		浦江县	浦江蒙山平水群地层剖面	地层剖面	省级	省重要地质遗迹保护点
161			浦江浦南鱼、鳖化石产地	重要化石产地	省级	省重要地质遗迹保护点
162			浦江仙华山流纹岩地貌	火山岩地貌	省级	省级风景名胜区
163		磐安县	磐安浙中大峡谷	峡谷地貌	省级	省级地质公园、省级风景名胜区
164		武义县	武义后树萤石矿	矿床剖面及露头	国家级	
165			武义大红岩丹霞地貌	丹霞地貌	国家级	国家级风景名胜区
166	衢州市	柯城区	柯城华墅上墅组地层剖面	地层剖面	国家级	省重要地质遗迹保护点
167			柯城烂柯山丹霞地貌	丹霞地貌	省级	省级风景名胜区
168		衢江区	衢江莲花莲花组地层剖面	地层剖面	省级	
169			衢江高塘石恐龙化石产地	重要化石产地	省级	
170			衢江石柱岭三尾类蜉游化石产地	重要化石产地	省级	省重要地质遗迹保护点
171			衢江灰坪岩溶地貌	岩溶地貌	省级	
172			衢江关公山瀑布群	瀑布	省级	国家森林公园、省级风景名胜区
173			衢江饭甑山火山通道	火山机构	省级	省重要地质遗迹保护点
174			衢江坞石山超基性岩筒	火山机构	省级	省重要地质遗迹保护点
175			衢江小湖南火山岩柱状节理	火山岩地貌	省级	国家湿地公园
176			衢江天脊龙门峡谷	峡谷地貌	省级	国家森林公园、省级风景名胜区

续表

编号	行政属地	遗迹名称	主要保护对象	遗迹等级	保护现状
177	衢州市 / 江山市	江山碓边江山阶金钉子剖面	地层剖面	世界级	省重要地质遗迹保护点、省级地质遗迹自然保护区
178		江山大陈荷塘组—杨柳岗组地层剖面	地层剖面	国家级	省重要地质遗迹保护点
179		江山夏坞砚瓦山组—黄泥岗组地层剖面	地层剖面	国家级	省重要地质遗迹保护点
180		江山石龙岗休宁地层剖面	地层剖面	省级	省重要地质遗迹保护点
181		江山五家岭陡山沱组—灯影组地层剖面	地层剖面	省级	省重要地质遗迹保护点
182		江山游溪政棠组地层剖面	地层剖面	省级	省重要地质遗迹保护点
183		江山旱碓藕塘底组地层剖面	地层剖面	省级	
184		江山洞前山梁山组地层剖面	地层剖面	省级	
185		江山下路亭大隆组地层剖面	地层剖面	省级	
186		江山坛石加里东运动构造不整合面	构造剖面	省级	省重要地质遗迹保护点
187		江山保安瓣鳃类化石产地	重要化石产地	省级	省重要地质遗迹保护点
188		江山陈塘边礼贤江山龙化石产地	重要化石产地	国家级	省重要地质遗迹保护点
189		江山新塘坞叠层石化石产地	重要化石产地	国家级	省重要地质遗迹保护点
190		江山浮盖山花岗岩地貌	花岗岩地貌	省级	国家重点风景名胜区、省级地质公园
191		江山江郎山丹霞地貌	丹霞地貌	世界级	世界自然遗产、国家重点风景名胜区
192	龙游县	龙游湖镇中戴组地层剖面	地层剖面	省级	省重要地质遗迹保护点
193		龙游小南海衢县组地层剖面	地层剖面	省级	省重要地质遗迹保护点
194		龙游白石山头榴闪岩	岩石剖面	国家级	省重要地质遗迹保护点
195		龙游上北山超镁铁质岩	岩石剖面	省级	省重要地质遗迹保护点
196		龙游沐尘石英二长岩	岩石剖面	省级	
197		龙游溪口黄铁矿	矿床剖面及露头	省级	
198		龙游小南海龙游石窟古采石遗址	矿业遗址	省级	省重要地质遗迹保护点
199		龙游虎头山超基性岩筒	火山机构	省级	省重要地质遗迹保护点
200		龙游饭蒸山火山通道	火山机构	省级	省重要地质遗迹保护点

续表

编号	行政属地		遗迹名称	主要保护对象	遗迹等级	保护现状
201	衢州市	开化县	开化叶家塘叶家塘组地层剖面	地层剖面	国家级	
202			开化大举长坞组地层剖面	地层剖面	国家级	
203			开化石耳山韧性剪切带	构造剖面	省级	
204		常山县	常山黄泥塘达瑞威尔阶金钉子剖面	地层剖面	世界级	国家地质公园、省级地质遗迹自然保护区
205			常山灰山底三衢山组地层剖面	地层剖面	国家级	国家地质公园
206			常山石崆寺华严寺组地层剖面	地层剖面	国家级	国家地质公园
207			常山西阳山寒武—奥陶系界线剖面	地层剖面	国家级	国家地质公园
208			常山白石南沱组地层剖面	地层剖面	省级	
209			常山蒲塘口滑塌堆积岩	岩石剖面露头	省级	国家地质公园
210			常山砚瓦山青石和花石	岩石剖面露头	省级	国家地质公园
211			常山三衢山岩溶地貌	岩溶地貌	省级	国家地质公园
212	舟山市	普陀区	普陀东极岛基性岩墙群	岩石剖面	国家级	一般风景区
213			普陀桃花岛碱性花岗岩	岩石剖面	国家级	省重要地质遗迹保护点、省级风景名胜区
214			普陀普陀山海岸地貌	海岸地貌	国家级	国家重点风景名胜区
215			普陀朱家尖十里金沙	海岸地貌	国家级	国家重点风景名胜区
216			普陀乌石塘砾滩	海岸地貌	省级	国家重点风景名胜区
217		岱山县	岱山衢山岛花岗岩淬冷包体群	岩石剖面	省级	
218			岱山鹿栏晴沙沙滩	海岸地貌	国家级	省级风景名胜区
219			岱山小沙河海滩岩	海岸地貌	省级	省重要地质遗迹保护点、省级风景名胜区
220		嵊泗县	嵊泗六井潭海蚀地貌	海岸地貌	省级	国家重点风景名胜区
221			嵊泗泗礁山姐妹沙滩	海岸地貌	省级	国家重点风景名胜区
222	台州市	椒江区	椒江大陈岛海蚀地貌	海岸地貌	省级	浙江省级森林公园
223		黄岩区	黄岩宁溪永康生物群化石产地	重要化石产地	省级	
224			黄岩五部铅锌矿	矿床剖面及露头	省级	
225			黄岩富山花岗岩地貌	花岗岩地貌	省级	一般风景区

续表

编号	行政属地	遗迹名称	主要保护对象	遗迹等级	保护现状
226	临海市	临海上盘浙江翼龙和鸟类化石产地	重要化石产地	国家级	国家地质公园
227	临海市	临海小岭鱼化石产地	重要化石产地	省级	
228	临海市	临海大墈头火山岩柱状节理	火山岩地貌	国家级	国家地质公园
229	临海市	临海武坑流纹岩地貌	火山岩地貌	省级	国家地质公园
230	温岭市	温岭长屿硐天古采矿遗址	矿业遗址	国家级	世界地质公园、国家矿山公园、国家重点风景名胜区
231	温岭市	温岭方山流纹岩台地地貌	火山岩地貌	省级	世界地质公园
232	三门县	三门健跳小雄组地层剖面	地层剖面	省级	省重要地质遗迹保护点
233	三门县	三门蛇蟠岛古采矿遗址	矿业遗址	省级	省重要地质遗迹保护点
234	三门县	三门沿赤海滩岩	海岸地貌	省级	省重要地质遗迹保护点
235	台州市 天台县	天台雷峰磨石山群地层剖面	地层剖面	省级	省重要地质遗迹保护点
236	台州市 天台县	天台塘上塘上组地层剖面	地层剖面	省级	省重要地质遗迹保护点
237	台州市 天台县	天台赖家两头塘组—赤城山组地层剖面	地层剖面	省级	省重要地质遗迹保护点
238	台州市 天台县	天台赖家始丰天台龙化石产地	重要化石产地	国家级	省重要地质遗迹保护点
239	台州市 天台县	天台赤义天台越龙化石产地	重要化石产地	国家级	省重要地质遗迹保护点
240	台州市 天台县	天台屯桥恐龙化石产地	重要化石产地	国家级	省重要地质遗迹保护点
241	台州市 天台县	天台落马桥恐龙蛋化石群产地	重要化石产地	国家级	省重要地质遗迹保护点
242	台州市 天台县	天台天台山花岗岩地貌	花岗岩地貌	省级	国家重点风景名胜区
243	台州市 天台县	天台鼻下许锥火山构造	火山机构	省级	
244	台州市 仙居县	仙居大战小平田组地层剖面	地层剖面	省级	省重要地质遗迹保护点
245	台州市 仙居县	仙居横溪恐龙蛋化石产地	重要化石产地	省级	省重要地质遗迹保护点
246	台州市 仙居县	仙居神仙居流纹岩地貌	火山岩地貌	国家级	国家重点风景名胜区、省级地质公园

续表

编号	行政属地		遗迹名称	主要保护对象	遗迹等级	保护现状
247	丽水市	莲都区	莲都丽水运动构造不整合面	构造剖面	省级	
248			莲都丽水浙江龙化石产地	重要化石产地	国家级	省重要地质遗迹保护点
249			莲都白云山恐龙蛋化石产地	重要化石产地	省级	
250			莲都东西岩丹霞地貌	丹霞地貌	省级	省级风景名胜区
251		龙泉市	龙泉花桥八都岩群剖面	地层剖面	国家级	省重要地质遗迹保护点
252			龙泉淡竹花岗闪长岩	岩石剖面	国家级	省重要地质遗迹保护点
253			龙泉骆庄花岗岩	岩石剖面	省级	省重要地质遗迹保护点
254			龙泉狮子坑橄榄岩	岩石剖面	省级	省重要地质遗迹保护点
255			龙泉东畲—枫坪韧性剪切带	构造剖面	省级	
256			龙泉八宝山金银矿	矿床剖面及露头	省级	
257		庆元县	庆元苍岱古银矿遗址	矿业遗址	省级	省重要地质遗迹保护点
258		缙云县	缙云壶镇恐龙化石产地	重要化石产地	省级	
259			缙云靖岳沸石珍珠岩矿	矿床剖面及露头	省级	
260			缙云步虚山火山通道	火山机构	国家级	国家重点风景名胜区、省级地质公园
261			缙云仙都火山岩地貌	火山岩地貌	国家级	国家重点风景名胜区、省级地质公园
262		青田县	青田碱性花岗岩	岩石剖面	省级	
263			青田芝溪头变质杂岩剖面	岩石剖面	省级	省重要地质遗迹保护点
264			青田山口叶腊石矿	矿床剖面及露头	国家级	
265			青田石平川钼矿	矿床剖面及露头	省级	
266			青田石门飞瀑	瀑布	省级	省级风景名胜区

▶▶▶

续表

编号	行政属地	遗迹名称	主要保护对象	遗迹等级	保护现状
267	遂昌县	遂昌高坪方岩组—壳山组地层剖面	地层剖面	省级	省重要地质遗迹保护点
268		遂昌翁山二长花岗岩	岩石剖面	省级	
269		遂昌柘岱口碎斑熔岩	岩石剖面	省级	
270		遂昌治岭头金银矿	矿床剖面及露头	省级	国家矿山公园
271		遂昌银坑山古银矿遗址	矿业遗址	国家级	国家矿山公园
272		遂昌局下古银矿遗址	矿业遗址	国家级	省重要地质遗迹保护点
273		遂昌石姆岩丹霞地貌	丹霞地貌	省级	一般风景区
274		遂昌神龙飞瀑	瀑布	省级	国家森林公园
275		遂昌含辉洞崩积地貌	火山岩地貌	省级	一般风景区
276		遂昌南尖岩火山岩地貌	火山岩地貌	省级	一般风景区
277	松阳县	松阳枫坪组地层剖面	地层剖面	省级	省重要地质遗迹保护点
278		松阳象溪毛弄组地层剖面	地层剖面	省级	省重要地质遗迹保护点
279		松阳大岭头斜长花岗岩	岩石剖面	省级	
280		松阳里庄花岗闪长岩	岩石剖面	省级	省重要地质遗迹保护点
281		松阳南山火山穹隆构造	火山机构	省级	省重要地质遗迹保护点
282	景宁畲族自治县	景宁银坑洞古银矿遗址	矿业遗址	省级	省重要地质遗迹保护点、省级地质公园
283		景宁望东垟高山湿地	湿地沼泽	国家级	国家自然保护区、省级地质公园
284		景宁大漈雪花漈	瀑布	省级	省级地质公园、省级风景名胜区
285		景宁九龙湾火山岩地貌	火山岩地貌	省级	省级地质公园
286		景宁炉西大峡谷	峡谷地貌	省级	省级地质公园

注：以上地质遗迹名录为2004年调查与评价结果。